게임 전쟁

게임 패권 다툼 그리고 위대한 콘솔의 탄생

게임 전쟁

게임 패권 다툼 그리고 위대한 콘솔의 탄생

초판 1쇄 발행 2023년 3월 25일

지은이 스티븐 켄트 / **옮긴이** 심백선 / **펴낸이** 김태헌
펴낸곳 한빛미디어(주) / **주소** 서울시 서대문구 연희로2길 62 한빛미디어(주) IT출판2부
전화 02-325-5544 / **팩스** 02-336-7124
등록 1999년 6월 24일 제25100-2017-000058호 / **ISBN** 979-11-6921-072-0 13000

총괄 송경석 / **책임편집** 박민아 / **기획·편집** 김종찬 / **교정·편집** 박민정
디자인 표지·내지 박정우 / **전산편집** 송여경
영업 김형진, 장경환, 조유미, 김선아 / **마케팅** 박상용, 한종진, 이행은, 고광일, 성화정 / **제작** 박성우, 김정우

이 책에 대한 의견이나 오탈자 및 잘못된 내용에 대한 수정 정보는 한빛미디어(주)의 홈페이지나 아래 이메일로
알려주십시오. 잘못된 책은 구입하신 서점에서 교환해드립니다. 책값은 뒤표지에 표시되어 있습니다.

한빛미디어 홈페이지 www.hanbit.co.kr / 이메일 ask@hanbit.co.kr

지금 하지 않으면 할 수 없는 일이 있습니다.
책으로 펴내고 싶은 아이디어나 원고를 메일(writer@hanbit.co.kr)로 보내주세요.
한빛미디어(주)는 여러분의 소중한 경험과 지식을 기다리고 있습니다.

게임 전쟁

The Ultimate History of Video Games, Volume 2

게임 패권 다툼 그리고 위대한 콘솔의 탄생

■ 스티븐 켄트 지음 심백선 옮김

한빛미디어
Hanbit Media, Inc.

2002년 11월에 한국어판이 출간된 『게임의 시대』의 후속작이 드디어 국내에 출간되어 기쁩니다. 두 번째 책에서는 플레이스테이션 2, 엑스박스, 게임큐브가 서로 경쟁하는 2000년대 초반부터 플레이스테이션 3, 엑스박스 360, Wii가 격돌하는 2000년대 후반까지를 다룹니다. 미국의 시각에서 본 21세기 '콘솔 전쟁'의 전개와 이면의 이야기를 취재와 인터뷰 기반으로 풀어낸 책으로서, 게임기의 경쟁사에 관심이 있는 독자라면 훌륭한 읽을거리가 되리라 생각합니다.

_조기현, 월간 GAMER'Z 수석기자, 『우리가 사랑한 한국 PC 게임』 저자

『게임의 시대』라는 책이 있었습니다. 2000년대 초에 스티븐 켄트의 『The Ultimate History of Video Games』를 파스칼북스에서 번역해 출간한 것으로, 이는 제우미디어에서 나온 『게임의 역사』와 함께 국내에서는 드물게 게임의 역사를 다룬 책이었습니다. 비록 서양의 관점에서 서술되기는 했지만, 그 당시에는 게임의 역사를 포괄적으로 다룬 책을 찾아보기 힘들었습니다. 게임의 역사를 알려면 게임 잡지 등에서 연재되는 글을 보거나 여기저기에 퍼져 있는 이야기를 조합해야 하는 상황이었습니다. 책은 그나마 나왔지만 잡지의 연재글이나 칼럼 등은 아무래도 개인의 경험이나 소문을 근거로 해 출처가 확실치 않은 경우가 많았습니다.

『게임의 시대』에서는 저자가 게임 산업에서 활동하는 사람들을 직접 인터뷰하고 그들의 말을 인용해 게임의 실제 현장을 생생하게 느껴볼 수 있었습니다. 그래서 책이 절판된 이후에도 게이머들 사이에서는 입소문을 타고 꾸준히 인기를 누렸습니다.

게임의 역사에 대한 관심이 점차 커지면서 이제 게임의 역사를 다룬 책도 속속 출간되고 있습니다. 그런 와중에 2019년에 『The Ultimate History of Video Games』 2권이 출간되었다는 것을 알게 되었고, 이 책 또한 국내에 소개되었으면 좋겠다고 바라 마지않던 차에 출간 소식을 듣게 되었습니다.

『게임의 시대』는 '게임은 계속된다'로 마지막 장이 마무리됩니다. 그 후 2000년대에는 마이크로소프트의 엑스박스가 플레이스테이션 2 및 게임큐브와 경쟁하고 세가는 드림캐스트를 막 포기한 참입니다. 이러한 때『게임 전쟁』이 나왔습니다.

소니와 마이크로소프트의 경쟁으로 시작하는『게임 전쟁』에서 저자인 스티븐 켄트는 자신이 만난 다양한 의사결정자들의 인터뷰를 통해 게임 산업의 흐름에서 어떤 일이 있었는지를 펼쳐 보입니다. 2000년대 게임 산업의 폭발적인 성장 속에서 회사들이 어떻게 경쟁하고 어떤 제품을 내놓았는지 당사자들의 발언을 통해 당시 상황을 들을 수 있다는 것은 게임 마니아와 게임 산업 종사자에게는 매우 소중한 기회일 것입니다.

마지막 장은 영화와 게임의 관계를 통해 게임이 다른 장르의 예술과 어떤 시너지를 냈는지, 영화 평론가들이 이를 어떻게 받아들였는지에 관한 이야기를 담고 있습니다. 이 장은 책의 흐름과 약간 벗어나는 느낌을 주면서도 게임을 받아들이는 서양 영화계의 태도에 대한 게임 업계의 입장을 알 수 있는 기회이기도 합니다.

2000년대 이전의 게임 업계와 2020년의 게임 업계는 규모가 크게 다릅니다. 『게임의 시대』에는 북미 중심의 서술이라는 한계가 분명히 있었고, 물론『게임 전쟁』에도 같은 한계가 존재합니다. 전작에 비해 미국에서 일어나는 일이 좀 더 많고, PC 게임 쪽은 거의 다루지 않습니다만, 그럼에도 불구하고 이 책은 게임 산업에 몸담고 있는 사람들의 목소리를 통해 게임의 역사와 흐름을 생생히 보여줍니다. 이 책을 통해 게임 산업이 어떻게 흘러왔고, 어떻게 현재의 모습을 갖추게 되었는지 깊이 이해할 수 있기를 바랍니다.

_오영욱, 『우리가 사랑한 한국 PC 게임』 저자

업계에서 많은 개발자가 레퍼런스로 삼는 게임은 우리나라가 자랑하는 온라인 게임이 아니라 스팀 게임이나 콘솔 게임입니다. 플랫폼에 관한 논란을 일으키고 싶지는 않지만, 게임의 혁신이 일어나는 곳은 아직도 온라인 게임보다 그쪽인 것 같습니다. '콘솔의 미래는 없다'고 당당히 외치던 우리나라가 자기 복제를 해가며 매출만을 유지하는 방향으로 산업을 지탱하고 있다는 것이 너무 비약적인 평가가 아니라는 생각이 드는 것은 왜일까요?

2000년 이전만 해도 우리나라 게임 산업의 기술이 낮아 경쟁력이 없다고들 했고, 기술력이 어느 정도 올라섰을 때는 기획을 문제 삼았습니다. 그렇다면 지금은 어떨까요? 오랫동안 필드에 몸담고 있다 보니 기술력도 기획도 문제가 아닐 수 있겠다는 생각이 듭니다. '게임을 산업으로 바라보고 키울 수 있는 통찰력 있는 전문 인력(또는 조직)이 있기는 한가?' 기술과 재미에만 매몰되어 '게임은 그게 다야'라고 생각하지 않았냐는 말입니다.

『게임 전쟁』은 이러한 질문에 대한 답을 제시합니다. 게임 산업을 주도한 거대 공룡들의 행적을 따라가면서, 생물처럼 진화하는 게임 산업의 현장, 왕좌에 오르내린 다양한 게임, 그리고 그 뒤에 있는 비즈니스 세계의 이야기를 풀어내 산업으로서의 게임을 바라보는 인사이트를 넓혀줍니다.

어렸을 때만 해도 우리나라 게임 산업이 이렇게 커지리라곤 생각하지 못했습니다. 그만큼 우리는 저력이 있습니다. 다시 한번 우리가 도약하는 모습을 보고 싶고, 그렇게 되리라 믿어 의심치 않습니다. 이제는 우리의 게임 산업을 다양한 시각으로 진단해볼 때가 아닐까요? 이에 시의적절한 시점에 이 책이 출간된 것을 환영합니다.

_장세용, 『우리가 사랑한 한국 PC 게임』 저자

지은이·옮긴이 소개

—👾—

지은이 **스티븐 켄트**Steven L. Kent

1993년에『시애틀 타임스』의 프리랜서 기자로 비디오 게임을 취재한 것을 시작으로 그 이후『USA 투데이』,『재팬 타임스』, MSNBC, 그리고 전 세계의 수많은 출판물에 글을 기고했습니다. 켄트는 지난 30년 동안 소니와 마이크로소프트가 게임에 뛰어들었을 때도, 〈그랜드 테프트 오토〉가 게임의 성격을 바꾸는 순간에도, 게임 산업이 50억 달러 규모의 틈새시장에서 900억 달러 규모의 제국으로 성장하고 아케이드 사업이 무너질 때도, 모바일 게임이 게임 산업을 집어삼킬 때도 가장 가까이에서 모든 것을 지켜보았습니다.

옮긴이 **심백선**zuidrijk@gmail.com

성균관대학교 컴퓨터공학과를 졸업한 뒤 동 대학교 대학원에서 석사 학위를 받았습니다. 게임 개발이 취미일 정도로 게임을 인생의 동반자로 여기는 진성 게이머이자 개발자로, 지금까지 열 개가 넘는 인디 게임을 출시했습니다. 10년 이상 다양한 경력을 거치고 현재 유니티테크놀로지스 코리아 유한회사에 소프트웨어 개발자로 재직 중입니다.

게임 관련 분야 외에도 머신러닝에 관심이 많아 모델을 훈련하게 하고 재미있는 작업물을 뽑아내는 것을 즐깁니다. WebRTC, 모던C++와 같은 최신 기술에도 관심을 가지면서 토이 프로젝트를 만들고 있습니다.

옮긴이의 글

1990년대부터 비디오 게임을 해온 저는 닌텐도 패미컴(국내에는 현대 컴보이로 출시됨)을 시작으로 콘솔 게임의 세계에 발을 들이게 되었습니다. 비슷한 시기에 가정용 PC를 함께 접하며 베이직 인터프리터에서 돌아가던 텍스트 기반 게임부터 〈삼국지〉, 〈대항해시대〉, 〈리니지〉, 〈스타크래프트〉, 〈디아블로〉와 같이 시대를 풍미했던 전설적인 고전 게임은 물론이고 〈엘든 링〉, 〈콜 오브 듀티〉와 같은 현시점 최신작까지 다양한 스펙트럼의 PC 게임을 즐겼는데, 자체 컨트롤러로 특유의 감성을 느끼게 해주는 콘솔 게임은 또 다른 세계였습니다. 특히 당시로서는 한층 진보된 수준의 그래픽을 선보였던 세가 새턴(국내에는 삼성 새턴으로 출시됨)과 플레이스테이션 시리즈는 충격 그 자체였습니다.

지금은 PC 사양도 맞추기에 따라 콘솔 못지않은 성능이 나오도록 꾸릴 수 있지만, 콘솔 특유의 아날로그다운 조작 감성과 UX는 여전히 콘솔만의 것입니다. 어쩌면 이것이 21세기에도 콘솔 시장이 존재하는 이유일지 모릅니다.

콘솔은 세대가 바뀔 때마다 변화를 거듭해왔습니다. 비단 성능뿐 아니라 게임 타이틀의 시대정신이 바뀌고 소비자의 구매 사유도 더욱 다양해졌습니다. 크리스마스 선물을 고대하는 아이, 취미로 게임을 즐기려는 어른, 다 함께 가볍게 즐길 오락거리가 필요한 가족 등 이제는 연령, 성별, 각계각층을 불문하고 저마다의 목적으로 게임을 접할 수 있는 시대가 열렸습니다.

전자계산학의 태동과 함께 어셈블리 언어를 활용해 컴퓨터 프로그램을 개발했던 1세대 게임 제작자들부터 경제력이 생겼지만 몸은 너무 커버린, 하지만 그 시절 감성을 여전히 간직하고 추억하는 어른들, 그리고 어릴 적부터 현대적인 게임 엔진과 함께하며 게임 개발자를 꿈꾸는 미래의 주인공들까지, 앞으로 오랜 세월이 흐를지라도 게임의 명맥은 계속 이어질 것입니다. 저는 재미를 추구하는 인간의 본성과 호기심이 사라지지 않는 한 비디오 게임의 진화가 영원할 것이라고 믿습니다.

단독 역자로서 번역을 맡은 것이 처음이라 좌충우돌도 있었지만, 헌신적으로 도움을 주신 분들 덕에 무사히 끝낼 수 있었습니다. 우선 이 번역서를 우리나라에 소개할 수 있게 해주신 한빛미디어와 부족한 원고를 살피고 다듬느라 애써주신 김종찬 선임님, 교정을 맡은 박민정 님, 조판을 맡은 송여경 님에게 진심으로 감사의 말씀을 전합니다.

또한 오랜 SNS 친구이자, 때로는 정신적 지주로서 도움을 주는 유니티테크놀로지스 코리아의 레트로 이제민 님, 리드 에반젤리스트 오지현 님, 그리고 지속적으로 선한 영향력을 행사해 모든 면에서 동기 부여가 되는 홍동희 매니저님에게도 감사의 뜻을 표합니다.

2023년 2월
심백선

차례

Introduction

들어가는 글

"도대체 왜?"

비디오 게임은 '애들이나 가지고 노는 물건'으로 치부되곤 하지만 앞으로 계속 성장할 전도
유망한 분야입니다.[1] 내가 게임 업계에 남아 있는 이유가 바로 그겁니다. 나는 비디오 게임
을 사랑해요. 이 바닥은 계속해서 진화하고 있고, 나는 단 하나도 놓치지 않고 따라가고 있어요.
기술이 발전할 때마다, 사람들의 생활 양식이나 사회적 관습이 변할 때마다 항상 이런 의문
이 들죠. "다음에는 뭐가 나올까?" 그 모든 것을 게임으로 만들 수 있으니까요.

　—로드 쿠젠스(액티비전 인터내셔널 부문 전 사장, 어클레임엔터테인먼트 인터내셔널 부문 전 최고 운영 책임자,
　　코드마스터스 전 CEO, 자잉스 CEO)

한 시대의 종말

　1990년대 중반 이후 비디오 게임은 세기말의 대유행이 되었습니다. 플레이스테이션을 들고 업계에 뛰어든 소니가 그간 반짝 유행이나 틈새시장, 애들 장난감, 별난 취미 같은 취급을 받아온 게임 세계에 신선한 충격을 안겨주었습니다.

　물론 이때에도 미국에서는 이미 게임 매출이 최고 50억 달러를 넘어섰고, 이는 영화, 연극 등의 박스오피스 수익을 초월하는 수치였습니다. 할리우드에서는 게임을 주제로 한 영화를 몇 편 제작하기도 했습니다. 하지만 게임 원작 영화의 흥행 수익은 재앙 수준이었습니다. 1993년에 나온 〈슈퍼 마리오Super Mario Bros.〉도 그랬고, 1994년에 나온 〈스트리트 파이터Street Fighter〉도 크게 다르지 않았습니다. 그러다 할리우드의 최고 인기 배우였던 앤젤리나 졸리가 〈툼 레이더Tomb Raider〉에 라라 크로프트 역으로 출연하기로 하면서 게임 원작 영화는 희망적인 반전을 맞이하게 됩니다.

　게임에 대한 갑작스러운 열풍은 미국에서만 일어난 일이 아닙니다. 도쿄에서는 게임 업계의 거물인 세가 엔터프라이지스가 하네다 공항에서 몇 블록 떨어진 곳에 위치한 현대식 고층 빌딩을 사들였습니다. 겹겹이 쌓인 층을 지나면 유리창으로 둘러싸인 정원이 있고, 그 옆에는 새로 부임한 세가의 CEO 이리마지리 쇼이치로의 화려한 사무실이 있었습니다.

　이리마지리가 이끄는 세가는 눈코 뜰 새 없이 바빴습니다. 당시 세가는 새로운 가정용 비디오 게임기를 막 내놓은 참이었고, 아케이드 게임 제작자로 유명한 스즈키 유가 역대급 예산을 들여 〈쉔무Shenmue〉를 제작 중이었거든요.[1] 스즈키는 〈쉔무〉를 만들기 위해 개발한 기술을 세가의 다른 게임에도 재활용할 수

---

1 〈쉔무〉의 제작비는 5,000만 달러로 추정된다. 이 기록은 제작비가 각각 1억 달러인 〈그랜드 테프트 오토 V(Grand Theft Auto V)와 〈스타워즈: 구공화국(Star Wars: The Old Republic)이 나오고 나서야 깨졌다.

있을 것이라며 큰 씀씀이를 정당화했습니다. 이는 블록버스터 게임 시대의 시작을 알리는 신호탄이기도 했습니다.

도쿄 메구로구의 중간쯤에는 디즈니 일본 법인과 마찬가지로 대리석과 유리로 뒤덮인 고층 빌딩에 입주한 스퀘어가 있었습니다. 〈파이널 판타지 VII^{Final Fantasy VII}〉과 〈파이널 판타지 VIII〉의 세계적인 성공에 한껏 고무된 스퀘어 이사회는 〈쉔무〉보다도 더 비싼 프로젝트를 승인해버렸습니다. 바로 영화 〈파이널 판타지〉였습니다.

〈파이널 판타지〉 시리즈 제작자인 사카구치 히로노부는 자신의 롤플레잉 게임에 기반한 장편 영화를 만들고 싶어 했습니다. 그가 구상한 영화는 손으로 그린 애니메이션도 실사 영화도 아니었습니다. 최첨단 그래픽 기술을 동원해 움직이는 가상 모델로 실제 배우를 대체하는 것으로, 할리우드에서도 첫 시도였습니다. 이 영화의 제작비는 처음에 5,000만 달러로 예상되었으나 최종 예산은 거의 1억 5,000만 달러였습니다. 세가가 그랬던 것처럼 스퀘어도 이 영화에 사용된 기술을 차기 게임 제작에 써먹으려고 도박을 했던 것입니다.

일본을 벗어난 사카구치는 호놀룰루 항구가 내려다보이는 하와이의 고급 빌딩 꼭대기에 스퀘어 영화사를 새로 설립했습니다. 통유리 외벽 너머로는 해변이 보이고, 실내 분수가 딸린 초현대식 실내 장식과 어마어마한 규모의 컴퓨터 시스템을 갖춘 사무실이었습니다. 이렇게 꾸미기 위해 빌딩 옥상까지 헬리콥터로 실어 날라야 했습니다.

다이아몬드헤드 경사면에 위치한 마을 건너편에는 스퀘어의 모션 캡처 팀이 〈베이워치^{Baywatch}〉 제작사와 함께 쓰는 스튜디오 부지가 있었습니다. 여기에는 사운드 스테이지가 두 개 있었는데, 하나는 1960년대에 〈하와이 파이브-오 Hawaii Five-0〉를 제작하면서 세워졌고 또 하나는 스티븐 스필버그가 〈쥬라기 공원 Jurassic Park〉을 찍기 위해 만든 것이었습니다. 데이비드 해셀호프[2]와 그 소속사는

---

2 옮긴이_〈베이워치〉의 주연 배우

구 사운드 스테이지에서 촬영하고 스퀘어는 새 사운드 스테이지를 썼습니다.

스퀘어스튜디오의 아이다 준 사장이 영화의 성우 연기를 해줄 일급 배우들을 찾아다닐 동안 모션 캡처 팀의 공동 감독인 레밍턴 스콧은 스턴트 배우들과 함께 걷기, 뛰기, 낙하 등 영화에 나오는 장면을 촬영했습니다. 그는 배우들의 동작을 컴퓨터로 기록해 데이터화하고, 이렇게 만들어진 움직임 뼈대에 가상 모델의 스킨을 덧씌웠습니다.

스콧은 이 방면의 선구자였습니다. 영화 업계에서는 이와 같은 신기술을 경험해본 전문가를 찾을 수 없었던 반면 게임 업계에는 스콧이 있었습니다. 그는 뉴욕주 글렌코브에 있는 어클레임엔터테인먼트 모션 캡처 스튜디오를 설계하고 운영하면서 〈튜록: 다이너소어 헌터Turok: Dinosaur Hunter〉 제작에 참여했습니다.

TV 드라마 〈ER〉 시즌 1에 배우로 출연하고 영화 〈뮬란Mulan〉의 성우를 맡았던 밍나 웬을 주연으로 섭외하기 전까지 아이다 준은 배우 모집에 난항을 겪었습니다. 아이다가 밍나 웬과 계약했다고 발표하고 나서야 연예계 에이전트들이 진지하게 관심을 보이기 시작해 앨릭 볼드윈, 빙 레임스, 스티브 부세미, 도널드 서덜랜드, 제임스 우즈, 키스 데이비드가 줄줄이 합류했습니다.

한편 민주당 상원의원 조지프 리버먼은 워싱턴 DC의 상원 법사위원회가 매년 개최하는 비디오 게임 보고회에서 비디오 게임 콘텐츠의 부적절성을 꾸준히 지적해왔습니다. 그가 불편하게 느낀 것은 단순히 폭력성만이 아니라 성적 묘사, 상스러운 언어, 마약과 같은 다양한 부분이었습니다. 또 다른 상원의원인 허브 콜, 샘 브라운백, 힐러리 클린턴과 하원의원인 베티 매콜럼까지 이 생각에 동감해 함께 게임 심의 제도를 강하게 요구했습니다. 이들은 어린이가 성인용 게임에 지나치게 노출되는 점을 우려하며 윤리적 선을 넘은 기업을 선정했습니다. 주요 비판 대상은 〈모탈 컴뱃Mortal Combat〉을 만든 미드웨이게임스였습니다.

비디오 게임 보고회의 주장으로 안 좋은 여론이 형성되었음에도 사업가 섬너 레드스톤은 개의치 않았습니다. 바이어컴인터내셔널을 공격적으로 인수한 것으로도 유명한 그는 1998년에 미드웨이게임스의 지분 중 15%를 사들였습니다.

게임 분야는 시장만 성장한 것이 아니라 산업 또한 발전하고 있었습니다. 모든 업체가 시장과 함께 발전했지만 그중 대다수가 점점 치열해지는 경쟁에서 도태되어 밀려났습니다. 〈모탈 컴뱃〉과 〈NBA 잼NBA Jam〉 시리즈의 성공에도 불구하고 미드웨이게임스는 파산으로 치달았고, 한때 일렉트로닉아츠EA보다 큰 수익을 자랑하던 어클레임엔터테인먼트도 예외가 아니었습니다. 세가 또한 과거의 영광을 그리워하며 빛을 잃어갔고, 스퀘어는 살아남기 위해 숙적들과 힘을 합쳐야 했습니다.

진화의 첫 신호

경쟁에서 살아남는 것은 가장 강한 종이나 가장 똑똑한 종이 아니라 변화에 가장 잘 적응하는 종입니다.

– 찰스 다윈이 했다고 알려진 말[2]

저물어가는 1990년대 산업의 융합 과정과 이를 잇는 차세대 분야가 무엇인지 잘 설명해주는 이야기가 있습니다. 이는 게임 업계에 전해 내려오는 전설로, 다른 전설과 마찬가지로 구전될 때마다 미화되었습니다.

2004년, 마이크로소프트 MSN 게임스 웹사이트의 그룹 프로그램 매니저인 브라이언 트러셀은 상사인 셰인 김에게 인디 게임 배급사 여섯 개를 사들이자고 제안했습니다. 트러셀은 몇 년 동안 그들과 함께 일하면서 그들의 게임에 깊은 인상을 받았습니다. 전해지는 이야기에 따르면 트러셀은 마이크로소프트가 그들을 각각 25만 달러에 사들일 수 있다고 주장했습니다. 마이크로소프트 게임 스튜디오의 부회장이자 총책임자인 셰인 김은 이렇게 대답했습니다. "도대체 왜 내가 주말에 차고에서 뚝딱 만들어낼 만한 게임이나 만드는 회사들을 25만 달러씩이나 주고 사야 하는데?"

여기부터가 핵심입니다. 셰인 김이 매입을 거절한 회사 중 두 곳은 바로 팝캡게임스와 징가입니다. 전자는 EA에 13억 달러에 팔렸고, 후자는 테이크투에 127억 달러에 인수되었습니다.

다른 전설과 마찬가지로 이 이야기에는 진실과 허구가 뒤섞여 있습니다. 트러셀과 셰인 김의 대화는 2004년에 있었던 일인데, 징가는 2007년에 설립되었습니다. 게다가 이미 〈비주얼드Bejeweled〉를 수백만 장 이상 팔아치운 팝캡게임스의 창업자라면 25만 달러라는 제안을 비웃었을 것입니다.

당신이 들려준 이야기를 내가 좋아하지 않는 이유가 바로 그겁니다. 왜냐하면 〈비주얼드〉가 한창 잘나가고 있을 때 나는 팝캡게임스의 공동 설립자인 존 베치한테 회사를 400만 달러에 팔라고 했거든요. 25만 달러가 아니라 400만 달러란 말입니다.

– 에드 프리스(마이크로소프트 게임스튜디오 전 책임자)

트러셀은 셰인 김과의 대화가 어느 정도는 사실이라면서 다음과 같이 말했습니다. "우리는 25만 달러보다는 훨씬 더 많이 주려고 했어요."

그 회의는 실제로 있었던 일이지만 수치는 왜곡되었습니다. 팝캡게임스는 〈비주얼드〉만으로 유명한 회사가 아니었어요. 그 제목은 우리가 지어줬지만요. 그들이 〈주마스 리벤지Zuma's Revenge〉를 막 출시했을 무렵 팝캡게임스를 사자고 제안하자 셰인은 이렇게 말했죠. "나는 차라리 그들의 주력 제품을 25만 달러에 리메이크하겠어. 도대체 왜 몇백만 달러씩이나 주고 회사를 통째로 사야 하는데?"

– 브라이언 트러셀(MSN 게임스 전 관리자)

트러셀에 따르면 게임하우스는 2004년의 논의에서 언급된 회사 중 하나였습니다. 그해 말 리얼네트웍스는 현금 1,460만 달러와 주식 2,100만 달러에 게임하우스를 매입했습니다.

물론 금액도 맞지 않고 게임 배급사의 목록도 불명확하지만 이 이야기는 게임 산업이 어떻게 진화했는지를 보여줍니다. 세가, 소니, 닌텐도, EA 등의 선례를 보고 배운 셰인 김은 위와 같은 결정을 내렸습니다. 반면 대규모 게임 시장의 소비자와 상대적으로 거리가 멀었던 트러셀은 마이크로소프트 게임스튜디오 내에서도 김의 책상을 거의 거치지 않는 게임 시장의 새로운 현상을 탐구하면서 근무 시간을 보냈습니다. 〈헤일로Halo〉와 같은 대형 게임을 다루고 있던 김은 피라미보다는 고래에 관심을 쏟았습니다. 진화는 계속 일어나고 있었고 트러셀은 그 앞자리에 앉아 있었습니다.

우리는 매우 현명한 관리자들, 게임 산업을 너무나도 잘 아는 현명한 사람들을 거쳐야 했어요. 그들은 게임 산업을 아주 잘 알고 있었지만, 상대적으로 시장이 작은 캐주얼 게임에 대해서는 전혀 모르고 있었죠.

경영진은 캐주얼 게임을 마지못해 용인해주는 편이었어요. 셰인 김, 내가 개인적으로 훌륭하다고 생각하는 스튜어트 몰더, 그리고 로비 바흐마저도요. 그들은 스튜디오를 위해 엄청난 언론과 마케팅에다 수천만 달러를 쓰고 있어요. 그런데 우리는 여기서 이런 작은 게임들에 관심을 가지고 있을 뿐이랍니다.

– 브라이언 트러셀

그 대화가 구체적으로 기억나지 않지만 그 맥락이 중요합니다. 이 문제는 마이크로소프트 게임스튜디오에 하나의 도전이나 다름없었습니다.

우리는 모든 초점을 엑스박스에 맞추고 있었어요. 시간, 자원, 관리, 재능을 모두 엑스박스 문제의 대응에 쓰고 있었죠. 이에 관한 가장 좋은 예는 앙상블스튜디오에서 있었던 일입니다. 가장 위대한 게임 시리즈 중 하나인 〈에이지 오브 엠파이어Age of Empires〉를 만든 제작사 말입니다. 그 게임은 점차 쇠락하고 있었고, 이는 우리가 엑스박스 플랫폼에 자원과 에너지를 집중하기로 결심하게 했어요. 우리는 그들에게 〈헤일로 워즈Halo Wars〉를 만들라고 했지만, 그들이 좋은 콘솔 게임을 만들지 못할 것으로 보고 결국 스튜디오를 폐쇄하기로 했죠.

– 셰인 김(마이크로소프트 게임스튜디오 전 총책임자)

운영체제로 세계를 주무르던 마이크로소프트는 2004년까지도 컴퓨터 게임 분야에서는 시행착오를 거듭하고 있었습니다. 1982년 작 〈마이크로소프트 플라이트 시뮬레이터Microsoft Flight Simulator〉와 1990년에 출시된 마이크로소프트 엔터테인먼트 팩(〈지뢰 찾기Minesweeper〉, 〈테트리스Tetris〉, 〈골프Golf〉가 포함됨)이 대표적인 예입니다. 이 기술 강자는 세가의 드림캐스트를 위한 보조 운영체제도 설계한 적이 있습니다. 하지만 마이크로소프트의 게임 중 가장 많이 플레이된 것은 마우스에 친숙해지도록 돕는 카드게임 〈솔리테어Solitaire〉로, 이는 윈도우 운영체제에 기본으로 탑재된 게임이었습니다.

게임사에 애매한 족적을 남긴 마이크로소프트

1990년대 중반에 마이크로소프트는 윈도우 95 운영체제를 출시하면서 가장 대담한 시도를 했습니다. 고성능 멀티미디어를 처리할 수 있는 다이렉트X를 윈도우 95에 탑재함으로써 윈도우를 게임 플랫폼으로 만든 것입니다. 새 운영체제를 내놓기 전에 마이크로소프트는 〈데들리 타이드Deadly Tide〉, 〈클로즈 컴뱃Close Combat〉, 〈헬벤더Hellbender〉 등으로 이루어진 새로운 엔터테인먼트 라인업을 출시한다는 계획을 발표했습니다.

윈도우 95 출시를 앞두고 마이크로소프트는 다양한 행사를 벌였습니다. 그중 레드웨스트 캠퍼스 신사옥에서 열린 성대한 핼러윈 파티에서는 기자, 게임 개발자, 소매업자, 업계의 영향력 있는 사람들이 너 나 할 것 없이 윈도우용 게임을 즐기고, 차고에 100만 달러를 들여 만들어놓은 유령의 집을 구경했습니다. 이날 저녁의 하이라이트는 윈도우 게임 기술의 선도자인 앨릭스 세인트 존의 연설로, 그는 윈도우를 PC 게임에 적합한 운영체제로 만드는 다이렉트X 기술에 대해 설명했습니다. 또한 윈도우로 플레이되는 〈둠Doom〉의 영상을 보여주고, 영상 말미에서는 그래픽으로 만들어진 빌 게이츠가 엽총을 들고 스크린에 들어가는 모습을 통해 PC 게임에 대한 마이크로소프트의 의지를 드러냈습니다.

윈도우 95의 출시로 게임 플랫폼이 도스에서 윈도우로 빠르게 교체되었습니다. 하지만 마이크로소프트가 직접 제작한 게임은 블리자드의 〈디아블로Diablo〉, 이드소프트웨어의 〈퀘이크Quake〉, 3D렐름스의 〈듀크 뉴켐 3DDuke Nukem 3D〉 등 훨씬 더 흥미로운 게임에 가려 빛을 보지 못했습니다. 1997년 크리스마스까지 마이크로소프트의 홍보부는 1996년 게임 라인업을 언급하면서 '지옥 같았던 한 해'라고도 했습니다.

당시 윈도우 95의 출시에 온 관심이 쏠렸던 만큼 마이크로소프트의 모험적인 행보는 눈에 띄지 않았습니다. 1996년 초 마이크로소프트는 더빌리지라는 평범한 온라인 게임 사이트를 사들이고 인터넷게이밍존[3]이라는 브랜드로 재탄생시켜 8월 7일 문을 열었습니다. 그때 당시에 MSN 게임스는 보드게임과 카드게임을 하려는 사람들이 모이는 집합소에 가까웠습니다. 소문에 의하면 빌 게이츠도 가끔 여기서 억만장자 친구 워런 버핏과 카드게임을 즐겼다고 합니다.

MSN 게임스처럼 주류에서 동떨어진 소규모 인터넷 서비스는 다른 산업에 비해 따분하고 시시하게 여겨지곤 했지만 세상이 점점 바뀌고 있었습니다. 비교적 늦게 게임 산업에 뛰어든 소니는 세가와 정면 승부를 벌여 콘솔 시장을 제패했고, 닌텐도는 새로운 콘솔인 닌텐도 64를 준비하고 있었지만 닌텐도에게 소니는 여전히 가장 힘겨운 경쟁 상대였습니다.

한편 게임 자체도 스스로 변화하고 있었습니다. 일인칭 슈팅 게임first-person shooter(FPS)과 실시간 전략 게임real-time strategy(RTS)이라는 새로운 장르가 PC 게임 시장을 휩쓸었고, 어드벤처 게임이나 비행 시뮬레이션 게임 같은 고전 장르는 가파른 내림세를 보였습니다.

1997년, 마이크로소프트는 〈에이지 오브 엠파이어〉라는 RTS 게임을 출시

---

3 옮긴이_이후 MSN 게이밍존, MSN 게임 등 이름이 여러 차례 변경되었다. 이 책에서는 현재 이름인 MSN 게임스로 통일했다.

해 공전의 히트를 기록했습니다. 윈도우 기반의 〈에이지 오브 엠파이어〉는 플레이어 대 플레이어 매치를 위한 근거리 통신망local area networking(LAN) 기술과 MSN 게임스를 통한 매치메이킹 서비스를 제공했습니다. 그해 말 MSN 게임스는 2차 세계대전 비행 시뮬레이터 게임 〈파이터 에이스Fighter Ace〉의 매치메이킹 서비스도 제공했습니다. 2년 후 대규모 다중 사용자 온라인 롤플레잉 게임massively multiplayer online role-playing game(MMORPG)이 대유행을 타자 MSN 게임스는 〈애쉬론즈 콜Asheron's Call〉이라는 자사 게임의 허브가 되었습니다.

기자들은 〈에이지 오브 엠파이어〉, 〈파이터 에이스〉, 〈애쉬론즈 콜〉을 기사에서 다루었습니다. 하지만 MSN 게임스 혹은 경쟁 플랫폼인 야후게임스나 Pogo.com에서 제공하는 소규모 캐주얼 게임 장르까지는 여전히 관심이 닿지 않았습니다.

닌텐도 64의 출시로 마무리된 1996년은 콘솔 게임의 풍년이었습니다. 비평가와 게이머는 하나같이 〈슈퍼 마리오 64Super Mario 64〉를 역대 최고의 게임으로 꼽았고, 소니는 그에 대응해 〈크래시 밴디쿳Crash Bandicoot〉을 출시했습니다.

살아남기 위해 몸부림치던 세가는 〈나이츠 인투 드림스Nights into Dreams〉와 〈팬저 드라군 IIPanzer Dragoon II〉로 대응했습니다. 그다음 해에는 〈파이널 판타지 VII〉, 〈골든아이 007GoldenEye 007〉, 〈스타 폭스 64Star Fox 64〉가 출시되었습니다. 1997년에 너무나 많은 블록버스터 게임이 나오는 바람에 〈캐슬바니아: 밤의 교향곡Castlevania: Symphony of the Night〉[4]과 같은 고전 게임은 출시되었는지도 모르게 묻혀버릴 정도였습니다. 그 후로도 몇 년 동안 게임 콘텐츠는 계속 확장되었습니다. 여러 게임 회사가 〈아르고스의 전사Rygar〉, 〈대마계촌Ghouls'n Ghosts〉, 〈메탈 기어 솔리드Metal Gear Solid〉와 같은 고전 게임을 리메이크해 그중 몇 개는 엄청나게 성공하고 나머지는 흔적조차 없이 사라졌습니다.

마이크로소프트는 2001년에 브라이언 트러셀을 게임 플랫폼 그룹 관리자

---

4 옮긴이_국내 정식 발매명은 〈캐슬바니아: 밤의 교향곡〉이지만 게이머들에게는 〈악마성 드라큘라 X: 월하의 야상곡〉으로 더 알려져 있다.

로 앉혔습니다. 그때는 이미 소니가 플레이스테이션 2를 출시했고, 마이크로소프트와 닌텐도는 차세대 플랫폼을 출시할 여력이 없었습니다. 2003년, 트러셀은 MSN 게임스의 그룹 관리자로 승진했습니다. 당시에 MSN 게임스는 〈에이지 오브 엠파이어〉 매치메이킹 서비스의 인기를 대거 상실한 상태였습니다.

게임 플랫폼 그룹 관리자였던 트러셀은 MSN 게임스의 고객이 무엇을 구입하고 무엇을 플레이하는지 잘 알고 있었습니다. 그는 카드게임, 퍼즐게임, 보드게임과 같은 작은 게임의 성장에 주목했습니다. 마이크로소프트의 다른 이들이 모두 〈헤일로〉에 집중할 동안 트러셀의 팀은 게임 제목을 '다이아몬드 광산'에서 '비주얼드'로 바꾸도록 제작사 팝캡게임스를 설득하느라 분주했습니다.

에드 프리스는 나보다 반 세대 위로, 당시 나에게 그는 전문가였어요. 인간관계를 맺을 줄도, 사업을 할 줄도 알았던 그는 경제 모델을 제대로 알고 있었죠. 그러나 그와 내가 주고받은 의사소통은 매우 짧았고, 나는 그와 친하다고 생각해본 적이 없습니다.

내 업무가 아직 초기 단계였고 그가 좀 더 골수 게이머에 가까웠을 때 에드가 흥미를 가진 것은 1,000만 달러 예산과 배급사가 있는 게임이었습니다. 캐주얼 게임은 그의 레이다망에서 하나의 점에 불과했죠. 그가 기울인 관심은 5% 정도였을 걸요.

– 브라이언 트러셀

MSN 게임스 서비스 덕분에 마이크로소프트는 인터넷과 게임 융합 분야에서의 시작이 닌텐도와 소니보다 한 발짝 앞섰습니다. 2004년 11월, 마이크로소프트는 MSN 게임스 매치메이킹 경험을 이용해 엑스박스 라이브라는 상용 게이밍 서비스를 만들었습니다. 허를 찔린 닌텐도와 소니가 그런 수준의 인터넷 서비스를 제공하려면 적어도 2년 이상이 걸릴 터였습니다.

2004년, 마이크로소프트는 서비스를 확장하고 엑스박스 라이브 아케이드로 이름을 변경했습니다. 그리고 다운로드할 수 있는 게임을 다섯 개(〈하드우드 솔리테어Hardwood Solitaire〉, 〈비주얼드〉, 〈데인저러스 마인즈Dangerous Mines〉, 〈리코셰 로스트 월즈Ricochet Lost Worlds〉, 〈슈퍼 컬랩스 IISuper Collapse II〉) 추가해 각각

9.99달러에 판매했습니다. 여섯 번째 게임인 〈남코 빈티지Namco Vintage〉는 14.99달러에 판매되었습니다.

우리가 엑스박스 라이브 아케이드를 만들 때 사람들은 이렇게 말했죠. "게임을 단돈 10달러에 팔 수 있다니 무슨 소리야? 제작하는 데 25만 달러나 들인 게임을 디지털 다운로드로 고작 10달러에 팔 수는 없어! 그건 〈기어스 오브 워Gears of War〉의 5분의 1밖에 안 되는 가격이라고! 50달러만 내면 〈기어스 오브 워〉를 살 수 있는데 대관절 누가 10달러를 내고 캐주얼 게임을 사겠냐고?"

그들은 수학을 몰랐던 거예요. 우리는 MSN 게임스에서 다운로드 가능한 캐주얼 게임을 20달러에 팔았습니다. 얼마나 재미있고 얼마나 많은 시간을 투자하는지에 대한 통계와 달리 수익성이 엄청나다는 것을 우리는 알았죠.

그들은 캐주얼 게임에 대한 통계 자료가 자신들이 생각하는 것과 정반대라는 것을 전혀 알지 못했어요. 우리에게 최선의 고객은 〈비주얼드〉를 20달러에 다운로드하려는 40대 비서들이라고요. 이들은 게임의 접근성과 보상, 소리, 즉석에서 느끼는 희열에 따라 움직이죠. 초당 폴리곤 수나 그래픽 품질에 관심을 두는 골수 게이머들과는 달라요.

– 브라이언 트러셀

트러셀이 셰인 김에게 인디 게임 회사를 구매하자고 할 때 마이크로소프트 게임스튜디오는 〈헤일로 2〉의 출시를 준비하고 있었을 것입니다. 마이크로소프트는 〈헤일로 2〉 제작에 4,000만 달러를 들이고 마케팅에만 8,000만 달러를 쏟아부었습니다. 이런 가운데 MSN 게임스와 자그마한 협력업체들은 김에게 그저 성가신 존재였을 것입니다.

트러셀처럼 겉도는 사람들이 셰인 김, 닌텐도 아메리카의 하워드 링컨 회장이나 소니컴퓨터엔터테인먼트 아메리카의 히라이 가즈오 같은 핵심 인물들보다 더 빨리 시장을 파악할 정도로 게임 산업은 발전을 거듭했습니다. 1990년대에 게임 산업을 지배했던 세가, 소니, 닌텐도는 모두 앞날에 놓인 시험대를 거쳐야 했습니다. 세상이 바뀌었고, 진화에서 벗어난 공룡들은 새로운 상황에 적응하거나 아니면 사라질 것입니다.

소니,
오직 단 하나

소니는 소니 자체가 잘못될지언정 잘못을 저지르지는 않습니다.
－맷 카사마시나(IGN 닌텐도 팀 전 편집장)

이모션 엔진이 내게 안겨준 감정은 절망뿐이었습니다.
－익명의 누군가

소니의 재림

1998년은 소니가 510억 달러의 매출과 영업 이익을 달성한 기록 갱신의 해였습니다. TV 광고를 통한 판매 이익이 1997년에 급증한 이후로도 계속 상승했습니다. 〈케이블 가이The Cable Guy〉와 〈스트립티스Striptease〉가 실패한 직후 소니의 영화 스튜디오는 〈맨 인 블랙Men in Black〉과 〈에어 포스 원Air Force One〉 같은 히트작을 냄으로써 간신히 고비를 넘겼습니다. 워크맨이 역사의 뒤안길로 사라지고 소니의 디스크맨이 미국에서 공전의 히트를 기록하며 그 자리를 차지했습니다. 또한 그 오디오 포맷인 미니디스크는 일본에서 빠르게 유행을 탔습니다. 그리고 그 후 플레이스테이션이 출시되었습니다.

소니는 1995년에 플레이스테이션을 400만 대 생산하고 1996년에는 900만 대, 1997년과 1998년에는 각각 2,100만 대를 생산했습니다. 반면 닌텐도는 닌텐도 64를 7년 동안 3,500만 대도 못 팔았고, 세가 새턴의 판매량은 1,000만 대를 넘기지 못했습니다.[5]

소니는 1990년대 중반부터 말까지 상당히 매력적인 회사였습니다. 하지만 그 전성기는 결국 끝이 나고야 말았습니다. 플레이스테이션이 소니를 새로운 고점에 올려놓았을 때 다른 사업이 기울고 있었습니다. 삼성은 경쟁력 있는 TV 제품군을 매우 낮은 가격에 내놓으며 북미 시장에 대공세를 퍼부었습니다. 2001년에 출시된 애플의 첫 아이팟은 미니디스크와 디스크맨 시장을 종식시켰습니다. 그 이름이 낯설지 않은 캐논과 니콘은 고성능 디지털카메라 사업을 접수했습니다. 노키아는 2007년까지 휴대폰 시장에서 소니에릭슨 위에 강자로 군림했고, 그 후로 애플이 아이폰을 출시하면서 모든 게 달라졌습니다.

구조조정, 널뛰는 주가와 시장의 종말. 소니에게 유일한 희망은 플레이스

---

5 닌텐도와 세가는 판매 대수를 기준으로, 소니는 출하 대수를 기준으로 판매량을 밝혔기 때문에 세 회사를 정확히 비교하기는 어렵다.

테이션뿐이었습니다. 1998년까지 콘솔은 워크맨을 밀어내고 가장 성공적인 가전제품으로 등극했습니다. 비디오 게임계에서 최초로 슈퍼 패미컴에 오디오 칩을 도입한 기술자 구타라기 겐은 이로써 차원이 다른 괴물이자 소니의 인도자가 되었습니다.

나는 어제 구타라기 씨와 함께 있었습니다. 그는 우리와 다른 종이라고밖에 표현할 수 없네요. 그는 기술자이지만 무시무시한 경영 감각도 타고났죠. 그는 차원이 다른 존재입니다.

– **이시카와 슈쿠오**(반다이남코그룹 의장)[6]

그의 첫 프로젝트는 1970~1980년대 카세트 플레이어에 들어가는 그래픽 이퀄라이저였습니다. 음량의 세기를 빨간색, 초록색, 노란색으로 표시하는 물건이죠. 켄이 그걸 발명했어요. 그는 음량이 커질 때 LED 바가 계속 최고점에 머물러 어디가 최고점인지 알 수 있게 해주는 기능의 특허를 가지고 있어요. 그의 단독 발명이거나 공동 발명이었겠죠. 그 특허에는 두 명쯤 더 포함되어 있었던 것 같아요.

– **필 해리슨**(소니컴퓨터엔터테인먼트 아메리카 서드파티 지원 담당 전 임원)

　　하지만 구타라기는 자기를 과신하고 신경질적이며, '튀어나온 못은 망치질을 당한다'는 말을 들을 만한 사람이었습니다. 그는 영리하고 주도적인 기술자였지만 소니의 인습적인 권력 구조에는 맞지 않았습니다.

　　플레이스테이션은 소니를 침체기에서 건져냈지만, 구타라기에게 힘을 실어주는 대신 내부의 분노를 사는 대가를 치러야 했습니다. 불행은 잇따르고, 사람들은 타인의 성공을 시기하게 마련입니다. 소니의 경영진이 대놓고 구타라기를 멸시하면서 그를 무례하고 거슬리며 용서할 수 없는 사람으로 여겼습니다. 구타라기는 소니의 보수적인 문화에 어울리지 않는 존재였습니다.

　　2000년 7월, 소니는 여론을 주도하는 가장 영향력 있는 인물 열 명을 도쿄

---

6 이시카와는 1978년부터 남코에 몸담았다.

의 본사로 초대했습니다. 인비저니어링의 설립자이자 수석 분석가인 리처드 도허티, 잡지『파퓰러 사이언스Popular Science』의 수잰 캔트라, 『롤링스톤Rolling Stone』의 작가 스티브 모르겐슈테른, 크리에이티브스트래터지스의 퓨처리스트인 팀 바자린이 함께했습니다. 이들은 소니의 최고 경영진과 수석 기획자들을 만났습니다. 구타라기도 그중에 있었습니다. 구타라기는 그들 중 언론인이 끼어 있다는 것을 알고는 몹시 당황했습니다. 그로서는 어떻게든 피하고 싶은 존재였으니까요.

이 행사는 소니의 신임 사장인 안도 구니타케가 참석한 칵테일파티로 마무리되었습니다. 구타라기를 당황하게 만든 언론인을 바라보며 안도는 구타라기의 성과를 칭찬하고, 그에게 명함을 주면서 향후 프로젝트의 지원을 약속했습니다. 안도가 자리를 뜨자마자 분석가인 리처드 도허티는 이렇게 말했습니다. "그 명함을 잘 가지고 있어요. 왕국으로 가는 열쇠인 셈이니까요."

당신도 알다시피 구타라기는 책상을 내려치며 소리치는 사람이 아니었지만 확실히 열정적이었습니다. 자세히 기억나지는 않지만 그와 논쟁을 한 적이 있었어요. 그리 중요한 일은 아니었을 거예요. 그가 논쟁을 끝내는 방법은 "정말 그렇게 생각하신다면 사임하셔야 합니다"라고 말하는 것이었어요. 논쟁을 계속하고 싶지 않다는 매우 감정적인 표현이었죠.

– 필 해리슨

구타라기와 상사들 사이의 적대감은 플레이스테이션 프로젝트 초기까지 거슬러 올라갑니다. 1990년대 초에 구타라기는 닌텐도와 합작으로 슈퍼 패미컴에 들어갈 시디롬 드라이브를 제작하는 팀을 이끌고 있었습니다. 소니는 게임 부서를 창설할 때 이 팀의 가치를 높게 보았지만, 닌텐도 경영진은 소니와 논의도 없이 스리슬쩍 협력 관계를 종료해버렸습니다. 그리고 닌텐도는 1993년 소비자 가전 전시회Consumer Electronics Show(CES)에서 소니와의 결렬을 선언하고 네덜란드의 거대 기업 필립스와의 새로운 협력 관계를 발표했습니다. 소니가 플레이스테이션 드라이브를 닌텐도와 함께 개발하고 있다고 발표한 지 단 하루 차이였습니다.

그 후 긴급회의에서 몇몇 경영자는 회사의 수치라며 구타라기를 비난했지만, 구타라기는 당시 소니의 회장인 오가 노리오에게 그 플레이스테이션 디스크 드라이브를 독립형 콘솔로 만들자고 요청했습니다. 다른 이사진이 논쟁하는 동안 오가는 구타라기에게 프로젝트를 진행할 권한을 주었습니다. 닌텐도의 배신을 언급하며 오가는 "당장 해!"라고 외쳤습니다.

그 회의에는 여덟 명만 있었고 다른 임원은 없었어요. 구타라기의 팀만이 오가를 설득하고 있었죠. 오가는 그 프로젝트에 개인적으로 흥미가 있었습니다.

모든 프레젠테이션을 보고 나서 오가는 "해봐. 당장 해! 이건 소니가 참여해야만 하는 프로젝트야." 다른 임원들은 의견을 내지 않고 오가 혼자서 결정했습니다. 그 후로 "당장 해!"라는 말은 전설이 되었죠.

— **우쓰미 슈지**(소니컴퓨터엔터테인먼트 아메리카 제품 구매 담당 전 임원)[1]

플레이스테이션 2의 출시

기존 플레이스테이션의 성공에 힘입어 구타라기는 이전보다 더 확실하게 대성공이라고 선언할 수 있게 되었습니다. 플레이스테이션 2를 출시할 때 그는 완벽한 성공을 거두려고 했습니다. 모든 일이 그의 계획대로 되었더라면 닌텐도와 세가는 시장에 발도 붙이지 못했을 것입니다.

1999년 3월 1일, 소니는 플레이스테이션 2를 도쿄 국제 포럼의 기자회견에서 공개했습니다. 그 장소는 거대한 오페라 하우스와도 같은 회의장을 갖춘 호화로운 컨벤션센터였습니다. 전 세계의 기자, 업계 대표들뿐만 아니라 다양한 초청객이 이 행사를 보러 왔습니다. '미래를 엿보다'라는 제목의 이 행사에서 소니컴퓨터엔터테인먼트의 도쿠나카 데루히사 사장은 플레이스테이션이 5,000만 번째 제품을 시장에 내놓았다고 발표했습니다. 그리고 차세대 플레이스테이션을 빛낼 '이모션 엔진' 기술에 대해 몇 가지 시연을 진행했습니다.

이 시연에서는 공, 얼굴, 3D 모델의 영상을 보여주었습니다. 오늘날의 기준으로는 원시적인 그래픽 수준이지만 1999년에는 획기적인 것이었습니다. 당시 기준으로는 실물과도 같은 노인의 얼굴 사진도 선보였습니다. 구타라기는 새 콘솔의 능력으로 여러 오브젝트를 움직이고 그 동작을 따라가는 모습을 보여주었습니다. 모든 것이 세련되게 보였지만 그 이면에는 3일간의 혼란이 감춰져 있었습니다.

행사 3일 전에 도쿄에 도착한 나는 구타라기의 사무실에 들어서며 이렇게 말했습니다. "이봐, 나 방금 도착했어. 행사에서 발표할 슬라이드를 보여주면 기술적인 부분을 고쳐주고 내용이 일관성 있는지도 봐줄게."

그러자 그가 나를 보고 대답했죠. "슬라이드? 오, 그거 좋은 생각인데?"

– 필 해리슨

곧바로 해리슨은 48시간 동안 엔지니어들과 함께 새 콘솔과 기존 플레이스테이션의 성능 비교가 포함된 슬라이드를 만들었습니다. 그들은 고도의 기술 정보를 기자와 소비자도 이해할 수 있게 발표해야 했습니다.

그 작업이 끝났을 때 나는 시차 때문에 헛것이 보일 지경이었습니다. 3일 동안 한 시간밖에 자지 못했거든요. 무대의 좁은 강단 위에 있던 바이오 노트북을 기억하시나요? 그게 내 노트북이에요.

나는 프레젠테이션 자료를 메모리 스틱에 담아 갔습니다. 나는 청중이 들어오기 30분쯤 전에 무대로 가서 한 가지 작업을 했어요. 메모리 스틱에서 노트북으로 최신 버전의 프레젠테이션 자료를 옮겼죠. 그런데 그걸 반대로 해버렸지 뭐예요. 노트북에 있던 프레젠테이션 자료를 메모리 스틱으로 옮긴 거죠.

최신 버전이 아닌 슬라이드에는 오타가 있고 번호도 잘못 쓰여 있었어요. 하지만 다행스럽게도 나만 그 사실을 알아챘어요. 너무 피곤했던 나는 청중과 함께 앉아서 무사히 지나가기만을 바랐습니다. 그리고 그렇게 되었죠. 하지만 나는 내가 해놓은 실수 때문에 가슴이 철렁했습니다. 이게 다 마이크로소프트 윈도우 때문이라고요.

– 필 해리슨

그해 초에 회장 자리에 오른 이데이 노부유키는 구타라기의 플레이스테이션 프로젝트를 초창기부터 함께해온 자신을 자축하는 연설을 했습니다. 사실 이데이도 다른 임원들과 마찬가지로 플레이스테이션 프로젝트를 버리려고 했습니다. 전임자인 오가 노리오가 직권을 남용해 프로젝트를 밀어주지 않았더라면 구타라기도 플레이스테이션을 포기해야 했을 것입니다.

고위 간부가 자신이 반대했던 프로젝트의 공을 스스로에게 돌리는 것은 흔한 일입니다. 상사를 존중하는 것이 조직 문화인 일본 회사에서는 더욱 그렇습니다. '미래를 엿보다' 행사를 회상하면서 필 해리슨은 이렇게 말했습니다. "성공은 많은 아버지를 두고 있고 실패는 고아죠."

놀랍게도 구타라기는 일본 회사의 전통을 깨고, 플레이스테이션을 지지해준 사람은 오가뿐이었다며 이데이에 맞섰습니다. 공식 석상에서 상사에게 반발하는 행동은 일본의 기업 문화에서는 전쟁을 선포하는 것이나 마찬가지입니다. 다른 임원이라면 그 자리에서 해고되었겠지만 구타라기는 쉽게 쫓아낼 수 없었습니다. 그가 이끄는 플레이스테이션 부서는 그해 전까지 소니의 영업 이익 중 약 40%를 올리고 있었기 때문입니다.

구타라기는 어느 누구와도 달랐습니다. 다른 사람이었다면 회사에 고분고분하고 프로젝트를 알아서 포기했을 겁니다. 그는 정말 선견지명이 있었어요.

나는 스티브 잡스와 함께 일해본 적이 없습니다. 그가 말하는 것을 보기만 하고 직접 만난 적은 없지만, 구타라기가 그처럼 회사와 정반대되는 비전을 가지고 있었다는 점에서 일본의 스티브 잡스라고 할 수 있습니다. 그리고 내 생각에 그가 CEO가 될 수 있었던 시기도 있었을 거예요. 나는 그가 모든 것을 뒤흔들어놓을 수도 있었다고 생각하지만, 불행히도 그런 성격은 보통 큰 기업을 굴릴 수 있는 타입이 아니죠.

— **잭 트레턴**(소니컴퓨터엔터테인먼트 아메리카 전 사장 겸 CEO)[2]

프레젠테이션이 끝나고 구타라기와 도쿠나가 데루히사는 훨씬 작은 규모의 기자회견을 열어 기자들의 질문에 답했습니다. 숀 레이든[7] 통역사를 통해 그들은 기술적인 사양과 출시 계획, 출시 예정인 게임에 대해 한 시간이 넘게 답변했습니다. 이 자리에 참석한 『패미통ファミ通』(일본), 『게임 인포머Game Informer』(미국), 『에지Edge』(영국)와 같은 출판물의 기자와 편집자들이 얻어 간 것은 대부분 차세대 플레이스테이션에 대한 대중의 첫 인상이었습니다.

몇몇 기자가 출시될 게임에 대해 질문하자 구타라기는 유명 유통사의 작품을 한없이 늘어놓았습니다. 그때 벨기에의 『오피셜 플레이스테이션 매거진Official PlayStation Magazine』 소속 기자는 이 프레젠테이션이 급조된 것처럼 보여, 소니와 구타라기에게 준비할 시간이 더 있었더라면 좀 더 인상적이었을 것이라고 말했습니다. 이에 통역사는 큰 목소리로 직접 답했습니다. "인상 깊지 않다고요?"

기자회견 막바지에 구타라기는 자기 입장에서 원대한 목표를 드러냈습니다. 그는 피아노 연주가 치매를 늦추는 효과가 있다는 최근의 연구 결과를 언급하면서 차세대 플레이스테이션도 같은 역할을 해주길 바랐습니다.

---

[7] 훗날 소니인터랙티브엔터테인먼트 월드와이드 스튜디오의 회장이 된다.

무대 중앙에 선 플레이스테이션 2

일본에서는 2000년 3월 4일에 플레이스테이션 2가 출시되었습니다. 일본에서 게임 하드웨어 출시는 게임 역사상 매번 큰 사건이었습니다. 기존 패미컴의 출시는 거의 주목받지 못했지만, 슈퍼 패미컴이 출시된 1990년 11월 21일의 도쿄는 달랐습니다. 특히 기존의 닌텐도 마니아들은 완전히 미쳐버렸습니다. 심지어 일본의 범죄 조직인 야쿠자가 콘솔을 배송하는 트럭을 탈취하려고까지 했다고 전해집니다.

플레이스테이션 1이 출시된 1994년 12월 3일에도 군중이 모이기는 했지만, 그보다 2주 전인 11월 22일 세가 새턴이 출시될 때는 훨씬 더 많은 사람이 모였습니다. 그러나 2000년 3월 4일의 플레이스테이션 2 출시 때는 독보적이었습니다. 플레이스테이션 2 출시는 전 세계의 헤드라인 뉴스로 떠올랐습니다. 하드웨어의 물량 부족과 게임 라인업의 빈약함에도 불구하고 플레이스테이션 2 출시를 둘러싼 관심은 기존의 모든 콘솔을 뛰어넘었습니다. 도쿄의 전자상가인 아키하바라를 비롯해 전자제품 매장 앞에 기다란 줄이 늘어섰습니다.

이러한 수요 때문에 대부분의 상점은 몇 주일 전부터 예약을 받았고, 출시일에는 재고가 거의 없을 것이라고 경고하기도 했습니다. 3월 3일, 사전 예약을 하지 못한 사람들은 물론이고 예약한 사람들도 재고가 소진되기 전에 자기 것을 챙기려고 줄을 섰습니다. 엄청난 줄이 아직 주인을 찾지 못한 플레이스테이션 2가 있는 상점들을 에워쌌습니다. LAOX 매장 앞에는 무려 4,000명이 모여들었는데, 매니저에 따르면 물량이 200대밖에 없었다고 합니다.

플레이스테이션 2를 파는 상점은 보통 오전 11시에 문을 열었지만, 전국적인 교통난을 막기 위한 정부의 요청으로 오전 7시부터 배포를 시작했습니다. 짧지만 조직적인 광란이 이어졌습니다. 상점들은 모든 재고를 거의 한 시간 만에 소진했고, 그런 다음에야 정상적인 일상을 되찾았습니다. 사람들은 새로 산 플레이스테이션 2를 시험해보기 위해 혹은 구하지 못하는 현실을 통탄하면서 집으로 향했기 때문에 오전 9시쯤에는 아키하바라가 거의 텅 비었습니다.

한 주 뒤, 빌 게이츠는 공식적으로 마이크로소프트가 게임 산업에 뛰어들었음을 새너제이의 게임 개발자 콘퍼런스에서 발표했습니다. 다른 나라들은 마이크로소프트와 닌텐도가 시장에 무엇을 내놓을지 궁금해했지만, 일본에서는 많은 소비자가 이미 플레이스테이션 2를 선택했습니다. 게임 타이틀의 부족은 전혀 문제가 되지 않았습니다. 플레이스테이션 2의 DVD 재생 능력에 자극을 받아 일본은 드디어 디스크에 기록된 영화를 받아들이기 시작했습니다. 몇 달 후 수백 가지의 게임 타이틀이 서서히 나올 것을 알고 말입니다.

일본 출시작 중 가장 유명한 기대작은 오락실에서 히트를 친 〈릿지 레이서 V^{Ridge Racer V}〉와 플레이스테이션 1 주력 타이틀의 후속작인 〈진·삼국무쌍 2^{Dynasty Warriors 2}〉였습니다. 처음 몇 달 동안은 게임 출시가 계속 지연되었습니다. 첫 번째로 주목받은 작품은, 콘솔이 출시된 지 몇 주 뒤에 나온 남코의 〈철권 태그 토너먼트^{Tekken Tag Tournament}〉였습니다. 그 후 영화 〈매트릭스^{The Matrix}〉가 잠시 동안 플레이스테이션 2의 블록버스터로 떠올랐습니다.

출시작이 여전히 부족했지만 일본 소비자는 플레이스테이션 재고를 있는 대로 사들였습니다. 소니가 수요를 따라갈 수 없을 지경이었습니다. 그해 하반기에 북미 출시가 예정되어 있었기에 비디오 게임 업계는 소니가 세계를 뒤흔들 돌풍을 또 일으킬 것으로 내다봤습니다.

한편으로 닌텐도는 일이 잘 풀리지 않았습니다. 2000년에는 차세대 콘솔을 출시하기로 계획했지만 닌텐도는 게임큐브 출시가 1년 더 남았다는 소문을 마지못해 인정할 수밖에 없었습니다. 마이크로소프트 또한 엑스박스 출시가 아직 1년 넘게 남아 있었던 터라 한 해 앞선 소니는 경쟁에서 유리한 입지를 다질 수 있었습니다.

시장에서 유일한 차세대 콘솔이라는 점은 압도적인 이점입니다. 하지만 이를 활용한 업체는 오직 하나뿐이었습니다. 세가가 처음 새턴을 출시하기 1년 전에 파나소닉은 3DO 멀티플레이어 콘솔을 내놓고 아타리는 재규어를 출시해 차

세대 콘솔 시장에 활력을 불어넣으려 했습니다. 하지만 두 기기는 모두 엄청난 시행착오를 겪었습니다.

아케이드 시장을 목표로 설립된 회사이자 콘솔을 성공적으로 내본 적이 없었던 세가는 16비트 게임기인 메가드라이브를 닌텐도가 슈퍼 패미컴을 출시하기 2년 전에 출시했습니다. 일본 플레이어들은 메가드라이브를 완전히 받아들일 수 없었고, 제네시스라는 이름으로 출시된 미국에서는 첫해 판매량이 50만 대에서 멈추었습니다. 닌텐도의 영업 및 마케팅 담당 임원인 피터 메인은 안타까운 표정으로 이렇게 말했습니다. "제네시스가 시장에 나온 첫해는 우리가 닌텐도 64로 최고 실적을 올린 해였어요."

일본에서 소니는 영화 판매에 의존했고, 곧 대작 게임이 나올 것이라고 약속했습니다. 일본은 소니에게 매우 충성스러웠습니다. 미국에서는 '비디오 게임'과 '닌텐도'라는 용어를 혼용해서 쓰기도 했고, 플레이스테이션 사용자가 소니 브랜드를 어떻게 보는지 잘 알 수 없었습니다. 소니컴퓨터엔터테인먼트 아메리카의 경영진은 이러한 상황을 운에만 맡기려 하지 않았습니다.

미국의 소니

일본 소니컴퓨터엔터테인먼트의 이미지가 기술적인 회사라면, 소니컴퓨터엔터테인먼트 아메리카^{SCEA}는 좀 더 세련되고 화려한 이미지를 풍겼습니다. SCEA는 거의 초창기부터 엔터테인먼트 사업의 근간을 이용했습니다. 소니는 일렉트로닉 엔터테인먼트 엑스포^{Electronic Entertainment Expo(E3)}에서 가장 크고 수요가 많은 파티를 열었습니다. 비록 공연을 하지는 않았지만 가수 프린스도 1996년 E3에 참석했습니다. 1997년에는 닌텐도가 B-52를 E3 행사장에 가져와 세상을 놀라게 했습니다만 그 소동은 오래가지 못했습니다. 소니가 연 파티는 당시 잘나가던 록 밴드 푸 파이터스의 공연으로 채워져 있었습니다.

하지만 그 무대 뒤에는 깐깐한 전문가들로 이루어진 SCEA 경영진이 있었습니다. 그들은 여러모로 구타라기와 직접 일했기 때문에 일본의 본사가 신뢰하고 있었습니다.

1995년 SCEA에 들어온 히라이 가즈오는 꾸준히 승진해 1996년에는 부회장 겸 최고 운영 책임자가 되었습니다. 그리고 마침내 2003년에는 회장 겸 CEO 자리에 앉았습니다. 일본에 있는 미국인 학교를 다니다 10대 때 캐나다 토론토에서 3년 동안 지낸 바 있는 히라이는 어색하지 않은 억양으로 영어를 구사할 수 있었습니다. 키가 크고 말쑥한 그는 괴짜들에게도 인정받을 정도로 업계에서 정중한 이미지로 통했습니다.

과거에 히라이가 구타라기 밑에서 일하게 되었을 때 아무도 이를 부러워하지 않았습니다. 그가 경영권을 넘겨받기 전에 SCEA는 아타리와 미국 완구 회사인 월즈오브원더에서 일했던 스티브 레이스 등 CEO가 여럿 거쳐 갔습니다.

나와 앤드루 하우스, 히라이 가즈오는 구타라기에게 한두 번 해고된 다음 날 복직하지 않았더라면 이렇게 잘 지내지 못했을 거라고 우스갯소리를 하곤 했습니다.

– 필 해리슨

가장 기억에 남는 논쟁은 구타라기가 더는 나와 같이 일을 못 하겠다고 했을 때입니다. 그는 내가 회사를 나가야 한다고 했습니다. 그래서 나는 때려치우겠다고 말했죠. 그런데 다음 날 그가 와서 사과하면서도 절대 "미안해, 내가 너무 심했어"라고 말하지 않았습니다. 그건 그의 사과 방식이 아니에요. 그는 이렇게 말했어요. "내 생각에 당신은 계속 근무해야 할 것 같아."

– **마루야마 시게오**(소니컴퓨터엔터테인먼트 전 회장)[3]

플레이스테이션 1부터 3까지는 구타라기 겐이 함께했는데, 그는 목소리가 아주 큰 관리자였습니다. "구타라기에게 해고당하지 않았다면 당신을 존중하지 않아서야"라는 농담도 있었죠. 가끔 우리 의견에 동의하지 않을 때 그는 "당신은 해고야!"라고 소리쳤어요. 그런 면에서 그는 도널드 트럼프보다도 심했죠.

－잭 트레턴

거쳐 간 CEO 중에는 영국 웨일스에서 태어나 옥스퍼드대학에서 공부한 앤드루 하우스가 있었습니다. 그는 1990년 소니에 입사하기 전에 일본에서 영어를 가르쳤습니다. 키가 작고 스타일리시하며 지적이었던 하우스는 일본어가 유창할뿐더러 한자를 읽을 수 있는 흔치 않은 능력을 가지고 있었습니다. 소니의 글로벌 홍보부에 들어온 그는 곧바로 플레이스테이션 부서로 이동해 거기서 구타라기와 함께 일하는 법을 배웠습니다. 하우스는 회사가 언론 기사에 정제된 이미지로만 나올 수 있도록 SCEA와의 의사소통을 관리했습니다.

앤드루는 외교적 수완이 뛰어나고 언행이 신중한 사람이었어요. 그는 홍보부 출신이라 나쁜 소문이 나면 어떤 결과를 초래하는지 잘 알고 있었죠. 그는 구타라기의 홍보 담당자로 일을 시작했어요.

－롭 다이어(소니컴퓨터엔터테인먼트 아메리카 홍보 담당 전 임원)

그 뒤를 이은 필 해리슨은 영국 태생으로, SCEA의 서드파티 지원 및 연구 개발 담당 임원이었습니다. 언어 능력이 뛰어난 하우스와 달리 해리슨은 열네 살 때 첫 게임 타이틀을 출시하는 등 게임 쪽에서 잔뼈가 굵었습니다.

마지막으로 SCEA의 영업 담당 임원이었던 잭 트레턴이 있습니다. 보스턴 태생인 트레턴은 미국 동부 해안 출신 특유의 기질로 업무에 임했습니다. 정제된 억양으로 언론을 대했던 히라이, 하우스, 해리슨과는 사뭇 달랐습니다.

어느 부분에서 잭과 의견이 일치하는지 정확히 알 수 있었어요. 잭은 굉장히 직설적이고, 정직하고, 단도직입적인 인물이었죠. 그는 유머 감각이 고약한, 참 웃기는 사람이었어요.

－롭 다이어

SCEA의 다른 경영자와 비교했을 때 트레턴은 야생이나 다름없습니다. 그는 동료들에게 전투적인 언행을 일삼는 임원으로 기억에 남았습니다.

2006년, 『와이어드Wired』의 크리스 콜러는 플레이스테이션 3가 왜 하위 호환을 지원하지 않는지 트레턴에게 물었습니다. 이에 트레턴은 다음과 같이 답했습니다. "나는 내 차가 하늘을 날아다니고 아침 식사도 만들어줬으면 좋겠어요. 하지만 그건 비현실적인 기대죠."

2007년, 그는 『일렉트로닉 게이밍 먼슬리Electronic Gaming Monthly』 기자에게 이렇게 말했습니다. "만약 미국 상점 매대에서 5분 이상 안 팔린 플레이스테이션 3를 발견하신다면 1,200달러를 드리겠습니다."

SCEA는 모회사의 허락으로 북미 지역의 경쟁자들보다 더 많은 자유를 누렸고, 이러한 이점을 충분히 활용했습니다. 반면 드림캐스트의 부진으로 경쟁에서 지고 있었던 세가 아메리카는 일본 본사의 명령을 받고 있었고, 닌텐도 아메리카와 일본 모회사 사이에는 더욱더 긴장감이 돌았습니다. 모회사의 회장 겸 CEO인 야마우치 히로시는 닌텐도 아메리카의 사장이자 자기 사위인 아라카와 미노루를 자주 괴롭혔습니다.

나는 마이크로소프트를 맡았고 히라이는 일본을 맡았어요. 그는 하워드 링컨[닌텐도 아메리카 회장]보다는 제약을 덜 받았지만 일본에서 건너오는 제품과 씨름을 해야 했어요. 그런 면에서 하워드는 더 편했죠. 무엇을 해야 할지 본사에서 알려줬으니까요.

히라이는 흥미로운 인물이었습니다. 그는 일본의 엄청난 지원을 받았어요.

– **로비 바흐**(마이크로소프트 엑스박스 전 최고 책임자)

소니의 지도부가 슬그머니 교체되어감에 따라 SCEA는 회사의 몸집을 불리기 위한 시험장 역할을 하게 되었습니다. 히라이와 하우스는 결국 소니에서 가장 막강한 부서에 정착했습니다. 번갈아가며 그들은 함께 일했던 부서장들에게 자신감을 드러냈습니다.

플레이스테이션 2의 미국 출시가 다가오자 히라이는 10월 26일에 출시될 것이며, SCEA가 100만 대를 판매하게 될 것이라고 발표했습니다. 100만 대는 엄청난 물량이었지만 크리스마스가 다가오면서 소비자들이 들떠 있었고, 업계 관계자들은 대부분 100만 대로도 수요를 따라가지 못할 것이라고 내다봤습니다.

한편 서드파티 담당 책임자인 해리슨은 일본 출시 기간 동안 빠진 여러 종류의 게임을 미국 출시에 포함하기 위해 열심히 뛰어다녀야 했습니다. 하지만 그는 소니가 언론에 밝히지 않고 은폐한 한 가지 추잡한 비밀, 바로 플레이스테이션 2의 게임을 만들기가 매우 어렵다는 것 때문에 난관에 봉착했습니다.

게임을 개발하면서 좌절감을 느꼈던 프로그래머들은 이모션 엔진이 자기에게 준 감정은 절망뿐이라고 농담을 했습니다. 한 미국 프로그래머는 새 콘솔을 가지고 작업하는 것에 대해 "아타리 2600 이후로 가장 프로그래밍하기 어려운 콘솔 기기"라고 말했습니다. 또한 소니와 긴밀하게 협력했던 게임 디자이너이자 제작자인 마크 서니는 이렇게 말했습니다. "쉽지는 않았지만 6개월 동안 대부분의 사람들이 노력하자 진전을 보이기 시작했어요." 플레이스테이션 1용 게임인 〈크래시 밴디쿳〉과 〈스파이로 더 드래곤Spyro the Dragon〉을 만들었던 서니는 새 콘솔을 위한 프로그래밍 엔진을 만드는 데 많은 도움을 주었습니다.

우리가 맞닥뜨린 첫 번째 문제는 플레이스테이션 2라는 완전히 새로운 하드웨어에는 완전히 새로운 기술이 필요하다는 것이었고, 우리 모두는 이를 다루면서 선구자가 되고자 했습니다. 나는 일본어를 할 수 있고 항상 일본 여행을 할 의향이 있었기 때문에, 개발 키트가 널리 보급되기 전 3개월 동안 도쿄에서 안식년을 보내면서 플레이스테이션 2에 대해 배우고 샘플 엔진을 만들었습니다.

플레이스테이션 2 덕분에 우리는 자유롭고 개방적인 3D 세상을 만들었습니다. 〈크래시 밴디쿳〉을 개발한 너티독은 멋진 3D 세상을 보여주었지만 카메라가 자유롭게 다니지는 못했죠. 그에 비해 인섬니악게임스는 〈스파이로 더 드래곤〉을 다시 만들면서 플레이스테이션 1에서도 오픈월드 작업을 할 수 있다는 것을 보여주었고요. 우리의 목표는 자유롭게 돌아다닐 수 있는, 부담 없는 오픈월드로 바뀌었어요. 그건 꽤 큰 목표였지만 〈잭 앤드 덱스터

Jak and Daxter〉를 개발하면서 이루어냈습니다.

- 마크 서니(기획자, 제작자, 프로그래머)

프로그래밍하기 어렵든 수월하든 간에 퍼블리셔들은 플레이스테이션 2의 전작 때문에 성공을 쉽게 장담했습니다. SCEA의 세련되고 공격적인 임원들은 마치 우승 팀과 같은 분위기였고, 그들의 하드웨어는 성공이라는 소니의 이미지에 맞아떨어졌습니다. 크고 작은 게임 회사가 모두 플레이스테이션 2 미국 출시를 준비하기 위해 노력했습니다.

출시 1주일 전인 9월 19일, 분석가 리처드 도허티는 MSNBC 기자에게 전화를 걸었습니다. "알려줄 빅뉴스가 있어요. 소니는 제 날짜에 출시하지 못할 겁니다. 안 그러면 약속한 물량의 절반만을 시장에 내놓아야 할 거예요."

도허티의 소식통에 따르면 소니는 약속한 100만 대가 아닌 50만 대의 콘솔을 출하할 수 있었습니다. 이 정보를 접한 SCEA의 대변인 몰리 스미스는 상사와 상의해야겠다면서 기자에게 다시 연락을 주겠다고 말했습니다. 다음 날 소니는 출시할 수 있는 콘솔이 50만 대이고, 1월 1일까지 매주 10만 대씩 추가로 출하될 것이라고 발표했습니다. "생산이 한 달 뒤처졌습니다. 때때로 일이 계획대로 흘러가지 않을 때가 있죠." 스미스는 언론에 이렇게 말할 수밖에 없었습니다.

소니가 약속한 물량의 두 배를 출하했어도 매진되었을 것입니다. 플레이스테이션 1의 성공에 힘입어 북미 시장에서 플레이스테이션 2의 성공은 당연했습니다. 예약 주문만으로도 상점들의 재고가 바닥났습니다. 스물아홉 개의 출시 게임 목록이 흥분을 더했습니다. 플레이스테이션 2 출시일에 EA스포츠는 〈SSX〉, 〈NHL 2001〉, 〈매든 NFL 2001*Madden NFL 2001*〉을 내놓았습니다. 남코는 첫날 〈릿지 레이서 V〉와 〈철권 태그 토너먼트〉를 선보였고, 코나미는 〈사일런트 스코프*Silent Scope*〉라는 아케이드 히트작을 제공했습니다. 〈릿지 레이서 V〉와 같은 레이싱 게임인 〈미드나이트 클럽: 스트리트 레이싱*Midnight Club: Street Racing*〉,

〈모토GP^{MotoGP}〉도 있었습니다. 에이지텍, 액티비전, THQ는 플레이스테이션 1 당시 출시하지 못했던 RPG를 들고 나왔고, 테이크투는 당구 시뮬레이션을 출시했습니다.

일본 소매점과 마찬가지로 미국 소매점에서도 출시일에 매진을 기록했고, 뒤이은 물량도 진열대에 오르기 전에 대부분 매진되었습니다. 초기 재고 부족 탓에 전 세계의 소매점은 사전 주문 판매의 물량을 맞추기 위해 고군분투해야 했습니다.

회계연도 말이 되기 1주일 전 일본에서 플레이스테이션 2를 출시한 소니는 2000년에는 140만 대를 출하했습니다. 3월까지도 소니는 수요를 충족하지 못한 채 전 세계적으로 900만 대 이상을 출하했습니다. 한편 소니는 플레이스테이션 2를 계속 만들고 출하하는 동안에도 한 경쟁사가 시장을 떠나고 두 경쟁사가 시장에 진입하는 등 변화하는 상황에 대비해야만 했습니다.

세가 최후의 날

완전히 무책임해요.
– 하워드 링컨(닌텐도 아메리카 전 회장)

마리오는 우리의 우상이었지만 소닉은 그렇지 못했습니다.
– 로드 쿠젠스

나는 통역사에게 이렇게 말했어요. "그한테 꺼지라고 전해줘요." 통역사가 그대로 전했을 리는 없죠. 나는 통역사를 곤란하게 만들었지만, 〈소닉 더 헤지혹Sonic The Hedgehog〉 제작자인 나카는 미국에 있는 동안 내 말뜻을 충분히 파악했을 거예요.
– 피터 무어(세가 아메리카 전 최고 운영 책임자)

오랫동안 험난했던 서비스게임스[8]의 역사

톰 컬린스키가 세가 제네시스를 혁신적으로 살려냈다고 말하면 마이클 카츠가 섭섭해할 것입니다. 컬린스키 이전 1989년에 제네시스의 출시를 지휘하도록 세가 아메리카의 CEO로 고용된 카츠조차도 컬린스키가 혁신까지는 아니지만 실행력이 뛰어났다고 인정합니다.

1년 동안 CEO로 있었던 카츠는 실패한 새 콘솔[9]을 유일한 경쟁사 닌텐도가 93%를 장악했던 시장에 도입해야 하는 불가능한 과제를 떠안았습니다. 종종 고압적이었던 일본 세가의 CEO인 나카야마 하야오는 카츠가 제네시스 100만 대를 출시 첫해에 미국 시장에 팔기를 바랐습니다. 그러나 카츠는 임기 1년 동안 50만 대를 팔고 쫓겨났습니다.

그의 뒤를 컬린스키가 이었습니다. 잘 알려진 이야기에 따르면 세가는 출시 첫해에는 허우적거렸고, 이후 컬린스키의 독창적이고 훌륭한 5단계 계획을 실행해 역사의 쓰레기통에서 제네시스를 구해내어 베스트셀러로 만들었습니다. 하지만 일본의 세가 본사로부터 승인을 받기 위해 그 계획을 제시했을 때 컬린스키는 거의 해고될 뻔했습니다.

5단계 계획은 다음과 같았습니다.

1. 제네시스의 가격을 249달러에서 189달러로 인하
2. 기본 내장 게임이었던 〈수왕기Altered Beast〉를 〈소닉 더 헤지혹〉[10]으로 교체
3. 닌텐도에 정면으로 도전하는 광고 캠페인 채택

---

8 옮긴이_세가 창립 당시의 명칭
9 세가는 1985년에 마크 III라는 게임기를 출시했다(미국 시장에서는 '마스터 시스템'이라는 이름으로 출시했다). 처리 능력이 살짝 우세했음에도 마스터 시스템은 닌텐도 패미컴의 다양하고 인지도 높은 게임 라인업과 경쟁하기에는 턱없이 부족했다. 1987년에 이르러 세가는 미국에서의 소매 판매를 중단했다. 마스터 시스템은 브라질을 제외하고 전 세계적으로 단종되었으며, 브라질에서는 '텍토이' 브랜드로 오늘날까지 판매되고 있어 가장 긴 역사를 가진 콘솔이다.
10 1995년의 한 인터뷰에서 세가의 마케팅 담당 임원은 The가 Sonic의 중간 이름이기 때문에 특별히 'Sonic The Hedgehog'으로 상표화했다고 말했다.

4. 미국 사용자의 입맛에 맞는 게임을 만들기 위한 세가 기술 연구소 설립

5. 사용자층 확대를 위한 스포츠 게임 개발

컬린스키가 이와 같은 아이디어를 일본 세가에 내놓았을 때 몇몇 임원은 그의 경질을 요구했습니다. 이에 나카야마는 컬린스키가 밀고 나갈 수 있도록 이사진을 설득했습니다.

◆

다른 사람들이 자리를 뜨려고 일어나자 나카야마가 돌아서서 말했습니다. "달리 생각해보세요. 미국 시장에 대한 결정을 내리기 위해 그를 고용했으니, 만약 그가 그렇게 해야 한다고 생각한다면 그는 그렇게 해나가야 합니다."

−톰 컬린스키

톰은 똑똑하고 훌륭한 임원이지만 미리 각본을 쓰는 스타일은 아니었습니다. 전자 회사들은 시장에 출시한 지 1년 만에 제품 가격을 내립니다. 그들은 카세트 플레이어와 텔레비전을 가지고 그런 짓을 하는데, 닌텐도는 패미컴으로 그 짓을 했습니다. 아타리는 2600으로 그 짓을 했고요.

톰은 〈수왕기〉를 〈소닉 더 헤지혹〉으로 대체했습니다. 그건 잘한 일이었어요. 1989년에는 〈소닉 더 헤지혹〉이 존재하지 않았죠. 그래서 우리는 세가의 아케이드 사업에서 큰 성공을 거둔 〈수왕기〉를 넣어야 했어요.

전면 광고와 스포츠 게임에 관한 다른 것들을 보자면… 우리는 '제네시스는 닌텐도가 하지 않는 것을 한다'라는 슬로건을 사용했습니다. 일본 회사가 경쟁심 강한 광고 태도로 다른 일본 회사와 맞붙은 것은 이번이 처음이었습니다. 톰이 세가에 들어오기 전에 우리는 우리만의 내부 개발 그룹을 만들었습니다.

우리는 풋볼 게임을 만들기 위해 조 몬태나[샌프란시스코 포티나이너스의 쿼터백으로, 슈퍼볼에서 네 차례 우승을 이끌어냄]와 계약해 닌텐도를 물리쳤습니다.[11] 나는 EA로 차를 몰고 가서 트립 호킨스[EA 설립자]를 설득해 풋볼 게임 〈매든 풋볼Madden Football〉의 실패

---

11 카츠에 따르면 닌텐도 아메리카의 하워드 링컨 전 회장은 세가가 닌텐도보다 먼저 조 몬태나에게 접근하도록 놔둔 것이 가장 후회된다고 훗날 말했다.

에 대비할 백업 게임을 팔게 했습니다. 그리고 우리가 몬태나에게 지불한 120만 달러의 라이선스 비용을 일본 본사가 승인하도록 힘겹게 싸워야 했습니다.

닌텐도는 더 많은 돈에다 애니메이션 만화 캐릭터와 많은 아케이드 게임을 독점적으로 가지고 있었어요. '제네시스는 닌텐도가 하지 않는 것을 한다'는 우리가 더 강력한 하드웨어를 가지고 있다는 것을 나타내는 문구였고, 또한 우리가 토미 라소다, 팻 라일리, 버스터 더글러스 같은 스포츠 명사들과 함께하는 독점적인 스포츠 게임을 가지고 있음을 의미했죠. 운동선수를 표지에 넣는 것은 즉각적인 브랜드 인지도를 지닌 제품군을 만드는 우리만의 방식이었습니다.

우리는 그 게임을 〈조 몬태나 풋볼Joe Montana Football〉이라고 이름 지었어요. 그 후 3년 동안 이 게임은 가장 많이 팔린 콘솔용 풋볼 게임으로 자리매김했답니다.

－마이클 카츠

나는 존 스컬리가 스티브 잡스의 지도하에 성공적인 전략과 프로그램을 시행했다고 확신하지만, 그것이 잡스의 성공이었다는 사실에서 벗어나지는 않습니다. 마이클의 주장은 전적으로 옳아요. '제네시스는 닌텐도가 하지 않는 것을 한다'는 광고와 마이클 잭슨, 조 몬태나와의 협력은 전부 그가 이룩한 업적이었습니다. 하지만 소닉을 홍보하는 광고를 보면….

우리가 함께 만든 다른 광고에서는 '이봐 꼬마야'라는 문구로 시작하면서 포뮬러 1 자동차를 탄 소닉과 아이스크림 트럭을 탄 마리오를 보여주었고, 이를 본 세가는 놀라워하며 태도가 급변했습니다. 나는 이것이 톰의 통찰력을 빛내는 가장 중요한 차이점이라고 생각합니다.

톰의 관점은, 아이들이 나이가 들면서 닌텐도를 끊기 때문에 이참에 패미컴을 아이들을 위한 시스템으로, 제네시스는 성장한 이들을 위한 더 멋진 시스템으로 포지셔닝해야 한다는 것이었어요. 이런 통찰력을 지닌 사람은 톰뿐이었어요. 제품의 기능과 이점만 추구하는 것이 아니라 감정적인 실천으로 한발 나아갔죠. 마이클 카츠에게는 미안한 말이지만, 톰의 업적 중에는 무엇 하나 버릴 게 없습니다.

－마이크 피셔(세가 아메리카 엔터테인먼트 마케팅 담당 전 임원)

세가는 1960년대부터 주요 아케이드 게임의 공급업체였습니다. 콘솔 회사로서 세가는 1993~1996년 동안만 성공을 거두었는데, 이는 컬린스키가 있었던 시절입니다.

카츠는 컬린스키가 신화를 쓴 것을 칭찬하지 않을지도 모르지만 그의 완벽한 실행력은 칭찬받아 마땅합니다. 콘솔 가격이 낮아지고 〈소닉 더 헤지혹〉이 하드웨어에 내장된 가운데 세가 아메리카는 1991년 슈퍼 패미컴의 출시를 견뎌 냈습니다. 이미 50만 대를 판매한 세가는 닌텐도보다 약간 더 많이 16비트 콘솔을 미국 가정에 공급하며 다음 해를 마감했습니다. 1994년에 세가는 미국과 유럽에서는 앞서 나갔고 일본에서는 계속 뒤처졌습니다.[12]

그러다 1995년 말에 세가는 길을 잃었습니다. 〈동키콩Donkey Kong〉과 〈펀치 아웃Punch-Out!!〉 같은 블록버스터 히트작에도 불구하고 닌텐도는 패미컴의 출시와 함께 아케이드 시장을 거의 포기했습니다. 반면에 세가의 콘솔 사업은 주로 가정용 아케이드 히트작을 중심으로 돌아갔습니다. 몇 가지 이슈가 세가를 거의 붕괴 직전으로 몰아갔지만, 가정용 버전의 아케이드 히트작을 출시함으로써 콘솔 시장을 독점할 수 있다는 세가의 잘못된 신념을 꺾지는 못했습니다. 사토 히데키의 연구 개발 팀은 세가의 다음 세대 콘솔인 32비트 새턴을 만들었는데, 이는 궁극적인 가정 오락실 경험을 제공한다는 근시안적인 목표로 설계되었습니다. 아케이드 사업이 꽤 건재했던 일본에서는 그것이 좋은 아이디어처럼 보였을지도 모릅니다. 하지만 미국과 유럽에서는 아케이드 산업이 10년 전부터 시들했고, 가장 자주 지목되는 원인 중 하나는 가정용 콘솔의 인기 상승이었습니다.

종합해보면 새턴의 짧고 별 볼 일 없는 수명은 문제투성이였습니다. 제네시스가 출시된 후 새턴이 출시되기까지 6년 동안 세가는 노매드, 게임기어, 피코, 세가 CD, 32X(세가 CD와 32X는 제네시스/메가드라이브의 애드온 모듈)라는 콘솔을 내놓았습니다. 기본적으로 휴대용 제네시스였던 노마드를 제외하고 나머지는 각각 고유의 운영체제를 가지고 있었습니다. 세가가 새턴을 출시했을 때 이것들은 아직 시장에 있었습니다.[13] 1994년, 32X 출시를 앞두고 컬린스

---

12 슈퍼 NES/슈퍼 패미컴은 일본에서의 압도적인 인기 덕분에 제네시스/메가드라이브의 전성기 동안 전 세계에서 가장 많이 팔린 16비트 게임기라는 명성을 유지했다.

13 앞서 언급했듯이 브라질에서는 8비트 마스터 시스템이 여전히 현역이었다. 세가 역시 다른 콘솔뿐 아니라 아케이드 사업도 하고 있었다는 것을 언급할 필요가 있다. 실제로 스즈키 유(〈데이토나 USA(Daytona USA)〉, 〈버추어캅(Virtua Cop)〉), 오구치 히사오(〈바쿠바쿠(Baku Baku)〉, 〈라스트 브롱크스(Last Bronx)〉) 등의 유명 게임 디자이너들은 아케이드 게임과 콘솔 게임 작업을 동시에 했다.

키와 마케팅 팀은 소비자의 제네시스에 세가 CD와 32X 모듈을 추가하면 곧 출시될 새턴과 호환되게 만들 수 있다는 모호한 힌트를 제공함으로써 혼란을 더했습니다.

그리고 새턴 자체에도 본질적인 문제가 있었습니다. 듀얼 히타치 프로세서 덕분에 플레이스테이션보다 더 강력한 성능을 가질 수 있었지만, 2D 게임에서는 이 이점을 활용하기가 거의 불가능했습니다.

[새턴의 트윈 프로세서가 플레이스테이션의 싱글 프로세서보다 더 강력한지 묻자] 답은 '그렇다'입니다. 하지만 이는 일본 시인 두 명을 합친 다음 그들이 수학자 한 명보다 더 빨리 물리 계산을 할 수 있을지 묻는 것과 같죠. 결국 새턴은 2D 게임을 하기 위해 개발된 프로세서를 가지고 있었고, 그 시스템이 설계된 이유가 바로 이겁니다. 두 시인에게 한 수학자보다 더 빨리 수학 계산을 하라고 요구하는 것은 시인들이 수학에 능숙하더라도 불가능한 일이에요.

– 제러미 호위츠(벤처비트 비디오 게임 기자, 산업 분석가)

새턴은 2D 그래픽을 훌륭하게 처리했지만 세상은 횡스크롤 게임보다 발전했습니다. 1996년에 이르러 일인칭 슈팅 게임의 성공은 게임을 새로운 차원으로 끌어올렸습니다. 닌텐도가 새로이 출시한 닌텐도 64의 매력은 거의 단일 3D 게임인 〈슈퍼 마리오 64〉의 인기에 기대고 있었습니다. 미국 출시 후 몇 주 만에 에이도스는 〈툼 레이더〉를 출시했습니다. 〈둠〉, 〈퀘이크〉, 〈듀크 뉴켐 3D〉와 같은 히트작들이 PC 시장을 계속 지배하는 판국에 3D 게임으로의 대이동을 무시한 것은 결정적인 실수였습니다.

세가 아케이드 게임의 레전드 스즈키 유는 〈버추어 파이터 2Virtua Fighter 2〉, 〈데이토나 USA〉와 같은 최신 히트작의 이식작을 아름답게 개발했습니다. 세가는 스즈키의 AM2 팀에게 거의 무제한의 예산을 주었지만 나머지 팀에게는 그 정도로 관대하지 않았습니다. 그 이유에 대해 예를 들어보자면, AM1 팀이 새턴 버전의 기대작 〈더 하우스 오브 더 데드The House of the Dead〉를 출시했을 때 그래픽이 아케이드 원본에 비해 완전히 원시적인 수준으로 퇴화했습니다. 안드로메다 팀의 〈팬저 드라군〉은 특유의 음악과 애니메이션으로 장엄한 분위기였지만, 플레이어가 건물에 도착하고 나서야 건물이 나타날 만큼 렌더링이 굼떴습니다. 전면 비교 시 플레이스테이션 버전의 게임은 대개 새턴 버전보다 더 좋아 보였습니다.

문제는 거기서 그치지 않았습니다. 소니의 우수한 하드웨어에 자극받아 세가는 북미에서의 새턴 출시를 서둘렀습니다. 1995년 9월 2일에 '세가 새턴 새터데이'[14]라는 이름으로 판매될 것이라고 미리 발표한 후, 세가 아메리카는 조용히 5월에 토이저러스, 베비지스[15], 일렉트로닉스부티크, 소프트웨어Etc. 매장에 3만 대를 보냈습니다. E3 첫날인 5월 11일, 톰 컬린스키는 새턴이 그날 판매될 것이라고 발표함으로써 업계를 놀라게 했습니다.

세가 새턴 출시에 대해 기사를 쓰던 기자들은 속았다고 느꼈습니다. 깜짝 출시를 위해 세가는 타깃, KB토이스와 같은 중요한 소매 체인점을 제외했고, 이렇게 제외된 소매 체인점의 고객들은 몹시 화가 났습니다.

플레이스테이션이 299달러에 판매될 것이라는 사실을 몰랐던 세가는 새턴을 399달러에 판매하겠다고 발표했습니다. 또한 시장의 급박함 때문에 새턴이 출시될 당시 게임이 여섯 개뿐이었습니다. 그 후 6개월 동안 몇 개의 게임이 추가로 나왔지만 이미 흥이 식었습니다. 〈아스탈Astal〉 같은 게임이나 〈스트리트 파이터: 더 무비Street Fighter: The Movie〉를 보기 위해 400달러짜리 게임기를 구입하려는 소비자는 거의 없었습니다. 결국 소니는 전 세계적으로 플레이스테이션을 1억 대 이상, 닌텐도는 닌텐도 64를 거의 3,300만 대 팔아치웠으나 세가의 새턴은 920만 대 판매에 그쳤습니다.

또한 새턴이 출시되기 전에 디즈니 같은 회사들이 세가에서 컬린스키를 빼

---

14 옮긴이_실제 콘솔명은 '세가 새턴 새터데이'가 아니다. 9월 2일이 토요일이라 'Saturday-Saturn'과 같이 비슷한 발음인 점을 마케팅에 활용했던 것이다.
15 옮긴이_게임스톱의 전신

앗아 가려고 한다는 소문이 돌았습니다. "나는 구설수에 오르지 않고는 옛 친구들과 점심조차 먹을 수 없다"며 그는 부인했습니다. 하지만 막후에는 일본 세가의 CEO인 나카야마 하야오와 끊임없이 언쟁하면서 점점 지쳐갔습니다. 결국 컬린스키는 1996년에 사임했고, 그 후 나카야마도 세가를 떠났습니다. 일본 세가는 혼다자동차 임원 출신인 이리마지리 쇼이치로를 새로운 글로벌 CEO로 임명했습니다.

새턴이 실패하자 세가는 궁여지책으로 아케이드와 제네시스 기반 히트작의 PC 판을 출시했습니다. 그러나 그 당시에는 PC 시장과 콘솔 시장 사이에 간극이 있었습니다. PC에는 마우스와 키보드가 딸려 있어 일인칭 슈팅 게임이나 웨스트우드스튜디오의 〈커맨드 앤 컨커Command & Conquer〉와 같은 실시간 전략 게임에 더 적합했습니다. 수년 동안 콘솔 스타일의 게임패드를 PC 사용자들에게 선보였지만 인기를 끌지는 못했습니다. 새로운 시장에 진입하려는 세가의 시도에는 초기의 열정이 거의 보이지 않았습니다.

늘 열정적이고 낙관적이었던 이리마지리는 침몰하는 배를 넘겨받았습니다. 새턴의 몰락으로 세가는 빚더미에 앉았습니다. 다른 회사라면 진작에 망했을지 모르지만 세가에게는 열렬한 후원자가 있었습니다. 일본에서 가장 부자이자 세가의 회장인 오카와 이사오입니다. 개인적으로 세가의 생존에 관심이 있었던 오카와는 세가가 휘청이면서도 계속 앞으로 나아가도록 사재를 털었습니다. 세가가 돈을 한 푼 한 푼 쓰면서 빚의 늪으로 빠질 때 외부인들은 오카와가 언제쯤 포기할지 궁금해했습니다. 그러나 그는 포기하지 않았습니다.

오카와의 관대함뿐 아니라 세가는 가치 있는 자산을 가지고 있었습니다. 바로 열성적인 팬들과 창조적인 재능을 지닌 거대한 인재 풀 말입니다. 새턴의 실패에도 불구하고 게이머들은 여전히 세가 브랜드를 응원했습니다.

회사의 이름과 자본을 걸고 이리마지리는 새로운 게임기 개발을 위해 주사위를 다시 한번 굴리기로 결정했습니다. 그는 세가의 부를 재창출하는 열쇠가 하드웨어 사업에 재진입하는 것이라고 굳게 믿었습니다.

세가의 재정 상황을 고려해볼 때 새로운 게임기를 출시하는 것은 완전히 무책임한 일입니다.

－하워드 링컨

나는 세가를 떠나면서 이리마지리에게 하드웨어 사업을 그만둬야 한다고 말했어요. 너무 많은 자금이 필요했기 때문에 소니와 같은 대기업과 경쟁할 수가 없었거든요.

－마이크 피셔

엔지니어들이 다음 플랫폼을 준비하는 사이에 이리마지리는 게임 디자이너들을 아홉 개의 독립 스튜디오로 재편성했습니다. 각각의 스튜디오는 아케이드 게임 쪽 경험이 풍부한 인물이 이끌었습니다.

이 기간 동안 마이크로소프트는 세가를 인수하기 위한 협상을 시작했습니다. 표면적으로 둘은 잘 어울려 보였습니다. 역사상 최초로 시가 총액 5,000억 달러를 넘긴 이 거대한 소프트웨어 회사는 세가를 인수하거나, 부채를 청산하거나, 하드웨어를 마케팅할 수 있는 자금을 가지고 있었습니다.

마이크로소프트 경영진은 몇 년 동안 비디오 게임 사업을 주시해왔습니다. 세가를 인수하면 콘솔 제품군과 수많은 게임 디자이너를 갖추고 업계에 진입할 수 있었습니다. 두 회사는 이미 하나의 합의점을 공유했습니다. 세가는 마이크로소프트 윈도우 CE 운영체제의 간소화된 버전을 차기 콘솔에 도입할 계획이었습니다.

논의가 오간 것은 분명하지만 회의에서 무슨 일이 일어났는지는 뜨거운 논쟁거리입니다. 가장 널리 알려진 이야기에 따르면 빌 게이츠가 제안을 했지만 세가의 임원들이 역제안을 하는 바람에 포기했다고 합니다. 당시 세가 아메리카의 최고 운영 책임자였던 피터 무어에게 그때의 이야기를 들어봅시다.

나로서는 금시초문인데요. 진지한 제안이 들어왔던 기억이 없어요. 뭔가가 있었다면 분명 입사할 때부터 알았겠죠. 세간에 잘 알려진 상장 기업인 마이크로소프트는 언젠가 그것에 대해 해명해야 할 겁니다.

드림캐스트가 급속도로 몰락하는 동안 아마 많은 대화가 오갔을 거예요. 마이크로소프트는 엑스박스와 엑스박스 360으로 알려진 신제품을 위한 독점 콘텐츠와 일본 콘텐츠를 얻기 위해 세가와 산하 스튜디오를 인수하고 지적 재산권을 취득할 수 있는 방법을 찾으려 했을 것입니다. 일본 퍼블리셔를 경영하는 데 따르는 복잡성과, 더 중요한 것으로 각각의 책임자가 있는 아홉 개의 개발 스튜디오를 관리하는 데 따르는 복잡성 때문에 나는 그 협상이 그리 오래 지속되지 않았을 것이라 생각합니다.

－피터 무어

세가 최후의 게임 플랫폼이 될 운명인 드림캐스트는 공학 기술의 진수였습니다. 당시 드림캐스트는 플레이스테이션 출시 가격보다 1만 엔이 낮은 2만 9,000엔으로 출시되었습니다. 드림캐스트의 히타치 SH-4 프로세서는 플레이스테이션 또는 닌텐도 64의 프로세서보다 훨씬 강력했습니다. 56K 다이얼업 모뎀이 장착되고 전용 1기가바이트 GD-ROM 디스크로 게임을 즐길 수 있었습니다.

EA와 스퀘어를 비롯한 일류 퍼블리셔들은 드림캐스트를 지원하는 대신 차기 플레이스테이션을 기다리기로 결정했고, 그 밖의 회사들은 머뭇거리며 참여했습니다. 남코는 인기 아케이드 격투 게임인 〈소울칼리버Soulcaliber〉의 드림캐스트 버전을 출시했습니다. 캡콤은 〈파워 스톤Power Stone〉, 〈마블 대 캡콤: 클래시 오브 슈퍼 히어로즈Marvel vs. Capcom: Clash of Super Heroes〉, 〈바이오하자드 코드: 베로니카Resident Evil Code: Veronica〉와 같은 게임을 출시했습니다. 코나미, 캡콤, 남코의 지원에도 불구하고 세가 경영진은 스퀘어의 무관심이 드림캐스트를 일본 시장에서 고립시킬 것이라고 개인적인 우려를 표명했습니다.

이리마지리는 스퀘어의 불참을 상쇄하기 위해 내부 개발자들이 원하는 거의 모든 것을 자유롭게 만들 수 있도록 고삐를 풀어주었습니다. 그는 스즈키 유가 〈쉔무〉를 만들 수 있도록 이전에 나온 어떤 게임의 제작비보다 큰 액수인 7,000만 달러를 지원했습니다. 그리고 미즈구치 데쓰야의 엉뚱하면서도 기묘하게 마음을 사로잡는 〈스페이스 채널 5Space Channel 5〉를 승인했습니다. 이는 핑크 머리의 뉴스 리포터 울랄라가 마이클 잭슨의 도움으로 외계 침략자들로부터 우주 정거장을 구하는 게임이었습니다. 또한 세가는 플레이어들이 마이크에 대고 빈정대는 물고기와 의사소통을 하는 〈다마고치Tamagotchi〉 같은 게임인 〈시맨Seaman〉을 출시했습니다.

1998년 11월 27일에 세가는 일본에서 드림캐스트를 출시한 뒤 곧바로 일련의 재난을 맞닥뜨렸습니다. 이리마지리는 출시를 위해 40만~50만 대의 콘솔을 출하하려 했습니다. 하지만 그래픽 칩을 제조하는 NEC의 문제로 인해 출시 당시에 15만 대밖에 확보할 수 없었습니다. 콘솔이 꾸준히 팔렸지만 일본에서 세가는 미국과 유럽에서 제네시스/메가드라이브가 슈퍼 NES를 잠시 앞질렀던 때와 같은 패기가 없었습니다. 일본에서 메가드라이브는 슈퍼 패미컴과 PC엔진[16]에 이어 3위를 차지했습니다.

드림캐스트라는 별은 금방 떴다가 졌습니다. 드림캐스트가 출시되고 두 달후 소니는 차세대 플레이스테이션을 공개했습니다. 소니의 새로운 기계가 비추는 후광에 현혹된 퍼블리셔들과 소비자들은 세가를 까맣게 잊었습니다.

그들은 우리에게 겁을 줬어요!

— 피터 무어

2000년 3월 4일, 소니는 부족한 콘솔 물량과 극소수의 게임을 가지고 일본에서 플레이스테이션 2를 출시했지만 게이머들에게는 재고량과 게임 수가 중요

---

16 미국에서는 'NEC 터보그래픽스'라는 이름으로 판매되었다.

하지 않아 보였습니다.[17] 〈버추어 파이터 3〉, 〈파워 스톤〉, 〈바이오하자드 코드: 베로니카〉와 같은 인상적인 타이틀을 포함해 게임 라인업이 점점 늘어나던 드림캐스트는 매장 진열대에서 철저히 무시당했습니다.

일본에서 플레이스테이션 2는 마땅한 소프트웨어 없이 하드웨어만으로도 잘 팔리는 최초의 콘솔입니다. 과거에 콘솔은 소프트웨어가 담기지 않은 상자에 불과했지만 사람들은 그런 플레이스테이션 2를 구입하고 있죠. 이게 플레이스테이션의 흥미로운 점입니다.

– 이리마지리 쇼이치로(일본 세가 전 CEO)

세가 경영진은 자신들이 호랑이 꼬리를 잡고 있었다는 것을 깨달았습니다. 그들은 드림캐스트를 성공시키지 못한다면 콘솔 사업에서 손을 떼어야만 했습니다. 플레이스테이션 2의 출시로 일본 시장의 진입로가 막혔을 때 세가는 북미에 집중했습니다. 만약 미국에서 드림캐스트 500만 대를 팔 수 있다면 든든한 수익원을 얻게 될 것이라고 이리마지리는 믿었습니다. 모든 것이 미국 판매 실적에 달려 있는 가운데 미국의 세가는 '9/9/99' 계획, 즉 드림캐스트에 199달러의 가격표를 달아 1999년 9월 9일에 출시한다는 계획을 준비했습니다.

소니 아메리카처럼 세가 아메리카는 꼭대기에 회전문이 달린 것마냥 경영진이 빠르게 교체되었습니다. 1996년, 톰 컬린스키를 대체해 버니 스톨라가 최고 운영 책임자로 들어왔습니다. 드림캐스트 출시를 한 달 앞둔 1999년 8월, 일본의 세가는 스톨라를 강제로 퇴출시키고, 스톨라가 마케팅을 맡기려고 고용한 리복의 전 임원 피터 무어를 그 자리에 앉혔습니다. 일본 및 미국 세가의 회장인 이리마지리는 두 회사에 대한 최종 결정권을 가지고 있었지만 무어는 미국의 사업부를 운영했습니다.

무어와 스톨라는 비슷한 면이 있었습니다. 스톨라와 마찬가지로 무어도 경

---

17 플레이스테이션 2는 하위 호환성을 지원했는데, 이는 콘솔을 거대한 게임 도서관에 개방하는 것과 같았다.

쟁사에 정면으로 도전하는 싸움꾼이었지만, 리버풀에서 나고 자라 영국 억양을 가진 무어는 스톨라보다 더 세련된 인격을 드러냈습니다. 그는 이사회실에서 일할 때 완전히 편안해 보였지만, 집에서는 더 편안하게 맥주를 마시면서 리버풀 축구팀을 응원했습니다.

E3는 항상 엄청나게 힘들지만, 아무 탈 없이 잘 헤쳐나갈 수만 있다면 매우 만족스러운 행사예요. 거의 알려지지 않은 사실인데, 피터 무어는 프레젠테이션을 끝내고 무대에서 내려오자마자 코로나 맥주를 건네주길 강력히 요청했어요. 하루 중 언제든 그는 코로나 맥주를 원했죠.

– **피트 페더슨**(에델만 전 임원)

E3에서 무어는 '지상 최대의 쇼'를 홍보하는 P. T. 바넘[18]처럼 언론을 상대했습니다. 그의 즉흥적인 재치와 열정의 조합은 전염성이 있었습니다. 상냥하고 지적인 무어는 곧 열화와 같은 언론의 성원을 받게 되었습니다. 그는 좋은 쇼를 선보였지만 드림캐스트는 여전히 승산이 없었습니다. 미국에서 성공할 가능성이 더 높았는데도 말입니다. 아타리의 베테랑이었던 스톨라는 한때 아케이드 게임 회사를 차린 적이 있었던바 멋진 출시를 계획했습니다. 무어는 출시를 완벽하게 해내고 언론을 매료시켰으나 그들은 이미 소니가 장악한 세계에서 세가라는 이름을 밀고 있었습니다.

스톨라의 가장 뛰어난 업적 중 하나는 미국의 게임 회사인 비주얼콘셉츠를 인수하고 이를 세가의 내부 스포츠 게임 스튜디오로 전환한 것입니다. 비주얼콘셉츠를 인수한 덕분에 드림캐스트는 EA가 〈매든 NFL〉을 출시한 이래 최고의 NFL 풋볼 게임인 〈NFL 2K〉를 들고 가게로 밀고 들어왔습니다. 드림캐스트의 내장 모뎀을 사용해 플레이어들은 온라인 풋볼 게임에서 서로 맞붙었습니다.

---

18 옮긴이_19세기에 링링 브러더스 앤드 바넘 & 베일리 서커스를 설립한 미국 사업가

그래도 드림캐스트의 미국 데뷔는 모두의 주목을 받았습니다. 9월 9일부터 그달 말까지 세가는 100만 대를 판매했습니다. 이듬해 5월에 E3가 열렸을 때 무어는 세가 내 아홉 개 스튜디오의 실장들을 마치 프로 운동선수처럼 소개했습니다. 행사를 마친 뒤 기자회견에서 무어는 각 스튜디오 실장의 이름과 사진이 담긴 야구 카드를 나눠주고, 기자들이 그들을 만나 사인을 받는 자리를 마련했습니다.[19]

하지만 그다음 해에 세가의 사업이 기울었습니다. 미국에서 비디오 게임 판매량이 20%나 떨어졌습니다. 전체 수익이 1999년 69억 달러에서 2000년 65억 달러로 감소하고,[1] 일본 시장의 수익도 88억 달러에서 81억 달러로 떨어졌습니다.[2] 플레이스테이션/닌텐도 64 세대의 단종에 따라 이와 같은 매출 감소가 있을 것으로 예견되었습니다. 보통 이러한 시기에는 소비자가 게임을 구매하지 않고 차기 대작을 기다립니다.

초창기에 열정을 보여주었던 미국 게이머들도 일본 게이머들과 같은 이유로 드림캐스트에 대한 흥미를 잃었습니다. 플레이스테이션 2의 출시를 눈앞에 둔 터라 드림캐스트는 그들의 눈 밖에 있었습니다. 세가는 호화로운 E3 파티를 열고, 새로운 세가넷 인터넷 서비스 가입자들에게 드림캐스트를 무료로 제공했습니다. 무어는 기자들이 〈소울칼리버〉의 우수한 드림캐스트 버전을 칭찬하는 기사를 쓰도록 전국을 뛰어다녔지만 이미 관심이 식어 있었습니다.

2001년에 북미에서 휴가를 보낼 무렵에는 〈그랜드 테프트 오토 III[GTA III]〉, 〈메탈 기어 솔리드 2〉, 〈데빌 메이 크라이[Devil May Cry]〉, 〈파이널 판타지 X〉이 있었습니다. 그 당시 플레이스테이션 2는 그야말로 성공 가도를 달리고 있었죠. 세가가 특히나 일본에서 저지른 실수 덕에 완전히 따라잡은 형국이었어요.

– 은가이 크롤(『뉴스위크』 소비자 기술 담당 전 기자)

---

19 아홉 명의 스튜디오 실장 중 사사키 겐지만 E3에 참석하지 않았다.

2001년 1월 24일, 세가 아메리카의 마케팅 및 기업 커뮤니케이션 담당 임원인 찰스 벨필드는 드림캐스트의 생산을 중단할 계획이라고 발표했습니다. 세가는 '플랫폼에 구애받지 않는다'는 기조를 내세워 하드웨어를 다루지 않는 새로운 존재로 거듭나려 했습니다.

무도회의 여왕

벨벳 커튼 뒤에서 세가는 무너지고 있었습니다. 2001년 3월 16일, 세가의 회장이자 후원자인 오카와 이사오가 암 투병 끝에 세상을 떠났습니다. 오카와는 오랫동안 소중히 여겼던 비디오 게임 회사를 구하기 위한 마지막 노력으로 자신이 보유한 6억 9,500만 달러 규모의 세가 주식을 회사에 돌려주었습니다.

한편 미국 세가와 일본 세가의 관계는 피터 무어가 하드웨어를 다루지 않는 새로운 세가를 만들기 위해 고군분투하면서 악화되기 시작했습니다. 그는 소비자가 세가를 어떻게 생각하는지 알아보기 위해 조사를 했는데 결과는 암담했습니다.

차세대 게이머의 시각에서는 우리 브랜드의 이미지가 악화되고 있다는 것을 세가 본사에 설명하기 위해 샌프란시스코에서 열린 간담회에 갔습니다. 우리는 늙어가는 듯 보였어요. 지나간 어제의 뉴스처럼요. 우리는 사용자를 잘 이해하지 못하는 것 같았습니다. 우리는 빠르게 변화하거나, 아니면 뒤처질 수밖에 없었습니다.

우리가 던진 질문은 간단했습니다. "만약 비디오 게임 퍼블리셔가 당신의 가족이라면 누구일까요?" EA는 고등학교 풋볼부의 쿼터백으로, 운동을 좋아하고 거만하며 키가 195센티미터에 금발이고 꼼꼼했지만 모두가 그를 좋아하지는 않았습니다. 테이크투는 술에 취한 삼촌으로, 두 달에 한 번씩 라스베이거스에서 여자를 끼고 나타나곤 했습니다. 그리고 세가는 치매를 앓는 할아버지로, 한때는 멋있었지만 그 이유를 스스로 떠올릴 수 없는 존재였습니다.

이것은 내가 한 말이 아니라 포커스 그룹으로 뽑힌 사용자들이 한 말입니다. 우리는 포커스 그룹의 의견을 지역별로 분류하고 일본어로 번역해 일본으로 가져갔습니다. 하지만 그들은 이와 같은 반응을 받아들이지 못했습니다.

우리는 특히 나카 유지와 격론을 벌였는데, 그는 아무도 세가에 대해 경멸하는 표현을 하지 않았을 것이라고 주장했습니다. "이건 어떤 식으로든 꾸며지거나 조작된 게 분명해요."

그쯤에서 나는 할 만큼 했다고 느꼈습니다. 생각해보세요. 나는 기진맥진한 상태로 브랜드를 살리기 위해, 회사를 구하기 위해 발로 뛰었어요. 그리고 세가 본사의 사무실 밖에서 무슨 일이 일어나고 있는지 그들에게 알려주려고 하는데 날조니 조작이니 거짓말이라며 비난을 받은 겁니다.

나는 통역사에게 이렇게 말했어요. "그한테 꺼지라고 전해줘요." 통역사가 그대로 전했을 리는 없죠. 나는 통역사를 곤란하게 만들었지만, 나카 씨는 미국에 있는 동안 내 말뜻을 충분히 파악했을 거예요.

– 피터 무어

불과 몇 년 전만 해도 세가는 최첨단 광고 캠페인과 로고에 나오는 특유의 음성으로 비디오 게임 세계를 휩쓸었습니다. 제네시스는 떠돌이 프로 풋볼 선수들이 선택한 게임기였고, 래퍼들은 노랫말에서 세가를 언급했습니다.

2002년 로스앤젤레스에서 열린 E3에서 무어가 보여준 용감한 모습은 무대 뒤에서 벌어진 혼란의 기미를 전혀 드러내지 않았습니다. 그해에 닌텐도와 마이크로소프트가 새로운 게임기를 출시하려고 준비할 때 무어는 세가를 무도회의 여왕이라고 소개했습니다. 그는 엑스박스용 게임 〈크레이지 택시 넥스트 Crazy Taxi Next〉[20]와 〈더 하우스 오브 더 데드 III〉를 발표하기 위한 마이크로소프트의 사전 기자회견에서 엑스박스 최고 책임자인 로비 바흐와 함께 무대에 올랐습니다. 세가는 게임큐브용 게임(〈소닉 어드벤처 2 Sonic Adventure 2〉, 〈슈퍼 몽키

---

20 〈크레이지 택시 넥스트〉는 출시되지 않았지만 세가는 〈크레이지 택시 3: 하이 롤러(Crazy Taxi 3: High Roller)〉라는 엑스박스용 게임을 내놓았다. 이 게임에는 〈크레이지 택시 넥스트〉의 기획 아이디어가 담겼다.

볼Super Monkey Ball)과 플레이스테이션 2용 게임(〈버추어 파이터 4〉)도 데뷔시 켰습니다.

무어는 지친 기색도 스트레스에 시달린 기색도 없이 끊임없이 기자와 임원 들을 만나 다음과 같은 예측을 전했습니다. "올해는 다른 회사의 하드웨어를 통 해 좋은 한 해를 보낼 것입니다. 3년만 시간을 주시면 EA를 앞서겠습니다."(당 시에 EA는 업계에서 가장 큰 독립 퍼블리셔였습니다.)

나는 피터 무어와 2년 동안 일하면서 사업을 하드웨어에서 소프트웨어로 전환시켰습니다. 나는 과거에 피터가 열받게 했던 경쟁사들을 찾아가서 우리가 그 변화를 이룰 수 있도록 협 조해달라고 요청해야 했습니다.

소니는 특히나 힘들었어요. 기억하시겠지만, 피터가 소니의 출시 당시 하드웨어 부족에 대 해 비웃는 도발적인 광고를 내보냈기 때문이죠. 앤드루 하우스[소니 아메리카의 마케팅 담 당 임원]가 내게 전화를 걸었던 것을 기억합니다. 그때 나는 세가에 몸담고 있지도 않았어 요. 그가 말하길, "그들은 대체 무얼 하는 건가요? 그들은 이걸 가벼운 일로 치부하고 있는 데, 그래선 안 됩니다."

[드림캐스트 이후] 나는 앤드루에게 가서 "우리는 지금 플레이스테이션 2로 〈버추어 파이 터〉를 퍼블리싱하고 있고 자금도 빠듯하니 마케팅 지원이 필요할 것 같아요"라고 말해야 했습니다. 앤드루는 신사이면서 노련한 경쟁자였어요. 그는 특히 〈버추어 파이터〉와 우리 의 모든 플레이스테이션용 게임 출시를 위해 중요한 지원을 정말 많이 해주었죠.

－마이크 피셔

당시 어려움에 처한 비디오 게임 회사는 세가만이 아니었습니다. 일본의 컴퓨터엔터테인먼트협회Computer Entertainment Supplier's Association(CESA)가 매년 발간 하는 백서에 따르면 역사적으로 수익성이 좋았던 일본 비디오 게임 시장은 끝없 이 추락하고 있었습니다. 1997~2002년에 일본의 게임 매출은 96억 달러에서 69억 달러로 떨어졌습니다. CESA는 중고 게임 거래가 매출 감소의 원인이라고 비난하면서 게임 재판매를 금지하는 법안을 정부에 청원하기도 했습니다.

남코가 우려하는 만큼 우리도 중고 게임 판매에 반대합니다. 생산자로서 우리는 게임을 개발하는 데 비용이 얼마나 드는지 일반 대중을 이해시켜야 합니다. 소매점 입장에서는 사용자들이 더 싸게 게임을 구해 즐기는 것이 좋다고 하지만, 그 이면에서는 개발자들이 좋은 게임을 개발하는 데 투자될 성과급을 빼앗기는 것입니다. 이는 장기적으로 사용자에게 도움이 되지 않을뿐더러 모두에게 해롭습니다.

– 나카무라 마사야(남코 설립자 겸 회장)

널리 알려진 판매 감소의 또 다른 원인은 일본의 휴대폰 산업 성장과 점점 침체되는 최신 세대의 콘솔 하드웨어였습니다. 내수 휴대폰 시장의 변화로 문자 메시지 기술에 혁신이 일어나 젊은 층의 주목을 끌었습니다. 소비자의 돈이 휴대폰 쪽으로 쏠리고 현 콘솔 세대에 주기적인 종말이 찾아온 탓에 판매량 하락을 피할 수는 없었습니다.

판매량이 감소한 것은 소니컴퓨터엔터테인먼트의 플레이스테이션 2 출시, 마이크로소프트의 엑스박스 발표, 닌텐도의 게임큐브 발표로 일본 비디오 게임 산업이 하드웨어 세대의 변화를 겪고 있기 때문입니다. 이것이 작년에 일본에서의 비디오 게임 판매에 영향을 주었죠.[21]

– 혼다 게이지(에닉스 사장 겸 최고 운영 책임자)

불안정한 내수 시장을 반영하듯 세가의 수익은 1997년 55억 엔(4억 2,300만 달러)에서 2001년 −51억 엔(−4억 400만 달러)으로 하락하고 말았습니다. 2003년에 슬롯머신 시장의 주요 기업인 사미주식회사는 세가의 지분 중 22%를 매입했습니다. 이듬해에 사미는 경영권을 확보하고, 세가 내부의 주력 부서를 설립한 오구치 히사오를 사장으로 임명했습니다.

---

21 인터뷰 진행자의 끈질긴 질문에 못 이겨 혼다는 일본에서 휴대폰에 대한 관심이 높아짐에 따라 게임 판매량이 감소했다고 인정했다.

이런 자리에 전직 게임 개발자를 앉히는 것은 매우 중요해요. 나는 시장이 나아가야 할 방향을 더 잘 이해하는 능력을 지닌 데다 이전 경영진에게 많은 것을 배웠어요. 세가는 엔터테인먼트 회사예요. 나는 게임의 방향이 회사 자체와 동일해야 한다고 생각합니다.

―**오구치 히사오**(세가 전 사장 겸 CEO)

오구치의 문제는 게임 디자이너 출신이라는 것이었습니다. 스즈키나 나카가 새로운 아이디어를 제안했을 때 그는 거절하는 데 어려움을 겪었어요. 그들이 프로젝트에 더 많이 투자해달라면서 "이게 어떤 건지 알잖아요"라고 말하면 오구치는 어쩔 수 없이 받아들이고 말았죠. 오구치는 대단한 게임 제작 기록을 세웠어요. 그렇다고 해서 그가 회사를 경영하기에 적합한 사람이라고 할 수는 없군요.

―피터 무어

사미는 오랫동안 아케이드 게임과 콘솔 게임을 만들어왔지만 주로 슬롯머신에 특화되어 있었습니다. 세가의 회계장부상 순이익이 어떻든 상관없었던 오카와와 달리 사미는 살기 팍팍한 도박 세계에서 버텨왔습니다. 사미의 회계사들이 과거의 이익을 면밀히 조사함에 따라 오구치는 세가 산하의 독립 스튜디오를 구조조정해야 했습니다. 2003년에 미즈구치의 유나이티드게임아티스츠를 정리하고, 2004년에 스마일비트, 오버웍스, 어뮤즈먼트비전을 폐쇄하고, 2005년에 비주얼콘셉츠를 테이크투에 팔았습니다.

〈소닉 더 헤지혹〉과 〈나이츠 인투 드림스〉를 제작한 슈퍼스타 나카 유지는 2006년에 퇴사했습니다. 세가의 유명한 아케이드 게임 레전드인 스즈키 유는 2008년에 떠났습니다. 그 후 10년 동안 세가는 급격한 변화를 겪으면서 직원 중 18%를 해고하고 일본 전역에 걸쳐 있던 오락실 중 110개를 폐쇄했습니다.[3] 2015년, 세가는 샌프란시스코 사업장을 정리하고 전 세계적으로 300명의 직원을 해고했습니다.

드림캐스트 이후 세가는 무엇을 잘못한 걸까요? 지원할 플랫폼이 없다면 그 모든 위험을 감수할 필요가 없었습니다. 〈소닉 더 헤지혹〉과 제네시스 클래식 패키지를 계속 우려먹을 수는 없었죠. 콘솔 사업을 접고 나서 세가는 정체성과 경쟁력을 모두 잃었습니다.

- 피터 무어

세가는 여전히 존재합니다. 2019년에 세가는 열네 개의 게임을 출시했는데, 그중 몇 개만이 사내에서 개발되었습니다.

[지금은 업계에서 소규모 회사이지만] 만약 그들이 원래 하던 대로 계속했다면 아예 없어졌을 겁니다. 아주 풍비박산이 났을 거예요.

- 은가이 크롤

어떤 면에서 세가의 몰락은 특히 닌텐도에게 교훈을 줍니다. 업계 밖에 있던 성공적인 회사인 소니, 마이크로소프트와 달리 닌텐도는 비디오 게임과 불가분의 관계에 있습니다.[22] 소니가 플레이스테이션 사업을 접었더라도 세계적인 전자제품 제조업체 중 하나로 남았을 것입니다. 마이크로소프트는 클라우드 서비스와 PC 소프트웨어 분야에서 가장 큰 수익을 내고 있습니다. 엑스박스 사업부는 항상 미래를 대비한 투자로 여겨졌습니다.

반면에 닌텐도는 비디오 게임 말고는 이렇다 할 사업이 없습니다. 만약 닌텐도가 '플랫폼에 독립적인' 사업 방향으로 나아갔다면 세가 꼴이 났을 것입니다. 다른 한편으로는 전성기 시절에도 세가는 매우 적은 이윤을 냈지만 닌텐도는 수십억 달러의 자금을 가지고 있습니다.[23] 게다가 그간 인터랙티브 엔터테인먼트가 진화해왔습니다. 닌텐도가 하드웨어 사업을 포기한다면 선택할 수 있는

---

22 야마우치 후사지로가 1889년에 설립한 닌텐도는 당시에 화투를 만들었다.

23 1999년, 닌텐도 아메리카의 하워드 링컨 회장은 사내 현금 보유량이 50억 달러 이상이라고 자랑했다.

플랫폼이 더 많아지므로 세가와는 다른 결말을 맞았을 수도 있겠네요.

2000년에는 무료 게임이 존재하지 않았어요. 2002년에 세가가 콘솔 회사로서의 정체성을 포기했을 때 가능한 사업 모델은 인터넷의 편재성, 5G 무선 인터넷의 도래, 그때 막 태동하던 클라우드 게임을 들 수 있겠죠. 이 모든 것은 더 많은 다른 시장을 암시합니다.

세가의 몰락은 아마도 교훈적인 이야기일 것입니다. 하지만 우리는 이미 닌텐도가 게임 IP를 모바일 게임 시장에 활용해 엄청난 성공을 거두는 것을 보고 있습니다. 그들이 지금 배울 수 있는 교훈은 세가 몰락 당시에 배울 수 있었던 교훈과 다릅니다.

－은가이 크롤

3위에 머무른
닌텐도

여기 사람이 열한 명, 열두 명 정도밖에 없네요. 경비 인력을 포함해 스무 명도 안 돼요.
－빌리 버그해머(PlanetGameCube.com 설립자)

콘솔 시장에 잔인한 시절이었죠. 이런 광고를 기억하시나요? "아직도 새턴을 원한다면 당신 머리는 천왕성에 가 있는 겁니다." 내 기억으로는 소니가 그랬을 거예요. 미숙한 마케팅을 하던 시대였어요. 인정하기는 싫지만 그래도 그때가 그립군요.
－앤드루 라이너(『게임 인포머』 편집장)

끝없는 추락에서 회복하다

　　패미컴 출시 이후 16년 동안 슈퍼 패미컴으로 세계 시장의 93%를 차지하던 닌텐도는 점유율이 52%로 추락했고,[24] 마침내 닌텐도 64와 동일한 24%의 점유율을 기록했습니다.[25] 닌텐도는 소니와 경쟁하면서 시장의 절반 이상을 잃었습니다.

　　심지어 닌텐도 64의 출시로 일이 잘 풀렸을 때도 이 성공이 역효과를 불러일으켰습니다. 이 콘솔의 게임패드에 달린 세 손잡이 중 하나는 아날로그 제어 스틱이었는데, 이는 사용자가 3D 세계에서 화면상의 아바타를 제어하는 방식을 획기적으로 변화시킨 혁신이었습니다. 닌텐도의 야마우치 히로시 회장은 닌텐도 64를 공개할 때 이렇게 선언했습니다. "이것이 또 하나의 게임패드일 뿐이라고 생각한다면 게임에 대해 아무것도 모르는 사람입니다."

　　그가 옳았고, 소니도 그의 말에 동의했습니다. 이듬해 이 거대 기술 회사는 플레이스테이션 게임패드에 듀얼 아날로그 컨트롤러를 추가했습니다.

　　일대일로 비교하면 플레이스테이션이 닌텐도 64를 압도했습니다. 플레이스테이션에 장착된 지오메트리 변환 엔진의 그래픽 처리 장치GPU는 초당 36만 개의 폴리곤을 생성해, 폴리곤 대신 메가픽셀로 특화된 닌텐도 64의 리얼리티 코프로세서를 쉽게 앞질렀습니다.[26] 플레이스테이션의 어마어마한 폴리곤은 더 깨끗하고 선명한 이미지로 변환되었습니다. 닌텐도 64의 메가픽셀이 더 다양한 종류의 텍스처를 다루었지만, 닌텐도 64 게임의 캐릭터와 물체는 종종 공기로 부풀리는 장난감처럼 보이기도 했습니다.

24　이 비공식 통계는 슈퍼 NES/슈퍼 패미컴의 전 세계 판매량 4,900만 대와 제네시스/메가드라이브 판매량 3,500만 대, 터보그래픽스/PC엔진 판매량 1,000만 대를 비교한 것이다. 네오지오처럼 덜 성공적인 경쟁자들은 무시했다.

25　이 통계는 3DO 인터랙티브 멀티플레이어, 반다이 피핀, 아타리 재규어, 드림캐스트 등을 제외하고 닌텐도 64(3,300만 대), 플레이스테이션(1억 200만 대), 새턴(900만 대) 판매량을 비교한 것이다. 2001년에 드림캐스트가 절판되고 2002년까지 닌텐도 64가 계속 판매되면서 앞에 언급한 콘솔들이 경쟁자가 되었다.

26　닌텐도 64는 초당 약 15만 개의 폴리곤을 생성했다.

그리고 고질적인 카트리지 문제가 있었는데, 이는 불법 복제에 내한 야마우치의 두려움에서 비롯되었습니다. CD를 복사하기가 훨씬 더 쉬웠기 때문에 야마우치는 닌텐도의 게임을 계속 카트리지로 출시하기로 했습니다. 페어차일드 채널 F(1976년 출시된 콘솔 게임기)[27] 이후 게임 산업의 대세였던 카트리지 저장 방식은 부팅이 빨랐지만, 카트리지에 사용되는 EPROM 칩이 비싸고 저장 공간도 제한적이었습니다. 그에 반해 표준 CD에는 700메가바이트의 데이터를 저장할 수 있고 제조 비용도 1달러 미만이었습니다. 게임의 용량에 따라 다르지만, 일반적으로 닌텐도 64 카트리지는 생산하는 데 약 20달러가 들고 용량이 더 큰 일부 게임은 두 배 더 비쌌다고 합니다.

플레이스테이션 게임이 시디롬 한 장에 다 들어가지 않자 소니는 단순히 디스크를 추가하게 했습니다. 〈파이널 판타지 VII〉의 오리지널 버전은 세 장의 CD로, 〈파이널 판타지 XIII〉과 〈파이널 판타지 IX〉은 네 장의 CD 세트로 발매되었습니다. 맥/PC에서 돌풍을 일으켰던 〈미스트Myst〉의 후속작인 〈리븐Riven〉은 다섯 장의 CD 세트로 출시되었습니다. 그럼으로써 플레이스테이션 게임은 오디오 파일, 비디오 클립과 같은 데이터 집약적 기능을 위한 공간을 거의 무제한으로 확보했습니다.

롬 공간이 부족하다고 해서 닌텐도 게임이 경쟁사보다 작아진 것은 아닙니다. 〈슈퍼 마리오 64〉, 〈젤다의 전설: 시간의 오카리나The Legend of Zelda: Ocarina of

---

27 제럴드 로슨이 교환 가능한 카트리지에 게임을 저장하는 개념을 개발해 페어차일드 채널 F에 적용했다. 로슨에 대해 자세히 알고 싶다면 로슨 가족의 인터뷰가 담긴 넷플릭스 다큐멘터리 〈하이 스코어(High Score)〉를 보기 바란다.

Time〉와 같은 게임은 거대한 세계관을 배경으로 했지만, EPROM 스토리지의 엄청난 가격은 오디오, 비디오 파일을 추가하려는 닌텐도의 발목을 잡았습니다. 플레이스테이션 블록버스터인 〈바이오하자드〉는 몬스터들이 라쿤시티 외곽에 착륙한 구조대를 학살하는 실사 영상으로 시작했습니다. 〈니드 포 스피드Need for Speed〉의 플레이스테이션 1 버전에는 모욕적인 어투로 레이싱 팁을 제공하는 운전자의 비디오 클립이 포함되었습니다. 이에 비해 〈젤다의 전설: 시간의 오카리나〉에 나오는 요정 나비의 목소리 연기는 "이봐", "잘 들어", "조심해"와 같은 외침 정도였습니다.

또한 일본의 침체된 경제가 닌텐도의 상황을 더욱 악화시켰습니다. 비디오 게임은 오랫동안 가장 수익성이 좋은 시장이었던 일본에서 입지를 잃고 있었습니다. 역사적으로 일본과 달리 유럽은 하드웨어를 가장 많이 구입하고 소프트웨어를 가장 덜 구입했습니다.[28] 플레이스테이션/닌텐도 64 세대가 평정하는 동안 콘솔당 구입하는 게임 수는 유럽이 일곱 개, 북미가 아홉 개였습니다. 일본의 경우 콘솔당 열네 개였지만 1990년대 후반에 게임 판매율이 급격히 떨어졌습니다. 분석가들은 이러한 하락의 가장 큰 원인으로 일본 휴대폰 사업자인 도코모의 휴대폰용 아이모드 인터넷 서비스 도입을 지목했습니다. 게임에 열광하던 10대가 비디오 게임을 사는 대신 문자 메시지를 주고받는 데 돈을 썼던 것입니다.

젊은이들 사이에서 관심의 초점이 다양해지고 있어요. 일본에서는 휴대폰 사업이 매우 크기 때문에 게임 산업이 네트워크 게임 같은 다른 유형의 게임을 내놓지 않는다면 어려움을 겪을 겁니다. 게임 그래픽은 확실히 개선되고 있지만 게임 플레이 자체는 변하지 않았어요.

– 오구치 히사오

---

28 비디오 게임 산업은 면도날을 팔기 위해 면도기를 증정하는 질레트의 사업 모델을 기반으로 했기 때문에 부착률(옮긴이_주 상품의 판매에 따른 부속 상품의 판매 비율)이 낮으면 수익성이 없었다. 닌텐도와 소니 같은 회사는 하드웨어 시스템을 밑지고 팔거나 무시해도 될 만큼의 이익을 남기고 팔았고, 주로 소프트웨어 판매와 라이선싱으로 수익을 창출했다.

닌텐도 경영진은 휴대폰을 위협적인 경쟁자로 인식하기보다는 그러한 변화를 게임 산업의 실패로 표현했습니다. 만약 시장이 몰락한다면, 기업들이 고객을 끌어모을 좋은 게임을 출시하지 못했기 때문이라는 것이었습니다.

일본의 휴대폰 산업이 게임 산업에서 많은 돈을 빼앗아 갔다고 주장하는 사람이 많습니다. 하지만 우리가 생각하기에는 휴대폰 산업이 게임 산업의 돈을 빼앗은 것이 아니라 게임을 할 시간을 빼앗은 것입니다.

많은 사람이 새로 나온 아이모드를 이용해 이메일을 주고받습니다. 중요한 점은, 사람들은 어디서든 흥밋거리를 찾을 것이고 그게 반드시 게임일 필요는 없다는 것입니다. 게임 산업 전반에 새로운 혁신이나 재미 요소가 많지 않기 때문에 사람들이 아이모드 이메일에 더 매력을 느끼는 거겠죠. 사람들을 게임 산업으로 되돌아오게 할 일종의 자극을 창조하는 것이 관건입니다.

– 이와타 사토루(닌텐도 기업 기획부 임원 겸 총괄 책임자)

1999년 5월, 닌텐도 아메리카는 '돌핀 프로젝트'라는 차세대 콘솔 계획을 공식적으로 발표했습니다. 그리고 다음 해에는 485메가헤르츠 IBM 파워PC CPU와 ATI 그래픽 프로세서를 돌핀에 탑재할 것이라고 발표하면서 E3 기자회견을 시작했습니다.

표면적으로 돌핀은 그렇게 인상적으로 보이지 않았습니다. 닌텐도 아메리카의 CEO인 하워드 링컨은 자사의 그래픽 프로세서가 초당 1,200만 개의 폴리곤을 렌더링한다고 주장했는데, 이는 플레이스테이션 2의 이모션 엔진이 렌더링하는 초당 7,500만 개보다 훨씬 적었습니다. 하지만 닌텐도의 1,200만 개 폴리곤에는 텍스처, 조명 등의 효과를 표현하는 여덟 개의 레이어가 포함되었고, 소니가 자랑하는 7,500만이라는 수치는 평평하고 텍스처가 없는 다각형에서 나온 것이었습니다. 링컨에 따르면 돌핀은 소니가 플레이스테이션 2를 출시하려고 계획한 2000년에 출시될 예정이었습니다.

우리는 게임큐브가 존재하기도 전에 설계에 관여했어요. 실제로 몇 년 전에 우리는 이에 관한 회의를 했죠. 내 기억으로는 1999년 초에 닌텐도 테크놀로지와 아트엑스 간에 회의가 있었는데, 당시 멤버는 지금의 ATI와 나, 그리고 팩터5의 상당수 핵심 기술자들이었어요. 우리는 닌텐도 사람들과 함께 하드웨어의 사운드 부분을 독점적으로 설계하기 위해 참여했고, 그래픽에 관해서도 의견을 낼 수 있었답니다.

우리는 닌텐도 64 그 자체와 결점에 대해 오랫동안 논의했어요. 하드웨어를 실제로 작동하는 몇 가지 게임을 해봤기 때문입니다.

마침내 첫 번째 시제품 칩이 도착했을 때 우리는 미친 듯이 흥분했어요. 그런데 진짜 실리콘 칩을 받아 보고는 꽤 실망했죠. 겉으로 보기에는 닌텐도 64의 칩과 다른 게 없었거든요. 우리는 플랫폼에서의 첫 그래픽 테스트를 위해 실리콘밸리의 아트엑스로 차를 몰고 갔어요. 거기서 뛰어난 성능을 확인하고, 우리가 느꼈던 실망이 기우에 불과하다는 사실에 한껏 고무되었죠. 칩셋이 100% 예측 가능하고 항상 약속된 성능을 제공한다는 것은 훗날 게임큐브와 닌텐도 Wii의 강점이 되었습니다.

– 율리안 에게브레히트(팩터5 공동 설립자 겸 크리에이티브 디렉터)

플레이스테이션 2가 출시될 때까지도 닌텐도는 돌핀과 게임보이 어드밴스를 그해 말에 출시할 것이라고 주장했습니다. 플레이스테이션 2 출시가 사흘 앞으로 다가온 3월 1일, 기업 커뮤니케이션 책임자인 이마니시 히로시는 닌텐도가 2000년에 두 시스템을 일본에 출시하기를 희망하나 전 세계 출시는 아직 1년을 기다려야 한다고 시인했습니다.

플레이스테이션 2가 출시되자 닌텐도의 상황은 점점 더 나빠졌습니다. 닌텐도의 야마우치 히로시 회장은 소니의 성공에 대해 신경 쓰지 않는 척했지만, 경쟁 콘솔에 대해 묻자 노골적이기로 악명 높은 그는 이렇게 대답했습니다. "그건 DVD 플레이어로서는 충분한 값어치를 하지만 게임 시스템으로서는 몇 가지 문제점이 있어요. 이를 감안하고 소프트웨어를 만들기는 너무 어렵습니다."

닌텐도는 해결해야 할 내부 문제도 있었습니다. 서드파티 퍼블리셔에 대한 닌텐도의 문화적 혐오는 우수한 게임 회사들이 떨어져나가게 만들고 있었습

니다. 반면에 소니는 대놓고 그들의 환심을 사려고 했습니다. 야마우치는 마지
못해 자사 콘솔용 게임을 만들도록 허가했지만, 그의 눈에 닌텐도 콘솔은 자사
에서 만든 게임을 마케팅하기 위한 하나의 장치였습니다. 그는 외부 퍼블리셔를
콘서트장 밖에서 표를 파는 암표상 같은 존재로 보았습니다.

개인적인 견해는 그렇다 해도 야마우치는 게임 산업이 어떻게 돌아가는지
철저히 이해하고 있었습니다. 닌텐도가 업계를 지배하던 패미컴/NES 시스템 전
성기에 그는 효과적으로 서드파티 파트너들을 괴롭혀 그들이 생산할 수 있는 카
트리지의 수를 제한하고 다양한 콘솔용 게임을 출시하는 것을 막는 등 부담스러
운 조건에 동의하도록 강요했습니다.

**그러나 닌텐도의 사업 모델은 '닌텐도가 이긴다. 얘기 끝'이라는 기조가 명확했기에 남달랐
습니다.**

– 로드 쿠젠스

야마우치는 오랫동안 함께한 파트너들이 등을 돌려 소니와 합심했을 때 몹
시 화가 났습니다. 스퀘어는 〈파이널 판타지 VII〉이 플레이스테이션 독점작이
될 것이라고 발표했을 뿐만 아니라, 경영진이 다른 회사에도 닌텐도와 결별하라
고 부추겼다는 소문도 있었습니다. 당시에 기자가 스퀘어에 대해 물었을 때 야
마우치는 "우리는 스퀘어와 계약을 맺지 않았고 앞으로도 그럴 계획이 없다"고
말했습니다.

서드파티 퍼블리셔에 대한 야마우치의 견해를 고려할 때, 닌텐도가 돌핀
개발용 키트 배포에 거의 관심을 보이지 않은 것은 놀랄 일이 아닙니다. 인터뷰
에서 남코의 임원인 이시카와 슈쿠오에게 돌핀에 대해 어떻게 생각하느냐고 묻
자 그는 좌절감을 드러냈습니다.

우리 R&D 팀은 한 달 전에 닌텐도를 방문했는데, 그 회의에서조차 돌핀 개발용 키트가 아닌 이미 출시된 제품만 받을 수 있었습니다.

ㅡ 이시카와 슈쿠오

2000년 여름, 일본과 미국의 몇몇 게임 회사는 다가오는 게임보이 어드밴스를 위한 개발용 키트를 받았습니다. 하지만 그들 중 아무도 돌핀 개발용 키트를 받지 못했습니다. 기자가 닌텐도의 기업 커뮤니케이션 책임자인 이마니시 히로시에게 돌핀 개발용 키트를 받은 회사가 있는지 물었을 때, 그는 "유능하고 실력 있는 몇 군데"라고 대답했습니다. 기자가 유능하고 실력 있는 회사의 이름을 대라고 압박하자 그는 레어[29]와 코나미만 언급했습니다.

2000년 8월 24일, 마침내 닌텐도는 도쿄 외곽의 대형 컨벤션센터인 마쿠하리메세에서 열린 연례 닌텐도 스페이스 월드 박람회에서 돌핀 프로젝트를 공개했습니다. 그 전에 닌텐도는 스페이스 월드를 주로 일본 내의 언론과 산업을 위한 박람회로 취급했지만, 그해에는 노선을 바꿔 전 세계의 기자들을 적극적으로 초대했습니다.

이 박람회는 닌텐도의 새로운 하드웨어에서 게임이 어떤 모습으로 나오는지를 보여주는 동영상 프레젠테이션으로 시작했습니다. 이 짧은 시연 행사는 '게임큐브'라는 단어가 화면을 가득 채우면서 끝났습니다. 그때까지 닌텐도 2000 또는 돌핀 프로젝트로 알려졌던 이 콘솔은 이제 공식적인 이름인 게임큐브로 불리게 되었습니다.

---

[29] 퍼스트파티 게임은 사내 스튜디오나 자회사가 개발해 마이크로소프트, 닌텐도, 소니와 같은 하드웨어 제조업체가 출시하는 게임으로, 〈슈퍼 마리오 브라더스〉와 〈그란 투리스모(Gran Turismo)〉 등이 여기에 속한다. 〈헤일로〉가 출시되었을 때 번지는 마이크로소프트의 자회사였기 때문에 〈헤일로〉도 퍼스트파티 게임으로 볼 수 있다. 세컨드파티 게임은 너티독, 인섬니악게임스와 같은 독립 개발사가 만들고 하드웨어 제조업체가 출시하는 게임으로, 너티독이 개발하고 소니가 출시한 〈언차티드(Uncharted)〉를 예로 들 수 있다. 한편 락스타게임스, EA, 스퀘어에닉스와 같은 독립 개발사 또는 서드파티 퍼블리셔가 출시하는 게임을 서드파티 게임이라고 한다.

존경받는 야마우치 히로시는 이 박람회에 참석하지 않았습니다. 그래서 그의 건강에 대한 소문과 그가 회사를 다른 사람에게 넘겨줄지도 모른다는 이야기가 돌았습니다.

스페이스 월드 2000에서 프레젠테이션을 하던 닌텐도 임원 중에는 유명한 게임 디자이너인 미야모토 시게루도 있었습니다. 〈동키콩〉, 〈슈퍼 마리오 브라더스〉, 〈젤다의 전설〉을 제작한 바 있는 그는 '슈퍼 마리오 128'이라는 제목의 인터랙티브 데모를 진행했는데, 여기서는 128명의 삼차원 마리오가 스크린에서 서로 부딪히는 것을 보여주었습니다. 이 시연 행사는 이후에 나온 대부분의 것들과 마찬가지로, 자율적으로 움직이는 엄청난 수의 캐릭터를 한 번에 표현할 수 있는 게임큐브의 성능을 보여주기 위해 고안되었습니다.

이 데모는 게임큐브가 출중한 처리 능력을 지녔음을 드러내는, 반박할 수 없는 증거였습니다. 그러나 부족한 점이 있었는데, 그것은 미야모토와 화면 속 마리오들 사이에 이루어지는 게임으로서의 상호 작용이었습니다. 관객들은 그것이 기술 시연인지 게임인지 궁금해했습니다. 미야모토는 이후의 인터뷰에서 '슈퍼 마리오 128'을 게임이라고 언급해 혼란을 가중했습니다.

닌텐도의 데모 릴에 등장한 익숙한 게임 캐릭터들 사이에는 〈스타워즈〉 게임의 짧은 비디오 클립이 숨어 있었는데, 주로 엑스윙 전투기가 사막 행성을 가로지르는 모습을 매우 세밀하게 표현한 것이었습니다. 이 영상은 실제 플레이 화면이라기에는 너무 좋아 보였습니다. 엑스윙 전투기가 움푹 패고 긁힌 데다 배경에서 회전하는 행성은 매끄럽고 질감이 느껴졌습니다. 대부분의 사람들은 이것을 그래픽 시연이나 컷 장면으로 치부했으나 그렇지 않았습니다. 실제 게임 플레이가 그랬습니다.

우리는 〈스타워즈 로그 스쿼드론 II: 로그 리더Star Wars Rogue Squadron II: Rogue Leader〉 작업을 스페이스 월드 행사가 열리기 19일 전에 시작했어요. 토머스 엥글과 나는 실리콘밸리에 가서야 그 일을 해야 한다는 것을 알았답니다.

거기서 그들은 최초의 프로토타입 칩을 만들고 있었어요. 닌텐도 본사가 첫 번째 프로토타입을 얻기도 전이었으니, 아트엑스 사람들과 함께 실제 칩셋을 가지고 노는 것은 우리가 처음이었죠. 게다가 스페이스 월드가 공개되기 20일 전이었어요. 우리는 이렇게 말했죠. "좋아요. 누군가는 그 빌어먹을 것을 위해 실시간 데모를 만들어야 해요."

솔직히 우리는 일본이 실시간 데모 작업을 하고 있다고 생각했어요. 미야모토 팀이 작업을 하고 있다고 들었어요. 그들은 거대한 마리오 데모 같은 것을 계획하고 있었습니다.

나는 〈스타워즈 로그 스쿼드론 II: 로그 리더〉의 후속작을 만들 것이라고 가정하고 모델을 제작했어요. 그 덕에 우리는 아트 작업을 조금 더 앞서 수행했지만 아주 일찍은 아니었죠.

우리는 플레이 가능한 데모 게임과 실시간 근접 비행 데모 영상을 19일 동안 동시에 작업할 것이라고 루카스아츠와 닌텐도에 통보했어요. 그들은 우리가 미쳤다고 생각했고, 이게 팀원 전체에 동기를 불어넣어 19일 동안 아무도 잠을 자지 않았습니다.

– 율리안 에게브레히트

128비트 아키텍처, 파워PC 프로세서, 텍스처를 입힌 폴리곤, 여러 개의 자율 캐릭터로 게임을 돌리는 연산력에 대한 모든 설명이 끝난 후, 새로운 콘솔이 커다란 검은색 손잡이가 달린 보라색 상자로 밝혀지자 관객들은 다소 당황했습니다. 소니의 디자이너들은 플레이스테이션 2에 스테레오 컴포넌트 특유의 밋밋한 단순함을 입히기 위해 노력했습니다. 그해 초 소비자 가전 전시회에서 공개된 마이크로소프트의 신형 엑스박스는 양식화된 데스크톱 컴퓨터처럼 보였습니다. 닌텐도의 새로운 콘솔은 아이들 도시락을 닮았는데, 닌텐도는 그 색깔을 '인디고'라고 불렀지만 실제로는 보라색이었습니다.

보세요. 닌텐도는 위험을 감수했어요. 나는 닌텐도가 게임큐브에 잘못된 위험을 무릅썼다고 생각합니다. 나는 작은 손잡이를 포함해 모든 게 마음에 들지만, 게임큐브의 디자인은 분명히 잡스의 최근 실패작[애플 파워맥 G4 큐브]에서 영감을 받았습니다. 멋진 디자인이지만 완전히 실패했고, 이것은 명백히 게임큐브만의 디자인적 영감이었어요.

그렇게 손잡이를 만든 것은 휴대성을 위한 것으로 보이지만 실제로는 휴대성이 없죠. 보라색과 마찬가지로 이상한 선택이었어요.

－율리안 에게브레히트

컨트롤러를 보니 놀이공원에서 주는 지도 같더군요. 갖가지 색깔과 모양이 있었죠. 나는 어떻게 해야 할지 몰랐지만 손에 쥐어보니 아주 자연스러웠어요.

그들은 그들만의 펑키한 미니디스크 포맷을 가지고 있었습니다. 나는 그것을 보고 '그들은 자기 내면의 드러머가 연주하는 비트에 맞춰 남다르게 움직인다'고 생각했던 게 기억나네요.

－마이크 피셔

비디오 게임계의 디즈니라는 명성을 가진 회사에서 만든 게임큐브는 도시락 같은 모양에 놀이동산 지도처럼 보이는 컨트롤러가 부착되어 있어 장난감으로 치부되곤 했습니다. 그 후 몇 년 동안 마이크로소프트와 소니의 임원들은 닌텐도를 위험한 경쟁자라기보다는 장난감 회사로 묘사하면서 아낌없이 칭찬했습니다. 그들은 닌텐도가 훌륭한 기술 회사이고, 어린 층을 대상으로 하기 때문에 우리와는 다르다고 말했습니다.

닌텐도의 차세대 콘솔인 게임큐브는 소니의 플레이스테이션 2, 마이크로소프트의 엑스박스와 치열한 경쟁을 벌일 기기입니다. 닌텐도 코너에는 작은 보라색 장난감 같은 게임큐브가 있고, 반대편 코너에는 크고 검은 컴퓨터 같은 상자가 두 개 있습니다.

－알프레드 에르미다(BBC 뉴스 편집자)[2]

나는 커튼을 모두 쳐놓은 닌텐도 64 회의실에 갔던 것을 기억합니다. 우리가 볼 수 있도록 일본 팀은 게임큐브를 모든 색깔로 배열했습니다. 소화제 빛깔의 분홍색부터 모래색, 살구색, 밝은 빨간색까지 모든 색이 있더군요.

아마 스무 명 정도 있었을 거예요. 마치 앨리스가 사는 이상한 나라 같았죠. 하지만 색깔이 너무 많아서 "우와", "으악", "어라", "아니, 안 돼", "그 군용 녹색은 안 돼"와 같은 말이 난무했어요.

우리는 금색, 은색, 검은색을 정말 좋아한다고 말하면서 거기서 나왔습니다. 내 기억에는 빨간색도 포함되었던 것 같아요. 우리는 "보라색도 괜찮다고 생각하지만 여러분이 그 색으로 출시해야 한다고 생각하지는 않는다"고 말했습니다. 이 말은 기각되었고 결국 보라색으로 출시되었습니다.

– 페린 캐플런(닌텐도 아메리카 법인 업무 담당 전 임원)

닌텐도는 정말 훌륭한 회사입니다만, 죄송하게도 훌륭한 장난감 회사일 뿐입니다.

– 로비 바흐[3]

마이크로소프트와 소니만이 닌텐도를 장난감과 연관 지은 것은 아닙니다. 닌텐도의 하드웨어 설계자인 아시다 겐이치로는 이렇게 말했습니다. "많은 사람은 게임큐브가 장난감처럼 디자인되었다고 느꼈습니다. 물론 우리는 이것을 알고 있었지만, 슈퍼 NES 이후의 닌텐도 하드웨어는 모두 명시적인 이미지를 염두에 두고 설계된 것입니다."[4]

엔가젯 공동 설립자인 피터 로하스가 더 젊은 층을 대상으로 제품을 마케팅한 것이 사실이냐고 묻자, 닌텐도 아메리카의 EVP 영업 및 마케팅 책임자인 레지널드 피서메이는 다음과 같이 대답했습니다. "절대 그렇지 않아요."[5]

그들은 항상 닌텐도는 확실히 아이들을 위한 것이라고, 이런 쪽에는 더 진심이라고 우리를 포지셔닝했습니다. 그런데 막상 공식적인 자리에서 그들은 자신이 더 웅장한 그래픽과 더 나은 처리 능력을 가지고 있다고 말했습니다.

그건 문제가 있었어요. 그런 것을 내세우면서 경쟁하는 바람에 우리는 커뮤니케이션과 마케팅 측면에서 어려움을 겪을 수밖에 없었죠.

– 베스 르웰린(닌텐도 아메리카 기업 커뮤니케이션 전 책임자)

옛것에 의존하다

　플레이스테이션 2는 더 나은 추진력을 가지고 1년 먼저 시장에 진입했지만 닌텐도의 팬층은 두텁고 매우 충성스러웠습니다. 닌텐도 게임을 하면서 자란 팬들은 두 세대에 걸쳐 NES/패미컴에서 슈퍼 NES/슈퍼 패미컴으로, 다시 닌텐도 64로 옮겨 갔습니다. 이들에게 비디오 게임은 닌텐도 그 자체를 의미했습니다.

　닌텐도의 수많은 팬 중에서 '플래닛 게임큐브'[30]라는 웹사이트를 만든 빌리 버그해머만큼 충성스러운 사람도 없을 것입니다. 당시 실업급여를 받던 버그해머는 플래닛 게임큐브에 기고한 작가들에게 원고료를 줄 여유가 없었지만 그것은 문제가 되지 않았습니다. 작가들도 빌리만큼 닌텐도를 사랑했기 때문입니다. 형편없는 게임이 나왔을 때는 혹평을 하고, 닌텐도가 실수를 했을 때는 이를 보도했습니다. 하지만 모든 기사나 리뷰는 러브레터나 다름없었습니다. 버그해머와 직원들은 일부 지역 마리오 팬클럽의 회원일 뿐 아니라 닌텐도의 가장 열렬한 신봉자 중 하나였습니다.

　2001년 8월까지 몇 달 동안 버그해머는 닌텐도 스페이스 월드(8월 24~26일)를 취재하기 위해 일본으로 날아가 9월 14일 게임큐브가 출시될 때까지 머물기로 했습니다. 그는 경비를 마련하기 위해 독자들에게 기부를 요청했습니다.

　플래닛 게임큐브는 스페이스 월드 2001에 참석할 계획입니다! 하지만 우리는 당신의 도움이 필요해요! 루이[31]의 피를 뽑아 팔거나 내가 가진 모든 게임을 전당포에 맡기는 대신 페이팔을 통해 기부금을 받기로 했습니다. 우리는 그동안 무료 구독 체제를 유지했고 앞으로도 그럴 것입니다. 인터넷은 힘든 시기를 겪고 있고 우리도 적잖은 타격을 받았습니다. 일본은 물가가 싼 나라가 아닙니다. 우리는 많은 것을 요구하지는 않지만, 작은 기부

30　훗날 '닌텐도 월드 리포트'로 이름이 바뀌었다.
31　버그해머의 사랑스러운 고양이 루이는 플래닛 게임큐브의 문화에서 중요한 역할을 했다.

는 우리가 그곳에 가는 데 도움이 될 것입니다. 독자 여러분이 도와주신다면 감사하겠습니다![6]

버그해머는 도쿄에서 가능한 한 절약하면서 지냈고, 닌텐도가 도쿄국제전시장에서 스페이스 월드를 개최하며 기자회견을 열었을 때 그 자리에 있었습니다. 그는 스페이스 월드가 열린 3일 내내 참석했고, 그 후 게임큐브 출시에 관한 글을 쓰기 위해 일본에 남았습니다.

스페이스 월드 2001은 닌텐도에서 가장 인기 있는 시리즈의 비디오 클립과 티저로 시작했습니다. 앞서 발표된 신작 타이틀의 예고편(〈루이지 맨션Luigi's Mansion〉, 〈웨이브 레이스: 블루 스톰Wave Race: Blue Storm〉)과 함께 〈대난투 스매시 브라더스 DXSuper Smash Bros. Melee〉, 〈메트로이드Metroid〉, 〈스타 폭스〉, 새로운 공포 게임 〈이터널 다크니스: 새너티스 레퀴엠Eternal Darkness: Sanity's Requiem〉의 짧은 영상을 보여주었습니다.

또한 닌텐도는 곧 출시할 〈젤다의 전설〉 예고편을 선보였습니다. 트레일러에서 다섯 모블린(멧돼지 같은 얼굴을 한 이족 보행 생물)이 10대로 보이는 링크의 뒤를 쫓고 복도를 따라갑니다. 링크가 눈에 띄게 어려지고, 게임의 스타일이 디테일한 애니메이션에서 셀 셰이딩으로 바뀌어 수작업으로 그린 만화 같았습니다. 이전 스페이스 월드에서 링크가 다 큰 성인처럼 보였던 것에 익숙한 팬들은 처음에는 낯선 이 모습을 좋아하지 않았습니다. 실망한 팬들은 이 게임을 '셀다Celda'라고 부르기도 했습니다.

2001년 닌텐도 스페이스 월드에서 공개된 〈젤다의 전설: 바람의 지휘봉The Legend of Zelda: The Wind Waker〉은 그 자리에서 엄청난 논란을 불러일으켰습니다. 한 게이머는 플래닛 게임큐브에 다음과 같이 썼습니다. "내가 닌텐도는 고전 게이머들의 취향을 존중한다고 말하기 무섭게, 그들은 젤다를 다섯 살짜리들이나 보는 빌어먹을 인형극으로 만들어놨어요." 또 어떤 이는 "나는 이게 짓궂은 장난이었으면 좋겠어요"라고 말했습니다. "젤다 신작은 내가 기저귀로 쓰기에 알맞아

보이네요"라고 말하는 사람도 있었습니다.[7]

당대에 닌텐도는 많은 실수를 하고 손발이 맞지 않았습니다. 게임의 방향성과 기조는… 예를 들자면 그들은 이전에 그래픽이 사실적인 〈젤다의 전설〉을 보여주었고, 그래서 사람들은 그런 〈젤다의 전설〉을 기대하고 있었어요. 그런데 디렉터인 아오누마 에이지가 완전히 뒤집어놓더라고요.

오해하지 마세요. 나는 그 게임을 좋아해요. 〈젤다의 전설: 바람의 지휘봉〉은 환상적인 작품이었죠. 하지만 콘솔 산업이 고전을 면치 못하던 당시에는 적절치 못한 처사였어요.

– 율리안 에게브레히트

그 전에 일본에 가본 적이 없었지만 버그해머는 다른 콘솔의 출시를 면밀히 추적했습니다. 그는 플레이스테이션 2 출시를 둘러싼 떠들썩한 분위기에 대해 알고 있었고, 닌텐도가 슈퍼 패미컴을 출시하는 날의 대기 줄과 교통 문제에 대해서도 들었습니다. 그래서 게임큐브에도 비슷한 호응을 기대하며 전단지, 포스터, 상점 내 전시품을 보러 아키하바라에 갔습니다. 하지만 그가 발견한 것은 그다지 감동적이지 않았습니다.

더 많은 판촉 행사를 기대했지만, 스페이스 월드가 열리기 전에도 아키하바라에는 아무것도 없었어요. 있었어야 할 곳은 바로 여기, 아키하바라예요. 만약 무언가를 홍보할 거라면 여기로 가야 해요.

스페이스 월드가 있은 지 1주일 후 나와 직원은 게임큐브 관련 홍보 책자와 전단지를 찾기 위해 아키하바라 주변에서 말 그대로 사냥을 다녀야 했어요. 내가 말하는 이곳은 정말 모든 것을 전단지로 만들어내는 곳이에요. 〈슈퍼 몽키 볼〉의 경우 어디서든 전단지를 발견할 수 있죠.

– 빌리 버그해머

큰 행사를 앞두고 게임큐브에 대한 기대가 크지 않았습니다. 전 세계에서 사람들이 날아오지 않았습니다. 로이터와 블룸버그는 아키하바라로 기자를 보내지 않았습니다. 소매점에서도 재고가 남아돌았습니다.

1주일만 더 일찍 출시되었더라면 세계의 언론이 자세히 보도했을지도 모르지만, 2001년 9월 11일 미국에서 테러리스트들이 여객기 네 대를 납치해 추락시키고 세계무역센터가 무너지는 사건이 있었습니다. 닌텐도 기사를 다루려고 했을지도 모를 뉴스, 잡지, 신문이 국제 테러리즘으로 관심을 돌렸습니다.

플레이스테이션 2는 출시일 오전 중에 매장 진열대에서 사라졌지만 게임큐브는 출시일 점심시간까지도 진열대에 쌓여 있었습니다. 닌텐도는 45만 대를 출하해 30만 대도 미처 팔지 못했습니다. 판매가 저조한 여러 가지 이유 중에서도 사람들이 가장 많이 꼽은 이유는 게임이 부족하다는 것이었습니다.

NES는 〈슈퍼 마리오 브라더스〉와 함께 출시되지 않았더라면 세계적인 센세이션을 일으키지 못했을 것입니다. 슈퍼 NES를 출시했을 때는 〈슈퍼 마리오 월드Super Mario World〉가 하드웨어에 동봉되어 있었습니다. 하드웨어와 별도로 판매된 〈슈퍼 마리오 64〉는 닌텐도 64와 거의 일대일 비율로 팔렸습니다. 콘솔을 집어든 거의 모든 사람이 이 게임을 함께 구입했습니다.

그러나 게임큐브가 출시되었을 때는 〈슈퍼 마리오 브라더스〉가 없었습니다. 이용 가능한 게임이 〈루이지 맨션〉, 〈웨이브 레이스: 블루 스톰〉, 〈슈퍼 몽키볼〉뿐이었습니다.

개인적으로 나는 〈슈퍼 마리오〉가 함께 출시되지 않았다는 것에 실망했어요 닌텐도가 많은 것을 비밀로 하고 있기 때문에 나는 그것도 비밀로 하고 있다고 생각했죠. 불행히도 내가 틀렸답니다.

– 빌리 버그해머

우리 홍보 쪽에서는 하드웨어를 출시할 때마다 〈슈퍼 마리오〉라는 타이틀이 항상 있었기 때문에 조금 걱정했어요. 우리가 하드웨어 플랫폼을 출시했을 때 〈슈퍼 마리오〉가 나올 것이라는 기대가 있었죠.

돌이켜 생각해보니, 출시할 때 게임이 많았다면 좋지 않았을까요? 우리는 항상 출시 당시 언급할 수 있는 더 큰 라이브러리가 있기를 바라지만, 닌텐도는 거대한 라이브러리를 가지고 출시한 적이 없었습니다.

-베스 르웰린

다른 문제도 있었습니다. 어떤 사람들은 낮은 판매량을 게임큐브의 '게임 디스크' 미디어 규격 탓으로 돌렸습니다. 플레이스테이션 2는 이미 DVD를 재생할 수 있었고, 마이크로소프트는 엑스박스를 DVD 플레이어로도 사용할 수 있다고 발표했습니다.[32]

하드웨어는 관련이 별로 없습니다. 중요한 것은 본체에 무엇이 들어가느냐가 아니라 게임을 하면서 얻는 경험이죠.

시장에서 참여자들이 성공하는 데 중요한 결정 요인은 게임의 품질이에요. 우리는 플레이어들이 멋진 게임을 할 수 있도록 해주는 것 외에는 아무것도 하고 싶지 않습니다.

-데이비드 고센(닌텐도 유럽 임원)[8]

닌텐도는 몇 가지 실수를 했습니다. 그들 입장에서 보면 그 실수 중 어느 것도 돌이킬 수 없는 피해를 끼치지는 않았지만, 종합적으로 생각해보면 닌텐도를 뒤로 후퇴시켰습니다. 보라색 콘솔과 출시 당시 〈슈퍼 마리오〉의 부재 말고도 닌텐도는 해결해야 할 두 가지 중요한 이슈가 더 있었습니다. 시장이 진화했고, 콘솔 시장 마케팅에서 귀여움을 내세우는 것은 썩 좋은 결과를 내지 못했습니다.

당면한 두 번째 이슈는 소니와 어떻게 경쟁하느냐였습니다. 닌텐도는 세

---

32 2001년 12월 13일. 파나소닉은 2003년에 단종된 게임큐브/DVD 플레이어를 결합한 더큐를 출시했다.

가와 '콘솔 전쟁'을 벌이는 동안에는 실수를 모면했습니다. 슈퍼 패미컴용 〈모탈 컴뱃〉의 검열에서 교훈을 얻은 닌텐도는 미래에 이런 실수를 반복하지 않았습니다. 하지만 소니가 주요 경쟁자였던 시장은 그다지 너그럽지 않았습니다. 미래를 향해 나아가는 닌텐도는 더 이상 실수를 통해 배울 여유가 없거니와, 애초에 실수를 하지 말아야 했습니다.

닌텐도만 그런 것이 아니었습니다. 더 새롭고 부유한 경쟁자가 시장에 진입하려고 했지만 같은 처지에 놓였습니다. 모든 것을 올바르게 수행하는 회사와 경쟁하면서 보조를 맞추기도 어렵지만, 뒤처지는 것은 치명적입니다.

"그렇다면 소니는 어쩌죠?"

모든 가정, 모든 책상 위에 컴퓨터를 하나씩
–마이크로소프트의 조직 강령

그가 경영 사례를 더 자세히 들여다볼수록 우리가 엄청난 돈을, 최소 10억 달러 이상을 잃을
것임이 확실해졌습니다.
–에드 프리스(마이크로소프트 게임스그룹 전 책임자[33])

---

33 마이크로소프트에 몸담은 17년 11개월 동안 승진하면서 여러 직함을 얻었다.

돈을 어렵게 버는 방법

마이크로소프트는 콘솔 사업을 할 생각이 없었습니다.

1975년 빌 게이츠와 폴 앨런이 설립한 마이크로소프트(마이크로컴퓨터 소프트웨어의 줄임말)는 1980년 IBM과 새로운 PC 사업을 위한 운영체제 개발 계약을 체결하면서 처음으로 국제적인 명성을 얻게 되었습니다. 마이크로소프트는 1982년에 〈마이크로소프트 플라이트 시뮬레이터〉를 출시하고, 이듬해에는 마이크로소프트 마우스를 출시했습니다. 1985년, 대부분의 PC가 MS-DOS(마이크로소프트 디스크 운영체제의 줄임말)에서 실행되자 마이크로소프트는 사용자가 컴퓨터를 더 쉽게 탐색할 수 있도록 윈도우를 도스 위에 올려놓은 사용자 친화적 인터페이스로 내놓았습니다.[34]

1987년에 이르러 빌 게이츠는 세계에서 가장 젊은 자수성가형 억만장자가 되었으나[1] 그해 10월 19일 검은 월요일에는 그 지위를 잃었습니다. 하지만 그날 재산이 수억 달러대로 내려앉은 지 1년도 채 되지 않아 그는 다시 억만장자의 지위를 되찾았습니다.

초창기에 게이츠는 천박한 장사치라는 평판을 들었습니다. 비평가들은 그를 허풍쟁이 세일즈맨, 거만한 사람으로 묘사했습니다. 마이크로소프트와 애플의 경쟁이 계속되는 가운데 마이크로소프트가 워드, 엑셀, 오피스를 내놓아 공세를 퍼부었고, 여기에 워드퍼펙트도 가세했습니다. 훗날 닷컴 붐이라고 불린 물결을 탄 마이크로소프트는 1990년대에 제너럴일렉트릭을 제치고 세계에서 가장 가치 있는 회사로 자리매김했습니다.[2]

윈도우 95의 출시와 함께 마이크로소프트는 사이드와인더 조이스틱, 게임패드, 핸들 제품군을 신속히 확장해 선보였습니다. 오토바이 스턴트 시뮬레이션

---

34 마이크로소프트의 윈도우 인터페이스는 애플이 매킨토시 컴퓨터용으로 만든 WYSIWYG('당신이 보는 것이 당신이 얻는 것(what you see is what you get)'이라는 뜻) 데스크톱 포맷에서 많은 점을 참고했고, 이는 다시 제록스가 인터페이스를 설계할 때 영감을 주었다.

인 〈모토크로스 매드니스Motocross Madness〉에는 함께 제공되는 모션 트래킹 게임 패드인 프리스타일 프로 컨트롤러가 최종적으로 포함되었습니다. 그러나 2003년에 마이크로소프트는 사이드와인더 사업을 중단했습니다. 그때쯤 게임 산업에 훨씬 더 큰 지분을 가지고 있었기 때문입니다.

키보드, 마우스, 핸들 제작은 게임기 제작과 거리가 멉니다. 1996년에 한 기자가 마이크로소프트에게 콘솔 사업에 뛰어들어 세가나 닌텐도와 경쟁할 생각이 없는지 물었을 때 브라이언 트러셀(훗날의 마이크로소프트 캐주얼 게임 부문 책임자)은 "콘솔을 만드는 것은 돈을 어렵게 버는 방법"이라고 대답했습니다.

그래도 트러셀은 그 당시에 자사가 비디오 게임을 출시할 가능성을 배제하지 않았습니다. 마이크로소프트가 그때 가졌던 생각은, 초기 개발비를 들여 지속적으로 업데이트를 하더라도 각 제품을 생산하는 비용을 감안했을 때 소프트웨어 판매가 하드웨어 제조보다 수익성이 높다는 것이었습니다.

대부분의 최고 임원들이 그러한 견해를 공유했지만 마이크로소프트는 거대한 조직이었습니다. 워싱턴주 레드먼드에는 여러 캠퍼스가 있고 전 세계 각국에도 사무실이 있습니다. 마이크로소프트는 이미 거대하고 우세한 데다 여전히 성장 중이라 새로운 인재와 참신한 아이디어가 계속해서 쏟아져 나왔습니다.

마이크로소프트의 게임기 아이디어는 당연한 것처럼 보였습니다. 내 말은, 만약 새로운 회사가 게임기를 만든다면 분명히 마이크로소프트일 테지만 그들은 절대 그러지 않을 거예요.

－케빈 바커스(마이크로소프트 엑스박스 서드파티 관계 전 책임자)

윈도우 95의 출시가 임박하자 마이크로소프트는 콘솔의 대안으로 PC를 홍보하기 시작했습니다. 과거에는 대부분의 PC 게임이 도스에서 실행되었습니다. 마이크로소프트는 윈도우 95를 게임용 플랫폼으로 배포하기 위해 게임 디자이너가 게임의 윈도우 버전에 3D 그래픽, 음악, 컨트롤 및 기타 요소를 더 쉽게 구축할 수 있도록 응용 프로그램을 개발했습니다. 이러한 툴은 다이렉트 X에 포함되었습니다. 카리스마 있고 노골적인 엔지니어이자 선구자인 앨릭스 세인트 존이 이끄는 다이렉트X 팀은 PC 게임을 도스에서 윈도우로 성공적으로 이식했습니다. 1996년에는 인기 상위 5대 PC 게임 중 〈퀘이크〉, 〈커맨드 앤 컨 커〉, 〈듀크 뉴켐 3D〉가 여전히 윈도우가 아닌 도스에서 실행되었습니다. 다음 해에 출시된 상위 다섯 개 PC 게임 중에는 〈폴아웃Fallout〉만이 도스에서 실행되었습니다.

1990년대 후반에는 PC 게임과 비디오 게임이 별개의 시장으로 공존했습니다. 〈테트리스〉, 〈심시티SimCity〉, 〈매든 NFL〉, 〈미스트〉, 〈둠〉과 같은 일부 PC 게임 히트작이 콘솔 시장에 성공적으로 진출했지만 이는 극히 일부였고, 대부분의 콘솔 이식 게임이 망했습니다. 빌 게이츠의 눈에 비디오 게임 시장은 롤러코스터처럼 보였습니다. 비디오 게임 시장은 최신 기종이 구식이 되어가는 5년마다 정체에 빠졌던 반면 PC 게임 시장은 비교적 일정했습니다.

마이크로소프트는 비디오 게임 산업에 관심을 보이지 않았지만, 경영진은 사업을 확장하기 위해 실행 가능한 새로운 산업을 늘 찾고 있었습니다. 1997년, 마이크로소프트는 TV를 웹에 연결하는 셋톱박스를 만든 웹TV네트웍스라는 신생 회사를 인수했습니다. 게이츠는 이 회사의 전문성을 활용해 웹TV 팀에 마이크로소프트의 TV 기반 프로젝트를 맡겼습니다.

웹TV 팀은 세가 드림캐스트용 윈도우 CE 기반 운영체제를 위한 프로젝트를 주도했습니다.[35] 드림캐스트에 윈도우 CE 기반 운영체제를 추가하면 퍼블리셔가 마이크로소프트의 강력한 다이렉트X 툴을 사용해 게임을 구축할 수 있다는 것이 장점이었습니다. 윈도우 CE 툴 키트는 공식적으로는 1999년 3월 16일에 출시되었지만 세가, 코나미, 어클레임, 허드슨소프트의 경우 그 전에 이미 사

---

35 드림캐스트는 윈도우 CE 운영체제와 독점 세가 운영체제를 갖추고 있었다.

용 가능한 상태였습니다.

콘솔은 웹TV 팀에 익숙한 분야였고, 팀 내에는 3DO 출신의 베테랑들도 있었습니다.[36] 드림캐스트 작업을 마치자 몇몇 팀원이 마이크로소프트용 콘솔의 제작 가능성에 대해 조용히 논의하기 시작했습니다.

원칙적으로 마이크로소프트는 직원들의 발명을 장려하는 분위기였습니다. 본래 업무를 침해하지 않는 한 직원들은 새로운 아이디어와 제품을 자유롭게 제안할 수 있었습니다. 또한 그들은 프로젝트를 고위 경영진에게 제안할 수 있었고, 아이디어에 장점이 충분하다면 임원이 프로젝트를 후원해줄 수도 있었습니다. 마이크로소프트 게임스튜디오의 수장인 에드 프리스는 콘솔에 대해 가장 논리 정연한 후원자였습니다. 만약 마이크로소프트가 비디오 게임 시장에 진출하기로 결정했다면 그의 팀에서 게임이 나왔을 것입니다.

그들이 만들고자 했던 콘솔은 게임기 그 자체였습니다. 기본적으로 드림캐스트 또는 플레이스테이션의 후계자를 목표로 마이크로소프트가 밑바닥부터 개발하는, 맞춤형 소프트웨어를 갖춘 맞춤형 하드웨어로, 윈도우는 포함되지 않았습니다.

– 에드 프리스

한 무리의 사람들이 '개러지 숍' 프로젝트를 진행했습니다. '개러지 숍' 말고는 딱히 적당한 표현이 떠오르지 않네요. 전직 3DO 직원도 몇 명 있었죠.

– 로비 바흐

프리스는 고심 끝에 그들의 제안을 거절했습니다. 그의 PC 게임 스튜디오가 급성장하고 있었기 때문입니다. 지난해에 〈에이지 오브 엠파이어〉로 큰 성공을 거두었고, 훨씬 더 성공적인 속편인 〈에이지 오브 엠파이어 II: 정복의 시대〉

---

36 3DO는 EA 설립자인 트립 호킨스 3세가 1991년에 세웠다. 호킨스는 콘솔을 직접 제작하는 대신 전자제품 제조업체인 파나소닉, 산요, 금성전자에 하드웨어 라이선스를 부여했다. 1993년에 출시된 멀티플레이어는 2년간 최첨단 콘솔 기술을 보여주었고, 그 후 소니가 플레이스테이션을 출시했다.

를 출시하려는 중이었습니다. 마이크로소프트 게임스튜디오는 소니온라인엔터테인먼트의 엄청난 히트작 〈에버퀘스트EverQuest〉와 정면 대결을 벌일 〈애쉬론즈콜〉로 MMORPG 시장에 막 진입하려던 참이었습니다.[37]

프리스의 후원을 얻지 못한 것이 웹TV 팀의 최후는 아니었습니다. 포기하는 대신 그들은 마이크로소프트의 최고 연구·전략 책임자인 크레이그 먼디 등 다른 임원들에게 제안을 들고 갔습니다. 빌 게이츠의 가장 핵심적인 세력에 속한 데다 선견지명이 있었던 먼디는 플레이스테이션의 게임 사업을 주시해왔고, 그 제안서를 소니가 소비자의 거실을 접수하는 것을 막기 위한 반격에 나설 흥미로운 계획으로 보았습니다.

마이크로소프트에서 웹TV 팀만 콘솔 사업에 주목했던 것은 아닙니다. 비디오 게임 경력자가 아예 없던 다이렉트X 팀도 이 사업에 주목하고 있었습니다. 당시에 윈도우 게임 및 엔터테인먼트 에반젤리즘 그룹 책임자로 임명된 테드 헤이스는 마이크로소프트의 OLEobject linking and embedding와 COMcomponent object model 기술을 거쳐 다이렉트X 부서로 왔습니다. 그는 게임 분야 사람이 아니라 에반젤리스트였습니다. 그는 게임 플랫폼을 도스에서 윈도우로 옮기도록 EA, 블리자드, 루카스아츠와 같은 회사를 설득하도록 고용되었습니다. 그리고 마이크로소프트로 이직하기 전 오토데스크에서 일했던 오토 버크스는 뛰어난 그래픽 기술 능력을 지녀 다이렉트X 팀에 영입되었습니다.

웹TV 팀의 콘솔처럼 다이렉트X 팀의 엑스박스는 '만약에'라는 의문에서 시작되었습니다. 이에 대해 헤이스와 버크스는 마이크로소프트의 다이렉트X와 OpenGL 기술을 중심으로 만들어진 콘솔이 잠재적으로 비디오 게임의 생태계를 바꿀 수 있다고 생각했습니다. 이 가능성에 흥미를 느낀 그들은 다이렉트X 팀 관리자인 셰이머스 블래클리와 케빈 바커스를 회의에 불렀습니다. 블래클리는 루킹글래스스튜디오와 드림웍스인터랙티브의 베테랑이었고, 바커스는 초창

---

[37] 소니온라인엔터테인먼트는 소니컴퓨터엔터테인먼트의 자회사로, 플레이스테이션 게임보다는 온라인 제품군에 중점을 두었다.

기 엔터테인먼트 소프트웨어 대기업인 마인드스케이프[38]에 몸담았었습니다.

다이렉트X 팀은 전용 콘솔을 개발하는 대신 게임에 특화된 컴퓨터를 만드는 데 주력했습니다. 다른 컴퓨터와 마찬가지로 하드드라이브도 포함되었습니다. 다이렉트X 제작 툴과 친숙한 컴퓨터의 아키텍처를 통해 플레이스테이션이나 닌텐도 64보다, 특히 프로그래밍이 어려웠던 닌텐도 64보다 더 쉽게 게임을 프로그래밍할 수 있었습니다.

이 팀은 포위된 미국 해군이 적의 항공모함을 침몰시키고 일본 함대를 후퇴시킨 태평양 해전의 코드명 '미드웨이'를 프로젝트명에 붙였습니다. 그 이름의 의미와 달리 '콘솔 전쟁'에서 일본을 이기는 데에는 일본의 힘이 필요했습니다. 캡콤, 남코, 스퀘어, 코나미와 같은 기성 회사의 게임이 없었다면 마이크로소프트의 미드웨이는 세가 드림캐스트를 무너뜨렸던 문제에 봉착했을 것입니다.

웹TV 팀과 마찬가지로 헤이스, 버크스, 바커스, 블래클리는 가장 확실한 후원자인 에드 프리스에게 아이디어를 발표했습니다.

그들은 엑스박스라는 물건을 나에게 제안했습니다. 이름은 다이렉트X에서 따왔는데, 정말 이름 그대로 다이렉트X 박스였죠.

원래는 윈도우를 구동하는 PC가 될 예정이었지만, 고객에게 콘솔로 느껴지도록 일종의 레이어를 탑재하게 되었습니다. 하드디스크에 게임을 설치하도록 해서 다음에 디스크를 넣으면 더 빨리 실행할 수 있었습니다.

1년 전쯤에 드림캐스트 제작진에게는 안 된다고 말했지만 이 프로젝트는 흥미롭더군요. 이미 가지고 있는 자원으로 콘솔 사업에 뛰어들 수 있는 방법이었기 때문에 나는 그들을 지원하기로 했죠. 우리는 비공식 엑스박스 팀을 만들고 몇 명을 전임으로 배정했어요.

– 에드 프리스

---

38 1983년에 설립된 마인드스케이프는 1988년에 기업 공개(IPO)를 하여 게임 개발사로는 처음으로 주주 공모를 했다. 1990년에 마인드스케이프는 전직 TV 토크쇼 진행자이자 배우인 레스 크레인이 운영하는 소프트웨어 툴웍스에 인수되었다. 〈메이비스 비컨 타자 교습(Mavis Beacon Teaches Typing)〉, 〈더 미라클 피아노 티칭 시스템(The Miracle Piano Teaching System)〉 등의 주력 제품이 마인드스케이프 상표를 달고 출시되었다.

뷰티 콘테스트

엑스박스처럼 복잡한 물건의 발명은 역사의 렌즈로 비춰볼 때, 그것이 어떻게 만들어졌는지에 대해 모든 사람이 각각 자신의 경험에 기반한 자신만의 견해를 갖는 〈라쇼몬羅生門〉[39] 식 관점을 취합니다. 엑스박스가 어떻게 시작되었는지 로비 바흐에게 물어본다면 J 앨러드에게 물어봤을 때와는 아주 다른 답변을 들을 겁니다. 누군가의 관점이 다른 이의 관점과 상충하더라도 동등하게 타당하겠죠. 그게 바로 개인의 관점이 수행하는 기능입니다.

-케빈 바커스

빌 게이츠와 경영진은 게임 사업을 일반적으로 막대한 위험이 뒤따르고 이익을 낼 확률이 극도로 적은 도박으로 여겼습니다. 마이크로소프트의 게임 중 가장 잘 팔린 〈에이지 오브 엠파이어〉와 〈에이지 오브 엠파이어 II: 정복의 시대〉는 최종적으로 각각 200만 장씩 팔렸습니다. 이에 비해 마이크로소프트는 윈도우 XP를 5억 개 출하해 대부분이 OEM 채널을 통해 공급되었습니다. 애플의 독점 OS 운영체제로 구동되는 매킨토시를 제외하고 시중의 모든 PC는 윈도우로 구동되었습니다. IBM, HP, 델, 게이트웨이, 에이서의 PC는 윈도우와 함께 제공되었습니다. 에일리언웨어가 하이엔드 모델인 Area-51: M5500 게임 PC를 출시했을 때도 윈도우 XP가 설치되어 있었습니다. 소니의 바이오 컴퓨터도 마찬가지였습니다.

마이크로소프트에서는 윈도우와 오피스가 가장 중요하고 그 밖의 것은 뒷전이었습니다. CEO인 빌 게이츠와 스티브 발머 사장은 둘 다 회사의 이미지를 손상하거나 재계를 불편하게 만들 수 있는 프로젝트를 좋아하지 않았습니다.

---

39 옮긴이_일본의 구로사와 아키라 감독이 1950년에 제작한 흑백 영화로, 한 살인 사건에 대해 인물들이 내놓은 진술이 제각각이라 진실이 미궁에 빠지는 범죄 미스터리극이다.

내가 입사한 1996년에 그들은 내가 완성을 도운 몇 가지 게임을 개발하고 있었어요. 마케팅 담당자들은 그중 하나를 〈데들리 타이드〉, 또 하나를 〈헬벤더〉로 이름 지었어요. 좀 더 개성 있는 일을 하는 것처럼 보이기 위해 그들은 특별히 그런 이름을 골랐죠.[40]

우리는 이 두 이름의 실질적인 승인을 얻기 위해 빌 게이츠, 스티브 발머, 밥 허볼드와 함께 회의를 했어요. 〈헬벤더〉는 분명 '지옥'이라는 뜻이 담겨 있기 때문에 논쟁이 일었지만, 우리는 〈데들리 타이드〉에 대해 더 걱정했습니다. '타이드'는 프록터앤드갬블의 제품명이고, 스티브와 밥은 프록터앤드갬블 출신이었죠. 스티브는 타이드의 경쟁 제품을 소매점 진열대에서 밀어내기 위해 일부러 폭이 넓은 박스를 디자인하기도 했고요.

우리는 게임을 시연한 뒤 세 사람에게 "어떻습니까?"라고 물었어요. "아주 좋아요! 멋진 것 같아요! 이 건은 당신들이 진행하세요." 가장 먼저 빌이 이렇게 말하자 스티브와 밥은 아무 말도 할 수가 없었어요. 그들이 입술을 깨무는 것을 보았지만 우리는 원하는 것을 얻고 그곳을 빠져나왔습니다.

- 에드 프리스

게임 업계에서 마이크로소프트의 행보는 처음에는 미약해 보였습니다. 여러 번 게임에 발을 들여놓았지만 게임 회사는 아니었습니다. 마이크로소프트는 게임 스튜디오를 가지고 있었지만 게임이 꾸준히 출시되기보다는 한꺼번에 몰아서 나오곤 했습니다.

1996년, 마이크로소프트는 인터넷 게임 서비스를 시작했습니다. 〈에이지 오브 엠파이어〉, 〈파이터 에이스〉와 같은 게임이 성공하면서 마이크로소프트 안팎에서 게임 계열사로서의 위상이 높아졌습니다. 거대 로봇 격투 게임이 시장을 지배하던 1999년, 마이크로소프트는 〈배틀테크BattleTech〉와 〈멕워리어MechWarrior〉 시리즈를 만든 FASA인터랙티브를 인수했습니다. 물론 비디오 게임기를 출시하려던 엄청난 노력과 비교해볼 때 이것은 아직 걸음마 단계였습니다.

마이크로소프트의 조직 강령은 오래전부터 '모든 가정, 모든 책상 위에 컴

---

40 1997년에 FPS 게임이 PC 게임 시장을 지배하면서 〈둠〉, 〈듀크 뉴켐 3D〉, 〈카마겟돈(Carmageddon)〉, 〈블러드(Blood)〉와 같이 폭력적인 게임이 인기를 끌었다.

퓨터를 하나씩'이었습니다. 물론 그 모든 컴퓨터는 마이크로소프트의 소프트웨어를 통해 작동되어야 했습니다. 소니는 1995년에 플레이스테이션을 출시하면서 잠자는 대기업을 깨웠습니다. 소니는 세가나 닌텐도처럼 어린이용 콘솔을 당연하게 가정의 TV 앞에 갖다 놓는 기업이 아니었습니다. 소니는 전자제품의 최강자였습니다. 첫 번째 콘솔을 출시한 것만으로 닌텐도로부터 비디오 게임 시장을 빼앗고 세가에 치명상을 입혔습니다. 빌 게이츠는 닌텐도와 세가에 대해서는 걱정한 적이 없지만 소니는 예외였습니다.

앞으로 벌어질 일에 대해 모두의 의견이 똑같지는 않았습니다.

크레이그 먼디는 소니에 대한 음모론을 지지하는 메모를 1년 이상 고위 경영진에게 보냈습니다. 소니가 효과적으로 보급된 PC를 가지고 미국 가정에 서서히 침투 중이라는 설이었습니다. 그들은 여기에 하드디스크를 넣고, 프로세서를 넣고, 키보드도 놓았습니다. 그들은 이 부품들을 하나로 모으는 일만 하면 됩니다. 당시에 소니는 세계에서 가장 막강한 가전제품 회사 중 하나였습니다. 그런데 소니는 수익의 40%를 게임 사업에서 얻고 있습니다. 맞죠?

크레이그가 보낸 메모는 소니가 '모든 가정과 모든 책상에 하나씩 있는, 마이크로소프트 소프트웨어를 실행하는 컴퓨터'라는 마이크로소프트의 핵심 철학에 대한 실질적 위협이라는 내용이었습니다. 소니가 우리를 쫓아내려 한다고 해서 우리가 집 안에 숨는 것은 좋지 못한 생각입니다.

— 에드 프리스

엑스박스는 임원 회의에서 무게감 있는 비즈니스 화제로 떠올랐습니다. 릭 톰프슨이 그 이야기를 꺼냈죠. "마이크로소프트가 비디오 게임기를 만들어야 할까요?" 이는 곧 빌과의 대화로 이어졌습니다.

릭은 이런 그룹에 대해 알고 있었고, 그래서 빌이 모든 다양한 그룹과 대화하도록 준비했습니다.

— 로비 바흐

객관적으로 사람들이 뜬소문과 실제로 출시된 엑스박스를 구분할 수 있게 된 시기는 1998년 말이나 1999년 초부터였습니다. 빌 게이츠는 소위 말하는 '생각하는 주간'을 즐기는 것으로 매우 유명했습니다. 그는 회사에 가장 적합하다고 생각되는 주제에 대해 부서별로 하나씩 거대한 백서 더미를 가지고 어디론가 떠나곤 했죠.

플레이스테이션 2를 발표했을 때 소니는 이모션 엔진과 함께 어떻게 엔터테인먼트 컴퓨팅의 미래를 통제할 것인지, 그리고 그것이 PC 엔터테인먼트 컴퓨팅을 벗어나게 만들 것이라고 주장하기 시작했습니다.

윈도우 멀티미디어 책임자인 제이 토보그는 다이렉트X 팀에서 오토 버크스에게 그래픽 개발을 맡기고 셰이머스 블래클리를 프로그램 관리자로 앉힌 바 있습니다. 그리고 빌은 이 다이렉트X 팀에 분석 작업을 맡겼죠. 그들은 막판에 두 손 두 발 다 들고는 이렇게 말했어요. "그런데 말이에요, PC 아키텍처가 콘솔이 하는 일을 할 수 있게 하는 것뿐만 아니라 콘솔을 만드는 것에 대해서도 정말로 생각해봐야 해요."

- 케빈 바커스

모두가 동의하는 점은 소니의 게임 산업 진출이 마이크로소프트 경영진에게 경종을 울렸다는 것입니다. 빌 게이츠는 다양한 팀이 여러 가지 선택과 접근 방식을 경험할 수 있도록 했습니다. 1999년 5월 5일, 웹TV 팀과 다이렉트X 팀은 오늘날 '뷰티 콘테스트'라고 불리는 행사에서 제안을 발표했습니다.

웹TV 팀은 전통적인 콘솔, 즉 커스텀 프로세서를 기반으로 구축된 폐쇄형 시스템을 제안했습니다. 커스텀 GPU 및 CPU를 개발하는 데에는 비용이 아주 많이 들지만, 이 팀은 결국 콘솔의 생명 주기 동안 제조 비용이 감소할 것이라고 주장했습니다. 비디오 게임 하드웨어 제조의 경우 규모의 경제가 중요한 역할을 합니다. 간단히 말해 콘솔을 많이 만들수록 제조 비용이 더 저렴해집니다.

다이렉트X 팀이 제시한 개념은 완전히 달랐습니다. 케빈 바커스는 이것을 '개발자에게는 PC처럼 보이고 소비자에게는 콘솔처럼 보이는 것'이라고 묘사했습니다. 다이렉트X의 기술자들은 사용자가 부품을 교환해 업그레이드할 수 있는 PC와 유사한 구조로 설명했습니다. 이들은 쉽게 구할 수 있는 기성 부품을 사용해 개발 주기를 단축하고 비용을 절감하려 했습니다.

뷰티 콘테스트가 열릴 무렵은 소니가 이미 도쿄에서 '미래를 엿보다' 행사를 연 후였습니다. 플레이스테이션 2가 무엇을 할 수 있는지, 그리고 다음 해에 출시된다는 것을 모두가 잘 알고 있었습니다. 빌 게이츠가 마음에 들어 했던, 다이렉트X 팀의 또 다른 제안은 마이크로소프트가 하드웨어를 직접 제조하는 대신 델이나 HP와 같은 OEM 파트너에게 콘솔 아키텍처를 라이선싱해 생산할 수 있다는 아이디어였습니다. 아이러니하게도 이는 트립 호킨스가 3DO에서 사용했던 것과 동일한 기본 라이선스 계약이었습니다.

우리는 마이크로소프트에 있는 동안 더 전략적이었기 때문에 이겼습니다. '전략적'이라는 말은 우리의 계획이 회사가 진행 중인 다른 계획과 일치한다는 것을 의미합니다. 그런 면에서 이 OEM 부분은 전략적이었어요. 윈도우에서 실행한다는 사실이 전략적이었죠.

그들은 기본적으로 전체적인 생태계를 처음부터 구축하는 것에 대해 이야기하고 있었어요. 하지만 자신의 직업을 일종의 교통경찰로 여겼던 빌은 모든 회사 사람이 바퀴를 재발명하도록 놔두지 않았어요. 그래서 우리는 이겼고, 그 시점에 1년 동안 우리가 할 계획을 세웠습니다.

– 에드 프리스

빌 게이츠가 이 프로젝트에 중요한 공헌을 한 것은 바로 이때였습니다. 마이크로소프트의 회장 겸 최고 설계자로서 그는 새로운 콘솔에 이더넷 포트가 포함되어야 한다고 주장했습니다. 그 당시 값비싼 이더넷 포트를 추가하는 것은 말이 되지 않았습니다. 그 무렵 인터넷이 케이블 TV만큼 보편화되고 있었으나 대부분의 PC에는 전화 접속 모뎀이 제공되었습니다. 몇몇 얼리어답터는 이미 DSL로 전환했지만, 2007년까지는 대부분의 미국 가정에서 광대역 통신이 전화 접속의 속도를 따라잡지 못했습니다.[3]

웹TV 팀을 제친 다이렉트X 팀은 더 본격적인 콘솔 설계 단계를 시작했습니다. 하지만 곧바로 문제가 생겼습니다. 첫 번째 문제는 독점적인 비디오 게임 콘텐츠를 만드는 것이었습니다. 마이크로소프트는 일본 게임 회사를 몇 개 사들여 콘텐츠를 확보하려고 했습니다. 이에 캡콤, 스퀘어, 닌텐도 등에 제의했다 거절을 당하거나 부당한 조건을 제시받았습니다. 스퀘어는 40%의 지분을 넘기는 대가로 25억 달러를 원했습니다. 고가치 게임 프랜차이즈와 함께 은행에 70억 달러를 보유한 닌텐도는 250억 달러를 원했습니다.

이 업계에는 게임에 대해 아무것도 모르는 사람이 많아요. 특히 미국의 한 대기업이 소프트웨어 본가를 돈으로 집어삼키려 하는데, 나는 그 일이 잘될 거라고 생각하지 않습니다.

-야마우치 히로시(닌텐도 전 회장)

또 다른 문제는 상품의 가격이었습니다. 엑스박스 팀은 다양한 공급업체의 지극히 이론적인 견적을 바탕으로 제조 비용을 계산했는데, 프로젝트가 현실화되자 그 견적은 비현실적인 것으로 드러났습니다.

엔비디아와 같은 외부 파트너에게 받은 정보를 바탕으로 모델에 반영했던 많은 가설이 정확하지 않은 것으로 밝혀졌습니다. 그들은 그래픽 칩에 이 정도 비용이 들 것이라고 말했지만, 막상 주문하러 가보니 가격이 훨씬 더 높았죠. 부품 공급업체와 협상을 시작하자 우리가 예상했던 제작 비용이 틀린 것으로 드러났어요.

-케빈 바커스

계산한 견적과 가격이 달라서 제조 비용이 상승하자 엑스박스 팀은 더 나은 옵션을 찾기 위해 하드웨어를 고치기 시작했습니다. 콘솔은 원래 엔비디아 그래픽 프로세서를 중심으로 설계되었으나 지나친 고비용으로 인해 엔비디아가 거래 대상에서 제외되었습니다. 적절한 대안을 찾던 엑스박스 팀은 웹TV 팀이 기가픽셀이라는 작은 회사와 공동으로 설계하던 커스텀 칩을 임시로 채택했습니다. 이 사실을 안 엔비디아는 결국 두 개의 칩이 결합된, 보다 경제적인 해결책을 가지고 협상 테이블로 복귀했습니다. 새로운 칩셋은 개당 48달러로 여전히 비쌌지만 마이크로소프트가 기꺼이 지출할 수 있는 수준이었습니다.

경영진

엑스박스를 처음 제안했던 에반젤리스트와 엔지니어들은 프로젝트가 승인되자 새로운 리더십이 필요했습니다. 수십억 달러 규모 프로젝트의 책임자는 거물급 인사, 검증된 성과자, 빌 게이츠가 신뢰하는 경영자여야 했습니다. 이론과 추측이 구체적인 아키텍처와 마케팅 계획으로 전환되면서 새로운 경영진이 필요했습니다. 헤이스, 버크스, 바커스는 무대 뒤에 있었지만 대중의 눈에는 셰이머스 블래클리만이 대변인으로 보였습니다. 키가 크고 말솜씨가 좋으며 언론을 편하게 대하는 블래클리는 이후 세상에 '엑스박스의 아버지'로 알려지게 되었습니다.

처음에 로비 바흐는 홈 앤드 엔터테인먼트 사업부의 일부로 엑스박스를 감독했고, 마이크로소프트에서 매우 성공적인 하드웨어 사업부를 운영했던 릭 톰프슨은 더 실무적이고 본격적인 역할을 맡았습니다. 동료들의 말에 따르면 톰프슨은 빨리 배우는 스타일이었습니다. 하드웨어 사업부의 임원이었던 그는 마우스, 키보드, 사이드와인더 사업을 맡았습니다. 톰프슨은 소프트웨어 회사에서 하드웨어 부서를 운영하면서 손익을 지속적으로 주시했기 때문에 엑스박스를 운영할 적임자였지만, 한편으로는 부적격자였습니다.

긍정적인 측면에서 보자면, 험난한 과정을 겪으며 이 자리까지 오른 톰프슨은 부품의 가격을 올리는 것을 용납하지 않았습니다. 또한 그는 하드웨어가 드러내는 뉘앙스와 현실을 이해했습니다. 현실적으로 하드웨어 제품 제조와 관련된 문제는 소프트웨어 프로그래밍 문제와 다릅니다. 버그 대신 재고 부족에, 노동 시간 대신 제품 비용에 대처해야 합니다.

그렇지만 손익에 집착한 톰프슨은 라이선스가 있는 면도날을 팔 수 있는 기회를 얻기 위해 300달러짜리 면도기를 공짜로 나눠준다는 발상을 불편해했습니다.

우리가 만난 가장 똑똑한 사람 중 한 명은 하드웨어 팀을 운영했던 릭 톰프슨이에요. 그는 콘솔 제작의 경제적 측면과 비즈니스적 측면을 이해했지만, 기존의 하드웨어 역할을 떠나 콘솔처럼 아주 모험적인 사업에 참여하는 것을 몹시 꺼렸어요.

– 케빈 바커스

릭이 떠난 것은, 우리가 경영 사례를 들여다볼수록 더 많은 돈을, 그러니까 10억 달러 이상을 잃게 될 것이 분명해졌기 때문입니다. 그는 마이크로소프트를 떠났다가 다시 돌아오곤 했죠.

마이크로소프트에 있는 대다수 사람들과 달리 그는 사업가예요. 그는 사업을 좋아해요. 그래서 그는 하드웨어 사업을 잘 운영했고요. 그는 여러 가지 시도를 했어요. 만약 돈벌이가 되지 않으면 그는 엎어버리고 다른 일을 할 겁니다. 그래서 이 프로젝트는 비즈니스적 측면에서 전략적 측면으로 변화했고, 이것은 그가 할 수 있는 일이 아니죠.

– 에드 프리스

1999년 12월 21일에 프로젝트가 승인되었습니다. 그때는 릭이 운영하려고 했었죠. 나는 내 시간의 10%를 거기에 쓰려고 했어요. 당시에 15~20명 정도가 이 프로젝트에 전념하고 있었습니다.

두세 달 후에 릭이 떠나기로 결심했어요. 우리는 또다시 교대를 했고 나는 그 팀의 책임자를 맡게 되었죠.

– 로비 바흐

마이크로소프트 게임스튜디오의 관리자인 에드 프리스는 이 프로젝트에 남았습니다. 프리스는 고등학생 때 애플 II와 아타리 800으로 게임 프로그래밍을 시작한 천생 게이머였습니다.

내가 만든 첫 번째 게임은 〈프로거Frogger〉의 아류작인 〈프로기Froggy〉입니다.

나는 레드먼드의 셰이키스피자[마이크로소프트의 본사가 될 장소에서 불과 몇 마일 떨어진 곳에 위치한 식당]에서 일하고 있었는데, 하루는 캘리포니아에 있는 로멕스라는 회사에서 사람들이 찾아왔어요. 전화번호부에도 없는데 어떻게 나를 찾았는지 모르겠어요.

그들은 나에게 게임 만드는 일을 제안했어요. 대학에 진학하기 위해 뉴멕시코로 가려던 참이었던 나는 계약서에 서명했죠. 분명히 말하자면 이 거래는 선급금도 없는 5%짜리 로열티 계약이었어요. 첫 번째 게임이 출시되기 전까지는 돈을 벌지 못하고 출시되고 나면 로열티를 받는 겁니다. 그들은 작은 컬러 TV 같은 장비를 주었어요. 그게 전부였죠.

대학에 진학한 나는 첫 프로젝트를 시작했습니다. 〈프로거〉를 베꼈다고 고소당하지 않도록 나는 '프로기'라고 이름 붙였어요. 그들은 '공주와 개구리'라고 부르고 중세적인 주제를 부여하려는 아이디어를 생각해냈죠. 나는 원본 게임에 나오는 차를 마상 창 시합을 하는 기사로 교체했지만 개구리는 여전히 등장했어요. 어쨌든 나는 고소당하지 않았답니다.

－에드 프리스

진정한 게이머였던 프리스는 다른 게이머들과 즉석에서 친분을 형성할 수 있었습니다. 나중에 그는 오랫동안 잊힌 아케이드 게임을 부활시키고 〈헤일로〉 기반의 아타리 2600 게임을 만든 기적을 행한 성인으로 게임계에서 유명해졌습니다.

엑스박스는 프리스를 영입함으로써 게이머들의 신뢰를 얻게 되었습니다. PC 게임계에서 가장 잘 알려진 프리스는 액티비전, EA와 같은 미국의 대형 회사와 관계를 맺었습니다. 그들은 전에 프리스와 접촉한 적이 있었습니다. 그는 수익성이 전혀 없던 마이크로소프트 게임스튜디오를 매우 수익성 있게 운영해 많은 관심을 끌었습니다.

게임 퍼블리셔들, 특히 일본의 게임 퍼블리셔들은 세계에서 가장 부유한 회사라는 마이크로소프트의 위상을 곧바로 받아들이지 못했습니다. 왜냐하면 애플은 피핀이라는 콘솔 프로젝트를 시도하다 곧 중단했고, 세계에서 가장 부유한 기업 중 하나인 필립스는 CD-i라는 콘솔을 내놓았다 실패한 경험이 있었습니다. 그리고 모토로라, RCA, 삼성, 도시바는 특화된 DVD 플레이어에 내장한 게임 실행 기술인 누온이 있었지만, 누온이 탑재된 DVD 플레이어는 2000년에 시장에 출시되었다 2002년에 사라졌습니다. 따라서 소니를 제외하고 게임 하드웨어를 제조할 재력이 있는 회사가 거의 없었기 때문에 마이크로소프트를 견제해야 하는 상대로 생각하지 않았습니다.

닷컴 거품이 증명했듯이 게임 기획을 시작하는 것 또한 쉽지 않았습니다. 1980년대 초, 야심찬 게임 디자이너들은 남는 시간에 게임 히트작을 만들 수 있었지만 그동안 산업이 발전했습니다. 미로와 횡스크롤이 판치던 시대는 3D 세계에 밀려났습니다. 세상에서 가장 성공한 아케이드 게임인 〈팩맨Pac-Man〉의 파일 크기는 24킬로바이트에 불과했습니다. 아타리와 액티비전의 콘솔 게임은 대부분 일인 팀이 만들었습니다. 닌텐도는 한때 〈슈퍼 마리오 브라더스〉로 시장을 장악했지만 32킬로바이트 블록버스터의 전성기는 이제 끝났습니다.[41] 사람들은 더 큰 게임과 더 나은 그래픽을 원했습니다.

반면에 〈슈퍼 마리오 브라더스〉는 오랫동안 오인 개발 체제였고,[42] 〈슈퍼 마리오 월드〉를 만드는 데에는 그래픽 아티스트 히노 시계후미와 프로그래머 팀을 포함해 열세 명이 필요했습니다. 〈슈퍼 마리오 브라더스〉, 〈소닉 더 헤지혹〉, 〈파이널 판타지〉와 같은 큰 타이틀은 수백만 달러 규모의 벤처 사업이 되었습니다. 버진인터랙티브엔터테인먼트와 인터플레이 같은 기존 퍼블리셔들은 막대한 예산 착오로 파산의 위기도 있었습니다.

검증되지 않은 플랫폼, 새로운 시스템에 시간, 인재, 재정 자원을 투입하는 것은 사업적으로는 매우 위험한 일이었습니다. 닌텐도와 소니는 스스로 실행 가능한 시스템을 가지고 있었고 자신의 헌신적인 노력을 입증했습니다. 소니는 플레이스테이션을 전 세계에 1억 대나 팔았는데 왜 마이크로소프트와 같은 부유한 신참에게 도박을 하겠습니까?

EA가 자원을 투입하기 전에 CEO인 래리 프롭스트는 마이크로소프트의 주요 인물 중 한 명이 책임을 지기를 바랐습니다. 그는 모르는 사람의 이름이나

---

41 전체적인 관점에서 DVD에는 47억 바이트의 정보가 들어갈 수 있다. 〈팩맨〉 복사본을 표준 DVD에 최대한 많이 저장하고 싶다면 20만 번은 족히 저장할 수 있다.

42 미야모토 시게루와 데즈카 다카시는 미술과 연출을 맡고, 나카고 도시히코와 모리타 가즈아키는 프로그래밍을 했으며, 곤도 고지는 상징적인 음악을 작곡했다.

얼굴을 원치 않았습니다. 그는 엑스박스 사업이 붕괴될 경우 빌 게이츠가 핵심 인력 중 누군가를 해고한다는 보장을 원했습니다. 엑스박스 팀은 성공을 인정받거나 실패에 대한 책임을 질 쿼터백이 필요했고, 이를 홈 앤드 엔터테인먼트 사업부의 책임자였던 로비 바흐가 짊어졌습니다.

EA의 래리 프롭스트가 주장했던 것 중 하나는 이렇습니다. "만약 실패한다면 누구를 해고할 건가요? 닌텐도는 플랫폼이 성공하지 못하면 파산하고 말지만, 마이크로소프트는 엑스박스가 실패하더라도 소수점 반올림 오류일 뿐이죠. 실패를 훌훌 털어버리고 이전처럼 계속 운영하면 됩니다."

누군가가 확실히 책임을 진다는 것은 게임 개발자들 사이에서 정말 중요한 일입니다. 이 경우에는 로비가 과거의 선택을 간단히 번복할 수 없다는 사실이 바로 그 일이죠.

– 케빈 바커스

마이크로소프트가 비디오 게임에 거의 관심을 보이지 않았던 바흐를 선택한 것은 매우 흥미로웠습니다. 사이드와인더 사업을 지휘했던 톰프슨과 달리, 바흐가 게임 제작에 가장 근접했던 적은 〈신기한 스쿨버스The Magic School Bus〉와 백과사전 〈엔카르타Encarta〉 제작을 지휘한 것뿐이었습니다.

나는 비디오 게임 세상에 대해 아무것도 몰랐어요. 아시다시피 처음 이 일을 맡았을 때 나는 PC 게임을 하는 사람이라 PC 게임만 조금 아는 정도였죠. 그런 상태에서 인터랙티브 디지털소프트웨어협회에 PC 게임 전문가로 참석해 하워드 링컨, 히라이 가즈오와 또 다른 사람들을 만났습니다. 나는 래리 프롭스트를 비롯해 몇몇 CEO를 알고 있었지만 그 사업에 대해서는 잘 몰랐어요.

– 로비 바흐

바흐는 키가 크고 몸이 탄탄한 데다 말씨가 부드럽고 천성적으로 유순했습니다. 그는 간부 역할을 위해 부서 회의를 거칠게 진행할 수 있는 사람이었지만,

구내식당의 직원이 그에게 샌드위치 배식을 방해한다면서 짜증스럽게 소리쳤을 때는 몸을 숙여 사과했습니다. 그 직원이 그보다 스무 살 이상 나이가 적고 키가 30센티미터나 작다는 것은 중요하지 않았습니다.

훗날 그들이 마이크로소프트를 떠난 후에도 에드 프리스는 계속해서 소규모 게임 회사를 지도하고, 업계 회의장에서 연설하고, 비디오 게임 역사의 보존을 도왔습니다. 바흐는 미국소년소녀클럽의 이사회에 합류했습니다.

프리스 체제하에서 엑스박스는 게이머들이 공감할 수 있는 대변인을 가지게 되었습니다. 바흐는 좀 더 기업적인 형태에 가까웠습니다. 이 프로젝트의 서열 3위는 J 앨러드로, 그의 공식 직함은 엑스박스 플랫폼 부사장이었습니다. 프리스는 게이머, 바흐는 사업가, 앨러드는 공상가였습니다. 이들의 공통점은 '납품업자', 즉 프로젝트를 지켜보고 최종 제품을 납품한 경험이 많은 경영자라는 것이었습니다.

1994년에 앨러드는 '윈도우: 인터넷상의 차세대 킬러 애플리케이션'이라는 메모를 남겼는데, 이는 마이크로소프트 역사의 전환점으로 널리 알려져 있습니다. 빌 게이츠는 앨러드의 메모를 읽고는 윈도우 95에서 인터넷 표준을 구현하던 중 차기 윈도우 버전에 대한 생각을 바꿨습니다.

약간 통통하고 금발머리였던 앨러드는 엑스박스 팀에 합류한 뒤 삭발을 하고 살을 빼고 산악자전거를 타는 등 안팎으로 변신했습니다. 앨러드 체제하에서 엑스박스는 멋지고, 거칠고, 때로는 말끔하고, 때로는 통제할 수 없는 정체성을 지니게 되어 전 세계의 소년 유저들이 경의를 표했습니다.

2001년 『로스앤젤레스 타임스Los Angeles Times』의 P. J. 허프스터터는 프로필 란에서 앨러드의 성격을 다음과 같이 묘사했습니다.

빌 게이츠의 카키색 패션과 커다란 안경은 1990년대 괴짜를 영웅으로 보이게 했지만, 오늘날의 멋진 예술가는 제임스 J 앨러드입니다.[4]

모든 사람은 각자 해야 할 역할이 있는데, J의 역할은 선동가, 젊고 힙하고 멋진 남자, 게이머의 목소리와 얼굴이었어요. 그는 그 역할을 즐겼죠. 그는 엑스박스를 가능한 한 마이크로소프트가 아닌 존재로 만들기 위해 최선을 다했는데, 이는 그가 엑스박스를 이용해 마이크로소프트의 다른 조직을 모욕한 것과 거의 같습니다.

- 피트 페더슨

허프스터터가 프로필에서 암시했듯이 앨러드는 후드 티셔츠를 입고 잔뜩 흥분한 채 모욕적으로 말하는 호객꾼이었고, 사람들에게 익숙했던 마이크로소프트의 다듬어진 기업 이미지를 잊게 했습니다.

J는 복잡한 사람입니다. 그에 관해서는 할 이야기가 많네요.

J는 정말 똑똑해요. 그는 어떤 경험을 이해하고, 경험이란 어떤 것이어야 하며, 어떤 것이 좋은 경험으로 간주되는지 파악하는 데 뛰어납니다. 그는 무엇이 효과가 있고 무엇이 효과가 없는지 아주 잘 알고 있습니다. 그는 사회 통념을 받아들이지 않아요.

J는 괴짜이기도 하죠.

나는 사람들에게 J가 여러 차례 일을 그만두고 싶어 했다고 항상 말했고, 나도 그를 여러 번 해고하고 싶었습니다. 이건 진실이에요. 그는 똑똑했고, 나는 그에게서 엄청난 것을 배웠습니다. 그를 진지하게 받아들이지 않은 사람들은 다방면에 걸친 괴상한 부분만을 보고 두뇌와 사려 깊은 부분을 보지 못했죠.

엑스박스 라이브는… 많은 사람이 공을 세웠습니다. 모두 많은 노력을 했겠지만 그건 분명 J의 것입니다.

- 로비 바흐

그렇다면 에드 프리스처럼 부드럽고, 약간 괴짜이며, 매우 뛰어난 프로그래머가 어떻게 괴짜로 불리는 공상가와 잘 지낼 수 있었을까요? 사실 그다지 잘 지내지 못했습니다.

보세요, 에드와 J를 관리하는 것이 얼마나 골치 아픈 일인 줄 아십니까? 그 둘은 완전히 다른 사람이에요. 둘 다 멋진 사람이고, 나는 그들을 존경합니다. 나는 모든 면에서 사람들과 함께 일하는 것을 즐겼지만, 두 사람과 함께라면? 그들은 전혀 닮지 않았어요.

－로비 바흐

바흐, 프리스, 앨러드 밑에는 급성장하는 하드웨어 설계자, 소프트웨어 개발자, 마케팅 담당자가 있었습니다. 소니나 닌텐도, 세가는 새로운 하드웨어를 만들기 시작했을 때 기존 시스템을 활용해야 했습니다. 크고 작은 수정에도 불구하고 플레이스테이션 5 컨트롤러는 최초의 플레이스테이션 컨트롤러와 매우 흡사한 플레이스테이션 4 컨트롤러에서 비롯되었습니다. 닌텐도 콘솔은 슈퍼 NES에서 Wii로 진화하면서 이전 DNA의 대부분을 탈피하는 것처럼 보였지만, 닌텐도 엔지니어들은 그 이유를 증명할 만한 실적을 가지고 있었습니다. 하지만 마이크로소프트는 케이스, 컨트롤러, 게임 스타일, 사용자 등 모든 것이 새로웠습니다. 바흐와 회사는 확실히 실무자를 경력자로 채웠지만, 경영진은 새로운 나라에서 새 삶을 사는 것과 같았습니다.

이 과정에서 엑스박스의 핵심 인력 넷 중 셋이 결국 역사의 뒤안길로 사라지고 말았습니다. 오토 버크스가 맨 먼저 떠났는데, 그는 다이렉트X 그래픽 개발로 자신의 리더십 역할을 유지하면서 아키텍처를 지도하는 데 도움을 줄 수 있을 만큼 오래 머물렀습니다. 언론을 상대하는 것을 불편하게 여겼던 테드 헤이스는 남아 있었지만 인터뷰를 거의 하지 않았고, 케빈 바커스는 기자를 꺼리지 않았지만 홍보에는 신경 쓰지 않았습니다. 반면 기자들의 환심을 산 셰이머스 블래클리는 엑스박스 사업부 전체의 비공식 대변인이 되었습니다.

블래클리는 말을 잘하는 재주가 있었습니다. 과학과 게임에 대한 깊은 이해를 바탕으로 그는 종종 기자의 질문에 대해 확실한 정보를 센스 있는 비유로 대답했습니다. 예컨대 기자가 엑스박스 CPU의 아키텍처 크기에 대해 물었을 때 그는 이렇게 응수했습니다. "프로세서의 비트 수로 콘솔의 성능을 측정하는 것은 에어백 수로 자동차의 마력을 측정하는 것과 같습니다."

밸런타인데이의 대학살

> 모든 사람이 이 이야기를 조금씩 다르게 하지만 이것은 내 버전이고 내가 진실이라고 믿는 부분입니다. 로비 버전을 보았는데 좀 다르긴 하더군요. 하지만 내 말이 더 맞는 것 같아요.
>
> – 에드 프리스

> 셰이머스와 나는 마이크로소프트에 오래 몸담지 않았기 때문에 행사에 초대받지 못했습니다. 셰이머스가 빌 게이츠를 만났다면 "모든 애플리케이션을 커널 매뉴얼 제로에서 실행해야 합니다"라고 말하고, 빌은 "이 사람은 도대체 누구죠?"라고 물었겠죠. 이때 J를 앞에 데려다 놓는다면 그는 이렇게 말할 겁니다. "글쎄요, 인터넷에 관해서는 언제나 그가 옳았으니까 그가 커널이 이렇게 0을 생성하게 한 것은 아마 옳을 거예요."
>
> – 케빈 바커스

1999년 5월에 뷰티 콘테스트가 열렸습니다. 그다음 해에 톰프슨과 프리스는 잇따라 장애물에 부딪혔습니다. 닌텐도의 하워드 링컨과 소니의 히라이 가즈오가 투자자들에게 콘솔 제조로 얻는 마진이 너무 적다는 것을 상기시키자 델과 게이트웨이 같은 OEM 업체들은 콘솔을 만드는 데 관심을 잃었습니다. 그리고는 마이크로소프트가 소프트웨어를 판매하는 동안 뒤로 물러났습니다. 나중에 프리스가 말했듯이 그들은 바보가 아니었습니다.

더욱 중요한 점은, 윈도우 운영체제를 중심으로 콘솔을 구축하는 것이 걸림돌이라는 사실이 명백해졌다는 것입니다. 윈도우는 메모리를 집어삼키고 하드웨어의 성능을 떨어뜨렸습니다. PC와 비교했을 때 콘솔의 매력 중 하나는 항상 안정하다는 것이었습니다. PC 게임은 컴퓨터의 성능에 따라 느려지거나 멈추고 다운되었지만 콘솔 게임은 그렇지 않았습니다. 엑스박스는 거의 1년간 개발한 후에도 여전히 프레임률에 심각한 문제가 있었습니다.

원래 계획은 2000년 1월 소비자 가전 전시회에서 엑스박스를 발표하는 것이었으나 프로젝트가 준비되지 않았습니다. 시간이 촉박했습니다. 『넥스트 제너레이션Next Generation』의 편집장인 톰 루소는 마이크로소프트가 게임기를 만든다는 소문을 듣고는 질문을 하기 시작했습니다.

로비 바흐는 더 많은 시간을 요구했지만 빌 게이츠는 3월에 열릴 게임 개발자 콘퍼런스에서 새로운 콘솔을 발표하기를 바랐습니다. 콘퍼런스가 한 달 앞으로 다가온 2월 14일, 바흐, 프리스, 앨러드는 빌 게이츠, 스티브 발머, 크레이그 먼디와 만나 이 상황에 대해 논의했습니다.

그때 당시 나는 로비를 위해 5년 동안 일했습니다. 그의 뛰어난 기술 중 하나는 우리가 '사전 재해'라고 부르는 것이었습니다.

사전 재해라는 방식은… 로비는 이른 아침에 발머와 농구를 했어요. 그는 회의에서 분기별 검토를 하기 몇 주 전에 발머에게 실적 수치가 우리가 원하는 대로 집계되지 않는다고 말하곤 했죠. 농구 코트에서는 발머가 조금 화를 냈을지도 몰라요. 하지만 그는 이미 사전 재해를 당했기 때문에 회의에서 우리가 수치를 밝혔을 때는 아무도 놀라지 않고 회의가 순조롭게 진행되었답니다.

어찌된 일인지 이번 회의에서는 사전 재해가 일어나지 않았죠. 회의가 시작되는 순간 분명히 느껴졌어요. 빌 게이츠는 우리가 발표한 파워포인트 슬라이드를 들고 들어와서 테이블에 던지며 이렇게 말했어요. "이건 내가 이 회사에서 한 모든 일에 대한 빌어먹을 모욕이에요."

– 에드 프리스

밸런타인데이의 대학살에 대해 같은 방식으로 이야기하는 사람은 아무도 없습니다. 프리스는 그 사건을 마치 대본을 읽듯이 묘사했습니다.

사람들은 가끔 빌이 이성을 잃는 데 익숙했지만, 이것은 심지어 빌에게조차….

1년 전 그는 회사 전략과 맞지 않는다는 이유로 다른 프로젝트를 취소했고, 윈도우를 다루는 우리를 선택했습니다. 하지만 지금 그는 우리가 윈도우를 쓰지 않을 것이라는 소식을 처음 들었습니다. 그래서 로비와 나는 시스템의 소프트웨어를 담당하고 있던 J에게 눈을 돌렸습니다. J는 그저 망연자실한 표정이었는데, 이는 보기 드문 모습이었죠. 이에 내가 나서서 변호하니 빌은 나를 맹비난했습니다. 그러자 로비가 변호하려 했고 빌은 화살을 그에게 돌렸습니다. 그런 다음 발머는 스프레드시트를 넘겼습니다. 그는 항상 사업가였어요.

모든 수치를 보면서 그는 우리가 이 프로젝트에서 얼마나 많은 돈을 잃을 것인지 깨달았습니다. 그는 소리를 지르기 시작했고, 그것은 결론이 나지 않은 채 계속되었습니다. 회의는 밸런타인데이 4시에 시작해 6시까지 하기로 되어 있었는데 멈추지 않았어요. 빌이 소리를 질렀고 발머도 소리를 질렀죠. 그렇게 둘은 한참 소리를 질러댔어요.

우리는 똑같은 말을 계속했습니다. "우리는 1년 동안 이것을 해왔습니다. 우리는 다른 모든 대안도 고려했습니다. 콘솔 사업에 뛰어들고 싶지 않다면 모르지만, 하고 싶다면 이것이 가장 좋은 방법이라고 생각합니다."

5시, 6시, 7시가 지나도록 회의가 계속되었죠. 우리는 오랜 시간 야단을 맞아서 시퍼렇게 멍이 들었어요. 우리는 밸런타인데이의 저녁 약속을 놓쳤고 집에 가면 더 멍이 들겠죠. 알잖아요, 마치… 와, 대단한 날이었네요!

8시가 가까울 무렵 고함 소리가 다소 잠잠해졌습니다. 아무 말도 하지 않던 한 남자가 손을 들어 이렇게 말했습니다. 이건 로비와 내 의견이 다른데, 로비는 그 남자가 릭 벨루조였다고 하고, 나는 크레이그 먼디였다고 기억합니다.

좋아요, 내 버전만 말씀드리죠. 회의 내내 한마디도 없던 먼디는 "그렇다면 소니는 어쩌죠?"라고 말했습니다. 단 세 마디였어요. 빌은 멈칫하다가 물었습니다. "있잖아요, 소니는 어떡하죠?" 그러자 발머가 "소니요?"라고 되물었습니다.

그들은 서로를 바라보았고, 빌은 "우리는 이걸 해야 할 것 같아요"라고 말했습니다. 발머도 "그래요, 이걸 해야 합니다"라고 말했죠. 그들은 들뜨기 시작했습니다. "우리는 이걸 할 겁니다." "네, 우리는 이걸 할 거예요." "여러분이 요구한 모든 것을 제공하겠습니다."

그런 다음 그들은 이렇게 말했습니다. "우리는 당신들이 원하는 모든 것을 줄 겁니다. 이제 나가봐도 좋아요. 당신들이 이 계획을 성공시키기 위해 하기로 한 것을 지키길 바랍니다."

이 부분은 회의에서 10분 정도를 차지했죠.

– 에드 프리스

빌과 스티브는 이런 일을 사적인 감정으로 대한 적이 없었지만, 그들은 한 사람씩 차례로 우리 모두를 상대했습니다. "설명하세요!" 또 "설명하세요!"

당시에 마이크로소프트는 조용한 곳이 아니었어요. 확실히 시끄러웠죠. [에드 프리스 버전의] 회의록은 내 생각에는 불필요하게 이야기가 과장되었습니다만, 사실입니다.

소니에 대한 토론으로 화제를 돌리게 된 계기는 나도 생생히 기억하는데… 내가 "이대로라면 결론이 나지 않을 것 같으니 걱정되면 그만두시죠"라고 말했기 때문이에요. 이는 에드가 묘사한 것처럼 '우리가 그만두면 소니를 어떻게 상대하지?'라는 주제로 이어졌고요.

내 기억으로는 그 과정이 짧았던 것 같지 않은데 그는 짧은 대화였다고 기억하나 보네요. 내 생각에 그 토론은 한 시간 더 진행되었던 것 같아요. 무려 20년 전 일입니다. 무슨 일이 있었는지 이제 누가 알겠습니까?

- 로비 바흐

2000년 3월 10일, 빌 게이츠는 새너제이 시민 강당에서 열린 게임 개발자 콘퍼런스에서 개회 연설을 했습니다. 한 시간짜리 연설을 그는 이렇게 시작했습니다. "좋은 아침입니다. 오늘 이 자리에 서서 여러분 모두가 상상조차 할 수 없는 방향으로 나아갈, 완전히 새로운 플랫폼을 발표할 기회를 갖게 되어 매우 기쁩니다." 16분 후 마침내 그는 자세한 내용을 공개했습니다. "나는 조심스럽게 그 이름을 엑스박스라고 선언합니다. 여기에 조심스럽게 붙일 구호는 '콘솔 게임의 미래'입니다."

슬라이드에서 게이츠는 콘솔을 '엑스박스'라고 언급했습니다. 특히 한 슬라이드에는 다음과 같은 내용이 명시되어 있었습니다.

엑스박스의 사양

- CPU: 사용자 지정 인텔 펜티엄 Ⅲ 기술
- GPU: 마이크로소프트/엔비디아 설계
- OS: 다이렉트X가 포함된 윈도우 2000 커널
- 64MB 통합 메모리 DDR @ 200MHz

- 64-음성, 13DL2 오디오 프로세스
- 8GB 하드디스크 드라이브
- 동영상 재생이 가능한 4배 DVD 드라이브
- 4개의 게임 포트(확장 포트 1개)
- 10/100Mbps 내장 이더넷
- 맞춤형 A/V 커넥터

게이츠는 온 비디오 게임계에, 특히 일본까지 총성이 들리도록 발포했습니다. 그러자 큰손들이 반응을 보였습니다.

빌 게이츠가 훌륭한 사업가라는 데 모든 사람이 동의하지만, 그는 결국 인간이고 그도 모르는 게 있습니다. 게임이 그중 하나예요. 만약 스모에 대해 아무것도 모른다면 요코즈나가 되기를 기대할 수는 없는 법입니다.

−야마우치 히로시[5]

그들에게는 게임이 없어요. 마이크로소프트는 경쟁 상대가 될 수 없습니다. 미국의 소매상들은 이미 실망하고 있어요. 마이크로소프트는 엔터테인먼트 사업을 이해하지 못합니다. 그들의 콘솔은 처리 속도가 느리고 그래픽이 거칠었죠.

−구타라기 겐(소니컴퓨터엔터테인먼트 전 회장 겸 CEO)[6]

마이크로소프트는 엄청난 돈을 가지고 있고, 빌 게이츠가 엑스박스 광고비로만 수억 달러를 쓸 계획이라고 들었습니다. 그건 정말 어마어마한 금액이에요! 세가는 이미 마이크로소프트 콘솔용 게임 열한 개를 선보이기로 약속했어요.

−사토 히데키(세가 전 최고 운영 책임자)

"소니를 이기는 건 불가능해"

심각하게 무지하지 않은 이상 마이크로소프트의 힘을 인정해야 합니다. 내 말은, 신보다도 돈이 많다는 거죠. 소니처럼 다른 산업에서도 성공을 거둔 기업입니다.

－잭 트레턴[1]

2001년에는 소매점에서 콘솔로 벌어들인 수익의 66%를 플레이스테이션이 차지할 것으로 예상됩니다.

－잭 트레턴[2]

빌 게이츠를 위해 일했던 사람들에 대해 말해보죠. 셰이머스 블래클리는 여러 게임을 제작하고 다이렉트X 프로젝트에 참여했습니다. 사이드와인더 팀도 빼놓을 수 없군요. 에드 프리스는 프로젝트의 핵심 지지자 중 한 명입니다. 그는 마이크로소프트 게임 사업을 사실상 아무것도 없는 상태에서 가장 성공적인 PC 퍼블리셔 중 하나로 성장시켰습니다.
MSN 게임스 팀도 한몫을 했죠. MSN 게임스는 아직도 웹에서 가장 인기 있는 게임 포털입니다. 게이머들과 게임 개발자들이 그렇게 키웠어요.

－J 앨러드(마이크로소프트 엑스박스 전 임원)

바위가 말하길

하이테크 세계에서 빌 게이츠는 전형적인 아이콘이었습니다. [43] 가장 부자인 데다 가장 큰 회사를 소유한 그는 전형적인 괴짜였습니다.

2001년, 『포브스Forbes』는 그의 재산을 전년보다 13억 달러 감소한 587억 달러로 추정했습니다.[3] 게이츠는 닷컴 버블 붕괴에서 피해를 최소한으로 줄여 살아남았습니다. 하지만 두 번째로 부유한 인물인 오라클 설립자 래리 엘리슨은 닷컴의 불황을 피하지 못했습니다. 2000년 470억 달러에 달했던 오라클 주식 가치의 거의 3분의 2가 날아가 2001년 추정 순자산이 260억 달러로 줄어들었습니다.

게이츠가 1995년 세계에서 가장 부유한 인물로 공표된 이후, 아니면 1987년 세계에서 가장 젊은 억만장자가 된 이후 서구 사회의 대부분은 그에게 집착하고 있었습니다. 1994년에 멀린다 프렌치와 결혼했을 때 그는 할리우드에서 가장 유명한 스타들만큼이나 언론의 주목을 받았습니다.

빌과 멀린다는 하와이 라나이섬의 챌린지골프클럽 17번 홀에서 혼인 서약을 맺었습니다. 그들은 구경꾼이 결혼식을 망치지 않도록 마넬레베이호텔의 모든 방을 예약하고 이웃한 마우이섬의 모든 헬리콥터를 임대했습니다. CNBC가 2017년 8월 기사에서 밝힌 바와 같이 게이츠 부부가 결혼식을 올렸던 장소는 현재 예약을 받고 있으며, 최소 가격이 1만 달러입니다.

게이츠가 말을 하면 사람들은 귀를 기울였습니다. 그가 2000년 3월 게임 개발자 콘퍼런스에서 엑스박스 제작 계획을 발표했을 때 게임 업계는 그의 말을 한 마디도 놓치지 않았고, 엑스박스에 사로잡힌 게임 언론은 그가 2001년 라스베이거스에서 열린 소비자 가전 전시회에서 했던 기조연설에 특히 주목했습

---

43 아이맥과 아이팟의 성공으로 스티브 잡스는 빌 게이츠를 제치고 기술 분야의 대표적인 아이콘으로 부상하고 있었다. 잡스는 2007년 아이폰을, 2010년 아이패드를 출시해 대중 기술의 얼굴로 각인되었다.

니다.

게이츠는 검은 새틴 천으로 뒤덮인 커다란 키오스크가 있는 무대에 나타 났습니다. 연설을 시작한 그는 "이제 처음으로 엑스박스를 공개합니다"라고 말했습니다. 그가 천을 걷어내자 가로 12인치, 세로 10인치, 높이 4인치로 플레이스테이션 2보다 두 배나 큰 엑스박스가 모습을 드러냈습니다. 물론 케이스가 더 거진 만큼 플레이스테이션 2에는 없는 구성품도 딸려 있었습니다.

플레이했던 게임을 다시 플레이할 때 믿을 수 없는 사실 중 하나는, 엑스박스에는 하드디스크가 있어서 게임에 관한 정보가 이미 저장되어 있다는 것입니다. 디스크에서 DVD를 로딩할 필요도 없고 레벨 간 이동 시 다시 로딩할 필요도 없습니다.

– **빌 게이츠**(마이크로소프트 공동 설립자 겸 전 CEO)

게이츠가 연설을 하는 도중에 눈길을 끄는 인물이 무대 위에 올라왔습니다. WWF 슈퍼스타인 '더 록' 드웨인 존슨이었습니다. 프로 레슬러로서 수많은 관중 앞에서 경기를 했던 존슨은 2000년 공화당 전당대회에서 초청 연사로서 자기주장을 펼치기도 했습니다.

그는 '더 록'으로서의 정체성인 케이페이브[44]를 한껏 뽐내며 방금 공개된 엑스박스와 게이츠를 향해 다가갔습니다. 사전에 준비한 농담을 몇 마디 주고받은 후 그는 연설을 했습니다.

엑스박스는 더 록 그 자체입니다. 최첨단에 강력하고 흥미진진하며, 더 록처럼 올해 데뷔하는 것 중에서 가장 짜릿할 것입니다.

– '더 록' 드웨인 존슨(WWF 5연패 챔피언 겸 할리우드 스타)

---

44 옮긴이_프로 레슬링에서의 싸움 연기

그 자리에서 언급하지는 않았지만 존슨은 비디오 게임을, 그러니까 적어도 프로 레슬러가 나오는 게임에 대해 조금은 알고 있었습니다. 1990년대에 어클레임이 WWF 레슬링 라이선스를 보유 중일 때, 그는 자신을 묘사한 가상 인물이 최고의 움직임과 힘을 가지게 해달라고 어클레임 홍보 팀에 전화한 것으로 알려졌습니다. 그는 〈WWF 워 존WWF War Zone〉이나 〈WWF 스맥다운!WWF SmackDown!〉과 같은 게임에 자기 이미지를 빌려주었을 뿐만 아니라, 그런 게임을 직접 하는 것도 좋아했습니다.

빌 게이츠가 들고 나온 데모 제품에는 칩이 없고 최대 전력의 약 20%로 가동되고 있다고 언급했을 때 존슨은 이렇게 말했습니다. "지금 이 엑스박스가 시스템 전력의 5분의 1로만 구동되고 있다는 것을 고려하면 매우 인상적이군요. 빌, 만약 더 록이 자기 힘의 5분의 1로만 달리면 어떻게 될지 아십니까?"

"나는 이렇게 생각합니다"라면서 게이츠가 대답하려 하자 존슨이 그의 말을 끊었습니다. "당신이 어떻게 생각하든 상관없어요, 빌!" 이에 관중이 박수를 치며 웃었습니다.

소비자 가전 전시회는 2001년 1월에 열렸고, 게임 산업에서 다음으로 큰 행사는 5월 17~19일에 로스앤젤레스에서 열린 E3였습니다. 이는 대중이 마이크로소프트와 닌텐도의 콘솔과 게임을 사용해볼 수 있는 기회였습니다. 여기서 대중은 소매업자, 게임 업계 전문가, 언론인, 그리고 어떻게든 이 엑스포에 참여할 정도로 집요한 열성 팬을 말합니다.

그러나 E3에서 가장 큰 뉴스는 그 문이 열리기도 전에 일어났습니다. 빅 3인 소니, 닌텐도, 마이크로소프트(당시 어려움을 겪던 세가를 대체)가 올해의 계획을 발표하는 기자회견을 연 것입니다. 콘솔 분야에서는 신참인 마이크로소프트는 닌텐도와 소니가 예약한 시간대를 공손히 피했습니다. 닌텐도는 한낮에 콘퍼런스를 열었고 소니의 일정은 초저녁이었기 때문에 마이크로소프트는 5월 16일 수요일 오전 8시로 콘퍼런스를 예약했습니다. 그런데 함정에 빠지고 말았습니다.

요란한 파티를 벌이기로 유명한 소니컴퓨터엔터테인먼트 아메리카는 5월 15일에 예정에 없던 사전 파티를 열기로 결정했습니다. 기존의 소니 파티가 아니라 비공식 파티였습니다. 하지만 전형적인 소니의 방식대로 자유롭게 술을 마실 수 있었고, 이는 다음 날 이른 아침까지 이어졌습니다. 이튿날 엑스박스 브리핑에 참석한 기자들은 초롱초롱한 눈이 아니었고, 심지어 어떤 이들은 술이 덜 깬 상태였습니다. 오늘날까지 엑스박스 팀의 많은 사람은 소니가 의도적으로 파티를 계획했다고 확신합니다.

마이크로소프트가 기자회견의 첫 단추를 잘못 끼도록 소니가 훼방을 놓았을지도 모르지만, 엑스박스 팀이 마음을 다시 다잡는 데에는 그리 오래 걸리지 않았습니다. 엑스박스 최고 책임자인 로비 바흐는 작동하는 것으로 추정되는 엑스박스 콘솔 옆에 서서 청중을 환영했습니다.

👾

다음 날 아침 8시, 완벽하게 행사를 준비하지 못해 불안한 우리 앞에는 숙취 상태의 기자들까지 있었어요. 전날 새벽 2시까지 시간마다 대본이 바뀌었고, 2~3일 전 나는 음악 멈추는 법도 제대로 익히지 못한 채 이렇게 말했죠. "이봐, 우리가 옳다고 확신하는 것을 발표할 테고 별일 없을 거야."

우리는 결국 준비도 되지 않은 엑스박스를 켜려고 했습니다. 버튼을 눌렀는데 아무 일도 일어나지 않았어요. 여기까지는 흥미진진했죠.

우선 우리는 재빨리 EA가 만든 해적 게임을 보여주었습니다. 하지만 데모를 보여주는 사람은 자기 배를 암초에서 구할 수 없었습니다. 이건 별로 흥미진진하지 않았죠.

- 로비 바흐

결함이 있는 엑스박스를 교체하는 데 몇 분이 걸렸습니다. 콘솔이 작동하자 프레젠테이션이 한결 나아졌습니다.

바흐는 엑스박스가 11월 8일 299달러에 출시될 것이라고 발표하면서 15~20개의 게임이 나올 것이라고 약속했습니다. 그는 제조상의 문제로 출시일에는 60만~80만 대만 출하하고 크리스마스에 맞춰 최대 150만 대를 출하할 것이라고 말했습니다. 또한 엑스박스가 연휴 동안 매진될 것이라고 청중에게 확신을 주었습니다.

프레젠테이션을 하던 중 바흐는 광대역 게임이 산업을 발전시킬 것이라고 선언했습니다. 그리고 게이머들이 온라인으로 채팅할 수 있게 해주는 엑스박스 호환 헤드셋인 엑스커뮤니케이터를 시연했습니다.

콘퍼런스의 나머지 시간은 시시한 보여주기 식으로 진행되었습니다. 업계 전문가들이 출시 예정 게임을 시연하고, 이러한 게임이 어떻게 엑스박스에서만 잘 작동할 수 있는지 형식적인 질문을 던졌습니다. 세가 아메리카의 최고 운영 책임자이자 명랑하고 사교적인 피터 무어는 바흐와 함께 단종된 드림캐스트에 대해 농담을 하면서 프레젠테이션을 시작했습니다. "있잖아요, 막상 하드웨어 사업을 접으면 생각보다 여유가 많이 생겨요."

그 프레젠테이션의 하이라이트는 피터 무어였습니다. 그는 세가가 왜 플랫폼 사업으로 옮겨 갔는지, 온라인 게임 사업으로 전환하면서 얼마나 열광했는지에 대해 아주 기가 막히게 설명했죠. 그게 하이라이트였어요.

— 로비 바흐

무어는 〈크레이지 택시 3: 하이 롤러〉, 〈더 하우스 오브 더 데드 III〉의 이식판과 함께 세가의 2K 스포츠 게임이 엑스박스용으로 개발되고 있다고 발표했습니다. 캡콤의 연구 개발 책임자인 오카모토 요시키(〈1942〉, 〈스트리트 파이터 II〉, 〈파이널 파이트Final Fight〉 개발자)는 엑스박스 버전 〈귀무자Onimusha: Warlords〉, 〈디노 크라이시스Dino Crisis〉의 출시를 약속했습니다. 오드월드인해비턴츠 설립자인 론 래닝은 가장 기대되는 엑스박스 독점작 중 하나인 〈오드월드: 먼치스 오디세이Oddworld: Munch's Oddysee〉를 시연했습니다. EA의 크리에이티브 개발 담당 임원인 루이스 캐슬은 엑스박스용 〈매든 NFL〉과 다른 스포츠 게임을 출시할 계획을 논의했습니다. 마지막 게스트인 테크모의 레전드 이타가키 도모노부는 곧 출시될 격투 게임인 〈데드 오어 얼라이브 3Dead or Alive 3〉가 엑스박스 독점작이 될 것이라고 발표했습니다.

프레젠테이션이 끝날 무렵 바흐는 2002년 2월 22일 일본에 엑스박스를 출시하고 그다음 달에 유럽에 출시할 계획이라고 밝혔습니다. 유럽 소비자가 일본산보다 미국산 비디오 게임기를 더 잘 받아들일 것이라고 믿고 있던 언론인들과 업계 분석가들은 이러한 결정에 의문을 품었습니다. 유럽은 일본보다 크고 더 수입 친화적인 시장입니다. 일본에서는 유명한 몇 가지를 제외하고 미국산 자동차, 전자제품, 장난감, 비디오 게임이 잘 팔리지 않았습니다.

덧붙여 바흐는 분석가와 소매업자를 타깃으로, 마이크로소프트가 비디오 게임 사업을 확장하기 위해 20억 달러를 투자하기로 약속했다고 말했습니다. 마이크로소프트는 주머니가 두둑했습니다. 닌텐도도 소니도 그런 약속을 할 수 없었습니다.

닌텐도는 1923년 이래로 로스앤젤레스의 랜드마크인 빌트모어호텔에서 기자회견을 열었습니다. 이곳은 참석한 기자, 소매업자, 투자자, 게임 디자이너에게 친숙한 공간이었습니다. 닌텐도는 E3가 시작된 이후로 빌트모어호텔을 E3 본부로 예약해놓고, 강당에서는 사전 기자회견을 열고 연회장과 무도회장에서는 재즈 기타리스트 조지 벤슨, 피아니스트 겸 가수 다이애나 크롤, 태양의 서커스 등 유명 예술가의 공연을 곁들인 호화로운 파티를 열었습니다.

닌텐도의 콘퍼런스는 영업 및 마케팅 담당 임원인 피터 메인의 상당히 일반적이고 사무적인 연설로 시작되었습니다.

오늘은 의심할 바 없이 비디오 게임 역사상 매우 흥미로운 날입니다. 인터랙티브 엔터테인먼트 업계에서 20년 이상 좋은 시절을 보낸 닌텐도가 바라본 관점에서는 그렇습니다. 나는 오늘 아침 이 발언으로 시작하겠습니다. 닌텐도는 게임보이 어드밴스와 닌텐도 게임큐브가 둘 다 거대하게, 정말 거대하게 성장할 것이라고 확신하며, 다른 제조사들이 무엇을 계획하든 시장에서 이길 것입니다. 이는 게임보이 어드밴스와 닌텐도 게임큐브의 우월함, 그

리고 게임큐브에서 돌아가는 게임들 덕분이기도 하지만, 그 기반이 되는 닌텐도만의 전략이 뒷받침하기도 합니다.

— **피터 메인**(닌텐도 아메리카 영업 및 마케팅 담당 전 임원)

무대에는 새로운 얼굴인 이와타 사토루도 있었습니다. 메인은 그를 닌텐도 이사회의 일원이자 닌텐도 글로벌 기획부의 책임자로 소개했습니다.[45] 작은 키에 귀여운 얼굴, 초창기 비틀스 스타일의 부스스한 머리를 하고 철테 안경을 쓴 이와타는 완벽한 닌텐도 대표의 얼굴이었습니다. 당시 마흔두 살이었던 그는 깔끔하게 면도를 하고 괴짜 같은 차림새로 다녔습니다. 그의 태도는 위협적이거나 복잡하지 않고 편안하며 재미있었습니다. 야마우치 히로시, 하워드 링컨, 아라카와 미노루, 피터 메인과 달리 이와타는 게임을 제작한 경험이 있었습니다. 그는 닌텐도와 제휴 관계인 하루연구소에 있는 동안 많은 게임 제작을 돕고 그중에서 〈별의 커비Kirby〉에 가장 깊이 관여했습니다. 〈별의 커비〉에는 적을 빨아들여 발사체로 내뱉거나 전투 능력을 흡수하는 외계인이 등장합니다.

이와타에게는 친숙한 면이 있었습니다. 그는 어디에나 있을 법한 사람이었습니다. 똑똑하고 괴짜 같은 그는 닌텐도의 전형적인 이미지였습니다.

이와타는 청중에게 다음과 같이 말했습니다. "우리는 스스로를 무엇보다도 게임을 기반으로 한 엔터테인먼트 회사라고 생각합니다. 우리가 알기로 콘솔을 만드는 경쟁사 사람들은 스스로를 일단은 기술 회사라고 생각하고 있습니다." 업계 내부자와 경쟁사는 닌텐도가 부정적인 이미지로 비춰지도록 향후 10년 반 동안은 이 발언을 들먹일 것입니다. 그러나 이 발언은 이와타의 마음속에서 닌텐도를 가장 빛나게 했습니다.

친절하고 디즈니풍의 재미를 중시했던 이와타는 게임을 전달하는 매개체

---

45 이 기자회견이 있었던 2002년 5월 21일 화요일은 여러모로 의미심장한 날이다. 2005년 4월 28일, 야마우치 히로시는 닌텐도 회장직에서 물러날 계획이라고 발표한 직후 이와타 사토루를 후계자로 지명했다.

로서 기술을 엄격하게 제한했습니다. 폴리곤과 상호 연결성 같은 문제는 소니의 구타라기 겐과 마이크로소프트의 로비 바흐에게는 매우 중요했고 이와타에게는 크게 중요하지 않았습니다. 이와타는 만약 사람들이 계속 NES를 플레이한다고 생각했다면 기존의 NES 게임을 계속해서 만들었을 것입니다.

닌텐도는 사람들에게 무엇을 원하는지 물어보고 정작 그들이 말하는 것을 듣지 않는 것으로 유명했습니다. 이것이 꼭 나쁜 것만은 아니었습니다. 모두가 콘솔 시장이 죽었다고 했을 때 닌텐도는 NES를 출시해 10억 달러 규모의 제국을 세웠습니다. 격투 게임이 대유행하던 시기에는 사전 렌더링된 횡스크롤링 어드벤처 게임인 〈동키콩〉을 다시 출시해 시장을 탈환했습니다. 닌텐도가 새로운 콘솔을 출시하는 것은 새로운 〈젤다의 전설〉과 〈슈퍼 마리오〉의 출시를 의미했습니다. 이는 예측 가능한 형태였고 믿을 만한 전략이었습니다. 즉 최고의 고전적 조건화 방식이었습니다.

닌텐도가 어떤 시스템을 내놓든 미야모토는 모자에서 토끼를 꺼냅니다. 항상 히트작을 만들어 그들의 플랫폼을 다시 세계지도에 올려놓죠.

—마이크 피셔

2001년 5월 16일 수요일에 기자회견을 연 세 번째 회사도 있었습니다. 바로 소니컴퓨터엔터테인먼트입니다. 닌텐도와 마이크로소프트가 하드웨어를 소개하는 동안 소니는 게임에 집중하는 사치를 누렸습니다. 얼마나 성공적일지는 아무도 예측할 수 없었지만, 모든 사람은 소니가 게임으로 성공하는 해를 보낼 것이라고 예상했습니다.

소니의 콘퍼런스에서 EA는 〈SSX 트리키SSX Tricky〉, 〈NBA 스트리트NBA Street〉 등 풍부한 라인업의 스포츠 게임을 소개했습니다. 스퀘어는 밝고 교향악 같은 분위기의 〈파이널 판타지 X〉 예고편으로 청중을 완전히 현혹시켰습니다. 또한 〈바이오하자드〉 시리즈 제작자인 캡콤의 미카미 신지는 〈데빌 메이 크라이〉를 선보였습니다.

이 큰 행사는 코나미의 고지마 히데오[46]가 곧 출시될 〈메탈 기어 솔리드 2: 선스 오브 리버티〉의 플레이 장면을 공개하면서 화룡점정을 찍었습니다. 전 세계적으로 600만 장 이상이 팔린 초대형 히트작인 플레이스테이션 1용 〈메탈 기어 솔리드〉가 출시된 지 3년이 지난 때였습니다. 코나미는 작년에 짧은 예고편으로 E3 청중을 설레게 했습니다. 마침내 고지마가 더 많은 것을 공개하자 모든 사람은 〈메탈 기어 솔리드 2〉가 올해 가장 경쟁력 있는 AAA급 게임이라는 데 동의했습니다.

소니는 믿기 힘들 정도로 놀라운 서드파티 라인업뿐 아니라 상당한 자사 게임과 퍼블리싱 게임도 보유하고 있었습니다. 마이크로소프트와 닌텐도는 새로운 하드웨어로 헤드라인을 지배하겠지만 실제로 사람들은 콘솔을 하는 것이 아니라 게임을 합니다. 소니는 〈잭 앤드 덱스터〉와 〈그란 투리스모 3: A-스펙〉을 라인업에 포함했습니다. 경쟁사들이 미래 전망에 대해 논의하는 동안 소니컴퓨터엔터테인먼트는 게임 라이브러리를 키우고 있었습니다. 소니컴퓨터엔터테인먼트 아메리카의 마케팅 담당 임원인 앤드루 하우스는 비디오 게임 업계에서는 '콘텐츠가 왕'이라고 말한 적이 있습니다.

하드웨어 사양 비교

아카디아인베스트먼트코퍼레이션이 '2001~2002 홈 인터랙티브 엔터테인먼트 시장 동향 보고서'에서 세 시스템을 간결하게 비교한 표를 제시했는데 놀라운 통계와 수치였습니다. 엑스박스가 일관되게 가장 강력한 구성품과 가장 빠른 성능을 지녔고 게임큐브가 대개 2위, 플레이스테이션 2가 3위였습니다.

---

46 옮긴이_국내에서는 흔히 '코지마 히데오'라고 부르지만 외래어 표기법상 '고지마 히데오'가 올바른 표기이다.

구분	엑스박스	게임큐브	플레이스테이션 2
출시일	유럽: 2002년 3월 14일 일본: 2002년 2월 22일 미국: 2001년 11월 15일	유럽: 2002년 5월 3일 일본: 2001년 9월 14일 미국: 2001년 11월 18일	유럽: 2000년 11월 24일 일본: 2000년 3월 4일 미국: 2000년 10월 26일
가격	유럽: 299~479유로 일본: 34,800엔 미국: 299달러	유럽: 149유로/199파운드 일본: 25,000엔 미국: 199달러	유럽: 299유로 일본: 29,800엔 미국: 299달러
CPU	733MHz 인텔	485MHz IMB	300MHz 소니/도시바
GPU	250MHz 엔비디아	162MHz ATI	150MHz 소니
총메모리	64MB	24MB+16MB	32MB
메모리 대역폭	6.4GB/초	3.2GB/초	3.2GB/초
폴리곤 처리 성능 (텍스처 미포함)	1억 2,500만 개/초	600만~1,200만 개/초	6,600만 개/초
저장 장치	2~5배속 DVD, 8MB 메모리카드, 8GB 하드드라이브	1.5GB 광학 디스크, 4MB 메모리카드	4배속 DVD, 8MB 메모리카드
I/O	컨트롤러 4대, USB, 100MBps 이더넷	컨트롤러 4대	컨트롤러 2대, USB, iLink, PCMCIA
브로드밴드 통신	가능	어댑터 필요	2002년 8월 어댑터 출시 (39달러)
DVD 영화 재생	리모컨 필요	불가능	가능
하위 호환	불가능	불가능(GBA와 케이블로 연동은 가능)	가능(구 플레이스테이션 게임)

〈스타워즈 로그 스쿼드론 II: 로그 리더〉

닌텐도는 일본에서 게임큐브를 출시할 때 〈슈퍼 마리오〉가 준비되지 않아 어려움을 겪었고, 미국 출시 때까지도 〈슈퍼 마리오〉는 모습을 드러내지 않았습니다. 이용 가능한 열두 개의 게임 중에는 〈토니 호크의 프로 스케이터 3^{Tony Hawk's Pro Skater 3}〉, 〈매든 NFL 2002〉, 〈크레이지 택시〉와 같이 '모든 콘솔에서 할 수 있는' 게임도 있었습니다.

나는 아직 세가에 있었어요. 이미 우리는 플레이스테이션 2 때문에 피해를 입었고, 그 후 닌텐도에 가서 개발 키트를 요청했던 기억이 납니다.

－피터 무어

우리는 〈소닉 더 헤지혹〉의 마스코트를 닌텐도에 가져갔고 그들은 그것을 꼭 껴안았어요. 닌텐도 아메리카의 아라카와 미노루 사장과 CEO인 하워드 링컨이 그 자리에 있었죠. 그들은 큰 친절을 베풀면서 우리를 가족으로 맞이하고, 힘들었던 시절과 뒤에 숨은 경쟁 관계에 대해서는 한마디도 하지 않았어요.

－마이크 피셔

게임큐브로 출시된 대부분의 게임은 다른 시스템이나 일본 출시 당시부터 알려진 제품에서 구동할 수 있었습니다. 주목할 만한 예외이자 가장 관심을 끌었던 게임은 〈스타워즈 로그 스쿼드론 II: 로그 리더〉였습니다.

1998년 출시된 닌텐도 64 게임 〈스타워즈: 로그 스쿼드론〉의 속편으로 2001년 출시된 〈스타워즈 로그 스쿼드론 II: 로그 리더〉는 루카스필름의 소프트웨어 계열사인 루카스아츠와 기술 베테랑이자 독립 스튜디오인 팩터5가 함께 제작했습니다. 게임큐브의 사운드 칩 개발을 도왔던 팩터5 제작진은 이 시스템을 속속들이 알고 있었습니다.

팩터5는 닌텐도 64의 여러 주요 프로젝트를 작업했습니다. 카트리지 기술의 한계 때문에 퍼블리셔들은 게임의 오디오 파일 압축 방식에 관해 팩터5의 힘을 빌렸습니다. 캡콤(〈바이오하자드 2〉), 아타리(〈샌프란시스코 러시 2049San Francisco Rush 2049〉), 닌텐도(〈포켓몬스터 스타디움Pokémon Stadium〉)가 주목할 만한 고객이었습니다.

팩터5는 루카스아츠의 닌텐도 64용 게임 3종도 내놓았는데, 그중 〈스타워즈: 로그 스쿼드론〉과 〈스타워즈 에피소드 I: 배틀 포 나부Star Wars: Episode I-Battle for Naboo〉는 오리지널 타이틀이고 〈인디애나 존스와 인퍼널 머신Indiana Jones and the Infernal Machine〉은 PC 게임을 이식한 것이었습니다. 〈인디애나 존스와 인퍼널 머신〉을 닌텐도 64로 이식한 비하인드 스토리는 루카스아츠와 닌텐도가 팩터5를 왜 그렇게 진지하게 생각했는지를 잘 보여줍니다.

〈인디애나 존스와 인퍼널 머신〉은 너무도 고통스러운 게임이었어요. PC 버전을 개발할 때 다른 기기에서의 플레이를 전혀 고려하지 않았죠.

조지 루카스는 매우 재능 있는 젊은 프로그래머와 내부적으로 논의해 그것을 플레이스테이션에 이식하기 위한 기발한 아이디어를 얻었지만, 이식 작업이 절반가량 진행되었을 때 CD 두 장으로 이뤄진 PC 버전의 레벨 데이터가 너무 커서 플레이스테이션에의 이식이 불가능하다는 사실을 알게 되었습니다.

그 당시에 우리는 〈스타워즈: 로그 스쿼드론〉을 막 끝냈던 터라 다른 프로젝트를 하고 싶었어요. 나는 항상 〈툼 레이더〉 같은 게임을 작업하고 싶었죠. 우리는 루카스에게 말했습니다. "〈젤다의 전설: 시간의 오카리나〉를 기반으로 〈인디애나 존스와 인퍼널 머신〉을 재창조할 수 있도록 우리에게 자유를 주는 게 어때요? 우리는 모든 개발 자원과 레벨 디자인 등 모든 것을 닌텐도 64로 가져가 PC 게임이 아닌 진짜 닌텐도 게임처럼 느껴지도록 모든 것을 바꿀 거예요."

우리가 감당하기에 벅찰 만큼 게임이 거대했습니다. 카트리지에 넣는 동시에 조작 방식을 완전히 새로 만드는 것은, 부드럽게 표현하자면 굉장히 스트레스를 받는 작업이었어요.

－율리안 에게브레히트

〈스타워즈: 로그 스쿼드론〉과 〈스타워즈 에피소드 I: 배틀 포 나부〉를 만든

적이 있는 팩터5는 〈스타워즈〉 제작 기법에 익숙했습니다. 팩터5의 기획자로 구성된 소규모 팀은 기존 모델을 활용해 단 19일 만에 스페이스 월드 행사에 쓰일 〈스타워즈 로그 스쿼드론 II: 로그 리더〉 데모를 만들었습니다.

다른 사람들은 모두 〈스타워즈: 배틀프론트 II〉Star Wars: Battlefront II, 〈인디애나 존스와 인퍼널 머신〉 프로젝트 때문에 바빴습니다. 그래서 다섯 명이 〈스타워즈 로그 스쿼드론 II: 로그 리더〉 개발과 관련된 모든 일을 했죠.

데모에서 어떻게 데스 스타 II 표면 위를 날아다닐 수 있었는지 당신은 알죠? 당시에는 레벨 에디터로 풍경을 만들 수 없었어요. 그건 사실 풍경이 아니라 바닥 타일과 같은 식의 타일이에요.

우리는 메모장으로 지도를 편집했어요 타일 무늬가 흥미롭게 보일 때까지 숫자를 입력하기만 했습니다.

- 율리안 에게브레히트

〈스타워즈 로그 스쿼드론 II: 로그 리더〉와 〈루이지 맨션〉을 필두로 한 것이 최적의 출시 라이브러리가 되지는 못했고, 이미 닌텐도는 궁지에 몰려 있었습니다. 마리오의 동생이 마리오를 구출하기 위해 유령의 집에 들어가는 내용인 〈루이지 맨션〉은 〈슈퍼 마리오〉 게임으로서의 자격이 없었습니다. 〈스타워즈 로그 스쿼드론 II: 로그 리더〉의 문제점은 〈애프터 버너After Burner〉, 〈에이스 컴뱃 Ace Combat〉과 같은 공중전 게임이 더 이상 인기를 끌지 못한다는 것이었습니다. 마찬가지로 〈스타워즈〉 게임은 콘솔상에서 격동의 역사를 거쳤고, 당시 개봉된 프리퀄 영화 〈스타워즈 에피소드 I: 보이지 않는 위험〉은 엇갈린 평가를 받았습니다.

게임큐브가 출시된 후 11월 21일 일본에서, 12월 3일 미국에서 출시된[47] 〈대난투 스매시 브라더스 DX〉는 2001년 가장 많이 팔린 게임큐브 게임에 등극

---

47 유럽과 호주에서의 출시는 2002년 5월로 연기되었다.

했습니다. 2위는 〈루이지 맨션〉이지만 〈스타워즈 로그 스쿼드론 II: 로그 리더〉
는 판매량에 관계없이 적어도 하나는 증명했습니다. 즉 게임큐브가 커다란 검은
색 손잡이가 달린 보라색 장난감 이상이라는 것을 보여준 게임입니다. 처리 능
력에 관한 한 게임큐브는 확실한 경쟁력이 있었습니다.

〈헤일로: 전쟁의 서막〉

대단한 인수였어요. 번지 사람들 중 일부는 우리가 제대로 값을 치루지 않았다고 말할 거예
요. 그러나 〈헤일로〉가 될 미완성 게임에 우리가 들인 만큼의 돈을 지불할 회사는 많지 않
았을 겁니다. 그렇죠? 물론 이후를 생각해보면 보잘것없는 제의였다고 할 수도 있겠네요.

– 로비 바흐

마이크로소프트는 닌텐도보다 더 강력한 타이틀을 내놓아야 했습니다. 닌
텐도가 새로운 콘솔을 출시했을 때 게이머들은 마리오와 링크[48], 〈마리오 카트
Mario Kart〉가 곧 뒤따라온다는 것을 알고 있었습니다. 하지만 마이크로소프트에
게는 무엇을 기대해야 할지 아무도 몰랐습니다.

마이크로소프트의 나머지 사업부와 다소 별개인 엑스박스 사업부에 간 적이 있는데, 건물
앞에 해적 깃발이 펄럭이고 있었습니다.

게임 산업에 몸담고 있는 우리 모두는 아주 회의적이고 냉소적이었어요. 우리는 엑스박스
가 윈도우 머신이 될 것이라고, 게임이 뒷전으로 밀릴 것이라고 생각했죠. 건물 앞에 해적
깃발을 꽂고 있는 것, 제대로 일하도록 독립성과 자율성을 주는 것에 대한 전반적인 사고방

---

48 옮긴이_〈젤다의 전설〉 시리즈의 주인공

식은….

사람들은 잊고 있습니다. 그때 쓰레기 같은 독점 금지법이 발동했고 빌 게이츠의 괴짜 이미지, 그리고 그 당시 모든 사람이 가지고 있던 마이크로소프트에 대한 이미지는 일종의 '악마의 제국'이었어요. 유행을 좇아 멋지고 젊은 소비자 브랜드를 만들려는 시도는 큰 핸디캡이었답니다.

– 마이크 피셔

세계에서 가장 부유한 기업인 마이크로소프트는 많은 것을 살 수 있었지만 좋은 평판을 살 수는 없었습니다. 스퀘어와 닌텐도 등의 저명한 회사로부터 거절을 당한 마이크로소프트는 포기하지 않고 다시 게임을 사들이러 나섰습니다. 엑스박스 팀이 구매하려고 한 첫 번째 타이틀 중 하나는 〈스타워즈 로그 스쿼드론 II: 로그 리더〉였습니다.

마이크로소프트는 〈스타워즈 로그 스쿼드론 II: 로그 리더〉를 닌텐도에서 훔쳐 엑스박스에 이식하려고 필사적으로 시도했습니다.

스페이스 월드에서 셰이머스와 그의 팀은 데모를 보았습니다. 그들은 루카스아츠에 접근해 "우리는 그 게임을 원하고 기꺼이 큰돈을 지불하겠습니다"라고 말했죠. 우리는 닌텐도와 동맹 관계였기 때문에 이것은 상당한 논쟁을 불러일으켰어요. 루카스아츠는 이 모든 것의 재정적인 측면만 보고 있었고, 동맹을 배신하라고 2000년 10~11월 내내 우리를 강하게 압박했습니다.

– 율리안 에게브레히트

팩터5는 루카스아츠를 설득해 계약을 철회시켰지만, 그 무렵 엑스박스 콘텐츠 책임자인 에드 프리스는 다른 목표를 가지고 있었습니다.

수많은 유명 게임 스튜디오와 마찬가지로 번지도 설립자인 앨릭스 세로피언이 〈퐁Pong〉의 셰어웨어 버전인 〈놉!Gnop!〉을 만들면서 데뷔했습니다. 세로피언은 시카고대학에서 수학을 공부하면서 두 번째 게임인 〈오퍼레이션: 데저트 스톰Operation: Desert Storm〉을 만들었습니다. 이는 수학 전공자이자 게임 디자이너인 제이슨 존스와 파트너십을 맺기 전의 일입니다. 둘이 힘을 합칠 당시 존스는 〈미노타우로스: 크레타의 미궁Minotaur: The Labyrinths of Crete〉을 만들고 있었는데, 이는 추후에 번지라는 브랜드로 출시되었습니다.

컴퓨터 게임 세계의 대부분이 PC 시장에 집중하는 동안 세로피언과 존스는 매킨토시 시스템용 게임을 만들었습니다. 그들은 그들만의 시장을 가지고 있었습니다. 랜드 밀러와 로빈 밀러의 대히트작 〈미스트〉와 같은 몇몇 예외를 제외하고 매킨토시는 게임의 저승으로 불리곤 했습니다.

이것은 우연이 아니었습니다. 그 당시 애플 경영진은 매킨토시의 이미지에 악영향을 미칠까 봐 되도록 게임을 피했습니다. 1995년, 『넥스트 제너레이션』이 애플의 마이클 스핀들러 사장을 게임에서 가장 영향력 있는 75인의 목록에 포함하려고 했으나 스핀들러는 이렇게 말했습니다. "내 이름을 목록에서 빼주세요. 매킨토시 컴퓨터는 게임용 플랫폼이 아닙니다."

번지의 다음 작품인 〈패스웨이스 인투 다크니스Pathways into Darkness〉는 〈울펜슈타인 3DWolfenstein 3D〉 같은 게임이었습니다. 지하 벙커의 콘크리트 벽과 철문 대신 돌로 된 문과 벽으로 이루어진 마야 피라미드가 배경이고, 나치 대신 외계인이 등장했습니다. PC 게이머에게는 아주 익숙한 영역이었을 테지만 매킨토시 사용자에게는 오랫동안 기다려온 세계로의 입장이었습니다.

세로피언은 『시카고대학 매거진The University of Chicago Magazine』과의 동문 인터뷰에서 다음과 같이 설명했습니다. "〈패스웨이스 인투 다크니스〉가 나올 즈음 매킨토시 사용자들은 이런 게임을 몹시 원했어요."[4]

회사는 천천히 성장했습니다. 세로피언과 존스는 첫 사무실을 마련하고 1994년에 첫 정규직 직원으로 더그 자트먼을 들였습니다.

번지는 다음 시리즈인 〈마라톤Marathon〉으로 매킨토시 게임계에서 눈부신 명성을 얻었습니다. 이 무렵 애플 사장이 마이클 스핀들러에서 길 아멜리오로 교체되었습니다. 번지가 다음 게임인 〈미스: 더 폴른 로즈Myth: The Fallen Lords〉를 출시하기 두 달 전, 애플에서는 스티브 잡스가 아멜리오를 대신해 임시 CEO 자리에 앉았습니다.

〈미스: 더 폴른 로즈〉는 주목할 만한 타이틀이었습니다. 이는 모든 레벨이 만화 컷신으로 시작하는 실시간 전략 게임으로, 아케이드 히트작인 〈용의 굴 Dragon's Lair〉의 애니메이션과 비슷한 스타일이었습니다. 〈미스: 더 폴른 로즈〉의 컷신은 당시 포화 상태였던 최신 장르에서 유일무이한 존재로 거듭났습니다.

〈미스: 더 폴른 로즈〉의 성공에 힘입어 번지 팀은 SF 세계를 배경으로 한 새로운 RTS 게임을 만들기 시작했습니다. 이 게임에는 기사와 괴물 대신 우주 병사와 외계인이 등장합니다.

이때의 번지는 시카고에 큰 사무실이 있고 캘리포니아의 새너제이에 번지 웨스트라는 지점을 둔 중견 게임 퍼블리셔로 성장했습니다. 번지 부스는 애플의 연례 맥월드 엑스포에서 관심이 쏠리는 장소가 되었습니다. 번지의 피터 탬트 부사장이 애플의 CEO인 잡스에게 곧 출시될 프로젝트에 대해 논의하자고 제안했을 때 잡스는 이에 동의했습니다. 게임을 보고 마음에 들어 한 잡스는 제이슨 존스에게 1999년 맥월드의 기조연설에서 짧은 시연을 해달라고 했습니다.

늘 입던 검은색 상의와 청바지 차림의 잡스는 독백을 했습니다. "우리는 몇 가지 멋진 게임이 맥으로 돌아오는 것을 보기 시작했지만, 이건 내가 본 가장 멋진 것 중 하나예요. 이 게임은 번지에서 내년 초에 출시될 예정이며, 전에는 보지 못한 게임입니다." 말을 마친 그는 게임을 시연할 존스를 불러들였습니다.

많은 청중 앞이라 불편했던 존스는 간단히 몇 마디를 했습니다. 그러고는 청중에게 또렷이 말했습니다. "여러분이 곧 보게 될 모든 것은 OpenGL을 사용한 매킨토시에서 실시간으로 렌더링됩니다." 그가 시연한 〈헤일로: 전쟁의 서막Halo: Combat Evolved〉에는 초록색 갑옷을 입은 군인, 은빛 외계인, 차량 등 친숙한 요소가 많이 담겨 있었습니다. 이 시연은 〈헤일로〉의 이름을 딴 구조물이 드문드문 있는 널찍한 풍경에서 진행되었습니다.

반응이 즉각적이고 열광적이어서 존스의 설명은 대부분 환호 섞인 반응에 묻혀버렸습니다. 애플의 맥월드는 닌텐도의 스페이스 월드와 마찬가지라 충성스럽고 열성적인 사람들이 참석했습니다. 게임에 굶주린 매킨토시 사용자들은 수백 개의 타이틀 중에서 선택할 수 있는 것이 없었기 때문에 그 게임은 스티브 잡스 못지않은 열렬한 지지를 얻고 엑스포의 스타가 될 수 있었습니다.

2000년 E3에서의 반응과 비교해보면 더 명확하게 이 반응을 이해할 수 있습니다. 번지는 영화 같은 9분짜리 예고편을 보여주었습니다. 이 예고편에서는 인간 병사들이 기술적으로 우월한 외계인 군대와 맞서 싸웁니다. 마지막 순간에 스파르타식 갑옷을 입은 병사가 전투에 뛰어들고, 이 슈퍼솔저가 홀로 싸우면서 전우들을 떠나보내는 것으로 예고편이 끝납니다. 게임은 삼인칭 관점이었습니다.

E3에서 세로피언과 존스 등 번지 사람들은 맥월드와 비교했을 때 덜 친숙한 군중을 상대해야 했습니다. E3 행사장의 소음과 경쟁으로 〈헤일로〉는 눈에 잘 띄지 않았습니다. 코나미 부스 앞에 가장 많은 사람이 멈춰 서서 30분마다 상영되는 〈메탈 기어 솔리드 2〉 예고편을 보고 있었습니다.

마이크로소프트가 사들이기 전에 E3에서 〈헤일로〉를 봤어요. 가슴을 뛰게 하는 마티 오도널의 음악 덕분에 데모가 훌륭했죠.

– 딘 다카하시(게임스비트 수석 작가)

많은 신생 스튜디오처럼 번지도 살아남기 위해 고군분투했습니다. 세로피언과 존스는 테이크투와 배급 계약을 체결했는데, 이 계약에서도 소수의 소유권만을 얻었습니다. 피터 탬트 부사장은 재정적인 안정을 위해 마이크로소프트에 연락해 에드 프리스를 만나게 해달라고 요청했습니다.

이때 당시에 〈헤일로〉는 여전히 이름이 알려지지 않은 삼인칭 슈팅 게임이었습니다. 풍경이 거칠고 황량했지만 스카이라인과 배경은 화려했습니다. 프리스는 이 게임에서 무언가 특별한 점을 발견하고 번지를 즉시 사겠다고 제안했습니다.

〈헤일로〉를 처음 선보였을 때는 이목을 끌지 못했어요. 선견지명이 있는 사람들이 그것을 살펴보고 이해하려면 잠재적인 주제와 개념 등등이 있다는 것을 알아야 합니다. 이것이 바로 게임 사업의 묘미랍니다. 영화를 만드는 것과 마찬가지로 게임은 과학과 결합된 진정한 예술이죠.

당신은 무언가를 감지하는 수맥 탐지 막대를 가지고 있어야 합니다. "있잖아요, 그건 불가능해요" 또는 "이건 진짜 잠재력이 있고, 우리가 도울 수 있는 부분은 여기예요"라고 말할 수 있게 해주는 도구요.

무언가 좋아 보이지 않을 때 그것을 일치감치 끝장내거나 비난하기는 아주 쉽죠. 아마 〈헤일로〉도 그랬을 겁니다. 다시 말하지만, 에드가 그것을 포기하지 않고 엑스박스와 엑스박스 라이브를 위한 거대한 원동력으로 만든 것은 크게 칭찬받을 만합니다.

– 셰인 김

생각해봐요, 번지가 없었다면… 번지를 사지 않았다면… 그것은 에드의 기발한 작전이었어요. 모두 에드 덕분이에요.

아시다시피 비싼 구매가 아니었죠. 싸지도 않았지만 비싸지도 않았어요. 어떻게 진행되었는지 정확히는 모르지만, 흔히 그렇듯 비싼 물건을 산 건 아니었어요.

분명한 점은 정말 엄청난 이익을 냈다는 겁니다. 번지가 없었다면 엑스박스는 아마 살아남지 못했을 거예요.

– 로비 바흐

공개적으로 거래되었든 아니든 마이크로소프트는 번지 인수 비용을 발표한 바 없습니다. 1,500만 달러라는 소문이 있지만 최근의 추정에 따르면 2,000만~3,000만 달러입니다.

E3 다음 달인 2000년 6월 19일, 마이크로소프트는 〈헤일로〉 독점 출시 및 배급권에 대해 테이크투와 합의에 이르렀다는 소식과 함께 번지 인수를 공식 발표했습니다. 공식 보도 자료에는 앨릭스 세로피언이 과도하게 격식을 차린 언론용 어투의 내용이 포함되어 있습니다.

이는 뛰어난 두 소프트웨어 회사의 장점, 즉 번지의 게임 제작 능력과 마이크로소프트의 배급력을 결합할 수 있는 절호의 기회입니다. 마이크로소프트는 우수한 게임을 지속적으로 구축하고 전 세계적인 규모로 제공하는 데 필요한 자원과 인프라를 제공할 것입니다.

－앨릭스 세로피언[5]

〈헤일로〉라는 이름을 단 게임이 6,500만 장 이상 팔린 결과로 인해, 에드 프리스가 얼마나 큰 도박을 했는지 간과하기 쉽습니다. 완성된 〈헤일로〉가 얼마나 인기를 끌지 그는 성공을 확신할 수 없었을 것입니다. 그 당시 비디오 게임은 여전히 아이들의 전유물로 여겨졌습니다. 플레이스테이션 1이 더 나이 많은 고객층을 타깃으로 비디오 게임을 진화시켰지만 그 진화의 정도는 아직 명확하지 않았습니다.

상황을 종합해보면, 1996년에 가장 많이 팔린 비디오 게임은 〈슈퍼 마리오 64〉입니다. 1997년에는 〈마리오 카트 64〉, 1998년에는 〈젤다의 전설: 시간의 오카리나〉, 1999년에는 〈동키콩 64〉, 2000년에는 〈포켓몬스터 스타디움〉이 베스트셀러였습니다. 콘솔 세계에서 FPS 게임은 올해의 베스트셀러에 오른 적이 없습니다. 800만 개의 카트리지가 팔린 〈골든아이 007〉은 닌텐도 64 게임 중 세 번째로 판매량이 높지만 이는 이례적인 일입니다. 닌텐도 64 게임 중 상위 20위 안에 든 또 다른 FPS 게임은 19위를 차지한 〈퍼펙트 다크Perfect Dark〉입니다. 플레이스테이션 1에서 가장 많이 팔린 FPS 게임은 54위를 차지한 오리지널 〈메달 오브 아너Medal of Honor〉입니다.

뒤늦게 사람들은 FPS 게임이 인기를 끌었기 때문에 '대충 만든 게임'이라고 말하지만, 기억하세요. 〈헤일로〉는 닌텐도 64의 〈골든아이 007〉 이후 미국에서 성공한 최초의 FPS 게임입니다.

－로비 바흐

이제 마이크로소프트 소속으로 일하게 된 번지 팀이 마무리 작업을 하면서 게임을 매킨토시에서 엑스박스로 이식하는 데에는 18개월이 걸렸습니다. 〈헤일로〉는 2001년 5월까지 탄탄해 보였지만 엑스박스 팀 내에서는 여전히 회의적이었습니다.

우리는 〈헤일로〉를 시연하기로 결정했는데 이건 실수였어요. 제대로 준비되지도 않았는데 최적화되지 않고 잘 돌아가지 않고 좋아 보이지도 않는 멀티플레이 버전을 공개했으니 형편없었죠.

– 로비 바흐

〈헤일로〉 작업은 여름까지 계속되었고 멀티플레이어 시스템이 구현되었습니다. 또한 번지는 달리기, 주행, 점프가 완벽해 보이도록 (콘솔 버전의 FPS 게임에서는 항상 문제인) 컨트롤을 미세 조정했습니다. 무엇보다 중요한 점은 미세 조정된 조종 방식으로 인해 조준이 더 어려워진 대신 더 빠르고 정확해졌다는 것입니다.

그것은 정말로 산업을 변화시키고, 나아가 모든 것을 변화시켰습니다. 〈헤일로〉 때문에 게임의 장르가 갑자기… 아시다시피 간단한 조이스틱 메커니즘이 있습니다. 총을 쏘는 것과 총구를 움직이는 것이죠. 하지만 이 간단한 메커니즘은 키보드와 마우스만으로 움직이던 플레이어를 조이스틱으로 움직이게 만들었고, 이것은 산업 자체를 변화시켰습니다.

– 로비 바흐

기자들이 레드먼드 변두리에 위치한 엑스박스 팀의 새 밀레니엄 캠퍼스 본부를 둘러보는 투어에는 번지 및 마이크로소프트 직원과의 〈헤일로〉 멀티플레이어 경기가 포함되어 있었습니다.

가을이 다가옴에 따라 〈헤일로〉는 '마리오 킬러'이자 엑스박스를 구입해야 하는 최고의 이유로 떠올랐습니다. 〈헤일로〉는 엑스박스를 플레이스테이션 2 및 그 이전의 모든 콘솔과 차별화하는 게임이었습니다. 빌 게이츠의 이더넷 포트 덕분에 플레이어들은 여러 엑스박스와 여러 TV를 연결하는 LAN 파티를 열 수 있었고, 한 경기에서 최대 열여섯 명이 싸울 수 있었습니다. 〈헤일로〉 이후 멀티플레이어 콘텐츠는 FPS 게임의 싱글플레이어 캠페인만큼, 아니 그보다 더 중요해졌습니다.

〈헤일로〉는 완전한 온라인이 아닌 LAN에서만 플레이할 수 있었지만 콘솔에서의 온라인 플레이에 대한 수요를 촉발한 게임입니다. 〈헤일로〉는 2000년 이후 어떤 게임보다도 산업을 변화시켰습니다. 〈헤일로〉는 비디오 게임의 진화를 이끌었습니다.

출시 시즌

게임보이 어드밴스는 북미에서 6월 11일에, 유럽에서 6월 21일에 출시되었습니다. 닌텐도는 32비트 프로세서를 중심으로 만들어진 게임보이 어드밴스를 휴대용 버전의 16비트 슈퍼 NES와 비슷하다고 겸손하게 묘사했습니다.

닌텐도 아메리카의 법인 업무 담당 임원인 페린 캐플런에 따르면 게임보이 어드밴스의 디자인은 게임보이 및 게임보이 컬러를 개발한 고故 요코이 군페이의 영향을 많이 받았다고 합니다. 게임보이 어드밴스는 최첨단 프로세서나 고해상도 화면이 없었지만 요코이의 다른 제품처럼 재미있고 간단하며 저렴했습니다.

닌텐도는 2001년에 게임보이 어드밴스를 전 세계적으로 1,690만 대 판매했습니다. 서로 게임기를 내놓으려는 난리통 속에 게임보이 어드밴스의 놀라운 성공은 다소 조용히 지나갔습니다. 소니가 2001년에 플레이스테이션 2를 전 세계적으로 1,850만 대 판매해 게임보이 어드밴스를 제쳤지만 플레이스테이션 2를 1년 내내 출하한 결과였습니다. 반면에 닌텐도는 3월에 일본에서, 6월에 북미와 유럽에서 게임보이 어드밴스를 출시했습니다.

배터리 수명이 연장되고 해상도가 향상된 게임보이 어드밴스에 대한 일반적인 반응은 긍정적이었습니다. 게임보이 어드밴스는 가볍고 인체 공학적인 데다 권장 소비자 가격이 99.99달러로 합리적인 가격이었습니다. 특히 하위 호환성이 호평을 받았습니다. 시장에 기존 게임보이용 게임이 1,000개 이상 있는 가운데 게임보이 어드밴스는 게임계의 다양한 현역 라이브러리와 함께 출시되었습니다. 그해 두 번째로 많이 팔린 게임은 게임보이 컬러의 히트작 〈포켓몬스터 크리스탈Pokémon Crystal〉이었습니다.

물론 게임보이 어드밴스가 완벽했던 것은 아닙니다. 화면이 너무 어두워서 한 애프터마켓이 화면을 밝게 하는 조명 키트를 재빨리 내놓기도 했습니다.

11월 15일, 엑스박스는 플레이스테이션 2와 같은 가격인 299달러의 소매가로 판매를 시작했습니다. 제조상의 문제로 생산이 지연되었지만 마이크로소프트는 예상보다 많은 물량을 공급했습니다. 로비 바흐는 출시일에 30만 대를 내놓겠다고 약속했으나 마이크로소프트는 40만 대를 납품해 매진되었습니다.

모든 지표가 마이크로소프트에 긍정적으로 보였습니다. 연말까지 마이크로소프트는 추가로 100만 대를 출하했습니다. 고객 수요가 여전히 커서 일부 소매업체는 이 상황을 이용했습니다.

일반적으로 콘솔 제조업체는 하드웨어에서 손해를 보기 때문에 하드웨어 가격에 대해 엄격합니다. 크고 작은 상점, 장난감 가게, 백화점, 할인점, 심지어 소프트웨어Etc.나 일렉트로닉스부티크와 같은 비디오 게임 상점에서도 콘솔 가격을 인하할 수 없었습니다. 소매업체는 면도기를 나눠주고 면도날을 판매하는데, 이와 마찬가지로 게임과 주변기기도 마진이 훨씬 더 높습니다. 엑스박스의 수요가 매우 컸기 때문에 많은 소매업체는 번들을 만들어서 게임기와 함께 여러 게임을 판매했습니다. 아카디아인베스트먼트의 조사에 따르면 엑스박스 구매자는 평균 425달러를 지출하고 게임기당 3.3개의 게임을 구입했습니다.

게임큐브는 엑스박스 출시 3일 후인 11월 18일에 북미에 출시되었습니다. 이 제품은 엑스박스나 플레이스테이션 2보다 100달러 저렴한 199달러였습니다. 닌텐도는 처음에 45만 대를 출하하고 연말까지 60만 대를 추가로 출하했습니다. 그러나 마이크로소프트와 마찬가지로 닌텐도도 수요를 따라가지 못했습니다.

닌텐도는 하드웨어 대 소프트웨어 번들 비율이 더 낮았습니다. 아카디아인 베스트먼트는 게임큐브가 판매될 때마다 2.7개의 게임이 판매되었다고 보고했습니다. 하지만 닌텐도는 경쟁사만큼 번들 비율에 대해 걱정하지 않았습니다. 보도에 따르면 마이크로소프트는 엑스박스를 팔 때마다 100달러를 손해 보았지만 게임큐브의 대당 손해는 20달러 정도였습니다.

출시일인 11월 18일에는 게임큐브 게임이 열 개였고 12월 3일에 열한 번째 타이틀이 나오면서 판매 차트의 정상에 빨리 올라섰습니다. 그 게임은 하루 연구소에서 개발한 버튼 커맨드 기반 4인용 무한 경쟁 게임인 〈대난투 스매시 브라더스 DX〉였습니다.

2002년 초에 판매량을 집계한 결과, 연휴 동안 플레이스테이션 2가 더 앞서 나간 것으로 밝혀졌습니다. 2000년에 570만 대, 2001년에 약 1,850만 대가 출하된 플레이스테이션 2는 전 세계적으로 2,400만 대가 팔린 데 비해 게임큐브는 240만 대, 엑스박스는 140만 대가 팔렸습니다. 마이크로소프트와 닌텐도의 출시에 대해 어떻게 생각하느냐는 질문에 소니컴퓨터엔터테인먼트 아메리카의 잭 트레틴은 이렇게 대답했습니다. "우리는 연휴 동안 마이크로소프트와 닌텐도를 앞질렀습니다. 만약 그들이 우리를 따라잡으려 했다면 이번 연휴가 기회라고 생각했을 겁니다."

EA의 기업 커뮤니케이션 담당 임원인 제프 브라운은 항상 직설적이지만 이 경우의 시장을 다음과 같이 요약했습니다.

이건 트랙을 네 바퀴 도는 경주예요. 우리가 아는 한 소니는 경쟁자들이 출발하기 전에 이미 한 바퀴를 돌았습니다. 나는 이번 경주에서 소니를 이기는 게 불가능하지는 않더라도 아주 힘들 것이라고 생각하지만, 우리는 마이크로소프트가 성공적인 진입은 할 수 있다고 봅니다. 비유하자면, 만약 마이크로소프트가 엄청나게 빠른 속도로 잘 출발할 수 있다면 훌륭하게 끝마치겠죠. 그들은 훌륭한 3등으로 들어올 겁니다.

‒ **제프 브라운**(EA 기업 커뮤니케이션 담당 전 임원)

Chapter
06

밀려드는 물결

〈그랜드 테프트 오토〉에 대해 설명해주세요.
["게임 속에서 당신의 캐릭터는 도시의 범죄자예요. 당신은 차를 훔쳐서 범죄 제국을 세울 수 있어요. 다치면 차를 훔치고 성매매 종사자를 고용해 체력을 회복할 수 있죠."]
그게 재미있다고 생각하세요? 그게 재미있습니까?

—조지프 리버먼(코네티컷주 전 상원의원)

하지만 행동 하나하나에는 결과가 있습니다. 보행자에게 총을 쏘기 시작하면 경찰이 당신을 연행하기 위해 최선을 다할 거예요. 경찰을 쏘면 그의 동료들이 FBI를 부르겠죠. FBI 요원을 죽이면 군대는 당신을 '극도의 편견을 가지고' 제압하기 위해 모든 수단을 동원할 겁니다.

—은가이 크롤[1]

소니는 더 많은 돈을 가졌고 더 많이 마케팅했습니다. 그들은 18개월 먼저 출발했어요. 그들은 더 유리한 게임을 했죠. 그것 빼고는 공정한 싸움이었습니다.

—로비 바흐

만약 미야모토 시게루가 마이크로소프트에서 일하기 위해 닌텐도를 그만둔다면 나는 내 페라리와 사무실을 포기할 수 있습니다.

—제임스 J 앨러드[2]

땅 위의 천국

E3는 예전의 후광을 잃기는 했지만 여전히 화려합니다. 초창기에 소니, 닌텐도, 마이크로소프트와 같은 회사는 자리를 확보하고, 정교한 부스를 짓고, 성대한 파티를 여는 데 수백만 달러를 썼습니다.

2001년 E3는 소니컴퓨터엔터테인먼트의 인상적인 2세대 라이브러리에 대항해 두 회사가 새로운 콘솔을 출시하면서 특히 기억에 남는 행사가 되었습니다. 사실상 E3의 본거지인 로스앤젤레스 컨벤션센터에는 웨스트 전시 홀, 사우스 전시 홀이 있는데, 회사들은 이 주요 전시 홀에 호화로운 임시 궁궐을 지었습니다. E3 참석자들은 여기서 마이크로소프트, 닌텐도, 소니, 코나미, 캡콤, EA, 액티비전 등을 방문했습니다. 소니와 닌텐도는 늘 하던 대로 웨스트 홀에 조립식 요새를 세웠고, 마이크로소프트는 사우스 홀에 있는 THQ, 남코, 그리고 지금은 하드웨어가 없는 세가 등에 합류했습니다.

이 부스들은 공간이 넓고 벽 전체를 TV로 두르고 있었습니다. EA는 유명한 운동선수들의 현수막으로 부스를 장식했고, 코나미에는 점보트론이 있었습니다. 그리고 음향 쪽에서는 누가 가장 큰 소리로 상대를 삼켜버릴 수 있는지 무언의 경쟁이 벌어졌습니다.

타임스퀘어 축소판인 웨스트 홀과 사우스 홀은 빽빽이 들어찬 사람들로 북적였습니다. E3에서의 바쁜 나날 동안 끊임없는 총성과 폭발음, 고함 소리, 군중으로 귀가 따갑고 정신이 없었습니다.

이 모든 광기의 중심에서 업계의 베테랑 제프 카스타네다는 마이크로소프트 부스 맞은편에 자리한 락스타게임스의 흰색 부스에서 수도원의 수도사처럼 조용히 앉아 있었습니다. 그곳은 벽을 무광 페인트로 칠하고 커튼이 드리워져 있어서 힌두교도가 머무는 사원처럼 보였습니다. 이 부스는 EA나 액티비전의 부스처럼 크고 우뚝 솟지는 않았지만 공간이 충분했습니다. 업계에서 떠오르는 세력인 락스타게임스는 많은 게임을 출시했는데, 그중에는 도덕적 금기를 어겨

헤드라인을 장식한 게임도 있었습니다.

락스타게임스가 내놓은 첫 게임은 플레이어들이 암흑가의 갱을 위해 차를 훔치고 심부름을 하는 〈그랜드 테프트 오토GTA〉였습니다.[49] 1997년에 출시된 〈GTA〉는 반폭력 로비로 전 세계적인 주목을 받았습니다. 교육자, 종교 지도자, 정치인은 락스타게임스가 폭력과 범죄 행위를 조장한다고 비난했습니다. 비평가들은 같은 해에 출시된 〈GTA〉와 〈포스탈Postal〉을 비난받아 마땅한 쌍둥이로 취급했습니다.[50] 엄밀히 말하면 〈GTA〉는 〈포스탈〉과 달랐지만, 기본 콘셉트 자체가 차를 훔치고 악인을 위해 심부름을 하는 게임이었습니다.

그것은 새로운 종류의 게임 경험을 향한 문을 열었고 사람들은 거기에 매달렸어요.

-앤드루 라이너

〈GTA〉는 밀리언셀러의 성공을 거두었습니다. 〈와일드 메탈 컨트리Wild Metal Country〉, 〈오스틴 파워스: 오, 비해브!Austin Powers: Oh, Behave!〉와 플레이스테이션 2 출시 타이틀인 〈미드나이트 클럽: 스트리트 레이싱〉 등 락스타게임스의 다른 초기 게임은 거의 팔리지 않았습니다. 〈GTA〉의 속편으로 〈GTA: 런던 1961〉, 〈GTA: 런던 1969〉, 〈GTA 2〉가 나왔지만 오리지널만큼 인기를 끌지는 못했습니다.

이러한 초기의 〈GTA〉 게임은 톱다운식 관점으로 진행되었습니다. 즉 플레이어가 조종하는 아바타가 자동차를 훔치고 임무를 완수하며 아수라장을 일으키는 것을 하늘에서 바라보았습니다. 정치인들과 등급위원회가 지나치게 폭력적인 게임, 특히 범죄형 폭력을 단속할 때 〈GTA〉와 〈포스탈〉은 검열과 개혁

---

49 DMA디자인이라는 회사명으로 제작했다.

50 〈포스탈〉은 〈GTA〉와 마찬가지로 톱다운 관점에서 바라보고 현대 도시를 배경으로 폭력이 난무하는 것이 특징적이다. 하지만 〈GTA〉는 항상 복잡한 줄거리가 있는 반면 〈포스탈〉은 폭력을 위한 폭력을 찬양했다. 〈포스탈〉에서는 정신적으로 불안정한 주인공이 위험하다고 잘못 인식한 민간인을 향해 쉴 새 없이 총질을 한다.

의 전형적인 상징이 되었습니다.

　락스타게임스를 운동선수에 비유하자면 분명 이름 있는 선수였지만, 최상위 선수인 캡콤, 코나미, 어클레임만큼은 아니었습니다. 락스타게임스는 그저 조금 알려진 게임 몇 개와 이름 있는 마케터가 있는 젊은 회사였습니다. 업계에서 잘 알려지고 인기가 있는 마케터인 제프 카스타네다는 부스에 들어서는 기자들을 맞이했는데, 그들 중 다수는 예의상 들르거나 다음 약속 장소로 가기 전 남는 시간에 잠깐 락스타게임스를 찾는 정도였습니다.

　하지만 카스타네다에게는 비장의 카드가 두 장 있었습니다. 다른 락스타게임스 라인업과는 별개로 그는 범죄와 파괴로 가득 찬 도시를 배경으로 하는, 투박하고 폭력적인 플레이스테이션 2 게임을 두 개 가지고 있었습니다. 둘 다 완전한 3D 환경을 배경으로 한 게임이었습니다.

　가장 관심을 끌었던 것은 패닉에 빠진 폭도를 보여주는 〈스테이트 오브 이머전시State of Emergency〉였습니다. 〈스테이트 오브 이머전시〉처럼 자율 캐릭터로 가득한 배경의 3D 세계가 특징인 게임이 처음은 아니었습니다. 플레이스테이션 2 일본 출시 타이틀인 〈진·삼국무쌍 2〉는 배경이 혼잡한 전장이었지만 〈스테이트 오브 이머전시〉는 달랐습니다. 〈진·삼국무쌍 2〉에서는 플레이어가 인구가 밀집한 풍경을 건너면서 적과 싸워야 했고, 적이 그러한 행동을 통제했습니다. 하지만 락스타게임스의 새로운 게임에서는 플레이어가 혼란을 선동했습니다. 일반적으로 보행자들은 플레이어가 문제나 폭동을 일으킬 때까지 이곳저곳을 돌아다니기만 했습니다. 데모는 정말 멋졌습니다. 이 게임은 전적으로 인간 무리를 야생으로 몰아넣는 것처럼 보였습니다. 시애틀에서 세계무역기구 회의에 맞선 폭동이 있은 지 불과 2년 후 폭도와 폭동이 미국인의 관심을 차지했습니다.

　E3에서 가장 화제가 된 게임은 아니지만 〈스테이트 오브 이머전시〉는 기억에 남을 만한 인상을 남겼습니다. 그래서 락스타게임스의 부스를 찾은 기자들은 〈스테이트 오브 이머전시〉와 함께 있었던 게임에는 상대적으로 무관심했지만, 카스타네다는 방문객들에게 그 게임을 계속하라고 부추겼습니다. 〈스테이트 오

브 이머전시〉와 비교해 이 게임은 보도가 거의 텅 비고 그래픽이 더 조잡한 데다 등장인물의 얼굴이 흐릿해 보였습니다. 건물과 자동차는 괜찮아 보였지만 아무도 획기적인 그래픽이라고 하지 않을 터였습니다.

카스타네다는 사람들을 안내하면서 두 게임을 홍보하기 위해 최선을 다했습니다. 그가 신경 쓸 겨를도 없이 대부분의 방문객은 〈스테이트 오브 이머전시〉를 한 번 보고는 푹 빠져버렸습니다. 다른 게임을 만든 두 사람은 뒤에 숨어서 그 광경을 믿을 수 없다는 듯 지켜보고 있었습니다. 그들은 이 게임의 수석 디자이너인 레슬리 벤지스와 총괄 제작자이자 락스타게임스 공동 설립자인 샘 하우저였습니다. 그들이 가져온 게임은 대중의 인식에서 거의 사라진 일련의 게임 중 세 번째 엔트리인 〈GTA III〉였습니다.[51]

비디오 게임을 멋져 보이게 만든 게임

블레이크 피셔는 개발 초기의 대작 게임을 알아보는 뛰어난 안목이 있었습니다.

"차기 〈GTA〉는 대단할 거예요. 락스타게임스에 있는 사람들은 내가 영국에 가서 〈GTA〉에 관한 이야기를 써주길 바랍니다."

나는 그에게 이렇게 말했습니다. "그건 당신이 1주일, 그러니까 우리 업무 시간의 4분의 1 동안 자리를 비운다는 것을 의미합니다. 당신은 우리에게 중요한 평론가예요. 어떻게 제품 하나에 업무 사이클의 4분의 1을 쏟아붓겠어요? 그들이 우리에게 놀라운 것을 보여줄 것이라는 믿음만으로 당신을 그곳에 보낼 수는 없어요."

블레이크에게 나를 감동시킬 만한 것을 가져오라고 하자 그는 자동차 문을 열고 운전자를 끌어내는 영상을 보여주었습니다. 그것이 무엇인지에 대한 설명은 없었죠. 컷신이었을 수

---

51 이 장에서는 〈GTA III〉의 탄생 과정을 설명하지 않겠다. 그 탄생과 기획자에 대해 궁금한 독자는 해럴드 골드버그의 『All Your Base Are Belong to Us』를 읽어보기 바란다.

도 있죠. 나는 그것이 더 큰 게임의 맥락에서 어떻게 작용하는지 몰랐어요.

"그래서요? 이게 내가 당신을 1주일간 영국에 보내야 하는 이유인가요? 이게 나를 납득시킬 수 있을 거라 생각해요? 당신은 못 가요."

우리는 전 세계에서 유일하게 〈GTA III〉 독점 기사를 쓸 수도 있었습니다. 물론 〈GTA III〉는 놀라운 오픈월드 게임으로 출시되었지만 아무도 거기에 대비하지 못했습니다.

– 톰 루소(『넥스트 제너레이션』 전 편집장)

비디오 게임 산업이 진화하고 있다는 것을 눈치챈 사람은 아무도 없었습니다. 일본 최고의 게임 개발자들에게 계속 구애를 보낸 마이크로소프트의 경영진과 에반젤리스트도 그랬고, 게임큐브가 〈슈퍼 마리오〉와 〈젤다의 전설〉의 인기를 바탕으로 엑스박스를 앞설 것이라고 예측한 업계 분석가도 그랬습니다. 2001년 E3 기간에 〈메탈 기어 솔리드 2: 선스 오브 리버티〉를 칭송한 언론인은 더더욱 그랬습니다.

게임의 초점이 바뀌고 있었습니다. 슈퍼 패미컴에서 가장 많이 팔린 게임은 〈동키콩 컨트리Donkey Kong Country〉를 제외하고 모두 일본에서 만들어졌습니다. 세가 제네시스의 상위 10위권도 두 개의 〈모탈 컴뱃〉과 〈알라딘Disney's Aladdin〉을 제외하고 일본제였습니다. 플레이스테이션 1의 베스트셀러에는 두 개의 〈툼 레이더〉, 〈해리 포터Harry Potter〉, 〈크래시 밴디쿳〉이 포함되었지만, 아무도 이를 트렌드로 여기지 않았습니다.

〈모탈 컴뱃〉과 〈툼 레이더〉는 서양에서 만들어졌을 뿐만 아니라 특별히 '가족 친화적'이지도 않았습니다. 세가의 톰 칼린스키는 그 추세가 얼마나 진행되었는지에 상관없이 시작점을 알아챘습니다. 닌텐도는 학교 같은 방식의 접근법을 취했습니다. 즉 새로운 세대의 플레이어가 학교에서처럼 새로운 수업을 받는 방식을 받아들이고, 학교가 졸업생을 내보내는 것처럼 기성세대가 시장을 떠날 수 있게 했습니다. 칼린스키가 이끄는 세가는 닌텐도 졸업생을 끌어들이기 위해 모든 사람에게 무언가를 제공하는 백화점 같은 영업 방식을 취했습니다. 〈소닉 더 헤지혹〉에 흥미를 잃은 사람들에게 〈매든 NFL〉과 〈모탈 컴뱃〉을 제공했던 것입니다.

그 후 소니는 플레이스테이션 1 소유자의 57%가 18세 이상이라고 발표했습니다. 업계에서는 귀를 기울였지만 그 수치에 어떻게 대응해야 할지 아는 사람은 거의 없었습니다.

하드웨어 설치 기반이 점점 더 커지고 최고 수익을 올린 연도가 점점 높아지는 것을 통해 알 수 있듯이 비디오 게임 관련 고객은 시간이 지남에 따라 확장되었습니다. 1985년, NES를 가진 어린이를 위한 시장으로 시작된 것이 영화 흥행 수입에 버금가는 규모의 대중 시장으로 발전했습니다. 2000년에는 1억 번째 게임보이가 판매되고 6,000만 대의 플레이스테이션 1이 전 세계적으로 판매되는 등 몇 가지 이정표에 도달했습니다. 미국에서는 32/64비트 콘솔의 누적 판매량이 4,000만 대에 달해 사이클 중 최고치를 기록했습니다. 소니의 누적 데이터에 따르면 플레이스테이션 1의 주요 사용자 중 약 57%가 18세 이상입니다.[3]

1998년, EA 설립자이자 3DO의 CEO인 트립 호킨스는 새로운 3DO 멀티 플레이어 콘솔의 사용자가 『플레이보이Playboy』를 보는 사람들, 즉 20세 이상으로 대학 교육을 받은 남성일 것이라고 말했습니다. 업계의 대부분은 이 발언에 대해 '트립이 트립했다'고 일축했습니다.

같은 인터뷰에서 호킨스는 닌텐도와 세가가 미국에서 약 4,000만 대의 콘솔을 판매한 것에 대해 인상적이지 않다고 말했습니다. 그는 콘솔이 VCR만큼 흔해질 날을 상상했습니다.

비디오 게임과 VCR의 차이점은 VCR가 주류 상품이라는 것입니다. 호킨스는 VCR가 TV만큼 흔하고 블록버스터 비디오 대여점이 식료품점만큼 흔했던 시기에 이렇게 밝혔습니다. 10세부터 80대까지 대부분의 사람들은 가족 영화, 토요일 아침 만화, 스포츠, PBS의 〈명작 극장Masterpiece Theatre〉 등을 보거나 녹화하려고 VCR를 가지고 있었습니다.

1998년에는 비디오 게임이 틈새시장에서 인기를 끌었습니다. 세가는 고등학교 시장에 진출했고 플레이스테이션은 남학생 동아리방을 찾았을지도 모르지만, 학생과 대학생에게 비디오 게임은 여전히 주류와 거리가 멀다고 여겨졌습니다. 주류 미국인은 밤새도록 비디오 게임을 하지 않았습니다. 그들은 도요타를 몰고, 책을 읽고, 〈프렌즈Friends〉 재방송을 시청했습니다.

그러나 〈GTA III〉가 출시되자 『플레이보이』 독자는 비디오 게임을 하기 시작했습니다. 성숙해진 게임에서 플레이어는 버섯 왕국을 가로질러 달리는 콧수염 달린 배관공이나 에메랄드 힐 존의 재빠른 파란색 고슴도치 대신 배신당하고, 총에 맞고, 죽은 채로 방치된 은행 강도의 뒤를 따라갔습니다. 〈GTA III〉는 뉴욕에서 영감을 받은 리버티시티를 무대로 거리와 보행자, 자동차, 상점과 갱단, 경찰과 성매매 종사자가 있는 3D 환경이었습니다. 플레이어는 광활한 도시를 도보로 탐험하거나 차를 탈취해 폭주 드라이브를 할 수 있었습니다. 그리고 화면에 나오는 캐릭터의 체력을 회복시키기 위해 동전이나 반지를 찾는 대신 하트 모양의 체력 아이템을 줍거나 성매수를 했습니다. 무료로 체력을 보충하려면 성매수 후 성매매 종사자를 차로 칠 수도 있었습니다.

게임이 자유를 전하는 방식에는 무언가가 있었습니다. 어떤 면에서는 상당히 일상처럼 느껴지는 열린 세상을 걸어 다니고 운전할 수 있다는 것은 일종의 현실 세계를 모델로 삼은 것입니다. 당신은 자기 차에서 라디오로 들을 수 있는 노래를 게임 속 차에서도 라디오로 듣습니다. 당신은 무법자의 삶을 살고 세상이 당신에게 반응합니다. 보행자도 경찰도 당신에게 반응하죠.

미션이 있지만 기존의 게임에서 보았던 것 같은 수준이나 목표가 아니고, 어디든 현실 세계에서 갈 수 있는 장소 같았어요. 나는 그게 사람들을 강력하게 도취시켰다고 생각합니다.

– 은가이 크롤

우리는 서구 개발자들만이 할 수 있는 성인물의 주제로 들어갔어요. 나는 일본인이 이것을 하고 싶어 하거나 관심이 있거나 그런 면에서 창조적이라고 생각하지 않아요. 게임이 성인 테마를 다루고 논란의 여지가 있는 불필요한 폭력을 플레이할 수 있기를 바랐던, 실제 같은 R 등급 영화를 묘사하는 것처럼 느껴졌죠.

아시다시피 이 게임에는 빠른 차, 총, 매춘부, 수상한 인물이 등장합니다. 이런 건 전에 본 적이 없는 것 같아요.

- 피터 무어

닌텐도의 전설적인 미야모토 시게루는 게임을 제작할 때 먼저 풍경을 만든 다음 게임 속 활동을 찾는 방식을 고수했습니다. 만약 이러한 철학을 공유한 게임이 있다면 그것은 샘 하우저의 〈GTA〉 시리즈일 것입니다. 훔칠 수 있는 독특한 차, 상점과 홍등가가 있는 지역, 기업과 경찰서가 있는 지역 등 각각의 매력적인 가능성을 제시했습니다.

〈GTA III〉는 미야모토가 내세운 황금률의 또 다른 예입니다. 즉 거대하고 관대하며 구석구석 숨겨진 보상과 놀라움이 있습니다. 〈포켓몬스터〉, 〈젤다의 전설〉, 〈슈퍼 마리오〉, 〈메트로이드〉와 같은 최고의 닌텐도 게임은 거대한 세계에서 펼쳐지고 플레이어에게 놀라움을 선사합니다. 게임이 끝났다고 생각할 때 전혀 예상치 못한 새로운 도전이 기다리고 있습니다. 가장 광적인 플레이어만이 마리오의 세계에서 모든 비밀을 풀거나 모든 포켓몬을 잡을 수 있습니다. 마찬가지로 소니도 〈그란 투리스모〉 시리즈에 실세계의 자동차 가상 모델을 굉장히 많이 집어넣어, 게임에 전념한 운전자만이 모든 모델을 운전해볼 수 있습니다.

〈GTA III〉의 놀라운 점 가운데 첫손으로 꼽히는 것은 지도의 엄청난 크기입니다. 게임은 리버티시티의 한 자치구에서 시작되는데, 2001년 기준으로 그 자치구만도 지도가 꽤 컸습니다. 게임이 진행되면서 플레이어는 질투심 많은 깡패 두목으로부터 탈출해 두 개의 자치구를 더 엽니다. 게임은 순식간에 더 거대해지고 새로운 각 자치구는 새로운 가능성을 안겨줍니다.

〈GTA III〉에 등장하는 자동차에는 실제 자동차처럼 라디오가 있었고, 실제 자동차의 라디오처럼 담화와 음악을 선택할 수 있는 여러 방송국도 있었습니다. 성우의 연기도 빼놓을 수 없습니다. 락스타게임스는 게이머들이 익숙했던 것보다 더 높은 수준의 할리우드 인재를 소리 소문 없이 고용했습니다. 다른 회사들은 브루스 윌리스(〈아포칼립스Apocalypse〉), 에어로스미스(〈레볼루션 XRevolution X〉), 필 하트먼(〈블라스토Blasto〉) 주연의 게임을 출시했지만 그런 게임에서 배우는 게임을 구매해야 할 이유로만 홍보되었습니다. 카일 매클라클런(〈트윈 픽스Twin Peaks〉), 로버트 로지아(〈스카페이스Scarface〉), 프랭크 빈센트와 조 판톨리아노(〈소프라노스Sopranos〉) 같은 존경받는 2급 배우가 포함된 〈GTA III〉 성우의 매력이 게임 출시 전에는 거의 언급되지 않았습니다.

락스타게임스는 이들을 데려왔고 비평가들은 이에 호응했습니다.

이 게임은 마피아 단원이 무일푼에서 부자가 되기까지의 이야기, 고품질 음악, 컷신, 거대하고 매우 복잡한 풍경으로 그치지 않는 다양한 매력으로 가득합니다.

– 더글러스 C. 페리(IGN 전 편집자)[4]

〈GTA III〉의 미션은 재미있고 때로는 몹시 도전적이지만, 단순히 주변 세계를 탐험하는 것만으로도 얻을 수 있는 즐거움이 큽니다. 락스타게임스와 DMA디자인은 거의 불필요하지만 세상을 살아 숨 쉬는 곳처럼 보이도록 게임에 세세한 터치를 가하는 데 많은 시간을 쏟아부었습니다. 특정 차량에 탑승하면 촉발되는 작은 미션이 많이 포함되어 있습니다. 택시를 훔치면 승객을 태우고 운행을 할 수 있습니다. 경찰차를 탈취하면 특정 범죄자를 죽여 거리를 청소하는 자경단 미션도 시작할 수 있습니다. 소방차와 구급차에도 고유한 미션이 있습니다.

– 제프 거스트먼(게임스팟 전 편집자)[5]

많은 비평가가 〈GTA III〉의 유머 감각을 칭찬했지만 모두가 즐거워한 것은 아닙니다. 1993년에 〈모탈 컴뱃〉의 과도한 폭력을 조사하기 위해 의회 청문회를 요청한 바 있는 조지프 리버먼 상원의원은 〈GTA III〉에 묘사된 범죄 행위에 격분했습니다.

많은 게임의 내용이 더욱더 생생해지고 폭력적이며 아이들에게 상처를 주고 있습니다. 미디어 및 가족 연구소의 데이비드 월시 박사가 지적하고 우리에게 그래픽으로 보여주었듯이, 비교적 작지만 아주 인기 있는 일부 게임은 단지 한계를 초월한 것이 아니라 모든 인식과 품위의 기준을 넘어서서 총을 쏘고 고문하고 폭파합니다. 미국의 모든 부모가 바라는, 자녀에게 주어지는 자극 범위를 한참 벗어났습니다.

가장 폭력적인 게임들에서 여성이 새로운 선택 대상이 된다는 것은 격분을 불러일으키는 트렌드이며, 이는 큰 문제라고 생각합니다. 이 모든 것은 새로운 의회 청문회가 이 문제에 대중의 관심을 모으고, 그 결과에 대한 부모의 인식을 높이고 해결책을 찾아야 할 때임을 시사합니다.

- 조지프 리버먼[6]

호주에서는 영화 및 문학 분류국이 〈GTA III〉에 대해 '분류 거부' 등급을 매겨 공식적으로 게임 판매를 금지했습니다. 책임자인 데스 클라크에 따르면 그러한 분류는 '성폭력 묘사' 때문이라고 합니다.

미국 테네시주 뉴포트에서는 10대 형제가 고속도로를 달리는 차에 22구경 소총을 발사해 한 명이 사망하고 한 명이 크게 다친 사건이 있었습니다. 이때 락스타게임스, 소니컴퓨터엔터테인먼트 아메리카, 월마트를 상대로 2억 4,600만 달러의 소송이 제기되었습니다. 현지 법원에서 소송 심리를 시도했으나 실패하자 피해자 가족은 소송을 취하했습니다.

시민과 종교 지도자들의 공격에도 불구하고, 심의를 지켰다면 호의적이었을 '적절한 청중'과 피할 수 있었던 '비난받을 만한 범죄 행위'에 대한 경고, 엔터테인먼트소프트웨어등급위원회의 MA 등급에도 불구하고 락스타게임스는 2001년 10월 22일부터 11월 말 사이에 〈GTA III〉를 63만 5,000장 팔았습니다. 12월 말까지 미국에서만 190만 장 이상 판매된 〈GTA III〉는 그해 최고의 게임이었습니다. 플레이스테이션 2용 〈매든 NFL〉은 165만 장이 팔려 2위를 차지했습니다.

심지어 〈GTA〉는 콘솔로부터 고개를 돌렸던 일부 게이머들이 되돌아오게 했고, 이로 인해 떠들썩한 소문이 돌기도 했습니다.

무언가가 의식 속으로 부풀어 올라 부정할 수 없는… 이것이 바로 〈GTA〉에서 일어나고 있는 일입니다. 한동안 콘솔에 손을 대지 않은 친구들은 다른 친구 집에서 보거나 들은 적이 있었겠죠. 그중 몇몇은 〈GTA〉를 할 수 있는 콘솔을 가지고 있었고요. 특별히 생각나는 사람들은 소파에 앉아 마리화나를 피우면서 차를 몰다가 별 다섯 개가 될 때까지 난장판을 만들곤 했어요. 경찰이 그들을 연행했고, 그 후 그들은 그냥 다시 시작했죠.

－은가이 크롤

〈헤일로〉 그리고 더 중요한 〈헤일로 2〉는 콘솔 게임을 온라인으로 이끈 촉매제이지만, 〈GTA III〉는 〈슈퍼 마리오 브라더스〉가 NES 시대를 정의하고 〈테트리스〉가 휴대용 시대를 정의했던 것만큼 비디오 게임 전 세대[52]를 정의했습니다. 〈GTA III〉와 그 속편은 오랫동안 시달린 '괴짜'라는 오명을 벗고, 이전에 비디오 게임을 무시했거나 나이가 들면서 게임을 그만둔 사람들에게 문을 열어주었습니다.

과거에는 비디오 게임이 지나가는 유행처럼 여겨졌습니다. 소비자 가전 전시회에 참석한 후 시카고를 떠나 런던으로 돌아가던 중 내 옆에 앉은 남자가 말을 걸어왔습니다. 난생처음 보는 그는 내게 "무슨 일을 하시나요?"라고 물었습니다. 내가 "비디오 게임이요"라고 대답

---

52 콘솔 게임의 역사는 다음과 같은 콘솔로 요약되는 세대로 분류된다.
- 마그나복스 오디세이/퐁(1972년 시작)
- 아타리 2600, 인텔리비전, 콜레코비전(1976년 페어차일드 채널 F의 출시로 시작)
- 닌텐도 엔터테인먼트 시스템, 세가 마스터 시스템(1983년 시작, 닌텐도 엔터테인먼트 시스템은 1985년까지 미국에 출시되지 않음)
- 세가 제네시스, 터보그래픽스, 슈퍼 NES(1989년 시작)
- 플레이스테이션, 새턴, 닌텐도 64(1993년 3DO 인터랙티브 멀티플레이어의 출시로 시작)
- 플레이스테이션 2, 게임큐브, 엑스박스, 드림캐스트(1999년 시작)
- Wii, 플레이스테이션 3, 엑스박스 360(2006년 시작)
- 플레이스테이션 4, 엑스박스 원, Wii U(2012년 시작)
- 스위치, 플레이스테이션 5, 엑스박스 시리즈 X(2017년 시작)

하자 그는 "그자들 중 하나네"라며 등을 돌렸습니다.

오늘날에는 게임 관련 종사자라고 하면 사람들이 이렇게 말합니다. "정말 흥미롭군요! 왜! 그것에 대해 말해줘요."

– 로드 쿠젠스

비평가들은 게임 디자이너 댄 하우저와 레슬리 벤지스를 영화감독 마틴 스코세이지와 쿠엔틴 타란티노에 비유했습니다. 락스타게임스는 플레이스테이션 2와 엑스박스용으로 〈GTA: 바이스시티〉와 〈GTA: 산안드레아스〉를 출시했습니다.

〈소닉〉과의 작별

우리는 E3에서 돌아왔고, 세가의 피터 무어는 전화를 걸어 이렇게 말했습니다. "로버트, 나는 시내에 있을 건데 올래요?"

그는 틀림없이 닌텐도를 만나고 있었어요. 나는 그러겠다고 대답했죠. 그때 피터와 나는 꽤 좋은 친구였어요.

그가 와서 들은 이야기를 해주었습니다. "우리 데이터에 따르면 소비자는 귀사의 플랫폼에 관심이 없고, 개발자들은 그 플랫폼용을 개발하지 않으며, 그것은 너무 비싸고 잘 팔리지 않을 거예요. 그것만 빼면 상태가 아주 좋아요."

– 로비 바흐

피터 무어는 세가의 벽에 적힌 글씨를 볼 수 있었습니다.

회사의 수익이 감소했습니다. 세가는 전년도에 17억 8,000만 엔의 손실을 입었습니다. 플랫폼 제조업체는 소프트웨어 퍼블리셔보다 규모가 더 큰 마케팅 및 관리 팀을 필요로 합니다. 그래서 드림캐스트가 공식적으로 단종되자 정리해 고가 시작되었습니다.

세가는 플레이스테이션 2, 엑스박스, 게임큐브용 게임을 출시하기 시작했지만, 자체 하드웨어에서 돌릴 때 선보였던 개성을 다른 시스템용에는 탑재하지 않았습니다. 오랫동안 기다려온 상징적인 새턴 대표작 시리즈의 4편인 〈팬저 드 라군 오르타〉는 비평가들의 거의 보편적인 칭찬에도 불구하고 미국에서의 판매량이 15만 장을 넘지 못했습니다. 2002년에 출시된 세가의 모든 게임 중 게임큐브용 〈소닉 어드벤처 2〉와 플레이스테이션 2용 〈버추어 파이터 4〉, 단 두 게임만이 50만 장 넘게 팔렸습니다. 2002년에 세가는 모든 플랫폼에 걸쳐 열다섯 개의 게임을 출시해 총 586만 5,000장을 팔았습니다.

늘 그렇듯 피터 무어는 E3에서 좋은 모습을 보여주었습니다. 언론은 그를 좋아했습니다. 그는 업계 임원들의 존경도 받았지만, 〈소닉〉 제작자인 나카 유지와 싸우고 난 뒤 일본 세가와 관계를 끊었습니다.

2002년 크리스마스 직전에 나는 로비 바흐의 전화를 받고 이어서 스티브 발머의 전화를 받았습니다. 나는 2003년 1월 초에 스티브와 점심을 먹으러 시애틀에 갔습니다. 이게 내가 원했던 역할임을 깨닫기까지는 오래 걸리지 않았죠.

나는 그 일을 수락했어요. 첫 출근일은 2003년 2월 1일이었고요.

－피터 무어

무어가 회사를 떠난 직후 세가 아메리카의 마이크 피셔 부사장은 자사가 진화하는 서구인의 취향을 따라갈 수 있는 방법을 논의하기 위해 일본으로 갔습니다. 그는 〈GTA III〉를 예로 들며 시장이 노후화되고 있다고 설명했습니다. 그는 〈소닉〉과 함께 자란 사람들이 이제 20대라고 말했습니다. 많은 사람이 대학에 다니고 그들은 더 '세련된' 게임을 원했습니다.

아내가 일본인인 피셔는 일본에 살면서 남코의 도쿄 본사에서 일했습니다.

그래서 무어와 달리 일본어를 유창하게 했습니다. 그는 통역자 없이 나카 유지(〈소닉 더 헤지혹〉, 〈나이츠 인투 드림스〉), 스즈키 유(〈쉔무〉, 〈스페이스 해리어Space Harrier〉), 오구치 히사오(〈크레이지 택시〉, 〈버추어 테니스Virtua Tennis〉)와 이야기를 나누면서 공손함과 함께 자신의 주장을 펼쳤습니다. 2003년에 사미주식회사와 합병한 후 오구치가 사장을 대신했기 때문에 오구치를 설득하는 것이 특히 중요했습니다.

그러나 그 전의 무어처럼 피셔도 일본의 세가가 변화에 반대하는 것을 눈으로 보았습니다.

내가 들은 이야기… 나카 유지는 항상 닌텐도에서 일하고 싶었지만 성공하지 못한 채 세가로 왔다는 이야기를 그한테서 들은 것 같아요. 세가에 몸담은 동안 그는 게임이 가족 친화적인 오락이어야 한다는 닌텐도 정신을 가장 믿었던 사람들 중 하나였어요.

언젠가 내가 세가는 성인 테마의 게임을 만드는 데 개방적이어야 한다고 주장했던 것을 기억합니다. 나카는 몹시 화가 나서 입가에 솜털 같은 거품을 물고 이렇게 말했죠. "우리가 포르노를 만들길 바라는군요! 당신이 원하는 게 그런 건가요?"

－마이크 피셔

결국 무어처럼 피셔도 2003년에 마이크로소프트의 엑스박스 팀에 합류했습니다.

버섯 왕국의 어두운 시절

때때로 회사는 시장이 원하는 바와 크게 달라서 불협화음을 냅니다. 닌텐도의 게임큐브가 그렇다고 할 수 있고 Wii U의 경우도 마찬가지입니다. 때로는 회사가 시장과 100% 조화를 이루기도 합니다. 스위치나 슈퍼 패미컴을 보세요. 정말 신기한 일이고, 시스템의 기술적 능력과는 전혀 상관이 없는 경우가 많습니다.

- 율리안 에게브레히트

2000년 2월부터 닌텐도 아메리카는 수문장이 교체되었습니다. 2월 14일, 하워드 링컨 회장이 시애틀 매리너스 메이저리그 야구팀의 CEO로 가기 위해 사임했습니다. 아케이드 게임 수입 초기부터 회사와 함께했던 링컨은 오랫동안 미국 닌텐도의 얼굴이었습니다. 훌륭한 대변인이었던 그는 존경받을 만하고, 총명하며, 날카롭고 냉소적인 재치가 있었습니다.

야마우치 히로시 회장의 사위이자 닌텐도 아메리카 사장인 아라카와 미노루가 임시 책임자를 맡았습니다. 옆 사무실에 링컨이 없어서 허전한 기분이었을 것입니다. 링컨은 아라카와가 그를 외부 법률 고문으로 고용한 1981년부터 닌텐도 아메리카의 일원이었습니다.

링컨은 『월스트리트 저널Wall Street Journal』에 다음과 같이 말했습니다. "이제 닌텐도 아메리카는 닌텐도 64 플레이어 제품군의 지속적인 강세와 휴대용 게임보이로 〈포켓몬스터〉를 하려는 아이들의 열풍으로, 3월 마감인 회계연도에 최고의 재무 실적 결과를 발표할 것입니다."[7]

링컨의 사직이 현실화되었을 때, 나는 소니와 마이크로소프트가 문을 두들기지 않아서 아라카와와 링컨이 세가만 걱정하던 과거의 좋은 시절을 그리워하고 있었던 것 같습니다.

- 마이크 피셔

링컨은 플레이스테이션 2가 일본에서 출시되기 한 달 전에 퇴사했습니다. 그는 닌텐도의 다음 콘솔이 성공할 것이라는 자신감을 드러내면서 『월스트리트 저널』의 짐 칼턴 기자에게 "나는 적절한 시기에 나간다고 생각합니다"라고 말했습니다.

한편으로는 그랬고, 다른 한편으로는 그렇지 않았습니다. 링컨의 이미지는 보수적이고 공동체적이며 다소 무미건조했지만, 부모들이 좋아할 만한 이미지, 즉 아이들에게 장난감을 파는 회사의 깔끔한 회장이라는 이미지였습니다. 그러나 이제 시장이 고령화되고, 세상 물정에 밝은 소니의 개혁파는 새로운 물결인 대학생 나이내 소비자를 위한 죄신 유행을 좇았습니다. 링컨이 존경받는 고전파를 대표한다면 히라이 가즈오와 앤드루 하우스는 신학파였습니다.

닌텐도는 어린이 친화적이었습니다. 미국 어린이들은 만화책처럼 『닌텐도 파워Nintendo Power』 복사본을 모았습니다. 소니도 『소니 스타일Sony Style』이라는 잡지를 발행했는데, 거대 전자 회사의 세련된 이미지에 걸맞은 잡지명이었죠. 소니는 소니 스타일이라는 고급 소매점을 운영하고 영화 스튜디오도 가지고 있었습니다. 제임스 본드 영화는 소니 소유의 유나이티드아티스트에 의해 개봉되었습니다.

장난감 회사 이미지에 약간의 화려함을 더하기 위해 닌텐도 아메리카는 2002년 홀리데이 라인업을 홍보하기 위한 할리우드 파티를 열었습니다. 이 행사에는 가수 크리스티나 아길레라, 배우 리어나도 디캐프리오[53], 콜린 패럴, 얼리샤 실버스톤 등의 유명 인사가 참석했습니다. 당시로서는 최근 개봉작인 〈분노의 질주Fast and Furious〉, 〈블루 크러시Blue Crush〉라는 서핑 영화에 출연했던 미셸 로드리게스도 참석했지만 거의 눈에 띄지 않았습니다. 시트콤 스타 매슈 페리와 잭 브래프도 자리를 함께했습니다.

장난감이나 어린이만을 위한 것에서 벗어나 더 많은 사람에게 어필할 수 있도록 LA에서 할리우드 유명 인사들과 함께 대대적인 출시 기념행사를 열었습니다. 크리스티나 아길레라가 기억나네요. 그녀와 페린, 내가 함께 찍힌 사진이 『빌보드Billboard』 아니면 『버라이어티

---

53 옮긴이_국내에서는 보통 '레오나르도 디카프리오'로 불린다.

닌텐도는 10월 24일에 레드카펫 행사를 열었습니다. 표면적으로는 닌텐도가 그 어느 때보다도 막강해 보였습니다. 전시된 게임큐브 게임이 멋져 보이고 잘 플레이되었습니다. 하지만 막후에서 닌텐도는 점점 더 뒤처지고 있었습니다.

첫해 미국에서 게임큐브 판매량은 약 120만 대로 예상을 웃돌았지만 공급 문제로 인한 품절로 한 해를 마감했습니다. 닌텐도는 E3에서 발표된 149 달러의 가격 인하 때문에 또다시 2002년 6월까지 공급 문제를 겪었습니다. 한 해 동안 게임큐브는 미국에서 235만 대(NPD 펀월드의 자료), 유럽에서 약 120만 대(국제개발그룹의 자료), 일본에서 120만 대(미디어크리에이트의 자료)가 판매되었습니다. 미국의 소프트웨어 판매량은 총 1,320만 개이고 유럽의 경우 약 420만 개입니다.[8]

닌텐도는 2002년 동안 거의 내내 게임큐브의 수요를 따라가지 못했고, 그 후 게임보이 어드밴스가 출시되었습니다. 닌텐도 아메리카는 그해에 게임보이 어드밴스 700만 대와 카트리지 2,430만 개를 팔았습니다. 게임보이 어드밴스는 특히 니켈로디언과 디즈니를 테마로 한 프랜차이즈를 통해 젊은 층을 겨냥한 게임에 매력적인 플랫폼이었습니다. 아카디아인베스트먼트의 수석 분석가인 존 테일러는 이렇게 말했습니다. "많은 퍼블리셔는 게임보이 어드밴스를 자산을 활용할 수 있는, 매력적이고 위험 부담이 적은 방법으로 보았습니다. 일반적으로 제작 비용이 디스크 기반 게임에 비해 훨씬 낮은 100만 달러 미만이기 때문입니다."[9]

닌텐도로서는 게임큐브와 시너지 효과를 내는 어드밴스의 원투 펀치입니다. 이 두 플랫폼을 사용하는 게임이 점점 더 많아지고, 두 플랫폼에서 자체적으로 멋진 게임이 많이 나올 것입니다. 그들이 가까운 미래에 네트워킹이나 무선 게임, 네트워크 게임에 큰 관심을 가질 것이라는 징후는 전혀 없었습니다.

- 리처드 도허티(인비저니어링 수석 분석가)

2002년 1월 8일, 닌텐도 아메리카의 사장이자 설립자인 아라카와 미노루는 '즉시' 은퇴할 것이라고 발표했습니다. 33세에 닌텐도 아메리카를 설립한 아라카와가 마우이 해변에서 여생을 보내기 위해 은퇴할 당시의 나이는 55세였습니다.

매우 힘겹고 경쟁이 치열한 사업을 22년 동안 해온 아라카와는 사무실이 아닌 다른 곳에서 토요일을 보내기를 진심으로 고대하고 있습니다.

- 피터 메인

아라카와의 갑작스러운 사임은 닌텐도에 엄청난 공백을 남겼습니다. 그는 닌텐도 아메리카의 사장일 뿐만 아니라 하워드 링컨 회장의 임시 후임도 맡고 있었기 때문입니다.

아라카와가 퇴임한 지 한 달도 채 되지 않아 닌텐도 아메리카 설립 경영진 중 마지막으로 남아 있던 피터 메인도 은퇴했습니다. 1987년 닌텐도 아메리카에 입사한 메인은 비디오 게임 산업의 고인물이었습니다. 부드러운 말투의 아라카와 미노루, 다소 은둔형인 하워드 링컨과 달리 메인은 다소 장황했지만 솔직했습니다. 메인의 인터뷰는 일종의 에티켓 연습이었습니다. 그는 기자가 첫 번째 질문을 하도록 허용한 다음, 일반적으로 인터뷰 시간이 다 될 때까지 지속되는 의식의 흐름에 따라 독백을 했습니다. 하지만 그의 필리버스터에는 종종 확실한 정보가 담겨 있었습니다. 메인은 아타리 세대의 잔해에서 산업의 재건을 도왔기 때문에 그 산업을 속속들이 아는 전문가였습니다.

아라카와의 갑작스러운 사임은 의문투성이라 온갖 소문이 들끓었습니다. 어떤 사람들은 그의 건강에 대해 궁금해했습니다. 또 어떤 사람들은 그의 은퇴가 장인인 야마우치 히로시 회장과의 악명 높은 악연과 관련이 있을 것이라고 생각했습니다. 더 그럴듯한 설명은 그가 미국 콘솔 시장에서의 점유율 하락에 대한 책임을 졌다는 것입니다. 닌텐도 64는 두 번째로 닌텐도 세대에 종말을 고했습니다. 날이 갈수록 세 번째는 게임큐브가 될 것 같았습니다.

소니는 선두의 이점을 다음 세대에 물려주었습니다. 지난 세대가 승리를 차지하면서 플레이스테이션 브랜드는 확고하게 자리를 잡았습니다. 그리고 콘솔이 시장에 출시된 지 1년이 지난 지금, 소니는 더 이상 재고 문제를 겪지 않았습니다.

닌텐도가 마이크로소프트에 뒤처진 것은 또 다른 이야기입니다. 게임 세계에서 상대적으로 신인인 마이크로소프트는 미국 시장에서 닌텐도를 밀어냈습니다. 아라카와가 은퇴를 선언했을 때 이미 엑스박스 판매량이 게임큐브보다 20만 대 앞서고 있었습니다.

일본 기업의 경우 CEO와 사장이 자신의 명성을 지키기 위해 직속 부하를 희생시키곤 합니다. 1996년에 버추얼보이가 자멸했을 때 야마우치 히로시는 그 실패를 게임보이의 아버지이자 최고참 엔지니어인 요코이 군페이 탓으로 돌렸습니다. 요코이는 닌텐도에서 존중받지 못하면서 1년을 보내고 회사를 떠났습니다.

아라카와, 링컨, 메인이 빠진 가운데 의자 앉기 게임이 이어졌습니다. 포켓몬USA 사장을 지낸 바 있는 기미시마 다쓰미가 닌텐도 아메리카 회장 자리에 앉고, 닌텐도 캐나다 사장인 피터 맥두걸이 피터 메인을 대신했습니다. 메인과 맥두걸은 경영 방식이 완전히 달랐습니다. 메인은 시끄럽고 참을성이 없었던 반면, 맥두걸은 링컨처럼 조용하고 틀에 박힌 데다 말씨가 부드럽고 매사에 정확했습니다.

무대 뒤에서 닌텐도는 뒷걸음질치기 시작했습니다. 게임큐브의 수요를 따라가지 못한 것이 시장 점유율 감소로 이어졌습니다.[54] 게임큐브를 구매하려던 사람들이 항상 재고가 있고 게임 라이브러리가 가장 방대한 플레이스테이션 2를 선택하기도 했습니다.

2002년에 소니는 플레이스테이션 2를 미국에서 850만 대, 유럽에서 600만 대, 일본에서 370만 대 판매했습니다. 2002년 말까지 전 세계적으로 3,800만 명이 플레이스테이션 2를 소유하게 되었습니다. 게임큐브를 가진 사람은 720만 명에 불과했습니다. 소니가 1년 앞서서 얻은 주도권은 계속 확대되었습니다.

일본의 게임 시장은 변함없이 다채로웠습니다. 2001년 상위 다섯 게임은 〈파이널 판타지 X〉(플레이스테이션 2), 〈그란 투리스모 3: A-스펙〉(플레이스테이션 2), 〈드래곤 퀘스트 몬스터스 2Dragon Quest Monsters 2〉(게임보이 컬러), 〈드래곤 퀘스트 IV〉(플레이스테이션), 〈귀무자〉(플레이스테이션 2)입니다.[55]

하지만 유럽과 북미의 시장은 달라졌습니다. 영국에서 가장 많이 팔린 플레이스테이션 2 게임은 47만 5,000장의 판매고를 올린 〈GTA III〉였습니다. 유럽 시장은 미국 시장과 같은 방향으로 성장했습니다.

락스타게임스가 2002년 10월 29일에 출시한 〈GTA: 바이스시티〉는 미국에서 440만 장 이상, 영국에서 130만 장 이상이 팔렸습니다. 플레이스테이션 2의 〈GTA〉 독점 판매는 2002년 5월 락스타게임스가 윈도우 호환 버전의 〈GTA III〉를 출시하면서 종료되었습니다. 2003년 10월, 락스타게임스는 〈GTA III〉

---

[54] 닌텐도는 종종 새로운 하드웨어와 베스트셀러 게임의 수요를 따라잡는 데 어려움을 겪었다. 슈퍼 NES와 닌텐도 64를 출시할 때도 재고가 부족했다. 1994년에는 〈동키콩 컨트리〉와 같은 소프트웨어도 가끔 비슷한 재고 부족에 처했다. 닌텐도는 2016년에 NES 클래식을 출시할 때도 수요에 근접하지 못했다. 회의론자들은 닌텐도가 수요를 창출하기 위해 신제품을 출시할 때 의도적으로 과소 공급한다는 원인을 오래전부터 내세웠다.

[55] 플레이스테이션 1과 2의 일본 출시와 함께 스퀘어는 새로운 〈파이널 판타지〉를 출시했는데, 이 게임은 플랫폼의 첫 메가 베스트셀러가 되었다. 몇 년 후 에닉스는 플레이스테이션 1과 2의 최종 베스트셀러가 된 〈드래곤 퀘스트〉를 출시했다.

와 〈GTA: 바이스시티〉를 엑스박스 버전으로 출시했습니다. 이로써 게임큐브는 가장 인기 있는 비디오 게임 시리즈를 지원하지 않는 유일한 콘솔이 되었습니다.

우리는 〈GTA Ⅲ〉를 닌텐도 플랫폼에서는 절대 할 수 없는 게임으로 보았습니다. 적어도 그 당시에는 말이죠. "게임이라도 그런 짓을 하면 안 돼요."[56]

– 베스 르웰린

2002년 말까지 소니는 플레이스테이션 2를 3,800만 대 출하했습니다. 전 세계적으로 게임큐브(720만 대)는 엑스박스(640만 대)보다 약간 앞섰지만, 이는 사실 일본에서 엑스박스가 판매되지 않았기 때문입니다. 미국과 유럽에서는 엑스박스가 게임큐브를 앞질렀습니다.

〈GTA〉처럼 범죄를 주제로 한 게임을 도저히 받아들일 수 없었던 닌텐도는 서바이벌 호러 장르로 확장함으로써 이미지를 바꾸려는 무모한 시도를 했습니다.[57] 2002년 11월, 새로운 제휴를 맺은 닌텐도와 캡콤은 오사카에 기반을 마련하고 기대작인 〈바이오하자드 4〉 등 게임큐브용 게임 5종을 발표했습니다.[58] 또한 닌텐도는 서바이벌 호러 게임 〈이터널 다크니스: 새너티스 레퀴엠〉을 출시해 극도로 유혈이 낭자한 환각인 '새너티 효과'를 선보였습니다. 플레이어가 조종하는 아바타의 새너티 지수가 너무 낮아지면 캐릭터가 더욱 섬뜩하게 죽는 장면을 보여주었습니다.

그러나 닌텐도와 캡콤의 동맹은 순식간에 무너졌습니다. 계속 성장하고 있

---

56 2007년, 닌텐도 경영진은 표면적으로 '범죄 폭력성'을 시험하기로 결정하고, 락스타게임스가 대단히 폭력적인 게임인 〈맨헌트 2(Manhunt 2)〉의 Wii 버전을 만들도록 허락했다.
57 〈바이오하자드〉와 〈사일런트 힐(Silent Hill)〉 같은 서바이벌 호러 게임에서 체력 아이템과 무기의 부족은 플레이어가 단순히 총만 쏴서는 진행할 수 없다거나 무기와 체력이 고갈될 수 있음을 의미했다. 이 장르는 캡콤의 〈바이오하자드〉 시리즈에 의해 대중화된 반면, 1992년 PC 히트작 〈어둠 속에 나 홀로(Alone in the Dark)〉와 같은 초창기 게임은 이미 동일한 메커니즘을 사용했다.
58 닌텐도와 캡콤이 제휴해 내놓은 게임은 '캡콤 파이브'로 알려졌다.

는 플레이스테이션 2 시장이 소외될 것을 우려한 캡콤은 닌텐도와 결별하고, 게임큐브 버전 출시 9개월 후 플레이스테이션 2 버전의 〈바이오하자드 4〉가 출시될 것이라고 발표했습니다. 〈바이오하자드 4〉는 2005년에 출시되었으며, 그 무렵 소니는 전 세계적으로 거의 8,000만 대에 달하는 콘솔을 출하했습니다. 결국 '게임큐브 독점'으로 출시될 예정이었던 〈바이오하자드 4〉는 플레이스테이션 2에서 더 잘 팔렸습니다.[59]

우리는 시장 점유율에 주목했지만 일본은 그것에 연연하고 싶지 않았습니다. 어떻게 표현해야 할지 모르겠네요. 물론 많은 분석가와 다른 사람들은 이렇게 말했습니다. "닌텐도, 당신은 훌륭한 지적 재산권을 가지고 있습니다. 하드웨어를 포기하고 소프트웨어만 하고 다른 플랫폼에도 올려야 합니다." 이에 대해 많은 이야기가 있었습니다.

그리고 그렇게 할 줄 아는 능력이 닌텐도의 DNA에는 없었습니다. 확실히 그 당시에는 없었죠.

−베스 르웰린

예상치 못한 변절이 또 일어났습니다. 2002년 9월 초에 켄 로브가 닌텐도를 떠나 마이크로소프트 게임스튜디오에 합류했습니다. 로브는 미국 시장을 위해 게임을 현지화하고 퍼스트파티와 세컨드파티 게임 디자인을 최적화하는 재능 있는 팀인 닌텐도 아메리카의 트리하우스를 오랫동안 이끌었습니다. 로브의 이탈은 닌텐도에 눈에 띄는 공백을 남겼습니다. 그는 회사의 최고 대변인 중 한 사람일 뿐만 아니라, 회사의 가장 중요한 세컨드파티 퍼블리싱 파트너, 특히 레어와 긴밀하게 협력했습니다. 닌텐도 64 히트작 〈골든아이 007〉에 등장하는 기관단총이 그의 이름을 딴 클로브로 명명되었을 정도입니다.

---

59 2003년 1월, 캡콤 경영진은 언론이 계약에서 '독점적'이라는 의미로 사용했던 용어가 오역이며, 게임 중 〈바이오하자드 4〉만이 게임큐브 독점판으로 계획되었다고 설명했다.

에드 프리스가 켄을 영입했습니다. 그는 마이크로소프트 내에서 아주 독특했어요. 마이크로소프트는 게임 회사가 되는 법을 배우고 있었죠. 초기에 우리는 철두철미한 게임 산업의 DNA를 가지고 있지 않았는데, 켄은 경험이 풍부해 큰 도움이 되었습니다. 내가 마이크로소프트 게임스튜디오를 운영할 때 그는 매우 소중한 존재였고, 에드에게 정말 좋은 사람이었다고 생각합니다.

그는 게임 개발과 관련해 훌륭한 관점과 경험을 제시했어요. 그가 항상 옳았던 것은 아니지만, 게임 개발에 관한 한 항상 옳은 사람은 존재하지 않으니까요.

– 셰인 김

2002년 9월 4일, 레어는 로브를 따라 닌텐도를 떠나 마이크로소프트에 힘을 보탰습니다. 레어는 오랫동안 닌텐도의 가장 중요한 퍼블리싱 파트너였습니다.[60] 닌텐도가 NES를 출시했을 때 분할 화면 동작을 처리하는 프로세서의 능력을 발견한 것은 레어였습니다. NES/패미컴으로 분할 화면 대전 모드를 제공한 첫 번째 게임인 〈슬랄롬Slalom〉은 닌텐도 게임으로 출시되었지만 레어가 만들었습니다. 16비트 세대의 말년에 닌텐도를 다시 정상에 올려놓은 〈동키콩 컨트리〉도 레어가 만들었습니다. 닌텐도 64에서 세 번째로 많이 팔린 게임이자 지금까지 가장 성공한 콘솔 기반 FPS 게임인 〈골든아이 007〉도 그렇습니다.

처음에 닌텐도와 레어의 관계는 생산적인 것을 넘어 거의 공생에 가까웠습니다. 레어의 기술적 노하우와 창의적 기획의 조합은 NES를 새로운 수준으로 끌어올렸고, 덕분에 닌텐도는 슈퍼 NES 세대에서 승리를 거머쥐었습니다. 닌텐도는 그 보상으로 레어를 설립한 스탬퍼 형제를 엄청난 부자로 만들어주었습니다. 이 관계의 중요성을 깨달은 닌텐도는 〈동키콩 컨트리〉의 성공을 바탕으로 레어의 소수 지분을 사들였습니다. 1997년에 〈골든아이 007〉이 출시된 후 닌텐도는 레어의 지분을 49%로 늘렸습니다.

---

60 슈퍼 NES/슈퍼 패미컴 시대가 끝나갈 무렵 레어는 닌텐도의 가장 가치 있는 파트너로 떠올랐다. 게임큐브 시대 중반 무렵에는 하루연구소가 레어를 무색하게 만들기 시작했다.

그 당시에 닌텐도는 스튜디오를 완전히 사지 않았어요. 닌텐도는 주로 회사의 일부를 매수해 기본적으로 회사를 완전히 지배하면서도 너무 많은 투자를 하지 않았죠. 〈스타워즈 로그 스쿼드론 II: 로그 리더〉가 나온 후 2002년에 우리(팩터5)에게도 그런 식의 제안을 했습니다.

— 율리안 에게브레히트

닌텐도 64의 상위 열 개 게임 중 〈골든아이 7〉, 〈동키콩〉, 〈디디콩 레이싱 Diddy Kong Racing〉, 〈반조 카주이Banjo-Kazooie〉를 만든 레어는 닌텐도가 게임큐브를 출시할 준비를 할 때 닌텐도에서 석연치 않게 사라졌습니다. 2002년 9월, 닌텐도는 아윙[61] 조종사 폭스 매클라우드가 원시 행성에 착륙해 〈젤다의 전설〉 스타일의 모험을 하는 게임인 〈스타 폭스 어드벤처〉를 출시했습니다. 원래 닌텐도 64용 공룡 행성으로 기획된 〈스타 폭스 어드벤처〉는 게임큐브용으로 출시된 레어의 유일한 작품입니다.

2002년 9월 24일, 마이크로소프트는 레어를 3억 7,500만 달러에 인수했습니다.

닌텐도와 함께 더 앞으로 나아가려면 우리가 닌텐도에 완전히 소속되어야 한다고 느꼈던 적이 있죠. 닌텐도는 레어를 매수할 기회가 있었어요. 거래가 성사될 수 있었을 때 그들은 이전에 거부당했던 제안을 가지고 찾아왔습니다.

— 조엘 혹버그(레어 공동 설립자)

마이크로소프트는 이번 인수로 세계에서 가장 인정받는 게임 디자이너인 팀 스탬퍼를 영입하게 되었습니다.[62] 게임 디자이너의 이름 자체가 광고였던 슈

---

61 옮긴이_〈스타 폭스〉 시리즈에 등장하는 전투기
62 형제인 팀 스탬퍼와 크리스 스탬퍼 중 팀이 더 잘 알려져 있었다. 그는 창의적인 예술가이자 게임 뒤에 숨은 얼굴이었기 때문이다. 닌텐도 내부에서는 형인 크리스 스탬퍼의 기술력을 높이 평가했다. 예를 들어 스탬퍼

퍼 NES/슈퍼 패미컴 시대에는 팀 스탬퍼가 일본 밖에서 가장 유명한 콘솔 게임 디자이너였을 것입니다. [63] 그는 창의적인 천재로 널리 여겨졌으나 업계 내에서는 약간 변덕스럽다는 평판도 있었습니다.

한 가지 측면에서 레어의 인수는 괜찮았습니다. 내 말은, 그건 특별히 논쟁을 일으키는 거래는 아니었는데, 만약 당신이 인습 타파적인 사람들에 대해 이야기하려 한다면 그들이 바로 그런 사람들입니다.

영국 한가운데에 둔덕으로 둘러싸인 벙커 같은 곳이 작업실이라 그들이 무엇을 하고 있는지 아무도 볼 수 없었어요. [64] 어떤 게임을 만드는지조차 알 수 없었어요. 참 독특한 문화였죠. 어떻게 그것을 관리하고 작업할지 알아내기가 어렵더군요.

- 로비 바흐

인수에는 회사의 상징적인 라이브러리가 포함되지 않았습니다. 레어의 〈동키콩 컨트리〉는 닌텐도에 남았습니다. 1981년, 미야모토 시게루는 같은 이름의 아케이드 게임 캐릭터를 만들었습니다. 확장된 〈동키콩〉 세계에서 레어가 만든 캐릭터는 한 가지 예외를 제외하고 마이크로소프트로 넘어가지 않았습니다. 닌텐도는 다람쥐 콘커를 넘겨주었습니다. [65]

레어를 설립한 조엘 혹버그는 『게임 인포머』에 다음과 같이 말했습니다. "우리는 〈킬러 인스팅트Killer Instinct〉, 〈반조 카주이〉, 〈콘커Conker〉, 그리고 닌텐도

형제가 NES용 게임 개발 허가를 받기 위해 닌텐도에 처음 접근했을 때 크리스는 이미 시스템을 리버스 엔지니어링했고, 분할 화면 게임을 다룰 수 있는 타고난 능력을 발휘했다. 이 시스템을 만든 닌텐도 엔지니어들은 그렇게 할 수 있다는 것을 알지 못했다. 크리스는 〈동키콩 컨트리〉에 사전 렌더링된 아트 작업을 추가하는 기술을 개발하고, 팀은 게임을 기획했다.

[63] 1990년대 초에 가장 유명한 콘솔 게임 디자이너는 미야모토 시게루, 나카 유지, 스즈키 유, 사카구치 히로노부였다. 시드 마이어와 윌 라이트 같은 디자이너들은 이미 PC 세계에서 확실한 명성을 구축했다.

[64] 레어는 런던과 스코틀랜드 국경 사이 약 3분의 1 지점에 위치한, 인구 850명의 작은 마을 트와이크로스에 자리하고 있다.

[65] 다람쥐 콘커는 원래 〈동키콩〉 세계의 귀여운 주민으로 여겨졌다. 콘커가 처음 출연한 게임은 닌텐도 64용 〈디디콩 레이싱〉이었다. 닌텐도 64용 〈콘커스 배드 퍼 데이(Conker's Bad Fur Day)〉에 등장했을 때는 일종의 타락한 존재가 되어 술을 마시고 욕을 했다.

의 일부가 아닌 기타 여러 캐릭터 세트에 대한 권리를 가졌습니다. 그중에는 〈배틀토즈Battletoads〉, 〈블래스트 도저Blast Dozer〉, 〈퍼펙트 다크〉도 포함됩니다."[10]

레어는 여러 차례 성공을 거둔 드문 스튜디오 중 하나예요. 주변을 살펴봐도 그렇게 성공한 스튜디오는 거의 없을 거예요.

– 필 스펜서(마이크로소프트 게임스튜디오 전 총책임자)

인수 발표에는 향후 2년간 엑스박스 게임 5종을 출시하겠다는 레어의 약속이 포함되었습니다. 하지만 훌륭한 다른 퍼블리셔들과 마찬가지로 레어는 마감일을 놓치는 것으로 유명했습니다. 이러한 평판에 대한 질문에 혹버그는 이렇게 대답했습니다. "시간을 잘 지키지 못했을지는 몰라도, 시장에 출시했을 때 우리의 게임은 확실히 최고였습니다."

기자들과 게이머들은 레어의 이탈을 역사적인 전환으로 취급했지만, 막후에서 닌텐도 경영진은 특별히 걱정하지 않는 것 같았습니다.

나는 지프데이비스가 주최한 나파밸리 행사에 참석했는데, 결국 하워드 링컨 옆에 앉게 되었습니다. 당시에 나는 엑스박스에 있었어요.
마이크로소프트가 레어를 인수했다는 사실에 대해 언급하자 하워드는 "그걸 우리 손에서 떼어줘서 정말 고마워요"라고 말했습니다. 그는 우리에게 감사했어요! 우리가 몰래 스튜디오를 훔친 것에 대해 그가 화를 낼까 봐 조금 걱정했지만 그는 고마워하더군요.

– 마이크 피셔

게임큐브가 출시된 첫해 말 즈음 그 운명이 결정되었습니다. 게임큐브를 3등이라고 비난한 것은 게임이 부족했기 때문이 아닙니다. E3 프레젠테이션에서 피터 맥두걸은 "앞으로 9개월 동안 우리는 닌텐도 역사상 그 어느 때보다도 더 많은 주요 프랜차이즈 타이틀을 출시할 것입니다"라고 맹세했습니다. 닌텐도는 이 약속을 지켰습니다. 그 후 9개월 동안 닌텐도는 게임큐브용 〈슈퍼 마리오 선샤인〉, 〈메트로이드〉, 〈마리오 파티Mario Party〉, 〈스타 폭스 어드벤처〉, 〈놀러 오세요 동물의 숲Animal Crossing: Wild World〉을 출시했습니다. 세가는 게임큐브 버전의 〈소닉 어드벤처 2〉를 출시했고, 캡콤은 〈바이오하자드〉 두 개를 콘솔에 이식했습니다. 닌텐도는 모든 약속을 이행했지만….

돌이켜보면 닌텐도는 폭스 매클라우드를 〈스타 폭스 어드벤처〉에 배치함으로써 중요한 프랜차이즈에 해를 끼쳤을지도 모릅니다. 그 이전에 매클라우드는 비행 게임에만 등장했습니다. 〈스타 폭스 어드벤처〉는 100만 장 이상이 팔렸지만 기대만큼은 아니었습니다.[66] 2년 후 닌텐도가 여전히 육지에 주로 있는 매클라우드가 등장하는 〈스타 폭스: 어설트〉를 출시했을 때, 플래닛 게임큐브의 빌리 버그해머는 매클라우드가 스타 커맨드에게 보내는 편지 형식으로 게임에 대한 리뷰를 썼습니다. 편지에서 매클라우드는 상사에게 자신의 특출한 조종 재능이 낭비되고 있으며, 만약 자신을 지상 임무에 계속 내보낸다면 그만둘 것이라고 알립니다.

마치 게임큐브에 맞는 게임이 하나도 없는 것 같았습니다. 심지어 훌륭한 게임도 하드웨어 판매를 눈에 띄게 향상하지 못했습니다. 게임큐브 버전의 〈놀러 오세요 동물의 숲〉은 확실한 성공이었습니다. 전 세계적으로 200만 장 이상이 팔렸지만 이 게임을 좋아한 것은 새로운 사용자가 아니라 기존의 닌텐도 골수팬이었습니다. 〈놀러 오세요 동물의 숲〉, 〈마리오 파티〉와 같은 게임에 열광했던 사람들 대부분이 이미 콘솔을 가지고 있었습니다. 훌륭하게 표현되고 멋진 퍼즐로 가득한 〈메트로이드 프라임〉은 몇몇 콘솔을 팔았지만 〈헤일로〉나 〈GTA III〉에 비하면 턱도 없었습니다.

〈슈퍼 마리오 선샤인〉은 미야모토 시게루의 오랜 제자인 고이즈미 요시아

---

[66] 닌텐도가 유명한 캐릭터를 추가해 게임을 띄우려 한 것이 이번이 처음은 아니다. 미국에서 〈슈퍼 마리오 브라더스 2〉라고 불리는 게임이 일본에서는 〈도키 도키 패닉(Doki Doki Panic)〉으로 출시되었다. 〈슈퍼 마리오 브라더스〉의 속편이 필요한 데다 일본의 후속 조치가 너무 어려울 것을 우려한 닌텐도는 마리오를 〈도키 도키 패닉〉에 추가해 〈슈퍼 마리오〉 타이틀로 출시했다.

키가 처음으로 감독을 맡은 게임이었습니다. 자신이 적합하다고 생각한 〈슈퍼 마리오〉 프랜차이즈를 주무를 수 있는 기회가 주어졌을 때, 고이즈미는 세계에서 가장 유명한 배관공을 고압 세척기로 무장해 열대 섬으로 관광을 보냈습니다. FLUDD^{Flash Liquidizer Ultra Dousing Device}를 등에 맨 마리오가 사악한 기름 유출물 위로 공중 부양을 하면서 익숙한 적, 새로운 적과 싸웠습니다.

비평가들이 게임을 칭찬하고 초반에는 매출이 높았지만 〈슈퍼 마리오 선샤인〉에는 크고 작은 문제가 있었습니다. 반복되는 카메라 문제는 그 당시 많은 3D 게임의 고질적인 골칫거리였습니다. 한 레벨에서는 마리오가 절벽을 오를 때 카메라가 산 뒤로 회전해 플레이어가 계속 앞을 볼 수 없었습니다.

불행히도 불편한 조작 방식, 애매모호한 스테이지 목표, 까다롭고 가끔은 불공정한 난이도로 인해 〈슈퍼 마리오 선샤인〉은 전작인 〈슈퍼 마리오 64〉로 쌓아올린 신뢰를 무너뜨렸습니다. 요즘 〈슈퍼 마리오 선샤인〉이 비극적인 실수라고 비난하거나, 더 심하게는 게임 프랜차이즈 역사상 최악으로 언급되는 것을 종종 들을 수 있습니다.[11]

〈슈퍼 마리오 선샤인〉은 잘 실행되지 않았습니다. 처음에는 괜찮아요. 초반에는 아주 야심차지만 후반에는 상당히 심하게 무너지죠. 카메라 문제가 정말 심각해요.

나는 혁신적인 물 뿌리기 기능이 정말 마음에 들었어요. 이것은 몇 년 후에 〈슈퍼 마리오 선샤인〉보다 훨씬 더 나은 〈스플래툰^{Splatoon}〉에도 사용되었죠.

－율리안 에게브레히트

엑스박스가 인터넷 서비스를 하고 소니가 곧 인터넷 키트를 판매하기 시작했지만 닌텐도는 온라인 세계로의 진입을 완강히 거부했습니다. 경영진은 온라인에 접속하는 것이 전혀 가치가 없다고 주장했습니다. 2005년 E3의 질의응답 자리에서 닌텐도가 받은 첫 질문은 "닌텐도는 아직 인터넷을 모르나요?"였습니다.

영업 및 마케팅 책임자인 피터 맥두걸의 임기가 췌장암으로 단축되었을 때 닌텐도의 상황은 악화에서 비극으로 치달았습니다. 그는 1년을 머물다 결국 2003년에 사임했습니다.

피터가 병에 걸렸을 때도 일이 잘 돌아갔어요. 매우 친절하고 똑똑하며 결단력이 있어 사랑을 받은 사람이었기 때문에 지켜보기가 끔찍했죠. 무슨 일이 있더라도 그는 사무실에 와서 최선을 다했을 거예요.

– 페린 캐플런

2003년 3월, 닌텐도는 충성스러운 팬들 사이에서 게임큐브의 명성을 높인 〈젤다의 전설: 바람의 지휘봉〉을 출시했습니다.[67] 2년 전 스페이스 월드에서 팬들이 '셀다'라고 그렇게 비웃었던 것과 같은 〈젤다의 전설〉이었습니다. 열 살도 안 된 꼬마 링크가 등장하는 셀 셰이딩 방식의 〈젤다의 전설〉 말입니다. 그러나 실제로 게임을 해본 게이머들의 반응은 만장일치로 뒤집어졌습니다.

닌텐도가 처음 공개했던 만화 같은 시연은 게이머들에게 충격을 주었고, 오랫동안 〈젤다의 전설〉을 신봉해온 일부 열성 팬들은 심지어 이 게임을 끊겠다고 맹세하기도 했습니다. 하지만 그래픽 선택에 찬성하든 아니든 닌텐도의 성공적인 구현에 대해서는 이견이 없습니다.[12]

셀 셰이딩과 게임큐브의 강력한 GPU 조합은 닌텐도에서 전에 느끼지 못했던 수준의 감정을 느낄 수 있게 했습니다. 〈젤다의 전설〉 시리즈의 주인공인 링크는 갑자기 표정이 풍부해지고, 조명 효과와 애니메이션 스타일이 게임에 영

---

67 〈젤다의 전설: 바람의 지휘봉〉 일본판이 2002년 12월 13일에 출시된 후 2003년에 전 세계에 출시되었다.

화적인 감성을 더했습니다. 〈젤다의 전설: 바람의 지휘봉〉은 조잡하게 그려진 애니메이션처럼 보였지만 감정이 있었습니다. 작은 배를 타고 망망대해를 항해하는 링크는 영웅처럼 보이고, 2층 높이의 보스와 마주한 링크는 어린아이처럼 아주 연약해 보였습니다.

그리고 전투가 벌어졌습니다. 가논돌프는 〈젤다의 전설: 시간의 오카리나〉에서 거대하고 무서운 존재였는데, 〈젤다의 전설: 바람의 지휘봉〉에서는 더 크고 빠르며 자유분방했습니다.

닌텐도는 〈젤다의 전설: 바람의 지휘봉〉으로 골수팬들의 충성심에 보답했습니다. 닌텐도 임원들이 또 다른 승리를 맛보려고 하던 때 피터 맥두걸이 회사를 떠나면서 닌텐도의 얼굴이 막 바뀌려고 했습니다.

차기 영업 및 마케팅 담당 부사장은 맥두걸과 달리 비디오 게임 경력이 없었습니다. 판다매니지먼트(판다익스프레스 레스토랑 체인의 모기업) 마케팅 및 신개념 경영 담당 임원, 기네스임포트컴퍼니(기네스브루어리의 미국 법인)에서의 2년, MTV 네트웍스/VH1 케이블 채널에서의 2년 등이 그의 이력이었습니다. 그의 이름은 레지널드 피서메이였습니다.

아라카와, 링컨, 메인과 그 세대가 떠나고 레지가 들어왔습니다. 그는 게임을 좋아하는 사람이 아니었고 우리 모두는 그에 대해 매우 회의적이었습니다. "업계 밖에서 또 한 명의 양복쟁이가 들어왔죠. 그는 우리가 어디서 왔는지 모르고 우리의 일도 이해하지 못할 겁니다. 닌텐도는 일본 회사라 그는 1년 안에 퇴사할 거예요."

– 마이크 피셔

42세에 키가 185센티미터이고 코넬대학에서 응용경제학과 경영학을 전공한 피서메이는 메인이나 맥두걸보다 젊고, 크고, 더 위풍당당했습니다. 하워드 링컨과 아라카와 미노루는 겸손한 사람이었고, 방에서 나올 때 눈에 띄지 않을 수도 있었습니다. 반면에 피서메이의 존재감은 무시할 수 없었습니다.

무대 뒤에서 그는 아라카와나 맥두걸처럼 부드러운 말투였지만, 메인과는 완전히 반대되는 사람이었습니다. 메인은 조용하고 준비된 임원이었지만 닌텐도에 진정으로 필요한 사람은 황소 같은 피서메이였습니다.

그들은 각기 다른 시대에 매우 다른 스타일을 가진 서로 다른 사람이었습니다.

하워드와 아라카와가 만든 것은 가족입니다. 레지는 집으로 들어왔고, 그로 인해 가족의 역학이 조금 바뀌었습니다. 그는 확실히 기업의 관점과 구조를 더 많이 가져왔어요.

레지는 해야 할 일, 즉 닌텐도를 기업, 법인으로 바꾸는 일을 했습니다. 그는 내가 도전하지 않았던 방식으로 내게 도전했어요.

－페린 캐플런

2004년 E3가 열렸을 때 외부인들은 닌텐도가 붕괴 상태라고 생각했을지도 모릅니다. 소니는 닌텐도의 전통적인 시간대에 사전 기자회견을 열겠다는 계획을 발표했고 닌텐도는 순순히 비켜섰습니다. 그러나 닌텐도의 이미지는 기자회견이 시작되자마자 바뀌었습니다. 지루한 하워드 링컨이나 빠른 말투의 피터 메인 대신 레지널드 피서메이가 등장했습니다. "내 이름은 레지입니다. 내 목적은 박살을 내고 경쟁자들을 저격하는 것이고, 우리의 목적은 게임을 만드는 것입니다.

그는 회의적이고 냉소적인 청중을 사로잡아 미국과 교토에서 존경을 받았어요. 정말 비범하고 놀라웠죠.

－마이크 피셔

피서메이의 새로운 이미지는 대부분 교묘한 속임수였습니다. 학구적이고 다소 내성적인 그는 허세를 부리지 않았습니다. 일대일 인터뷰에서 그는 링컨보다 덜 공격적이고 메인보다 훨씬 덜 호전적이었습니다. 그의 '레지네이터' 페르소나는 큰 덩치와 꽤 창의적인 글쓰기 능력에 바탕을 두고 있었습니다.

'우리의 목표는 무엇인가? 우리는 어디로 가는가?' 등 직원들이 알고 싶어 하는 것은 매우 미국적인 것입니다. 레지는 그것을 가져왔고, 그의 강력한 본성 덕에 우리는 리셋을 해야 한다고 생각했습니다. 그것이 바로 골린/해리스 홍보 회사의 돈 바류와 우리가 '내 이름은 레지입니다'라는 명대사와 '레지네이터'를 통해 극복한 부분이죠.

-페린 캐플런

우리는 E3에서 그가 성명을 발표하며 영향력을 행사하기를 바랐어요. 새로운 사람이 왔고, 그는 일어나서 닌텐도에 대해 이야기하고 싶어 했죠. 연설문은 우리가 썼어요. '박살을 내고 저격하고' 이런 표현을 썼던 기억이 나네요.

-베스 르웰린

레지네이터가 키를 잡았음에도 게임큐브를 구할 수는 없었습니다. 2004년 말까지 닌텐도 아메리카는 게임큐브를 910만 대 팔았는데, 이에 비해 엑스박스 판매량은 1,180만 대, 플레이스테이션 2 판매량은 무려 2,660만 대에 달했습니다. 한참 뒤처져버린 게임큐브는 그들을 절대 따라잡을 수 없었습니다.

Chapter
07

지옥에서의 출시

제조사가 우리에게 출시에 필요한 물량을 충분히 주지 않을 확률이 꽤 높았습니다. 처음부터 다시 만들어야 할 콘솔도 있었습니다.

－로비 바흐

엑스박스 출시를 앞두고 몇 달 동안 마이크로소프트는 잘못될 가능성이 있는 모든 일이 너무나도 잘못되고 말았습니다. 로비 바흐는 2001년 9월 11일 뉴욕의 언론사와 출시에 대해 논의하기 위해 전날 밤 비행기를 타고 뉴욕으로 갔습니다. 『월스트리트 저널』과의 오후 1시 미팅 몇 시간 전에 도착한 그는 타임스 퀘어에 있는 메리어트마르키스호텔에서 잠시 눈을 붙였습니다.

마침 가까운 곳에서 일하던 홍보 대행사 변호사에게 전화가 왔습니다. 도움이 필요하다면 그는 도와줄 준비가 되어 있다고 했죠. 나는 그가 무슨 말을 하는지 몰랐어요.

– 로비 바흐

잠들어 있던 바흐는 그날 아침 8시 46분경에 테러리스트가 아메리칸항공 11편을 세계무역센터 북쪽 타워에 추락시켰다는 사실을 몰랐습니다. 16분 후에는 유나이티드항공 175편이 남쪽 타워에 추락했습니다. 이러한 상황에서 곧 출시될 비디오 게임기를 다룰 뉴스 매체는 거의 없을 터라 바흐가 뉴욕에 더 머무르는 것은 의미가 없었습니다. 그런데 미국 정부가 추가 테러 행위를 막기 위해 모든 항공기의 운행을 중단하는 바람에 바흐는 차를 몰고 레드먼드로 돌아가야 했습니다.

또한 마이크로소프트는 제조상 문제에 봉착해 그 여파가 출시 당일 하드웨어 부족 사태로 이어졌습니다. 정상적으로 작동하지 않는 콘솔의 수가 예상외로 많았고, 이대로라면 엑스박스 출시가 지연될 수도 있을 것 같았습니다. 그런데 어두웠던 하늘에 빛줄기가 보이기 시작했습니다.

한 달 전까지만 해도 미국에서 효과적으로 출시할 만큼 충분한 물량을 확보할 수 있을지 확실치 않았습니다. 그래서 우리는 이미 유럽과 일본에서의 출시를 연기한 상태였습니다.

약 3개월 전에 번지 사람들은 기자들에게 〈헤일로〉를 비공개로 보여주기 시작했고 모든 것이 달라졌습니다. 사내 분위기가 완전히 바뀌었죠. 번지 사람들은 다른 사람들이 실제로 게임을 하도록 허용했어요. 약 3주 전까지만 해도 E3가 열리는 동안에는 마이크로소프트의 그 누구도 번지에 출입할 수 없는 게 원칙이었어요. 번지 사람들과의 대화도 허락되지 않았고요. 에드는 말 그대로 철벽을 쳤어요.

번지의 소굴에서 나온 리뷰어들이 게임에 대해 "맙소사, 정말 놀라워!"라고 떠들어댔는데 그 소문은 삽시간에 퍼져나갔습니다. 이에 제조업자들이 "그 정도면 만들 수 있을 것 같아요"라고 하더군요. 출시 당시 60만 대 정도였던 것 같아요.

우리는 배포할 콘솔을 충분히 확보할 예정이었습니다. 내가 제대로 기억한다면 연휴 동안 160만 대를 돌파하기로 했을 겁니다. 그게 최소한의 목표지만 우리는 달성할 수 있었죠.

10~15개 정도의 타이틀이 있었는데, 우리가 알고 있는 타이틀 중 하나는 아주 굉장했어요.

– 로비 바흐

한편 예측할 수 없는 다른 문제도 있었습니다.

엑스박스를 싣고 멕시코에서 미국으로 향하던 트럭 두 대가 탈취당했습니다.

– 로비 바흐

그런 일이 있은 뒤 엑스박스를 출시하고 나서 마이크로소프트는 엑스박스 라이브러리의 품질을 추가로 손봐야 했습니다. 〈헤일로〉가 훌륭하다는 데에는 모두가 동의했지만 대부분의 라이브러리는 지극히 평범했습니다.

엉덩이로 깼다

최초의 엑스박스 게임 중에는 〈가부키 워리어스^{Kabuki Warriors}〉라는 격투 게임도 있었습니다. 버튼 커맨드 기반 게임이었죠.

게임을 시작한 나는 막힘없이 클리어해나갔어요. 심지어 내 사무실에 온 누군가와 이야기를 나누며 쳐다보지도 않고 버튼을 눌렀는데도 클리어했죠. 그래서 한번 엉덩이로 버튼을 눌러봤는데 승리가 멈추지 않더라고요. 말 그대로 엉덩이로 클리어했기 때문에 나는 '엉덩이로 깼다'라는 제목으로 리뷰를 작성했답니다.

– 앤디 맥너마라(『게임 인포머』 전 편집장)

〈가부키 워리어스〉는 엑스박스 출시 4일 후 매장 진열대에 올랐지만 기술적으로 출시 타이틀로 간주되었습니다. 이 게임에서 플레이어는 에도에서 교토로 여행하면서 가부키 배우와 사무라이를 만나고, 극장에 가서 〈모탈 컴뱃〉 스타일의 싸움에 도전합니다. 〈가부키 워리어스〉는 정교하게 차려입은 캐릭터로 엑스박스의 그래픽 성능을 보여주었고, 주변 사운드와 고토[68]로 연주한 음악이 게임에 진정성을 더했습니다. 또한 게임의 풍경과 사운드가 일본 전통 문화의 멋을 느끼게 했습니다.

얼굴에 베일을 쓴 견습 배우부터 노[69] 가면을 쓴 노련한 배우까지 등장 캐릭터가 매우 다양했습니다. 크레이브엔터테인먼트는 유명한 스모 선수와 친숙한 스타도 집어넣었습니다. 흥미진진한 배경이 펼쳐진 극장 무대에서 싸움이 벌어지고, 캐릭터가 잘 싸우면 가상의 관객이 보상으로 무대에 돈을 던졌습니다.

그러나 게임 플레이는 형편없었습니다. 〈가부키 워리어스〉의 제어 방식은 거의 일차원적이었습니다. 다른 격투 게임처럼 숨겨진 몇 가지 특수 공격이 있었지만, A 버튼만 눌러도 싱글플레이어 게임을 클리어할 수 있기 때문에 배울 필요가 없었습니다.

게임스팟의 제프 거스트먼은 10점 만점에 1.4점을 주면서 "〈가부키 워리어스〉는 엑스박스나 다른 플랫폼까지 포함해 올해 또는 그해 출시되는 최악의 게임 중 하나"라고 말했습니다. 게임샤크의 한 리뷰어는 "내 손에 왜 아타리 2600

---

68 옮긴이_가야금과 비슷한 일본 전통 현악기
69 옮긴이_일본 전통 가무극

컨트롤러가 없는지 합리화하려고 하다가 뇌가 고장 날 뻔했다"고 썼습니다. 제노게이머스의 한 리뷰어는 "치과 치료처럼 여러분이 돈을 쓸 수 있는 훨씬 더 좋은 것들이 있다"고 결론을 내렸습니다. 또한 『엑스박스 네이션Xbox Nation』은 이 게임을 '참담한 경험'이라고 간단히 묘사했습니다.

초기의 엑스박스 게임 중에서 〈가부키 워리어스〉만이 이러한 취급을 받았던 것은 아닙니다. 엑스박스 전용 게임인 〈슈렉Shrek〉[70], 〈아주릭: 라이즈 오브 페라시아Azurik: Rise of Perathia〉, 〈스타워즈: 오비완〉도 기대에 훨씬 못 미쳤습니다. 2001년 크리스마스 이후 엑스박스 전용 최초의 대형 게임은 액티비전의 〈레클리스: 더 야쿠자 미션스Wreckless: The Yakuza Missions〉[71]로, 이는 실망한 대중에게 아주 잠깐의 돌풍을 일으켰습니다.

업계에서 사람들은 엑스박스를 '〈헤일로〉 배송 시스템'이라고 부르기 시작했습니다. 엑스박스를 구입하는 유일한 이유가 〈헤일로〉를 하기 위함이었기 때문입니다. 닌텐도 64의 〈슈퍼 마리오 64〉와 마찬가지로 〈헤일로〉도 출시 당시 엑스박스 콘솔과 거의 일대일 비율로 판매되었고, 콘솔 수명 동안 활발히 나가 결국 전 세계의 엑스박스 사용자 2,400만 명에게 400만 장 이상을 팔았습니다. 소니는 〈그란 투리스모〉, 〈잭 앤드 덱스터〉, 〈파이널 판타지〉뿐만 아니라 〈GTA III〉의 독점권을 가지고 있었고, 닌텐도는 〈젤다의 전설〉과 〈슈퍼 마리오〉 전 시리즈를 가지고 있었습니다. 이에 반해 마이크로소프트의 경우 독점 게임 중 〈헤일로〉를 제외한 나머지는 콘솔 판매를 끌어올리는 견인력이 없었습니다. 많은 서드파티 게임이 엑스박스상에서 더 좋아 보였지만 다른 플랫폼에서도 할 수 있었습니다. 사람들은 단순히 그래픽이 더 좋은 〈매든 NFL〉 버전이 있다고 해서 비싼 콘솔을 구매하지는 않습니다.

바흐는 퍼블리싱 파트너들과 개인적인 관계를 맺음으로써 회사의 위상을

---

70 〈슈렉〉은 나중에 게임큐브용으로도 출시되었다.
71 마이크로소프트는 〈레클리스: 더 야쿠자 미션스〉를 9개월간 독점 판매했고, 플레이스테이션 2 및 게임큐브 버전이 11월에 출시되었다.

높이고자 했습니다.

조지 페컴[엑스박스의 서드파티 파트너십 관리자]과 나는 일찍이 우리의 차별화 요소 중 하나로 우리가 소니나 닌텐도보다 퍼블리셔들과 더 나은 관계를 맺을 수 있다고 예상했어요. 닌텐도의 경우 서드파티 퍼블리셔와의 관계를 원치 않았기 때문에 제쳐두고, 소니는 좀 더 고려해야 했지만 그 당시 소니는 약간 거만해져서 퍼블리셔들을 당연시 여겼죠.

– 로비 바흐

관계 형성의 일환으로 바흐는 1년에 두 번, 즉 E3에서 그리고 본사에서 서드파티 퍼블리셔들과 만났습니다. EA와의 만남에서 그는 CEO인 래리 프롭스트를 조용히 옆으로 불러 엑스박스 버전의 EA 게임이 플레이스테이션 버전만큼 날카롭지 않다고 불평했습니다.

"래리, 잠시 개인적으로 얘기 좀 할 수 있을까요?"라고 묻자 그는 순순히 응했습니다.

나는 이렇게 말했죠. "좋은 회의였어요. 하지만 EA의 게임들이 엑스박스 라이브에서는 좀 아쉬워요. 나는 그게 마음에 들지 않습니다. 그걸 해결할 수 있으면 좋겠어요. 우리가 무엇을 하면 좋을까요? 라이브 플랫폼을 경쟁업체보다 중요하게 생각하게 하려면 어떻게 해야 할까요?"

그는 나를 보며 말했습니다. "그건 정말 간단해요. 일단 돈 매트릭[EA게임스 대표]은 당신을 믿지 않아요. EA 사람들도 마이크로소프트를 신뢰하지 않죠. 우리는 당신네 플랫폼에서 전적으로 일하고 싶기도 하지만 아직 우리 사이는 독점 관계가 아니잖아요. 우리가 독점 관계를 맺기 전에는 아무것도 변하지 않을 거예요."

– 로비 바흐

마이크로소프트는 닌텐도가 캡콤과 제휴를 맺음으로써 게임큐브를 지원하려고 했던 것처럼 서드파티 파트너의 독점 게임으로 엑스박스를 지원하려고 했습니다. 엑스박스 팀은 몇 가지 독점권을 얻기는 했지만 실질적으로는 독점이라

부를 수 없었습니다. 엑스박스용 〈토니 호크의 프로 스케이터 2X〉는 분명 〈토니 호크의 프로 스케이터 2〉의 최신 버전이자 최고 버전이었습니다.[72] 정말 훌륭했지만, 액티비전은 플레이스테이션 2용 〈토니 호크의 프로 스케이터 2〉를 2년 전에 출시했고 〈토니 호크의 프로 스케이터 3〉도 이미 출시했습니다.

마이크로소프트는 이해하지 못했어요. 우리 모두는 이런 일이 일어나리라는 것을 1년 전에 예상했죠.

우리는 그들에게 일찌감치 독점적인 콘텐츠를 얻으라고 조언했지만, 대부분의 경우에 그들은 우리의 조언을 무시했어요. 그래서 우리는 1년 넘게 실패를 예상하고 있었어요.

그들은 대중 시장 비디오 게임을 만드는 데 실패하고 있습니다. 만약 그들이 온라인 무대에서 발판을 마련하고 대중에게 온라인 게임을 제공할 수 있다면 기회를 잡을지도 모릅니다.

– 리처드 도허티

소니가 한 걸음 앞서 나가자 마이크로소프트의 대변인들은 엑스박스가 언론으로부터 받은 끊임없는 비판에 짜증을 내기도 했습니다. 엑스박스 플랫폼 책임자인 J 앨러드는 독점 콘텐츠와 '킬러 앱'의 부족에 대한 질문을 받았을 때 엑스박스 라이브러리가 독점적인 것으로 가득하다고 화를 내면서 반박했습니다.

내 머리를 긁적이게 하는 말이네요. 2001년 콘텐츠의 50% 이상이 독점작일 것입니다. 우리는 지금처럼 앞으로도 대중을 위해 훌륭한 게임을 만들 것입니다.

EA스포츠는 엑스박스에 전념하고 있죠. 세가스포츠도 그렇고요. 또한 우리에게는 〈데드 오어 얼라이브 3〉가 있고 〈토니 호크의 프로 스케이터〉와 〈WWF〉도 있어요. 더 이상 뭐가 필요한지 모르겠네요. 스포츠, 액션, 레이싱, 격투, 이 네 가지 핵심 영역에서 이보다 더 많은 게이머를 확보할 수는 없습니다.

– J 앨러드

---

72 여기에는 〈토니 호크의 프로 스케이터 1〉의 모든 레벨이 추가 보너스로 포함되었다.

마이크로소프트의 소매 유통도 흔들리기 시작했습니다. 게임스톱과 일렉트로닉스부티크 같은 소매업체들은 마이크로소프트의 계약이 가혹하다고 불평했습니다.

마이크로소프트는 작은 전화번호부 분량의 소매 파트너 계약을 체결합니다. 여기에는 매대 공간 요구 사항, 공동 마케팅 계약 등이 포함되어 있습니다.

1년 전 나는 소매업체들이 하는, 숙제 같은 모든 업무에 충격을 받았습니다. 이제 그들은 소매업체에 정책까지 지시하려고 합니다. 그들은 소매업체와 더 친해질 필요가 있습니다.[1]

엑스박스는 2002년 2월 22일 일본에서, 3월 14일 유럽과 호주에서 출시되었습니다. 유럽 출시는 대부분 예상대로 진행되어 150만 대가 판매되었습니다. 하지만 일본에서는 소비자가 별로 관심을 보이지 않았습니다.

마이크로소프트 일본 지사의 책임자인 오후라 히로히사는 출시 전날 CNN과의 인터뷰에서 "우리는 엑스박스에 가장 도전적인 시장이 일본이라는 것을 알고 있다"고 말했습니다.[2] '도전적인'이라는 말조차 엑스박스가 받은 냉담한 반응을 제대로 설명하지 못했습니다.

미스터리 중 하나죠. 일본인은 맥도날드를 좋아하고 윈도우를 사용합니다. 이해하기 쉽지는 않지만 마이크로소프트는 무언가를 놓쳤던 겁니다. 나는 마이크로소프트[엑스박스]가 좋지 않았고 소니, 닌텐도, 세가의 플랫폼이 더 좋았다고 생각합니다. 그 당시 사람들에게는 선택권이 많았어요. 모두가 엑스박스를 선택해야 하는 이유와 동기를 찾으려고 노력했지만 대부분은 플레이스테이션, 닌텐도, 세가를 선택했죠.

– 미즈구치 데쓰야(세가 전 게임 디자이너, 〈레즈Rez〉, 〈스페이스 채널 5〉,
〈세가 랠리 챔피언십Sega Rally Championship〉 제작자)

시각적으로 그것은 일본 사람들을 사로잡지 못했어요. 너무 상자 같고 디자인이 세련되고 우아하지 않았죠. 일본인은 더 귀엽고 현대적이고 매끈한 디자인을 좋아합니다. 일본인은 시각 주도적인 문화를 가진 민족이라 별로 매력을 느끼지 못했습니다.

아버지는 게임 산업에 그다지 관심이 없었지만 "미국 픽업트럭을 수입해다 일본 자동차 고객에게 소개하는 것과 같다"고 말씀하셨죠. 아시다시피 도요타, 혼다, 닛산, 스즈키가 있는데, 그들은 잘 해나가고 있고 탄탄한 고객층을 보유했어요. 그런데 여기에 갑자기 큰 바퀴가 달린 쉐보레 대형 픽업트럭이 등장합니다. 뭔가 매우 이질적인 인상을 주면서요.

－**야마시타 교코**(스퀘어 USA 전 미게딩 커뮤니케이션 관리사)

무엇이 잘못되었을까요?

출시 몇 주 후 일본 언론은 엑스박스 '스크래칭' 디스크에 대한 보도를 내놓기 시작했습니다. 콘솔이 디스크의 가장자리를 긁어 스크래치를 남겼는데, 다행히 게임 구동에는 문제가 없었습니다. 미국과 유럽의 엑스박스에도 같은 문제가 있었습니다. 2002년 3월 7일, 마이크로소프트는 이 문제를 확인 중이라는 성명을 발표했지만 이 성명이 잘못 해석되기도 했습니다. 일부 소비자는 '불량' 하드웨어와 '손상' 디스크를 리콜 및 교체하겠다는 약속으로 받아들여 이후 실망감을 드러냈습니다.

엑스박스는 일본에서 더 중요한 장애물에 부딪혔습니다. 기기가 커도 너무 컸습니다. 길이가 12.5인치, 폭이 10.5인치인 엑스박스는 너무 커서 일본 세탁기의 3분의 2에 해당하는 공간을 차지했습니다. 유럽과 미국에서는 바닥 공간이 그리 중요하지 않지만, 일본은 총면적이 미국 캘리포니아주보다 작은 섬나라로 인구가 1억 2,600만 명입니다. 도시가 혼잡하고 부동산이 비싸며 아파트가 작습니다.

일부 사람들은 일본의 보호 무역주의가 아닐까 추측했습니다. 그러나 소니와 닌텐도는 일본 회사라고 해서 반드시 홈그라운드의 이점이 있었던 것은 아닙니다. 일본 게이머들은 단순히 애국심으로 플레이스테이션 2를 구입하지는 않았습니다. 소니는 RPG, 레이싱 게임, DVD 재생 등 그들이 원하는 것을 주었습니다. 마이크로소프트에는 〈헤일로〉가 있었지만 일인칭 슈팅 게임이 일본에서 특별히 인기를 얻은 적도 없었습니다.

1980년대와 1990년대에는 세계 시장에서 일본 자동차와 전자제품이 미국 기업을 몰아내면서 미국의 대일 무역 적자가 주요 이슈로 떠올랐습니다. 일본이 미국산 수입품에 가지각색의 노골적인 규제를 가한 사례도 있었습니다. 예를 들어 하타 쓰토무 전 농무부 장관은 자국 국민의 장이 미국인보다 더 길다고 미국산 쇠고기에 대한 규제를 설명하기도 했습니다.[73]

지금도 일본에서는 미국산 TV와 스테레오가 잘 팔리지 않지만 미국에서는 일본산 전자제품이 미국산 경쟁 제품보다 더 많이 팔립니다. 소니, 파나소닉, 도시바와 같은 일본 대기업이 품질과 가격으로 미국 시장을 장악했습니다. 일본에서도 그렇지 않을 이유가 없었죠. 자동차도 마찬가지입니다. 2002년에 미국에서 가장 많이 팔린 상위 5위 자동차 중 네 개가 일본 차였습니다.[74]

그렇지만 할리우드 영화와 같은 일부 미국 수입품은 일본에서 성공적입니다. 〈타이타닉〉, 〈겨울 왕국〉, 〈아바타〉, 〈해리 포터〉 두 편은 일본에서 역대 가장 높은 수익을 올린 10대 영화에 포함됩니다.

〈메탈 기어 솔리드 4〉 개발을 위해 일본에서 살고 있는 동안 데쓰야라는 DVD 대여점에는 〈로스트〉, 〈24〉, 〈프리즌 브레이크〉를 빌리러 온 사람들로 붐볐습니다. 그들은 〈아바타〉, 〈해리 포터〉, 〈캐리비안의 해적〉에도 열광했죠.

– 라이언 페이턴(전 재일 비디오 게임 기자)

지난 50년 동안 미국 수입품 중 성공을 거둔 것은 영화뿐만이 아닙니다. KFC는 일본에서 크리스마스 전통이 되었습니다.

매년 크리스마스 시즌에 약 360만 일본 가정이 KFC 치킨을 먹는데, 이는

---

73 하타는 1987년 12월 17일 워싱턴에서 열린 오찬에서 연설을 했다.
74 오토모티브뉴스데이터센터에 따르면 엑스박스가 일본에서 출시된 2002년에 미국에서 가장 많이 팔린 차는 도요타 캠리였다. 상위 5위 안에 든 유일한 미국 차는 포드 토러스였다.

하나의 문화가 되었습니다. 주문하기가 쉽지 않을 정도로 12월에 일본의 KFC는 바쁩니다. 크리스마스 시즌에는 일부 매장의 하루 매출이 평상시의 열 배에 달하기도 합니다. KFC 스페셜 크리스마스 디너의 경우 보통은 몇 주 전에 주문해야 하며, 미리 주문하지 못한 사람들은 몇 시간씩 줄을 서야 합니다.[3]

일본 자동차와 TV처럼 일본에서 만든 비디오 게임도 세계적으로 인기가 있었습니다. 〈메탈 기어 솔리드〉 시리즈를 제작한 고지마 히데오는 "서양 게임을 하는 것은, 음식은 괜찮지만 서비스가 별로인 식당에 가는 것과 같다"고 설명했습니다. 미국의 주요 히트작인 〈매든 NFL〉, 〈NBA 잼〉과 같은 스포츠 게임은 다른 나라보다 미국에서 더 인기 있는 프로 스포츠를 기반으로 한 것으로, 미국인의 취향을 충족시켰습니다. 같은 이유로, 일본식 체스인 쇼기를 기반으로 한 게임은 일본에서는 인기가 있지만 미국에서는 거의 출시되지 않습니다.

엑스박스의 성공을 가로막은 것은 게임과 콘솔의 크기만이 아닙니다. 전해오는 이야기에 따르면 제너럴모터스는 스페인어권 국가에서 'no va'가 '가지 마'로 번역되기 때문에 셰비 노바를 팔 수 없었다고 합니다.[75] 마이크로소프트는 일본에서 이와 비슷한 문제에 직면했습니다.

일본 문화와 서양 문화의 흥미로운 차이점 중 하나는 X와 O의 의미가 다르다는 것입니다. 서양에서 X는 '예'를 의미하고, 흔히 X로 점을 표시합니다. X에는 신비로운 특성이 있죠.

그러나 일본에서 X는 '아니요', '틀림', '원치 않는 것'을 의미합니다. 일본 사람들이 X를 부정적으로 보는 데에도 불구하고 마이크로소프트는 자사 콘솔을 '엑스박스'라고 불렀어요. '엑스박스'는 일본에서 말 그대로 '아니요 박스', '틀린 박스', '원치 않는 박스'를 의미합니다.

−라이언 페이턴

---

75 snopes.com에 따르면 이는 꾸며낸 이야기이다.

항상 막강한 경쟁자였던 소니컴퓨터엔터테인먼트는 마이크로소프트가 일본에서 엑스박스를 출시하기 몇 주 전에 플레이스테이션 2의 가격을 3만 5,000엔(265달러)에서 2만 9,800엔(225달러)으로 인하했습니다. 3만 4,800엔(262달러)인 엑스박스는 부피가 크고 좋은 게임이 부족한 데다 더 비싼 콘솔이었습니다.

그 후 출시 1주일 전, 소니는 일본에서 광대역 서비스를 제공하기 위해 주요 인터넷 제공업체 네 곳과 협력할 계획이라고 발표했습니다. 이 발표로 마이크로소프트는 온라인 게임에서 우위를 점할 수 없게 되었습니다.

일본은 가장 힘든 시장이 될 것 같아요. 마이크로소프트 일본 진출의 성공은 우수한 소매 유통 계약을 체결하는 능력과 마찬가지로 강력한 서드파티 지원을 받을 수 있는지가 관건입니다.

그들이 정말로 일격을 가해야 할 세 가지 요소가 있죠. 첫 번째로, 엑스박스가 플레이스테이션 2나 게임큐브와 같은 수준의 재미있는 경험을 제공할 수 있다는 것을 소비자에게 보여주어야 합니다. 두 번째는 남코 등 몇몇 서드파티로부터 지원을 받아야 한다는 것입니다.

일본 시장 그리고 일본 개발자들이 일본 시장 공략의 열쇠를 찾아낸 방식에는 정말 독특한 점이 있습니다. 현재 EA는 PC 사업과 플레이스테이션 2 게임 쪽을 잘하고 있지만, 여전히 일본 개발자와 소비자의 관계에는 서양인이 아무리 해도 알아낼 수 없는 무언가가 있습니다.

마지막으로, 마이크로소프트가 강력한 배포 관계를 설정해야 한다는 것이 무엇보다 중요합니다. 이게 얼마나 중요한지는 아무리 강조해도 지나치지 않습니다.

EA가 일본에서 성공한 이유를 생각해보자면, 초기 스퀘어와의 관계 그리고 그 관계를 통해 유통을 확보했기 때문일 겁니다.[76]

－제프 브라운

엑스박스는 여러모로 일본에서의 출시가 순탄치 않았습니다. 한 인터뷰에서 판매량을 묻자 엑스박스 홍보 담당자는 이렇게 대답했습니다. "수치는 모르

---

76 EA는 1998년부터 2003년까지 스퀘어와 일본 내 독점 유통 계약을 맺었다.

지만 나는 우리의 번들률(콘솔당 게임 판매 수를 나타내는 통계)이 2 대 1을 넘었다고 말할 수 있습니다." 기자의 대답에 홍보 담당자는 다시 말했습니다. "좋아요! 얼마나 많은 게임을 팔았는지 말씀해주시면 2로 나눌 수 있습니다. 물론 우리는 그 수치를 몰라요."

일본 출시 기간 동안 마이크로소프트는 엑스박스를 32만 대 팔았습니다.

비디오 게임 산업의 진화를 보여준 〈헤일로 2〉

더 진행하기 전에, 나는 지금 모든 사람의 마음속에 한 가지 게임이 있다는 것을 알고 있습니다. 네, 여러분, 이제 모든 긴장감을 털어버리죠. 그 게임은 바로… [청중이 대답을 크게 외칠 수 있도록 잠시 멈춤]

– 피터 무어

일본에서의 부진에도 불구하고 마이크로소프트는 엑스박스 사업을 포기할 기미를 보이지 않았습니다. 미국 출시 1주년 기념일인 2002년 11월 15일에 엑스박스 라이브가 시작되었습니다. 이는 엑스박스뿐만 아니라 전 산업에 걸쳐 중요한 순간이었습니다. 빌 게이츠가 콘솔에 추가해야 한다고 주장했던, 많은 인기를 끈 이더넷 포트는 엑스박스를 기존의 다른 콘솔과 차별화하는 기능이 되었습니다. [77] 마이크로소프트는 엑스박스 커뮤니케이터 헤드셋, 무료 미니 게임 두 개(〈웩트!Whacked!〉와 〈모토GPMotoGP〉 데모 버전), 엑스박스 라이브 1년 구독이

---

[77] 공정하게 말하면 세가와 소니는 마이크로소프트보다 선수를 쳤다. 드림캐스트는 스포츠 타이틀인 〈2K〉, 〈추추 로켓!(ChuChu Rocket!)〉을 지원하는 내장 협대역 어댑터와 함께 출시되었다. 흥미롭게도 랠프 베어는 마그나복스 오디세이가 될 가정용 콘솔을 RCA에 보여줄 때 케이블을 통한 스트리밍 게임을 제안했다. 1994년에 세가와 타임워너케이블은 '세가 채널' 구독 서비스를 시작하기 위해 협력했고, 닌텐도는 1988년에 일본에서 패미컴 넷 시스템을 출시했다.

포함된 49달러짜리 엑스박스 라이브 스타터 키트를 마케팅하기 시작했습니다.

인터뷰에서 엑스박스 총책임자인 J 앨러드는 게이머 태그[78]에 대항하는 엑스박스 라이브의 '세계적인 소파'[79]에 대해 이야기했습니다. 드림캐스트와 같은 이전 콘솔의 경우 플레이어가 온라인상에서 게임을 할 수 있었지만, 게임을 하면서 친구들과 채팅이 가능한 것은 엑스박스뿐이었습니다. 하지만 아무도 대답할 수 없는 질문이 남아 있었습니다. 과연 콘솔 게이머들이 온라인 게임에 관심이 있는가 하는 것입니다.

엑스박스 라이브는 게임 경험을 풍부하게 만들었지만, 이것이 마이크로소프트에 확실한 도박이 될 수는 없습니다. 소비자의 관심은 논쟁의 여지가 있습니다. 게이머 측의 재정적 투자는 마이크로소프트가 말하는 것 이상입니다. 이 회사의 목표는 야심차고, 어쩌면 그게 지나칠지도 모릅니다.

– 크리스 모리스(CNN머니 콘텐츠 개발 책임자)

이 경우 타이밍이 모든 것을 결정했습니다. 2001년, 미국의 720만 가구가 광대역 케이블에 가입하고 350만 가구가 DSL에 가입했습니다. 이 수치는 2002년까지 꾸준히 증가해 연말 무렵 케이블 인터넷 가입자는 1,150만 가구, DSL 가입자는 550만 가구에 달했습니다. 주피터리서치는 2003년에 광대역 가입자가 40% 증가할 것이라고 예측했습니다.

마이크로소프트의 경우 광대역 온라인 게임에 집중하는 것이 유일한 기회라고 생각합니다. 몇 가지 매력적인 온라인 전용 광대역, 커뮤니티 중심, 대중 시장 게임을 제공한다면 그들은 발판을 마련할 수 있습니다.

– 리처드 도허티

---

78 옮긴이_게임에서 사용하는 캐릭터의 이름
79 옮긴이_이 당시에는 혼자서 혹은 친구들과 소파에 앉아서 비디오 게임을 즐기는 경우가 많았다.

소니컴퓨터엔터테인먼트는 이 상황을 재앙의 조짐으로 보고 시장을 공동 점유하려고 시도했습니다. 엑스박스 라이브 출시 3개월 전인 8월, 소니는 광대역 및 협대역 연결을 위한 플레이스테이션 2 어댑터를 39.99달러에 선제적으로 내놓았습니다. 서비스를 호스팅하고 구독료를 청구하는 대신 소니의 온라인 서비스는 무료로 제공되고, 게임에 어떤 종류의 온라인 지원을 추가할지를 퍼블리셔가 결정했습니다. 예를 들어 〈매든 NFL〉 경기는 EA가 주최합니다. 스퀘어는 플레이스테이션 2 사용자가 PC에서 〈파이널 판타지 XI〉을 플레이하는 사람들과 함께 플레이할 수 있는 MMORPG인 〈파이널 판타지 XI〉을 출시했습니다.

마이크로소프트와 소니의 경우 개발자의 관심은 누가 더 나은 네트워킹 전략을 가지고 있는지, 누가 그것을 전달하고 게임에 제공할 수 있는지에 대한 것입니다. 소니의 입장에서 이는 대부분의 게임에 네트워킹 구성 요소가 포함되도록 하기 위한 새로운 주도권을 의미하죠. 내가 소니 개발자 대학이라고 부르는 것은, 소니가 이미 개발자의 관심 범위에서 큰 부분을 차지하기 때문에 소니는 상당히 우위에 있다는 의미입니다. 마이크로소프트의 경우 네트워킹이 기본적으로 제공되지만, 단순히 하드웨어 소켓이 있는 것과 신규 게임을 모두 가져와서 새로운 네트워킹 전략을 개발할 수 있는 개발자와 관계를 맺는 것에는 상당한 차이가 있습니다.

지금으로서는 승산이 소니 쪽을 향하고 있는 것 같군요.

– 리처드 도허티

엑스박스는 더욱 매력적인 온라인 경험을 제공했습니다. 2003년까지 소니는 플레이스테이션 2 어댑터를 260만 개 출하했지만 실제로는 약 100만 명의 사용자만이 온라인에 접속하기 위해 그것을 사용했습니다.[4] 엑스박스 라이브는 첫해에 약 75만 명의 회원을 끌어모았습니다. 빌 게이츠가 예견했듯이 온라인 플레이는 빠르게 엑스박스 문화의 필수적인 요소가 되었습니다.

마이크로소프트의 입장에서는 적시에 광대역 인터넷 서비스 이용자의 수가 급증했습니다. 2003년 말까지 미국에서 700만 명이 추가로 광대역 인터넷 서비스에 가입해 총가입자 수가 2,500만 명에 달했습니다. 주피터리서치는 2008년 말까지 약 6,400만 가구가 고속 인터넷에 접속할 것이라고 낙관적으로 예측했습니다.

신규 가입자가 몰려들면서 엑스박스에 필요한 것은 완벽한 게임뿐이었고 인터넷은 정말로 '세계적인 소파'가 될 판이었습니다. 2004년, 마이크로소프트는 완벽한 게임인 〈헤일로 2〉를 출시했습니다.

LAN으로만 멀티플레이를 할 수 있도록 설계된 〈헤일로: 전쟁의 서막〉은 어떤 종류의 인터넷 플레이도 지원하지 않았습니다. 반면에 〈헤일로 2〉는 엑스박스 라이브를 지원했습니다.

〈헤일로〉의 흥미로운 점은 게임 플레이의 모든 사회적 질서가 서로 물리적으로 근접하게 형성되었다는 것입니다. 게임 출시 당시에는 엑스박스 라이브가 없었습니다.

– 프랭크 오코너(번지 전 작가 겸 커뮤니티 관리자)

제작을 시작한 순간부터 〈헤일로 2〉는 성공과 취소의 위험, 그 사이에 있는 것처럼 보였습니다. 아무도 〈헤일로〉 속편 개발에 대해 의심하지 않았습니다. J 앨러드는 2002년 E3에서 게임 개발을 인정했습니다. 2003년에 나올 것이라는 추측이 있었지만 현실적이지 않았습니다. 빌 게이츠는 개인적으로 프랜차이즈에 관심을 가졌고, 〈헤일로〉는 〈슈퍼 마리오〉에 대한 마이크로소프트의 답변이었습니다.

그럼에도 게임이 준비되기도 전에 출시하라고 번지에 강요하는 이는 아무도 없을 것입니다. 블리자드, 밸브, 번지와 같은 회사의 경영진은 마감 시한에 연연하지 않습니다. '게이머를 위한, 게이머에 의한 게임'을 지켜보는 사람들은 마감일을 그다지 중요하게 여기지 않습니다.

번지의 목표는 적절한 〈헤일로〉 속편을 만드는 것만이 아니었습니다. 앨릭스 세로피언과 회사는 싱글플레이어 캠페인이 모든 면에서 〈헤일로〉만큼 좋고 엑스박스 라이브를 지원해야 한다고 주장했습니다. 요컨대 〈헤일로 2〉의 계획은 지나치게 야심찼습니다.

첫 번째 게임을 만들 때 방해가 되었던 문제가 다시 나타났습니다. 시간과 돈이 증발하면서 더 현실적인 게임의 민낯이 드러났습니다.

2003년에 내가 입사했을 때 〈헤일로 2〉 개발이 절반쯤 진행된 상태였습니다. 내가 일을 시작한 지 약 두 달 후 모두들 큰 회의실로 불려가서 게임 개발 범위를 반으로 줄인다는 이 야기를 들었습니다. 그들은 제시간에 납품하기에는 너무 많은 콘텐츠를 가지고 게임을 만들기 시작했더군요. 그 말은 게임에서 스토리의 절반, 콘텐츠의 절반을 잘라낸다는 의미로, 게임의 가치가 어떻게 될지 완전히 재고해야 함을 뜻했어요. 이 모든 것은 엑스박스 라이브를 위한 발판을 마련하는 동안의 일이었죠.

－프랭크 오코너

〈헤일로 2〉에는 세심하게 구상한 줄거리를 포함해야 했습니다. 조지프 스태튼은 작가이자 감독인 제이슨 존스와 긴밀하게 협력해 커버넌트의 외계인이 지구를 공격하러 온다는 핵심 줄거리를 기획했습니다. 온라인 서비스의 등장으로 곧 다른 회사들은 싱글플레이어 캠페인을 포기하고 멀티플레이어 기능에만 집중하곤 했습니다. 그러나 〈헤일로〉 시리즈의 경우 그런 옵션이 존재하지 않았습니다.

계속 연기되었습니다. 액티비전은 시계처럼 매년 새로운 〈콜 오브 듀티Call of Duty〉를 출시했습니다. 닌텐도와 소니는 여러 프랜차이즈를 가지고 있어 대체 출시가 가능했습니다. 닌텐도는 〈슈퍼 마리오 선샤인〉을 먼저 출시하고 그다음 해에 〈젤다의 전설〉을 출시할 수도 있었습니다. 타의 추종을 불허하는 서드파티의 지원으로 소니는 자체 게임을 홍보하고 그다음 해에 〈파이널 판타지〉를 홍보할 수도 있었습니다. 그러나 마이크로소프트는 최고의 라인업이 〈헤일로〉뿐이었습니다.

〈헤일로 2〉 출시가 너무 늦어져서 점점 우스꽝스러워졌어요. 납품될 것이라고 아무도 믿지 않았죠.

– 피터 무어

맥스 호버먼은 완전히 새로운 멀티플레이어 옵션을 만드는 대신 원래 게임에 내장된 LAN 옵션을 미세 조정하기로 결정했습니다. 〈헤일로〉는 온라인이 아닌 소셜 게임이었습니다. 〈헤일로 2〉는 케이블을 광대역 연결로 대체하기만 했습니다.

나는 멀티플레이어 기획자인 맥스 호버먼과 긴밀히 협력하게 되었습니다. 〈헤일로〉 때는 멀티플레이어 수가 거대해졌고, 물리적 근접성으로 인해 200파운드짜리 TV와 수 마일의 케이블을 가지고 마을을 가로질러 운전하는 열성적인 팬이나 동호회가 생겨났습니다. CRT TV의 무게가 어떤지 기억하실 겁니다.

호버먼에게는 별도의 예산이 주어지지 않았죠. 그는 캠페인 콘텐츠에 포함되지 않은 게임 플레이 요소를 기획할 수 없었어요. 그는 이미 샌드박스에 들어 있는 차량, 무기, 물리 엔진, 오브젝트를 사용해야만 했어요. 플래그 오브젝트와 UI 요소 같은 사소한 예외가 있었지만, 아드볼 모드Oddball Mode의 해골도 캠페인에서 가져온 것입니다. 그들은 멀티플레이어에 적합하도록 메인 캠페인에 있는 모든 것을 리믹스해야 해요.

엑스박스 라이브에 대한 그의 생각은 〈헤일로〉의 LAN 대기실 경험을 재현하는 것이었습니다. 현재 우리가 당연하게 여기는 매치메이킹은 그 당시에 대단한 것이 아니었죠.

– 프랭크 오코너

만약 플레이어 대 플레이어 게임의 방향을 바꾼 순간이 있다면 그것은 플레이어들이 하고 싶은 게임보다 플레이어들 자체에 관심을 집중하기로 한 호버먼의 결정이었을 것입니다. 그는 LAN 파티를 위해 모이는 친구들의 실력이 비슷하다는 점에서 아이디어를 얻었습니다. 그 아이디어를 통해 고객 프로필을 만듦으로써, 대부분 온라인 게임을 괴롭히는 악성 플레이어의 뉴비 학살을 최소화하는 방식으로 플레이어를 매칭할 수 있을 것이라고 생각했습니다.

그 전에는 메뉴에 들어가서 '8 대 8', '스나이퍼', '슬레이어' 등 원하는 모드를 서버 목록에서 볼 수 있다는 아이디어였습니다. 다들 처음에는 '무엇을 하고 싶은가'로 접근한 다음 '어떻게 하고 싶은가'로 접근했습니다.

그런데 맥스가 그걸 뒤집었어요. 이런 식이었죠. "여러분에게 일반적인 카테고리를 제공할 테지만, 우리는 실시간으로 사람들을 모을 때마다 다른 기준에 따라 게임 모드를 결정할 것입니다."

우리는 그 계산이 효과가 있다는 것을 알았어요. 우리가 몰랐던 건 플레이어들이 그것에 만족지였죠. 그들이 매치메이킹에 참여하기를 거부할 정도로 싫어할 줄 몰랐네요.

－프랭크 오코너

마이크로소프트의 마케팅 책임자인 피터 무어가 E3 무대에 올라 "지금 모든 이의 마음속에는 한 가지 게임이 있습니다"라고 말했을 때 모든 청중은 그 게임이 〈헤일로 2〉를 의미한다는 것을 알았습니다. 무어는 다음과 같이 말했습니다.

〈헤일로 2〉와 관련해서 가장 좋은 소식은 오늘 밤 드디어 출시일을 공개한다는 것입니다. 지난 토요일 밤에 나는 영업사원들과 한잔했어요. 어떻게 돌아가는지 아시잖아요. 몇 잔 마시고 나서 나는 폭탄 발언을 했죠. "여러분, 우리는 〈헤일로 2〉를 출시할 것이고 더 이상 연기하지 않을 겁니다."

그들은 내가 팔에 문신을 새기면 그 말을 믿겠다고 하더군요. 의심 많은 사람들이죠.

자, 여러분, 출시일이 바로 여기에 있습니다.

－피터 무어

그런 다음 무어는 검은 볼링 셔츠의 소매를 걷어 올려 '2'가 박힌 〈헤일로〉 로고 문신이 새겨진 이두박근을 드러냈습니다. 로고 위에는 출시 날짜인 11월

9일이 적혀 있었습니다.[80] 이 연출은 상징적이었습니다. 그야말로 무어는 게임을 즐기는 사람들을 위한 위대한 쇼맨, P. T. 바넘이었습니다.

어쨌든 〈헤일로 2〉는 블록버스터 행사였고 비평가들의 극찬을 받았습니다. 팬들도 좋아했습니다. 마이크로소프트는 출시 24시간 만에 무려 240만 장을 팔았습니다. 더 중요한 것은 〈헤일로 2〉가 엑스박스 라이브를 대중화했다는 것입니다.

번지의 제작 능력이 여전히 의심스럽다면 출시 후 10주 동안 게이머들이 온라인에서 〈헤일로 2〉를 플레이한 시간이 9,100만 시간이라는 사실을 생각해보세요. 제이슨 존스[번지 공동 창업자], 마커스 레토[아트 디렉터], 찰리 고프[물리 프로그래밍 책임자]와 조력자들이 가상 세계에서 보낸 시간은 1만 년인데, 이는 온라인 플레이만의 수치이고 어마어마한 전체 플레이 시간의 일부분입니다.[5]

2위에 안착한 마이크로소프트

당신이 게이머라면 무엇을 샀을까요? 음, 당신이 처음 산 것은 분명히 플레이스테이션 3나 플레이스테이션 2였을 겁니다. 그리고 당신이 〈헤일로〉에 관심이 있다면 엑스박스 라이브나 엑스박스를 샀을 겁니다.

우리는 소니의 가격 곡선을 계속 좇았습니다. 이는 그들이 돈을 벌고 있기 때문에 마케팅에 더 많은 돈을 쓸 수 있다는 것을 의미했습니다.

우리는 하나를 판매할 때마다 총마진 수준에서 손해를 보고 있었어요. 심지어 순이익에 대

---

80 영구적인 문신인지에 대한 논쟁이 지금까지 있다. 문신 전체가 검은색이라 가장 일반적인 레이저 제거 장비로 쉽게 지울 수 있었다. 2020년 3월 4일, 무어는 문신에 대한 질문에 이렇게 대답했다. "나는 그 문신의 진정성에 호기심을 더하기 위해 모호하게 표현해왔는데 계속 그러고 싶군요."

해 이야기하는 게 아니라 수익에서 비용을 뺀 금액이에요. 우리는 돈을 잃고 있었죠.

ㅡ로비 바흐

기존 엑스박스는 항상 엑스박스 360의 전채 요리가 될 거예요. 엑스박스 제작을 그만둬야 하는 순간에도 우리는 더 만들었죠.

ㅡ피디 무어

〈GTA: 산안드레아스〉와 같은 독점작, 일본 시장의 견고한 자물쇠 덕분에 플레이스테이션 2는 점점 더 앞서 나갔습니다. 2005년까지 소니는 플레이스테이션 2를 7,900만 대 출하했습니다. 플레이스테이션 2가 2012년에 마침내 단종될 때까지 소니는 전 세계적으로 1억 5,500만 대를 출하했고, 플레이스테이션 2는 역사상 가장 많이 팔린 비디오 게임기로 등극했습니다.

마이크로소프트는 일본 시장에서 거의 무시당했음에도 불구하고 엑스박스를 약 2,400만 대 판매해 2위를 차지했습니다. 3위는 게임큐브를 2,170만 대 판매한 닌텐도였습니다.

엑스박스는 수명 기간 동안 한 회계 분기(〈헤일로 2〉가 출시된 2004년 가을)에만 이익을 냈습니다. 기성 부품을 사용해 엑스박스를 제작하기로 결정했기 때문에, 마이크로소프트는 소니와의 경쟁력을 유지하기 위해 소매 비용을 낮추어야 했음에도 콘솔 제조 비용은 일정하게 유지되었습니다. 로비 바흐에 따르면 마이크로소프트는 매년 콘솔 판매로 10억 달러의 손실을 입었습니다.[6]

엑스박스는 좀 안 좋은 사업이었어요. 일종의 끔찍한 사업이었죠. 심각한 문제가 있었습니다. 계산을 어떻게 하느냐에 따라 40억, 50억, 60억, 70억 달러의 손실을 입었어요. 그걸 좋은 사업이라고 하긴 어렵네요.

정말로 다 빌과 스티브 덕분인데, 그들은 처음부터 끝까지 100% 지지해주었습니다.

ㅡ로비 바흐

플레이스테이션 2는 엑스박스보다 여섯 배 이상 팔렸고, 닌텐도의 불안정한 게임큐브 사업조차 엑스박스 사업보다 훨씬 더 많은 이익을 냈습니다. 엑스박스의 재정적 손실 수준이라면 닌텐도, 심지어 소니까지도 파산시켰을 테지만 빌 게이츠는 엑스박스를 완전무결한 성공으로 보았습니다.

그는 『타임Time』의 레브 그로스먼에게 다음과 같이 말했습니다. "1세대는 비디오 게임과 같습니다. 완벽하게 플레이하면 마지막에 '다시 플레이할 수 있습니다'라고 나오죠. 그게 다예요. 박스에 손을 다시 넣어봐도 그 속에는 25센트도 없어요. 재미있는 인형 같은 것을 살 수 있는 티켓도 없고요. 그냥 다시 플레이하는 거예요."[7]

로비 바흐가 나중에 마이크로소프트의 게임 소개를 요약했듯이 엑스박스는 교두보 확보에는 성공했지만 재정적으로는 엉망이었습니다.

Chapter

08

아케이드 사업의
사후 세계

공교롭게도 여기 있는 당신 친구는 거의 죽었어요. 거의 죽은 사람과 완전히 죽은 사람은 큰
차이가 있죠. 거의 죽은 사람은 아직 살아 있는 거예요.
—미러클 맥스(《프린세스 브라이드》의 빌리 크리스털 역)

그 말인즉슨 '그들이 폐업했고, 심지어 그들조차 그것을 알지 못한다'는 것이었습니다.
—에디 애들럼(『리플레이』 편집장)

긴 미끄럼틀 아래로

오락실의 황금기가 언제였는지에 대해서는 의견이 분분합니다. 게이머들은 그 시대의 게임으로 황금기를 정의하곤 합니다. 미로 찾기 팬은 〈팩맨〉, 〈랠리 X^Rally-X〉, 〈동키콩〉이 나온 1980년대 초를 고점으로 봅니다. 격투 게임 팬은 〈스트리트 파이터 II〉(1991년), 〈모탈 컴뱃〉(1992년), 〈버추어 파이터〉(1993년), 〈철권〉(1994년)이 차례로 출시된 1990년대 초를 황금기라고 할 것입니다.

오락실 주인과 게임 제작자는 황금기를 다르게 정의합니다. 그들은 손에 들어온 수입으로 그 사업을 판단합니다.

1972년부터 1985년까지요. 처음에 나는 1982년 초부터 1982년 말까지라고 말하려 했어요. 그해는 추락 직전의 절정기였죠.

내 생각에 '오락실의 황금기'는 〈퐁〉[1972년 11월]의 시작부터 1985년 말 미국에서 NES가 출시되기까지의 성장기, 즉 그 시대가 끝날 때까지입니다.

– 케빈 바커스(데이브앤드버스터스 엔터테인먼트 및 게임 전략 담당 임원)

나는 1980년부터 1982년까지를 '황금기'가 아니라 '르네상스'라고 생각합니다. 이 시기는 위대한 창의성과 예술 형태에 대한 다양한 접근의 시기였습니다.

1984년부터 1987년까지[〈이카리 워리어스^Ikari Warriors〉, 〈가라테 챔프^Karate Champ〉, 〈스파르탄 X^Kung-Fu Master〉, 〈아웃런^OutRun〉, 〈더블 드래곤^Double Dragon〉]는 일종의 '상업 황금기'였습니다. 게임이 그렇게 창의적이거나 다양하지는 않았지만 미드웨이/아타리, 남코, 세가, 코나미, 캡콤과 같은 회사는 하드웨어를 개선하고 더 나은 그래픽을 내놓아 경쟁하기 시작했습니다.

1991년, 〈스트리트 파이터 II〉가 소개되었을 때 그 바닥은 쇠퇴하고 있었습니다.

– 톰 루소

'오락실의 황금기'는 바로 지금이라고 생각합니다.[81]

---

81 매콜리프는 COVID-19 사태 전인 2020년 초에 이 발언을 했고, COVID-19 사태 이후 아케이드 산업에 진

우리는 '주간 게임당 매출'이라는 지표를 사용합니다. 현재 일부 지역의 매출이 사상 최고 치를 기록하고 있습니다.

이런 일이 일어나는 이유와 내가 오락실의 황금기라고 말하는 이유는 아케이드를 이해하 고 게임을 즐기는 여러 세대가 있다는 것에서 비롯됩니다.

- 하워드 매콜리프(피너클엔터테인먼트그룹 임원)

동전을 넣고 하는 게임은 훌륭한 아이디어와 호객꾼의 재능을 가진 P. T. 바넘과 비슷한 사업가에 의해 시작되었습니다. 다른 산업계의 바넘들처럼 놀런 부슈널은 발명가라기보다는 리패커repackager였습니다. 그는 비디오 게임을 발명 하지 않았고, 공공 오락실의 발명이라는 업적을 수십 년이 지난 후 인정받았습 니다. 그는 자기보다 먼저 등장한 사업가와 발명가의 어깨에 올라서서 그들이 놓친 기회를 발견하고 그것으로 돈을 벌 수 있는 재능을 가졌습니다. 부슈널은 'TV 게임'을 오락실에 들인 선지자일 뿐만 아니라 대중에게 오락실 게임을 선사 한 사람입니다.

부슈널은 재미에 대한 안목, 게다가 만족할 줄 모르는 기업가 정신을 지닌 엔지니어였습니다. 유타대학에 다니는 동안 컴퓨터 게임에 푹 빠진 그는 졸업 후 앰펙스라는 캘리포니아 소재 회사에서 엔지니어로 일했습니다. 부슈널은 낮 에는 충성스러워 보이는 앰펙스 직원이었지만, 밤에는 〈스페이스워!Spacewar!〉의 동전 투입식 버전을 만드는 방법을 고안했습니다. [82] 그는 동료 엔지니어인 테드 대브니와 협력해 〈스페이스워!〉를 작동하는 기능만을 수행하는 전용 기계를 만 들어 컴퓨터 제작 비용을 덜었습니다.

부슈널과 대브니는 걸작을 만들면서 순익을 주시했습니다. 앰펙스는 엔지 니어들이 샘플 회로를 실험할 수 있도록 허용했기 때문에 그들은 가능한 한 많

정한 대혼란이 일어났다.

82 컴퓨터가 거대하고, 희귀하고, 비싸고, 대개는 화면도 없던 시절에 〈스페이스워!〉는 시장성이 전혀 없었다. 〈스페이스워!〉는 디지털이큅먼트코퍼레이션의 12만 달러짜리 PDP-1 컴퓨터로 구동되었다.

이 테스트를 했습니다. 그들은 컴퓨터 화면 대신 작은 흑백 TV를 사용했습니다. 마침내 게임이 완성되었고 그들은 이 게임에 〈컴퓨터 스페이스Computer Space〉라는 이름을 붙였습니다.

키가 크고 잘생긴 부슈널은 아나운서 같은 목소리와 전염성 있는 자신감을 타고났으며, 소규모 아케이드 제조업체인 너팅어소시에이츠의 빌 너팅 회장에게 'TV 게임'이 미래의 물결이라고 설득했습니다. 너팅은 〈컴퓨터 스페이스〉를 사들이고 부슈널을 고용했습니다. 1971년 11월, 너팅어소시에이츠는 첫 〈컴퓨터 스페이스〉를 오락실로 보냈습니다.

2,000대가 팔리면 괜찮은 실적이고 1만 대가 팔리면 공전의 히트였던 시절에 너팅어소시에이츠는 〈컴퓨터 스페이스〉 기계를 약 1,100대 판매했습니다. 그러나 그 무렵 부슈널은 너팅어소시에이츠를 떠나 다음 기업가적 모험에 착수했습니다. 부슈널과 대브니는 아타리라는 회사를 차렸습니다.

이들은 1972년 6월에 아타리를 설립하고 가상의 테니스 게임 〈퐁〉을 만들었습니다. 〈컴퓨터 스페이스〉 이후 거의 1년 만에 술집과 상점가에 상륙한 〈퐁〉은 대중에게 컴퓨터 게임을 소개하기에 완벽한 게임이었습니다. 플레이하기도 쉽고 설명도 필요 없었습니다. 게임을 하는 방법은 다음과 같았습니다.

- 25센트를 넣으세요.
- 볼이 자동으로 서브됩니다.
- 공을 놓치지 않으면 하이스코어를 얻습니다.

오락실 게임이 대개 전기 기계식 게임과 핀볼이었던 시기에 출시된 〈퐁〉은 미래에서 온 것처럼 보였습니다. 장난감 소총이나 모형 자동차 대신에 많은 사람이 컴퓨터 화면으로 착각하는 TV 화면이 있었습니다. 핀볼 기계는 제작하는 데 큰돈이 들고 정기적인 유지·보수가 필요했습니다. 반면에 〈퐁〉 기계는 제작 비용이 비교적 저렴하고 회로가 안정적인 데다 25센트 동전을 톤 단위로 긁어

모았습니다. 다른 기계의 경우 보통 한 주 동안 현금통에 40~50달러가 쌓였던 데 반해 〈퐁〉은 주당 200달러를 벌어들였습니다.

아타리의 첫 번째 게임은 곧바로 히트를 쳤습니다. 다른 회사들이 〈퐁〉 모조품을 내놓았음에도 부슈널의 작은 신생 기업은 1974년 말까지 〈퐁〉 기계를 8,000대 이상 팔았습니다. 부슈널은 〈퐁〉을 베끼는 모방자들을 '자칼'이라고 불렀습니다.

아케이드 사업은 작고 편협했습니다. 람텍, 메도스게임스, 윌리엄스매뉴팩처링, 그리고 아이러니하게도 너팅어소시에이츠 같은 회사도 점점 확장되는 자칼 그룹에 합류해 〈퐁〉 스타일의 게임을 마케팅했습니다. 그들은 게임에 하키, 핸드볼, 축구 등의 이름을 붙였지만 모두 〈퐁〉처럼 플레이하는 것이었습니다.

가만히 두고 보지만 않는 사업가인 부슈널은 자칼이 초만원인 상황을 인지하고는 엔지니어들에게 테니스와 관련 없는 게임을 만들라고 지시했습니다. 1973년, 아타리는 두 가지 게임을 출시했습니다. 플레이어가 로켓을 유도하면서 별의 들판을 통과해 화면 상단에 도달하는 〈스페이스 레이스Space Race〉, 2인용 태그와 비슷한 게임인 〈갓챠Gotcha〉였는데 둘 다 잘 팔리지 않았습니다.

1974년, 아타리는 첫 번째 드라이빙 게임인 〈그란 트랙 10Gran Trak 10〉을 출시했습니다. 그해 말, 경쟁자로 가장한 아타리 사단의 키게임스는 〈탱크Tank〉를 내놓아 시장을 자극했습니다. 1년 후 미드웨이매뉴팩처링[83]은 옛 서부에서의 총격전 게임인 〈건파이트Gunfight〉[84]를 출시했는데, 이는 마이크로프로세서가 포함된 최초의 게임이었습니다.

부슈널은 1976년에 아타리를 워너커뮤니케이션스에 2,800만 달러에 매각했습니다. 그는 회장직을 계속 맡았으나 급작스레 관계가 틀어져 1978년에 쫓

---

83 옮긴이_미드웨이게임스의 전신
84 〈건파이트〉의 오리지널 버전은 〈스페이스 인베이더(Space Invaders)〉 제작자인 니시카도 도모히로가 만들었다. 일본 퍼블리셔인 타이토가 미국판 제작을 위해 미드웨이매뉴팩처링에 라이선싱했을 때, 데이브 너팅이라는 엔지니어가 8비트 인텔 8080 칩으로 게임을 업데이트하는 팀을 이끌었다. 데이브 너팅의 형제 빌 너팅은 〈컴퓨터 스페이스〉를 만든 너팅어소시에이츠 설립자이다.

겨났습니다. 익히 밝혀졌듯이 부슈널이 아타리를 떠남으로써 진정한 오락실의 황금기가 조성되었습니다.

아케이드 사업의 제조 부문은 안정적이었지만 아케이드 게임을 취급하는 사업체가 한정적이라 성장이 더뎠습니다. 주요 장소는 술집, 볼링장, 수영장, 그리고 코니아일랜드와 같은 유원지였는데 부슈널은 그 문제를 해결할 방법을 알아냈습니다. 아타리에 있는 동안 그는 산업을 성장시킬 방법, 즉 더 많은 운영자가 오락실을 열도록 장려하는 방법을 찾기 시작했습니다. 답은 뻔했습니다. 오락실이 돈을 더 많이 벌면 상점가 업주들이 오락실을 더 많이 열겠죠. 그렇다면 어떻게 사업의 수익성을 향상할 수 있을까요? 그가 찾은 답은 '사람들을 잡아두는 것'이었습니다.

사람들이 기꺼이 붙잡혀 있을 장소를 물색하던 중 부슈널은 피자 가게에 오락기를 설치하는 아이디어를 우연히 발견했습니다. 그는 피자 가게를 더 매력적으로 만들기 위해 동물 로봇이 있는 애니매트로닉 키즈 쇼를 추가했습니다. 나중에 그가 묘사했듯이 그것은 '디즈니랜드에 있는 마법의 티키룸 축소 버전'이었습니다.

1980년대 이전으로 돌아가 보면, 주로 10대 소년을 위한 오락이었기에 온갖 종류의 법이 있었습니다. 10대와 성인의 구역을 지정해둔 도시도 있었답니다. '악의 연기가 자욱한 소굴'이라는 말이 흔히 언급되었죠.

－하워드 매콜리프

부슈널은 자신의 창작물을 '척 E. 치즈스 피자타임시어터'라고 이름 지었습니다. 워너커뮤니케이션스는 아타리를 인수하면서 척 E. 치즈스에 대한 권리를 얻었지만, 경영진은 아케이드를 테마로 한 피자 가게의 미래를 거의 내다보지 못했습니다. 아타리를 떠난 부슈널은 척 E. 치즈스에 대한 권리를 50만 달러에 사들이고, 전국적으로 프랜차이즈화하기 전에 두 개의 지점을 열었습니다.

척 E. 치즈스는 아케이드 사업의 체면을 회복시켰습니다. 척 E. 치즈스의 마스코트인 '쥐'와 함께 원래 무단결석 장소로 여겨졌던 오락실은 10대 초반 아이들의 생일 파티 장소가 되었습니다.

척 E. 치즈스 1호 점이 문을 연 1977년은 최고의 시기였습니다. 일본 최초의 대히트 게임이 1년 뒤 나왔고, 13개월 뒤에는 비디오 게임이 국제적인 유행이 되었습니다.

나는 '오락실의 황금기'를 1978년 일본의 〈스페이스 인베이더〉로 시작해 1982년 〈팩맨〉 시리즈로 끝나는 기간으로 정의합니다. 그것은 〈팩맨〉과 〈미스 팩맨Ms. Pac-Man〉일 거예요. 이 붐은 거의 5년간의 버블이라고 말할 수 있어요. 그 버블은 〈스페이스 인베이더〉부터 〈디펜더Defender〉, 〈동키콩〉 그리고 꽤 괜찮은 몇 가지 아타리 게임까지 정말 훌륭한 기기로 정의되었죠.

–에디 애들럼

미국의 아케이드 사업이 기업가 놀런 부슈널로부터 시작된 것처럼 일본의 아케이드 산업에도 열심히 움직이는 기업가 집단이 있었습니다. 공격적인 기업가들 중 일부는 다른 나라에서 왔습니다. 서비스게임스 창립자인 마티 브롬리, 딕 스튜어트, 레이 르메르는 미국 밖에서 지냈습니다. 로젠엔터프라이지스를 세운 데이비드 로젠도 마찬가지였습니다. 훗날 로젠은 서비스게임스와 합병해 세가엔터프라이지스를 설립했습니다.

일본의 일류 아케이드 게임 제조업체 중 상당수가 외국인 소유였지만 가장 큰 두 곳은 일본인이 세웠습니다. 남코를 설립한 나카무라 마사야도, 가업인 화투 회사를 비디오 게임의 거물로 탈바꿈시킨 닌텐도 후계자 야마우치 히로시도 일본에서 나고 자랐습니다.[85]

---

[85] 여러 게임에 사용되는 카드인 화투는 도박과 연관되기도 한다. 도박에 사용되는 화투는 전통적으로 게임이 끝날 때마다 파기하기 때문에 화투 제조업은 수익성이 좋은 사업이었다.

서비스게임스나 로젠엔터프라이지스와 마찬가지로 타이토무역회사는 수입업체로 시작했습니다. 미차엘 코간이라는 우크라이나 이민자가 1953년에 설립한 타이토는 자판기와 주크박스를 일본으로 수입하다 제조업체로 변모했습니다. 1973년, 타이토는 아타리의 〈스페이스 레이스〉와 의심스러울 정도로 유사한 〈아스트로 레이스Astro Race〉를 내놓으며 비디오 게임 사업에 공격적으로 뛰어들었습니다.

사람들이 1978년을 오락실의 황금기가 시작된 해라고 하는 것은 일본을 사로잡은 게임인 〈스페이스 인베이더〉의 출시를 의미합니다. 〈스페이스 인베이더〉가 큰 인기를 끌자 식료품점이 농산물 대신 〈스페이스 인베이더〉 기계를 들이고 작은 오락실로 바꾸는 등 일본 전역에서 한 가지 게임만 둔 오락실이 우후죽순 생겨났습니다.

타이토는 미드웨이매뉴팩처링에 〈스페이스 인베이더〉의 라이선스를 주었는데, 이 게임은 엄청난 히트를 기록했지만 그해의 유일한 히트작이 아니었습니다. 당구공 크기의 트랙볼을 굴리느라 손바닥에 물집이 잡혔던 〈아타리 풋볼Atari Football〉은 제13회 슈퍼볼에서 스틸러스가 카우보이스를 이긴 1979년 1월 21일까지 미국에서 〈스페이스 인베이더〉만큼 인기가 있었습니다. 풋볼 시즌이 끝나자 풋볼에 대한 모든 관심이 사그라든 반면 〈스페이스 인베이더〉의 인기는 치솟았습니다. 〈스페이스 인베이더〉의 지속적인 인기와 더불어 아케이드 게임이 드러그스토어, 패스트푸드점, 기타 예상치 못한 장소에서 나타나기 시작했습니다.

처음에 나는 황금기가 1982년 초부터 1982년 말까지라고 말하려 했어요. 그해는 추락 직전의 절정이었죠. 백금 시대 같았어요. 오락실의 진짜 전성기는 1970년대 후반부터 1984년 사이나 그 무렵이에요.

− 유진 자비스(〈로보트론: 2084Robotron: 2084〉, 〈디펜더〉 등 클래식 아케이드 게임 제작자)

1979년 11월, 아타리는 〈아스테로이드Asteroids〉를 출시했습니다. 1만 대를 팔면 대박이었던 당시에 아타리는 놀랍게도 7만 대를 팔았습니다. 〈아스테로이드〉는 아타리의 역사상 베스트셀러였지만 〈스페이스 인베이더〉를 넘어설 정도는 아니었습니다.

타이토는 〈스페이스 인베이더〉 기계를 전 세계적으로 36만 대 판매했습니다. 〈스페이스 인베이더〉를 능가한 유일한 아케이드 게임은 전 세계적으로 40만 대가 팔린 〈팩맨〉입니다. 이후 40년 동안 〈팩맨〉의 기록에 근접한 아케이드 게임이 없었습니다.

〈팩맨〉, 〈배틀존Battlezone〉, 〈센티피드Centipede〉, 〈랠리 X〉, 〈미사일 커맨드Missile Command〉가 등장한 1980년은 아케이드 게임과 아케이드 사업 모두에 좋은 해였습니다. 극장, 편의점, 쇼핑몰, 카지노, 호텔에 아케이드 게임 집단이 나타났습니다. 수십 년 만에 처음으로 새로운 오락실이 전국에 문을 열기 시작했습니다.[86]

최고의 해는 윌리엄스매뉴팩처링이 〈디펜더〉를, 아타리가 〈템페스트Tempest〉를, 닌텐도가 〈동키콩〉을, 코나미가 〈프로거〉를 출시한 1981년입니다.[87] 미국 사람들은 그해에 25센트 동전 약 200억 개를 오락기에 집어넣었습니다.

———————————————— 👾 ————————————————

구체적인 범위를 설정해야 한다면 나는 1978년에서 1982년 사이라고 말하고 싶군요. 〈스페이스 인베이더〉를 시작으로 업계의 정점을 찍고 1982년 이후에는 모두 내리막길이었죠. 1984년까지라고 볼 수도 있지만 그때는 이미 사업이 쇠퇴하고 있었어요.

－밴 버넘(『슈퍼케이드: 비디오 게임 시대의 시각적 역사Supercade: A Visual History of the Videogame Age』 저자

---

86 유럽과 아시아 전역에 오락실이 확산되면서 오락실의 성장은 전 세계적인 현상이 되었다. 어떤 시점에 아케이드 게임은 예상치 못한 영역으로 옮겨갔다. 1990년대 후반에 북한을 여행하던 한 기자는 평양에서 동전을 넣는 〈이얼 쿵푸(Yie Ar Kung-Fu)〉의 사진을 찍었다.
87 〈프로거〉의 경우 미국에서 세가로부터 라이선스를 받았다.

1982년 벽두부터 아케이드의 앞날이 더욱 밝아 보였습니다. 미드웨이매뉴팩처링은 오랫동안 기대를 모았던 〈팩맨〉 속편을 연초에 출시했습니다. 〈미스 팩맨〉은 정확히는 〈팩맨〉의 후속작이 아닙니다. 〈팩맨〉 창시자인 이와타니 도루가 만들지도 않은 데다 심지어 일본에서 만들어지지도 않았습니다.

〈미스 팩맨〉은 오락실 주인들의 사업을 되살리기 위해 기존 〈팩맨〉 기계에 부착할 수 있는 추가 보드로 마케팅하고자 했던 MIT 학생들이 만들었습니다.[88] 미드웨이매뉴팩처링은 PAL 보드에 대한 권리를 사들여 공장에서 〈팩맨〉 기계에 보드를 추가한 뒤 완전히 새로운 기계로 판매했습니다. 〈미스 팩맨〉은 미국 역사상 가장 많이 팔린 아케이드 게임입니다. 미드웨이매뉴팩처링은 미국에서 11만 5,000대를 판매했지만 미국 밖에서 〈미스 팩맨〉은 거의 주목을 받지 못했습니다.

1982년, 아이오와주 오텀와의 젊은 오락실 주인 월터 데이는 세계 기록 게임 점수 목록을 출판하기 시작했습니다. 큰 화제가 되리라 직감한 『라이프Life』는 사진 촬영을 위해 데이가 꼽은 챔피언 중 몇 명(논란이 있는 〈동키콩〉 챔피언 빌리 미첼을 포함해)을 오텀와로 보냈습니다.

1981년에 아케이드 산업은 영화 사업보다 더 큰 수익을 냈지만 어느 순간 정체되었습니다. 미국인은 아무 이유 없이 오락실 출입을 멈췄습니다.[89] 『리플레이RePlay』의 편집장인 에디 애들럼은 붕괴를 직접 목격했습니다.

클래식 비디오 게임계의 가장 큰 도매업자 중 한 사람이 셀 수 없을 만큼 돈을 벌어들였습니다. 그러다 들어오던 돈이 뚝 끊기자 그에게 연락이 왔습니다.

"여기서 일하는 사람들은 그대로인데 벌어들이는 돈이 없어요. 어떻게 해야 하죠?"

"당신이 하지 말아야 할 것을 말해주죠. 그들을 해고하지 마세요."

---

88 오늘날에도 〈팩맨〉 보드에 〈미스 팩맨〉 PAL 보드를 추가해 〈미스 팩맨〉 보드를 만든다.
89 어떻게 유행이 그렇게 짧은 기간 동안 일어났다 가라앉는지 이해하려는 독자는 국내의 허니버터칩 열풍을 떠올릴지도 모른다.

"왜죠?"

"당신 아내가 모는 롤스로이스가 당신 회사 앞에 주차되어 있기 때문이에요."

기계를 만드는 사람, 파는 사람, 조작하는 사람 등 산업을 움직이는 사람들은 엄청나게 잘 해냈습니다. 슬프게도 그것은 영원히 지속되지 않았어요. 많은 사람은 호황뿐만 아니라 불황도 기억하죠.

－에디 애들럼

유통이 둔화되기 시작했습니다. 처음에는 우리가 무언가 잘못하고 있다고 생각했어요.

나는 '유통업자'라고 부르는 도매업자들과 무슨 일이 일어나고 있는지에 대해 이야기하곤 했습니다. 그들 중 누군가가 1년 만에 사업이 40%나 하락했다고 말했던 것을 기억합니다. 사업이 60% 하락했다고 말하는 사람들도 있었고요.

－에디 애들럼

파산과 폐쇄는 서구에서의 일이었고 일본과 한국 등 아시아 국가에서는 오락실이 계속 번창했습니다. 남코, 캡콤, 코나미, 세가와 같은 회사는 1982년에 선전했지만 미국과 유럽 시장의 위축이 확실히 이익에 반영되었습니다. 시장의 추락에도 불구하고 회사들은 〈용의 굴〉(시네마트로닉스, 1983년), 〈아웃런 OutRun〉(세가, 1986년)과 같은 역대 가장 상징적인 아케이드 게임을 출시했습니다. 톰 루소나 케빈 바커스 같은 이들은 오락실이 점점 문을 닫는다는 것을 알아차렸겠지만 게임은 여전히 좋았습니다.

오락실에 40~50개의 게임이 있었던 때가 옛날 오락실의 황금기였어요. 어떤 오락실 주인은 새벽 4시까지 영업하기도 했잖아요? 거기는 모든 사람이 서로서로 알고 어울리는 사회적인 현장이었고, 함께 플레이하던 사람들이 있었죠.

이런 일이 1980년대까지 지속되었는데 〈모탈 컴뱃〉 시절에는 정말로 대단했네요. 그 시대는 플레이스테이션 2와 엑스박스의 출현으로 끝났다고 생각합니다.

－유진 자비스

동전통 입장에서 보면 황금기는 1982년에 끝났습니다. 역대 최고의 수익을 올린 아케이드 게임 중 〈스트리트 파이터 II〉만이 1982년 이후에 출시되었습니다.[90] 1980년대가 지나가면서 아케이드 게임은 더 비싸지고 벌이는 계속 줄어들었습니다.

이것은 아케이드 사업의 죽음이 아니라 인정사정없는 진화의 최전방이었습니다. 산업은 다윈의 진화론상 최적점에서 자연 선택 과정을 시작했습니다. 넓고 현란한 오락실, 거대한 기계를 가진 공룡은 굶주려 멸종했습니다. 4,600제곱미터에 달하는 사업장이 와이키키의 로열하와이언센터, 뉴욕시 6번가, 라스베이거스 스트립과 같은 부촌에 있었는데, 이러한 공룡들이 사라지면서 새로운 시대가 시작되었습니다.

알라딘스 캐슬, E. K. 페르난데스 펀 팩토리, 틸트와 같은 오락실 프랜차이즈 집단은 꾸준히 발길이 오가고 10대가 모여드는 고급 쇼핑몰로 이전했습니다. 1980년대 후반에는 대형 쇼핑몰이 오락실을 수용하는 것이 드문 일이 아니었습니다.

쇼핑몰은 어려웠어요. 임대료가 상당히 비싸고 영업시간이 정해져 있었거든요. 쇼핑몰이 문을 열면 오락실도 문을 열어야 했죠.

이런 임대 계약에서 벗어나 자유로워지려면 유동 인구를 늘리기 위해 범퍼카와 같은 부수적인 액티비티가 더 필요했어요. 독립적인 오락실이 되려면 현재는 쇼핑몰의 유동 인구에 의존할 수밖에 없습니다. 몇 년 동안 많은 사람이 쇼핑몰에서 나오는 것을 보았을 겁니다.

－하워드 매콜리프

시장의 몰락은 독립 자영업자 무리의 해산 이상을 초래했습니다. 시간제로 운영하는 영세 자영업자였던 이들은 대출받은 돈으로 식료품점, 식당, 극장 등

---

90 상위 5대 게임은 차례로 〈팩맨〉, 〈스페이스 인베이더〉, 〈스트리트 파이터 II〉(캡콤, 1991년), 〈동키콩〉, 〈미스 팩맨〉이다.

에 게임기를 놓았습니다. 이때만 해도 아케이드 게임의 호황이 영원히 계속될 것 같았습니다.

『리플레이』 구독자 수가 수천 명을 돌파했다 감소하기 시작했습니다. 사업이 상당히 통합되고 있음을 깨닫기 전까지는 그것이 우리 잘못이라고 생각했습니다.

내가 "무슨 일이죠?"라고 묻자 구독자들은 이렇게 말했습니다. "시간제로 일했던 오락실 사장들은 열여덟 개, 스물네 개 정도의 매장을 가지고 있었을 거예요. 하지만 현금통을 열어 보면 50달러, 40달러, 80달러가 아니라 5달러 75센트, 어쩌면 1달러 75센트가 들어 있을지도 몰라요."

그 말인즉슨 '그들이 폐업당했고, 심지어 그들조차 그것을 알지 못한다'는 거죠.

－에디 애들럼

척 E. 치즈스 피자타임시어터는 5년간 급성장한 후 상황이 갑자기 나빠졌습니다. 회사를 바로 세우기 위해 놀런 부슈널은 경영에서 좀 더 적극적인 역할을 하려고 했습니다. 하지만 많은 주주가 회사의 문제를 그의 탓으로 돌렸고 부슈널은 이듬해 사임했습니다. 1984년 말까지 척 E. 치즈스는 연방 파산법 제11장에 의거한 회생 절차에 돌입했으며, 결국 다른 회사에 인수되어 구조조정을 단행했습니다.

척 E. 치즈스는 변화에 적응하려고 했습니다. 대학 축제 기간에도 아르바이트를 해가며 졸업한 부슈널은 자기 식당에 클래식 아케이드 게임과 스키볼 기계를 들여놓기 위해 고군분투했었지만, 이제 식당은 그가 떠난 뒤로 아케이드 게임의 수익이 줄어들자 이를 만회하기 위해 스키볼과 인형 뽑기 같은 경품 기계를 더 많이 들여놓았습니다.

대부분의 아케이드 게임이 보상 게임이나 다양한 경품 게임으로 바뀌었어요. 보상 게임이란 상품으로 교환할 수 있는 티켓을 주거나, 인형 뽑기처럼 직접 경품을 주는 게임을 말합

니다. 이 두 범주는 오늘날 대부분의 오락실에서 80%를 차지하고 있죠.

－하워드 매콜리프

　　미국과 유럽의 오락실이 긴 하락세를 보인 데 반해, 가장 큰 오락실 소유주가 기계를 직접 제조하던 일본에서는 산업이 비교적 건재했습니다. 1992~1995년에 일본 최대 오락실 운영업체인 타이토를 제친 세가는 오락실과 비디오 게임을 테마로 한 조이폴리스라는 놀이공원 체인을 설립했습니다.

미국에서 아케이드 게임의 황금기는 대략 1979년부터 1983년까지였습니다. 그러나 1980년대에 주식과 부동산 시장 버블의 초기 상승 기류를 타던 일본의 아케이드 산업은 〈아웃런〉이 반짝반짝 닦아둔 길을 걸었습니다. 뒤이어 코나미와 남코 같은 아케이드 게임 제작자들 사이에 계속된 복고풍 게임 제작 경쟁은 많은 일본 오타쿠의 집착이 되었습니다.[1]

　　세가의 조이폴리스 지점 중 일부는 아쉬웠지만 대부분의 지점에서는 거대한 오락실과 실제 놀이 기구, 가상 놀이 기구, 카니발 명물을 골고루 선보였습니다. 세가는 일본에 아홉 개, 중국에 두 개의 지점을 더 열었지만 서구 아케이드 사업의 종말이 결국 아시아로 퍼졌습니다. 지금까지 세가는 일본의 조이폴리스 사업장 일곱 곳을 폐쇄했습니다. 드림캐스트 사업이 실패로 끝난 후 현금 확보에 어려움을 겪었던 세가는 2000~2002년에 다섯 개 지점의 문을 닫았습니다.

1980년대 중반에는 일본 전역에 4만 4,000개의 오락실이 있었지만, 일본오락산업협회에 따르면 2016년 3월까지 당국에 등록된 오락실이 4,856개이고, 50대 미만의 기계를 보유한 소규모 오락실이 9,000개로 추산됩니다.[2]

부채 정리

업계의 극적인 진화로 피해를 입었던 것은 오락실 운영자만이 아닙니다. 게임을 구입할 오락실이 점점 줄어들면서 게임을 제조하는 회사가 상당수 파산했습니다.

워너커뮤니케이션스는 아타리를 소비자 가전 부문과 동전 투입식 제품 부문으로 분할한 후 1985년에 동전 투입식 제품 부문의 지배주를 남코에 매각했습니다. 아타리 설립자인 놀런 부슈널은 1996년에 아타리게임스를 인수하려고 했으나 실패했습니다. 〈모탈 컴뱃〉과 〈NBA 잼〉 시리즈를 등에 업은 WMS인더스트리스가 그를 제쳤습니다.

아타리게임스는 미드웨이게임스웨스트로 이름이 바뀌었고 10년 더 지속되었습니다. 2009년에 미드웨이게임스가 파산 신청을 했을 때 워너브러더스인터랙티브엔터테인먼트는 그 자산을 사들였습니다. 25년의 공백 이후 아타리의 아케이드 자산은 다시 워너커뮤니케이션스의 소유가 되었습니다.

미드웨이게임스가 파산하자 워너브러더스는 경매를 통해 그들의 자산을 사들였습니다. 정말로 가치가 있는 자산은 〈모탈 컴뱃〉 사업과 게임, 팀 등이었습니다.

그들은 시카고에 네서렐름이라는 스튜디오를 열었어요. 원동력 중 한 사람인 에드 분[〈모탈 컴뱃〉 시리즈 공동 창작자]의 팀은 200명이 넘었죠. 시카고에서 가장 큰 스튜디오이고 아마 미국에서 가장 큰 스튜디오 중 하나일 거예요.

그들은 〈모탈 컴뱃〉의 격투 게임 콘셉트를 채택하고 슈퍼히어로를 포함해 확장했습니다. 이렇게 해서 만들어진 〈인저스티스: 갓즈 어몽 어스Injustice: Gods Among Us〉는 전반적으로 흥미로우면서 어두운 면을 보여주었어요.[91]

– 유진 자비스

---

[91] 타임워너는 DC코믹스도 소유하고 있다. 〈모탈 컴뱃〉과 비슷한 격투 게임인 〈인저스티스: 갓즈 어몽 어스〉에는 배트맨, 조커, 슈퍼맨, 원더우먼, DC 슈퍼히어로, 슈퍼빌런 등이 등장한다.

당시 재정 파탄에 직면한 것은 미드웨이게임스와 아타리뿐만이 아니었습니다. 일본 게임 대기업 타이토의 미국 지사이자 〈퀵스Qix〉를 만들었던 타이토 아메리카도 1996년에 문을 닫았습니다. 비디오 게임 분야에도 도전했던 핀볼 거물 디고틀리프앤드코퍼레이션도 1996년에 문을 닫았습니다. 〈테일 거너Tail Gunner〉, 〈스타 캐슬Star Castle〉과 같은 벡터 게임을 만들기 시작한 후 디즈니 애니메이션 제작자였던 돈 블루스와 함께 상징적인 레이저 디스크 게임 〈용의 굴〉을 만들기 위해 협력했던 선구적인 시네마트로닉스는 트레이드웨스트에 인수되었고, 이 회사는 1994년에 다시 WMS인더스트리스에 인수되었습니다.

1996년에 유니버설스튜디오와 드림웍스SKG[92]는 조이폴리스를 미국에 들여오기 위해 세가와 협력했습니다. 아타리 출신인 스킵 폴이 이끄는 게임웍스가 워싱턴주 시애틀의 약 3,200제곱미터 부지에 매장을 열었습니다. 게임웍스 시애틀에는 조이폴리스의 거대한 하프파이프 캐니언과 같은 스노보드 시뮬레이션이나 게키온 라이브 실내 롤러코스터 같은 시설은 없었지만, 플레이어가 적을 쏘아 맞힐 때마다 오르내리는 엘리베이터 의자가 달린 2층 높이의 슈팅 게임이 있었습니다.

시애틀은 첫 번째 정거장이었습니다. 이 회사는 곧바로 라스베이거스 스트립과 시카고 외곽의 숌버그에 대형 시설을 짓고, 그동안 쇼핑몰에 있던 오락실보다 더 작은 오락실을 실험했습니다.

1998년에는 디즈니가 플로리다주 올랜도에 있는 디즈니월드의 다운타운 디즈니 구역 안에 약 9,300제곱미터 규모의 호화로운 가상 놀이 공원인 디즈니퀘스트를 개장했습니다. 디즈니퀘스트는 가상현실 세계의 아그라바(영화 〈알라딘〉의 주요 배경) 상공에서 매직 카펫을 탈 수 있는 시설, 고객이 컴퓨터 스테이션에서 설계한 롤러코스터를 최첨단 개인 3D 가상현실 컨테이너에서 타볼 수 있는 롤러코스터 어트랙션을 선보였습니다.

---

92 드림웍스SKG의 'SKG'는 스티븐 스필버그 감독, 월트디즈니스튜디오의 제프리 캐천버그 전 회장, 영화계의 거물 데이비드 게펀을 뜻한다.

디즈니는 비전을 가지고 있었습니다. 디즈니는 더 작은 규모로 전국의 지역사회에 디즈니 체험 시설을 만들고자 했습니다. 디즈니 이매지니어링이 많은 게임 콘셉트를 잡았고 우리 [피너클엔터테인먼트그룹]는 작업을 수행했습니다. 우리는 그 방에서 가족 오락 센터의 목소리 역할을 했습니다.

−하워드 매콜리프

올랜도에 세운 디즈니퀘스트의 인기를 바탕으로 디즈니는 1998년 시카고에 두 번째 지점을 열었습니다. 세 번째 지점인 필라델피아에서의 작업이 시작되었고 곧 두 곳을 추가로 발표할 예정이었으나, 시카고 지점은 디즈니 경영진이 기대한 종류의 사업을 끌어내지 못해 2001년 문을 닫았습니다. 시카고 지점을 폐쇄한 후 디즈니는 필라델피아 지점의 작업을 중단하고 향후 디즈니퀘스트 프로젝트를 포기했습니다.

최첨단 볼거리와 디즈니풍 테마를 갖춘 디즈니퀘스트는 왜 실패했을까요? 너무 거창하고 너무 컸기 때문입니다. 실질적인 단계에서 '거창하고 큰' 경험은 곧 비싼 가격으로 이어집니다. 디즈니월드의 입장료가 41달러였을 때 디즈니퀘스트의 일반 입장료는 45달러(10세 미만 아동은 39달러)였습니다. 그 가격이라면 지역 주민이 호기심에 한 번 찾아오기는 하겠지만 동네 오락실처럼 정기적으로 드나들지는 않을 것입니다.

올랜도에 있던 디즈니퀘스트는 오랫동안 유지되다 2017년에 문을 닫았어요. 시카고는 관광객이 많지만 그들의 목적이 가지각색일 때는 얘기가 달라요.

사람들은 오락과 디즈니 때문에 올랜도에 갔어요. 아주 비싸고 고급스러운 것을 경험할 수 있었죠. 매주 전 세계에서 새로운 사람들이 찾아오기 때문에 단골손님 응대를 걱정할 필요가 없었어요.

디즈니는 디즈니퀘스트를 빌보드처럼 만들고 싶었고 지역사회를 위해 이런 것을 만들려 하지는 않았어요. 그들은 많은 사람이 보는 광고판을 원했습니다. 그들은 타임스퀘어에 있기를 바랐습니다. 그들은 시카고 시내에 있기를 바랐습니다. 그들은 모든 최고급 부동산에 있기를 바랐습니다. 하지만 비싼 임대료를 내가면서 돈을 제대로 벌기는 정말 어렵습니다.

-하워드 매콜리프

초창기에 소비자가 보여준 열정에 힘입어 게임웍스는 캘리포니아에서 필라델피아로 퍼져나갔고, 대규모 오프닝 이벤트와 최첨단 게임으로 현지 언론의 주목을 받았습니다. 게임웍스는 척 E. 치즈스 피자타임시어터의 데자뷰였습니다. 너무 많은 지점을 너무 빨리 세웠던 거죠. 디즈니퀘스트처럼 게임웍스도 일반 고객을 유치하기에는 너무 비쌌습니다.

고전 아케이드 문화유산에 경의를 표하기 위해 대부분의 지점은 〈팩맨〉, 〈미사일 커맨드〉, 〈로보트론: 2084〉와 같은 오래된 기계를 한쪽 구석에 들여놓았습니다. 그런데 1980년대에는 이런 기계에 25센트 동전을 넣었던 것과 달리 게임웍스는 게임당 1달러를 받았습니다. 가격이 너무 비싼 데다, 더 화려한 당시의 신작 기계에 비해 경쟁력이 없었기 때문에 고전 게임에는 먼지만 날렸습니다. 어느 정도였냐면 후에 시애틀 지점장은 커플들이 키스하러 들어가는 것을 막기 위해 적어도 한 시간에 한 번은 순찰을 해야 한다고 불평했습니다.

고전 게임만 사라진 것이 아닙니다. 시애틀 지점에서는 2층 엘리베이터 게임이 몇 달 동안 고장 난 채로 방치되다가 결국 사라졌습니다. 종업원이 딸린 바를 갖춘 고급 오락실의 초창기 호황, 스티븐 스필버그와의 제휴에도 불구하고 게임웍스는 처음의 추진력을 잃었습니다. 몇몇 지점이 남아 있기는 하지만 대부분은 문을 닫았습니다.

살아남은 게임웍스는 진화했습니다. 고급 스낵바와 바를 모두 제공하는 대신 제대로 된 식사를 할 수 있는 바와 레스토랑을 갖추었습니다. 현재 모든 지점에서는 모든 라인업의 경품 게임과 식사를 제공하는 게임 패키지, 시간별 특가 등 변화하는 사업 모델을 내놓고 있습니다.

먹고, 마시고, 플레이하는 곳

지난 10년 동안의 가장 큰 변화는 대부분의 시설이 스낵바에서 파는 간식이 아니라 제대로 된 식사와 식음료를 제공한다는 겁니다. 데이브앤드버스터스는 오래전에 그것을 생각해 냈죠.

– 하워드 매콜리프

1975년, 데이비드 코리보는 아칸소주 리틀록에 캐시맥쿨스라는 술집을 열었습니다. 3년 후 제임스 '버스터' 콜리는 바로 옆에 버스터스라는 바를 열었습니다. 두 사람은 함께 사업을 하기로 했습니다. 그들은 댈러스로 이사해 데이브앤드버스터스라는 바 겸 레스토랑을 열었습니다.

콜리가 바와 레스토랑을 운영하고 코리보가 게임과 엔터테인먼트를 담당하면서 데이브앤드버스터스는 성인을 위한 척 E. 치즈스 피자타임시어터가 되었습니다. 부슈널은 척 E. 치즈스를 구상할 때 피자의 질이 중요하지 않다고 판단했습니다. 아이들이 게임을 하고 로봇을 보기 위해 부모를 척 E. 치즈스로 끌고 갔던 것입니다. 반면에 데이브앤드버스터스의 철칙상 아이들은 레스토랑만 이용 가능하고 바에는 출입할 수 없는데, 이는 음식의 질이 중요하다는 것을 의미했습니다. 아이들은 맛없는 피자를 참을 수 있지만 어른들은 다릅니다. 데이브앤드버스터스의 음식과 음료는 맛있어야 했고 게임도 마찬가지였습니다.

6,500제곱미터로 더 넓은 데이브앤드버스터스는 가족을 위한 레스토랑과 경품 게임, 솔로를 위한 바와 당구장, 모든 연령대가 게임을 즐길 수 있는 오락실 등 많은 유동 인구를 수용할 수 있는 장소였습니다.

데이브앤드버스터스는 동전 투입식 게임 사업을 전혀 대표하지 않습니다. 이건 정말로 특수한 상황인 거죠. 그런 장소에 있는 오락실은 '맥주를 파는 오락실인지, 게임을 하는 술집

인지' 의문이 들게 합니다.

그곳은 분명 음식과 음료를 파는 오락실입니다. 거기보다 더 좋은 건 없어요. 그곳은 최첨단이에요. 이 바닥에서 다른 이들이 벌이고 있는 것을 가뿐히 능가하죠.

— 에디 애들럼

엑스박스 팀의 창립 멤버 중 한 사람인 케빈 바커스의 이름은 비디오 게임 산업에서 어떤 특징이 있었습니다. 마이크로소프트를 떠난 후 그는 결국 데이브 앤드버스터스의 엔터테인먼트 및 게임 전략을 맡게 되었습니다.

우리는 균형을 제공합니다. 우리는 사람들의 밤 문화에 포괄적인 서비스를 제공하고자 하며, 게임은 그것을 실현하기 위한 수단입니다. 술과 식사, 게임과 경품이 있는 곳에서 친구들과의 사회적 경험이 그 목적이죠. 이게 지금 우리가 하고 있는 겁니다.

우리는 북미 전역에서 미친 듯이 성장하고 있어요. 매년 13억 또는 14억 달러의 수익을 올리고 있죠. 나는 불평할 수가 없답니다.

— 케빈 바커스

"데이브앤드버스터스는 성인용 척 E. 치즈스인가요?"라는 질문에 바커스는 그 비유를 인정하면서 설명을 덧붙였습니다.

그건 너무 단순한 비유예요. 다른 관점에서 보면 최신 인터랙티브 엔터테인먼트를 갖춘 스포츠 바입니다. 우리는 어떤 시간대에는 20대가 모여서 술을 마시고 게임을 하며 사람도 사귈 수 있고, 또 다른 시간대에는 가족들이 찾을 수 있는 환경을 만들려고 노력합니다.

우리는 아이들에게 직접 광고하지 않아요. 척 E. 치즈스와 달리 아이가 있는 가족들에게 광고하죠. 척 E. 치즈스는 오로지 아이들에게만 초점을 맞춥니다.

— 케빈 바커스

죽기를 거부하다

1990년대에는 한 달에 여러 게임을 내놓다가 2017년에는 한 해에 몇 게임을 출시할 정도로 아케이드 게임의 출시 속도가 느려졌습니다.[3]

2001년, 미드웨이게임스는 살인적인 TV 게임 쇼에서 돈과 상품을 놓고 경쟁하는 참가자들을 조종하는 빠른 속도의 삼인칭 슈팅 게임 〈더 그리드The Grid〉를 출시했습니다. 미드웨이게임스로서는 새로운 영역이 아니었습니다. 비평가들은 〈더 그리드〉를 '〈스매시 TVSmash TV〉의 3D 버전'이라고 묘사했습니다. 〈스매시 TV〉는 게임 쇼에서 돈과 상품을 놓고 경쟁하는 참가자를 조종하는 2D 게임으로, 〈로보트론: 2084〉의 업그레이드 버전이며 움직이는 조이스틱과 사격하는 조이스틱을 활용하는 방식을 도입한 상징적인 아케이드 슈팅 게임입니다.

〈모탈 컴뱃〉 공동 제작자인 에드 분은 빠른 속도, 과장된 고어, 이스터 에그, 〈모탈 컴뱃〉 캐릭터의 카메오 출연을 보장하는 기획 팀을 이끌었습니다. 미드웨이게임스의 마지막 아케이드 게임인 〈더 그리드〉는 아케이드 게임 역사상 특별한 위치를 차지하고 있습니다.

미드웨이게임스는 합병된 파트너인 밸리매뉴팩처링, 윌리엄스매뉴팩처링과 함께 〈디펜더〉, 〈태퍼Tapper〉, 〈자우스트Joust〉, 〈NBA 잼〉, 〈나르크NARC〉, 〈NFL 블리츠NFL Blitz〉, 〈로보트론: 2084〉와 같은 클래식 아케이드 게임을 제작했으나 2009년에 폐업했습니다. 이로 인한 피해자 중 한 명은 아케이드의 레전드인 유진 자비스로, 그는 1970년대에 워너에 인수되기 전의 아타리에서 더블 사이즈의 핀볼 테이블을 기획하면서 경력을 쌓기 시작했습니다. 자비스는 아타리를 떠난 뒤 미국 아케이드 산업의 중심지인 시카고로 건너가 윌리엄스매뉴팩처링과 함께 〈디펜더〉(1980년), 〈로보트론: 2084〉(1982년), 〈크루즌 USACruis'n USA〉(1994년) 등 다양한 아케이드 히트작을 기획했습니다.

모든 개발을 중단한 미드웨이게임스는 콘솔 회사가 되어가고 있었어요. 나와 함께 두 명이 해고되었는데, 우리는 "이제 어떻게 하지?"라고 서로에게 물었죠. 아케이드 게임을 하면 아주 즐거웠던 우리는 아직 사업이 살아 있다고 생각했어요. 아주 작은 사업이나 틈새시장에서라도요. 정말 흥미로운 기술이 많았거든요. 모든 엔비디아 그래픽 기술과 PC 기술은 매우 흥미로워졌습니다.

우리는 PC 기반의 아케이드 게임을 만들까 생각했어요. 그들을 이길 수 없다면 그들과 함께해야죠.

신기한 점은, 콘솔은 6~7년마다 새로운 세대가 나오고 PC는 매년 업그레이드되기 때문에 우리가 PC 기반의 게임을 만들면 어느 정도 우위를 점할 수 있다는 것이었습니다. 세월이 흐를수록 아케이드 게임이 콘솔 게임보다 더 좋아졌고 우리는 하드웨어와 기술 면에서 우위를 점했어요. 그래서 우리는 "이봐, 수제 맥주를 마시면서 우는 건 말도 안 돼. 그냥 이기는 팀에 들어가자!"라고 했죠.

우리는 소수 정예로 시작했어요. 나와 앤디 엘로프, 디팩 디오, 이렇게 셋이서요. 몇 명을 더 고용해 1년 뒤에는 10~12명 정도가 되었을 거예요.

- 유진 자비스

자비스는 새 스튜디오의 이름을 로스릴스로 지었습니다. 미국 아케이드 산업이 빠르게 사라져가면서 크고 유명한 회사들이 도산하는 가운데 로스릴스를 여는 것은 잘못된 일처럼 보였습니다.[93] 자비스의 첫 번째 프로젝트는 유니버설 스튜디오의 〈분노의 질주〉 시리즈를 기반으로 한 레이싱 게임이었는데 라이선스 문제로 중단되었습니다.

우리는 그 게임을 출시하기 전에 파산하리라는 것을 깨달았어요. 그래서 다른 게임이라도 빨리 출시해야만 했죠. 우리는 진짜 배우들이 등장하는 슈팅 게임인 〈에어리어 51Area 51〉

---

93 로스릴스는 최후의 아케이드 게임 제작사가 아니다. 일본의 세가와 남코는 아케이드 게임을 계속 만들었으며, 미국에서는 플레이메카닉스가 전통적인 게임을 계속 만들고 ICE게임스, 베이텍 등은 경품 게임에 더 집중했다.

과 〈맥시멈 포스^{Maximum Force}〉를 항상 좋아했어요. 모델러가 1주일 동안 할 수 있는 것보다 영화 카메라로 20배는 더 잘 만들 수 있거든요.

- 유진 자비스

자비스와 로스릴스는 〈분노의 질주〉를 잠시 보류하고 〈타깃: 테러^{Target:} ^{Terror}〉라는 레일 슈팅 게임을 기획했습니다. 이는 플레이어가 금문교, 덴버국제 공항, 로스앨러모스국립연구소를 공격하는 테러리스트와 싸우는 게임으로, 〈에어리어 51〉, 〈맥시멈 포스〉, 〈리설 인포서스^{Lethal Enforcers}〉, 〈레볼루션 X〉, 〈터미네이터 2: 심판의 날^{Terminator 2: Judgment Day}〉과 같은 최근 게임에서도 볼 수 있는 잘 다져진 영역이었습니다. 자비스의 다른 프로젝트와 마찬가지로 〈타깃: 테러〉에는 자비스의 짓궂은 유머 감각이 반영되었습니다. 오리 사냥처럼 일반적인 보너스 라운드를 제공하는 대신 자살 조끼를 입은 칠면조를 쏘게 했습니다. 또 다른 미니 게임에서는 골프 연습장에서 테러범에게 폭발하는 골프공을 발사하게 했습니다.

창업 당시에는 아케이드 산업에 확신이 없었기 때문에 콘솔 게임[94]도 될 수 있도록 아케이드 게임을 만들면서 분산 투자를 했습니다. 하지만 곧 우리는 아케이드 게임과 콘솔 게임이 너무 달라서 양립할 수 없다는 것을 깨달았죠.
그때 우리는 우리의 전문성과 경험이 아케이드 게임에 있다고 판단했어요. 이 부분은 미드웨이게임스에도 큰 문제로 작용한 것 같군요.

- 유진 자비스

플레이어가 진화했다는 것을 깨달은 자비스와 로스릴스는 진화를 따라가려고 했습니다. 로스릴스는 열성 게이머와 점점 줄어드는 오락실을 위한 게임을

---

94 코나미는 2008년에 Wii 버전의 〈타깃: 테러〉를 출시했다.

만드는 대신 아빠가 가족 놀이 시설에서 발견할 수 있는 게임을 만들었습니다. 자비스가 설명했듯이 로스릴스는 '남자들이 데이브앤드버스터스에서 밤을 샐 수 있는 게임'을 만들었습니다.

2004년, 로스릴스는 〈분노의 질주〉를 출시했습니다. 빈 디젤 또는 폴 워커의 목소리나 유사한 음성이 나오지도 않고 드라이빙 게임 장르의 새로운 지평을 열지도 않았지만, '밤마실을 즐기는 남자들'은 〈분노의 질주〉라는 브랜드를 알고 있었습니다. 로스릴스의 게임은 열성 게이머를 염두에 두고 설계된 것이 아니라 일반 대중을 위한 것이었습니다.

〈분노의 질주〉 후속작이 연이어 나왔습니다. 그 후 어린이 친화적인 마리오 카트풍 레이싱 게임 〈닉툰스 니트로Nicktoons Nitro〉, 액티비전과 코나미의 합작으로 탄생한 콘솔 히트작 〈기타 히어로Guitar Hero〉의 오락실 버전이 화려하게 히트했습니다.

2014년, 로스릴스는 자비스와 함께 〈나르크〉를 만들었던 미드웨이게임스의 베테랑 조지 페트로가 설립한 플레이메카닉스를 인수했습니다. 플레이메카닉스는 로스릴스의 양기에 완벽한 음기를 더해 완벽한 조화를 이루어냈습니다. 두 회사 모두 정교한 캐비닛에 들어갈 라이선스 게임을 전문적으로 만들었습니다.

오히려 플레이메카닉스의 게임은 로스릴스의 게임보다 더 크고 튀는 경향이 있었습니다. 번뜩이는 두 눈으로 내려다보는 터미네이터가 화면 위에 달린 〈터미네이터: 미래 전쟁의 시작Terminator Salvation〉 초특급 기계는 가로 249센티미터, 세로 216센티미터에 무게가 255킬로그램에 달했습니다.

〈빅 벅 헌터Big Buck Hunter〉를 만든 바 있는 플레이메카닉스는 자신만의 지적 재산권을 창출할 수 있는 능력도 보여주었습니다. 어느새 로스릴스와 플레이메카닉스는 서서히 떠오르는 트렌드를 활용하면서 엔터테인먼트를 재편하고 있었습니다.

아케이드 게임 기계를 크게 만드는 것이 좋았습니다. 〈몬스터 드롭Monster Drop〉을 본 적이 있나요? 8센티미터짜리 공을 152센티미터, 아니 91센티미터 정도 높이에서 떨어뜨려 구멍에 집어넣죠. 그러다 어느 순간 벤치마크게임스가 〈몬스터 드롭 익스트림〉을 457센티미터 높이로 만들었는데, 거대한 공을 떨어뜨리는 그 게임은 정말 엄청난 인기를 끌었어요. 제조업체가 단지 규모만 늘린 같은 게임이죠.

큰 물건에는 흥미진진한 요소가 있어요. 우리는 '이봐, 왜 〈스페이스 인베이더〉를 만들어서 거대한 LED 스크린에 띄우지 않는 거야? 우리도 잘 아는 점보트론 LED 중 하나에?'라고 생각했죠.

내 파트너[플레이메카닉스 설립자인 조지 페트로]는 타이토에 아는 사람이 있었어요. 우리는 〈스페이스 인베이더〉 라이선스를 땄고 〈팩맨〉 라이선스도 얻으려고 했어요. 그때는 '우리도 〈팩맨〉을 만들 거야'라고만 생각했죠. 〈팩맨〉은 일종의 주인공이라 〈스페이스 인베이더〉를 한쪽에 치워놨어요. 우리는 〈스페이스 인베이더〉를 사랑하지만 〈팩맨〉은 모두가 플레이하니까요.

〈팩맨〉을 만들어봤는데 멋지게 나왔어요. 우리는 그것을 2인용 게임으로 바꿨어요. 두 명의 팩가이를 추가했을 뿐이죠.

아주 잘됐어요. 그리고 1년이 지난 뒤 타이토로부터 라이선스 비용 청구서를 받은 우리는 "아, 맞다!" 하고는 〈스페이스 인베이더〉 작업을 시작했어요.

– 유진 자비스

자비스가 〈세상에서 가장 큰 팩맨The World's Largest Pac-Man〉이라는 제목으로 재탄생시킨 〈팩맨〉 버전은 2.5미터 수직 스크린에 출력되었습니다. 〈세상에서 가장 큰 팩맨〉은 다른 게임보다 높아서 오락실 주인은 다른 게임이 가려지지 않도록 벽에 바짝 붙여놓아야만 했습니다. 다행히도 로스릴스는 그 뒤에 무엇을 배치할지 해결책을 생각해냈습니다. 바로 2.5미터 스크린으로 리메이크된 고전 게임 〈스페이스 인베이더: 프렌지Space Invaders: Frenzy〉였습니다.[95]

---

[95] 〈스페이스 인베이더: 프렌지〉는 교환권을 주는 경품 게임이었다. 많은 플레이어가 가까스로 마스터할 수 있었던 〈스페이스 인베이더〉와 달리 〈스페이스 인베이더: 프렌지〉는 너무 빠르고, 긴 플레이타임에 비해 너무 정신없었다. 더 큰 형태의 경품 게임으로 복귀한 고전 게임이 〈스페이스 인베이더〉만은 아니다. 최근에 ICE게임스는 스크린이 190센티미터이고 경품 교환권을 주는 3인용 〈센티피드〉를 출시했다.

〈세상에서 가장 큰 팩맨〉은 뿌리에 충실했습니다. 〈팩맨〉과 생김새가 똑같고 플레이 방식도 똑같았습니다. 그와 반대로 〈스페이스 인베이더〉는 뿌리 자체를 새롭게 재해석했습니다. 오리지널 〈스페이스 인베이더〉는 끈질기고 느리게 움직이는 적이 특징적이었지만, 원작 게임의 묵직한 플레이 방식은 현대 게임이 추구하는 빠른 속도에 적합하지 않았습니다. 속도감의 변화를 강조하기 위해 로스릴스는 게임의 이름을 〈스페이스 인베이더: 프렌지〉로 지었습니다.

〈스페이스 인베이더〉의 몰입감을 최대로 끌어올리려고 연구 개발실에서 모든 방법을 동원해봤지만 아무 소용이 없었어요. 그러다 우리는 〈쥬라기 공원〉에서 빨간 블래스터를 보고는 명백한 답을 얻었죠. 거대한 빨간색 기관총을 가진 〈스페이스 인베이더〉요!

기관총이 추가된 뒤 〈스페이스 인베이더〉는 〈세상에서 가장 큰 팩맨〉보다 세 배나 더 많이 플레이되었어요. 심지어 도쿄에 있는 타이토 본사에도 납품되었다니까요!

– 유진 자비스

오리지널 〈팩맨〉과 〈스페이스 인베이더〉 시대로 거슬러 올라가면 대부분의 신작 아케이드 게임은 3,000달러 미만에 판매되었습니다. 오락실 운영자는 〈디스크스 오브 트론Discs of Tron〉과 〈스타워즈〉 같은 고급 장비에 돈을 물 쓰듯 쓸 수 있었지만, 그 당시에는 2.5미터 스크린과 극장 수준의 서라운드 사운드 시스템을 갖춘 게임을 아무도 상상하지 못했습니다.

황금기였던 1970년대와 1980년대에는 게임이 수익을 내려면 여섯 배 이상의 매출을 올려야 한다는 일반적인 통념이 있었습니다. 그 기준에 따르면 1,800달러짜리 〈팩맨〉 기계는 기기 자체와 부동산 비용을 지불하기 위해 1만 800달러를 벌어야 합니다. 오락실이 25센트 동전으로 돌아가고 게임이 유일한 볼거리였던 시절에는 현금통 속 25센트 동전의 개수가 관건이었습니다.

세월이 흐르면서 아케이드 게임 및 사업을 운영하는 사람들 모두의 수준이 훨씬 더 높아졌습니다. 최근에 나온 오락기는 분기별로 초기 비용의 여섯 배를 모으기 위한 것이 아닙니다. 예를 들어 반다이남코어뮤즈먼트의 〈다크 이스케이프 4D^{Dark Escape 4D}〉는 대략 코인 노래방 부스 크기의 캐비닛에 담겨 나옵니다. 이는 숨 쉬는 좀비를 재현하기 위해 플레이어의 목에 바람을 불어넣는 송풍기, 반동이 큰 총, 캐비닛에 들어가는 두 플레이어를 위한 개별 5.1 서라운드 사운드 시스템, 플레이어의 심박 수를 재는 센서를 갖추고 있습니다.

〈다크 이스케이프 4D〉는 대당 3만 달러 이상에 판매되는데, 1980년대 기준으로 이익을 내려면 18만 달러를 모아야 합니다. 게임당 2달러라면 9만 번의 플레이로, 대부분의 기계에서 평생 진행되는 플레이 횟수보다 훨씬 더 많습니다. 하지만 〈다크 이스케이프 4D〉와 로스릴스의 〈워킹 데드^{The Walking Dead}〉 같은 고가 게임은 현대의 마케팅에 중요한 역할을 합니다.

누구나 집에서 컴퓨터 앞에 앉아 이런 게임을 할 수 있어요. 그들은 모든 장비를 집에 가지고 있죠. 사람들이 서라운드 사운드 시스템과 VR 헤드셋을 가지고 있기 때문에 우리는 그에 맞는 사용자 경험을 제공해야 한다고 생각합니다.
오락기는 비싸서 그러기가 어렵죠. 그것은 공간을 많이 차지하지만 서라운드 사운드가 있어야 하고 큰 화면이 필요해요. 플레이어가 손으로 쏠 수 있는 총도 필요하고요.

－스콧 휴이시(휴이시패밀리펀센터 총책임자)

상점 규모의 길거리 오락실이나 동네 술집이 크게 줄어들었지만 가족 오락 센터는 상당히 늘었는데, 이는 욕조를 기울이는 것과 같아요. 한쪽에 물이 있고 다른 쪽에도 물이 있는 거죠. 나는 오늘날 제작되는 게임의 95%가 길거리용이 아니라 가족 오락 센터 사업을 위한 것이라고 생각합니다. 지금은 길거리에서 할 수 있는 게 거의 없어요.

－에디 애들럼

게임을 많이 보유하는 것만으로도 사업이 유지되던 시절이 있었습니다. 시장이 변화하자 척 E. 치즈스는 대부분의 고전 게임을 경품 게임으로 대체함으로써 사업 모델을 안정화했습니다.

레스토랑과 오락실 그 이상인 데이브앤드버스터스는 게임뿐 아니라 훌륭한 레스토랑, 당구장, 바 등 네 가지 장소를 제공합니다. 오늘날의 더 성공적인 위치 기반 엔터테인먼트 시설은 미니어처 테마파크와 많이 비슷합니다. 불윙클스라고 불리는 휴이시패밀리펀센터에는 범퍼 보트, 경주용 차 레이싱, 볼링, 레이저 태그 사격, 유로 번지의 슬링샷이 있습니다. 그 무엇보다도 불윙클스에는 경품 게임과 클래식 아케이드 게임이 혼합된 오락실이 여전히 있습니다. 다시 말해 불윙클스에는 모두를 위한 무언가가 있죠. 자녀가 교환권을 값싼 봉제 인형과 사탕으로 바꾸는 동안 부모도 즐겁게 해주는 것, 즉 모두를 위한 것은 성공의 최신 공식인 것 같습니다.

오락실과 어린이 놀이 공간을 갖춘 디스커버리존과 같은 일련의 단일 어트랙션 프로젝트들이 점차 무너지고 있습니다. 하나의 어트랙션만으로는 효과가 없습니다.

– 하워드 매콜리프

가장 큰 터퀼라 지점[워싱턴주]에는 열여섯 개의 명소가 있습니다. 모든 볼거리 중에서 오락실이 가장 인기가 많은 것 같아요. 가장 큰 수익을 올리는 명소죠.

– 스콧 휴이시

휴이시 일가뿐만 아니라 다른 회사에서도 전국적으로 가족 오락 센터를 개장하고 있습니다. 이것은 '사람들이 특별히 찾아오는 목적지' 사업이 아닙니다. 사람들은 범퍼카와 배팅 케이지를 즐기려고 수백 마일을 여행하지는 않습니다. 가족 오락 센터는 지역 주민들을 만족시킵니다. 물론 스릴 넘치는 롤러코스터를 특징으로 할 만큼 고급스러운 곳도 있습니다. 미니어처 골프나 워터슬라이드를 주로 선보이고, 그 부지에 오락실이 있는 경우가 많습니다. 가족 오락 센터의 오락실은 고전 게임보다 경품 게임에 크게 치우치는 경향이 있습니다.

경품 게임의 비율이 점점 커지고 있습니다. 지금은 80% 정도 됩니다. 우리는 여전히 아케이드 게임을 하지만 경품 게임도 반드시 있어야 합니다.

경품 게임이야말로 진정한 돈벌이죠. 우리는 홈 엔터테인먼트 시스템이나 PC 게임이 너무 좋아서… 예전에는 다들 아케이드를 따라 했지만 지금은 우리가 따라 하고 있어요. 아케이드 게임 산업은 모바일 게임과 PC 게임을 모방하기 시작했어요.

지금 우리 오락실에는 〈헤일로〉[96]가 있습니다. 온라인상의 〈헤일로〉와 똑같은 게임은 아니지만 〈헤일로〉로부터 라이선스를 받았어요. 모양과 느낌, 캐릭터가 많이 비슷하지만 완전히 동일한 게임은 아니죠.

- 스콧 휴이시

우리는 고객 중 하나인 셰이키스피자로부터 교훈을 얻었습니다. 셰이키스피자는 피자 뷔페이지만 훌륭한 샐러드 바가 있어요. 그런 샐러드 바를 갖춘 것은 '거부 움직임'을 피하기 위함이죠. 외식하려는 가족 가운데 건강식을 하는 사람이 한 명이라도 있을 때 선택 사항에서 셰이키스피자를 빼지 않도록 말이에요.

전체 오락실을 설계할 때 우리는 다양한 그룹에 대한 옵션을 갖고자 합니다. 그래서 우리는 어린아이들을 위한 게임도 만들 겁니다. 거의 대부분 실적이 저조하지만 여러 가지가 섞인 라인업을 구축하려 합니다.

마찬가지로 당신은 〈세상에서 가장 큰 팩맨〉이 갖고 싶을지도 모르죠. 수익성이 좋지는 않지만 〈팩맨〉에 익숙한 나이 든 사람들이 좋아할 거예요.

- 하워드 매콜리프

2.4미터 스크린의 〈스페이스 인베이더〉는 어린 플레이어를 즐겁게 해주고, 황금기에 오리지널 게임을 즐겼을 수도 있는 부모와 조부모에게는 향수를 불러일으킵니다. ICE게임스의 〈휠 오브 포천Wheel of Fortune〉을 들여놓는 데에는 1만 2,000달러가 들겠지만, 엄마와 여자 친구가 저녁 식사 장소로 데이브앤드버스터스를 거부하는 것을 막을 수 있다면 충분히 저렴한 가격입니다.

---

96 마이크로소프트가 공식적으로 로스릴스/플레이메카닉스에 라이선스를 준 〈헤일로: 파이어팀 레이븐(Halo: Fireteam Raven)〉은 3미터짜리 4K 스크린이고, 유난히 화려한 4인용 캐비닛에 담겨 있으며, 가격은 3만 달러이다. 유진 자비스에 따르면 "거대한 비행접시처럼 생겼고 아케이드 게임 중에서 가장 큰 게임일 것"이다.

크고 작은 신종 오락실

오락 산업에는 비디오 게임뿐만 아니라 고전 게임, 즉 핀볼 게임과 같은 진짜 고전 게임이 포함된 '바 아케이드'라는 신품종이 등장했습니다.

– 에디 애들럼

처음 문을 열었을 때 나는 크레이그리스트에서 약 5,000달러 상당의 기계 114대를 발견했어요. 한 대당 40달러 정도인 데다 놀라운 게임 모음이었어요. 2009~2010년 무렵이었죠. 그 당시에 오락실에 관한 이야기를 듣는 경우는 오락실이 문을 닫을 때뿐이었습니다.

– 독 맥(갤로핑고스트아케이드 설립자)

크리넥스, 밴드에이드, 젤오, 코카콜라는 특정 제품의 상표명이지만 너무 보편화되어 상표권 자체를 잃을 위험에 처해 있습니다. 다른 나라에서는 어떨지 모르겠지만 미국에서는 코를 닦으려 할 때 티슈가 아니라 '크리넥스'를 달라고 하는 경우가 많습니다. 크리넥스는 킴벌리클라크가 만든 미용 티슈 브랜드로, 킴벌리클라크는 상표가 일반 명사화되는 것을 막기 위해 변호사를 고용하고 있습니다. 일반 명사화는 누구나 이용할 수 있는 퍼블릭 도메인이 되는 것을 의미합니다. 만약 크리넥스라는 이름이 일반 명사가 된다면 프록터앤드갬블과 스코티스는 자사의 미용 티슈를 '크리넥스'라고 묘사할 수 있습니다. 이와 마찬가지로 존슨앤드존슨은 경쟁사가 제품을 '밴드에이드'라고 지칭하는 것을 허용하지 않으며, 크래프트푸즈는 '젤오'라는 상표명을 보호합니다. 많은 사람이 탄산음료를 가리킬 때 '코크'라는 단어를 사용하기 때문에 코카콜라컴퍼니는 특히나 흥미로운 진퇴양난에 처해 있습니다.

상표명을 기반으로 하는 신용어인 '바케이드barcade'가 위치 기반 엔터테인먼트 사업 용어로 유입되었습니다. 오락실은 예전만큼 인기가 없을지 모르지만, 1980년대의 평온했던 오락실 시절에 대한 향수가 커지고 있었습니다. 이에 네 남자가 최신 유행의 수제 맥주와 수십 개의 아케이드 게임을 함께 즐길 수 있는 바 겸 오락실을 2004년 브루클린에 열었습니다. 그들은 이 사업체를 바케이드라고 이름 지었습니다.[97] 이 아이디어는 성공적이었고, 지난 10년 동안 여덟 개지점이 더 생겼습니다.

바케이드에는 보통 핀볼 기계를 포함해 60개 이상의 게임이 있습니다. 이는 동네 술집보다는 크지만 데이브앤드버스터스만큼은 크지 않은 시내 술집입니다. 바케이드는 햄버거, 샌드위치, 샐러드를 팔지만 음료와 게임으로 더 알려져 있습니다.

2000년대에는 모든 것이 점점 커지고 가족 오락 센터가 최강자였습니다. 상점가의 마지막 구식 오락실이 문을 닫은 것 같던 바로 그때 바케이드가 탄생했습니다. 8달러짜리 수제 맥주를 든 순간만큼은 백 투 더 퓨처였죠.

– 유진 자비스

피너클엔터테인먼트그룹에서 지역 피자 가게의 게임뿐만 아니라 디즈니퀘스트 같은 대규모 프로젝트에 대해서도 자문해온 하워드 매클리프의 주장에 따르면, 바케이드가 주력으로 삼은 고전 게임은 현대 게임과 달리 공간을 덜 차지한다고 합니다. "이전에는 게임기당 3제곱미터를 차지했지만 지금은 최대 6제곱미터를 차지합니다." 캐비닛과 VR 체험은 황금기 이전 세대보다 두 배나 큰 공간을 필요로 합니다. 그러나 바케이드의 경우 1960년대 빈티지 게임을 비교적 좁은 공간에 넣을 수 있습니다.

바케이드 체인점만이 아케이드 게임, 옛 추억, 맥주를 제공한 것은 아닙니다. 1999년에 설립된 그라운드컨트롤은 아마도 미국 최초의 바 겸 고전 게임 오

---

97 바케이드 소유주들은 2007년에 그 이름을 상표로 등록했다. 비슷한 업소를 차린 다른 사람들이 바 겸 오락실을 열었다고 주장할 수는 있지만, 업소를 '바케이드'라고 부르면 소송으로 이어질 가능성이 높다.

락실일 것입니다.[98] 오리건주 포틀랜드의 차이나타운에 위치한 그라운드컨트롤은 원래 1층에는 빽빽한 오락실이, 머리 위 다락에는 바가 있는 촘촘한 구조였습니다. 그라운드컨트롤은 2011년에 확장하면서 크기를 두 배 이상 늘리고 두 번째 바, 더 넓은 오락실, 기발하게 리모델링한 화장실[99]을 갖추었습니다.

게임으로도 돈을 벌 수 있지만 대부분의 매출은 식음료에서 나옵니다. 게임은 기본적으로 사람들이 더 오래 머물도록 하기 위한 미끼죠. 이것을 처음 알게 된 곳은 포틀랜드예요. 그들은 옛것에 대한 향수에 젖어 플레이합니다. 옛날 게임은 새로운 게임에 비해 상대적으로 저렴해요. 찾아낼 수만 있다면요. 유지·관리는 훨씬 더 어렵지만요.

‒ 하워드 매콜리프

향수를 불러일으켜 황금기를 부활하려 한 것은 바 겸 오락실만이 아닙니다. 두 번째 트렌드는 복고풍 오락실, 즉 사업을 반대 방향으로 끌고 가는 것입니다.

뉴햄프셔주 레코니아에 있는 펀스팟[100]을 비롯해 오래된 오락실 중 몇 개만이 온전히 남아 있습니다. 하지만 최근 몇 년 동안 새로운 종류의 복고풍 오락실이 미국 전역에 나타나기 시작했습니다. 캘리포니아 패서디나와 노스리지의 네온레트로아케이드는 어두운 조명과 경품 기계보다는 게임에 집중해 다른 대부분의 오락실보다 더 실감나게 1980년대를 경험할 수 있습니다. 동전 투입식 비디오 게임의 발상지인 캘리포니아에 네온레트로아케이드만 있는 것은 아닙니다. 샌프란시스코에는 뮈제메카니크와 엠포리엄SF 등 아케이드 역사의 성지가 몇 군데 있습니다. 아칸소주 페이엣빌에는 아카디아레트로케이드가 있고, 영국

---

98 바케이드와 달리 그라운드컨트롤은 낮 시간에 모든 연령대의 플레이어를 수용하기 위해 게임과 술을 분리해 제공한다.
99 남자 화장실 바닥에는 〈팩맨〉에서 영감을 받은 미로가 그려져 있고, 여자 화장실 바닥에는 〈미스 팩맨〉에서 영감을 받은 미로가 그려져 있다.
100 500대 이상의 기계를 갖춘 펀스팟은 2008년 기네스북에 세계에서 가장 큰 오락실로 등재되었다.

맨체스터와 리버풀의 중간쯤인 워링턴에는 레트로아케이드가 있습니다. 미국 전역을 살펴보면 모든 주에 잘 운영되는 오락실이 있는 것은 아니지만, 모든 주에 복고풍 오락실이 적어도 하나는 있는 듯합니다.

모든 복고풍 오락실 중 가장 영향력이 큰 곳은 2010년에 설립된 갤로핑고스트로, 이는 시카고 외곽인 브룩필드에 자리하고 있습니다. 면적이 약 1,400제곱미터에 불과한 갤로핑고스트는 특별히 큰 오락실은 아니지만 오락기로 꽉 차 있습니다. 설립자인 독 맥에 따르면 현재 작동하는 오락기가 751개[101]이며, 그중에는 단 한 대뿐인 게임 두 가지가 포함되어 있습니다.

'개발자의 날'에는 우리가 게임을 고르면 게임을 만든 사람들이 나와서 게임에 대해 이야기하고 사인을 해줍니다. 내가 처음 구입한 오락실 게임인 〈나르크〉를 위해 이런 행사를 열었죠. 유진 자비스, 조지 페트로, 래리 더마, 워런 데이비스, 마크 로프레도 등 업계의 레전드들이 자리를 빛내주었어요.

행사 전날 조지 페트로가 전화를 걸어 〈나르크〉 보드의 여분이 있는지 묻더군요. 나는 있다고 대답하고 그것을 가져다주었죠. 나는 별 생각 없이 행사 준비를 위해 돌아갔고요.

'개발자의 날' 행사가 시작될 때 페트로가 이렇게 말했습니다. "여러분이 〈나르크〉를 좋아한다는 것을 알고 있습니다. 하루 동안 테스트한 레벨이 있었는데 그게 문제를 일으켜 게임 출시를 앞두고 폐기했죠. 그래서 우리는 그 레벨을 게임에 넣을 수 없었는데, 어젯밤에 그 레벨의 문제를 해결하고 코딩 작업까지 마쳤어요. 자, 이게 새 ROM이 담긴 '유일하고 완전한' 〈나르크〉 보드예요.

—독 맥

갤로핑고스트프로덕션은 작년에 〈더 스펙터 파일스: 데스스토커〉The Spectre Files: Death-stalker〉를 출시했습니다. 이 게임은 〈램페이지Rampage〉, 〈제노포브Xenophobe〉, 〈아크 라이벌스Arch Rivals〉를 만든 브라이언 콜린의 작품입니다.

그는 1984년에 〈더 스펙터 파일스: 데스스토커〉를 만들기 시작했어요. 레이저 디스크로

---

101 맥이 말한 751개는 751가지의 개별 게임을 의미하며, 이 수치는 2020년 1월 기준이다. 맥은 컬렉션에 추가할 새로운 게임을 끊임없이 찾고 있다.

출시될 예정이었지만, 〈NFL 풋볼〉이 CED[102]로 먼저 나왔고 디스크 플레이어가 인식을 못 하는 문제 때문에 이후 미드웨이게임스는 레이저 디스크 게임을 모두 취소해버렸어요. 브라이언 콜린이 말해줬죠. 아주 흥미로웠던 나는 이렇게 물었어요. "〈더 스펙터 파일스: 데스스토커〉가 얼마나 진행되었었죠?"

그가 대답하길, "촬영만 하고 프로그래밍, 추가 아트워크 작업도 하지 않았어요. 풀모션 비디오 영상일 뿐이죠. 우리가 한 건 그게 다예요. 이후 20년 동안 그 영상을 보지 못했네요."

결국 브라이언은 그것을 발견했습니다. 우리는 그와 함께 일했어요. 게임을 완성하고 코딩도 했죠. 그리고 우리는 캐비닛까지 만들어서 다른 오락실에 판매하고 있어요. 이 불후의 작품은 1984년에 완성되지 않았기 때문에 지금 오락실에 판매되고 있는 것이기도 합니다.

1984년에 게임 개발을 취소했던 것은 현명한 일입니다. 그 게임은 돈을 벌 수 없었을 테니까요. 하지만 지금은 게임을 무료로 즐길 수 있고, 누가 게임을 얼마나 오래 하느냐 같은 이런저런 문제가 상관없어졌죠.

—독 맥

갤로핑고스트에서는 업데이트된 〈나르크〉와 〈더 스펙터 파일스: 데스스토커〉를 플레이할 수 있습니다.

마이크로소프트, 닌텐도, 소니, 세가가 비디오 게임을 일종의 가정용품으로 만들기 전, 놀런 부슈널이 아타리를 세우기 전에도 시카고는 미국에서 동전 투입식 기기의 중심지였습니다. 윌리엄스매뉴팩처링, 밸리매뉴팩처링, 미드웨이매뉴팩처링은 WMS인더스트리스라는 이름으로 합병되기 훨씬 전부터 시카고에 있었습니다. 시카고코인이 어디에 있었는지는 확실하지만, 스턴앤드고틀립과 같은 다른 핀볼 제조업체도 윈디시티에 있었습니다. 캡콤은 새너제이에 정착하기 전에 시카고에 사무실을 두고 있었습니다. 시버그와 록올라 등의 주크박스 회사도 마찬가지였습니다.

위대한 게임 디자이너 중 몇몇은 아직도 시카고 또는 그 근방에 살고 있어 맥이 레전드를 위한 기념식을 열면 참석하곤 합니다. 오락실에서 열린 행사에

---

102 capacitonance electronic disc. RCA가 만든 초기의 레이저 디스크 기술이다.

〈모탈 컴뱃〉을 공동 제작한 에드 분과 존 터바이어스뿐만 아니라 전투원을 연기했던 배우들도 참석했습니다.

맥과 갤로핑고스트는 적절한 시기에 업계에 뛰어들었습니다. 그가 계획을 세우기 시작한 2006년에는 1980년대 오락실에 대한 관심이 거의 사그라들었습니다. 맥은 처음에 게임 114개를 5,000달러도 안 주고 구입했다고 자랑합니다. 아케이드원업이라는 회사는 〈스타워즈〉, 〈닌자 거북이Teenage Mutant Ninja Turtles〉, 〈스페이스 인베이더〉, 〈모탈 컴뱃〉, 〈스트리트 파이터 II〉 등 법적 라이선스가 부여된 오락기의 1미터 크기 미니어처 복제품을 만듭니다. [103] 남자들이 취미 공간을 가지면서 1980년대 오락실 기계는 수집가의 인기 품목이 되었습니다.

오락실을 찾는 사람이 현저히 줄어들자 업계 사람들은 기계를 버리기 시작했고, 현재 점점 더 줄어들고 있습니다. 이제는 기계가 정말 희귀하기 때문에 수집가들은 더 이상 줄어들지 않기를 바랍니다.

– 에디 애들럼

15달러의 입장료를 내면 무제한으로 게임을 즐길 수 있게 한 맥은 시내의 부동산 비용이나 쇼핑몰 임대료를 지불할 여유가 없었지만, 이는 그에게 유리하게 작용했습니다. 그의 오락실은 기차역에서 몇 블록 떨어진 오그던 애비뉴에 있습니다. 한때 동전으로 운영되는 오락 산업 그 자체였던 이 마을의 비디오 게임 뷔페를 방문하기 위해 많은 플레이어가 기꺼이 기차를 타고 브룩필드로 갈 것입니다.

오락실 게임기는 핀볼 기계나 다른 전기 기계식 게임과 달리 꽤 내구성이 있습니다. 물론 너무 열정적인 플레이어가 세가의 〈헤비웨이트 챔프Heavyweight

---

[103] 법적 라이선스가 중요하며, 가정용 클래식 아케이드 게임의 라이선스 버전을 만드는 회사는 아케이드원업 말고도 더 있다. 일부 회사는 MAME(multiple acade machine emulator)나 그 밖의 에뮬레이터를 구동하는 무허가 기기를 판매하고 있다.

Champ〉 컨트롤을 부수기도 하고 라이트건을 자주 재보정해야 하지만, 오리지널 〈팩맨〉 기계는 최소한의 유지·관리만 하면 수십 년 동안 사용할 수 있습니다. 이제 교체용 CRT 모니터를 구하기가 더 어렵고, 〈템페스트〉와 〈스타워즈〉 같은 게임의 벡터 디스플레이는 더 이상 사용할 수 없지만 필요한 수리가 대부분 매우 기초적입니다. 오락실을 유지하려는 노력의 일환으로 독 맥은 다른 오락실 소유자를 경쟁자로 보는 것이 아니라 그들에게 기계를 수리하고 관리하는 방법을 가르치기까지 합니다.

가격이 3만 달러인 최신 게임은 한때 팔렸던 〈팩맨〉과 같은 판매고를 올리지는 못하지만, 요즘은 문을 닫는 곳보다 새로 문을 여는 오락실이 더 많습니다. 1980년대의 황금기는 다시 돌아오지 않겠지만 머지않아 르네상스가 도래할지도 모를 일입니다.

"상상했던 것보다
조금 덜 끔찍할 뿐"

우리는 대화를 하다 플레이스테이션 포터블에 대해 이야기를 나누었습니다. J 앨러드는 실패할 거라고 말했고 나는 이렇게 말했습니다. "아니요. 나는 플레이스테이션 2와 같은 길을 걸을 거라고 생각해요."

–은가이 크롤

그래서 닌텐도 DS가 나왔습니다. 이건 달라요.

–이와타 사토루

레전드들의 미팅 주선

2001년, 『뉴스위크』의 은가이 크롤 기자는 불가능한 일을 시도했습니다. 그는 일본에서 가장 위대한 비디오 게임 디자이너 다섯 명의 원탁 토론을 주선하려고 했습니다.

그해는 소니가 고객 수요를 따라잡지 못했던 플레이스테이션 2 시대의 개막 연도였습니다. 세가의 드림캐스트는 살아는 있었지만 죽어갔고, 닌텐도는 아직 게임큐브를 출시하지 않았습니다. 또한 마이크로소프트가 혹독한 콘솔 전쟁을 견딜 의지를 가졌는지 아무도 모르는 상황이었습니다.

PC 게임계의 거물들을 초대하는 것이 더 쉬운 일이었을 것입니다. 시드 마이어(〈문명Civilization〉), 윌 라이트(〈심즈The Sims〉), 피터 몰리뉴(〈파퓰러스 Populous〉), 존 카맥(〈둠〉)과 같은 PC 게임의 아이콘들은 대부분 동업 관계를 유지했으며, 게임 개발자 콘퍼런스나 E3에 패널로 등장하기도 했습니다. 모두가 한자리에 나온 적은 없지만 이런저런 조합으로 함께했습니다.

반면에 콘솔 게임의 거물들을 한자리에 모으려면 엄청난 노력이 필요했습니다. 그들이 몸담은 회사가 반드시 협력하리라는 보장이 없었기 때문입니다.

크롤이 생각한 이상적인 원탁에는 닌텐도의 미야모토 시게루(〈슈퍼 마리오〉, 〈젤다의 전설〉, 〈동키콩〉), 세가의 아케이드 레전드 스즈키 유(〈아웃런〉, 〈스페이스 해리어〉, 〈쉔무〉), 스퀘어의 RPG 거장 사카구치 히로노부(〈파이널 판타지〉), 코나미의 선구자 고지마 히데오(〈메탈 기어〉 시리즈), 캡콤의 미카미 신지(〈바이오하자드〉, 〈디노 크라이시스〉)가 포함되는데, 이것은 드림팀, 즉 완벽한 조합입니다. 이들 중 한 명과의 인터뷰가 성사되기만 해도 엄청난 성과였습니다. 그러니 이들 모두를 설득해 한자리에 앉힌다면 전례 없는 일일 것입니다.

그 일을 시작할 때까지 내가 깨닫지 못한 것은….

생각해보세요. 『뉴스위크』는 서방의 언론이에요. 하지만 우리는 동방의 일본 개발자들을 원탁에 모으려고 노력하고 있죠. 나는 그들 사이에 어떤 관계가 있는지 전혀 몰랐어요.

– 은가이 크롤

첫 번째 장애물은 지리적인 문제였습니다. 세가와 코나미는 도쿄에 위치해 있고 스퀘어도 그랬지만 사카구치 히로노부는 호놀룰루의 스튜디오에서 일했습니다. 닌텐도는 교토에, 캡콤은 오사카 근처에 있어서 미야모토와 미카미가 원탁 토론에 참석하려면 신칸센을 2시간 정도 타고 와야 했습니다.

그리고 정치적인 문제도 있었습니다. 드림캐스트가 아직 살아 있고 게임큐브가 진행 중인 가운데 미야모토와 스즈키는 경쟁 하드웨어 제조업체에서 일했습니다. 미국에서는 닌텐도, 소니, 세가가 우호적인 전쟁을 벌였지만 일본에서는 꼭 그렇지만은 않았습니다. 항상 호전적인 야마우치 히로시 닌텐도 회장은 스퀘어에 대해 지독한 원한을 품고 있었습니다. 그는 스퀘어의 경영진이 소니에 합류하고 다른 회사들도 동참하도록 설득함으로써 돌아올 수 없는 강을 건넜다고 생각했습니다.

만약 다른 기자가 이 원탁 토론을 추진하려고 했다면 "안 돼요"라는 답이 돌아왔겠지만 은가이 크롤은 달랐습니다. 시작으로 그는 매우 높이 평가받는 국제판을 발행하는 미국 잡지 『뉴스위크』에 글을 썼습니다. 『뉴스위크』라는 브랜드는 무게감이 있었습니다.

그리고 크롤은 재치 있고 똑똑하며 솔직해 미국 게임 산업의 모든 부분에서 널리 호감을 얻고 존경을 받았습니다. 닌텐도 아메리카의 페린 캐플런 부사장은 왜 크롤의 의견에 그렇게 많은 비중을 두느냐는 질문에 이렇게 대답했습니다. "만약 은가이를 당신 편으로 둔다면 그는 많은 기자를 데려올 겁니다."

크롤은 정말 설득력이 있는 타고난 에반젤리스트였습니다. 그는 고루한 주류 뉴스 매체인 『뉴스위크』를 설득해 비디오 게임을 정기적으로 다루게 했고, 어떻게든 닌텐도, 세가, 스퀘어, 코나미, 캡콤이 원탁 토론에 참여하도록 설득했습니다.

아무도 먼저 승낙하려고 하지 않았어요. 내가 저글링을 하고, 저글링을 하고, 저글링을 하고, 또 저글링을 하고 나서야 그들을 끌어들일 수 있었죠. 나는 실제로 추진하기 위해 2주간의 일본 체류를 편집자에게 승인받았습니다.

그러나 실패로 돌아갔습니다. 기억하시겠지만 사카구치는 하와이에서 〈파이널 판타지〉 영화를 감독하고 있었어요. 그는 둘째 주에 일본에 있을 예정이었는데 일정이 바뀌어서 빠질 수밖에 없었어요. 그러자 미카미를 제외하고 모두가 빠지더군요.

상상할 수 있겠어요? 그건 레전드로 기록될 수도 있었어요. 물론 상황을 더 많이 알았다면 시도조차 하지 않았을 겁니다. 나는 사카구치가 자기 일정을 소화하느라 원탁 토론에 오지 못하게 된 상황을 받아들여야 했죠.

– 은가이 크롤

크롤은 계속 원탁 토론을 주관했지만 최종 참석자들은 히트메이커라기보다는 혁신가, 예술가로 더 유명했습니다. 내향적이지만 천성은 쾌활한 크리에이터인 미카미 신지가 기존 패널 중 유일하게 참석했습니다. 다른 참가자는 이타가키 도모노부(〈데드 오어 얼라이브〉, 〈닌자 가이덴Ninja Gaiden〉)와 미즈구치 데쓰야(〈스페이스 채널 5〉, 〈레즈〉)였습니다.

원탁 토론은 순조롭게 진행되었지만 크롤은 거의 20년이 지난 후에도 아쉬워하며 이렇게 회상했습니다. "원래 패널이 왔다면 전설적이었을 테지만 이 세계에서는 일어나지 않았어요. 그걸로 위안을 삼죠."

비록 레전드들의 미팅이 흐지부지되었더라도 여전히 크롤은 업계의 거물들 사이에서 자유롭게 왕래했습니다. 그는 결전이 시작되기 전에 승자와 패자를 가리는 기이한 능력을 가졌고, 대기업의 CEO들은 그의 의견에 많은 무게를 두었습니다.

노키아의 실수

1989년에 닌텐도가 게임보이를 처음 출시한 이래로 휴대용 게임기로 게임 말고도 할 수 있는 것을 찾으려는 업계의 탐구가 있었습니다. 게임보이 카트리지에는 국어사전, 외국어 사전, 킹 제임스 성경 등이 들어 있었습니다. 1997년, 닌텐도의 오래된 게임앤드워치 브랜드에서 크게 발전하지 않은 싱글스크린 LCD 게임을 주로 거래했던 타이거일렉트로닉스는 게임 플레이 이상의 기술을 완전히 구현한 새로운 휴대용 시스템 게임컴[104]을 출시했습니다.

팜 파일럿에 사로잡혔던 1990년대 후반의 세계를 따라잡기 위해 게임컴은 작은 카트리지로 게임 플레이 이상의 일을 했습니다. 게임컴에는 PDApersonal data assistant 기능도 탑재되어 있었습니다. 전용 모뎀을 연결해 이메일을 보내거나 인터넷에서 텍스트 사이트를 탐색할 수 있었습니다. 기존의 팜 파일럿이나 애플 뉴턴처럼 게임컴은 터치스크린과 스타일러스 펜이 특징적이었습니다.

그러나 게임컴의 최대 단점은 아이러니하게도 게임이었습니다. 게임컴용 게임의 스크린숏은 멋져 보였지만 프레임률이 끔찍한 게임이 많았습니다. 〈듀크 뉴켐〉의 게임컴 버전은 슬라이드쇼처럼 보였습니다. 심지어 〈윌리엄스 아케이드 클래식Williams Arcade Classics〉의 1980년대 아케이드 게임조차 프레임률 문제가 있었습니다. 훌륭하게 최적화된 프로세서와 700개 이상의 게임 카탈로그를 갖춘 8년 역사의 게임보이와 경쟁하기에는 게임컴에 승산이 없었습니다. 그 후 1998년, 닌텐도는 게임보이 컬러를 출시하면서 게임컴과 더 작은 후속작 게임컴 포켓프로를 구시대의 유물로 격하시켰습니다.

닌텐도는 2001년에 게임보이 어드밴스를 출시해 세계적인 찬사를 받았습니다. 2002년 말까지 게임보이 어드밴스는 미국에서 1,170만 대, 유럽에서 560만 대, 일본에서 760만 대가 판매되었습니다. 출시된 지 2년도 채 되지 않아 닌

---

104 옮긴이_game.com이지만 '게임닷컴'이 아니라 '게임컴'이라고 한다.

텐도는 거의 2,500만 대를 팔아치웠습니다. 소프트웨어 판매량도 좋았습니다. 미국의 하드웨어 대 소프트웨어 비율은 콘솔당 3.5 이상이었습니다.

게임보이 어드밴스는 2년 차에도 시장을 장악했습니다. 닌텐도는 2002년 11월 일본에서 〈포켓몬스터 루비Pokémon Ruby〉와 〈포켓몬스터 사파이어Pokémon Sapphire〉를 출시했는데 각각 약 140만 장이 팔렸습니다. 시장에 나온 지 한 달밖에 안 된 두 게임은 2002년 일본 톱 10에서 각각 2위와 3위를 차지했습니다. 두 게임을 능가한 것은 게임큐브 대표작 〈대난투 스매시 브라더스 DX〉였습니다.

게임보이 어드밴스도 이전 게임보이[105]와 마찬가지로 어두운 화면이었는데, 이는 골칫거리이자 장점이기도 했습니다. 화면을 제대로 보려면 별도의 빛이 필요했지만 AA 배터리 두 개로 열다섯 시간 이상을 버텼습니다.[106] 그 후 2003년, 닌텐도는 가장자리에 불이 들어오는 화면과 충전식 배터리를 갖춘 새로운 모델, 게임보이 어드밴스 SP를 공개했습니다.

닌텐도는 2003년에 전 세계적으로 게임보이 어드밴스(오리지널과 SP) 1,100만 대를 추가로 판매했으며, 미국 내 소프트웨어 판매량이 40% 증가했습니다. 게임보이 어드밴스 SP는 휴대하기가 간편했지만 멀티플레이어에 덜 친화적이었습니다. 포켓몬스터 트레이너가 포켓몬스터와 싸우거나 거래를 하려면 링크 케이블이 필요했습니다. 2004년, 닌텐도는 사거리가 약 3미터인 무선 어댑터와 함께 〈포켓몬스터 파이어레드Pokémon FireRed〉와 〈포켓몬스터 리프그린Pokémon LeafGreen〉을 출시했습니다.

무선 통신이 가능한 〈포켓몬스터〉는 게임보이 기준으로는 큰 도약이었을지 모르지만, 2004년은 〈헤일로 2〉가 마이크로소프트의 엑스박스를 세계적인 오락실로 바꾼 해이기도 합니다. 틈새시장이었던 대규모 멀티플레이어 게임, 온라인 게임은 느리지만 꾸준히 발전해 이제 전 세계적인 수요를 이끌어내고 있습

---

[105] 미국에서 출시된 이전 게임보이와 동일했다. 일본에서만 출시된 게임보이 라이트는 백라이트 화면이 적용되었다.

[106] 게임보이의 배터리 수명은 최대 30시간으로 측정되었다.

니다. 이 당시 한국의 MMORPG인 〈리니지Lineage〉는 300만 명 이상의 가입자를 보유하고 있었고, 소니온라인엔터테인먼트의 MMORPG인 〈에버퀘스트〉는 가입자가 50만 명 정도였습니다.

온라인퍼블리셔협회Online Publishers Association에 따르면 2003년 전 세계 인터넷 사용자는 아시아 2억 3,000만 명, 북미 2억 1,500만 명, 유럽 2억 300만 명입니다. 아시아의 선두 주자는 한국과 중국으로, 높은 광대역 보급률 (한국 73%)과 수천 개의 PC방이 고품질 인터랙티브 콘텐츠를 제공하고 있습니다. 대부분의 전통적인 게임 퍼블리셔는 패키지 상품의 불법 복제 문제 때문에 이런 시장을 피했습니다. 그러나 불법 복제와 해킹은 (비록 영향은 적지만) 온라인 게임의 성장률에도 위협이 됩니다.[1]

2004년 11월, 블리자드는 〈월드 오브 워크래프트World of Warcraft(WoW)〉를 출시했습니다. 〈헤일로 2〉와 같은 달에 출시된 〈월드 오브 워크래프트〉는 2005년과 2006년의 베스트셀러 PC 게임으로, 가입자가 1,200만 명에 달했습니다. 보도에 따르면 〈월드 오브 워크래프트〉는 2006년까지 연간 매출 및 월 회비로 전례 없는 11억 달러를 벌어들였다고 합니다.[2]

블리자드는 오늘 〈월드 오브 워크래프트〉가 북미 지역에서 1일 차 판매 기록을 경신해 역대 가장 성공적인 PC 게임 출시를 달성했다고 밝혔습니다. 구독 기반 대규모 다중 사용자 온라인 롤플레잉 게임MMORPG인 〈월드 오브 워크래프트〉는 11월 23일 화요일 북미 소매점에서 24만 명 이상에게 판매되어 역사상 가장 많은 판매량을 기록했습니다.[3]

세계는 온라인으로 돌아가고 있었지만 닌텐도는 그렇지 않았습니다. 2002년 11월 4일, 닌텐도의 휴대용 게임기에 도전하는 새롭고 확실한 위협이 나타났습니다. 2100 시리즈 휴대폰의 성공을 딛고 노키아는 세계 최대의 휴대폰 제조사가 되었습니다. 융합의 시대에 노키아는 스스로 리더임을 증명했습니다. 핀란드 통신 대기업인 노키아는 10억 번째 휴대폰의 판매를 앞두고 있을 뿐만 아니라 카메라와 비디오카메라가 장착된 휴대폰을 제조했습니다. 또한 노키아 휴대폰에 탑재된 〈스네이크Snake〉는 당시 세계에서 가장 많이 플레이된 게임이었습니다. 이에 노키아는 N-게이지라는 휴대폰/휴대용 게임 시스템 하이브리드로 게임 시장에 진출할 계획이었습니다.

N-게이지는 아이폰 이전 모델이었고, 이는 모든 사람이 휴대폰으로 괜찮은 게임을 하기 위해 할 수 있는 모든 것을 시도하고 있음을 의미했습니다. 그 당시에서는 그것을 '디바이스'라고 부르지도 않았죠. 그것은 닌텐도 게임보이거나 전화기였어요.

프로세서가 점점 빨라지고 있었습니다. N-게이지에는 100메가헤르츠의 ARM 프로세서[ARM920T] 칩을 사용했는데, 이는 고해상도 화면이 아닌 휴대폰치고는 나쁘지 않은 수준이었습니다.

나는 그것을 게임보이의 대안으로 보았어요. 이게 어디까지 갈 수 있는지 봅시다. 내 생각에 그것은 온라인이고 전화기이기 때문에 우리는 멋진 멀티플레이를 할 수 있을 겁니다. 거기에는 블루투스 기능도 있고, 3D 그래픽을 구현할 수 있을 만큼 빨랐습니다.

– 존 로메로(몽키스톤게임스 공동 설립자)

노키아는 기업의 체면을 확고하게 유지했습니다. 노키아 경영진은 게임을 논하는 대신 시장 점유율에 대해 이야기했습니다. 보도 자료에 따르면 노키아 경영진은 N-게이지를 '게임을 하는 커뮤니케이션 디바이스'로 묘사하고, 2004년 말까지 수백만 대가 팔릴 것이라고 예상했습니다.

게임은 같은 생각을 가진 사람들로 이루어진 큰 공동체와 소통하고 연결하는 흥미로운 방법입니다. 블루투스를 통한 근거리 멀티플레이어 게임과 셀룰러 네트워크를 이용한 광역 게임이 결합된 풍부한 모바일 게임은 완전히 새로운 게임 개념의 문을 열었습니다. 모빌리

티는 혁신적이고 창의적인 게임 개념에 완전히 새로운 차원을 추가하고 게임 및 통신 산업에 기회를 제공할 것입니다.

– 안시 반요키(노키아 임원)[4]

노키아가 더 많은 정보를 공개함에 따라 N-게이지는 거부할 수 없는 완벽한 선물처럼 보였습니다. N-게이지는 32비트 프로세서를 중심으로 제작될 예정이었습니다(게임보이 어드밴스에는 32비트 프로세서가 탑재되어 있었습니다). 추가로 멀티플레이어 게임을 위한 블루투스와 인터넷 옵션을 갖추고 있었습니다. 액티비전, EA, 세가, THQ와 같은 퍼블리셔는 N-게이지용 게임을 만들기 위해 계약을 했습니다.

서류상으로는 노키아의 N-게이지가 좋은 아이디어인 것 같습니다. 모바일 게임기, 휴대폰, MP3 플레이어, FM 라디오의 조합은 거의 모든 사람에게 적합한 편리한 도구가 될 것입니다.

– 크리스 모리스[5]

2003년 2월, 노키아는 런던에서 전 세계 기자들에게 N-게이지를 공개했습니다. 그 당시에 세계에서 가장 높은 관람차인 런던아이를 탄 기자들은 소그룹으로 나뉘어 전망대에 올랐습니다. 런던아이가 템스강 상공에서 25분간 돌아가는 동안 그들은 새로운 휴대폰/휴대용 게임 시스템을 시험할 기회를 가졌습니다. 대부분의 기자들은 제작 중인 실패작을 자신이 보고 있다는 것을 런던아이가 다 돌기도 전에 알아챘습니다.

특히나 N-게이지는 타코처럼 생겼습니다. 게임보이 어드밴스의 모양과 크게 다르지 않았지만, 게임보이 어드밴스는 전화기 같은 부가 기능이 없었습니다. N-게이지를 전화기로 사용할 때는 마이크와 스피커 때문에 옆면을 머리에 붙여야 했습니다.

처음 보았을 때 나는 폼팩터를 별로 좋아하지 않았어요. 사용하는 모습이 좀 우스꽝스러워서요. 믿을 수 없었죠. 얼굴에서 튀어나온 것 같았다니까요. 터치스크린이 모든 것을 해결하기 전까지는 단지 전화기와 게임 플레이어를 하나의 기기로 얻을 수 있는 것에 불과했어요.

– 존 로메로

화면은 해상도가 꽤 좋았지만 크기가 5센티미터라 게임을 하기에는 너무 작았습니다. 또한 일부 상단 스크롤 아케이드 슈팅 게임을 제외하고 비디오 게임은 수평 화면에서 플레이되기 때문에 화면의 세로 방향도 게임에 적합하지 않았습니다. N-게이지는 왼쪽에 섬패드, 오른쪽에 열다섯 개의 버튼이 있었는데, 이는 기존 휴대폰의 열두 개 버튼에 볼륨 컨트롤 버튼 두 개와 통화 종료 버튼을 추가한 것이었습니다. 미니멀리즘적인 기존의 휴대용 게임 컨트롤러와 정반대의 디자인입니다.

런던아이 행사 기간에 N-게이지의 가장 큰 결점을 발견한 기자는 거의 없었습니다. 다른 게임이 하고 싶을 때는 서로 N-게이지 기기를 맞교환했기 때문입니다. 게임 슬롯이 배터리 아래에 있어 게임을 바꾸려면 배터리를 완전히 제거해야 했습니다.

N-게이지의 가장 큰 문제는 모바일 기기로서의 기능을 거의 배제한 놀라운 설계 결함입니다. 이동 중에도 게임을 할 수 있지만, 밖을 나선 뒤 다른 게임이 하고 싶어졌다면 행운을 빌어야죠.

게임을 하거나 MP3에 새 메모리카드를 삽입하려면 다음과 같이 해야 합니다.

1. N-게이지의 전원을 끕니다.
2. 뒷면 커버를 엽니다.
3. 배터리를 꺼냅니다.
4. 카트리지를 넣습니다.

5. 배터리를 끼워넣습니다.

6. 뒷면 커버를 닫습니다.

7. N-게이지의 전원을 켭니다.

8. 기기가 가동될 때까지 30초 정도 기다립니다.

9. 게임을 켭니다.

모두 합하면 90초 정도 걸립니다. 게다가 대중교통을 이용하는 경우에는 현실적으로 불가능하죠. 또한 게임이 MMC 카드(웨하스 두께에 길이가 약 1인치)에 있기 때문에 혼잡한 환경에서 떨어뜨리면 복구하기가 어려울 수도 있어요. 한 게임에 30달러 정도니 그건 너무 위험한 설계 결함입니다.

-크리스 모리스[6]

런던아이의 대실패에 이어 대기업 문화와 게임 세계 간의 문화 격차를 보여준 처참한 E3 사전 기자회견이 있었습니다. 기자회견은 N-게이지로 게임을 하면서 스케이트보드를 타는 아이들과 힙스터의 흥얼거림으로 시작되었습니다. 모두 키가 크고 근엄해 보이는 노키아 경영진은 N-게이지로 게임을 하는 힙스터들보다 우뚝하게 무대에 올라 위협적이면서도 몹시 불편한 얼굴을 하고 있었습니다.

노키아 휴대폰 부문 임원인 안시 반요키가 힙스터 무리 가운데에 섰을 때 절정에 이르렀습니다. 반요키가 N-게이지의 블루투스 기술, 전화기 성능, 게임 기능에 대해 이야기하는 동안 나머지 무리는 자리를 떠나고 젊은 금발 아가씨만 남아 있었습니다. "당신은 이게 얼마일 것이라고 예상하십니까?"라고 질문은 던진 그는 500달러면 싸게 사는 것이고 400달러면 사람들이 바로 달려가서 살 것이라고 스스로 대답했습니다.

그런 다음 갑자기 금발 아가씨가 셔츠를 들어올려 비키니 상의와 배에 검은색 굵은 글씨로 적힌 299달러라는 가격을 보여주었습니다. 뉴욕 비디오 게임 비평가 서클 창립자인 해럴드 골드버그는 무대 근처에 앉아 있다 누군가가 "저게 배꼽이 아니라 소수점이면 좋을 텐데"라고 말하는 것을 들었습니다.

299달러라는 가격에 작은 화면, 전화를 걸거나 게임을 하는 데 도움이 되지 않는 폼팩터를 가진 N-게이지는 공개와 동시에 숨을 거두었습니다.

2003년 무선 게임에서의 가장 눈에 띄는 발전은 최초의 게임 중심 휴대폰인 N-게이지가 출시되었다는 것입니다. 충분한 공급 측면의 비즈니스 논리가 제품을 성공시키겠지만 노키아는 소비자 가치 요소를 무시한 채 수많은 반대와 비판에도 밀어붙여 실망스러운 결과를 낳았습니다. 그 제품은 가격대(299달러), 디자인(게임을 삽입하려면 배터리를 제거해야 함), 목표 시장 문제가 있습니다. 그 결과 우리는 올해 미국에서의 판매량을 3만 대 미만으로 추정하며, 이는 예상보다 훨씬 낮은 수치입니다. 노키아는 전 세계적으로 약 60만 대가 팔렸다고 주장했습니다.[7]

다음 해에 노키아는 FM 라디오, MP3 지원 등 기존 N-게이지의 많은 기능이 빠진 더 작고 저렴한 N-게이지 QD를 출시하려고 했습니다.

게임 카트리지를 교체하기 위해 배터리를 빼야 하는 것은 그들이 저지른 가장 어리석은 실수였어요. 심지어 타코 모양도 그 실수에 비하면 괜찮은 정도였다니까요. 물론 나중에 다시 디자인하면서 배터리를 빼는 문제를 해결했습니다. 하지만 시작부터 평가가 나쁘면 아무도 새 버전을 확인하지 않죠.

- 존 로메로

N-게이지 QD는 2004년에 나왔지만 때는 이미 늦었습니다. N-게이지는 출시 실패를 겪고 암울한 한 해를 보낸 후 거의 잊혔습니다. 이듬해에 열린 E3 행사장에서 『게임 인포머』의 리사 메이슨 기자는 N-게이지로 전화하는 사람을 발견하고는 이렇게 외쳤습니다. "오, 보세요! 야생에 하나가 남아 있어요!"

21세기의 워크맨

소니의 새로운 아기가 태어날 거예요. 소니컴퓨터엔테인먼트는 2004년에 새로운 휴대용 엔터테인먼트 플랫폼을 출시할 예정입니다. 이 플랫폼의 이름은 플레이스테이션 포터블, 즉 PSP입니다. 심플하죠.

아기가 지금 인큐베이터 안에 있는데, 아빠인 나도 인큐베이터 밖으로 꺼낼 수가 없네요. 창문으로 아기의 얼굴을 볼 수는 있죠. 아기가 아주 귀여워요.

－구타라기 겐

7분간의 프레젠테이션 동안 보여줄 프로토타입은 없었지만 소니컴퓨터엔터테인먼트의 구타라기 겐 사장은 2003년 E3에서 새로운 휴대용 플레이스테이션에 대한 계획을 발표했습니다. 비록 프로토타입이 없었지만 모호한 발표는 아니었습니다. 구타라기는 화면과 프로세서를 매우 상세하게 설명했습니다. 그는 UMD^{universal media disc}라는 매체에 저장된 게임을 할 수 있을 것이라면서 시제품 디스크를 보여주었으며, '시디롬보다 세 배 많은' 최대 1.8기가바이트를 담을 수 있다고 발표했습니다.

구타라기는 닌텐도에 경종을 울렸습니다. 기술적으로 경이로운 괴물이 될 PSP는 닌텐도의 야마우치 히로시 회장이 무엇보다도 경멸했던 바로 그 종류의 하드웨어입니다. 야마우치는 소니가 PSP에 넣은 진보를 '기술을 위한 기술'이라고 묘사했습니다.

이제 PSP의 뇌에 대해 말씀드리겠습니다. 플레이스테이션 2의 반도체 기술인 180나노미터보다 거의 두 배에 달하는 용량의 최신 90나노미터 반도체 기술이 PSP의 능력에 힘을 실어줄 것입니다. 플레이스테이션 1과 유사한 프로세서는 PSP 콘텐츠 제작자에게 쉽고 친숙한 개발 프로세스를 제공해 그래픽, 사운드, 입출력 인터페이스를 제어할 수 있습니다.

PSP에는 사실상 표준 인터페이스가 두 개 있습니다. 하나는 USB 버전 2로, 다른 PSP나 플레이스테이션 2, 심지어 PC와 휴대폰 같은 다른 플랫폼에도 연결할 수 있습니다. 또 하나의 인터페이스는 무선 환경에서 응용 프로그램뿐만 아니라 게임 데이터의 전송성을 위한 메모리 스틱 슬롯입니다.

－구타라기 겐

구타라기는 PSP를 '21세기의 워크맨'이라고 묘사하면서 E3 프레젠테이션을 마쳤습니다.

그가 새로운 휴대용 제품을 워크맨이라고 칭한 데에는 이유가 있었습니다. 1970년대 후반에 소니의 워크맨은 휴대용 전자제품에 혁명을 일으켰습니다. 워크맨이 출시되기 전까지 '휴대용 전자제품'이라는 용어는 대부분 양철 스피커를 통해 AM과 FM을 재생하는 트랜지스터라디오를 가리켰습니다. 그 시대의 휴대용 카세트 데크는 신발 상자만큼 길고 3분의 2 높이에 저음질 스피커가 있었습니다. 이는 음악이 아닌 대화를 녹음하고 재생하도록 설계된 저음질의 테이프 '녹음기'였습니다. 고품질의 헤드폰과 하이파이 사운드를 갖춘 소니의 휴대용 워크맨 카세트 플레이어는 모든 것을 바꿔놓았습니다. 소비자는 걷거나 뛰거나 붐비는 전철에서 가정용 스테레오나 카스테레오 수준의 음악을 들을 수 있게 되었습니다. 워크맨은 역사상 가장 많이 팔린 전자제품이 되었습니다.

구타라기는 PSP를 워크맨으로 묘사함으로써 닌텐도의 게임보이 기기를 현대의 트랜지스터라디오와 동등하게 치부했습니다. 기술적인 측면에서 이는 공정한 비교였습니다. 소니의 새로운 UMD 미디어는 게임보이 어드밴스 카트리지의 거의 30배에 달하는 저장 용량이었습니다.[107] PSP로 영화도 볼 수 있었습니다. 소니와 그 밖의 스튜디오는 UMD를 통해 〈007 카지노 로얄Casino Royale〉, 〈용쟁호투Enter the Dragon〉, 〈첫 키스만 50번째50 First Dates〉, 〈닥터 후Doctor Who〉 전

---

[107] 게임보이 어드밴스의 카트리지는 최대 용량이 64메가바이트였다.

시즌, 〈해리 포터〉 네 편, 〈레슬매니아 XXIV^{Wrestlemania XXIV}〉 등 수백 편의 영화와 TV 프로그램을 공개했습니다.

닌텐도는 게임보이 어드밴스용 비디오 카트리지 라인으로 이에 대응하려고 시도했지만 힘이 딸렸습니다. PSP는 휴대용 DVD 플레이어처럼 영화를 재생했습니다. 반면에 게임보이 어드밴스 비디오 카트리지는 저해상도 그래픽에 프레임률이 느렸습니다. 그래서 〈슈렉〉, 〈샤크^{Shark Tale}〉 같은 애니메이션 영화나 포켓몬스터, 디즈니, 니켈로디언 만화 정도를 재생할 수 있었습니다.

야마우치는 기술에 대한 소니의 집착에 대해 하루 종일 험담할 수 있었지만, PSP가 게임보이 어드밴스를 쓸모없게 만들 것이라는 사실이 달라지지는 않았습니다. 게임보이 어드밴스 SP는 240×160 픽셀, 3만 2,000 색상의 어두운 2.9인치 화면이 특징이었던 반면, PSP의 밝은 4.3인치 화면은 480×272 픽셀, 1,670만 색상으로 해상도가 거의 두 배였습니다.

우리는 PSP를 모바일 엔터테인먼트 장치로 봅니다. 우리는 새로운 시장을 개척하기 위해 노력하고 있습니다.

– 히라이 가즈오(소니컴퓨터엔터테인먼트 아메리카 전 CEO)

소니는 플레이스테이션, 특히 플레이스테이션 2가 콘솔 세계를 발전시킨 것과 같은 방식으로 PSP가 휴대용 시장을 발전시키기를 바랐지만, 휴대용 플레이스테이션을 발표하는 것과 실제로 만드는 것은 별개의 일이었습니다. 구타라기는 약속을 이행하는 재주가 있었지만 PSP 프로젝트는 기대만큼 진행되지 않았습니다. PSP 키트를 받은 스튜디오가 없었습니다. 하드웨어가 아직 완성되지 않았습니다. 구타라기 감독이 발표했을 당시 PSP는 현실이라기보다 열망에 가까웠습니다.

우리[디지털이클립스]는 엑스박스용 〈데스 주니어^{Death Jr.}〉를 개발하고 있었어요. 우리는 휴대용 영화 게임을 많이 만드는 회사로 유명했기 때문에, 엑스박스 게임을 선보이려고 할 때 아무도 우리를 진지하게 받아들이지 않았죠. 그들은 세상이 훌륭하고 캐릭터가 멋지다고 생각했지만 대부분이 "글쎄요, 당신들은 콘솔 경험이 별로 없군요"라고 말하곤 했어요.

그들이 PSP를 처음 발표한 것은 2003년입니다. 우리가 데모를 개발했기 때문에 그것은 우리에게 획기적인 일이었고, 우리는 이렇게 생각했어요. '좋아, 누군가가 정말 강력한 휴대용을 고안해냈군. 이 플랫폼에 〈데스 주니어〉를 얹을 수만 있다면 우리에게 큰 기회가 될 거야.'

발표 직후 우리는 즉시 소니 쪽 지인에게 달려갔습니다. "우리는 굉장히 흥분했어요. 하드웨어를 받으려면 어떻게 해야 하나요? 당신은 그것에 대해 무엇을 알고 있나요?" 그는 이렇게 대답했죠. "말할 수 있는 건 이 정도뿐이에요. 하드웨어는 없어요. 우리가 지금 추가로 공유할 수 있는 건 아무것도 없어요."

– 마이크 미카(디지털이클립스 전 스튜디오 책임자)

마이크 미카와 수석 프로듀서인 크리스 찰라는 게임에 대한 사랑으로 업계에 입문한 근본 게이머였습니다. 둘 다 『넥스트 제너레이션』에 기고하는 기자로 일을 시작했습니다. 잡지 편집장을 지낸 바 있는 찰라는 소니컴퓨터엔터테인먼트 아메리카의 많은 최고 경영진과 개인적으로 꽤 알게 되었습니다.[108] 그는 그들의 습관과 관심사를 알고 있었습니다.

이건 크리스 찰라의 아이디어였어요. 포스터시티에 있는 소니의 고위층 중 일부가 골초라는 것을 알고 있었던 그는 이렇게 말했죠. "〈데스 주니어〉 자료를 모아 소니 밖에서 시간을 보냅시다. 그들 중 누군가는 담배를 피우러 나오게 되어 있어요. 그들이 밖에 있을 때 우리는 PSP를 위해 하고 있는 일과 하드웨어에 대해 알고 싶은 것을 아주 편하게 이야기할 수 있을 거예요."

그렇게 해서 나온 사람이 몰리 스미스[소니컴퓨터엔터테인먼트 아메리카 커뮤니케이션

---

108 찰라는 현재 마이크로소프트에서 콘텐츠 큐레이션 및 프로그램 책임자로 일하고 있다.

및 브랜드 개발 책임자]였어요. 그녀는 크리스가 잡지 일을 하던 때부터 그를 조금 알고 있었죠. 그녀는 "앤드루 하우스[소니컴퓨터엔터테인먼트 아메리카 임원]와 이야기해보셨나요?"라고 묻더군요.

－마이크 미카

게임 개발 키트가 도착하기 몇 달 전에 소니는 게임 디자이너가 시뮬레이션 PSP 환경에서 게임을 만들고 실행할 수 있는 PSP 에뮬레이터를 출시했습니다. 앤드루 하우스의 지원을 받은 미카와 찰라는 에뮬레이터를 받기 위한 내부 트랙을 가지고 있었습니다. 그들은 에뮬레이터로 작업하는 〈데스 주니어〉의 데모를 보여주기 위해 소니로 갔습니다.

"뭔가 잘되고 있어요. 보여드릴까요?"

"네, 그래요. 이리 오세요."

그래서 우리는 아는 직원 몇 명에게 PSP 에뮬레이터에서 〈데스 주니어〉를 보여주었습니다. 그중 한 명이 말했습니다. "잠시만 기다려주시겠어요? 다른 사람들을 데려와야겠어요."

그는 방에서 나가 다른 사람들을 데려왔습니다. 우리는 다시 데모를 보여주었고, 그중 몇 명이 방에서 나가 다른 사람들을 데려왔습니다. 마지막에는 앤드루 하우스와 몰리 스미스가 방에 있었고 우리는 다시 데모를 보여주었습니다.

우리는 그들이 흥분했는지 어쩐지 가늠할 수가 없었어요. 결국 크리스 찰라가 물었죠. "데모에 대해 어떻게 생각하시나요? 다른 PSP 게임과 비교하면 어떤가요?" 그러자 그들은 대답하길, "우리는 다른 PSP 게임을 본 적이 없어요. 이게 우리가 본 첫 번째 게임이에요."

－마이크 미카

소니컴퓨터엔터테인먼트 아메리카 임원들이 2004년 새너제이에서 열린 게임 개발자 콘퍼런스에서 PSP를 시연하면서 처음으로 선보인 게임은 〈데스 주니어〉였습니다.

야마우치의 정신 나간 아이디어

그가 하드웨어나 그 모양새를 만든 것은 아닙니다. 그는 자신이 원하던 물질적 역량을 상상했습니다.

– 페린 캐플런

1990년대 초에 세가는 제네시스로 닌텐도의 콘솔 게임 야망을 저지했을지도 모르지만 그 경쟁은 사실 휴대용 시장으로 확장되지 않았습니다. 세가는 게임기어라는 시스템으로 경쟁을 하려고 했지만 게임기어의 판매는 미미한 것으로 드러났습니다. 닌텐도는 게임보이와 게임보이 컬러를 거의 1억 2,000만 대 팔았습니다. 그에 비해 세가는 게임기어를 1,000만 대 팔았는데, 그중 다수는 이미 게임보이를 가지고 있는 사람들이 구매했습니다. 세가가 휴대용 시장에 두 번째로 내놓은 도전작인 노마드는 약 100만 대가 팔렸습니다.

2003년까지 모든 사람은 플레이스테이션 2가 플레이스테이션 1보다 더 많이 팔릴 것이고 엑스박스에 가능성이 있다는 것을 알 수 있었습니다. 닌텐도의 게임보이 어드밴스 사업은 순조로웠습니다. 2003년에 게임보이 어드밴스 SP는 1,100만 대 이상, 게임보이 어드밴스는 460만 대가 판매되었습니다.

반면에 닌텐도의 게임큐브는 제자리걸음이었습니다. 닌텐도 아메리카가 초과 재고를 팔기 위해 가격을 149달러에서 99달러로 인하하자 야마우치는 게임큐브 생산을 일시 중단했습니다. 게임큐브가 드림캐스트의 길을 걷는다는 소문이 돌았지만 헛된 추측이었습니다.

비디오 게임 사업에서 하드웨어 판매량 1,000만 대는 사업을 유지하는 데 필요한 임계량입니다. 닌텐도는 2003년 말까지 전 세계적으로 게임큐브를 1,280만 대 판매했습니다. 700만 명의 드림캐스트 사용자와 함께 살아남기 위해 노력하는 세가와 달리 닌텐도는 현상 유지를 하는 게임큐브와 번성하는 게임보이 어드밴스 시장을 가지고 있었습니다.

마치 방송국 업계 같아요. 3등을 했다고 해서 사업을 그만두는 것은 정말 바보 같은 짓이죠. ABC더러 방송 사업을 그만두겠냐고 묻는 격입니다. 3등을 하더라도 상당한 이익을 얻을 수 있거든요.

-제프 브라운

2003년 E3에서 구타라기 겐이 PSP를 발표한 것은 휴대용 시장에서 닌텐도에 게임보이보다 더 크고 강력한 무언가가 필요해졌다는 것을 의미했습니다.

11월에 야마우치 회장은 회계연도의 상반기 영업 손실을 발표했습니다. 닌텐도가 이러한 발표를 한 것은 41년 전의 일입니다. 6개월 후 야마우치는 닌텐도의 매출이 1년 전에 발표한 540억 엔보다 210억 엔 떨어졌다고 밝혔습니다. 그는 문제의 일부 원인을 미국 달러화의 약세로 돌렸습니다.[109]

거의 도널드 트럼프처럼 전투적이고 변덕스러운 야마우치는 듣기 좋게 말하는 법이 없었습니다. 스퀘어가 닌텐도를 떠나간 후 그는 RPG 플레이어를 두고 "방에 혼자 앉아서 느린 게임 하기를 좋아하는 우울한 게이머"라고 말한 것으로 유명합니다. 또한 그는 마이크로소프트에 대해 "업계에는 게임에 대해 아무것도 모르는 사람이 많다"고 말하며 특히 심하게 비난했습니다.[8]

이와타 사토루가 회사의 전반적인 운영을 인계받았지만 야마우치는 여전히 닌텐도의 일거수일투족에 집착했습니다. 기술에 현혹되지 않는 그는 항상 폴리곤 수와 프로세서 속도보다 혁신을 중시하는 엔지니어들과 함께했습니다. 게임큐브는 야마우치에게 가장 기술적인 콘솔이었고, 그로 인해 그만의 장점이 사라졌습니다.

---

109 당시 엔화는 달러 대비 강세라 닌텐도의 손실로 이어졌다. 2003년 1월에 1달러가 119엔이었고 12월에는 107엔이 되어 사실상 미국 매출의 순이익이 10% 감소했다.

전부터 해온 말이지만 고객은 고품질 그래픽과 사운드, 장대한 스토리가 있는 웅장한 게임에 관심이 없어요. 최첨단 기술과 다양한 기능이 반드시 더 큰 재미를 주는 것은 아니죠. 지나치게 하드웨어 지향적인 사고방식은 완전히 잘못된 것이지만 제조업체는 고성능 하드웨어를 개발하는 데 돈을 쏟아붓고 있습니다.

닌텐도는 내년에 라스베이거스에서 열리는 E3에서 '차세대' 비디오 게임기를 출시할 계획이 없습니다. 우리는 오히려 게임큐브를 핵심으로 하는 새로운 제안을 할 거예요. 비디오 게임 사업을 이해하지 못하는 사람만이, 사람들이 첨단 기술에 그다지 관심이 없는 것도 모르는 사람만이 차세대 기계의 출시를 옹호할 것입니다.

-야마우치 히로시[9]

1990년대 후반에 야마우치는 자신만의 하드웨어 혁신을 내놓았습니다. 하나가 아닌 두 개의 화면을 중심으로 구축되는 콘솔이었습니다. 닌텐도가 두 개의 화면을 실험한 것은 이번이 처음이 아니었습니다. 아케이드 게임 〈펀치아웃〉에는 플레이초이스-10과 마찬가지로 두 번째 화면이 있었습니다. 〈동키콩〉, 〈오일 패닉Oil Panic〉, 〈슈퍼 마리오 브라더스〉 같은 휴대용 게임앤드워치 LCD 게임도 그랬습니다.

화면이 두 개인 콘솔은 사실 야마우치의 독창적인 아이디어였어요. 사람들은 거기에 적응하는 데 정말 어려움을 겪었죠. 그냥 그 개념은 사람들에게 너무 어려웠어요. 그래서 "왜 그게 필요할까?"라고 묻게 되더군요.

-페린 캐플런

그 당시에 닌텐도는 휴대용 화면으로 몇 가지 실험을 했습니다. 〈스타워즈: 로그 스쿼드론〉을 만든 팩터5는 게임큐브용 시제품 3D 화면을 받아 바로 작업에 착수했습니다.

3DS 화면은 실제로 아주 오래전부터 존재했습니다. 원래는 다케다 겐요[NCL 통합 연구 개발 총책임자] 쪽에서 보내왔죠. 〈스타워즈 로그 스쿼드론 II: 로그 리더〉 바로 직후인 것 같아요.

게임큐브 상단에 부착된 이 작은 프로토타입이 3DS의 3D 화면 기술입니다. 그는 기본적으로 우리에게 이렇게 말했어요. "가서 가지고 놀아요. 그걸로 무얼 할 수 있는지 보세요."

그래서 우리는 2002년 첫 몇 달 동안 〈스타워즈〉 엔도 행성의 숲과 우리가 작업 중인 다른 것들을 위해 새로운 렌더러를 사용했습니다. 우리는 그것을 3D로 만들어 정말 멋진 3D 데모를 얻었지만 불행히도, 아니 다행히도 마지막 순간에 실패했고 그들은 액세서리의 플러그를 뽑았죠. 그대로 진행되었다면 큰 실패를 겪었을 거예요.

– 율리안 에게브레히트

PSP를 둘러싼 흥분 가운데 닌텐도는 휴대용 시장에서 자신의 주장을 재확인하기 위해 무언가를 해야 했습니다. 소니만이 새로운 시장에 진입했던 것은 아닙니다. 마이크로소프트가 휴대용을 개발 중이라는 확인되지 않은 뉴스 보도도 있었습니다. 노키아는 개선된 신버전의 N-게이지를 이미 발표했고, 정말 인상적인 팜 기반 휴대용인 조디악을 가지고 혜성처럼 등장한 탭웨이브도 있었습니다.

마이크로소프트의 휴대용 제품은 실현되지 않았지만 탭웨이브의 조디악은 긍정적인 관심을 많이 받았습니다. 조디악의 3.8인치 화면은 게임보이 SP보다 3분의 1 더 크고 해상도가 거의 두 배였습니다. 조디악의 아키텍처에는 모토로라 프로세서, ATI 그래픽 가속기, 야마하 사운드 칩이 포함되어 있었습니다. 또한 인체공학적인 케이스가 있고, 팜 운영체제 덕분에 휴대용 게임 시스템이자 PDA였습니다.

많은 게임 기자가 조디악에 대해 칭찬하는 리뷰를 썼고, 빅 테크 잡지의 편집자들은 대놓고 좋아했습니다. 『와이어드』, 『시넷CNET』, 『PC 월드PC World』는 볼 만한 제품으로 꼽았습니다. 하지만 닌텐도는 탭웨이브를 신경 쓸 필요가 없었습니다. 하드웨어를 성공적으로 출시하려면 대개 수억 달러가 드는데 탭웨이브는 작은 회사라 그럴 만한 돈이 없었습니다. 2003년 말에 나온 조디악은 2005년 6월에 공식적으로 사라졌습니다.

2004년 초에 닌텐도는 게임컴의 터치스크린과 스타일러스를 N-게이지의 협소한 근거리 연결(블루투스 기술 대신 와이파이 사용)과 결합한 콘솔을 공개하기 위해 조용히 기자 몇 명을 불렀습니다. DS라는 이름의 이 새로운 콘솔은 지갑처럼 열리고 화면이 두 개였습니다. 그것의 폼팩터는 〈동키콩〉, 〈미키와 도널드Mickey and Donald〉 같은 멀티스크린의 게임앤드워치 제품과 유사했습니다.

초기 데모 게임에서 닌텐도는 게임플레이보다 두 번째 화면의 장점을 확립하는 데 더 많은 노력을 기울였습니다. 예를 들어 어떤 게임에서는 플레이어가 좁은 수중 동굴을 통과하는 잠수함을 조종하는데, 잠수함이 상단 화면에 표시되고 컨트롤이 터치식 하단 화면에 표시되었습니다. 또 다른 게임에서는 〈슈퍼 마리오: 요시 아일랜드Super Mario World 2: Yoshi's Island〉의 아기 마리오가 풍선 세 개에 의지해 공중 장애물 코스를 통과하는데, 플레이어가 아기 마리오를 안내했습니다.

만약 휴대폰에 두 개의 화면이 있다면 무엇을 할 수 있을지 생각해보세요. 누군가에게 문자 메시지를 보내면서 영화도 볼 수 있죠.

내 핸드폰의 화면이 두 개라면 정말 멋질 거예요. 나는 미쳐버릴 거예요. 하지만 사람들은 한 화면에 익숙해져 있어요. 그러니까 내 말은 TV도 화면이 하나, 휴대폰도 화면이 하나, 극장도 화면이 하나라는 거죠.

－페린 캐플런

2004년 E3에서의 결전

신사 숙녀 여러분, 플레이스테이션 제품군에 새로 추가된 것을 환영해주시기 바랍니다.

－히라이 가즈오

자, 많이 기다리셨습니다. 이게 닌텐도 DS입니다.

－레지널드 피서메이(닌텐도 아메리카 전 최고 운영 책임자)

선택받은 소수의 기자는 2004년 E3의 새로운 콘솔 중 하나 또는 둘 다를 본 적이 있지만 엠바고에 묶여 기사로 공개할 수 없었습니다. 사진이 유출되지 않았고 리뷰도 없었습니다. 소니컴퓨터엔터테인먼트 아메리카의 히라이 가즈오 사장이 소니의 사전 기자회견에서 PSP를 높이 들었을 때 강당 전체가 넋을 잃은 것처럼 보였습니다. 얇고, 광택이 나며, 부인할 수 없는 첨단 기술로 만들어진 휴대용 콘솔은 순수한 소니 제품이었습니다. PSP의 화면은 전면의 거의 3분의 2를 차지했습니다.

히라이는 청중에게 "게임에서 PSP가 왜 그렇게 중요한가요?"라고 묻고는 스스로 대답했습니다.

모바일 기기의 확산은 사상 최고 수준이며, 사실 우리 중 많은 사람이 하나 이상의 모바일 기기를 가지고 다닙니다. 오늘날 휴대폰, 디지털 음악 기기, 생산성 도구, 게임기 등의 모바일 기기 시장은 전 세계적으로 14억 대 이상입니다. PSP는 이미 포화 상태이지만 성장 기회가 많은 영역에 진입할 것입니다.

－히라이 가즈오

히라이는 PSP를 '휴대용 비디오 게임 시스템'이라고 설명했지만, 새로운 기기의 게임 외 용도를 나열하는 데 프레젠테이션의 대부분을 할애했습니다. "또한 하나의 중앙 장치를 통해 고품질 영화, 음악, 동영상 및 기타 형태의 디지털 엔터테인먼트 콘텐츠를 제공할 수 있습니다." 무엇보다도 PSP는 와이파이와 적외선 통신을 제공해 인터넷 접속과 네트워크 게임이 가능했습니다.[110]

"게임기인가요?"는 굳이 하지 않아도 되는 질문입니다. PSP로 꼭 게임을 할 필요는 없습니다. 꼭 동영상을 볼 필요도, 음악을 들을 필요도 없습니다.

소비자가 동영상, 음악, 게임 중에서 선택하게 하세요. 소비자가 매일 영화를 보고 싶은지, 음악을 듣고 싶은지, 게임을 하고 싶은지 선택하게 하세요.

– 고지마 히데오(〈메탈 기어 솔리드〉 시리즈 제작자)

나는 몹시 흥분했어요. PSP를 좋아했거든요. 나는 아직도 그 플랫폼을 사랑해요.

나는 음악을 정말 좋아해요. 나는 사람들이 음악을 경험할 수 있는 퍼즐을 만들고 싶었는데, PSP는 이를 위한 아주 좋은 플랫폼이었어요. DS도 재미있었지만 음악적인 측면과 고해상도 측면에서는 PSP가 내 영감에 잘 맞았죠.

– 미즈구치 데쓰야

그러나 콘솔, 영화 뷰어, MP3 플레이어를 고해상도 화면, 소니 품질의 오디오와 결합한 장치를 만드는 비용은 적지 않을 것입니다. PSP는 '닌텐도가 하지 않은 것'을 해낸 제품이지만 출시 가격이 249달러[111]라 N-게이지와 플레이스테이션 2보다 50달러 저렴하고, 게임보이 어드밴스 SP보다 150달러 비쌌습니다.

---

110 초기 E3 프레젠테이션에서 히라이는 PSP의 충전식 배터리가 10시간 지속되어 기존의 콘솔보다 경쟁력이 있다고 말했지만, 소니는 나중에 이 예상치를 게임의 경우 4~6시간, 동영상 재생의 경우 더 적은 시간으로 변경했다.

111 PSP는 일본보다 미국에서 더 비싸게 팔렸다.

PSP의 초기 목표 고객은 가정용 콘솔 공간에서 했던 우리의 접근 방식을 더 연상시킵니다. 우리는 18~34세 남성, 새로운 기술과 제품을 일찍 받아들이는 경향이 있는 사용자를 주요 타깃으로 삼을 것입니다. 이 집단은 플레이스테이션 2의 가장 큰 집단 중 하나이며, 우리는 그들이 게임을 더 많이 구입한다는 것을 알고 있습니다.

- 히라이 가즈오

히라이의 발표는 10년 전 트립 호킨스가 3DO 멀티플레이어로『플레이보이』독자 통계를 공략하는 것에 대해 했던 말을 섬뜩하게 상기시켰습니다. 소니의 새로운 휴대용 기기는 N-게이지와 달리 스위스 아미 나이프의 접근 방식을 채택했지만, PSP는 인상적인 화면, 보다 현실적인 가격, 진정한 게임 혈통을 자랑했습니다. 히라이는 코나미, EA, 스퀘어, 유비소프트 등 아흔아홉 개의 퍼블리셔가 새 콘솔용 게임을 만들기로 약속했다고 발표했습니다.

게임 개발자와 언론은 PSP에 대해 열광적인 반응을 보였습니다.

과장된 주장과 엄청난 기대에도 불구하고 실제로 그 기대에 부응하는 제품이 나오는 경우가 종종 있습니다. 새로운 PSP가 바로 그런 제품입니다.

- 은가이 크롤[10]

내가 보기에 대부분의 사람들은 PSP가 기술적으로 훨씬 더 인상적이기 때문에 휴대용 시장을 장악하고 지배할 것이라고 생각했습니다. PSP는 3D를 할 수 있고 닌텐도 휴대용 기기처럼 2D도 할 수 있습니다. 그 당시에는 소니가 안 될 거라는 말이 어울리지 않았죠.

- 셰인 새터필드(G4 미디어 전 편집국장)

나는 게임 제작자보다는 소비자로서 PSP에 관심이 많아요. 가지고 다니고 싶은 물건이죠. 만약 내가 PSP를 가지고 다녀도 비디오 게임보다는 다른 걸 할 거예요.

- 고지마 히데오

2004년 E3의 사전 기자회견에서 닌텐도는 마지막 차례였습니다. 소니의 콘퍼런스에 참석한 후 많은 사람은 닌텐도의 상황이 점점 더 나빠지고 있다는 뿌리 깊은 의심을 품었습니다. 이전부터 닌텐도는 타이타닉이고 소니는 빙산이라는 의혹이 끊이지 않았습니다. 소니가 플레이스테이션 1을 출시한 1995년에 열린 제1회 E3를 시작으로 닌텐도가 E3에서 한 약속과 연말 발표 사이에 종종 불협화음이 있었기 때문입니다.

매년 닌텐도는 콘솔 시장의 점유율을 5~10%씩 잃었습니다. 하지만 닌텐도 경영진은 새로운 수준의 성공을 설명하고, 사업이 쇠퇴할 때조차도 '또 다른 멋진 해'를 약속하는 프레젠테이션을 항상 했습니다.

소니가 디스크 기반, 인터넷 서핑, 영화 재생, 입체 음향까지 모든 것을 담은 걸작을 공개한 직후 레지널드 피서메이는 닌텐도 DS를 공개했습니다.

코드명을 발표할 때부터 그 이니셜이 가장 분명한 기능인 이중 화면을 나타낸다고 알고 있었지만 그런 의미가 아니었어요. DS는 'developer's system(개발자의 시스템)'이라는 훨씬 더 크고 적절한 의미였죠.

DS를 만들면서 우리는 세계의 가장 재능 있는 게임 제작자들에게 작업할 수 있는 새로운 도구와 그들의 상상력을 표현할 수 있는 새로운 방법을 제공했고, 그것이 결국 우리 모두에게 새로운 즐거움을 주었습니다. 결론은, DS는 닌텐도를 변화시킬 뿐만 아니라 우리 산업을 변화시킵니다.

- 레지널드 피서메이

피서메이는 화면이 개선된 게임보이를 만들기보다는 휴대용 시장을 완전히 재고하려는 닌텐도의 결정을 옹호했습니다.

나는 차를 사는 것과 같다고 생각하고 싶군요. 인정하세요. 좌뇌는 차량을 숫자로 봅니다. 마력은? 견인 능력은? 0에서 60까지? 이게 우리 경쟁사의 접근 방식입니다.

하지만 우뇌는 달라요. 단 하나의 질문이 있습니다. "운전대를 잡고 이 아이는 나를 어디로 데려갈까?" 다시 말해, 늘 운전하던 길로 좀 더 빠르게 가고 싶나요, 아니면 가본 적이 없는 곳을 향하는 새로운 길로 가고 싶나요? 이것이 DS의 차이점입니다.

– 레지널드 피서메이

새로운 〈슈퍼 마리오〉, 새로운 〈젤다의 전설〉, 업데이트된 〈마리오 카트〉, 그리고 아마도 〈스타 폭스〉나 〈대난투 스매시 브라더스〉를 출시하겠다고 약속함으로써 궁극적으로 새로운 콘솔을 영업한 닌텐도가 경쟁자들이 '같은 길을 간다'고 놀리는 것은 위선적으로 보였습니다.

닌텐도의 기자회견은 항상 충성파로 가득했습니다. 소니 콘퍼런스의 청중보다 더 열광적인 반응을 보인 청중은 피서메이가 두 화면의 이점을 설명할 때 환호성을 질렀고, 그가 DS로 새로운 〈메트로이드〉를 공개하자 폭발했습니다.

하지만 두 화면은 DS를 정의하는 두 개의 특징 중 첫 번째일 뿐입니다. 두 번째인 미디어 베이로 넘어가 봅시다. 하나는 DS 소프트웨어를 수용하고 1기가비트 이상의 데이터로 게임을 쉽게 저장할 수 있으며, 다른 하나는 여러분이 좋아하는 게임보이 어드밴스 게임을 모두 구동합니다. 그렇습니다. 이전 버전과의 호환성이 500개 이상의 타이틀에 적용됩니다.

– 레지널드 피서메이

또한 DS는 두 가지 형태의 무선 통신을 지원했습니다. 하나는 최대 열여섯 명이 최대 30미터 범위에서 게임과 통신을 할 수 있는 것이고, 또 하나는 사용자가 인터넷에 액세스할 수 있는 와이파이 호환성이었습니다. 그러나 모든 일이 다 잘 돌아간 것은 아닙니다. 피서메이가 이전 버전과의 호환성을 발표했을 때는 모든 청중이 한참 환호를 보냈을지 모르지만, '음성 인식 프로그램과 결합할 수 있는' 내장 마이크를 발표했을 때는 가장 충직한 충성파만이 침묵을 깨고 환호했습니다.

피서메이는 DS가 2004년 말까지 일본과 미국에서 다른 이름으로 출시될 것이라고 밝혔습니다. 사실 최종 발표는 불필요했습니다. E3를 앞두고 이미 몇 달 동안 닌텐도 아메리카는 출시 가격(149달러)과 출시일(11월 21일)을 발표했습니다.

PSP와 DS를 비교하는 것이 E3에서 화제가 되었고, 대체로 소니가 압도적으로 우위를 점했습니다. E3 첫날 밤, 은가이 크롤은 액티비전의 대변인 두 명, 다른 기자와 함께 작은 만찬에 참석했습니다. 기자가 DS에 대해 어떻게 생각하느냐고 묻자 그는 "상상했던 것보다 조금 덜 끔찍할 뿐"이라고 답했습니다.

> DS는 이상한 기기예요. 보세요, 역사가 증명했어요. 내가 틀리지 않았다고 말하는 게 아니에요. 분명히 DS는 엄청난 히트를 쳤습니다. 그것은 닌텐도의 이상한 천재성을 증명하죠.
>
> – 은가이 크롤

크롤만 그런 것이 아니었습니다. PSP 게임은 대체로 DS 게임보다 좋아 보였고 콘솔 게임처럼 플레이되었습니다. 사람들은 DS의 작은 두 화면이 더 큰 고해상도 화면보다 나을 것이 없다고 헐뜯었습니다.

닌텐도 부스의 게임은 사람들의 마음을 바꾸는 데 별로 도움이 되지 않았습니다. 〈슈퍼 마리오 64 DS〉는 거의 10년 전에나 획기적인 게임이었던 닌텐도 64용 〈슈퍼 마리오 64〉처럼 보이고 플레이되었습니다. 게임보이 어드밴스를 휴대용 슈퍼 NES로 마케팅하는 것은 4년 전만 해도 훌륭한 전략이었을지 모르지만, 사람들은 이미 PSP를 알고 있었습니다.

소니 부스에서는 PSP 게임이 플레이스테이션 2 게임의 축소판처럼 보이고 플레이되었습니다. PSP용 〈릿지 레이서〉에서는 차를 몰고 공항을 지나갈 때 아주 가까운 배경에서 거대한 여객기가 이륙했습니다. 그에 비해 DS용 〈릿지 레이서〉는 배경이 빈약하고 원시적으로 보였습니다.

닌텐도 부스에서 세가는 DS의 특징을 전형적으로 보여주는 〈너를 위해서라면 죽을 수도 있어Feel the Magic: XY/XX〉를 선보였습니다. 이는 꿈에 그리던 여자를 유혹하려는 남자의 시도를 표현한 엉뚱한 미니 게임 모음이었습니다. 플레이어가 스타일러스 펜, 터치패드, 마이크를 사용해야 한다는 점은 이 게임을 특별하게 만들었습니다. 예를 들어 첫 번째 미니 게임은 주인공이 우연히 금붕어를 삼키는 것으로 시작됩니다. 그가 생존하도록 플레이어는 스타일러스 펜을 사용해 물고기를 식도 밖으로 꺼내야 했습니다. 어떤 미니 게임의 경우 플레이어가 펜을 앞뒤로 격렬하게 문질러야 해서 화면이 긁히기도 했습니다.

가끔 버추얼보이[112]와 DS에 대해 공통점이 있는 것처럼 언급된다고 알고 있어요. 버추얼보이의 특별한 점은 이미지가 앞으로 튀어나와 보인다는 것 하나입니다. 하지만 DS의 특징은 듀얼 스크린만이 아닙니다.

－이와타 사토루

현장 인터뷰에서 닌텐도의 미야모토 시게루는 일부 게이머가 하드웨어를 얼마나 잔인하게 다룰지 예상하지 못했다고 인정하면서 변화가 필요하다고 말했지만, 그 변화가 무엇인지는 구체적으로 밝히지 않았습니다.

모든 사람이 PSP가 타의 추종을 불허한다고 생각한 것은 아닙니다. E3 첫날에 스퀘어의 와다 요이치 사장이 두 임원과 함께 담배를 피우러 나갔을 때 기자가 따라붙었습니다. 그해의 많은 E3 토론과 마찬가지로 와다와의 대화는 결국 DS 대 PSP로 바뀌었습니다. 다른 임원들이 PSP의 화면과 성능에 감탄하는 동안 경청하던 와다는 DS가 더 인기 있을 것이라 믿었다고 말했습니다. "사람들은 콘솔 게임의 휴대용 버전을 찾고 있지 않아요. 닌텐도는 이것을 이해하고 있죠."

닌텐도의 관점에서 훨씬 더 놀라운 에반젤리스트는 〈메탈 기어 솔리드〉를

---

112 닌텐도 버추얼보이는 바이저에 내장된 테이블 거치형 게임기였다. 1995년 여름에 전 세계적으로 출시되어 이듬해에 단종되었다.

제작한 고지마 히데오였습니다. 기술 애호가인 그의 게임은 소니와 가장 밀접하게 궤를 같이했습니다.

게임에만 한정해 말하자면, 가정용 콘솔로는 탐험할 수 없는 영역을 휴대용 게임기로 탐험하고 싶습니다. 휴대용 시스템은 휴대하는 가정용 콘솔의 소형 버전이어서는 안 됩니다.

휴대용 시스템에서 플레이하는 게임은 휴대가 가능하다는 점을 이용해 새로운 형태의 게임 플레이로 이어져야 해요. 예를 들어 〈우리들의 태양Boktai: The Sun Is in Your Hand〉 시리즈[113]의 경우 햇빛과 같은 환경의 변화가 게임 플레이에 영향을 미치죠.

휴대용 게임은 단순히 매장 음식을 패스트푸드 용기에 담는 것처럼 취급되어서는 안 됩니다. 테이크아웃이기에 매장과는 다르게 즐길 수 있는 음식인 거죠. 이게 바로 휴대용 게임이 제공할 수 있는 경험입니다.

－ 고지마 히데오

PSP로 〈파타퐁Patapon〉과 〈언톨드 레전드Untold Legends〉를 했는데, PSP와 폼팩터의 느낌을 좋아하지만 닌텐도 DS는 굉장했죠. 화면이 두 개인 데다, 아틀러스가 만든 〈콘택트Contact〉처럼 두 화면을 모두 활용하면서 재미있게 게임을 볼 수 있다는 점이 마음에 들었어요.

그들이 패러다임을 깬 것이 대단하다고 생각했어요. 게임보이 어드밴스에서 정말 잘 업그레이드되었어요.

－ 존 로메로

기자들과의 일대일 만남에서 이와타 사토루는 PSP에 대해 들어는 봤지만 아직 해보지는 않았다고 인정했습니다. 회사 슬로건이 될 내용에서 그는 DS가 게임을 위해 할 수 있는 모든 혁신적인 옵션을 홍보했습니다.

---

113 고지마가 만든 〈우리들의 태양〉은 게임보이 어드밴스 타이틀이었다. 이 게임의 카트리지에는 광도 센서가 달려 있었다.

기본적으로 PSP는 현재 콘솔에서 최선만을 보여주지만, 그에 비해 우리는 훌륭한 그래픽과 화면이 아닌 그 이상의 것에 관심이 있습니다. 우리는 창의적인 측면에 더 집중하고 있으며, PSP는 개발 과정에 창의적이고 새로운 것을 더 가져오지 못할 것입니다.

– 이와타 사토루

E3에 참석한 기자들 중 엄선된 패널이 투표하는 'E3 게임 비평가 상'은 완전히 공정하지는 않습니다. 역사적으로 이 상을 선정하는 편집자들은 소니와 마이크로소프트 같은 대기업을 방문하느라 바빠서 로스앤젤레스 컨벤션센터의 웨스트홀과 사우스홀을 벗어날 시간이 거의 없습니다. 켄티아홀로 쫓겨난 소규모 회사들은 수상 후보에서 제외되다시피 했습니다.

2004년, 소니 플레이스테이션 포터블은 E3에서 가장 높은 상인 '베스트 오브 쇼' 상을 수상했습니다. 하지만 이 상을 받았다고 해서 성공이 보장되는 것은 아닙니다. 2001년에 비평가들은 게임큐브에 이 상을 주었거든요.

2004년 E3의 화제는 휴대용 전쟁만이 아니었습니다. 그해에 배우 빈 디젤은 비방디, 스웨덴 개발사인 스타브리즈스튜디오와 협력해 놀라운 그래픽의 1인용 게임 〈더 크로니클스 오브 리딕: 이스케이프 프롬 부처 베이The Chronicles of Riddick: Escape From Butcher Bay〉를 만들었습니다. 또한 마이크로소프트는 〈헤일로 2〉로 콘솔 게임을 대세로 만들었고, 락스타게임스는 〈GTA: 산안드레아스〉를 출시해 도덕성 논쟁에 또 불을 지폈습니다.

E3의 둘째 날 밤, 은가이 크롤은 J 앨러드(마이크로소프트의 엑스박스 책임자)와 저녁을 먹으며 토론을 벌였습니다. 물론 주제는 누가 더 나은 휴대용을 가지고 있느냐였습니다.

나와 J 앨러드, 제프 키슬리[스파이크 TV], 앤디 맥너마라[『게임 인포머』 전 편집장], 현재 엑스박스의 마케팅 부문 이인자인 에런 그린버그가 자리를 함께했습니다. 로스앤젤레스

시내의 스테이크하우스에서 저녁 식사를 하던 중 J가 PSP에 대해 언급하면서 이렇게 말했어요. "그건 실패작이 될 거예요."

이에 나는 다음과 같이 응수했죠. "아니요, 나는 PSP가 플레이스테이션 2와 같은 길을 걸을 거라고 생각해요."

누가 내기를 제안했는지는 모르지만 내기의 핵심은, 만약 내 말이 맞다면 E3 기간에[마이크로소프트의 사전 기자회견을 포함해] 그가 하루 동안 레게 머리를 하고, 그의 말이 맞다면 E3 무대에서 내 레게 머리를 밀어버리는 것이었어요.

– 은가이 크롤

Chapter

10

천국으로의 승천

우리는 게임보이가 어린아이들을 비행기에서 조용하게 만드는 훌륭한 베이비시터 도구라고
생각합니다.

−잭 트레턴[1]

DS는 향후 2년 동안 닌텐도의 성공을 결정짓는 기기가 될 겁니다. 성공하면 우리는 천국으
로 올라가고, 실패하면 지옥으로 떨어집니다.

−야마우치 히로시[2]

후발 주자들

2004년 12월 2일, 일본에서 DS라는 모호한 이름의 게임기를 출시한 닌텐도는 소니보다 열흘가량 앞서 출발했습니다.[114] 소니의 PSP는 12월 12일에 출시되었습니다. 연말까지 닌텐도는 일본에서 110만 대를 팔고 소니는 30만 대를 팔았습니다. 출시 첫 달에 닌텐도 DS는 거의 세 배나 앞질렀습니다.

이듬해 일본 시장에서 소니는 190만 대를 판매한 데 비해 닌텐도는 290만 대를 판매했습니다. 출시한 지 1년이 지난 후 닌텐도의 누적 판매량은 400만 대, 소니의 누적 판매량은 220만 대를 기록했습니다. 그런데 2006년은 PSP가 그 격차를 좁힐 수 있게 된 기묘한 해였습니다.

PSP와 닌텐도 DS 출시 당시 일본에 대한 감정은 대부분 소니의 기술이 얼마나 놀라운지, 닌텐도의 최신 휴대용이 얼마나 독창성이 떨어지고 장난감 같은지에 대한 것이었어요. 나는 처음 며칠간 PSP를 했던 것을 똑똑히 기억해요. 미래에서 온 유물을 손에 들고 있는 것 같았죠.

초기에 PSP와 닌텐도 DS의 차이를 가장 잘 압축해서 보여준 것은 〈릿지 레이서〉예요. 〈릿지 레이서〉를 두 플랫폼에서 나란히 실행했더니 PSP는 매끄럽게 플레이스테이션 2 수준의 그래픽을 처리했지만 닌텐도 DS는 곧 쓰러질 것 같았어요.

일본에 거주 중인 외국인들의 유명한 사진이 온라인 커뮤니티에 올라왔죠. 닌텐도 DS가 PSP에 비해 얼마나 열등한지를 드러내는 것이었어요. 그 당시에 닌텐도는 완전히 농담거리 같았답니다.

－라이언 페이턴

필수 콘솔 판매용 게임을 출시할 때는 닌텐도가 먼저 공습했습니다. 2005년 4월, 닌텐도는 개를 키우고 훈련하는 게임으로 다마고치와 비슷한 〈닌텐독스

---

[114] DS는 호주에서 2005년 2월 24일에, 유럽에서 3월 11일에 출시되었다.

Nintendogs〉를 출시했습니다.

〈닌텐독스〉는 닌텐도 DS의 기발한 강점을 모두 활용했습니다. 플레이어는 마이크에 대고 말하면서 가상의 개와 소통하고, 터치스크린과 스타일러스 펜으로 개와 놀 수 있었습니다. 한쪽 화면에서는 애완동물을 보면서 다른 화면에서는 음식, 장난감, 소통 옵션을 스크롤할 수 있었습니다. 또한 무선 네트워킹을 이용해 다른 〈닌텐독스〉 소유자들과 함께 플레이할 수 있었습니다.

〈닌텐독스〉는 섬세하고, 깨끗하며, 첨단 기술을 강조하지 않는 순수 닌텐도 제품으로, 돈을 벌어다 주는 걸작이었습니다. 다양한 취향을 고려해 닌텐도는 애완동물 기르기 시뮬레이션을 세 가지 버전(치와와 & 프렌즈, 닥스훈트 & 프렌즈, 시바견 & 프렌즈)으로 출시했습니다. 수집가 성향의 닌텐도 팬들은 두 가지 버전의 〈포켓몬스터〉를 다 구매했던 것처럼 세 가지 버전을 모두 구매했습니다.

2005년 4월 21일, 일본에서 〈닌텐독스〉가 출시되자 닌텐도 DS 판매량이 그 전 주에 비해 400% 증가했습니다.[3]

일본 게임계가 〈닌텐독스〉를 주목하고 있습니다. 〈닌텐독스〉는 『패미통』에서 보기 드문 만점을 받았고, 일본 게이머들이 선정하는 '베스트 인 쇼'에 압도적으로 뽑히기도 했죠. 〈닌텐독스〉는 일본에서 가장 많이 팔린 게임 프랜차이즈로, 한 달도 안 되어 40만 장 이상이 판매되었습니다. 히트를 친 소프트웨어는 하드웨어의 매출도 올려주는데 이 경우도 다르지 않습니다. 〈닌텐독스〉의 출시는 닌텐도 DS를 일본에서 가장 잘 팔리는 콘솔로 만드는 데 기여했습니다. 실제로 닌텐도 DS가 PSP보다 세 배 이상 팔리고 있습니다.

– 레지널드 피서메이[115]

5월에 닌텐도는 사용자의 두뇌를 활성화하도록 설계된 일련의 퀴즈, 퍼즐, 미니 게임인 〈매일매일 DS 두뇌 트레이닝Brain Age〉을 출시했습니다. 이 게

---

115 2005년 E3에서 레지널드 피서메이가 했던 프레젠테이션에서 발췌한 것이다.

임은 〈마리오 파티〉나 〈크래시 배시Crash Bash〉에서 볼 수 있는 전형적인 파티 게임이 아니라, 사용자의 진행 상황을 추적하는 소프트웨어와 함께 수학, 패턴 인식과 같은 활동이 포함되었습니다. 〈매일매일 DS 두뇌 트레이닝〉은 인간의 뇌를 자극하기 위한 것이지만 약간의 괴상함과 재미도 담았습니다. 비평가들로부터는 상당히 평균적인 점수를 받았으나 이는 중요하지 않았습니다. 〈매일매일 DS 두뇌 트레이닝〉은 미래에 치매를 이겨낼 수 있다는 바람으로 플레이하는 일종의 두뇌 운동이었습니다. 닌텐도는 일본에서 200만 장 이상, 전 세계적으로는 1,900만 장 이상의 판매고를 올렸습니다.

우리 부모님은 두 분 다 일흔다섯이 넘으셨어요. 수년간 비디오 게임을 만들면서 나는 부모님에게 많은 게임을 보여드렸지만 "그 게임을 해보고 싶어"라고 말씀하신 적이 한 번도 없죠. 그런데 이 두뇌 운동 게임을 보시고는 두 분 다 "그래, 바로 이 게임이야"라고 하셨어요.

— 미야모토 시게루(닌텐도 아티스트)

2005년 11월, 일본 닌텐도는 상징적인 게임큐브용 타이틀의 휴대용 버전인 〈놀러 오세요 동물의 숲〉을 출시했습니다. 〈세컨드 라이프Second Life〉를 가족 친화적으로 재해석한 이 게임은 플레이어가 말하는 동물들이 사는 마을에서 살아가는, 매우 건전한 오픈월드였습니다. 〈놀러 오세요 동물의 숲〉은 EA의 〈심즈〉처럼 가상 환경에서 일상적인 작업을 수행하게 함으로써 즐거움을 주었습니다. 플레이어는 아이템을 모으고, 거래하고, 팔 수 있습니다. 집을 지어 꾸미고 가구도 살 수 있습니다. 또한 닌텐도 DS의 와이파이 기능을 통해 다른 플레이어를 만날 수도 있습니다.[116]

---

116 IGN에 따르면 닌텐도는 전 세계적으로 〈닌텐독스〉 2,390만 장, 〈매일매일 DS 두뇌 트레이닝〉 1,900만 장, 〈놀러 오세요 동물의 숲〉 1,170만 장을 판매했다.

나는 〈닌텐독스〉와 〈놀러 오세요 동물의 숲〉의 출시로 닌텐도 DS의 판세가 바뀌는 것을 알아챘어요. 해일이 밀려들고 있었죠.

닌텐도의 내부 사훈은 '가장 중요한 것은 게임'인데, 이는 훌륭한 소프트웨어가 하드웨어도 팔리게 한다는 의미입니다. 그들은 닌텐도 DS를 통해 사훈을 더욱 받들었죠. 성능이 떨어지는 닌텐도의 하드웨어 때문에 PSP가 추진력을 잃는 것을 직접 보니 매우 흥미롭더군요.

- 라이언 페이턴

2006년 3월, 닌텐도는 더 작고 더 인체 공학적인 DS 라이트를 출시했습니다.[117] 휴대용 게임기의 수요가 최고치를 경신하는 가운데 닌텐도는 9월에 〈포켓몬스터 DP 디아루가·펄기아^{Pokémon Diamond and Pearl}〉를 출시했습니다.[118] 2006년에 닌텐도는 일본에서 DS를 850만 대 팔았지만 다른 하드웨어는 휴대용이든 콘솔이든 200만 대도 팔리지 않았습니다.[119]

10대 연령층에 초점을 맞춘다면 PSP가 DS보다 더 매력적이라는 것을 이해하지만, DS 소프트웨어의 라인업을 보면 상황이 달라질 것이라고 생각합니다.

- 이와타 사토루

2006년 일본의 상위 다섯 게임 중 네 개가 닌텐도 DS 독점 게임이었습니다. 〈포켓몬스터 DP 디아루가·펄기아〉가 430만 장, 〈뉴 슈퍼 마리오 브라더스〉가 380만 장, 〈매일매일 더욱더! DS 두뇌 트레이닝〉이 375만 장, 〈놀러 오세요 동물의 숲〉이 250만 장 판매되었습니다. 일본에서 다섯 번째로 많이 팔린 게임은 플레이스테이션 2용 〈파이널 판타지 XII〉(230만 장)였습니다.

---

117 유럽과 북미에서는 석 달 후인 6월에 출시되었다.
118 2006년 9월 28일에 일본에서 출시된 〈포켓몬스터 DP 디아루가·펄기아〉는 북미에서는 다음 해 4월에, 유럽에서는 7월에 출시되었다.
119 2006년에 PSP는 일본에서 190만 대가 팔려 판매량 2위를 기록했다.

2006년, 일본의 비디오 게임 산업 매출은 휴대용 제품의 큰 수요에 힘입어 10년 동안 볼 수 없었던 수준으로 급증했습니다. 『패미통』에 따르면 전체 비디오 게임 소매 매출은 6,250억 엔(약 53억 달러)으로 전년 대비 38% 증가했으며, 하드웨어는 60% 증가한 2,620억 엔(약 22억 달러), 소프트웨어는 25% 증가한 3,640억 엔(31억 달러)을 기록했습니다.[4]

2007년까지 일본 시장은 거의 닌텐도 DS의 독점처럼 보였지만 점차 PSP의 성공 가도가 열리기 시작했습니다. 닌텐도의 3년 연속 우승에도 불구하고 일본에서 닌텐도 DS의 선두 자리는 아직 군건하지 않았습니다. PSP가 제대로만 한다면 격차를 줄일 수 있을 터였습니다. 따라잡을 수 있는 기회를 PSP에 안겨 준 것은 놀랍게도 새로운 게임이 아니라, 원래 플레이스테이션 2용으로 출시된 지 2년이 되도록 그다지 잘 팔리지 않던 〈몬스터 헌터Monster Hunter〉였습니다.

캡콤이 2004년 3월 11일에 일본에서 〈몬스터 헌터〉를 처음 출시했을 때는 플레이스테이션 2 게임을 온라인으로 즐기는 플레이어가 아주 희귀했습니다. 크기와 모습이 독특한 야수를 사냥하는 액션 RPG 〈몬스터 헌터〉는 1인용 게임처럼 반복적이고 어려웠습니다. 하지만 플레이어들이 온라인상에서 만나 무리지어 사냥을 함으로써 점점 유행이 되었습니다. 『패미통』으로부터 40점 만점에 32점을 받은 오리지널 〈몬스터 헌터〉는 일본의 상위 50개 게임 목록에서 37위를 차지했습니다. 캡콤은 〈몬스터 헌터〉를 28만 8,000장 팔았는데, 이는 훌륭하기는 하지만 대단한 결과는 아닙니다.

플레이스테이션 2로 데뷔한 〈몬스터 헌터〉는 실제로 온라인 멀티플레이어 기능을 지원했는데, 당시 플레이스테이션 2에서는 극히 드문 일이었어요. 〈몬스터 헌터〉는 일본에서 대박까지는 아니지만 어느 정도 히트를 쳤죠.

캡콤의 누군가는 온라인 멀티플레이어 기능을 버리고 근거리 플레이어를 위한 PSP용으로 게임을 재구성하는 기발한 아이디어를 가지고 있었습니다. 플레이어들이 함께 PSP에서 수백 시간 동안 괴물을 사냥할 수 있도록 근거리 협동전에 초점을 맞추는 것은 소니의 플랫폼에 절실히 필요한 킬러 앱이었어요. 〈몬스터 헌터〉의 PSP 버전은 이 게임 시리즈를 하나의 문화적 현상으로 끌어올렸답니다.

-라이언 페이턴

2005년 12월 21일, 캡콤은 일본에서 〈몬스터 헌터 포터블Monster Hunter Portable〉을 출시해 연말까지 약 23만 4,000장을 팔고 이듬해에는 43만 5,000장을 팔았습니다. 그것은 소니가 일본에서 PSP의 입지를 굳히기 위해 절실히 원하던 PSP 히트작이었습니다. 2007년 8월 말까지 전 세계적으로 400만 장이 팔린 〈몬스터 헌터 포터블〉은 정말 놀라운 수준이었는데, 일본의 PSP 보유자 중 5분의 1이 이 게임을 구매했습니다.

캡콤은 일본에서 닌텐도 DS도 활용한 점을 이용했는데, 내 생각에는 제대로 보도되지 않은 것 같아요. 스퀘어에닉스의 전 대표인 와다 요이치는 일본에는 일찍 귀가하지 않는 문화가 있다고 알려주었습니다. 일본의 집은 작고 대개 TV가 한 대라 온 가족이 함께 보는데, 이는 샐러리맨들이 밤늦게까지 친구들과 어울리는 이유이기도 합니다.

이 때문에 〈몬스터 헌터〉는 완벽한 PSP 게임이었죠. 일찍 귀가하지 않는 문화는 PSP의 큰 소비자인 중학생들에게 최적이었어요. 하드웨어가 감당할 만한 가격대인 데다 그들의 라이프스타일에 안성맞춤이었거든요. 아이들은 가족이 있는 거실이 아닌 자기 방에 스크린을 두고 싶어 했어요. 이 아이들은 포켓몬과 함께 자랐기 때문에, 더 성숙한 〈몬스터 헌터〉 시리즈는 친구들과 맥도날드에 모여서 PSP로 수백 시간을 함께할 수 있도록 완벽하게 설계되었습니다.

-라이언 페이턴

〈몬스터 헌터 포터블〉 열풍에 어느 정도 힘입어 일본에서 PSP 판매량이 2006년 190만 대에서 2007년 300만 대, 2008년 350만 대로 2년 동안 거의 두 배 증가했습니다. 그러나 〈몬스터 헌터 포터블 세컨드 G〉(2007년 일본에서 거의 150만 장이 팔려 〈Wii 스포츠Wii Sports〉에 이어 2위를 차지함)의 발매로 판매량이 급증했음에도 불구하고 PSP는 계속해서 점점 더 뒤처졌습니다.

2008년, PSP는 일본에서 판매량이 250만 장에 육박하는 1위 게임인 〈몬스터 헌터 포터블 세컨드 G〉를 품게 되었지만, 소니가 〈몬스터 헌터〉로 나아갈 때마다 닌텐도는 〈포켓몬스터〉로 맞섰습니다. 〈몬스터 헌터 포터블 세컨드 G〉는 그해의 베스트셀러일지 몰라도 유일하게 상위 10위 안에 든 PSP 게임이었습니다. 218만 7,000장이 팔린 〈포켓몬스터 Pt 기라티나Pokémon Platinum〉가 2위를 차지했으며, 베스트셀러 열 개 중 네 개가 DS 독점 게임이었습니다(2008년 일본의 상위 50개 게임 중 23개가 DS 게임이었습니다).

야마우치 히로시는 은퇴했지만 여전히 비디오 게임 업계에 영향력을 행사하고 있었습니다. 게임큐브 참사 이후 소니는 무적이었지만, 이때도 야마우치는 여전히 옳았습니다. 일본 시장을 탈환한 것은 게임 하드웨어의 처리 능력이 아니라, 비전통적인 사람들에게 판매되는 파격적인 하드웨어에서 플레이되는 비정통적인 게임이었습니다. 야마우치의 예상대로 닌텐도 DS는 시장을 확장했습니다.

만약 산업의 범위를 넓힐 수 있다면 우리는 세계 시장에 활력을 불어넣고 일본을 불황에서 끄집어낼 수 있습니다.

－야마우치 히로시[6]

일본인이 콘솔을 어떻게 이용하고 있는지 생각해보면, PSP는 야외에서 플레이스테이션 2 게임을 할 수 있는 방법이라고 해야 할 것 같군요. DS는 듀얼스크린, 터치스크린, 마이크 등 유례없는 수준의 인터랙티브 엔터테인먼트 기능으로 고객들에게 인정을 받고 있습니다.

내가 듣기로는 일본에서는 많은 여성 사용자가 닌텐도 DS를 구매합니다. 예전에 게임을 하다 그만둔 사람들이 이제 닌텐도 DS를 하기 시작했어요. 30대 성인이 된 그들은 게임을 그만두었다고 말했지만 닌텐도 DS를 보고 되돌아왔죠.

－이와타 사토루

확실히 일본의 게임 디자이너들은 요즘 닌텐도 DS를 통해 여성 시장으로 확장하는 등 더 잘하고 있습니다. 바로 오늘 최신 일본 판매 차트가 나왔죠. 현재 일본의 베스트셀러 게임은 10대 소녀들에게 인기 있는 프랜차이즈를 기반으로 한 닌텐도 DS 게임 〈러브 앤드 베리 Love and Berry〉예요. 이 게임은 이번 주에만 거의 50만 장이 팔렸어요. 이것을 〈닌텐독스〉, 〈놀러 오세요 동물의 숲〉, 〈매일매일 DS 두뇌 트레이닝〉 등 소녀 게이머 시장에 크게 침투한 게임과 합하면 일본의 비디오 게임은 몇 년 만에 성별 격차가 사라지는 셈입니다.

– 크리스 콜러(『파워 업: 일본 비디오 게임이 세상에 생명을 불어넣은 방법Power Up: How Japanese Video Games Gave the World an Extra Life』 공동 저자, 코타쿠 전 특집 편집자)[7]

일본 밖의 동향

『뉴스위크』의 은가이 크롤은 PSP가 플레이스테이션 2와 마찬가지로 향후 1년 동안 1,000만 대가 팔릴 것이라고 장담했습니다. 일본의 판매량이 도움이 되지는 않았지만, 비디오 게임의 역사에서 일본에서의 승리가 반드시 세계적인 성공을 보장하는 것은 아니며, 일본에서의 패배가 반드시 세계적인 실패로 이어지는 것도 아니었습니다.

미국과 유럽에서의 큰 성공에도 불구하고 세가의 제네시스/메가드라이브는 일본에서 인기를 끌지 못했습니다. 초창기에는 패미컴과 PC엔진에 뒤처지더니 슈퍼 패미컴의 여파로 잊히고 말았습니다. 일본에서 특히 성공한 터보그래픽스는 북미와 유럽에서는 깊은 인상을 주지 못했습니다. 2007년까지 마이크로소프트는 엑스박스를 미국에서 1,450만 대, 유럽에서 600만 대 판매하고 일본에서는 간신히 50만 대를 넘겼습니다.

닌텐도 아메리카는 2004년 11월 21일에 닌텐도 DS를 출시했습니다. 소니 컴퓨터엔터테인먼트 아메리카는 이듬해 3월 24일까지 PSP를 출시하지 않았습니다. 앞선 4개월 동안 닌텐도가 대부분 재미없는 게임 목록을 시장에 내놓았음에도 닌텐도 DS는 100만 대 이상 판매되었습니다.

PSP가 북미에 착륙했을 때 소니는 〈삐뽀사루 겟츄 P!Ape Escape: On the Loose〉, 〈트위스티드 메탈: 헤드온Twisted Metal: Head-On〉, 〈와이프아웃 퓨어Wipeout Pure〉 등 새로운 버전의 레거시 게임을 비롯해 어마어마한 라이브러리를 구축했습니다. 플레이스테이션 2에서 PSP로 마이그레이션된 게임은 대부분이 콘솔의 원형과 거의 동일한 플레이였지만 전부가 그런 것은 아니었습니다. 〈메탈 기어 애시드Metal Gear: Acid〉는 〈메탈 기어 솔리드〉처럼 보일지 몰라도 플레이가 달랐습니다. 즉 카드 기반 RPG였습니다.

그리고 〈소닉〉, 〈매든 NFL〉, 〈툼 레이더〉 등 모든 콘솔에 등장한 유비쿼터스 게임이 있었습니다. 이런 게임은 노키아가 N-게이지를 발표했을 때 그 중심에 있었고 DS와 PSP에도 빠르게 진출했습니다. 〈니드 포 스피드〉, 〈레이맨Rayman〉, 〈WWE〉는 출시의 필수 요건이 되었습니다.

독점 타이틀, 특히 퍼스트파티 독점 타이틀이 콘솔을 정의합니다. 닌텐도의 독점 타이틀은 〈닌텐독스〉, 〈놀러 오세요 동물의 숲〉, 〈포켓몬스터〉, 〈뉴 슈퍼 마리오 브라더스〉, 〈마리오 카트〉였습니다. 이러한 게임은 열성 게이머보다 닌텐도 열성 팬에게 더 어필했으며,[120] 전형적인 닌텐도 방식으로서 긍정적이고 가족 친화적이며 건전했습니다.

일본에서는 닌텐도 DS가 일찌감치 앞서서 뒤를 잡히지 않았지만 북미에서는 달랐습니다. 2005년에 미국에서는 PSP가 닌텐도 DS보다 100만 대나 더 팔려 닌텐도 DS의 판매량이 260만 대, PSP의 판매량이 360만 대였습니다.

PSP가 자리를 잡자 닌텐도 아메리카는 마케팅 전략을 재고해야 했습니다. 〈이터널 다크니스: 새너티스 레퀴엠〉, 〈바이오하자드〉와 같은 성인용 게임으로 게임큐브의 매력을 넓히려는 시도가 역효과를 낳았지만, 닌텐도가 DS에도 비슷한 전략을 구사하는 것을 막지는 못했습니다.

---

120 이와타 사토루는 닌텐도 DS를 휴대용 콘솔 게임 시스템으로 전환하는 것을 피하고 싶었지만 액티비전이 다섯 가지 〈콜 오브 듀티〉를 출시하도록 허용했다.

PSP 발표 후 얼마 지나지 않아 닌텐도에서 연락이 왔죠. 그들은 우리가 미드웨이의 아케이드 고전 게임인 〈건틀릿Gauntlet〉을 DS 버전으로 개발하는 데 관심이 있는지 궁금해했어요. 우리는 "그거 좋네요"라고 대답했고, 그들은 프로듀서인 데라사키 게이스케[〈루이지 맨션〉, 〈대난투 스매시 브라더스〉 등 수십 가지 게임을 작업한 베테랑 프로듀서/프로젝트 책임자]와 안도 가오리[여러 〈포켓몬스터〉에 이름을 남긴 코디네이터/프로듀서]를 보냈습니다.

우리는 사무실 전체를 개조해 모든 〈건틀릿〉 버전을 플레이할 수 있게 했어요. 심지어 〈건틀릿〉의 전작인 〈댄디Dandy〉도 구비했죠. 일본에서 온 사람들과 하루 종일 〈건틀릿〉을 했어요.

그들은 함께 대학에 다닐 때 〈건틀릿〉을 많이 했었다고 하더군요. 또한 PSP에 들어갈 액션/아케이드 게임을 소니가 잘 파악하고 있고, 경쟁력이 없을 수도 있다고 생각했기 때문에 PSP와 경쟁할 수 있는 서드파티 IP를 확보하려는 전략이라고 말했어요. 그들은 외부 게임을 허가해 제작할 개발자를 찾기 시작했죠.

―마이크 미카

그러나 2006년에 미국의 PSP 판매량은 360만 대에서 300만 대로 16%나 떨어졌습니다. 반면에 닌텐도 DS는 〈슈퍼 마리오 카트 DS〉, 〈닌텐독스〉, 〈매일매일 DS 두뇌 트레이닝〉의 출시로 판매가 105% 급증했습니다. 자신감이 생긴 레지널드 피서메이는 초창기의 마케팅 계획으로 돌아갔습니다.

일본 닌텐도, 미드웨이와 함께 작업해 이 미친 버전의 〈건틀릿〉을 만들었어요. 진짜 속편처럼 완전히 새로운 버전을 다 완성해놨죠. 작업이 끝나갈 무렵 다른 게임이 몇 개 있었는데, DS의 판매량이 PSP를 앞지르자 모두 취소되었어요. 닌텐도는 더 이상 이런 타이틀이 필요치 않다고 느꼈던 겁니다.

정말 끝내주는 건, 이게 닌텐도의 멋진 점인데, 그들은 이 게임이 자기네 플랫폼에서 나오지 않기를 바랐기 때문에 다른 퍼블리셔들에게 넘길 수 있도록 도와줬죠. 우리는 에이도스와 다른 회사들을 찾아갔는데 결국 에이도스가 가져갔어요.

사용자 리뷰를 받았는데, 전체적으로 80~90점을 받았지만 에이도스는 DS 게임을 더는 출시하지 않겠다고 하더군요.

―마이크 미카

처음부터 소니는 성인용 등급의 〈소콤: U.S. 네이비 실SOCOM: U.S. Navy SEALs〉부터 12세 이용가 등급의 액션 어드벤처 〈메디이블MediEvil〉에 이르기까지 다양한 연령대의 PSP 게임을 출시했습니다. PSP에 대한 가장 흥미로운 초기 실험 중 하나는 〈인펙티드Infected〉였습니다. 이는 플레이어가 좀비 생성 바이러스로부터 뉴욕시를 구하는 게임으로, 바이러스에 면역이 생긴 경찰이 주인공이었습니다. 〈인펙티드〉는 혈액을 이용해 혈청을 만들 과학자를 찾는다는 내용의 영화 〈나는 전설이다I Am Legend〉를 오마주한 게임이었습니다. 기존 게임과 달리 〈인펙티드〉는 멀티플레이어 모드에서 플레이어가 각자의 바이러스로 서로의 게임을 '감염'시키고, PSP 커뮤니티에 퍼지는 바이러스를 모니터링하는 온라인 도구를 사용해 감염 상황을 추적할 수 있었습니다.

한편 PSP와 관련된 가장 큰 뉴스는 2005년 10월 5일의 〈GTA: 리버티시티 스토리스Grand Theft Auto: Liberty City Stories〉 발매였습니다. 플레이스테이션 2 버전의 〈GTA: 산안드레아스〉에 이어 〈GTA: 리버티시티 스토리스〉는 게임계 전반을 압도한 〈GTA〉 열풍을 이어받았습니다. 만약 새로운 플랫폼에 새로운 〈GTA〉가 있다면 게임 인구의 일정 부분은 그 플랫폼을 사용하겠지만 〈GTA〉는 소니 독점이었습니다. 〈GTA: 리버티시티 스토리스〉는 미국에서 3개월 만에 약 71만 7,000장이 판매되었고, 락스타게임스는 그해 말까지 전 세계적으로 120만 장을 팔았습니다.

전 세계적으로 800만 장 이상이 팔린 〈GTA: 리버티시티 스토리스〉는 나머지 PSP 게임과 차원이 달랐습니다. 그다음 베스트셀러 게임은 500만 장 이상이 팔린 〈GTA: 바이스시티 스토리스〉입니다.

PSP가 나이 든 사람들에게 어필할 것이라는 히라이 가즈오의 예측은 선견지명이었습니다. 성인 소비자들 사이에서 PSP는 훨씬 더 강력한 매력을 발산했습니다. 소니가 틀린 것은 시장 규모에 대한 예측이었습니다.

소니는 유럽 시장에 늦게 상륙했습니다. 닌텐도 DS는 2004년 3월 11일에 출시되고 PSP는 9월 1일에 출시되었습니다. 거의 5개월 동안 시장을 독차지한 닌텐도는 2004년에 유럽에서 DS를 310만 대 판매했습니다. 소니는 4개월 만에 PSP를 220만 대 팔아치워 선두인 닌텐도를 보잘것없게 만들었습니다.

2004년에 유럽에서는 PSP가 소프트웨어 판매 측면에서 닌텐도 DS를 능가했습니다. 출시 첫해에 닌텐도 DS의 번들률은 콘솔당 1.2개 게임이었습니다. 반면에 PSP 구매자는 콘솔당 2.7개 게임을 구매해, E3에서 히라이가 18~34세 남성이 게임을 더 많이 구매하고 가처분소득이 더 많다고 예측했던 것을 입증했습니다.

소니의 목표 시장은 더 많은 가처분소득으로 게임을 더 많이 구매했지만 하드웨어를 구매하지는 않았습니다. 2005년 말까지 전 세계적으로 닌텐도 DS는 1,200만 대가 팔리고 PSP는 약 850만 대가 팔렸습니다. 2006년에 닌텐도는 모든 주요 시장에서 앞서 나갔습니다. 일본에서는 닌텐도 DS가 4 대 1로 앞섰고 미국과 유럽에서는 그 비율이 2 대 1에 가까웠습니다. 이전 판매량까지 더하면 닌텐도 DS 소유자가 3,230만 명, PSP 소유자가 1,670만 명으로 거의 완벽한 2 대 1 비율이었습니다.

닌텐도는 계속해서 총 1억 5,400만 대를 팔았습니다. 콘솔로는 플레이스테이션 2가 유일하게 1억 5,500만 대를 기록했습니다. 소니는 2012년에 PSP 판매량 공개를 중단했습니다. 최종 보고서에 따르면 전 세계적으로 PSP가 7,640만 대 판매된 것으로 나타났는데, 이는 소니가 그만큼 많은 물량을 출하했음을 의미합니다.[8]

다행히도 은가이 크롤은 앨러드와 내기를 할 때 PSP가 닌텐도 DS보다 더 많이 팔릴 것이라고 하지 않고, PSP가 플레이스테이션 2와 같은 길을 걸을 것이라고 했습니다. 플레이스테이션 2는 2000년 3월 4일 일본에 출시되어 그해 가을 전 세계에 출시되었습니다. 2001년 4월까지 소니는 전 세계에 1,000만 대를 출하했습니다. 닌텐도 DS로 인해 타격을 입고 멍이 든 소니는 2005년 12월 12일까지 PSP를 추가로 1,000만 대 판매했습니다.

앨러드의 잠적

> 역사는 내가 옳았음을 보여줄 거예요. 그들은 시장에 출시하고 첫해에 약 1,000만 대를 팔
> 았는데, 이는 플레이스테이션 2와 거의 비슷한 수준이죠. 그리고 J는 완전히 잠적했어요.
>
> – 은가이 크롤

마이크로소프트의 J 앨러드를 조롱해 내기로 끌어들인 것은 시작일 뿐이었
으며, 그것의 이행은 전혀 다른 문제임이 드러났습니다. 2006년 E3가 다가오자
소니는 PSP 출하량이 1,000만 대를 넘어섰다고 발표했습니다. 크롤은 내기에서
이긴 대가를 받기 위해 마이크로소프트에 여러 차례 전화를 걸었지만 앨러드는
전화를 받지 않았습니다.

> 그가 약속 이행을 거부해 나는 이렇게 말했죠. "와, 이건 예상하지 못했는걸."
> 약 1년이 흘렀고, J와 내가 공통적으로 알고 있는 사람들을 통해 문의해보았지만 소용없었
> 어요. 그가 기자회견을 포함한 E3 전체 일정에 레게 머리 가발을 쓰고 나올 것이라고는 기
> 대하지 않았어요.
> 마이크로소프트 사람들은 그에게 재촉했죠. "이봐요, 약속을 지킬 방법을 찾아야 해요."
>
> – 은가이 크롤

2004년 5월에 크롤과 앨러드가 내기를 한 이후 많은 것이 바뀌었습니다.
앨러드는 더 이상 엑스박스 팀에서 일하지 않았습니다. 비디오 게임 시장에서
소니를 꺾지 못해 그대로 맞붙은 마이크로소프트는 MP3 분야에서도 애플과 정
면 승부를 벌이려 했습니다. 마이크로소프트의 소비자 제품 CXO/CTO로서 앨
러드는 아이팟에 대한 자사의 대응인 준Zune을 주도할 확실한 선택이었습니다.

앨러드는 2006년 E3에서 열린 사전 기자회견 때 아무 말도 하지 않았습니

다. 그해 말 엑스박스 360이 출시되면서 무대에 등장한 경영진은 새로 임명된 엑스박스 최고 책임자인 피터 무어와 마이크로소프트 회장 겸 최고 소프트웨어 설계자인 빌 게이츠뿐이었습니다.[121]

크롤은 포기하지 않았습니다. 내기 건으로 용서할 기분이 아니었던 그는 아주 유리한 입지였습니다. 크롤은『뉴스위크』의 게임 블로그에 글을 썼습니다.

👾

나는 압박감을 높이는 글을 조롱조로 써서 블로그에 몇 개 올렸어요. 도박 전문가, 심리학자들을 인터뷰하면서, 내기를 하고는 약속을 어기는 원인 등에 대해 다루었죠.

그러던 어느 날, J는 갑자기 레게 머리 가발을 쓴 채 PSP를 들고 있는 사진을 올렸어요. 인터넷에서 이 사진을 찾을 수 있을 거예요.

－은가이 크롤

늦었지만 안 하는 것보다는 나았습니다. 2007년 5월 8일, 내기를 제안한 지 거의 3년 만에 앨러드는 긴 레게 머리를 하고 '은가이가 옳았다'라고 적힌 PSP를 들고 있는 사진을 마이크로소프트 프로필 페이지에 올렸습니다.

👾

큰 글씨로 '은가이가 옳았다'라고 쓰여 있고 그 아래에 작은 글씨가 있었어요. 사진의 해상도가 낮아서 무슨 말인지는 모르겠더군요. 아마도 나를 노린 것이겠지만, 어쨌든 그게 내기의 본질이에요.

－은가이 크롤

---

121 빌 게이츠가 발표하는 동안 플랫폼 전략 책임자인 스콧 한센이 기술 시연을 하기 위해 무대에 올라왔다.

마이크로소프트의 혁명

기존 엑스박스는 단가를 줄이기가 아주 어려운 제품이었어요. 그게 가능하도록 설계되지 않 았죠. 그런데 엑스박스 360은 완전히 달랐습니다.
— 로비 바흐

이타가키는 큰 환호성을 좋아해요.
— 스즈키 유(세가 제2AM연구개발부 전 책임자)

다키마쿠라를 만드는 자

검증된 경영진과 재능 있는 게임 디자이너가 업계를 떠도는 것은 드문 일이 아닙니다. 버니 스톨라는 1990년에 아타리의 회장이 되었을 때 이미 게임 업계의 베테랑이었습니다. 1993년, 그는 플레이스테이션 1의 출시를 준비하던 소니컴퓨터엔터테인먼트 아메리카로 자리를 옮겨 서드파티 관계를 담당했습니다. 그 후 그는 1996년 7월에 소니를 떠나 세가 아메리카의 최고 운영 책임자가 되었습니다.

세가에서 일하는 동안 스톨라는 피터 무어를 마케팅 담당 임원으로 고용했습니다. 1999년, 세가가 드림캐스트의 출범을 준비할 당시 무어는 스톨라를 대신해 최고 운영 책임자로 임명되었습니다. 4년 반 후 무어는 EA로 옮겨 가 EA 스포츠를 맡았습니다.[122]

마이크 피셔는 마이크로소프트의 엑스박스 최고 책임자나 세가의 최고 운영 책임자 자리에 오른 적이 없지만, 그처럼 많은 회사에서 요직을 맡은 것은 소수의 베테랑뿐이었습니다. 피셔는 업계 전반에서, 특히 일본에서 근무한 임원들 사이에서 인기가 많았습니다.

마이클 카츠의 짧은 재임 기간 동안 피셔는 세가에 있었고, 남코에 갔다가 세가로 돌아가 때마침 드림캐스트가 붕괴되는 것을 목격했습니다. 그리고 무어를 따라 마이크로소프트로 가서 스퀘어에닉스 USA의 사장 겸 CEO를 역임한 후 아마존으로 이직했으며, 〈포트나이트Fortnite〉의 출시를 돕기 위해 에픽게임스로 옮겼습니다.

---

122 무어는 2017년에 또다시 이직했는데, 그에게는 그곳이 바로 꿈의 직장이었다. 그는 EA를 떠나 리버풀 FC의 CEO가 되었다. 그의 지휘하에 리버풀 FC는 FIFA 월드컵과 프리미어리그 등 주요 챔피언십에서 우승을 거머쥐었다.

누군가가 나를 '비디오 게임 산업의 포레스트 검프라고 불렀죠. 움직임이 일어나는 곳에 늘 내가 있는 것 같아서요.

-마이크 피셔

1990년대와 2000년대 초에는 피셔의 기술을 가진 인력이 품귀였습니다. 세가에서 마이클 카츠와 톰 컬린스키의 휘하에 피셔는 제네시스 사업을 반등시키는 데 참여하고, 상징적인 'S E G A!' 마케팅 캠페인을 만드는 데 한몫을 했습니다. 그는 유창한 일본어를 구사하고 일본 재계의 관습과 독특한 정치를 이해하고 있었습니다.

피셔는 주로 환태평양 동쪽에서 일했지만 도쿄를 비교적 잘 알고 있었습니다. 세가에서 두 번, 남코에서 한 번 일한 뒤, 2003년에 그는 로비 바흐의 부름을 받고 마이크로소프트 도쿄 사업부에서 일하게 되었습니다. 특히 바흐는 매우 탐나는 서드파티 퍼블리셔 커뮤니티에서 마이크로소프트의 이미지를 개선하기 위해 그를 영입했습니다.

피셔가 맡은 첫 프로젝트 중 하나는 〈데드 오어 얼라이브 익스트림 비치발리볼Dead or Alive Xtreme Beach Volleyball〉이었습니다. 일본에서 팬을 보유한 몇 안 되는 엑스박스 독점 게임 중 테크모의 〈데드 오어 얼라이브〉는 중요한 시리즈였습니다. 1996년[123]에 아케이드 게임으로 처음 출시된 〈데드 오어 얼라이브〉는 수석 크리에이터인 이타가키 도모노부가 독특한 예술적 감성을 더하지 않았다면 눈에 띄지 않았을지도 모릅니다.

〈데드 오어 얼라이브〉 시리즈는 아주 잘 만들어졌기 때문에 가벼운 게임으

---

[123] 1996년은 아케이드 격투 게임에 중요한 해였다. 세가는 〈라스트 브롱크스(Last Bronx)〉, 〈버추어 파이터 3〉, 〈버추어 파이터 키즈〉를, 캡콤은 〈스트리트 파이터 알파 2〉를, SNK는 〈사무라이 쇼다운 III(Samurai Showdown III)〉, 사무라이 쇼다운 IV, 〈더 킹 오브 파이터스 '96(King of Fighters '96)〉, 〈용호의 권 3(Art of Fighting 3)〉를 출시했다. 미국에서는 미드웨이가 〈킬러 인스팅트 2(Killer Instinct 2)〉를, 아타리가 〈프라이멀 레이지 2(Primal Rage 2)〉를 출시했다.

로 치부할 수 없었습니다. 이 시리즈는 다른 게임에서는 볼 수 없는 선구적인 반격 세트를 포함해 다양한 움직임을 선보였습니다. 테크모는 플레이스테이션 2용으로 두 가지 버전의 〈데드 오어 얼라이브 2〉를 출시했는데, 그 후 이타가키가 엑스박스 플랫폼을 채택하고 〈데드 오어 얼라이브〉가 엑스박스 전용이 되면서 마이크로소프트는 일본 게이머들이 실제로 관심을 가진 유일한 독점권을 확보하게 되었습니다.

엑스박스의 유일한 일본 독점 판매권을 가지고 있다는 것은, 이타가키가 마이크로소프트에서 스타 대접을 받았음을 의미하기도 했습니다. 이타가키는 독특한 스타일이었습니다. 그는 사람들에게 부드럽게 말했지만 다소 위협적인 존재였습니다. 그는 안에서든 밖에서든 진한 선글라스를 쓰고, 어깨까지 내려오는 긴 머리에 항상 검정 가죽 재킷을 입고 대중 앞에 모습을 드러냈습니다. 그는 진짜로 그런 것인지 노력해서 그런 것인지 약간 갱스터 같은 분위기를 풍겼습니다.

개인적인 인터뷰에서 그는 상냥하고 친절했지만 게임 기획에 관한 한 그저 사무적이었습니다. 그의 게임은 꼼꼼했습니다. 그는 외형, 도전 수준, 게임 플레이 등 모든 세부 사항에 땀을 쏟았습니다. 성차별주의자라고요? 아마도요. 모방이요? 그럴 지도요. 행운요? 전혀요. 게임 기획에 관한 한 이타가키는 그 시대의 대표적인 엘리트 중 한 사람이었습니다.

비디오 게임 산업도 할리우드처럼 유행과 트렌드를 따라 돌아갑니다. 여러 영화 스튜디오가 동시에 상어의 공격, 그리스 신화, 재난, 치어리딩이나 고전 만화의 실사 리메이크 영화에 뛰어들듯이 한 비디오 게임 회사가 새로운 장르를 발견하면 다른 회사들도 뛰어듭니다. 1990년대 후반에 EA, 액티비전, GT인터랙티브, 마이크로소프트, 블리자드가 실시간 전략 게임을 쏟아내어 시장이 포화되었습니다. 콘솔에서 〈슈퍼 마리오 카트〉는 레이싱/전투 열풍을 일으켜 〈크래시 팀 레이싱Crash Team Racing〉, 〈팩맨 월드 랠리Pac-Man World Rally〉, 〈007 레이싱007 Racing〉, 〈셀 대미지Cel Damage〉, 〈카툰 네트워크 레이싱Cartoon Network Racing〉, 〈디디콩 레이싱Diddy Kong Racing〉 등이 탄생했습니다.

2003년, 비디오 게임의 대세는 비치발리볼이었습니다. 이는 세가의 아케이드 게임 〈비치 스파이커스Beach Spikers〉가 성공한 데 따른 것으로 보입니다.[124] 당시에 세가 제2AM연구개발부 책임자인 스즈키 유는 〈비치 스파이커스〉를 게임큐브 전용으로 출시할 계획을 발표했고, 비치발리볼 시뮬레이션이 유행처럼 번져 사이먼앤드슈스터인터랙티브의 〈아웃로 발리볼Outlaw Volleyball〉, 어클레임엔터테인먼트의 〈섬머 히트 비치발리볼Summer Heat Beach Volleyball〉, 테크모의 〈데드 오어 얼라이브 익스트림 비치발리볼〉 등이 출시되었습니다.

〈비치 스파이커스〉에는 비키니를 입은 여성 선수들이 등장하기는 하지만 관능보다는 운동에 더 초점을 맞추었습니다. 이러한 종류의 게임은 방향성이 다른 경향이 있었습니다. 〈데드 오어 얼라이브 익스트림 비치발리볼〉의 매력은 호색에 가까웠습니다.

2003년 E3의 일대일 인터뷰에서 세가의 스즈키 유는 〈데드 오어 얼라이브 익스트림 비치발리볼〉에 대한 자신의 감정을 이렇게 요약했습니다. "이타가키는 큰 환호성을 좋아해요."

마이크로소프트 게임스튜디오의 경영진이 〈헬 벤더Hell Bender〉라는 게임의 제목에 'Hell(지옥)'이라는 단어가 들어 있어 빌 게이츠에게 허락받기를 두려워했던 시절 이후로 마이크로소프트의 폐쇄적인 문화가 느슨해졌을지도 모르지만, 마이크 피셔는 회사의 새로운 관용을 너무 밀어붙이려 했습니다.

초기에 우리는 반투명한 파란색 엑스박스를 만들 수 있다는 아이디어를 얻었어요. 우리는 그 파란색 엑스박스가 〈데드 오어 얼라이브 익스트림 비치발리볼〉에 묻어가게 하려고 했죠. 〈데드 오어 얼라이브 익스트림 비치발리볼〉에 등장하는 카스미라는 캐릭터의 기본 의상이 파란색이라 일본용으로 카스미 블루 한정판[콘솔]을 만들려고 했던 거예요.

---

124 〈비치 스파이커스〉는 미국이나 유럽보다 일본에서 더 인기가 있었다.

우리는 약간의 부차적인 선물이 필요해 모든 수단을 찾고 있었어요. 게임 속 소녀들의 사진첩 같은 걸 넣을까? 지금 생각해보니 그게 현명했겠네요.

그런데 우리 팀 멤버 중 야마우치가 이렇게 말했죠. "나는 다키마쿠라[일본에서 판매되는 커다란 보디 베개로, 흔히 섹시한 이미지로 만듦]에 대한 아이디어가 떠올랐어요."

－마이크 피셔

그 프로모션은 재정상 타당했습니다. 일반 크기의 다키마쿠라 대신 노출이 심한 비키니를 입은 카스미의 이미지가 담긴, 더 작고 '껴안을 수 있는' 카스미 블루 베개를 만들었습니다.

───────────────── 🕹 ─────────────────

베개가 200엔[약 2달러], 베개 커버가 300엔이었어요. 저렴한 가격이지만 가치가 컸죠. 완벽하고 마음에 들었어요. 그냥 약간의 지역성 홍보일 뿐이죠. 내 말은, 일본에서 만든 게임이라 본사 사람들한테는 아무 말 안 했단 거예요.

우리는 괜찮았어요. 다소 외설적인 연관성을 모르는 건 아닙니다. 그리고 언론 기사는 진짜 농담조였지만, 모든 게 순진한 장난처럼 느껴졌죠. 『와이어드』는 '고객과 침대에 눕기'라는 제목의 특집 기사를 실었는데, 포르노 같은 다키마쿠라 사진을 보여주면서 마이크로소프트가 이런 일을 하고 있다고 암시했어요.

그래서 레드먼드 본사에 있는 엑스박스 일본 지사의 임시 책임자한테서 전화가 왔습니다. "마이크, 말도 안 되는 소문을 들었는데, 행여나 그렇지 않겠지만 내가 다 없애버리기 전에 대답해요. 러브 베개를 만들고 있는 건 아니죠? 그렇죠?"

나는 '이런 망할, 망할, 망할'이라고 생각하다가 대답했어요. "나는 그걸 러브 베개라고 부르지 않겠어요." 그는 "젠장"이라더군요.

내가 홍보에 문제가 있냐고 묻자 그는 이렇게 말했습니다. "홍보에 문제가 있어. 이쪽은 인사 관련 문제도 있죠. 그게 회사의 가치와 맞지 않다고 직원들이 빌 게이츠에게 직접 편지를 썼어요."

－마이크 피셔

피셔는 보수적인 회사와 게임 디자이너 사이에 끼어버렸음을 깨달았습니다. 일본에서 가장 존경받는 게임 디자이너로서 엑스박스를 수용한 이타가키 도모노부는 카스미 블루 '러브 베개'를 끼워 파는 카스미 블루 엑스박스의 마케팅 아이디어를 좋아했습니다.

사무실로 돌아가서 직원들에게 중단해야겠다고 말하자 그들은 "이게 이타가키 게임인 거 알아요?"라고 물었습니다. 나는 "예? 그냥 다른 걸 해보죠"라고 했고, 그들은 "좋아요, 그럼 가서 말해요"라고 하더군요.

긴 머리에 가죽 재킷을 입고 웃긴 안경을 쓴 이타가키는 "무슨 소리예요. 안 한다고요?"라고 했죠. 내가 "계약서에 쓰여 있는 것과 달라요"라고 하자 그는 이렇게 말했습니다. "하나 말씀드릴게요. 나는 처음부터 당신들이 모든 일에 대해 법리주의적이라는 평판 때문에 당신들과 거래하고 싶지 않았어요. 하지만 당신을 믿었기 때문에 이 거래를 한 겁니다. 이게 우리가 약속한 거예요. 이게 우리가 합의한 내용이라고요. 나는 팬들에게 약속했고, 당신은 나를 철회시킬 수 없을 겁니다."

– 마이크 피셔

아무도 굽히려 하지 않았습니다. 마이크로소프트는 다키마쿠라를 제조하려고 하지 않았고, 이타가키는 카스미 베개를 약속받았기 때문에 마이크로소프트가 약속을 지켜야 한다고 주장했습니다. 피셔는 그를 불쾌하게 만드는 위험을 감수할 수 없었습니다. 그의 〈데드 오어 얼라이브〉에는 추종자들이 있었고, 테크모의 고전 게임인 〈닌자 가이덴〉 시리즈의 리부트에 대한 기대가 컸습니다. 피셔는 스스로 해결할 수 없는 상황에 처하고 말았습니다.

이때쯤에는 심지어 빌 게이츠도 베개에 대해 알고 있었습니다. 그가 좋게 생각하지 않는다는 말이 돌았습니다. 베개를 치워야 할 것 같았고, 이타가키가 베개를 가지고 떠날지도 몰랐습니다. 피셔는 엑스박스의 최고 책임자인 로비 바흐로부터 전화를 받았습니다.

나는 로비를 곤경에 빠뜨렸어요. 이건 빌에게 그대로 전해지고 있었죠.

로비는 개인적인 신념과 사업에 대한 접근법 등 다양한 면에서 보수적인 사람입니다. 마이크로소프트의 가치와 무결성을 보호하는 데 매우 집중했던 그는 그 상황이 마음에 들지 않았어요. 하지만 그는 이렇게 말했습니다. "내 생각에 우리는 게임 사업을 하거나 하지 않거나 둘 중 하나예요. 당신은 그녀에게 옷을 조금만 더 입히세요. 나는 이쪽의 분노를 맡을게요."

마이크로소프트[도쿄 지사]에 가면 지금까지도 사람들이 나를 '다키마쿠라남'이라고 부른답니다.

– 마이크 피셔

기존 엑스박스는 일본에서 인기를 끌지 못했습니다. 엑스박스 팀은 두 번째 게임기를 출시할 준비를 하면서 그 장벽을 깨기로 결심했습니다.

과거의 실수를 되풀이하지 말자

엑스박스의 최고 책임자인 로비 바흐에 따르면 마이크로소프트의 첫 비디오 게임 시장 진출은 세 가지 주요 장애물, 즉 일본, 제조 가격, 소니의 1년 앞선 시작 때문에 지연되었습니다.[125] 엑스박스 팀이 차세대 게임기에 대해 논의하기 시작하자 그는 같은 실수를 반복하지 않겠다고 다짐했습니다.

비디오 게임 하드웨어를 설계하는 데에는 다양한 과학과 공학이 사용되지만 타이밍에 따른 기회 요소가 있습니다. R. J. 마이클, 데이브 니들, 데이브 모스가 3DO 멀티플레이어용 아키텍처를 만들 때는 1991년에 사용할 수 있었던 최신 소비자 가전 기술을 기반으로 프로세서를 구축했습니다. 이후 몇 달 동안 3D 그래픽의 급속한 발전으로 새롭고 엄청난 기술이 등장했습니다.

---

125 또 다른 문제는 약한 퍼스트파티 라이브러리와 너무 큰 게임 패드였다.

마이클, 니들, 모스가 하드웨어를 개발하기 시작한 것과 거의 동시에 MIPS 테크놀로지스는 부동 소수점 지원을 제공하는 마이크로프로세서의 실험에 돌입했습니다. 1992년에 3DO컴퍼니가 설계를 마무리하면서 실리콘그래픽스는 MIPS테크놀로지스를 인수하고 부동 소수점 지원을 칩에 이식했습니다. 플레이스테이션과 닌텐도 64는 마이클, 니들, 모스가 사용할 수 없었던 MIPS 칩 덕분에 혜택을 누렸습니다.

차세대 엑스박스를 개발하기 시작한 2003년, 바흐와 회사가 (하드웨어를 단종시킬 수도 있을 정도로 중요한 기술이 누락된) 3DO 또는 (최초의 차세대 콘솔이 아닌 마지막 콘솔로 떠나간) 드림캐스트와 유사한 상황에 놓일 위험이 있었습니다. 엑스박스 팀은 그 상황을 마냥 두고 볼 수 없었습니다. 소니의 플레이스테이션 2 판매량이 전 세계적으로 5,000만 대였던 데 비해 마이크로소프트는 엑스박스를 1,100만 대밖에 팔지 못했고, 그 격차가 매달 더 커졌습니다.

그해 2월, 바흐는 그림 같은 폭포 옆에 자리한 고급 호텔 샐리시로지에서 엑스박스 팀의 수련회를 열었습니다.[126]

엑스박스 경영진은 전략적인 것에 매우 집중했습니다. 그들은 스노퀄미 폭포에 있는 숙소에서 엑스박스 콘솔의 후속작에 대한 큰 그림을 구상했습니다.

분석을 하다 떠오른 아이디어 중 하나는, 첫 번째 엑스박스의 경우 기하급수적으로 판매량을 증가시킬 수 있는 좋은 곡선을 보인다는 것이었어요. 하지만 플레이스테이션 2의 기하급수적인 판매 곡선에 20개월이나 뒤처졌다는 경쟁적 문제가 있었죠. 무슨 짓을 하더라도 결코 소니를 따라잡을 수 없었어요. 이를 통해 배운 교훈은 20개월 늦지 말라는 것이었습니다.

－딘 다카하시

다음 달에 바흐는 팀의 아이디어를 자세히 설명하기보다는 세 페이지로 간

---

126 데이비드 린치 감독이 〈트윈 픽스〉를 촬영한 곳이라 이 호텔을 골랐다.

결하게 요약했습니다. 바흐는 차세대 엑스박스를 '제논 프로젝트'라고 칭하면서 다음과 같은 우려 사항을 제기했습니다.

1. 독점적인 엔터테인먼트 콘텐츠 및 서비스
2. 고객의 가치와 차별성 강조
3. 이익
4. 출시 기간
5. '15개월' 캠페인

독점 콘텐츠와 서비스는 유명 작가이자 인텔리비전의 대변인인 조지 플림턴이 다음과 같은 TV 광고를 하면서 업계 전반에 걸친 이슈로 떠올랐습니다. "쉬운 질문이 있습니다. (A) 인텔리비전 메이저리그 야구, (B) 아타리 야구 중 어떤 것이 진짜와 가장 가깝습니까?" 4년 후 닌텐도 아메리카는 〈슈퍼 마리오 브라더스〉를 닌텐도 엔터테인먼트 시스템에 내장함으로써 세가 마스터 시스템과 아타리 7800에 효과적인 타격을 주었습니다. 두 회사 모두 경쟁할 수 있는 〈슈퍼 마리오〉 같은 게임이 없었고, 닌텐도는 서드파티 퍼블리셔가 닌텐도 엔터테인먼트 시스템 게임을 다른 시스템에 이식하는 것을 금지하는 독점 조항을 라이선스 계약에 추가했습니다. 비디오 게임의 역사를 되돌아보면 실패한 콘솔은 대부분이 소프트웨어 지원, 특히 퍼스트파티의 지원이 부족했습니다.[127]

나는 3DO컴퍼니가 기본 철칙을 어겼다고 생각합니다. 즉 시스템에 적합한 게임을 만들기 위해서는 다른 사람에게 의존하면 안 된다는 것입니다. 누군가가 대신 할 수 있다면 좋겠지만 이런 하드웨어 시스템은 최고 수준의 소프트웨어가 필요하고, 직접 만들어야만 합니다.

−하워드 링컨

---

127 항상 그런 것은 아니다. 드림캐스트는 견줄 데 없는 퍼스트파티의 지원을 받았다.

세가 아메리카는 매년 70개 이상의 제네시스 독점작을 출시하면서 닌텐도가 수년간 지배해왔던 시장에서 틈새시장을 개척했습니다. 그 후 소니는 최고의 게임 스튜디오 여러 곳과 전략적 제휴를 맺음으로써 경쟁사를 제쳤습니다. 스퀘어의 〈파이널 판타지〉와 〈킹덤 하츠Kingdom Hearts〉, 코나미의 〈메탈 기어 솔리드〉 독점 계약을 따내면서 소니는 누구도 따라잡을 수 없는 우위를 점한 채 6세대 경쟁에 뛰어들었습니다. 또한 소니는 〈그란 투리스모〉, 〈소콤〉, 〈라쳇 앤드 클랭크Ratchet & Clank〉 등의 게임을 통해 주요 퍼블리셔로 부상했습니다. 그리고 〈이코Ico〉, 〈완다와 거상Shadow of the Colossus〉처럼 예술적·감정적 경계를 순수하게 넓힌 혁신적인 게임으로 기회를 잡았습니다.

닌텐도는 가족 친화적인 게임에 특화되었습니다. 이에 소니는 〈갓 오브 워God of War〉와 같은 성인 지향적인 게임, 〈잭 앤드 덱스터〉와 같은 청소년 친화적인 게임, 〈슬라이 쿠퍼Sly Cooper〉와 같은 아동 친화적인 게임 등 모든 고객을 위한 게임을 출시했습니다.

마이크로소프트의 경우 진정한 의미의 독점작은 〈헤일로〉였습니다. 〈헤일로〉를 제외하면 엑스박스 라이브러리가 매우 빈약해질 만큼 〈헤일로〉는 정말로 그 시대의 가장 위대한 게임 중 하나였습니다. 바흐와 회사는 〈헤일로〉에 대한 계획을 가지고 있었습니다. 실제로 향후 몇 년 동안 〈헤일로〉는 〈GTA〉만큼이나 중요해졌고, 잠깐 동안은 〈슈퍼 마리오〉보다 더 중요해졌습니다.

마이크로소프트 게임스튜디오의 총책임자인 필 스펜서는 2006년 『USA 투데이USA Today』와의 인터뷰에서 〈헤일로〉와 〈GTA〉가 가장 중요한 게임 자산이라고 언급했습니다. 기자가 "마리오를 어떻게 생각하세요?"라고 묻자 스펜서는 "아직도 그가 여기에 엮일 수 있다고 생각하세요?"라고 대꾸했습니다.

세 페이지로 정리한 내용의 첫 부분에서 바흐는 독점적인 콘텐츠의 중요성을 간략히 설명했습니다.

이것은 엑스박스 사업의 생명선이라 최우선 과제입니다. 우리는 〈헤일로〉와 같은 마이크로소프트 소유의 게임, 〈콜 오브 듀티〉처럼 타사에서 퍼블리싱한 일부 게임, 엑스박스 라이브 서비스를 활용하는 계획을 세워야 합니다. 이 모든 것은 '제논'이 최고의 인터랙티브 엔터테인먼트 플랫폼이 되도록 하는 데 기여합니다.

콘텐츠 계획에는 주요 게임 프랜차이즈(타이밍, 제품 개념 등)를 어떻게 활용할 것인지, 마이크로소프트 게임스튜디오가 계획을 실행하기 위해 무엇이 필요한지, 플랫폼·콘텐츠·서비스 팀이 어떻게 협력할 것인지 등이 포함되어야 합니다. 우리는 세계의 주요 시장, 특히 일본을 위해 이 작업을 해야 합니다.

이것은 일찍이 내 머리에 박혀 있었고 나는 여전히 진심으로 믿습니다. 박스는 박스일 뿐이에요. 10테라플롭이든 12테라플롭이든 누가 신경 쓰나요? 아무도 신경 쓰지 않아요. 그냥 플라스틱과 실리콘이죠. 사람들은 그것으로부터 얻는 경험을 중요하게 생각합니다. 크로스플랫폼 게임도 좋지만 한 박스와 다른 박스 중에서의 선택은 '이걸로 할 수 있는 것은 무엇이고 할 수 없는 것은 무엇인가?'로 귀결됩니다.

우리는 마이크로소프트에서 그 점을 아주 잘 알고 있었고 남의 일처럼 그것을 쫓아다녔어요. 그게 내 경력의 형성적인 측면 중 하나죠. 말장난으로 의도된 '대형 게임 사냥'이었어요.

－제이 옹(마이크로소프트 글로벌 게임 부문 전 그룹 비즈니스 책임자)

일본은 시장으로서뿐만 아니라 인기 게임의 원천으로서도 관심의 대상이 었습니다. 마이크로소프트는 차기 엑스박스용 〈파이널 판타지〉를 출시하도록 스퀘어를 설득해야 했고, 〈메탈 기어 솔리드〉 속편의 엑스박스 버전을 만들기 위해 코나미도 필요했습니다.

엑스박스의 경우 로비 바흐, 에드 프리스, J 앨러드는 콘솔의 기술적 우위 또는 마케터가 '속도와 피드'라고 부르는 것에 메시지의 많은 부분을 할애했습니다. 그들은 초당 원시 폴리곤, 음영 폴리곤, 텍스처 폴리곤의 차이점에 대해 이야기했습니다. 마이크로소프트는 비트와 바이트의 싸움에서는 분명히 이겼지만 전쟁에서는 졌습니다.

바흐는 세 페이지 분량의 보고서에서 "우리 가치 제안의 초점을 '속도 및 피드 성능'에서 벗어나 고객 경험(콘텐츠와 서비스)에 맞추는 것이 매우 중요하다"고 지적했습니다.

바흐는 북미와 유럽에서 엑스박스의 점유율이 20~25%[128]인 반면 플레이스테이션 2가 전 세계 콘솔 판매량의 60~70%를 차지했음을 인정하면서 이렇게 말했습니다. "우리는 전 세계 시장 점유율 40%라는 중요한 판매 목표를 달성해야 합니다. 이 목표 달성과 동시에 우리는 마이크로소프트를 위한 수익 창출과 관련된 모든 활동을 최적화할 것입니다. 우리의 목표는 콘솔 하드웨어가 제논 수명 주기 동안 손익분기점에 도달하거나 약간의 이익을 내는 것입니다."

소니가 출시하기 전은 아니더라도 차기 플레이스테이션과 동시에 제논을 출시하는 것이 전략의 핵심이었습니다. 그 당시에는 일반적으로 콘솔의 수명을 5년으로 보았습니다. 물론 비디오 게임에 관한 한 새 콘솔의 출시가 기존 콘솔의 종말을 의미하는 것은 아닙니다. 1991년에 슈퍼 NES를 출시했음에도 불구하고[129] 닌텐도는 3년 동안 계속 NES 게임을 내놓았습니다.

간단히 말해 세 페이지 중 대부분이 과거의 실수를 열거하고 그것을 되풀이하지 않겠다고—기성 부품을 활용하지 않고, 소니가 먼저 공격하도록 놔두지 않으며, 〈헤일로〉에 크게 의존하지 않는다고—약속하는 내용이었습니다. 또한 게임 하드웨어 출시에 대한 흥미롭고 새로운 접근 방식을 설명했는데, 바흐는 이를 '15개월 캠페인'이라고 일컬었습니다.

엑스박스[130]에서 배운 교훈 중 하나는 '출시'가 성공을 위한 첫걸음일 뿐이라는 것입니다. 하드웨어 공급의 제약과 열광적인 사람들로 인해 공급과 수요의 법칙은 초기의 긍정적인 결과를 부추깁니다. 그러나 두 번째 연휴 기간 내내 탄탄한 출발을 유지하기는 매우 어렵습니다. 고객이 확대되고, 모든 경쟁사의 콘솔이 잘 공급되며, 가격 책정 및 기타 판촉 활동이 더 큰 역할을 하고, 콘텐츠의 폭과 깊이가 더욱 중요해집니다.

---

128 일본에서 마이크로소프트의 시장 점유율은 약 2%였다.
129 닌텐도는 1990년에 일본에서 슈퍼 패미컴을 출시했다. 서양판인 슈퍼 NES는 1991년에 북미 시장에 출시되고 1992년에 전 세계에 출시되었다. 단, 브라질에는 1993년에 출시되었다.
130 2013년에 출시된 엑스박스 원이 아니라 엑스박스를 말한다.

따라서 제논으로 승리하려면 2005년 가을부터 2006년 12월까지 15개월 동안 성공을 견인하는 캠페인을 진행할 수 있도록 사전에 수립된 통합 계획이 필요합니다.

보고서에서 바흐는 소니가 다음 플레이스테이션 출시까지 1년을 더 기다릴 가능성에 대해 언급했습니다. 그들이 왜 서두르겠어요? 플레이스테이션 2를 엄청나게 팔아치운 소니는 금광에 앉아 있었습니다.

하드웨어 딜레마

> 엑스박스 360은 애초에 비용을 절감하도록 설계되었어요. 그래서 우리는 엑스박스 360의 가격을 낮추면서도 수익성을 유지할 수 있었죠. 하지만 엑스박스의 경우 그렇게 할 수 없었습니다.
>
> – 로비 바흐

무어의 법칙에 따르면 컴퓨터 칩의 트랜지스터 수는 2년마다 두 배씩 증가하는 반면 컴퓨터 가격은 하락합니다. 페어차일드세미컨덕터[131]의 공동 설립자이자 인텔의 CEO였던 고든 무어의 이름을 딴 무어의 법칙은 법칙이라기보다는 예측에 가깝습니다.

그러나 무어가 결코 주장하지 않았던 것은 컴퓨터 칩 설계 비용이 저렴해지리라는 것이었습니다. 소니는 플레이스테이션 2용 이모션 엔진을 개발 및 제조하는 데 10억 달러 이상을 들인 것으로 유명합니다. 2001년에 소니, 도시바,

---

131 최초의 카트리지 기반 '프로그래밍 가능' 콘솔인 페어차일드 채널 F를 제작한 페어차일드세미컨덕터는 이 역사에서 매우 중요하다.

IBM은 STI디자인센터[132]를 설립하고 플레이스테이션 3의 핵심이 될 새로운 셀 칩을 개발하는 데 4억 달러를 투자했습니다.

마이크로소프트는 엑스박스를 만들 때 기성 부품을 사용해 개발 비용을 절감했습니다. 그러나 다음 세대는 그렇지 않을 것입니다. 새로운 콘솔을 위해 마이크로소프트는 IBM의 힘을 빌려 파워PC 아키텍처를 기반으로 맞춤형 칩을 개발하기로 결정했습니다. 그것은 소니와 닌텐도가 곧 출시할 콘솔에 사용할 계획이었던 바로 그 아키텍처였습니다.

그래픽 프로세서를 얻기 위해 마이크로소프트는 라데온 그래픽 카드로 가장 잘 알려진 ATI테크놀로지스로 눈을 돌렸습니다. ATI와의 계약이 2003년 8월 14일 목요일에 발표되었고, 이는 엔비디아가 엑스박스 이후 더 이상 마이크로소프트와 함께 일하고 싶어 하지 않는다는 의혹을 불러일으켰습니다.

다음 문제는 게임을 담을 매체를 선택하는 것이었습니다. 게임의 크기가 계속 커짐에 따라 엑스박스에 사용한 DVD 디스크는 향후 블록버스터를 담기에 충분하지 않을 수도 있다는 우려가 불거졌습니다. 엑스박스 팀은 내키지 않았지만 블루레이 플레이어의 도입을 고려했습니다. 양면 이중 레이어 DVD에는 17기가바이트가 저장되는 데 비해 블루레이 디스크에는 최대 50기가바이트까지 저장할 수 있었으나, 소니가 블루레이 표준을 만든 컨소시엄을 주도했다는 것이 단점이었습니다.

블루레이는 가차 없이 비쌌을 거예요. 블루레이 비용뿐만 아니라, 소니가 특허권을 가지고 있었기 때문에 로열티도 지불해야 했어요. 그래서 우리는 "그렇게는 못 한다"고 말했죠.

– 로비 바흐

엑스박스 팀은 플레이스테이션 3에 블루레이 디스크 드라이브가 탑재될

---

132 'STI'는 소니그룹, 도시바, IBM의 머리글자이다.

것을 알고 별도로 판매 가능한 외장 HD-DVD 플레이어를 제작하기로 결정했습니다. 엑스박스 자체는 DVD 플레이어를 중심으로 만들어지지만, 업그레이드된 영화 감상을 원하는 소비자는 HD-DVD 플레이어 주변기기를 구입할 수 있을 것입니다.

영화와 관련해 J 앨러드는 치열한 최첨단 경쟁이 곧 디스크를 진화시킬 것이라고 판단했습니다.

이 모든 것은 J 덕분이에요. J는 이렇게 말했어요. "이봐요, 디스크는 더 이상 영화 감상에 중요하지 않아요. 어차피 다 스트리밍될 테니 걱정하지 말아요."

믿을 수 없을 만큼 이른 판단이었지만 정확했죠. J는 구석구석을 보는 놀라운 능력을 가지고 있었어요.

– 로비 바흐

앨러드의 예측은 얼마나 진보적이었을까요? 이는 블록버스터의 수익이 가장 컸던 회계연도인 2003년의 일입니다. 넷플릭스는 1999년부터 존재했습니다. 그렇지만 2003년에는 월 구독료 7.99달러에 온라인 DVD 대여와 하루 배송 서비스를 제공했습니다. 넷플릭스는 2007년에 영화 스트리밍을 시작했습니다.

차기 엑스박스에는 하드드라이브가 포함되어야 한다는 합의가 있었지만 수 기가바이트의 하드드라이브는 가격이 저렴하지 않았습니다. 하드드라이브를 추가하면 콘솔 가격이 너무 비싸집니다. 그렇다고 하드드라이브 없이 만들면 잠재적으로 도태될 수 있습니다. 그런데 소니 덕분에 일반 대중은 299달러를 콘솔 가격으로 여겼으니, 정답은 콘솔과 게임패드만 포함된 표준 또는 '코어' 모델, 프리미엄 가격을 지불할 의사가 있는 고객을 위해 20기가바이트 하드드라이브와 패키지 게임이 포함된 '프로' 모델이었습니다.

마이크로소프트는 가격과 처리 능력의 균형을 잘 맞추었지만 결국 비용 절감이 결정적인 요인이었습니다. 완성품이 출시된 직후 포텔리전트는 엑스박스

360의 구성품 가격을 평가하는 제품 분해 분석을 발표했습니다. 이에 따르면 콘솔의 부품 가격은 약 310달러입니다.

엑스박스 360은 3.2기가헤르츠에서 실행되는 IBM의 트리플코어 파워PC 프로세서로 구동되며, 가격은 칩당 106달러로 전체 재료 명세서의 20%에 불과합니다. 아이서플라이는 기계를 열고 개별 부품의 제조사와 모델을 파악해 원가를 결정했습니다.

엑스박스 360에 들어 있는 가장 비싼 칩은 ATI테크놀로지스의 그래픽 프로세서로, 임베디드 DRAM을 포함해 개당 약 141달러입니다.[1]

일본의 문제

나는 엑스박스를 처음 해봅니다. 우리는 엑스박스를 정리하고 엑스박스 360을 출시할 준비를 하고 있었는데, 도쿄에 있던 나를 이곳에 데려왔어요.

그들은 우리를 두 팀으로 나누었어요. '소니 대 엑스박스 A', '소니 대 엑스박스 B'였죠. 그리고 이런 제약을 주더군요. "자, 이게 예산이고 여기 제약 사항이 있습니다. 어떻게 할 건가요?"

우리 팀은 스퀘어에닉스를 샀어요.

– 마이크 피셔

초기 기획자들이 제2차 세계대전의 유명한 해전을 따서 장난스럽게 프로젝트 코드명을 '미드웨이'로 지었을지라도 엑스박스 팀은 일본을 무시하지 않았습니다. 바흐, 프리스, 앨러드는 일본에서 성공하려면 소비자와 제작사를 둘 다 사로잡아야 한다는 것을 본능적으로 알고 있었습니다. 일반 소비자는 유럽보다 일본에서 먼저 엑스박스가 출시되었다는 것을 알아차리거나 신경 쓰지 않았을 테지만 캡콤, 코나미, 스퀘어, 남코와 같은 회사의 경영진은 이를 알았습니다.

일본 시장에 진출하는 것은 어려운 문제였어요. 내가 그곳에서 달리 무엇을 할 수 있었는지
아직도 모르겠어요. 어떤 사람들은 아이디어가 있겠지만 나는 어떻게 다르게 할 수 있었을
지 여전히 모르겠네요.

－로비 바흐

미국 게임 커뮤니티에는 게임을 진심으로 사랑하는 소수의 뛰어난 광팬이
있으며, 이들 중 다수는 일본에서 학교를 다녔거나 비디오 게임 업계에서 일하
기 위해 일본에 있었습니다. 심지어 게임 산업에 종사하는 외국인 비공식 클럽
인 '도쿄피아'도 있었습니다. 이들은 자주 만나 맥주를 마시며 이야기를 나누었
고, 뉴 재팬 프로레슬링 센세이션을 일으킨 전 미네소타 바이킹 밥 샙과 함께하
기도 했습니다.

콜린 윌리엄슨은 일본 간사이외국어대학과 템플대학에 입학하기 전에『PC
게이머PC Gamer』에 글을 기고했습니다. 템플대학을 졸업한 후 그는 스퀘어에서
프로젝트 관리자로 일했습니다.『파워 업: 일본 비디오 게임이 세상에 생명을
불어넣은 방법』의 저자이자 코타쿠에서 특집 편집자로 일했던 크리스 콜러는 풀
브라이트 장학생으로 일본 학교에 다녔습니다. 원래 영어를 가르치려고 일본에
간 라이언 페이턴은 프리랜서로『와이어드』,『엑스박스 네이션』,『재팬 타임스
Japan Times』를 위해 일했습니다. 그는 가르치는 일을 그만두고 일본어를 공부해
마침내 고지마 히데오가 이끄는 〈메탈 기어 솔리드〉 팀의 보조 프로듀서가 되었
습니다.

윌리엄슨, 콜러, 페이턴과 같은 사람들은 과소평가된 상품에 비유할 수 있
습니다. 작은 아파트의 주거 환경으로 인한 제약 등 미국 경영진이 파악하지 못
한 일본인의 삶을 깊이 알고 있었습니다.

스크래칭 디스크 문제든, 유통 문제든, 현지 게이머에게 맞는 콘텐츠가 없는 문제든, 어떤 이유에서건 간에 일본에서 계속 실수가 이어졌어요.

－피트 페더슨

엑스박스는 검은색에 부피가 커서 일본인은 본인들이 좋아하는 디자인에 대한 기대에 미치지 못한다고 느꼈습니다.

－마이크 피셔

때때로 일본은 소니조차 성공하기 힘든 나라예요. 일본인의 비디오 게임 플레이 방식은 끊임없이 진화하고 있죠.

－라이언 페이턴

서양에서 만든 게임이 성공하는 것이 불가능한 일은 아니었습니다. 캘리포니아에 본사가 있는 너티독이 만든 〈크래시 밴디쿳〉은 일본에서 잘 팔렸는데, 이런 경우는 굉장히 드물었습니다. 어떤 사람들은 너티독이 소니와의 긴밀한 관계를 통해 성공을 거둔 것이라고 무시했습니다. 하지만 이는 사실이 아닙니다. 소니는 〈크래시 밴디쿳〉의 마케팅에 많은 노력을 기울였습니다.

플레이스테이션 1 시대에 〈크래시 밴디쿳〉과 같은 게임이 일본에서 어느 정도 성공을 거둔 데에는 소니가 일본 개발 게임으로 마케팅한 것이 일부 영향을 미쳤습니다. 소니에게는 일본에서 특별히 제작된 〈크래시 밴디쿳〉 광고 캠페인과 정말 재미있고 중독성 있는 노래가 있었죠. 열성 게이머가 아닌 내 아내는 20여 년 전에 나온 그 노래를 지금도 부를 수 있어요. 저쪽에 있는 사람들이 그 노래를 기억하는 게 너무 웃기네요. 플레이스테이션 1 일본 팬들에게 물어보면 대다수는 〈크래시 밴디쿳〉이 서양이 아닌 일본에서 개발되었다고 생각할 거예요.

－라이언 페이턴

마이크로소프트는 초기 콘솔로 일본의 시장 장벽을 뚫지 못했지만, 엑스박스 팀에는 일본을 진정으로 이해하고 코나미나 스퀘어 같은 회사의 기획자, 경영진과 좋은 관계를 유지하는 소수의 직원이 있었습니다. 『넥스트 제너레이션』의 편집장이었던 블레이크 피셔[133], 글로벌 서드파티 관계 관리자인 조지 페컴과 같은 사람들이었습니다. 제논 프로젝트가 시작되자 바흐는 마이크를 도쿄 지사에서 레드먼드로 파견해 일을 돕게 했습니다.

일본에서 엑스박스가 겪었던 여러 가지 문제를 알고 계실 겁니다. 마이크 피셔는 오랫동안 그 중심에 있었습니다.

– 피트 페더슨

과제 중 하나는 더 단단한 관계를 만드는 것이었습니다. 캡콤의 CEO인 쓰지모토 겐조나 코나미의 고즈키 가게마사 회장과 약속을 잡기는 쉬웠습니다. 그들은 만남을 기뻐했지만, 이전의 독점 게임을 엑스박스로 이식해 소니의 기분을 상하게 하는 위험을 감수하도록 설득하는 것은 또 다른 문제였습니다.

그리고 코나미의 고지마 히데오, 캡콤의 이나후네 게이지, 에닉스의 호리이 유지 등 업계 유명 인사인 최고의 게임 디자이너와 리더가 있었습니다. 『게임 인포머』나 『패미통』을 읽어본 사람이라면 고지마 히데오가 〈메탈 기어 솔리드〉를 만들고 미카미 신지가 〈바이오하자드〉를 만들었다는 것을 알 것입니다. 마이크로소프트는 다키마쿠라 사업을 포기했을지 몰라도 이타가키와 같은 게임 디자이너의 마음을 사로잡는 것이 여전히 최우선 과제였습니다. 이러한 아티스트들 중에는 겸손한 사람도 있고 괴팍한 사람도 있었지만, 모두들 자신의 예술을 감상할 많은 사람에게 자신의 게임이 닿을 것이라는 확신을 원했습니다.

마케팅 및 글로벌 서드파티 관계 담당자였던 마이크 피셔와 조지 페컴은 일본 게임 개발자와 퍼블리셔의 환심을 사려고 함께 노력했습니다. 특히 스퀘어

---

133 마이크 피셔와 무관하다.

에닉스와 같은 일부 회사는 1세대 엑스박스를 완전히 무시했습니다. 캡콤은 〈스트리트 파이터〉와 엑스박스 전용 〈철기Steel Battalion〉로 엑스박스를 지원했지만 〈귀무자〉, 〈바이오하자드〉, 〈데빌 메이 크라이〉와 같은 A급 시리즈는 플레이스테이션 독점 게임으로 남았습니다.

엑스박스를 출시하기 전에 마이크로소프트는 정당성을 얻는 과정에서 일본 커뮤니티의 구성원들을 불쾌하게 했습니다. 마이크 피셔, 조지 페컴, 블레이크 피셔 등은 관계자들과 개인적인 관계를 맺음으로써 회사의 이미지를 개선하기 위한 움직임을 시작했습니다. 그들은 퍼블리셔와 최고의 스튜디오를 찾아가 게임 디자이너들과 개인적으로 안면을 텄습니다. 또한 고객층을 넓힐 수 있는 게임을 찾아내 그 회사에 구애를 펼쳤습니다.

조지는 내가 같이 일했던 최고의 팀원 중 한 명이에요. 서양 개발자에게 1달러를 지불하면 단기적으로는 더 큰 이익을 얻을 수 있지만, 그는 글로벌 경쟁자가 되려면 장기적으로 더 많은 일본 개발자의 지원이 필요하다는 것을 이해했어요.

– 마이크 피셔

조지 페컴, 블레이크 피셔, 그 밖에 서드파티 포트폴리오 담당자들은 소니가 〈파이널 판타지〉, 〈바이오하자드〉, 〈메탈 기어 솔리드〉, 〈데빌 메이 크라이〉와 같은 일본 대형 서드파티 시리즈의 목을 조르던 것을 풀어버리는 놀라운 일을 해냈습니다.

엑스박스 360에 이렇게 훌륭한 일본 콘텐츠를 탑재하는 데 마이크로소프트가 얼마를 들였는지 구체적으로 모릅니다만, 많은 일본 퍼블리셔가 수년간 마이크로소프트와 쌓아온 관계 때문에 엑스박스 360용 게임을 출시했다는 사실은 알고 있죠. 이는 순전히 금전적인 거래가 아닙니다.

– 라이언 페이턴

스퀘어에닉스 등이 그 플랫폼의 게임을 만들도록 설득할 수 있었던 사람은 조지예요. 훌륭한 협상뿐만 아니라 말 그대로 수년간의 관계 구축이 필요한 일이었죠. 조지는 일본 퍼블리셔 중 몇몇을 설득하기 위해 자신이 무엇을 해야 하는지 정확히 알고 있었어요.

– 피트 페더슨

스퀘어에닉스가 쌓은 댐을 무너뜨리다

1997년에 출시된 〈파이널 판타지 VII〉부터 새로운 〈파이널 판타지〉는 플레이스테이션 독점 게임이었습니다. 2006년 3월, 스퀘어에닉스[134]는 플레이스테이션 전용 〈파이널 판타지 X〉을 출시하고, 한 달 후 엑스박스 360 버전의 〈파이널 판타지 XI〉을 출시했습니다. 마이크로소프트는 소니만큼 스퀘어에닉스와 강력한 관계를 맺을 수는 없었지만, 〈파이널 판타지〉가 플레이스테이션 독점권을 포기하자 일본에서 엑스박스는 더 큰 위협이 되었습니다.

스퀘어에닉스를 합류시킨 것은 놀라운 승리이자 예상치 못한 일이었습니다. 일본에서는 대부분의 하드웨어 세대가 〈파이널 판타지〉로 초기 판매 기록을, 〈드래곤 퀘스트〉로 최종 판매 기록을 세웠습니다. 두 게임 모두 스퀘어에닉스의 것이었습니다.

그러나 모두가 엑스박스의 시류에 편승한 것은 아닙니다.

마이크로소프트는 플레이스테이션 3 독점 게임 중 하나인 〈메탈 기어 솔리드 4〉를 얻으려고 몇 차례 시도했지만, 고지마 히데오가 그 대가로 원하는 것이 무엇인지 전혀 알지 못하는 것 같았어요. 그들은 히데오와 만남을 가진 뒤 당황해서(약간 실망도 해서) 나에게 전화를 걸어, 그가 엑스박스 360 버전의 〈메탈 기어 솔리드 4〉를 만들도록 설득하는 방법을 알려달라고 했죠.

하지만 아마도 모든 것이 최선이었을 겁니다. 나는 엑스박스 360 개발 키트에서 실행되는 〈메탈 기어 솔리드 4〉를 본 것을 기억합니다. 플레이스테이션 3 버전과 거의 똑같아 보였지만 용량이 50기가바이트 정도였기 때문에 코나미는 엑스박스 360 버전을 DVD 여섯 장으로 배송해야 했어요. 커뮤니티는 우리를 비웃었을 거예요.

－라이언 페이턴

---

134 2003년에 일본에서 가장 큰 RPG 퍼블리셔인 스퀘어와 에닉스가 합병해 스퀘어에닉스가 탄생했다.

마이크로소프트는 소프트웨어 지원을 위해 일본에만 의존하지 않았습니다. 하드웨어 설계 팀도 힘을 모았습니다. 도쿄로 날아간 엔지니어들은 소비자가 무엇을 원하는지 알아보았습니다. 플레이스테이션 2는 콘솔을 옆으로 세워 더 작은 공간을 차지한다는 분명한 사실 외에도, 일본 게이머들이 엑스박스의 모양을 좋아하지 않는다는 것을 알게 되었습니다.

우리는 모든 것을 압축해야 합니다. 공간을 아주 효율적으로 사용해야 하죠. 프린터 크기의 콘솔을 거실로 가져오면 둘 곳이 없으니까요.

－야마시타 교코

우리는 하드웨어 설계자 몇 명을 일본으로 데려와서 가정 방문을 했습니다. 일종의 민족지학적 접근법이었죠. 하드웨어 설계자들은 도쿄에 있는 아주 작은 원룸 아파트에서 일본 게이머들을 인터뷰했어요. 분명히 이들은 일본인이 작은 집에서 산다는 사실을 알고 있었어요. 그건 비밀이 아니니까요. 하지만 얼마나 좁은지는 몰랐던 것 같아요.
마케팅 임원 중 한 명은 자기 집 벽장이 이 아파트보다 크다고 말했죠. 폐소공포증이 생겨서 숨을 고르러 밖으로 나간 사람도 있었어요.

－마이크 피셔

일본에서 엑스박스 360이 전작보다 더 나은 성적을 거둔 이유에는 마이크로소프트가 콘솔을 디자인하기 위해 일본 디자인 회사를 고용한 것도 있습니다. 그 결과 일본 소비자가 보기에 부피가 큰 엑스박스의 디자인보다 더 멋지고 우아한 수직 형태의 콘솔이 탄생했습니다.

－라이언 페이턴

덩치가 크고 게임이 부족한 엑스박스는 일본에서 또 다른 장벽에 부딪혔습니다. 2세대 콘솔의 이름을 엑스박스 2로 짓는 것은 결코 좋은 선택이 아니었습니다. 소니가 차기 콘솔의 이름을 플레이스테이션 3로 지으리라는 것은 모두가 알고 있었습니다. 따라서 차세대 엑스박스 2라고 부른다면 소니가 더 오랜 유산을 지녔다는 사실이 강조될 것입니다. 엑스박스 팀은 엑스박스 FS, 단순하게 퓨전 등 여러 가지 이름을 고려하다, '게이머를 경험의 중심에 놓자'는 생각을 바탕으로 새로운 콘솔을 만들었다는 개념을 강조하기 위해 '엑스박스 360'이라는 이름을 선택했습니다.

엑스박스 360이 공식 명칭으로 정해지자 마이크 피셔와 팀은 일본에서 엑스박스라는 이름을 강조하지 말자고 제안했습니다. 그들은 엑스박스를 도요타나 혼다와 같은 브랜드명으로, 360을 제품명으로 취급했습니다. 영리한 조치였습니다.

불현듯 엑스박스와 360이라는 이름은 소니와 플레이스테이션 2 혹은 닌텐도와 게임큐브처럼 별로 접점이 없는 관계를 즐겼습니다. 앞으로 일본 TV 광고는 360을 홍보할 것입니다.

일본 엑스박스의 수장이었던 내 상사는 단호히 반대했습니다. "마이크, 일본에서는 문화적으로 제품을 번호로 부르지 않는다는 것을 그들에게 설명해야 해요. 일본에서는 그러지 않아요. 그것을 퓨전이라고 불러야 해요. 그들은 그것을 360이라고 부르지 않을 거예요. 우리는 단지 숫자를 사용하지 않는다고요. 블라블라블라…"
나는 도쿄에서 최신 유행을 이끄는 백화점이 '109'로 번역되는 '이치 마루 큐'로 불린다는 것을 지적했죠.

─ 마이크 피셔

하지만 멋진 점은 마이크로소프트가 엑스박스 360을 위해 뒤집은 방법이에요. 일본에서는 '3-6-제로'라고 부르지 않고 '3-6-서클'이라고 불렀어요. ○에는 긍정적인 의미가 있거든요.

─ 라이언 페이턴

MTV로 가는 길

로비에게 보고했던 팀인 우리는 모두 평등했어요. 서너 명이 모두 최고 책임자와 대등한 위치에 있었죠. 우리는 엑스박스 진행뿐만 아니라 당시의 모바일 사업과 소매 사업도 담당했습니다. 그 당시에는 베스트바이와 월마트를 통해 운영체제를 박스 형태로 판매했습니다.

미치 코흐가 영업 부문을 맡았어요. J 앨러드는 하드웨어 개발 쪽에서 일했고, 마케팅 쪽이었던 나는 당시에 제논이라고 부르다가 나중에 엑스박스 360으로 알려지게 된 것에 집중하면서 출시 전략을 주도했고요.

에드 프리스[마이크로소프트 게임스튜디오 책임자]는 끝까지 남지 않았어요. 그는 은퇴하고 다시는 정규직으로 일하지 않았죠.

– 피터 무어

이 무렵 새로운 리더 몇 명이 엑스박스 팀에 합류했습니다. 2004년 1월 14일에 에드 프리스가 마이크로소프트를 떠났습니다. 그는 마이크로소프트 게임스튜디오를 설립하고, 마이크로소프트가 게임 퍼블리싱으로 수익을 낼 수 있다는 것을 증명한 사람이었습니다. 엑스박스 프로젝트에 참여한 첫 경영자였던 프리스는 번지를 구매하게 된 원동력이기도 했습니다.

엑스박스를 운영한 임원들 가운데 프리스는 가장 열성적인 게이머였을 것입니다. 로비 바흐는 보통 자신을 '사업가'라고 불렀습니다. 앨러드는 게임을 하기는 했지만 열정적이지는 않았고 신형 자동차와 산악자전거가 취미였습니다.

프리스는 마이크로소프트를 떠났지만 게임을 떠나지는 않았습니다. 그는 아케이드 세계의 고생물학자가 되어 멸종된 아케이드 기계를 찾아 복원했습니다. 또한 소니온라인엔터테인먼트에 인수된 파이어앤트라는 게임 스튜디오를 공동 설립했습니다. 그는 여러 컴퓨터 회사의 이사회에 몸담고 또 다른 회사들의 고문이 되었습니다. 그리고 게임 개발자 콘퍼런스, E3 및 기타 박람회에 활동적으로 참여했습니다.

프리스의 뒤를 이은 셰인 김은 게이머가 아니었는데, 그는 이 약점을 강점으로 바꿨습니다. 셰인 김은 스탠퍼드대학 경제학과를 졸업한 뒤 하버드대학에서 MBA를 취득했습니다. 마이크로소프트 게임스튜디오에서 9년 동안 일한 그는 허튼짓을 허용하지 않는 접근 방식을 취했습니다. 비즈니스가 백그라운드였던 그는 프로젝트와 제안에 거의 미쳐 있지 않았습니다. 그는 게임을 쉽게 들이지 않고, 실패한 프로젝트를 소생시키려다 돈을 낭비하지도 않았습니다. 이치에 맞지 않을 때는 가차 없이 플러그를 뽑았습니다.

셰인에 대해 가장 기억에 남는 것은, 그가 더 많은 개발자를 플랫폼으로 불러들이고 서드파티 파트너에게 제공할 수 있는 지원 수준을 높이는 일을 정말 잘했다는 거예요. 마이크로소프트 플레이북에서 바로 확인할 수 있죠. 마이크로소프트의 장점을 생각해보면, 여러 가지 면에서 생태계를 관리하고 지원하는 능력입니다.

셰인은 많은 기술과 지식, DNA를 성공적으로 전달했어요. 그가 강조한 것은 다음과 같습니다. 파트너가 우리 플랫폼에서 성공하기를 정말로 원한다면, 첫째, 어떤 경우에는 에반젤리스트가 바로 옆의 차고나 개발 사무실에 앉아 있어야 합니다. 둘째, 우리는 고객이 소프트웨어 툴 키트에 대해 좋은 경험을 쌓을 수 있도록 매우 주도적으로 대처해야 합니다. 셋째, 우리는 그들에게 충분한 서류를 제공해야 합니다. 넷째, 우리는 라이브러리를 공유해야 합니다.

나는 셰인이 개발 생태계에 대한 지원을 아끼지 않고 훌륭히 해낸 것으로 기억합니다. 셰인은 정말 좋은 파트너였어요.

— 피트 페더슨

나 자신이 게임 전문가라고 생각하지 않아요. 나는 게이머가 아니에요. 사실 마이크로소프트 게임스튜디오를 운영할 때 비디오 게임 때문에 멀미가 났어요. 나는 일인칭 슈팅 게임이 제일 별로예요.

마이크로소프트 게임스튜디오를 운영할 때 가장 중요한 일은 필 스펜서, 켄 로브 등 게임에 관한 판단력을 가진 사람들과 함께하는 것이었어요. 나는 마케팅과 비즈니스 관점에서 그것을 바라보지만, 실제 게임 플레이에 관한 한 "이것을 수정해야 한다"거나 "아, 어떻게 하는지 알겠다"고 말하는 사람이 아니었죠.

에드는 게임광이었고 필 스펜서는 게이머에 가까웠어요. 그들은 게임이 좋은지 아닌지 판단할 수 있는, 내가 보기에는 타당한 관점을 가지고 있었을 거예요.

－셰인 김

J 앨러드는 360 출시 때까지 남아 있었지만, 2004년에 마이크로소프트 뮤직 네드워크가 시작되자 _J_의 관심은 곧 게임에서 준^{Zune} MP3 플레이어 개발로 쏠렸습니다.

시간이 지날수록 J는 조금씩 눈에 띄지 않게 되었습니다. 이전과는 다르다는 느낌이 들었지만 여전히 안정적인 조직이었습니다.

－마이크 피셔

마이크로소프트, 소니, 닌텐도가 각각 파워PC 칩을 기반으로 CPU를 구축하기로 결정했을 때 IBM은 의도치 않게 게임 산업에서 훨씬 더 적극적인 역할을 맡게 되었습니다. 닌텐도가 게임의 혁신에 집중하는 동안 마이크로소프트와 소니는 처리 능력을 놓고 끝없는 싸움을 벌였습니다. 하드웨어 팀이 코어, 메가헤르츠, 폴리곤 수를 가지고 경쟁하자 마케팅 팀은 소비자가 속도와 피드에 얼마나 신경을 쓰는지에 의문을 제기했습니다. 그들은 소비자가 기술 발표에 따른 피로로 고통을 받지 않을까 걱정했습니다.

아직 발표되지도 않았지만 속도와 피드 싸움에서 엑스박스 360은 미흡할 것 같았습니다. 엑스박스 360의 경우 세 개의 듀얼스레드 코어가 있는 칩셋으로, 특정 명령어 집합에서 병렬로 작동할 수 있는 여러 프로세서가 아키텍처에 포함되어 있었습니다. 소니의 셀 프로세서에는 일곱 개의 싱글스레드 코어와 추가로 예비 코어가 있었습니다.

콘솔 사양은 측정 항목과 방법을 선택할 때 특별히 주의를 기울임으로써 인식을 실제로 바꿀 수 있다는 점에서 통계와 매우 유사합니다. 마이크로소프트는 차세대 콘솔을 최초로 발표한 제조업체일지 모르지만, 그 이점을 얻기 위해서는 먼저 콘솔 사양을 공개해야 했기 때문에 소니의 마케팅 팀에 풍부한 타깃을 제공했습니다. 만약 마이크로소프트가 엑스박스 360이 초당 90억 개의 도트 제품 연산을 할 수 있다고 자랑하지 않았다면 소니가 플레이스테이션 3 기자회견에서 초당 510억 개의 도트 제품 연산을 언급했을까요?[2]

소니컴퓨터엔터테인먼트가 플레이스테이션 3의 처리 능력에 대한 세부 사항을 공개하기 시작하자 소니가 더 강력한 하드웨어를 갖게 될 것이 분명해졌습니다. 이제 마이크로소프트의 마케팅 팀은 게임과 기능, 특히 온라인 기능에 집중해야 했습니다. 엑스박스 360의 경우 속도와 피드 싸움은 이길 수 없는 승부였기 때문입니다.

그 후 2005년 E3가 다가오자 소니는 플레이스테이션 3가 다음 해에 출시되지 않을 것이라고 발표했는데, 이는 엑스박스 360이 등장과 동시에 차세대 시장을 독차지하리라는 것을 의미했습니다. 그 덕분에 플레이스테이션 3가 출시될 무렵 마이크로소프트는 3코어와 6코어를 비교하는 대신 1년 동안 선점했던 게임들의 매력에 집중할 수 있었습니다. 로비 바흐의 15개월 캠페인은 그 어느 때보다 선견지명이 있어 보였습니다.

엔터테인먼트소프트웨어협회의 2006년 '핵심 사실' 보고서는 비디오 게임 플레이어의 평균 연령이 33세이며, 게임 인구에서 18세 이상의 여성(30%)이 17세 이하의 소년(23%)보다 훨씬 더 많은 비중을 차지한다고 밝혔습니다. 연구에 따르면 평균 연령층은 보기 좋은 게임을 원했지만 속도와 도트 수준까지 신경 쓰지는 않았습니다.

〈GTA〉 시대에는 쿨한 것보다 시크한 것이 나았습니다. 소니가 도쿄 오페

라하우스에서 플레이스테이션 2를 공개한 것은 쿨했습니다. 마이크로소프트는 시크한 것을 원했습니다. E3를 1주일 앞둔 2005년 5월 12일, MTV는 〈MTV Presents: The Xbox 360 Revealed〉를 방영했습니다. 〈반지의 제왕The Lord of the Rings〉에서 주연을 맡았던 일라이자 우드가 진행하고 킬러스라는 인기 밴드가 라이브 공연을 펼치는 가운데 엑스박스 360의 인포머셜[135]이 공개되었습니다.

〈MTV Presents: The Xbox 360 Revealed〉는 한 여성이 어깨에 안장 가방을 매고 환호하는 군중 속을 걷는 것으로 시작했습니다. 연단에 오른 그녀는 가방에서 엑스박스 360을 꺼내 연결하고 전원 버튼을 눌러 세상에 처음으로 엑스박스 360을 선보였습니다.

일라이자 우드는 다음과 같이 격찬했습니다. "모든 게 새로운 밤입니다. 여러분은 엑스박스 360을 처음 보고, 킬러스가 이렇게 공연하는 것도 처음 볼 것입니다." 밴드는 네온[136]이 보여주는 배경 앞에서 〈미스터 브라이트사이드Mr. Brightside〉를 연주했습니다.

〈MTV Presents: The Xbox 360 Revealed〉는 일라이자 우드가 유명한 래퍼 릴 존을 인터뷰하는 것 등 빠른 동영상과 얼빠진 인터뷰의 짜깁기였습니다.

일라이자 우드: 엑스박스 360이 기대되나요?
릴 존: 네, 나는 오늘 밤 무료 엑스박스를 받기를 고대하고 있어요.

〈핌프 마이 라이드Pimp My Ride〉에 출연한 라이언과 매드 마이크도 등장했습니다.

---

135 **옮긴이_**프로그램 형태로 만들어 구체적인 정보를 제공하는 상업 광고를 말한다.
136 네온은 엑스박스 360의 프로그래밍에 내장된 음악 시각화 프로그램이다. 이는 다작 게임 디자이너인 제프 민터가 만든 것으로, 그가 작업한 코모도어와 아타리의 뿌리는 1980년대 초까지 거슬러 올라간다. 코모도어를 설립한 잭 트라미엘을 따라 아타리로 간 민터는 재규어용 게임 중 최고의 역작인 〈템페스트 2000〉을 비롯해 PC 및 콘솔 게임을 만들었다. 역사상 가장 많은 게임을 만든 디자이너 중 한 명인 민터의 최신작으로는 높은 평가를 받는 VR 게임 〈폴리비우스(Polybius)〉와 플레이스테이션 4, 엑스박스 원용 〈템페스트 4000〉이 있다.

라이언: 그들이 새로운 엑스박스를 출시한다는 것을 알았을 때 우리는 분명히 웨스트코스트의 느낌을 주어야 했어요.

매드 마이크: 엑스박스를 위해 우리가 할 수 있는 것을 마이크로소프트에 보여주고 싶었어요.

열성 게이머의 관점에서 이러한 인포머셜은 시간 낭비였습니다. 처음에 콘솔과 무선 컨트롤러를 보여준 것 말고는 관심 밖의 TV 프로그램인 셈이었습니다. 비유하자면 론 포필 로티세리 오븐의 인포머셜을 록 콘서트 춤판으로 만든 버전이었습니다.

〈MTV Presents: The Xbox 360 Revealed〉가 공식적인 발표였을지 몰라도 마이크로소프트는 가장 충실한 팬들에게 상당히 유익한 첫 경험을 제공했습니다. MTV 프로그램에 출연한 앨러드는 열성 게이머들이 MTV 힙스터와 멋진 카메오의 인포머셜을 주류 문화 남용의 또 다른 단계로 보리라는 것을 알고 있었습니다. 게이머들이 지적이고, 기술에 정통하며, MTV 군중으로 대표되는 것은 아니라고 생각한 앨러드는 대안을 궁리했습니다.

킬러스가 이 한 시간짜리 방송에 참여하고 일라이자 우드가 진행을 맡기로 되어 있었던 MTV와의 계약이 확실해지자 J는 이렇게 말했습니다. "너무 대중 문화적이고 너무 주류처럼 느껴져요."

그는 팀에 정면으로 맞섰습니다. "오늘날의 우리를 있게 해준 팬보이들, MTV 공개 쇼에서 눈을 돌릴 사람들을 위해 우리가 할 수 있는 일이 더 있을까요?"

-피트 페더슨

2004년에 번지가 〈헤일로 2〉의 출시를 준비할 때 마이크로소프트는 42엔터테인먼트라는 회사를 고용해 열성 게이머들에게 다가가기 위한 특별 프로모션으로 대체 현실 게임alternate reality game(ARG)을 개발했습니다. 그 결과 42엔터테

인먼트가 대체 세계에 숨겨진 대체 현실을 창조한 〈아이 러브 비스 Love Bees〉는 상징적인 역할을 했습니다.

열성 게이머 커뮤니티는 대부분 퍼즐을 좋아합니다. 미드웨이게임스는 〈모탈 컴뱃〉 광고의 한 배우가 D 패드를 칠 방향으로 눈을 실룩거리며 치트 코드를 공개할 때 이를 활용하기로 했습니다. 이 퍼즐 프로모션을 통해 마이크로소프트는 퍼즐 헌터와 〈엑스파일 X-Files〉 팬들의 꿈을 실현시켰습니다.

2004년 여름, 마이크로소프트는 몇 편의 블록버스터 영화를 통해 〈헤일로 2〉 극장 예고편을 공개했습니다. 이 예고편은 엑스박스 로고로 끝나는데, 로고 아래에 표준 엑스박스 URL(www.xbox.com)이 잠시 깜박이다 'www.ilovebees.com'이 나타났습니다.

얼핏 보기에 'ilovebees.com'은 마거릿이라는 나이 든 양봉가가 운영하는 허술한 웹사이트 같았지만, 좀 더 주의 깊게 살펴보면 어울리지 않는 단어와 문구가 있었습니다. 세심한 분석과 많은 온라인 팀워크를 통해 사람들은 코드 워드와 실제 공중전화의 좌표를 찾아냈습니다. 적시에 그 공중전화에 가서 정답을 제시하는 사람은 〈헤일로 2〉의 특별 공개 행사에 초대받았습니다.

〈아이 러브 비스〉의 성공이 가라앉은 뒤 앨러드와 마이크로소프트는 MTV 이전에 엑스박스 360을 미리 경험하는 보상을 엑스박스 팬에게 주는 작은 캠페인을 구상했습니다.

우리는 결국 〈아워콜로니 OurColony〉라는 ARG를 만들어 인터넷 곳곳에 디지털 사진 단서를 심었죠. 팀을 꾸려 다양한 문제를 해결하면 실제 엑스박스 360 출시 순간을 접할 수 있었어요. J 앨러드가 출연한 이 동영상은 MTV 프로그램 방영 한 시간 전에 온라인으로 방송되었습니다.

수천 명의 열성 팬이 노트북이나 컴퓨터 앞에 앉아 이 ARG를 따라다니며 J가 엑스박스 360을 공개하는 것을 지켜봤답니다.

－피트 페더슨

5분짜리 〈아워콜로니〉에는 가수 대신 하드웨어 설계자가 출연하고 앨러드가 직접 진행을 맡았습니다. 그는 상자 외부를 커스터마이징하는 것에 대한 피상적인 정보 대신 하드웨어 사양을 설명했습니다. 〈아워콜로니〉는 엑스박스 팀원들이 중요하다고 생각하는 정보의 빠른 스냅숏을 제공하는 것이 특징적이었습니다. 마이크로소프트 게임스튜디오의 총책임자인 데이브 루만은 화면에 잠깐 나타나 이렇게 말했습니다. "CPU 세 개를 가지고 있는데 속도가 매우 빠릅니다. 마흔여덟 개의 ALU[산술 논리 장치] 파이프라인이 있어 멋진 그래픽을 만들 수 있습니다. 그리고 여섯 개의 하드웨어 스레드와 많은 RAM이 있죠. 그래픽 측면과 CPU 측면 둘 다 기본 처리 능력이 상당히 뛰어납니다."

잠깐 사이에 마이크로소프트의 설계자들은 새로운 콘솔이 '512 메가RAM', '세 개의 대칭 코어', '초당 1조 개의 부동 소수점 연산'을 할 것이라고 발표했습니다.

마이크로소프트는 〈MTV Presents: The Xbox 360 Revealed〉를 공개하면서 시크한 순간을 맞이했습니다. 엑스박스 팀은 〈아워콜로니〉를 통해 충성스러운 지지자들에게 정당한 보상을 주었고, 앨러드는 엑스박스 팀이 첫 콘솔 때 저질렀던 실수를 반복하지 않았다는 것을 증명했습니다.

그렇지만 대신 새로운 실수를 저질렀습니다.

Chapter
12

허풍 한 번, 확인 한 번, 호출 한 번

우리는 어느 세대에서도 시장에 처음으로 내놓은 적이 없습니다.
- 잭 트레턴[1]

소니가 안절부절못하기만을 바랍니다.
- J 앨러드[2]

닌텐도는 게임 업계에서 독보적인 위치를 차지하고 있습니다. 우리는 세계 2대 게임 시스템 제조사이자 2대 게임 퍼블리셔 중 하나입니다.
- 레지널드 피서메이

목표 수정

크게 발전한 기술은 2005년 이후로 종종 현대 문화를 이끌었습니다. 2004년에 조지 W. 부시는 재선에 출마해 존 케리를 이겼습니다. 같은 해에 ABC는 비행기가 미지의 섬에 추락해 생존자들이 겪는 사건을 다룬 드라마 〈로스트Lost〉를 방영했습니다. 또한 마크 저커버그는 페이스북의 소셜 네트워크 서비스를 시작했습니다.

2005년 E3가 열리기 한 달 전인 4월 23일, 유튜브 공동 창업자인 자베드 카림은 'Me at the Zoo'라는 동영상을 올렸습니다. 유튜브에 업로드된 이 첫 동영상으로 보건대, 유튜브의 시청률이 언젠가는 TV 시청률을 추월할 것이라고는 아무도 예상하지 못했습니다.

2005년 3월 7일, 노부유키 이데이는 소니의 회장 겸 그룹 CEO 자리에서 물러났습니다. 그를 대신할 것으로 예상되었던 사람은 소니의 글로벌 최고 운영 책임자, 부회장, 플레이스테이션의 아버지인 구타라기 겐이었습니다. 하지만 웨일스 태생으로서 CBS 임원이었다 1997년에 소니에 입사한 하워드 스트링어가 그 자리에 올랐습니다.

승진이 아니라 강등된 구타라기는 공개적으로 수치심을 느낀다고 말하기도 했습니다. 스트링어 밑 두 번째 자리에는 료지 주바치가 앉았습니다. 소니에서 가장 수익성이 좋은 사업인 플레이스테이션의 아버지, 『타임』이 선정한 '2004년 가장 영향력 있는 100인' 중 한 사람, '소니를 구한 사람'으로 널리 알려진 구타라기 겐은 더 이상 소니 이사회의 자리에 앉지 못했습니다.

이 인사 개편으로 스트링어에 이어 이인자가 된 생산 및 전자 기술 전문가 료지 주바치는 구타라기를 재능 있는 엔지니어라고 칭찬했지만 경영 관리에는 적합하지 않다고 내비쳤습니다. 57세의 주바치는 최근 도쿄 본사에서 열린 모임에서 기자들에게 이렇게 말했습니다. "나는 그를 기술자로서 존경합니다. 그를 반도체 분야의 스승으로 생각합니다."[3]

나는 구타라기의 프로필에 대해 쓰고 싶었어요. 질문은, 어떻게 그가 다를 수 있느냐는 것이었고요. 나는 이 정보 출처를 가지고 사람들을 찾아가서 이야기했죠. "진짜 구타라기 겐이야기는 무엇인가요? 뭐가 신화고 뭐가 현실인가요? 그 당시에 그가 가장 큰 수익을 내고있고, 성장하는 산업에 종사하며, 산업을 이끌고, 미래에 대해 큰 기대를 걸고 있는 이 회사에서 그의 미래는 어떻게 될까요?"

나는 대답을 하는 사람들로부터 어떤 분위기를 감지했습니다. 그리고 자세한 내용은 잊어버렸는데, 모든 사회적 통념과 달리 소니에서 그가 최고 직책이 되는 것은 절대 불가능했어요. 회사의 많은 사람이 그를 싫어했고 그는 그저 이렇게 치부되었죠. "지금은 게임을 잘 만드는 오만한 얼간이지만 언젠가는 이런 종류의 오락물이 사라질 수 있다는 사실을 잊지 마세요. 그는 오늘 상승세일지 몰라도 내일은 아닐 수도 있어요."[4]

– **롭 구스**(『월스트리트 저널』 전 도쿄 지국장)

구타라기는 어느 정도 좌천되는 것을 느꼈을 것입니다. 6년 전에 그는 플레이스테이션 2를 공개하는 자리에서 이데이 회장에게 맞섰습니다. 이데이가 플레이스테이션 프로젝트를 줄곧 지지해왔다고 하자 구타라기는 국제부 기자와 게임 업계 임원들 앞에서 이데이의 전임자인 오가 노리오만이 플레이스테이션 프로젝트를 지지했다고 상기시켰습니다.

이 일과 플레이스테이션 2 공개만이 구타라기의 승진을 막은 것은 아니었습니다. 그가 승진할 자격이 있다는 것은 의심의 여지가 없었습니다. 하지만 그가 적을 만들고 다녔다는 것도 의심할 바 없었습니다. 소니의 기업 문화에서는 전통적인 일본의 가치가 중요한 역할을 했습니다. 구타라기는 공학적으로는 뛰어났지만 윗사람들에게 적절한 존경을 표하는 법을 익히지 못했습니다.

소니컴퓨터엔터테인먼트의 전 임원인 이와이 마코토는 초기 이사회에서 구타라기만 발언을 할 것이며, 영어로 의사 표현을 할 수 없다면 상사에게 통역을 부탁하라고 말했습니다. 그가 말하길, "구타라기는 상사인 테리 도쿠나카나 마루야마 시게오를 하인처럼 부렸습니다."[5]

그 후 구타라기는 일본의 전통적인 충성심과 금욕으로 새로운 상황을 받아들였습니다. 그는 퇴사하거나 언론에 불평하는 대신 회사에서 필요로 하는 충직한 직원에 걸맞은 행동을 했습니다. 『닛케이 비즈니스』의 기자가 기업 개편에 대해 질문하자 구타라기는 이렇게 말했습니다. "다음 CEO는 누가 될지 궁금했는데 하워드라서 정말 기쁩니다. 그는 아주 열심히 일하거든요."[6]

소니의 사회 질서에 적응하지 못하는 구타라기의 무능은 그를 계속 괴롭힐 것입니다. 몇 년 안에 회사와 그의 관계는 대부분 명예만이 남을 것입니다.

합류 지점

차세대 하드웨어의 출시가 임박하자 비디오 게임의 미래에 대한 전반적인 낙관론이 퍼졌습니다. 전 세계적으로 이미 9,600만 대가 판매된 플레이스테이션 2는 역대 가장 많이 팔린 게임기로 자리매김했습니다. 마이크로소프트는 업계에서 셋이 경쟁할 수 있을 만큼 시장이 커졌음을 증명했습니다. 일반적인 주기적 침체에도 불구하고 매출과 이익은 놀라운 고점을 찍었습니다.

1998년에 미국인은 비디오 게임에 62억 달러를 쓰고 2001년에는 93억 달러를 썼습니다. 2005년, 미국의 비디오 게임 매출은 105억 달러로 증가했습니다. 이것은 미국에서만 일어난 일이 아닙니다. 유럽의 비디오 및 PC 게임 총매출은 2001년 27억 달러에서 2005년 65억 달러로 뛰어올랐습니다. 주요 시장 중 일본만이 상승세의 영향을 받지 않는 것처럼 보였습니다. 일본에서 하드웨어와 소프트웨어의 매출 합계는 2000년 47억 달러에서 2005년 41억 달러로 떨어졌습니다.

아카디아인베스트먼트코퍼레이션의 책임 분석가인 존 테일러는 2005년 산업 요약에서 과거의 성공 사례 중 일부는 일회성 이벤트가 운 좋게 결합된 결과라고 경고했습니다.

⸭

지난 사이클(플레이스테이션 2/엑스박스/게임큐브)을 되돌아보면 비디오 게임 제품에 대한 소비자의 수요에는 짧은 기간에 압축된 주요 동시 이벤트의 영향이 반영되었다고 생각합니다. 실제로 2001~2003년에 집중된 몇 가지 요인으로 인해 전례 없는 비디오 게임 하드웨어 수요가 발생하고 판매 대수가 기록적인 수준으로 증가했으며, 이중 플랫폼 소유권을 극대화하고 업계 참가자들에게 혜택을 준 유례없는 사회적 현상이 발생했습니다. 요컨대 완벽한 긍정의 폭풍이 이 산업을 이끌었습니다.

1. 플레이스테이션 2(2000년)와 엑스박스(2001년)는 새로운 플랫폼일 뿐만 아니라 영화사가 VHS에서 DVD 포맷으로 전환하던 시기에 시장에서 저렴한 DVD 플레이어였습니다.
2. 마이크로소프트의 등장은 오랫동안 게임을 해온 많은 PC 게이머가 콘솔 게이머로 전환되는 데 기여했습니다. 공교롭게도 PC 게임의 소매 판매는 2001년에 정점을 찍고 그 이후로 매년 두 자릿수 하락을 겪고 있습니다.
3. 〈GTA III〉는 플레이스테이션 2 전용이라 하드웨어 채택률에 전례 없는 충격을 주었습니다. 가장 좋았던 플레이스테이션 1의 보급률이 11%인 데 비해 세 가지 〈GTA〉 SKU(제품 단위)의 설치 기준 보급률은 17~21%입니다. 〈GTA III〉와 〈GTA: 바이스 시티〉는 2001~2003년의 엔터테인먼트 현상입니다. 이 게임에 대한 엄청난 관심을 반영하듯 불과 3년 만에 미국의 플레이스테이션 2 보급률이 4년 차 플레이스테이션 1 보급률과 맞먹었습니다.
4. 〈헤일로〉가 엑스박스 전용으로 출시됨으로써 하드웨어 채택이 촉진되었습니다.
5. 수요 창출 지출과 소매 트래픽 증가에 힘입어 세 가지 주요 콘솔 형식이 처음으로 점유율 경쟁을 벌였습니다.
6. 게이머들이 〈GTA III〉를 하기 위해 플레이스테이션 2를, 〈헤일로〉를 하기 위해 엑스박스를, 〈슈퍼 마리오〉를 하기 위해 게임큐브를 구입해야 했기 때문에 멀티플랫폼 소유율이 기록적인 수준에 달했습니다.
7. 강력한 브랜드 포트폴리오를 보유한 퍼블리셔들은 세계 3대 퍼블리싱 시장 중 적어도 두 곳에서 임계량을 달성했습니다.
8. 비디오 게임 소매점 확장은 특히 전문점의 경우 기록적인 수준이었습니다.
9. 특히 유럽에서 국제적인 확장이 퍼블리셔의 수익 증가를 이끌었습니다.[7]

테일러의 요점은 간단했습니다. 앞으로 이 산업이 지난 5년간과 같은 속도로 성장할 수는 없다는 것입니다. 이전 세대까지는 더 강력한 프로세서와 더 멋진 게임이 새로운 콘솔의 판매를 주도했습니다. 더 크고 더 좋고 더 예쁜 게임에 대한 열망은 항상 있었지만 플레이스테이션 2 혁명에 힘을 실어준, VHS 영화에서 DVD로의 도약은 단 한 번뿐이었습니다. 마이크로소프트가 엑스박스 출시와 함께 일으킨 돌풍도 그랬습니다. PC 분야에서 이미 입지를 다진 마이크로소프트는 콘솔 시장에 진출하면서 새로운 고객을 확보했습니다.

또한 〈GTA III〉는 업계에 예상치 못한 수익 급증을 안겨주었습니다. 나이든 소비자가 게임을 계속 구매해야 하는 이유를 제공해 은퇴 세대 게이머들을 제자리로 돌려놓았습니다. 〈퐁〉 이후 30여 년 동안 그 어떤 콘솔 게임도 〈GTA〉처럼 시장을 완전히 확장하지 못했습니다. 〈테트리스〉와 〈슈퍼 마리오 브라더스〉는 콘솔 판매에 일조했지만, 〈슈퍼 마리오 브라더스〉는 이미 비디오 게임을 좋아하는 사람들에게 대부분 어필했고, 〈테트리스〉가 끌어들인 일반 고객은 전용 게임기 말고도 다른 기기로 게임을 할 가능성이 더 컸습니다.

E3에서 감춰진 숫자

이전의 E3보다 2005년의 E3는 모든 세대의 게임을 위한 무대를 마련했습니다. 박람회가 시작되기 며칠 전, 소니컴퓨터엔터테인먼트 아메리카의 히라이 가즈오 사장은 2005년에 차세대 플레이스테이션을 출시하지 않을 것임을 분명히 했습니다. 보도 자료에서 소니컴퓨터엔터테인먼트는 플레이스테이션 2 사업이 2010년까지 계속될 것이라고 밝혔습니다.[137]

---

137 1994년에 일본에서 처음 출시된 플레이스테이션 1은 2006년까지 단종되지 않았다. 닌텐도는 1989년부터 2003년까지 게임보이를 계속 제작했다. 콘솔 제조업체는 차기 콘솔을 출시하면서 기존의 성공적인 제품을 단종하는 경우가 거의 없다. 세가의 종말은 세가가 수익성 높은 제네시스/메가드라이브 시장 지원에서

닌텐도도 다음 콘솔을 출시하기 위해 1년을 더 기다릴 것입니다. 소니와 닌텐도는 휴대용 패권을 놓고 전 세계적인 싸움을 벌였습니다. 그 무렵 PSP는 북미에서도 구할 수 있었고, 닌텐도 DS는 이미 일본에서 앞서고 있었습니다.

공식 엑스박스 360이 이미 두 번쯤 공개되었기 때문에[138] 마이크로소프트의 엑스박스 360은 이미 대중에게 잘 알려진 제품이었습니다. 관심 있는 사람은 그 시양도 파악할 수 있었습니다.

소니의 플레이스테이션 3나 레볼루션이라는 코드명을 가진 닌텐도의 새 콘솔에 관한 정보는 거의 공개되지 않았습니다. 반면에 마이크로소프트는 이미 하드웨어와 게임, 대부분의 사양을 공개했습니다. 남은 것은 가격과 출시일뿐이었습니다.

그렇지만 놀랍게도 마이크로소프트는 사전 기자회견에서 가격과 출시일에 대해 침묵을 지켰습니다. MTV 공개와 마찬가지로 마이크로소프트의 E3 사전 행사는 한 모델이 엑스박스 360을 숄더백에 넣어서 들고 객석을 활보하는 것으로 시작되었습니다. 그녀는 무대로 걸어 올라가 콘솔을 작동했습니다. 그녀가 자리를 떠나자 엑스박스 경영진이 모습을 드러냈습니다. 은퇴한 에드 프리스를 대신해 로비 바흐, J 앨러드, 피터 무어가 자리를 채웠습니다.

이때까지 마이크로소프트는 E3의 요란함과 화려함을 수용하기로 했으며, 가능한 만큼 더 높은 수준으로 끌어올렸습니다. 모든 대규모 회의는 TCL차이니즈시어터, 코닥시어터, 루스벨트호텔 등 거대한 스크린과 웅장한 사운드 시스템을 갖춘 호화로운 강당에서 열렸습니다. 마이크로소프트는 돈을 들여 무대를 10도 기울어진 디스크 모양의 유리 무대로 교체했고(바흐, 앨러드, 무어가 발을 헛디뎌 넘어진다면 바닥으로 미끄러져 내렸을 것입니다), 무대 뒤편에도 관객이 둘러앉아 원형극장처럼 보였습니다. 영화관 크기의 스크린으로 슬라이드와

새턴 출시로 관심을 돌리면서 시작되었다. 소니가 전 세계적으로 콘솔 1,290만 대, 게임 1억 8,100만 장을 판매한 상황에서 플레이스테이션 2 사업을 중단하는 것은 자살 행위나 마찬가지였다(2005년에 전 세계에서 판매된 비디오 게임 중 절반 이상이 플레이스테이션 2 게임이었다).

138 MTV를 통한 발표 몇 주 전부터 이 콘솔의 사진이 인터넷에 떠돌았다.

이미지를 보여주면서 현란한 빛을 내뿜는 유리 무대에 바흐, 앨러드, 무어가 등장해 정보를 쏟아냈습니다.

> 바흐: 게이밍의 미래에 오신 것을 환영합니다. 우리는 오늘 밤 게임과 엔터테인먼트를 경험할 수 있는 새로운 방법을 제공하고 재미가 무엇인지 재정의하기 위해 이 자리에 모였습니다.
>
> 앨러드: 오늘 밤 우리는 개인의 창조력에서 영감을 받고 전 세계 커뮤니티의 열정으로 구동되는 신제품에 대해 말씀드리려고 합니다. 이는 엑스박스 360으로, 우리는 모든 연령대, 지구 곳곳에 있는 사람들이 새로운 방식으로 함께 모일 수 있는 기술을 창출했습니다. 공유된 이야기와 경험을 통해 먼 거리를 연결하는 제품이자, 무한히 연결된 디지털 엔터테인먼트로 둘러싸인 게임을 핵심으로 하는 제품입니다.
>
> 무어: 오늘 밤 여러분에게 고화질 그래픽과 사운드로 힘을 얻은 게임의 세계, 인간의 창조성에서 영감을 받고 인간의 에너지로 구동되는 차세대 비디오 게임의 세계를 보여드리겠습니다. 우리 파트너들이 엔터테인먼트라는 개념 자체를 변화시킬, 믿을 수 없는 게임 경험을 만들어낼 세상입니다.

바흐가 '플랫폼의 상태', 즉 형식에 대해 연설을 하는 동안 앨러드와 무어는 무대를 떠났습니다. 바흐는 콘솔을 판매하지 않았던 마이크로소프트가 '엔터테인먼트 역사상 가장 거대한 날'을 맞이하게 된 것과 〈헤일로 2〉의 출시에 대해 언급했습니다.

2005년에 마이크로소프트는 게임 판매에서 가장 빠르게 성장하는 플랫폼입니다. 현재 판매량 상위 10대 게임 중 여섯 개가 엑스박스 타이틀이며, 게이머들은 올해 200개 이상의 엑스박스 게임 신작을 기대할 수 있고 2006년 이후에는 수백 개가 추가될 것입니다.

－로비 바흐

대부분의 경우에 바흐는 엑스박스에 국한해 발언했었지만, 그날 밤에는 가장 중요한 엑스박스 360 발표에 참여했습니다. "자기가 가장 좋아하는 엑스박스 게임을 엑스박스 360에서도 할 수 있을지 물어보는 게이머가 많았습니다. 가장 많이 팔리는 엑스박스 게임을 엑스박스 360에서도 즐길 수 있다는 소식을 오늘 밤 전하게 되어 매우 기쁩니다."[139]

실제 출시일이 몇 달 동안 공개되지 않았지만 바흐는 "북미, 유럽, 일본에서 이번 크리스마스 휴가 시즌을 엑스박스 360과 함께 보내게 될 것"이라고 말했습니다. 바흐가 연설을 끝내자 앨러드가 엑스박스의 업데이트된 온라인 제공에 대해 설명하고, 무어가 곧 나올 게임에 대해 이야기했습니다.

닌텐도도 E3 사전 행사 내내 곧 출시될 콘솔에 대해 다루었습니다. 코드명이 레볼루션인 새 콘솔의 출시가 아직 1년이나 남았다는 것은 중요하지 않았습니다. 엑스박스 360과 플레이스테이션 3가 화제를 주도하고 게임큐브는 죽은 듯이 외면당했기 때문입니다.

게임큐브의 실패와 닌텐도 DS의 성공 이후 닌텐도는 프로세서의 속도와 폴리곤 수에 대한 언급을 꺼렸습니다. 닌텐도 아메리카의 최고 운영 책임자인 레지널드 피서메이는 바흐와 가즈오처럼 통계에 대해 말하며 콘퍼런스를 시작했는데, 그것은 닌텐도식 통계에 대한 이야기였습니다.

나는 오늘 많은 분이 머릿속에 360, 16×9, 1080, 8.2기가헤르츠 등의 숫자를 가지고 왔다는 것을 알고 있습니다. 우리는 거기에 숫자를 하나 더 추가하고 싶군요. 그 숫자는 20억 개 게임에서의 20입니다. 이는 닌텐도가 20년 전 사업을 시작한 이래 판매한 게임 수를 가리킵니다.

어떤 사람들은 그것을 대단한 실행이라고 할지도 모릅니다. 하지만 나는 그것을 훌륭한 시

---

[139] 하위 호환성은 이 세대 동안 마이크로소프트와 소니에게 이슈가 된다. 소니는 플레이스테이션 2의 아키텍처에 플레이스테이션 1 에뮬레이션을 기본적으로 내장함으로써 거의 보편적인 하위 호환성을 제공했다. 엑스박스 360과 대부분의 플레이스테이션 3 버전에서는 하위 호환성이 더 선택적이다.

작이라고 일컫기 위해 이곳에 왔습니다. 여러분이 숫자를 넘어 여러분의 머리가 최고의 혁신과 게임 플레이 개선을 상상할 수 있는 곳으로 기꺼이 나아가고자 한다면 올바른 장소에 오신 겁니다.

– 레지널드 피서메이

늘 그렇듯 피서메이는 닌텐도 DS의 성공을 선전하고 일반적으로 게임큐브에 대한 주제를 피하면서 자사를 싸움의 도가니로 묘사했습니다. 곧 출시될 닌텐도 DS 게임인 〈일렉트로플랑크톤Electroplankton〉과 〈닌텐독스〉로 야단법석이었지만, 피서메이는 GBA 마이크로라고 불리는 게임보이 어드밴스의 마지막 버전을 공개했습니다. 길이 4인치, 너비 2인치, 화면 2인치의 GBA 마이크로는 껌한 팩과 거의 같은 크기라 플레이어가 주머니에 넣어 다닐 수 있고, 배터리를 충전하는 데 일곱 시간이 걸리며, 화면이 밝았습니다. 하지만 그것은 시대에 뒤처진 제품이었습니다. 세상은 이제 더 이상 과거의 게임보이를 원치 않았습니다. 닌텐도는 GBA 마이크로를 단종 전까지 약 250만 대 출하했습니다.

피서메이가 GBA 마이크로를 발표한 후 닌텐도의 이와타 사토루 사장이 무대에 올랐습니다. 초창기 비틀스의 부스스한 헤어스타일에 검은 재킷을 입고 뒷짐을 진 이와타는 비틀스의 음악 구절로 프레젠테이션를 시작했습니다. "우리는 여러분에게 DS와 새로운 게임보이, 그리고 그것들로 플레이할 새로운 게임을 주었고, 이제 여러분은 혁명을 원한다고 말합니다. 글쎄요, 여기 하나 있네요." 이렇게 말하며 그는 재킷 속에서 프로토타입을 꺼냈습니다.

새로운 콘솔의 크기와 관련해 이와타는 기꺼이 사양을 공유했습니다.

분명히 레볼루션은 지금까지 우리가 만든 콘솔 중 단연코 가장 작습니다. 최종 형태는 이보다 더 작아서 표준 DVD 케이스 세 개를 합친 크기입니다.

– 이와타 사토루

그는 제조 파트너들의 이름을 기쁜 마음으로 공유했지만 속도와 피드에 관한 한 기술 사양을 제공하는 데 가장 근접한 것은 이 말뿐이었습니다. "레볼루션을 켜고 그래픽을 보면 '우와'라는 말이 나올 겁니다. 파트너인 IBM과 ATI는 이를 보장하기 위해 우리와 협력하고 있습니다."

우리 기술의 발전은 게임 플레이와 직접적인 관련이 없는 영역과도 연관될 것입니다. 알아요. 수수께끼 같은 말일 수도 있겠네요.

경쟁사들은 시간을 들여 프로세서와 화면 디스플레이의 성능을 자세히 설명했습니다. 나는 레볼루션에 대한 기술적 접근법의 추가적인 이점을 제안하려고 합니다. 역사상 모든 가정용 게임기는 컨트롤러를 콘솔에 연결하고 콘솔과 TV를 결합했습니다. 다음 세대에서는 인터넷의 추가가 모든 콘솔, 특히 닌텐도에 중요할 것입니다. 와이파이 기능이 모든 닌텐도 레볼루션에 내장될 것입니다. 컨트롤러, 콘솔, TV, 인터넷, 이 네 가지 요소가 상호 작용하는 방식이 레볼루션 설계의 핵심 차이점을 이룹니다.

– 이와타 사토루

이와타는 괴상하고 장난스러운 방식으로 비밀을 지키고 있다는 것을 인정했습니다. 그가 "컨트롤러도 나중에 여러분과의 공유 방식이 매우 독특할 것"이라고 말하자 많은 사람이 쇼맨십으로 착각했습니다. 닌텐도는 항상 컨트롤러를 비밀로 했기 때문입니다.

소니는 영화 스튜디오 중 한 곳에서 사전 콘퍼런스를 열었습니다. 소니컴퓨터엔터테인먼트 아메리카의 히라이 가즈오 사장은 플레이스테이션 3 게임 영상에 이어 이례적으로 간략한 업계 현황 설명으로 프레젠테이션을 시작했습니다. 청중을 따뜻하게 맞은 히라이는 구타라기에게 바통을 넘겼습니다.

어느 모로 보나 이때의 구타라기는 소니에서 겪은 좌절에서 회복된 것으로 보였습니다. 그는 집에 있는 것처럼 무대에 서서 최신 콘솔을 돋보이게 할 특징과 기술을 설명했습니다.

구타라기에게는 흥미진진한 시간이었을 것입니다. 그의 플레이스테이션 포터블이 두 달 전에 북미에서 출시되었습니다. 물론 모든 시장에서 닌텐도 DS가 앞서고 있었지만, 리드는 단순히 먼저 출시된 것의 잔여물일 뿐이라고 믿을 만한 이유가 있었습니다. 세가의 새턴도 플레이스테이션 1보다 일찍 선두를 차지했었습니다. 그래서 소니의 플레이스테이션 포터블이 앞으로 닌텐도의 '미친 기기'를 제치지 못할 것이라고 생각할 필요가 없었습니다.

구타라기는 기술 사양을 포기하기 전부터 경쟁사와 마찬가지로 플레이스테이션 3도 하위 호환성을 제공한다는 사실을 알렸습니다. 닌텐도와 마이크로소프트의 경우 하위 호환성이 한 세대에 불과했는데, 이것은 소니에게 훨씬 더 큰 의미가 있었습니다.

> 지난 10년 동안 전 세계의 수많은 퍼블리셔가 플레이스테이션 및 플레이스테이션 2 형식으로 1만 3,000개 이상의 게임을 출시했습니다.[140] 이는 모두에게 매우 중요한 자산입니다. 플레이스테이션 3가 이러한 자산을 모두 누릴 수 있는 하위 호환성을 가졌음을 알려드리게 되어 기쁩니다.
>
> − **구타라기 겐**

하드웨어 엔지니어로서 임원이 된 구타라기는 기술 사양에 관한 한 바흐나 이와타보다 뛰어난 재능을 보였습니다. 그는 셀 프로세서 사진을 보여주면서 "90나노미터 SOI[silicon on insulator] 반도체 기술을 활용해 슈퍼컴퓨터급 성능을 내는 트랜지스터 2억 3,400만 개를 탑재한다"고 말했습니다. 뒤이어 그는 일련의 성능 통계를 제시했습니다.

플레이스테이션 3의 중심에는 혁신적인 세 가지 부품이 있는데, 첫 번째는 셀 프로세서였습니다.

---

140 구타라기는 두 콘솔용으로 1만 3,000개의 게임이 출시되었다고 말했다. 그는 '5,200개 이상의 게임'이 플레이스테이션용으로, '7,700개 이상의 게임'이 플레이스테이션 2용으로 출시되었다는 슬라이드를 보여주었다. 사실 통합 라이브러리에 있는 게임의 수는 5,000개에 가까웠다.

이 차트는 300메가헤르츠의 이모션 엔진, 3.2기가헤르츠의 엑스박스 360, 3.2기가헤르츠의 동일한 주파수에서 실행되는 셀 프로세서의 32비트 부동 소수점 계산 속도를 보여줍니다. 셀은 거대한 멀티코어 아키텍처 덕분에 이모션 엔진보다 35배, 엑스박스 360 프로세서보다 2배 빠릅니다.

- 구타라기 겐

마이크로소프트에 첫 번째 기술 폭탄을 투하한 구타라기는 잠시도 기쁨을 멈출 수가 없었습니다. 그는 활짝 웃으면서 만족스러운 듯 고개를 끄덕이고는 마이크로소프트가 발표한 수치를 충족하거나 초과한 기술 및 벤치마크에 대한 설명을 재개했습니다.

플레이스테이션 3의 두 번째 혁신 부품은 게임을 담을 블루레이 미디어였습니다.

다음으로 큰 혁신은 블루레이 디스크로, 디스크에 최대 50기가바이트까지 저장할 수 있습니다. 우리는 플레이스테이션 3 블루레이 포맷을 표준으로 강력하게 지원하고 있으며, DVD와 같은 역할을 할 것으로 기대합니다.[141]

- 구타라기 겐

TV가 고화질로 전환되면서 소니 경영진은 또 다른 VHS/베타맥스 스타일의 포맷 전쟁을 준비했습니다. 구타라기가 지적했듯이 DVD 드라이브를 중심으로 플레이스테이션 2를 구축하기로 한 소니의 결정은 이 매체의 성공에 큰 역할을 했습니다. 그는 플레이스테이션 3가 블루레이에서도 같은 일을 할 것이라고 믿었습니다. 이것이 이전에 J 앨러드가 주장한 부분이었습니다.

프레젠테이션에서 구타라기는 플레이스테이션 3가 게임 이상의 것을 할

---

141 특히 일본에서 DVD 영화 판매의 원동력으로 플레이스테이션 2의 판매를 언급하고 있다.

운명이라고 설명했습니다. 그는 이렇게 말했습니다. "플레이스테이션 3는 전 세계 가정의 거실 한가운데에 자리하는 시스템입니다."

마지막으로, 플레이스테이션 3는 게임 외에도 디지털 음악, 영화, 사진과 같은 비게이밍 기능을 수행할 수 있을 것입니다. 이는 게임을 하는 도중에도 가능합니다. 게임을 하면서 네트워크를 통한 화상 통신이나 인터넷 브라우징도 동시에 즐길 수 있죠.

– 구타라기 겐

세 번째 부품은 그래픽 처리 장치였습니다. 프레젠테이션의 다음 부분에서 구타라기는 엔비디아 공동 설립자인 젠슨 황을 불러 시스템의 세 번째 혁신 부품인 RSX 리얼리티 신시사이저에 대해 설명해달라고 했습니다.

황은 플레이스테이션 3를 "오늘날 제작될 가장 중요한 소비자 디지털 기기"라고 설명하면서 프레젠테이션을 시작했습니다. 구타라기와 마찬가지로 그는 불가능해 보이는 과학 기술의 벤치마크를 설명하면서 기술적인 세부 사항을 쏟아냈습니다.

3억 개의 트랜지스터가 들어 있는 하나의 칩… 5억 개의 VIA[vertical interconnect access]는 각 금속층을 연결하는 작디작은 1미크론 전자 소자입니다. 이 칩의 모든 상호 연결을 연속적으로 하면 800미터에 이릅니다. 3억 개의 트랜지스터, 여덟 겹의 금속층이 소니의 90나노미터 공정에서 만들어졌습니다.

– 젠슨 황

하드웨어를 설명한 후 황은 청중이 더 확실하게 차이를 느낄 수 있도록 플레이스테이션 3의 기능을 이전 콘솔과 비교했습니다.

3억 개의 트랜지스터는 기본적으로 엑스박스 GPU, 플레이스테이션 2 그래픽 신시사이저, 게임큐브 플리퍼 GPU 칩, 게임큐브 게코 마이크로프로세서, 엑스박스 펜티엄3 CPU, 플레이스테이션 2 이모션 엔진, 그리고 오늘날 여러분이 최고 성능의 PC CPU로 구입하는 애슬론 FX 55, 이 모두를 합친 것과 동일합니다.

-젠슨 황

비록 황은 게스트였지만 연설을 하기 위해 에픽게임스 설립자이자 최고 기술 책임자인 팀 스위니를 초대했습니다. 언리얼 엔진을 만든 스위니는 컴퓨터 그래픽의 진화에 주도적인 역할을 했습니다.

이전부터 플레이스테이션에서 그래픽과 처리 능력이 문제가 된 적은 없었습니다. 소니 하드웨어에서 게임 프로그래밍의 복잡성은 이렇습니다. 대부분의 게임 디자이너들은 플레이스테이션 1이 복잡하지 않았고, 소니가 이를 탁월하게 지원했다는 데 동의합니다. 반면에 플레이스테이션 2는 프로그래밍이 어렵고 툴이 부족했으며, 소니는 대부분의 개발자 지원 요청을 무시했던 것으로 유명했습니다. 구타라기는 이와 같은 이전 콘솔의 불만을 수용해 플레이스테이션 3에서는 이 문제가 해결되었습니다.

스위니는 RSX 신시사이저 그래픽을 실시간으로 시연하면서 프레젠테이션을 시작했습니다. 데모에서는 큰 흉터가 있는 미래의 군인이 금속 로봇과 싸웠습니다. 군인이 거대한 총으로 안드로이드 로봇을 쏘아 로봇의 움직임이 잠시 멈추었지만, 군인이 절뚝거리며 주변을 살피자 로봇이 다시 일어나면서 카메라가 로봇의 시점으로 전환되었습니다.

두 번째 싸움을 할 때 스위니는 카메라를 움직이기 위해 동작을 멈추었습니다. 그러고는 '다이내믹 레인지 조명', '픽셀당 조명 및 그림자'와 같은 용어를 띄웠습니다.

황은 이렇게 말했습니다. "하이 다이내믹 레인지 덕분에 그림자 속의 디테일을 보면서 매우 밝은 하이라이트를 볼 수 있습니다."

그러자 스위니가 대답했습니다. "바로 이게 이전의 비디오 게임에서 보던 8비트 그래픽과 높은 고화질 영화에서 볼 수 있는 것의 진정한 차이입니다."

이에 황이 "팀, 플레이스테이션 3 개발 키트를 기반으로 이 게임을 개발하는 데 얼마나 걸렸나요?"라고 물었습니다.

놀랍게도 우리는 겨우 두 달 전에 첫 플레이스테이션 3 하드웨어를 받았습니다. 지금 보시는 것은 언리얼 엔진 3를 가동하기 위해 두 달 동안 작업한 결과입니다.

빠른 작업이 가능했던 건, 우리의 PC 개발 경험이 풍부하고, 이 모든 지식을 매우 훌륭한 개발 파이프라인을 갖춘 플레이스테이션 3에 즉시 적용할 수 있었기 때문이죠. 플레이스테이션 3에는 OpenGL 기반, CG 셰이딩 언어 기반과 모든 표준 기반이 있고 작업하기가 아주 쉽습니다.

-팀 스위니

다음으로 필수 코스인 출시 예정 게임 시사회가 있었습니다. EA의 회장이자 CEO인 래리 프롭스트와 게임 디자이너인 구도 쓰노다는 곧 출시할 권투 게임을 한참 시연했습니다. '플레이스테이션 3의 렌더웨어에서 실시간으로 실행된다고' 묘사된 〈파이트 나이트 3^Fight Night 3〉는 실제 권투 선수들의 복잡성과 뉘앙스를 살린 권투 경기를 보여주었습니다. 권투 선수들은 얼굴이 실제 같지는 않았지만 표정이 풍부했습니다. 훅 펀치를 맞으면 그 충격에 의한 파문이 뺨에 나타나고, 녹아웃 펀치를 맞으면 눈이 뒤집혔습니다.

스퀘어에닉스의 와다 요이치 사장은 〈파이널 판타지 VII〉 오프닝 애니메이션의 업데이트 버전을 보여주었습니다. 이 영상에는 'PS3를 위한 기술 데모'라고 분명히 표시되어 있었지만 몇 조 개의 폴리곤은 분명한 차이를 드러냈습니다.

〈파이널 판타지 VII〉의 오프닝 순간은 이 게임이 플레이스테이션 1에 처음 등장한 1997년으로 거슬러 올라가 영화 같았던 그때를 상기시켰습니다. 그 당시에 플레이어들은 기차에서 나오는 증기, 상세한 배경, 영화 같은 조명에 너무 눈이 부셔서 캐릭터의 조잡하게 분할된 몸통과 레고 장난감 같은 팔다리를 거의 알아채지 못했습니다. 주인공인 클라우드는 머리카락 대신 폴리곤을 가지고 있었고, 어깨는 삼각형에 얼굴은 단일 텍스처 폴리곤이었습니다.

와다의 기술 데모는 원작 게임의 오프닝 애니메이션을 거의 동일하게 리메이크한 것이었습니다. 하지만 이번에는 영화 수준의 작품을 만들기 위해 캐릭터의 모션 캡처와 키 프레임 애니메이션을 사용했습니다.

와다는 자사가 〈파이널 판타지 VII〉의 리메이크를 출시할 계획이 없다고 밝혔습니다. 그는 비디오 게임 역사상 가장 상징적인 순간 중 하나를 사용해 플레이스테이션 기술의 완전한 진화를 보여주고 싶었던 것입니다. 객석에 있는 거의 모든 사람이 〈파이널 판타지 VII〉의 오프닝 순간을 기억하고 있었고, 그 덕분에 발전이 명백히 드러났습니다.

이어서 짧은 게임 시연이 계속되었습니다. 차세대 〈포뮬러 원Formula One〉은 스포츠 중계처럼 보이고 소리가 울렸습니다. 자동차와 환경이 완전히 진짜처럼 보였습니다. 반다이의 〈기동전사 건담Mobile Suit Gundam〉에 나오는 거대한 로봇부터 남코의 차기 〈철권〉에 등장하는 캐릭터의 흉터 있는 피부까지 그래픽의 세세한 수준이 매우 좋아 보였습니다. 락스타게임스는 올드웨스트 타운에서 제목이 없는 게임을 선보였는데, 그래픽은 다른 데모를 따라가지 못했지만 게임은 락스타게임스의 것이었습니다. 그들의 〈GTA〉는 이전부터 화려한 그래픽에 의존하지 않았습니다.

소니는 〈킬존Killzone〉이라는 FPS 게임의 첫 장면을 보여주었는데, 이것은 플레이스테이션 3의 〈헤일로〉 대항마로 비쳤습니다. 이 게임에는 비행 차량, 지상 차량, 매우 세밀하게 표현된 병사 분대, 모든 종류의 무기, 빛나는 눈을 가진 적군이 나왔습니다.

게임 시사회는 새로운 〈그란 투리스모〉의 영화 같은 장면으로 마무리되고, 구타라기 겐이 청중에게 플레이스테이션 3 프로토타입 콘솔을 보여주기 위해 무대로 올라왔습니다. 수직으로 세워진 콘솔은 높이 13인치, 길이 11인치, 두께

4인치에 무게가 5킬로그램으로 엑스박스보다 좀 더 크고 상당히 무거웠습니다.

닌텐도의 이와타 사토루가 레볼루션 프로토타입을 무대 위로 가져올 때는 등 뒤에 숨길 수 있었습니다. 그러나 구타라기가 단상에서 플레이스테이션 3 프로토타입을 잡았을 때 그것은 그의 가슴부터 턱에 이르는 크기였습니다. 은색으로 마감 처리된 프로토타입은 조지 포먼 그릴의 업데이트 버전과 매우 비슷했습니다. 구타라기 뒤의 스크린에는 '2006년 봄 출시'라는 마지막 메시지가 나타났습니다. 그 당시에 소니는 무적처럼 보였습니다.

그렇다면 2005년 E3에서 누가 가장 좋은 성적을 거두었을까요? 마이크로소프트의 프레젠테이션이 가장 화려했지만 기술 자체로는 소니가 이겼습니다. 문제는 소니의 프레젠테이션이 너무 기술 중심적이었다는 것입니다. 구타라기가 "플레이스테이션 3와 함께 미래가 거의 다가왔습니다"라고 발표했을 때, 사람들은 게임의 미래를 의미하는지, 컴퓨팅의 미래를 의미하는지 확신하지 못했습니다.

반면에 닌텐도의 프레젠테이션은 순전히 비디오 게임에 관한 것이었습니다. 괴짜가 우스꽝스러운 농담을 하는 것 같았습니다. 핵심 게임인 〈일렉트로플랑크톤〉과 〈닌텐독스〉는 전형적이지 않았습니다. 물론 닌텐도 팬들은 2005년 기자회견을 모범 사례로 기억할 것입니다.

출시 준비

E3가 열리기 하루 전인 5월 15일, 빌 게이츠가 엑스박스 360을 들고 『타임』 표지에 등장했습니다. 레브 그로스먼이 쓴 커버스토리에서는 엑스박스 360뿐만 아니라 마이크로소프트 렌즈를 통해 들여다본 차세대 비디오 게임 전체를 다루었습니다.

하지만 이것은 마이크로소프트만의 이야기가 아닙니다. 예전에는 멸시받는 취미였던 비디오 게임을 대중문화의 활력소로 받아들인 미국 문화의 상전벽해에 관한 이야기입니다. 게이츠와 그의 팀은 세계에서 볼 수 없었던 최고의 게임 하드웨어를 만들기 위해 지난 3년 반 동안 비밀리에 노력했습니다. 그리고 그들은 그것을 특정 고객층에게만 팔고자 하지 않습니다. 그들은 우리 모두를 겨냥하고 있습니다.[8]

MTV에서 엑스박스 360을 보고 또 E3 며칠 전에 『타임』 표지를 본 일본 게임사의 경영진은 마이크로소프트가 미국에서 불공평한 이점을 누리는 듯이 느껴졌을 것입니다. 이 모든 공개 과정은 최근 마이크로소프트와 계약을 맺은 게임 퍼블리셔들에게 유망해 보여 그들의 결정을 강화했을 것입니다. 미국이 빌 게이츠에게 빠져드는 것은 구타라기 겐이나 이와타 사토루 같은 일본 경영자들에게 강력한 적을 상대하고 있음을 상기시켰을 것입니다.

열성 팬을 위한 참고 사항: 〈헤일로〉의 다음 버전은 엑스박스 360 출시에 맞춰 준비되지 않고 내년 봄에 가장 중요한 제2의 물결에 포함될 것입니다. 게이츠는 충동을 참지 못하고 이렇게 말했습니다. "완벽해요. 소니가 새로운 플레이스테이션을 출시한 날 그들은 〈헤일로 3〉로 걸어 들어갈 겁니다."[9]

2005년에 엑스박스 360이 출시될 때까지 비디오 게임 분야에서는 중요한 격변의 사건이 발생하지 않았습니다. NPD 펀월드에 따르면 그해 미국에서 가장 많이 팔린 게임은 플레이스테이션 2 버전의 〈매든 NFL 06〉이었습니다. 〈매든 NFL〉이 다시 정상에 올라 엔터테인먼트소프트웨어협회의 더그 로언스타인 회장은 안도감을 느꼈을 것입니다. 2004년에 가장 많이 팔린 게임인 〈GTA: 산 안드레아스〉는 폭력, 우월주의, 유해한 행동을 조장한다고 널리 비난을 받았습니다. 로언스타인은 비디오 게임 산업의 대표 로비스트로서 폭력배, 성매매 종사자, 조직 두목이 득시글한 게임이 베스트셀러임에도 불구하고 이 산업을 건전하고 사회적으로 책임 있는 산업으로 제시해야 하는 달갑지 않은 과제에 직면했습니다.

미국에서 10위권에 든 또 다른 게임은 플레이스테이션 2 전용 〈그란 투리스모 4〉, 게임보이 어드밴스용 〈포켓몬스터 에메랄드〉, 엑스박스용 〈스타워즈: 배틀프론트 2〉, 플레이스테이션 2용 〈NCAA 풋볼 06^{NCAA Football 06}〉, 〈스타워즈 에피소드 3: 시스의 복수〉, 〈스타워즈: 배틀프론트 2〉, 〈NBA 라이브 06^{NBA Live 06}〉, 〈갓 오브 워〉입니다.[142]

8월 17일, 마침내 마이크로소프트는 라이프치히에서 열린 독일 게임 컨벤션에서 곧 출시될 콘솔의 가격을 발표했습니다. 유선 컨트롤러가 포함된 기본 콘솔이 299달러(299유로, 209파운드), 20기가바이트 하드드라이브에 무선 컨트롤러, 헤드셋이 포함된 두 번째 번들이 399달러(399유로, 279파운드)였습니다.

크리스마스를 석 달 앞둔 9월에 마이크로소프트는 도쿄 게임쇼에서 엑스박스 360의 출시 일정을 공개했습니다. 미국과 캐나다에서는 11월 22일에, 유럽에서는 12월 2일에, 일본에서는 12월 10일에 출시될 예정이었습니다. 일본을 제외한 아시아 국가의 출시일은 발표되지 않았습니다.

도쿄 게임쇼는 다음과 같은 이유로도 중요했습니다. 에픽게임스의 수석 게임 디자이너인 클리프 블레진스키는 엑스박스 360 독점인 〈기어스 오브 워〉의

---

[142] 플레이어가 갇힌 아군을 불 속에 밀어넣는 성인물인 〈갓 오브 워〉는 비디오 게임 폭력 비평가들의 주목을 받지 못했다. 엔터테인먼트소프트웨어등급위원회는 '피와 살인', '강렬한 폭력', '거친 언어'에 대해 M 등급을 매겼다. 등급에 언급되지 않은 것은 주인공 크래토스가 두 여자와 함께 침대에 오르는 장면이었다. 그들은 화면에서 사라졌지만 무슨 일이 일어나는지 알 수 있는 소리가 나왔다.

미디어 및 가족 연구소의 데이비드 월시 박사는 〈갓 오브 워〉와 〈GTA: 산안드레아스〉 같은 게임을 언급하면서 다음과 같이 진술했다. "'성인 전용(AO)' 등급은 지금까지 열여덟 개 게임에만 부여되었습니다. 1만 개 중에서 열여덟 개만이 성인에게만 적합하다고 평가되었습니다. 우리는 이것이 등급 체계에 내재된 갈등이 있다는 사실의 결과라고 생각합니다. 엔터테인먼트소프트웨어등급위원회는 산업의 한 부문이므로 등급의 상업적 영향이 내부적인 이해 상충을 유발합니다."

세 장면을 시연했습니다. 이 데모는 최첨단 조명 효과, 믿을 수 없을 정도로 디테일한 캐릭터, 멋지게 파괴되는 구조물이 눈에 띄었습니다(〈기어스 오브 워〉는 소니의 E3 사전 기자회견에서 팀 스위니가 보여준 데모를 만드는 데 사용된 게임 엔진인 언리얼 엔진 3로 제작되었습니다).

11월 14일, 마이크로소프트는 2K 게임 부문인 테이크투[143]의 〈앰프트 3Amped 3〉, 액티비전의 〈콜 오브 듀티 2〉와 〈토니 호크의 아메리칸 웨이스틀랜드Tony Hawk's American Wasteland〉, EA의 〈매든 NFL〉과 〈니드 포 스피드: 모스트 원티드Need for Speed: Most Wanted〉, 이드소프트웨어의 〈퀘이크 4〉 등 열여덟 개 라인업을 공개했습니다.

또한 마이크로소프트 게임스튜디오는 〈프로젝트 고섬 레이싱 3Project Gotham Racing 3〉, 〈카메오: 대자연의 힘Kameo: Elements of Power〉, 〈퍼펙트 다크 제로Perfect Dark Zero〉 제작에 참여했습니다. 〈카메오: 대자연의 힘〉, 〈퍼펙트 다크 제로〉는 레어가 만들었습니다. 〈카메오: 대자연의 힘〉은 레어가 닌텐도와 제휴할 때 닌텐도 64용으로 구상했던 것으로, 나중에 게임큐브용으로 발표되었다가 레어가 마이크로소프트로 인수되면서 같이 옮겨 갔습니다. 이 게임은 엑스박스용으로 출시될 뻔했지만, 결국 마이크로소프트 게임스튜디오는 새로운 콘솔의 처리 능력을 강조하기 위해 엑스박스 360용으로 비축하기로 결정했습니다.

〈카메오: 대자연의 힘〉은 형체를 바꾸는 카메오라는 전사가 수많은 적과 싸우는 장면이 특징적입니다. 〈진·삼국무쌍 2〉는 전장을 병사들로 채우는 플레이스테이션 2의 기능에 주목했지만, 대부분의 병사들은 움직이는 풍경에 지나지 않았습니다. 〈카메오: 대자연의 힘〉은 각자 AI를 가진 수백 명의 적으로 가득한 전장에 플레이어들을 배치함으로써 전장을 보다 생동감 있는 차세대 환경으로 바꿔놓았습니다.

---

143 이 인디 개발사는 마이크로소프트 게임스튜디오의 자회사였고, 마이크로소프트가 인수하기 전에는 액세스소프트웨어로 알려졌다. 선구자인 브루스 카버와 크리스 존스가 설립한 액세스소프트웨어는 골프 시뮬레이션인 〈링크스(Links)〉, 어드벤처 게임인 〈텍스 머피(Tex Murphy)〉로 유명해졌다.

엑스박스 360의 출시를 위해 내가 가장 좋아하는 게임 중 하나인 〈카메오: 대자연의 힘〉을 가져왔습니다. 정말 멋진 게임이에요. 이 게임은 엑스박스 360의 그래픽 기능과 성능을 일부 과시하려는 목표를 달성했죠.

－피터 무어

그리고 닌텐도 64의 상징적인 히트작인 〈골든아이 007〉[144]의 준속편인 〈퍼펙트 다크 제로〉가 있었습니다. 〈퍼펙트 다크 제로〉는 〈헤일로〉의 부재를 채우지는 못했지만 의미 있는 평가를 받았습니다.

레어의 전통에서 〈퍼펙트 다크 제로〉와 〈카메오: 대자연의 힘〉은 재미있는 게임이면서도 앞으로 제작될 게임의 전조를 보여주었습니다. 이 두 게임은 플레이가 혁신적이고 콘셉트가 기발했지만 엑스박스 360에 비한 현 세대 박스의 한계도 보여주었습니다. 모든 의심과 질문 끝에 레어 인수가 성과를 내기 시작했습니다.

좋은 질문인데, 정말 그렇게 했는지 잘 모르겠어요. 지난 몇 년을 돌이켜보면 레어 인수는 내가 마이크로소프트에 오기 전의 일입니다. 당시에 레어가 전통적으로 만든 콘텐츠와 엑스박스 플랫폼에 필요한 것이 딱 맞아떨어졌죠. 그들이 그 이후 몇 년 동안 그것을 이행했는지 여부는 아마도 논쟁의 여지가 있을 거예요.

〈비바 피냐타Viva Piñata〉가 생각나네요. 〈비바 피냐타〉는 훌륭하고 혁신적이며 흥미로운 게임이라 많은 사람의 관심을 끌 만했는데, 바로 그런 게 필요했어요. 엑스박스가 여전히 슈팅 게임기로만 여겨졌기 때문에 우리는 고객층과 시장을 넓힐 콘텐츠가 필요했죠.

－피터 무어

그러나 확실한 주인공 없이 훌륭한 조연 게임이 포진된 엑스박스 360 런칭

---

144 레어는 〈골든아이 007〉의 진짜 속편을 개발하고 있었지만 EA가 제임스 본드에 대한 권리를 확보하는 바람에 프로젝트를 포기해야 했다.

라인업은 전반적으로 평범했습니다. 그때 어딘가에서 또 다른 진화가 일어났습니다. 〈슈퍼 마리오 브라더스〉가 없었다면 닌텐도의 콘솔이 과연 성공했을지 예상하기 어렵습니다. 〈테트리스〉 없이 게임보이가 성공할 수 있었을까요? 〈소닉 더 헤지혹〉이든 〈슈퍼 마리오 브라더스〉든 〈릿지 레이서〉든 성공적인 콘솔에는 독점적인 '킬러 앱'이 있었습니다.

엑스빅스 360용 〈매든 NFL〉은 눈에 띄게 좋아졌지만 엑스박스, PC, 플레이스테이션 2에서도 플레이할 수 있었습니다. 어디서나 할 수 있는 게임에 뭐하러 300달러를 쓰겠습니까? 〈니드 포 스피드: 모스트 원티드〉, 〈토니 호크의 아메리칸 웨이스틀랜드〉, 〈퀘이크 4〉도 마찬가지였습니다. 〈앰프트 3〉, 〈카메오: 대자연의 힘〉, 〈퍼펙트 다크 제로〉는 엑스박스 360 독점이었지만 콘솔까지 살 만큼 매력적이지는 않았습니다. 출시 당시 가장 많이 팔린 게임은 〈콜 오브 듀티 2〉로, 이는 윈도우와 매킨토시에서 플레이할 수 있었지만 콘솔 게임의 경우 엑스박스 360 전용이었습니다.

엔가젯의 직원은 전체 라이브러리를 테스트한 후 엑스박스 360 최고의 타이틀로 엑스박스 라이브 아케이드 게임인 〈지오메트리 워즈: 레트로 이볼브드 Geometry Wars: Retro Evolved〉를 선택했습니다.

출시가 임박하자 마이크로소프트의 마케팅 팀은 헤드라인을 장식할 수 있는 프로모션을 대거 공개했습니다. 11월 9일, 마이크로소프트는 11월 20일부터 이틀간 캘리포니아 모하비 사막의 옛 군사 기지에서 출시 파티를 열 계획이라고 발표했습니다. '제로 아워'라고 불린 이 행사에서는 술과 경품이 넘쳐나는 가운데 피터 무어와 J 앨러드가 프레젠테이션을 하고, 32인용 〈퍼펙트 다크 제로〉를 선보였습니다.

또 다른 권위자는 에픽게임스의 수석 게임 디자이너인 클리프 블레진스키였습니다. 그는 도쿄 게임쇼에서와 같은 수준의 〈기어스 오브 워〉를 시연했는데, 제로 아워에서는 관람객이 직접 게임을 해볼 수도 있었습니다.

운 좋은 수백 명이 사막에 모여 있는 동안 열성 팬 수천 명은 대작 출시를 기다리며 상점 앞에 줄을 섰습니다. NBC 뉴스의 기자들은 새 콘솔을 구매하려고 200여 명이 줄을 선 맨해튼의 베스트바이 앞을 서성였는데, 여기에는 콘솔 물량이 충분하지 않았습니다. 보도에 따르면 90명이 빈손으로 집에 돌아갔다고 합니다.

많은 상점에서 빠르게 매진되었습니다. 인터넷 소매업체인 아마존닷컴, 서 킷시티스토어스, 베스트바이, 월마트스토어스 웹사이트는 모두 화요일에 콘솔이 매진되었다고 밝혔습니다.[10]

완벽한 출시처럼 보였습니다. 상점에서 금세 매진되었고 이베이에 터무니 없이 높은 가격의 콘솔이 등장하기 시작했습니다. 게이머들에게 절망적인 상황 이 계속되자 엑스박스 360 번들이 온라인에서 2,000달러에 팔리기도 했습니다.

인터넷에 불만이 나타나기 전까지 대략 24시간 동안 완벽한 것처럼 느껴지 는 출시의 행복감이 지속되었습니다. 롭 윌리엄스는 비교적 신생 사이트인 테크 게이지에 '완벽한 출시? 엑스박스 360은 아닌 것 같다'라는 제목의 글을 올렸습 니다.

이틀 전 엑스박스 360이 출시된 이후 인터넷 곳곳에서 수많은 사례가 보고되었습니다. 주 요 불만 사항은 전체 시스템과 더불어 게임이 무작위로 충돌하는 등 시스템이 불안정하다 는 것입니다. 〈니드 포 스피드: 모스트 원티드〉와 〈프로젝트 고섬 레이싱 3〉를 플레이하던 중에 이런 일이 발생했기 때문에 내가 보증할 수 있습니다. 나보다 더 심한 충돌을 겪은 이 들도 있습니다. 일부 스크린숏의 경우 충돌 후 화면에 많은 잔상이 남기 때문에 시스템을 수동으로 종료해야 합니다.

다른 불만 사항은 발열과 소음 수준에 관한 것인데, 둘 다 내가 확인했습니다. 보고된 충돌 은 과열 때문이라기보다는 시스템 불안정이나 게임 내 버그가 원인인 것 같습니다.[11]

윌리엄스는 마이크로소프트의 문제를 섣불리 그들에게 유리하게 해석했습니다. 과열에 대한 불만이 이슈가 되었는데, 그것만이 문제가 아니었습니다. 엑스박스 출시 때 일본에서 그랬듯이 엑스박스 360의 디스크 스크래치에 대한 불평이 있었습니다. 하지만 이번에는 스크래치로 인해 일부 디스크를 재생할 수 없었습니다.

시스템 충돌과 디스크 스크래치에 관한 끔찍한 경험담에도 굴하지 않고 열광적인 유럽 게이머들은 12월 1일부터 줄을 서기 시작했습니다. 초기 출시는 16개국에 걸쳐 진행되었습니다. 제한된 수량으로 인해 소매업체에서 금세 매진되었고 추가 물량이 수요를 따라잡지 못했습니다. 일본의 보고가 엇갈렸는데, 일부 소매업체는 재고가 바닥났다고 주장하는 반면 어떤 소매업체는 원치 않는 물량이 쌓여 있다고 말했습니다.

『패미통』의 계열 출판사인 엔터브레인은 엑스박스 360 출시 후 이틀 동안 내부 리서치 회사가 수집한 판매 수치를 발표했습니다. 조사 결과에 따르면 마이크로소프트의 새 콘솔 판매는 그때까지 '약간 부진한' 수준이었습니다.

엔터브레인은 소매로 출하된 15만 9,000대 중 6만 2,135대가 토요일과 일요일에 판매되었다고 밝혔습니다. 하지만 아마도 가장 놀라운 점은 엔터브레인의 조사에서 게임 대 콘솔 번들률이 0.91로 나타났다는 것인데, 이는 많은 사람이 게임을 하지 않으면서 콘솔을 구매했음을 의미합니다.[12]

마이크로소프트는 2006년 말까지 총 60만 대를 판매했습니다. 마이크로소프트는 1년 먼저 출발했습니다. 문제는 엑스박스 팀이 소니가 했던 방식으로 이 우위를 활용할 수 있을까 하는 것이었습니다.

Chapter
13

비밀 엄수

오늘은 플레이스테이션 3의 가격을 공개하지 않겠어요. 비쌀 것이라는 말만 할게요.
－구타라기 겐[1]

할리우드를 분열하게 만든 그 시끌벅적한 사건을 떠올려보면, 어떤 스튜디오는 블루레이 디스크를, 또 어떤 스튜디오는 HD-DVD를 지지했고, 사람들은 화소나 화면 주사율이 승부수가 될 것이라고 생각했지만 그런 성능은 거의 비슷했습니다. 결국 승패를 결정지은 것은 게임과 포르노의 공존 여부였죠. 이제는 어떤 포맷이든 포르노 산업이 지원하는 쪽이 보통 가장 성공적입니다. 하지만 소니의 모든 플레이스테이션 3에는 블루레이가 들어 있어요.
－케빈 샌더스키(《트로픽 선더Tropic Thunder》의 등장인물)[145]

소니는 플레이스테이션 3에 문제가 있어서 2005년에 절대 출시할 수 없었습니다. 마이크로소프트가 먼저 또는 동시에 출시하기 위해 겪었던 모든 문제는 잘못된 정보에서 비롯된 것입니다.
－딘 다카하시

---

145 《트로픽 선더》는 영화 제작에 관한 영화이다. 이 영화에서 제이 배러셀은 브루클린이라는 등장인물을 맡은 케빈 샌더스키라는 배우를 연기했다.

소니의 자리를 빼앗다

> 내가 생각하기에 우리는 출시를 훌륭히 해냈어요. 현란함과 화려함 속에 우리가 예상했던 판매량을 완전히 달성했지만, 이듬해 봄 무렵에 하드웨어와 반품률, 약간의 실패율에 대한 우려가 나타나기 시작했습니다.
>
> — 피터 무어

엑스박스 360의 출시는 성공적이었습니다. 일본을 제외한 모든 시장에서 초기 물량이 매진되었습니다. 리셀러들은 이베이에서 엑스박스 360을 두세 배 가격에 팔았습니다. 수요가 공급을 완전히 앞질렀습니다.

당연히 마이크로소프트의 빌 게이츠 회장은 2006년에 E3의 첫 프레젠테이션을 시작하면서 엑스박스 360이 '세계적인 현상'이라고 소리쳤습니다. 게이츠는 엑스박스 360의 출시가 플레이스테이션 2의 출시와 동등하다고 막연하게 암시하면서, 소니와 닌텐도가 새 콘솔을 출시하기도 전에 마이크로소프트가 1,000만 대를 팔 것이라고 예측했습니다.[146]

> 6월 말까지 500만~550만 대의 콘솔이 보급될 예정입니다. 또한 오늘 우리는 내부적으로 세운 목표에 대해 처음으로 이야기하고 있습니다. 이제 도달할 수 있다고 확신하는 그 목표는 경쟁사가 시장에 진입하기도 전에 엑스박스 360으로 1,000만 대의 판매고를 올리는 것입니다.
>
> — 빌 게이츠

게이츠는 혼자가 아니었습니다. 엑스박스 360이 좋은 출발을 했다고 믿는

---

146 이 연설은 2006년 5월의 일이다. 당시만 해도 소니와 닌텐도는 11월까지 새로운 콘솔을 출시하지 않을 것이라고 발표했다.

사람이 많았습니다.

보세요. 그들은 많은 일을 해냈어요. 처음과 같은 실수를 반복하지 않았죠. 가격, 수량, 자체 스튜디오의 독점 콘텐츠, 퍼블리셔를 다루는 방법 등의 문제를 해결했어요. 그들은 정말 많은 것을 처리했다니까요.

– 롭 다이어

마이크로소프트는 비참한 출발을 하더니 이후에는 일찍 진입하고는 삽질만 해댔어요. 하지만 지금은 어마어마한 선수가 되었죠.

– 로드 쿠젠스

UBS[다국적 금융 조직인 UBS그룹]의 수석 게임 분석가인 마이크 월리스는 향후 2년간의 미국 하드웨어 판매량 예측 결과를 발표했습니다. 월리스는 마이크로소프트의 이른 시작이 성과를 거둘 것이라고 믿었으며, 2005년에 60만 7,000대만 팔렸음에도 불구하고 엑스박스 360 제조자가 제조 문제를 해결하고 연말까지 약 400만 대를 팔 수 있을 것이라고 내다봤습니다. 이와 대조적으로 UBS 분석가는 플레이스테이션 3와 레볼루션[147]이 2006년 말까지 각각 100만 대만 팔릴 것으로 예측했습니다.

월리스는 더 먼 미래를 내다보면서, 선두 주자인 마이크로소프트가 이익을 계속 얻을 것이며, 2007년까지 플레이스테이션 3가 약 700만 대 팔린 것에 비해 엑스박스 360이 1,000만 대 이상 팔릴 것으로 전망했습니다. 그리고 그때까지 레볼루션 사용자가 300만 명을 넘을 것이라고 덧붙였습니다. 월리스는 2010년까지 차세대 콘솔이 총 5,200만 대 판매될 것으로 예상했습니다.[2]

모두가 선두 출발이 승리의 열쇠라고 생각한 것은 아닙니다. 엑스박스 360 출시 5개월 전인 2005년 5월, 소니의 영업 담당 임원이자 막말꾼인 잭 트레턴은 게임스팟의 커트 펠드먼과의 인터뷰에서 소니가 한 번도 먼저 출시한 적이 없다고 지적하면서 조기 출시의 중요성을 크게 경시했습니다.[148] 플레이스테이션 3

---

147 옮긴이_Wii를 말한다.
148 세가는 플레이스테이션보다 새턴을 먼저 출시하고, 플레이스테이션 2보다 드림캐스트를 먼저 출시했다.

가 엑스박스 360의 총판매량을 따라잡으려면 얼마나 걸릴지 묻자 트레턴은 태연하게 행동했습니다.

⚏

크게 보자면 5년 후의 3,300만에 비해 우리의 첫 300만은 뭘까요? 이는 우리가 달성한 것의 10%도 되지 않고, 제품 수명 주기의 절반도 안 됩니다.

그래서 출시 기간도 중요하지만 "마라톤에서 처음 3미터 동안 어땠어?"라고 묻는 것과 같아요. 그러면 마라토너는 이렇게 말하겠죠. "정신 나갔어? 내 기분이 어땠는지 나도 몰라. 그건 42킬로미터짜리 경주야. 처음 3미터에 대해 왜 물어보는 거지?"

이게 바로 내가 생각하는 출시 기간입니다.[3]

이러한 트레턴의 묵살은 한결같았습니다. 시장에서 플레이스테이션 2가 엑스박스와 게임큐브를 이겼을 때, 그는 플레이스테이션 2가 출시된 후 거의 바로 두 콘솔 모두를 앞질렀다고 말하며 1년 먼저 출발하는 것이 중요하지 않다고 선두 출발의 가치를 평가 절하했습니다. 플레이스테이션 2가 1년 먼저 시작했기 때문이 아니라 더 나은 게임을 보유한 콘솔이기 때문에 경쟁 제품보다 더 많이 팔렸다는 것이 그의 견해였습니다.

엑스박스 360은 2006년에 차세대 시장을 독차지했지만 첫날부터 다루어야 할 문제가 있었습니다. 가장 큰 장애물은 플레이스테이션 2라는 플랫폼에 대한 대중의 지속적인 열광이었습니다. 네 번째 가격 하락 이후 플레이스테이션 2는 2006년 4월에 엑스박스 360 가격의 절반도 안 되는 129달러에 팔렸습니다. 플레이스테이션 2의 게임 라이브러리는 훨씬 더 풍부했으며, 여기에는 뛰어난 독점 게임이 많이 포함되어 있었습니다. 플레이스테이션 2 게임은 상당수가 '플레이스테이션 2 고전' 또는 '명작'이라는 타이틀을 달고 19달러에 재발매되었기 때문에 비용도 적게 들었습니다. 사람들은 플레이스테이션 2에 질려 하지 않았습니다.

엑스박스 360 출시의 현란함과 화려함이 사라지면서 콘솔과 엑스박스 사업에 대한 의문이 제기되었습니다. 『일렉트로닉 게이밍 먼슬리』의 댄 수 편집장은 마이크로소프트의 피터 무어에게 다음과 같은 인터뷰를 했습니다. "두 개의 게임을 제시할 테니 어느 것이 더 좋은지 말씀해주시기 바랍니다. 〈스플린터 셀: 혼돈 이론Splinter Cell: Chaos Theory〉과 〈스니커스Sneakers〉 중 무엇인가요?" 무어는 〈스플린터 셀: 혼돈 이론〉이라고 대답했습니다. "〈소울칼리버 II SoulCalibur II〉와 〈가부키 워리어스〉 중에서는요?" 무어는 〈소울칼리버 II〉라고 대답했습니다. "〈데드 오어 얼라이브 익스트림 비치발리볼〉과 〈바비 호스 어드벤처스: 와일드 호스 레스큐 Barbie Horse Adventures: Wild Horse Rescue〉는요?" 함정에 빠졌다는 것을 모르는 듯 무어는 〈데드 오어 얼라이브 익스트림 비치발리볼〉을 골랐습니다. 해당 게임을 해보지 않은 게이머라도 같은 대답을 했을 것입니다.

그 후 덫을 놓은 수는 이렇게 정리했습니다. "여기서 우리가 얻은 정보가 있군요. 그는 엑스박스 360에서 하위 호환되지 않는 '더 좋은' 엑스박스 게임 세 개를 골랐고, 나머지 '아쉬운' 게임은 〈스니커스〉, 〈가부키 워리어스〉, 〈바비 호스 어드벤처스: 와일드 호스 레스큐〉입니다."[4]

게임 업계에서 가장 널리 존경받는 저널리스트 중 한 명인 수는 하위 호환성만이 아닌 더 많은 것을 염두에 두고 있었습니다. 그는 엑스박스 라이브 마켓플레이스가 "아이콘, 테마, 라이브 아케이드 게임 데모, 트레일러의 고향"이라면서 무어에게 언제 중요한 콘텐츠가 나올지도 물었습니다.

인터뷰 끝에 수는 과열과 하드웨어 문제에 대해 더욱 공격적으로 질문했습니다. "엑스박스 360에는 제품 결함, 과열 문제가 있었고, 이제 당신은 '잘못 설계된 제품' 관련 소송을 당하게 되었습니다."

이에 무어는 다음과 같이 대답했습니다. "오늘날의 인터넷 시대에는 이슈를 일으키는 데 많은 사람이 필요하지 않죠. 기억하세요. 우리는 이미 수십만 대를 전 세계에 출하했고, 분명히 미국에서 몇 가지 문제가 있었지만 우리는 잘 처리하고 있습니다."

댄 수: 지난달 일본 행사에서 엑스박스 360을 들다가 손을 데이셨다면서요.

피어 무어: 다시 말하지만 엑스박스 360에는 아무런 문제가 없습니다. 그 날은 그저 운이 나빴어요. 아주 희박하게 과열이 일어날 수 있는데, 불행히 도 무대 위의 유닛이 그런 거였죠. 하지만 고쳐서 다시 매장에 가져다 뒀어 요. 다시 강조하지만 보기 드문 과열 사건이 일본에서의 우리 이미지에 도 움이 되었다고 생각합니다. 일본인은 이제 360을 '치아 올원'[149]이라고 부 릅니다. 매우 강력하다는 뜻이죠.[5]

하지만 다른 무언가가 일어나고 있었습니다. 엑스박스 360은 분명히 과열 문제가 있었고, 엑스박스 팀은 괜찮은 척할수록 점점 더 우스꽝스러워졌습니다.

출시 후 몇 달 만에 발생한, 악명 높은 '죽음의 붉은 링^{Red Ring of Death}' 문제로 모든 게 어긋 났다는 것을 알았습니다.

– 피트 페더슨

IGN의 작가인 게리 블록은 엑스박스 360을 과열로부터 보호하기 위해 설 계된 타사 냉각 시스템인 인터쿨러 360을 검토하면서 이렇게 말했습니다. "수명 이 아주 긴 비디오 게임기는 없었어요. 끊임없이 고장 나는 NES 슬롯, 플레이스 테이션 1의 악명 높은 플라스틱 뒤틀림, 레이저 정렬 오류 등 어떤 콘솔도 완벽 하지는 않았죠. 하지만 엑스박스 360은 이전의 모든 콘솔 문제를 시시하게 만들 었습니다. IGN 사무실과 가정에 있는 많은 엑스박스 360은 고장률이 매우 높은 데다 교체 과정이 길고 짜증스러워요."[6]

블록은 다음과 같이 결론 내렸습니다. "왜 그렇게 많은 엑스박스 360이 고 장 나는지 정확하게 알 수는 없지만, 엑스박스 360이 고장이 잘 난다는 것은 확

---

149 옮긴이_「일렉트로닉 게이밍 먼슬리」가 확인한 바로는 원래 의미가 'owned'에 가깝다고 한다.

실히 알았습니다. 엑스박스 360을 비좁은 캐비닛이나 통풍이 잘되지 않는 곳에 설치했다면 문제가 생길 수 있습니다."

엑스박스 360은 미국과 영국에서 계속 잘 팔렸지만 일본과 마찬가지로 그 밖의 유럽 국가에서는 부진했습니다. 11월까지 1,000만 대를 판매할 것이라는 빌 게이츠의 예측은 지나치게 낙관적이었던 것으로 드러났습니다. 마이크로소프트가 2006년에 판매한 580만 대를 포함해 2007년 1월의 누적 판매량이 약 700만 대였습니다.[150]

엑스박스 360의 성능은 '견실하고 꾸준하다'는 것이 특징입니다. 마이크로소프트가 수요를 따라잡기 시작한 4월 전까지는 공급이 부족했고, 소매상은 초여름에야 비로소 재고를 확보했습니다. 6월에는 휴일이 없는 달의 판매 최고치인 35만 1,000대를 기록했으며, 가을까지 주당 5만 대 판매율에 안착하고 차근차근 상승했습니다. 하반기에는 공급 제약이 없었습니다.[7]

– 존 테일러(아카디아인베스트먼트코퍼레이션 전 책임 분석가)

하드웨어에 대한 우려가 확산되면서 새로운 문제가 대두되었습니다. 많은 소비자가 소니의 E3 게임 데모와 기술 강연에 확신을 갖고 플레이스테이션 3를 기다리기로 결정했습니다. 이는 소비자의 의식에서 FUD(두려움, 불확실성, 의심)를 만들어낸 교과서적인 사례였습니다. 소니는 거의 모든 면에서 엑스박스 360을 능가하는 하드웨어 사양을 발표함으로써 콘솔 구매 희망자들을 기다리게 만들었습니다.

그리고 일인칭 슈팅 게임의 과잉으로 어려움을 겪은 엑스박스 360 라이브 러리에 대한 의문도 있었습니다. 이와 별개로, 빌 게이츠가 엑스박스를 발표한 이후 마이크로소프트는 자사의 콘솔이 컴퓨터 게임을 하기 위해 고안된 헐벗은 PC라는 루머와 싸워왔습니다.

---

150 이후 이 추정치는 580만 대로 수정되었다.

모두가 사업 동향에 만족했어요. 예상 매출이 충족되었고, 기자들은 게임 출시의 초기 평을 잘 써주고 소비자의 반응도 꽤 좋았죠.

소니가 [FPS] 브러시로 우리를 그렸을 때 당황한 사람은 아무도 없었어요. 마이크로소프트가 일인칭 슈팅 게임만 만든다는 이미지를 떨쳐버리는 데 도움이 될 수많은 콘텐츠 작업을 퍼스트파티 직원들이 열심히 해내고 있었습니다.

– 피트 페더슨

엑스박스 카탈로그에는 일인칭 슈팅 게임이 지나치게 많이 포함되어 있지만, 엑스박스가 일인칭 슈팅 게임보다는 슈팅 게임 전반에 특화된 게임기라는 표현이 더 정확할 것입니다. 2006년 엑스박스 360의 상위 다섯 게임 중 두 개는 일인칭 슈팅 게임인 〈톰 클랜시의 고스트 리콘 어드밴스드 워파이터Tom Clancy's Ghost Recon Advanced Warfighter〉(일인칭 또는 삼인칭 시점에서 플레이 가능)와 〈콜 오브 듀티 3〉였습니다. 그해의 1위인 〈기어스 오브 워〉도 슈팅 게임이지만 삼인칭 시점에서 플레이되었습니다. 한편 2위는 〈매든 NFL 07〉이었습니다.

마이크로소프트는 베스트셀러 열 개 중 세 개가 슈팅 게임이 아닌 EA스포츠 타이틀임에도 불구하고 엑스박스 360이 단순한 슈팅 게임기가 아니라는 것을 대중에게 증명하기 위해 고군분투했습니다. 게이머들이 마이크로소프트에 대해 이야기할 때는 흔히 〈헤일로〉가 언급되었습니다. 〈매든 NFL〉과 〈FIFA 사커FIFA Soccer〉 토너먼트가 엑스박스에서 플레이되었다는 것은 게이머들에게 중요하지 않았습니다.

한편 소니컴퓨터엔터테인먼트는 플레이스테이션 2와 함께 최고의 한 해를 보냈습니다. 콘솔 회사가 대부분의 수익을 소프트웨어 판매로 얻었기 때문에[151] 성과를 판단하는 가장 좋은 방법은 게임 판매였습니다. 일반적인 분석 자료는

---

151 닌텐도는 이 원칙의 드문 예외였다. 대부분의 수익이 게임 판매에서 창출되었지만 닌텐도는 하드웨어 판매에서도 소소한 이익을 얻었다.

20만 장 이상 판매된 게임 수입니다. 2006년에 20만 장 이상 판매된 게임은 게임큐브용이 19개, 엑스박스 360용이 32개, 플레이스테이션 2용이 95개였습니다. 플레이스테이션 2의 상위 10대 게임은 평균 119만 6,000장이 팔리고, 엑스박스 360의 경우 평균 83만 장이 팔렸습니다.[152]

마이크로소프트의 비밀

빌 게이츠가 엑스박스 360을 들고 있는 사진이 『타임』 표지에 실렸어요. 사진 속에서 파워 인디케이터가 그의 한쪽 눈을 가렸더군요. 물론 그건 진짜 엑스박스가 아니라 화보 촬영을 위해 만든 더미 유닛이었어요. 결국 촬영 후 포토샵으로 처리했죠. 이상하게도 사진 속에서 빌이 들고 있던 엑스박스 360에는 죽음의 붉은 링이 그려져 있더라고요.

–피트 페더슨

엑스박스 360의 과열은 로비 바흐와 피터 무어가 주장한 것처럼 단순한 문제가 아니었습니다. 사실 엑스박스 360의 상당수가 불량이었고 그 수가 계속 증가했습니다. 과열 문제는 머지않아 터질 시한폭탄과도 같았는데, 그렇게 된다면 마이크로소프트는 수십억 달러를 또 날리게 될 터였습니다.

계획 중 일부는 '2005년에 반드시 출시하는 것'이었고, 또 다른 계획은 하드웨어 생산 비용을 낮추기 위해 새로운 파트너와 협상하는 것이었습니다. 당시에는 좋은 아이디어였지

---

152 이는 미보정 통계 자료이다. 많은 미보정 통계가 그렇듯 이 자료는 당시 콘솔 라이브러리의 크기와 같은 모든 상황을 고려하지 않았다. 플레이스테이션 2 라이브러리는 당시 엑스박스 360 라이브러리보다 기하급수적으로 더 컸다. 또한 이 통계는 시장의 규모도 무시했다. 전 세계적으로 플레이스테이션 2 소유자와 엑스박스 360 소유자의 비율이 거의 15 대 1이었다.

만 진행 과정에서 큰 문제가 불거졌죠. 그 가운데 하나는 죽음의 붉은 링과 관련이 있었습니다.

- 딘 다카하시

2005년 연휴 기간 동안 엑스박스 360의 공급에 제동이 걸렸던 이유 중 하나는 조립 라인에서 나오는 엄청난 불량률이었습니다. 바흐와 무어가 수많은 인터뷰에서 지적했듯이, 특히 실리콘이 들어갈 때 발생하는 불량률은 제조 공정에서 기본적인 부분입니다. 10~20%의 불량률은 아주 유별난 일이 아니었지만, 엑스박스 360의 조립 라인에서 발생하는 불량률은 훨씬 더 심각했습니다.

2005년 8월에 인터뷰했던 한 엔지니어는 손을 들고 "생산 라인을 멈춰야 합니다"라고 말했습니다. 하지만 생산 라인이 멈추지 않았습니다. 100대 중에서 32대라니 엄청나게 나쁜 결과입니다.

마이크로소프트는 빠른 출시를 위해 손실을 감수했지만 이게 매우 좋지 않다는 것을 알고 있었죠. 제조업을 잘 아는 사람이라면 32대 중 상당수가 현장에서 고장 난다는 것을 알고 있습니다.

- 딘 다카하시

공장 기술자들은 포장하기 전에 콘솔을 연결하고 테스트했습니다. 콘솔을 조립하는 중국 회사는 이러한 현장 테스트 결과를 마이크로소프트에 보고했습니다. 결과는 좋지 않았습니다. 콘솔 제작 중에 일반적으로 발생하는 결함 비율보다 훨씬 높은 결함 비율이었습니다. 작동하는 콘솔만 포장해 배송하고, 나머지는 수리해서 '리퍼브' 콘솔로 판매하기 위해 따로 모았습니다.

작동하는 하드웨어는 안정적이고 시장에 나갈 준비가 된 것처럼 보였지만, 높은 고장률의 조립 라인에서 나오는 것이라 작동하는 콘솔조차 의심스러울 지경이었습니다.

마이크로소프트 게임스튜디오의 책임자인 나는 당시 고위 경영진의 일원이었어요. 그래서 나는 그들이 문제의 정도를 파악하고 잘 처리하기 시작했을 때 그 이야기를 들었죠.

그곳에 있는 동안 우리가 그렇게 실존적인 위기에 직면했었다고 생각하지는 않아요. 물론 그와 그의 팀으로서는 정말 힘든 시기였겠지만요.

－셰인 김

근본 원인을 규명하기가 쉽지 않은데, 무엇이 문제의 원인이고 실제로 사안이 얼마나 광범위한지 파악하기 위해 발 빠르게 맹렬히 노력하는 사람이 많았습니다.

－피트 페더슨

레드먼드로 돌아온 엑스박스 팀은 문제의 원인을 알아내기 위해 분주히 움직였습니다. 그들은 실리콘과 회로를 점검하고 또 점검했습니다. 그러나 마이크로소프트는 소니의 선두 자리를 위협하기 전까지는 엑스박스 360의 생산을 멈출 수 없었습니다.

그들은 2005년 11월 출시를 위해 여름 내내 생산량을 늘렸습니다.

때로는 제조상의 문제를 식별하는 데 90일이 걸리기도 합니다. 정말 문제를 해결했는지 확인하기 위해 칩 설계를 수정한 후 공장에서 다시 돌려보려면 몇 달이 걸리고요.

만약 당신이 꼭대기에 있는 로비 바흐이거나 빌 게이츠 또는 스티브 발머라면 그걸 보고 이렇게 생각할 거예요. '우리는 지난번에 늦었기 때문에 전쟁에서 졌어. 만약 이걸 해결하기 위해 연기하고 휴가철 이후로 미룬다면 또 다른 재앙이 될 거야.'

그래서 그들은 멈추지 않기로 했습니다.

－딘 다카하시

수십 개, 수백 개, 수천 개의 콘솔이 고장 났습니다. 사람들은 전원 버튼을 에워싼 네 개의 표시등 중 세 개가 빨간색으로 변했다고 설명했습니다. 표시등이 빨간색으로 바뀌자 콘솔이 작동을 멈추었습니다. 고장 난 콘솔을 TV에서 분리해도 문제가 해결되지 않았습니다. 플러그를 뽑아도 마찬가지였습니다. 전원 버튼을 에워싼 표시등이 빨간색으로 바뀌면 콘솔이 작동하지 않았습니다.

확실히 죽음의 링이 전원 버튼에 있었어요. 빨간 링이 계속 도는 것은 콘솔이 망가졌다는 것을 나타냈죠.

－피터 무어

인터넷에서 사람들이 이 현상을 '죽음의 붉은 링'이라고 부르기 시작했습니다. 그러나 마이크로소프트의 경영진은 대부분의 고객이 엑스박스 360에 만족하며 시스템 장애가 이례적이라는 당론을 고수하라는 지시를 받았습니다. 당시 『새너제이 머큐리 뉴스San Jose Mercury News』에 기고하던 딘 다카하시가 마이크로소프트의 토드 홀름달 부사장에게 이 상황에 대해 질문하자 홀름달은 문제가 심각하다는 것을 완강히 부인했습니다.

다카하시: 우리가 일곱 대의 기계를 사용한 남자한테 듣고 쓴 불만 사항 중 일부를 보셨을 거예요. 아직도 문제가 있다는 글이 블로그에 많이 올라옵니다. 엑스박스 360의 품질이 좋지 않다는 실제 사용 후기가 많습니다.
홀름달: 우리는 그 콘솔이 매우 자랑스럽습니다. 우리는 대다수 사람들이 좋은 경험을 하고 있다고 생각합니다. 그들이 구매하는 게임 수, 액세서리 수, 라이브 이용률을 보세요. 그들은 그 박스를 좋아해요. 그들은 그 박스를 계속 구매하죠.
그렇긴 하지만 우리는 어떤 고객 문제라도 아주 심각하게 받아들입니다. 우리는 이러한 것들을 매우 깊이 계속 들여다보고 있습니다. 우리의 고객 서비스 정책에 몇 가지 변화가 있음을 확인하셨죠?
다카하시: 아직도 그게 정상적인 콘솔 반품률이라고 말씀하시나요?
홀름달: 대다수 사람들이 그것에 정말 만족한다고 반복해서 말씀드리고 싶

군요.

다카하시: 나는 정상적인 반품률이라는 것에 대해 다양한 설명을 들었습니다. 어떤 사람들은 2%가 정상이라고 하고, 3~5%가 정상이라는 사람들도 있더군요. 다시 그 질문으로 돌아가서, 엑스박스 360이 그 비율에 속하는지, 아니면 또 다른 정상 비율이 있는지 설명해줄 수 있나요?

홀름달: 우리는 실제 수치를 공개하지 않습니다.

다카하시: 기존 엑스박스에 비하면 정상인가요?

홀름달: 그것에 대해서도 언급하지 않을 겁니다.

다카하시: Wii, 플레이스테이션 3나 다른 콘솔과 비교해볼 때 이 제품이 제대로 안 돌아간다는 일화적인 증거가 뜻하는 것은 무엇일까요?

홀름달: 대다수 사람들이 엑스박스 360을 가지고 하는 경험을 좋아한다고 또다시 말하고 싶군요. 우리는 모든 문제를 사례별로 계속 거슬러 올라가서 해결하고 있습니다. 저기 밖에는 항의하는 소수 집단이 있고, 우리는 가능한 한 신속하게 문제를 해결하려고 노력 중입니다.

다카하시: 시장에 300만 대가 출시되었을 때 콘솔 무덤이 있다고 말하는 사람들이 있었습니다. 그것은 생산량 대비 상당히 높은 불량률을 시사하는 것 같습니다. 이에 대해 설명해줄 수 있나요?

홀름달: 우리의 생산에 대해서는 이야기하지 않겠습니다.[8]

불량률이 계속 치솟았습니다. 불량 엑스박스 360의 비공식적인 대표 희생자가 된 얼리어답터 크리스 샤레크와 같은 사람들에 대한 이야기가 인터넷을 통해 퍼졌습니다. 샤레크가 구입한 엑스박스 360이 불량이었는데, 교환한 유닛도 불량이었고 또 교환한 유닛도 불량이었습니다. 마이크로소프트가 엑스박스 360에 과열 문제가 있다고 공식적으로 인정하기까지 샤레크는 콘솔 세 대를 소비했습니다.

우리는 문제의 원인을 조사하기 시작했습니다. 처음에는 정말 몰랐습니다. 매우 복잡했고, 마더보드에서 무슨 일이 일어나는지, CPU 또는 GPU와의 상호 작용에 신경을 썼습니다.

내 기억에 EU의 요구 사항 때문에 땜질에 무연 납을 사용했는데, 그로 인해 뭔가 문제가 있는 게 아니냐는 시각이 있었죠. 확실히 그 당시에 장치가 뜨겁게 달아올랐고, 팬이 부족하거나 팬의 방향이 올바르지 않았을 수도 있습니다.

– 피터 무어

죽음의 붉은 링에는 칩 제조업체에서 제공하는 비지정 메모리, 마더보드에 그래픽 칩 고정 시 제대로 작동하지 않는 무납 땜질 등 여러 가지 문제가 있었습니다. 칩 설계와 관련된 열 문제가 있었습니다.

– 딘 다카하시

많은 사람이 메인보드가 뒤틀릴 정도로 과열되는 그래픽 칩 탓으로 돌릴 수도 있지만 불량의 원인은 그뿐만이 아니었습니다. 그로 인해 불량 솔더 조인트가 응력을 받아 기계의 수명 초기에 고장을 일으켰으며, 엑스박스 360은 땜질에 납을 사용하는 것을 금지하는 유럽의 새로운 환경 표준을 충족해야 하는 최초의 제품 중 하나이기도 했습니다.[9]

엑스박스 최고 책임자인 로비 바흐는 또다시 낭패를 겪었습니다.

닌텐도의 비밀

닌텐도 DS로 제안을 시작하기도 전에 나는 점점 더 위기감을 느꼈어요. 게임 개발의 역사를 통틀어 패미컴 이후로 게임 컨트롤러 메커니즘이 더욱더 정교해졌죠. 게임을 그만뒀거나 게임을 해본 적이 없는 사람들은 컨트롤러를 보고 그것을 만져보기도 전에 게임 플레이가 너무 어렵겠다고 느꼈을 거예요.

– 이와타 사토루

닌텐도의 이와타 사토루 회장은 2005년 E3에서 직사각형 껍데기 외에는 레볼루션[153]에 대해 많이 밝히지 않았습니다. 심지어 그는 다음과 같이 말하면서 자신이 이상하게 행동했다고 속이기까지 했습니다. "우리 기술의 발전은 게임 플레이와 직접적인 관련이 없는 영역과도 관련이 있을 것입니다. 기이한 설명이라는 걸 나도 알아요."

프레젠테이션에서 이와타는 역사상 모든 게임 시스템은 TV와 '연결된' 콘솔과 '연결된' 컨트롤러였으며, 이는 콘솔 사업 전체가 주기적인 것처럼 보이게 한다고 언급했습니다. 그러면서 그는 신제품이 나올 것이라고 약속했습니다.

만약 콘솔 제조업체 중에서 새롭고 혁신적인 것을 제공하는 데가 있다면 바로 닌텐도일 것입니다. 조이스틱을 D 패드로 교체한 것을 시작으로 닌텐도는 혁신적인 컨트롤러를 만들어온 오랜 역사를 가지고 있습니다. 또한 되도록 마지막 순간까지 혁신을 숨기는 오랜 역사도 있습니다.

E3의 인터뷰에서 이와타는 레볼루션의 컨트롤러가 시중에 나와 있는 제품과 다를 것이라고 기자들에게 장담했습니다. 그리고 그는 때때로 신제품에 대한 은밀한 단서를 흘리기도 했지만 도쿄 게임쇼에서 비로소 그것을 드러냈습니다. 9월 15일, 마이크로소프트가 엑스박스 360 출시 계획을 발표한 그날 밤, 이와타는 마침내 레볼루션의 다소 혁신적인 컨트롤러를 공개했습니다.

게임 인구를 확대하려면 베테랑 게이머들을 만족시킬 수 있는 게임을 제공해야 하는 것이 당연합니다. 그와 동시에 지금 비디오 게임을 하지 않는 사람들이 '할 수 있다', '만지고 싶다'고 할 만한 새로운 제안도 필요하다고 봅니다. 여기서 가장 중요한 것은 컨트롤러 인터페이스입니다.

— 이와타 사토루

---

153 옮긴이_Wii를 말한다.

이와타는 "게임 컨트롤러를 양손으로 잡아야 한다는 통념을 무시하고 시작했다"면서 TV 리모컨과 어렴풋이 닮은 한 손 컨트롤러가 등장하는 영상을 보여주었습니다. 플러스 모양의 D 패드와 상단에 버튼 하나, 하단 근처에 작은 버튼 두 개, 후면에 방아쇠 컨트롤이 있는 컨트롤러였습니다. 옆으로 잡는 새 컨트롤러의 버튼 레이아웃에는 오리지널 NES 게임패드의 제어 방식이 많이 반영되었습니다.

영상에는 새 컨트롤러를 들고 있는 의외의 게이머들이 등장했습니다. 탁구를 치는 젊은 커플, 컨트롤러를 칼처럼 들고 가상의 채소를 써는 남자, 비발디의 〈사계〉에 맞춰 지휘자처럼 즐겁게 컨트롤러를 휘두르는 우아한 노부부였습니다.

새로운 컨트롤러의 모양에서 빠진 한 가지는 닌텐도가 닌텐도 64로 대중화한 아날로그 엄지 패드였습니다. 이어지는 영상에서는 아날로그 엄지 스틱이 달린 컨트롤러가 등장했는데, 이 보조 장치는 짧은 줄로 첫 번째 컨트롤러에 연결되었습니다.

이와타가 소개한 영상은 행복하고 익살맞고 가족 친화적인 닌텐도만의 분위기를 보여주었습니다. 할아버지와 손자가 가상 낚시를 하는 모습, 네 가족이 좁은 소파에 앉아 생일 파티를 하는 모습, 10대 소녀 셋이 가상 파리를 쏘기 위해 컨트롤러를 사용하는 모습이 담겨 있습니다. 영상에 등장하는 모든 사람이 완전히 몰입해 즐기고 있었는데, 이 영상에서 부족한 점은 게임 장면이었습니다.

모두를 위한 새로운 스타일링 라인, 누구나 직관적으로 이해할 수 있는 새로운 컨트롤 스타일을 만들겠다는 목표를 실현하기 위해 우리는 오늘날의 컨트롤러와 크게 다른 디자인을 고안했습니다. 또한 보시다시피 플레이 스타일도 대담하게 혁신했습니다.

– 이와타 사토루

앞으로 몇 달 동안 사람들은 닌텐도의 새로운 컨트롤러를 단순히 '모션 트래킹'으로 치부할 테지만, 이는 컨트롤러의 기능을 너무나도 과소평가한 것이었습니다. 그것은 플레이어의 움직임을 추적하는 것 이상을 했는데, TV 화면과 관련된 움직임도 추적했습니다. 컨트롤러에는 세 개의 축을 따라 움직이는, 속도를 감지하는 선형 가속도계가 있고, 컨트롤러의 상단과 TV 화면 사이에 구슬을 그리는 적외선 다이렉트 포인팅 장치도 있었습니다. 간단히 말해서 플레이어의 움직임뿐만 아니라 플레이어의 목표도 추적했습니다.

닌텐도의 새로운 컨트롤러에 대한 초기 반응은 매우 다양했습니다. 엑스박스 팀은 공개적으로는 태연해 보였습니다. 피터 무어는 이와타의 발표에 대해 질문을 받았을 때 "그것은 모션 트래킹 컨트롤러입니다"라고 말하며, 1998년에 마이크로소프트가 〈모토크로스 매드니스〉 출시와 동시에 내놓은 모션 트래킹 게임패드인 프리스타일 프로를 언급했습니다. 하지만 이후의 인터뷰에서 로비 바흐는 닌텐도의 새로운 컨트롤러에 허를 찔렸다는 사실을 인정했습니다.

그들이 Wii를 처음 시연했을 때 나는 도쿄 게임쇼에 있었고, "저게 조만간 문제가 되겠네"라고 혼잣말을 했습니다.

— 로비 바흐

서드파티 퍼블리셔가 플랫폼에 들어오도록 유도하거나, 퍼스트파티 게임이 플랫폼의 기능을 제대로 보여주도록 하는 것은 항상 콘텐츠에 관한 것이었습니다.

80%가 콘텐츠 관련 토론이었죠? 여기 게임이 있어요. 게임이 더 나아질까요? 더 멋져 보일까요? 더 잘 플레이할 수 있을까요? 독점 콘텐츠인가요?

나는 닌텐도가 Wii를 처음 공개한 자리이자 로비 바흐가 팀을 모은 발표회를 기억합니다. 우리 모두는 그들의 발표를 보고 실시간으로 분석하려고 모였죠. 약 100명의 직원과 에이전시 사람들 앞에서 그는 마치 코치처럼 이렇게 말했습니다. "자, 여러분, 내가 본 것과 이게 의미하는 바는 이렇습니다. 우리가 할 일은 다음과 같습니다. 그들은 사용자 인터페이스로 흥미로운 일을 몇 가지 해냈더군요. 콘텐츠가 좀 괴이하지만 닌텐도를 경쟁 상대에서 절대 제외하지 마세요."

— 피트 페더슨

소니의 비밀

2005년 E3에서 공개된 소니의 콘솔은 현실이라기에는 너무 좋아 보였습니다. 일부 비평가들이 소니가 수치를 부풀렸다고 비난하는 등 성능 사양의 정확성에 대한 논쟁이 있었습니다. 그러나 구타라기 겐이 발표한 사양은 대부분이 정확했습니다. 제대로 프로그래밍된 플레이스테이션 3의 셀 프로세서는 소니의 수치를 충족하거나 초과하기도 했습니다. 심지어 소니가 발표한 기준점이 너무 낮아서 전체 부동 소수점 성능 부분을 수정해야 했습니다.

플레이스테이션 3의 GPU인 RSX 칩은 예상보다 약간 느렸지만 1,080p 고해상도 게임까지 지원했습니다. 발표한 바와 같이 플레이스테이션 3의 오디오 지원에는 DTS와 돌비 5.1 채널 사운드가 모두 포함되었고, 약속대로 블루레이 디스크 플레이어가 있었습니다. 사실 플레이스테이션 3를 구매하는 것은 블루레이 디스크 플레이어를 얻는 가장 저렴한 방법이었습니다. 더블레이어 블루레이 디스크는 DVD 용량의 거의 여섯 배에 달하는 최대 50기가바이트를 저장할 수 있었습니다.

하드웨어에 관한 약속은 몇 가지를 제외하고 대부분이 이행되었습니다. 소니는 두 개의 HDMI 포트를 약속했으나 하나만 제공했습니다.[154] 플레이스테이션 3는 '혁신적인' 셀 프로세서 및 블루레이 드라이브를 비롯해 블루투스와 기타 기술을 갖추고 있었습니다. 더 비싼 엑스박스 360 번들의 추가 장치인 무선 컨트롤러와 하드드라이브 등이 모든 플레이스테이션 3의 표준 장비로 제공되었습니다.

기술 면에서 플레이스테이션 3는 하드웨어에 얽매이지 않았습니다. 마치 소니의 이사회가 구타라기 겐에게 세계 최대 전자제품 상점의 열쇠와 백지 수표

---

154 소니는 플레이스테이션 3 번들을 두 종류로 출시했다. 499달러짜리 번들의 콘솔에는 HDMI 포트, 와이파이 지원, 메모리 스틱 및 SD 카드 또는 콤팩트 플래시용 입력 기능이 없었다.

를 넘겨준 것 같았습니다. 그의 새로운 콘솔은 최신 오디오, 비디오와 연결성 기술을 선보였습니다.

그들은 게임보다 영화와 스테레오에 대해 더 많이 이야기하고 있었죠. 그들은 마법 소스가 될 셀 칩에 대해 이야기를 많이 나누고 블루레이에 대해서도 이야기했어요. 그들은 이렇게 말했습니다. "다른 이에게 없는 블루레이를 우리는 가지고 있습니다. 그리고 우리에게는 가장 좋은 셀 칩도 있는데, 이는 우리의 게임이 여러분을 놀라게 하리라는 것을 의미합니다."

– 로비 바흐

언론이 보도한 내용을 돌이켜보면 핵심은 닌텐도가 아이들에게 더 좋고, 엑스박스는 엑스박스 라이브로 최고의 온라인 경험을 제공하며, 플레이스테이션 3는 가장 강력하다는 것이었습니다. 하지만 내가 개발자들과 이야기해본 바로는 아무도 플레이스테이션이 더 강력하다고 말하지 않았어요. 개발하기 쉽다는 것만이 문제가 아니었죠. 플레이스테이션 3보다 엑스박스 360의 게임 성능이 뛰어났을 뿐이에요.

플레이스테이션은 몇 가지 구성 요소의 사양이 매우 높았지만 실제로 그러한 기술 사양을 달성하기란 거의 불가능했습니다. 그러나 소니는 홍보와 스토리텔링의 환상적인 조합으로 인식을 조작하는 데 매우 능숙했죠.

– 마이크 피셔

플레이스테이션 3 하드웨어는 대부분 광고된 대로 제작되었지만, 2005년 E3에서 구타라기와 회사가 시연했던 모든 게임은 그렇지 않았습니다.

2006년 E3에서 플레이된 〈포뮬러 원〉 데모는 1년 전 소니가 보여준 사실주의 영화와 거의 유사하지 않았습니다. 7세대 하드웨어 표준에 의해 그래픽이 실망스러웠을 뿐만 아니라 플레이스테이션 2 게임과 비교해도 특별히 인상적이지 않았습니다. 2005년에 남코는 멋진 〈철권〉 데모로 E3를 거의 사로잡았습니다. 1년 뒤에는 파이터의 눈에 있는 하이라이트와 피부의 미묘한 질감이 사라졌습니다.

E3 데모 비평가들이 가장 면밀히 질문한 것은 〈헤븐리 소드Heaveny Sword〉와 〈킬존 2〉였습니다. 〈킬존 2〉의 경우 의심의 여지가 많았습니다. 2005년에 공개된 데모는 군인들이 떼를 지어 이야기하거나 순찰하는 퀵타임 동영상을 주로 보여주었습니다. 소니 경영진은 이 동영상이 실제 게임 내 장면이라고 설명했지만, 결국 실제 게임이 아니라 RSX 칩의 대표적인 기능인 애니메이션이 포함된 동영상이라는 뜻의 '타깃 렌더링'이라고 인정했습니다.

마침내 소니가 출시한 〈킬존 2〉의 그래픽은 2005년 데모 릴의 그래픽과 완벽하게 일치하지는 않았지만 큰 차이가 없었습니다. 그렇지만 이 게임은 플레이스테이션 3의 수명 주기가 시작된 지 3년이 지난 2009년까지도 출시되지 않았습니다.[155] 반면에 〈헤븐리 소드〉는 모양새와 플레이가 데모와 똑같았습니다.

〈메탈 기어 솔리드 4〉를 작업한 첫 주 동안, 동료들이 처음 개봉한 플레이스테이션 3 개발 키트를 깊이 파고들기 시작했을 때 그들의 얼굴에 드러났던 큰 실망감을 나는 결코 잊지 못할 거예요.

일반 대중과 마찬가지로 고지마 팀은 놀라운 차세대 하드웨어에 대한 소니의 과장을 믿었어요. 그러나 플레이스테이션 3를 통해 픽셀을 실제로 밀어넣었을 때 모두가 실망했죠. 그 팀은 하드웨어 개발이 어려울 것이라는 경고를 미리 받았지만 결과가 얼마나 나쁠지는 전혀 몰랐거든요.

－라이언 페이턴

몇 가지 예외를 제외하고 2006년 E3에서 소니가 시연한 게임은 2005년 데모 릴이 보여주었던 최첨단 모양새가 아니었습니다. 몇몇 개발자는 플레이스테이션 3 아키텍처와 당시 가장 인기 있었던 게임 엔진인 에픽게임스의 언리얼 엔진 3 간의 호환성 부족에 직면했습니다.

---

155 새로운 하드웨어용 게임 프로그래밍과 관련된 학습 곡선은 항상 존재했다. 이 곡선은 플레이스테이션 2에서 특히 가파른 형태를 띠었고, 플레이스테이션 3는 훨씬 더 복잡한 프로세싱 아키텍처가 특징적이었다. 일반적으로 설계자는 수명 주기가 3년차가 되었을 때 하드웨어로 다루는 방법을 터득했다.

GamesIndustry.biz의 마크 안드로비치 기자는 2008년 인터뷰에서 에픽게임스의 마이클 캡스 사장에게 언리얼 엔진 3를 사용해 플레이스테이션 3 게임을 만드는 것과 관련된 광범위한 불만 사항에 대해 물었습니다. 이에 캡스는 소니가 개발한 엔진을 비롯해 다른 어떤 엔진보다도 언리얼 엔진 3로 제작된 플레이스테이션 3 게임이 더 많다고 반박했습니다. 그는 다음과 같이 덧붙였습니다.

공손하게 말씀드리자면 플레이스테이션 3는 PC 플랫폼을 직접 흉내 낸 것이 아니기 때문에 더 기발한 플랫폼이에요. 열심히 사용해서 소비해야 하는 엄청난 파워가 있죠. 반면 엑스박스 360은 매우 유사한 세 개의 프로세서와 GPU가 있기 때문에 쿼드코어 PC와 훨씬 더 비슷해 보입니다.[10]

에픽게임스를 세운 팀 스위니는 2005년 E3의 프레젠테이션에서 군인이 안드로이드 로봇과 싸우는 극적인 언리얼 엔진 기술 데모를 보여주면서 두 달 만에 그것을 만들었다고 주장했습니다. 그가 청중에게 말하길, "빠른 작업이 가능했던 건, 우리의 PC 개발 경험이 풍부하고 이 모든 지식을 플레이스테이션 3에 즉시 적용할 수 있었기 때문입니다." 이제 그가 회사를 운영하기 위해 고용한 사람은 플레이스테이션 3를 'PC 플랫폼에서 직접 지도를 보는 것'이 아니라고 설명했습니다. 기술 시연에서 게임 설계의 핵심으로 옮겨 가는 과정에서 무언가 빠진 것 같았습니다.

구타라기는 시스템 설계에 게임 개발자를 참여시킬 필요가 없다고 생각했습니다. 그렇게 플레이스테이션 3가 만들어졌고, 여러분은 플레이스테이션 3가 얼마나 성공적이었는지 아실 겁니다.

– 요시다 슈헤이(소니 인터랙티브엔터테인먼트 월드와이드스튜디오 전 사장)[11]

플레이스테이션 3에는 잠재력이 큰 처리 능력이 있었는데, 문제는 이를 활용하는 것이었습니다. 스위니는 이전에 데모를 두 달 만에 이식할 수 있었지만, 그는 업계에서 가장 뛰어난 개발자 중 한 명이라는 것을 알아야 합니다.[156]

게임 분야의 또 다른 엘리트 개발자인 마크 서니는 플레이스테이션 3 게임 프로그래밍이 보람 있는 도전이라고 설명했습니다. 그 근원을 살펴봅시다. 서니는 열일곱 살 때 아타리의 오락실 게임 부서에 들어가기 위해 UC 버클리를 떠나, 열여덟 살 때 1980년대 중반의 가장 상징적인 게임 중 하나인 〈마블 매드니스Marble Madness〉를 기획했습니다. 세가에 몸담은 동안 하드웨어 설계에 대한 관심이 커진 그는 결국 플레이스테이션 비타, 플레이스테이션 4, 플레이스테이션 5 수석 설계자가 되었습니다.

플레이스테이션 3에서 내 역할은 하드웨어 아키텍처에 노하우를 전수하기 위해 노력하는 게임 제작자였습니다. 나는 개인적인 관점상 플레이스테이션 3에서 본 것이 좋았어요. 그것은 여러분이 열심히 연구할 수 있는 진정한 도전을 보여주었죠. 근시안적으로 보았을 때 초창기에는 꽤 재미있었어요.

내가 깨닫지 못한 점은 플레이스테이션 3에서 그래픽을 만드는 지적 퍼즐이 히트 게임 제작과 큰 관련이 없다는 것이었습니다. 사실 방해가 될 수도 있었어요.

– 마크 서니

스위니의 인상적인 성공에도 불구하고 플레이스테이션 3는 특히 프로그래밍하기 어렵기로 정평이 나 있었습니다. 그래서 그해 말에 콘솔이 출시될 예정이었던 소니는 2005년 보여준 기술 데모에 비해 실제 플레이가 조잡해 보이는 수준이더라도 E3 행사장에 게임을 놓을 수밖에 없었습니다.

---

156 언리얼 엔진 수석 설계자인 팀 스위니와 둠 엔진 수석 설계자인 존 카맥은 종종 PC 게임의 위대한 기술 선지자로 분류되었다. 엔비디아와 ATI 같은 회사는 그들의 견해를 지원하기 위해 특별히 그래픽 프로세서를 설계하곤 했다.

플레이스테이션 3는 매우 빠르고 전문화된 하드웨어와 SDU를 갖춘 프로그래머의 놀이터였지만 너무 어려웠어요. 반면에 엑스박스 360은 컴퓨터를 위한 프로그래밍 같아서 접근하기가 훨씬 더 쉬웠죠.

모든 플랫폼, 특히 새로이 등장한 초기 플랫폼은 도구 세트가 뒤따르고 컴파일러가 항상 구식이며 특정한 상황에서만 작동합니다. 작업하기가 정말 힘들어요. 그것은 마치 누군가가 자동차 인에 들어가는 작은 장치에 C를 써서 만드는 임베디드 프로그래밍 같은 느낌이죠. 하지만 엑스박스 360의 프로그래밍은 전혀 그렇지 않았어요. 도구가 훌륭했습니다.

— 라이언 피트리(EA, 마이크로소프트 스튜디오, 더보이드 전 게임 디자이너)

2006년 3월 15일, 구타라기는 플레이스테이션 3가 11월에 전 세계에 출시되고, 소니는 매달 100만 대를 출하할 것이라고 발표했습니다. 그러나 정확한 출시 날짜와 가격은 E3까지 발표되지 않았습니다.[157] 나중에 한 기자는 그 상황을 "그때 그 빌어먹을 것이 혼란을 야기했다"고 묘사했습니다.

구타라기는 2006년 E3의 기자회견에서 비교적 짧게 두 차례 모습을 드러냈습니다. 소니컴퓨터엔터테인먼트 아메리카의 CEO인 히라이 가즈오는 대개 매끄러웠던 기존의 프레젠테이션에 비해 진행 속도가 느리고 형편없이 꾸며진 프레젠테이션의 진행을 맡았습니다.

콘퍼런스는 전 세계 게이머들이 플레이스테이션 3를 빨리 손에 넣고 싶어 하는 이유를 설명하는 3분짜리 동영상으로 시작되었습니다. 이는 게임 디자이너, 프로그래머, 기업 임원의 인터뷰가 아니라 길거리에서 진행된 시답잖은 인터뷰였습니다.

다음으로 폴리포니스튜디오의 대표인 야마우치 가즈노리가 곧 출시될 〈그

---

157 소니의 가격이 완전히 고지되지 않았던 것은 아니다. 2006년 4월 6일, 소니컴퓨터엔터테인먼트 유럽의 조르주 포르네 부사장은 유럽 1 라디오에서 인터뷰를 할 때 다음과 같이 말했다. "콘솔 가격이 보통 500유로 이하라는 것은 사실입니다. 우리는 그 가격대에 판매할 겁니다. 기계의 게임 측면만 본다면 많이 비싼 것 같지만 통합될 기술을 고려하면 매우 저렴한 거죠." 소니 측 대변인은 포르네의 발언이 잘못 번역되었으며, 그가 블루레이 디스크 플레이어로서 플레이스테이션 3의 상대적 가치에 대해 언급한 것이라고 재빨리 대응했다.

란 투리스모 HD〉에서 트랙을 달리는 자동차를 시연했습니다. 이 게임은 멋진 풍경, 다양한 차량, 사실적인 그래픽이 인상적이었습니다.

E3 기자회견에서는 가장 기대되는 블록버스터조차도 10분 이상 프레젠테이션을 진행하지 않습니다. 그날 일찍 클리프 블레진스키는 마이크로소프트의 기자회견에서 〈기어스 오브 워〉를 소개하는 데 8분을 썼습니다. 닌텐도는 〈젤다의 전설: 황혼의 공주〉를 8분 동안 시연했습니다. 사실 〈그란 투리스모〉는 소니의 특징적인 시리즈 중 하나였지만, 그렇다고 해서 야마우치가 〈그란 투리스모 HD〉를 시연하는 데 15분이나 소비한 것이 정당화될 수는 없었습니다.

히라이 가즈오는 '우리가 숨 쉬는 공기처럼 플레이스테이션 3에 필수적인 것'이라고 묘사한 소니의 온라인 네트워크 전략에 대해 설명하기 위해 무대로 돌아왔습니다. 그는 엑스박스 라이브와 구독료를 우회적으로 비난하면서 다음과 같이 말했습니다. "우리의 목표는 단순히 게임을 하는 장소를 넘어 가상 사회 또는 커뮤니티를 만드는 환경을 제공하는 것입니다. 또한 개방형 플랫폼을 유지한다는 철학에 따라 이러한 기본 서비스를 사용자에게 무료로 제공할 것입니다."

그 후 두 시간짜리 프로그램이 시작된 지 100분이 지나자 구타라기는 마침내 플레이스테이션의 새로운 6축 컨트롤러(식스액시스)를 공개하기 위해 무대에 올랐습니다. 그는 재킷에 컨트롤러를 숨기고 있었습니다.

식스액시스는 닌텐도의 새 지팡이보다는 마이크로소프트의 예전 프리스타일 프로처럼 작동하는 모션 트래킹 컨트롤러에 가까웠습니다. 이는 오른쪽 손잡이에 네 개의 버튼이, 왼쪽 손잡이에 네 개의 버튼으로 이루어진 D 패드가 있고 중앙에 두 개의 아날로그 엄지 패드가 있는 일반적인 플레이스테이션 컨트롤러처럼 생겼습니다.[158] 식스액시스는 프리스타일 프로와 마찬가지로 플레이어가 컨트롤러를 기울이고 비틀고 회전할 때의 움직임을 추적했습니다.

---

158 소니는 모션 트래킹 장비를 넣을 공간을 확보하기 위해 솔레노이드 진동 기능을 제거했다.

소니컴퓨터엔터테인먼트는 게임패드에 관한 한 닌텐도를 어깨 너머로 훔쳐보는 오랜 전통이 있었습니다. 닌텐도는 닌텐도 64에 아날로그 스틱과 럼블 팩을 도입했고, 소니는 이 두 가지를 재빨리 차용했습니다. 비록 소니가 공식적으로 인정하지는 않았지만, 대부분의 사람들은 이와타가 지난 도쿄 게임쇼에서 레볼루션 컨트롤러를 공개한 직후 구타라기가 식스액시스에 대한 아이디어를 얻었다고 추측했습니다.[159]

두 시간에 걸친 기술 및 게임 시연과 초청 연사의 설명이 끝난 후 히라이는 남은 몇 분 동안 플레이스테이션 3 출시 세부 사항을 공개했습니다. 〈그란 투리스모 HD〉를 시연하는 데에는 15분이 걸렸지만 히라이는 2분도 안 되는 시간에 날짜와 가격을 대충 훑었습니다.

오늘 플레이스테이션 3 출시 세부 사항을 발표하게 되어 기쁩니다. 플레이스테이션 3는 60기가바이트 하드드라이브 디스크, 20기가바이트 하드드라이브 디스크라는 두 가지 구성으로 제공됩니다.

플레이스테이션 3는 2006년 11월 11일에 일본에서 출하될 것입니다. 20기가바이트짜리는 5만 9,800엔에 판매할 예정이며, 60기가바이트짜리는 소매업체가 책정하는 공개 가격이 될 것입니다.

북미에서는 2006년 11월 17일에 소매점에서 구입할 수 있습니다. 20기가바이트짜리는 미국에서 499달러, 캐나다에서 549달러에 판매할 예정이며, 60기가바이트짜리는 미국에서 599달러, 캐나다에서 659달러에 판매할 예정입니다.

유럽과 호주에서는 2006년 11월 17일에 출시될 것입니다. 20기가바이트짜리는 499유로에, 60기가바이트짜리는 599유로에 판매할 예정입니다(부가가치세 포함).

– 히라이 가즈오

---

[159] 닌텐도 경영진은 자사의 컨트롤러를 소니가 또다시 차용했다는 것을 예사롭게 받아들였다. 소니가 식스액시스를 공개했다는 소식이 알려지자 닌텐도 아메리카의 기업 커뮤니케이션 담당 임원인 페린 캐플런은 이렇게 말했다. "그들은 완전히 달라요. 우리 제품을 사용해본 사람들은 새로운 경험이라는 것을 알게 될 거예요." 소니가 아이디어를 훔쳤다고 생각하느냐는 질문에 캐플런은 상냥한 미소를 지으며 어깨를 으쓱하면서 오래된 구절을 인용했다.

히라이가 매우 서둘러 끝낸 발언에는 200만 대 출시 준비, 그해 말까지 200만 대 추가 출시, 3월 말까지 200만 대 추가 출시라는 계획이 포함되어 있었습니다. 그는 뒤에 있는 스크린에 나타난 긴 회사 목록에서 주요 퍼블리싱 파트너 몇몇을 지명하면서 마무리 지었습니다. 가격과 날짜까지 발표한 히라이는 감사 인사를 하고 마쳤습니다.

499달러짜리 보급형 플레이스테이션 3는 하드드라이브와 무선 컨트롤러를 갖춘 프리미엄 엑스박스 360보다 100달러 더 비쌌습니다. 그래서 히라이의 최종 발표에 비추어볼 때 소니의 '무료' 온라인 서비스는 무료로 느껴지지 않았습니다.

소니컴퓨터엔터테인먼트 아메리카의 전 대표인 스티브 레이스는 플레이스테이션 1이 299달러에 판매될 것이라고 발표하면서 최초의 E3에서 새로운 콘솔의 가격을 책정했습니다. 그 후 구타라기는 플레이스테이션 2의 가격을 299달러로 책정해 소비자의 의식에 그 가격을 새겼습니다. 이에 세가가 399달러에 출시한 새턴은 그 결과가 참담했습니다.

대규모 E3 사전 콘퍼런스의 대미를 장식한 소니의 행사는 늦게 끝났습니다. 청중이 강당을 나설 때 밖이 어두웠습니다. 기자들이 삼삼오오 모여 LA 컨벤션센터로 돌아가는 버스를 기다렸는데, 몇몇은 가격에 망연자실한 듯했습니다. 하지만 마을 건너편에는 축배를 드는 다른 무리가 있었습니다.

가격이 499달러이고 프리미엄 버전은 599달러입니다. 누군지 기억은 안 나지만 방청석에서 우리 중 한 무리가 듣고 있었어요. 가격에 대한 말을 듣고 나는 믿지 못했죠.

"그들이 정말 그렇게 말했나요? 좋아요. 시작합시다. 게임 시작!"

입바른 소리를 하려던 건 아니에요. 충격적이었다고요.

우리의 관점에서 그것은 우리가 수행한 많은 계획을 입증했습니다. 그들이 그 가격에 내놓을 것이라고는 예상하지 못했지만, 우리는 그들이 2005년을 놓칠 것이며 셀 칩이 복잡하고 비쌀 것이라고 생각했어요. 또한 우리는 블루레이가 비싸다고 생각했죠.

- 로비 바흐

소니가 모든 가격을 발표한 그날은 우리에게 좋은 하루였어요. 나는 그들이 '가격이 어떻든 다음 플레이스테이션을 사겠다'로 소비자의 욕구를 잘못 판단했다고 생각합니다. 일반적으로 다들 그렇듯이 그들은 초기에 많은 돈을 잃지 않기 위해 노골적으로 가격을 책정했죠. 내 생각에 그들은 자사 브랜드가 가격 책정 영역의 모든 문제를 이겨낼 수 있다고 과신한 거예요. 내 기억에 상한가가 599달러였어요.

그들이 콘솔 가격을 너무 비싸게 매겼나요? 당연하죠. 도움이 되었나요? 내 기억으로는 출시 후 가격이 급격하게 떨어졌어요.

- 피터 무어

출처: 저자

〈파이널 판타지〉 시리즈의 감독이자 선구적이었던 비운의 영화 〈파이널 판타지〉의 감독인 사카구치 히로노부

출처: Square Pictures/Columbia Pictures

영화 〈파이널 판타지〉에 등장하는 아키 로스 박사는 밍나 웬이 목소리만 연기하고 그 외에는 디지털로 제작되었다.

플레이스테이션 2는 엑스박스보다는 덜 강력하고 게임큐브보다는 더 강력했음에도 불구하고 기술 강자로서 역대 가장 많이 팔린 콘솔이다.

플레이스테이션 3 사전 행사에 참석한 소니 아메리카의 사장 겸 CEO인 히라이 가즈오와 소니의 CEO이자 플레이스테이션의 아버지인 구타라기 겐

스타 파워: 닌텐도가 유명한 게임 디자이너인 미야모토 시게루만 띄워주고 소니는 세컨드파티, 서드파티 스튜디오에 크게 의존하던 시절에 세가는 드림캐스트를 지원하는 준독립적 퍼스트파티 스튜디오를 아홉 개 두고 있었다. 이러한 이점을 강조하기 위해 세가는 각 스튜디오의 수장을 기념하는 인물 카드 세트를 만들어 E3 파티에서 배포했고, 사람들은 이들에게 사인을 요청할 수 있었다.

세가의 CEO인 피터 무어는 미국에 플레이스테이션 2가 출시된 이후 드림캐스트를 홍보하기 위해 전국의 주요 언론인을 만났다.

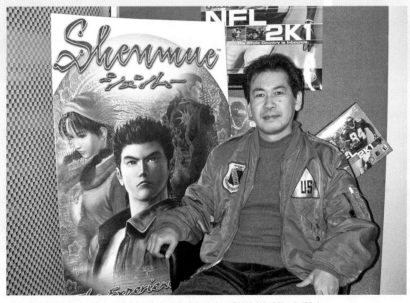

세가 아케이드의 레전드인 스즈키 유는 당시 가장 비싼 비디오 게임인 〈쉔무〉를 제작했다.

〈슈퍼 마리오 선샤인〉에서 FLUDD 장치를 장착한 슈퍼 마리오. 게이머들에게 존경받는 〈슈퍼 마리오 64〉의 영적 후속작인 〈슈퍼 마리오 선샤인〉은 종종 《슈퍼 마리오 브라더스 2》를 제외하고 가장 맥 빠진 슈퍼 마리오 어드벤처로 꼽힌다.

출처: 닌텐도

게임큐브에 데뷔하기 위해 새롭게 디자인된 어린 링크는 그를 '셀다'라고 부르는 반대파를 불러일으켰지만 〈젤다의 전설: 바람의 지휘봉〉은 유명한 고전 명작이 되었다.

출처: 닌텐도

우스꽝스럽고 도시락처럼 생긴 '인디고' 색깔의 게임큐브

출처: The Vanamo Online Game Museum

출처: 닌텐도

〈대난투 스매시 브라더스 DX〉는 현란한 액션과 인기 캐릭터로 게임큐브용 게임 베스트셀러 1위에 올랐다.

엑스박스의 아버지인 에드 프리스, 로비 바흐, J 앨러드

대안 컨트롤러 디자인 모델 및 스케치와 1세대 엑스박스

타임스퀘어에서 엑스박스 출시 행사를 진행하는 빌 게이츠

번지가 만든 〈헤일로: 전쟁의 서막〉은 몰입감 넘치는 그래픽과 정교하게 제련된 멀티플레이어 슈팅 게임으로서 큰 성공을 거두었고, 너무 유명해진 나머지 엑스박스는 단순한 〈헤일로〉 재생 장치'라는 조롱을 받았다.

2014년 영국 아카데미 게임상 시상식에서 함께한 〈GTA〉의 거장: 락스타게임스의 샘 하우저, 에런 가벗, 댄 하우저, 레슬리 벤지스

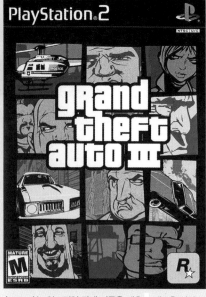

〈GTA III〉는 압도적인 판매 기록을 세우고 새로운 성인 고객층을 끌어들였다.

〈GTA〉는 베티 매콜럼 하원의원, 조지프 리버먼 상원의원, 데이비드 월시 박사 등 비디오 게임 폭력 감시단을 격분시키기도 했다.

갤로핑고스트아케이드를 설립한 독 맥(왼쪽에서 두 번째)과 아케이드 고전인 〈나르크〉 제작자들(〈램페이지〉를 만든 브라이언 콜린, 〈큐버트^{Q*Bert}〉를 만든 워런 데이비스, 〈로보트론: 2084〉를 만든 유진 자비스)

갤로핑고스트아케이드에 모인 〈모탈 컴뱃〉 출연진: 존 패리시(잭스), 카를로스 페시나(레이든), 브라이언 글린(샤오 칸), 리처드 디비치오(케이노, 바라카, 카발, 콴 치), 앤서니 마르케스(쿵 라오), 대니얼 페시나(조니 케이지, 스코피온). 필립 안 박사(상 청), 케리 호스킨스(소냐 블레이드), 리아 몬텔롱고(신델), 살 디비타(나이트울프, 섹터), 시리즈 아티스트/캐릭터 디자이너 존 포겔

'크면 클수록 좋은' 현 오락실 게임 시대의 성공작인 로스릴스의 〈스페이스 인베이더: 프렌지〉와 〈헤일로: 파이어팀 레이븐〉

핀란드의 통신 대기업인 노키아는 N-게이지라는 휴대폰/휴대용 게임기를 내놓았으나 처참하게 실패하고 말았다.

플레이스테이션 포터블(PSP)은 기술적으로는 경이로웠으나 결국 닌텐도의 기발한 DS에 밀렸다.

출처: 저자

닌텐도의 CEO인 레지널드 피서메이는 자신감 넘치고 막말하는 '레지네이터' 페르소나로 컨벤션을 휩쓸었다.

출처: Keizo Mori/Alamy

2009년 기자회견에서 DSi를 소개하는 닌텐도의 이와타 사토루 사장과 미야모토 시게루

선글라스를 쓰고 긴 머리에 검정 가죽 재킷을 입고 있는 〈데드 오어 얼라이브〉 제작자 이타가키 도모노부

〈데드 오어 얼라이브〉에 등장하는 카스미의 실물 크기로 만든 다키마쿠라가 미국 언론에 보도되어 세계적인 파문이 일었다.

엑스박스 360을 위한 마이크로소프트의 출시 파티(제로 아워)가 캘리포니아 팜데일 부근의 거대한 비행기 격납고에서 열렸다.

플레이스테이션 3 독점 블록버스터인 〈메탈 기어 솔리드 4: 건즈 오브 더 패트리어트〉의 스크린숏. 50기가바이트의 이 거대한 게임은 더블레이어 블루레이 디스크로 발매된 최초의 게임이다.

2006년 E3에서 턱시도를 입은 미야모토 시게루가 〈Wii 뮤직〉
을 공개하면서 위모트로 지휘하고 있다.

코드명 레볼루션이 처음에 Wii로 공개되었을
때 다들 비웃었지만 Wii는 닌텐도에 또 다른
대성공을 안겨주었다.

Wii는 매우 인기 있는 〈Wii 스포츠〉와 그 밖
의 게임에서 플레이어가 자신을 나타낼 수
있는 아바타인 Mii를 만들도록 장려했다.

EA와 3DO를 설립한 트립 호킨스

액티비전블리자드의 CEO인 보비 코틱은 적대적 인수합병으로 액티비전을 장악하고 미디어 대기업으로 키워냈다.

〈록 밴드Rock Band〉의 멀티플레이어 게임 플레이와 값비싼 주변 장치는
리듬 게임 열풍의 정점을 상징했다.

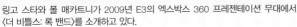

링고 스타와 폴 매카트니가 2009년 E3의 엑스박스 360 프레젠테이션 무대에서
〈더 비틀스: 록 밴드〉를 소개하고 있다.

명작 〈메탈 기어 솔리드〉 시리즈의 고지마 히데오 감독

자신이 제작한 세가 드림캐스트 컬트 명작 〈스페이스 채널 5〉의 울랄라 카드를 들고 있는 미즈구치 데쓰야

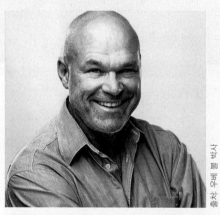

영화감독, 레스토랑 경영자, 최고 기업가인 우베 볼 박사는 비디오 게임을 기반으로 한 여러 영화를 집필·제작·감독했다.

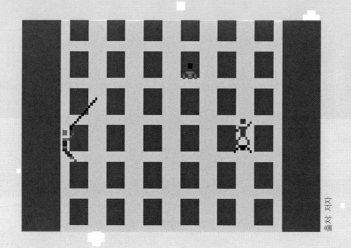

아타리의 〈스파이더맨〉(1982년, 위)과 마블의 〈스파이더맨〉(2018년, 아래)

비틀스의 초기 헤어스타일과 블루그래스 장르 음악에 대한 사랑, 느긋한 스타일의 미야모토 시게루는 닌텐도 회장이 그를 '아티스트'로 영입했을 때 버리는 카드처럼 보였다. 미야모토는 이후 동키콩, 링크, 요시, 피크민과 나중에 마리오로 개명된 대담한 목수 '점프맨'을 만들었다.

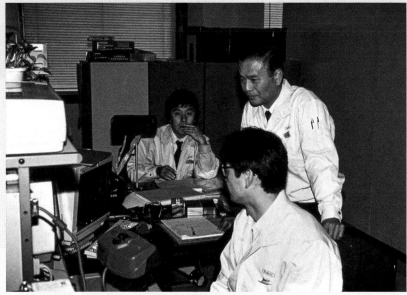

닌텐도 개발부장이자 닌텐도 하드웨어 철학의 사제인 고故 요코이 군페이(가운데)와 팀원들

"레볼루션을
원한다고 했나?"

그들은 장난감 사업을 하고 있어요. 그들의 사업 모델은 우리와 너무 달랐죠.
─로비 바흐

명함 속의 나는 회사 사장입니다. 내 머릿속의 나는 게임 개발자입니다. 하지만 내 마음속의
나는 게이머입니다.
─이와타 사토루[160]

당신이 보여주기 전까지 자신이 원하는 것이 무엇인지 모르는 사람이 많습니다.
─스티브 잡스(애플 공동 설립자)[1]

---

160 2005년 게임 개발자 콘퍼런스에서의 연설 중 했던 말이다.

하늘이 돕는 닌텐도

닌텐도라는 이름의 의미를 완벽히 알 수는 없습니다. 야마우치 히로시조차도 그 의미를 확신하지 못한다고 인정했습니다. '행운을 하늘에 맡기세요'라는 익히 알려진 해석은 닌텐도의 역사를 감안할 때 적절함 그 이상인 것 같습니다.[161] 많은 게임 회사가 운 좋게 돌아가지만 닌텐도는 정말로 신의 섭리에 따라 이끌리는 것처럼 보였습니다.

나는 야마우치 히로시가 악마와 거래를 한 것 같다고 늘 생각했어요. 죽음의 문턱을 마주할 때마다 빙글 돌아서 그 불운을 장외로 넘겨버리니까요.

NES가 수명을 다하고 슈퍼 NES의 출시가 아직 몇 년이나 남았을 때 나온 게임보이는 환상적인 교두보 역할을 했어요. 게임보이의 인기가 사그라들기 시작하자 무슨 일이 일어났을까요? 〈포켓몬스터〉가 나왔죠.

－마이크 피셔

야마우치 세키료 닌텐도 회장은 1949년에 뇌졸중으로 쓰러진 후, 손자인 히로시에게 법대를 중퇴하고 가업인 화투 사업을 물려받으라고 했습니다. 이것은 단순히 경영권을 넘겨주는 문제가 아니라, 히로시를 합법적인 상속자로 만들기 위해 그를 입양하는 것을 의미했습니다.[162]

천성적으로 허풍스럽고 야심차며 안절부절못하는 성격의 야마우치 히로시는 화투 공장을 운영하는 데 만족하지 않고 디즈니 테마의 놀이 카드 제작 라이선스 계약을 체결했습니다. 야망이 있었던 그는 성에 차지 않자 시간 단위로 방을 빌려주는 러브호텔을 열고 다른 서비스 사업을 탐구했으며, 레고 같은 빌딩

---

161 브라이언 애슈크로프트는 닌텐도라는 이름의 의미와 어원에 대한 흥미로운 토론을 기록했다. "닌텐도는 아마도 당신이 생각하는 의미가 아닐 것이다."(코타쿠, 2017년 8월 3일)
162 일본에서는 다 큰 성인을 입양하는 경우가 드물지 않다.

블록을 짓기 시작했습니다. 야마우치는 슈퍼파워라고도 묘사할 만한 숨은 기술을 가진 끈질긴 사업가였습니다. 그는 다른 사람들의 숨겨진 능력을 감지할 수 있었습니다.

야마우치가 피뢰침이었음은 의심의 여지가 없습니다. 하지만 번개를 끌어들이는 것이 다른 사람들에게는 치명적일지 몰라도 하늘은 야마우치를 도왔습니다. 그의 첫 번째 발견 중 하나는 온화하고 비밀을 지닌 조립 라인 정비공 요코이 군페이였습니다. 그는 전형적인 일본 회사원으로, 일에 방해되지 않는 선에서 취미 생활을 즐기는 충실한 직원이었습니다. 그의 취미는 장난감 만들기였습니다.

요코이를 고용한 지 1년이 지난 어느 날, 야마우치는 그에게 닌텐도용 장난감을 발명해달라고 부탁했습니다. 이 순간이 바로 게임앤드워치, HVC-012, 게임보이, 게임보이 어드밴스로 이어지는 전설의 시작이었습니다. 요코이는 전자공학을 전공했지만 장난감 제작자의 사고방식으로 카드부터 장난감, 아케이드 게임, 콘솔, 휴대용에 이르기까지의 진화를 거쳐 닌텐도를 이끌었습니다. 그는 20년 전에 닌텐도를 떠났지만, 닌텐도가 2017년에 스위치를 선보였을 때 그의 흔적이 곳곳에 남아 있었습니다.

요코이는 닌텐도를 새로운 방향으로 이끌면서 클레이 사격용 점토 비둘기나 쓰러지는 장난감 총잡이와 같이 태양 전지로 작동하는 목표물에 광선총을 쏘는 아이디어에 흥미를 느꼈습니다. 태양 전지를 제조할 파트너를 찾던 그는 샤프전자에 갔다가 우에무라 마사유키라는 유쾌한 엔지니어와 함께 일하게 되었습니다. 자신이 본 것에 감명을 받은 요코이는 우에무라를 영입해 그를 가르쳤습니다. 마침내 우에무라는 자기 팀을 꾸릴 준비를 갖추고 닌텐도의 두 번째 연구 개발 팀인 R&D2의 책임자가 되었습니다.

요코이의 R&D1이 게임앤드워치용 LCD 게임을 만드는 동안 우에무라의 R&D2는 라이트건 장난감을 설계했습니다. 다시 한번 야마우치 히로시의 가호가 우에무라의 숨겨진 전자 기술 능력을 발굴해냈습니다. 야마우치가 아타리의

〈퐁〉과 유사한 가정용 콘솔을 개발하라고 지시하자 우에무라의 팀은 컬러 TV용 콘솔 다섯 가지를 내놓았습니다. 이는 〈퐁〉처럼 회로에 컬러 TV 게임이 내장되어 있었습니다. R&D2의 다음 프로젝트인 패밀리 컴퓨터, 즉 패미컴은 세상을 바꿔놓았습니다.

닌텐도에는 대학에서 반도체 기술을 공부한 다케다 겐요도 있었습니다. 닌텐도의 엔지니어들 사이에서 그는 이상한 퍼즐 조각이었습니다. 요코이는 전자 제품을 이해하는 장난감 제작자였고, 우에무라는 유머 감각이 뛰어나고 디자인을 좋아하는 전자공학자였습니다. 한편 다케타는 인텔이나 IBM의 개발 팀에서 볼 수 있는 근엄하고 진중한 마음가짐을 가지고 있었습니다. 그가 이끈 R&D3는 〈펀치아웃〉을 비롯한 몇 가지 게임을 만들었지만, 다케다는 재미로 게임을 하지도 않고 게임을 좋아한다고 말한 적도 없으며, 비디오 게임이 단지 유행일 뿐이라고 밝힌 적도 있었습니다.

다케다가 IBM이나 마이크로소프트와 같은 회사에서 경력을 시작했다면 최첨단 프로세서를 부지런히 따라다녔을지도 모르지만, 운명은 그를 요코이 군페이 밑으로 데려갔습니다. 다케다의 R&D3는 닌텐도 64를 시작으로 닌텐도의 콘솔 디자인 팀이 되었습니다. 2000년에 야마우치는 기술 전문성을 반영하기 위해 R&D3를 통합 연구 개발 부서로 개칭했습니다. 이름이 바뀐 지 얼마 지나지 않아 이 팀은 코드명이 레볼루션인 프로젝트를 시작했습니다.

닌텐도의 가장 유명한 천운은 야마우치가 대학을 갓 졸업한 미야모토 시게루를 직감적으로 고용한 것이었습니다. 미야모토는 요코이처럼 장난감을 설계하고 싶었습니다. 야마우치는 그를 특별한 역할 없이 '아티스트'로 고용했습니다. 숨겨진 재능을 다시 한번 감지한 야마우치는 밴조를 연주하는 청년의 짓궂은 미소에서 형언할 수 없는 마법을 발견했습니다. 미야모토에게 '아티스트'라는 애매한 직군을 부여함으로써 그가 원하는 부서로 옮길 수 있도록 문을 열어두었습니다.

미야모토의 직무에 대한 설명은 지금까지도 다소 모호합니다. 그는 게임 기획으로 가장 유명하지만, 현재는 게임을 제작하는 팀을 관리하는 책임자를 맡고 있습니다. 고이즈미 요시아키는 〈슈퍼 마리오〉를 넘겨받았고, 아오누마 에이지는 〈젤다의 전설〉 시리즈를 제작합니다.

미야모토의 업무에는 하드웨어 설계 지원도 포함됩니다. 그는 사람들이 게임을 즐길 수 있는 새로운 방법에 대해 다케다와 논의하고 IRD는 그것을 실현합니다. 순전히 천운으로 닌텐도의 선구적인 게임 디자이너는 닌텐도의 뛰어난 엔지니어와 협업할 수 있게 되었습니다.

야마우치의 행운은 흔히 지나치곤 하는 곳에서 또 다른 기회를 맞았습니다. 닌텐도 64가 출시된 1996년에 69세가 된 야마우치는 은퇴 계획을 고민하기 시작했습니다. 그는 자신을 대신할 임원을 신중하게 고려했습니다. 사위이자 닌텐도 아메리카의 사장인 아라카와 미노루가 논리적인 선택 같았지만 야마우치와 아라카와는 관계가 그다지 좋지 않았습니다. 또한 미야모토는 닌텐도에서 가장 빛나는 스타였지만 임원이 아닌 아티스트였습니다.

야마우치를 대체할 가능성이 가장 큰 후보는 모리 요시히로였습니다. 그러나 2000년에 야마우치는 기획 부서를 운영하기 위해 오랜 퍼블리싱 파트너인 하루연구소의 이와타 사토루 사장을 영입했습니다.[163] 이와타는 닌텐도에 입사한 지 얼마 되지 않았지만 야마우치의 뒤를 이어 닌텐도의 사장이 되었습니다.

밝고 느긋하며 뻔뻔한 괴짜에 부정할 수 없는 게임 혈통을 지닌 이와타는 나이 든 회장을 대신할 완벽한 남자였습니다. 야마우치는 자신을 빼닮은 사람을 택하는 대신 정반대인 사람을 택했습니다. 그와 이와타의 유사점은 일 중독자라는 것뿐이었습니다. 야마우치는 폭군이라는 평판을 받았지만 이와타는 말을 부드럽게 했습니다. 야마우치는 복불복을 식별하는 능력을 지녔으나 비디오 게임을 좋아하지 않고 프로그래밍에 대해 전혀 몰랐습니다. 반면에 이와타는 타고난 게이머이자 숙련된 프로그래머였습니다. 또한 야마우치는 일터와 가정생활에서

---

163 얄궂게도 사내 아티스트인 미야모토 시게루 또한 처음으로 기획 업무에 배정되었다.

호전적인 성향을 드러냈지만, 이와타를 아는 사람들은 그를 상냥하다고 묘사하곤 했습니다.

레지널드 피서메이와 마찬가지로 이와타는 닌텐도 팬층을 흥분시키는 능력을 가지고 있었습니다. 마이크로소프트와 소니의 경영진은 분석가 및 비즈니스 커뮤니티와 더 잘 소통했습니다. 이와타가 E3의 프레젠테이션에서 내놓은 근본적인 메시지는 "마리오 팬 여러분, 저는 여러분 중 한 명입니다"였습니다.

귀한 초대

2004년, 이와타 사토루는 기자를 교토로 초대했습니다. 이때까지 그는 2년 동안 닌텐도의 사장이었고 이듬해에 야마우치 히로시의 뒤를 이어 이사회 회장이 되었습니다.

그날의 만남에서는 이와타가 손님에게 선물을 주는 등 편안한 분위기였습니다. 당시에 닌텐도는 한정판 패미컴 20주년 기념 게임보이 어드밴스 SP를 출시했는데, 그중 1,000개는 흰색이 아니라 금색이었습니다. 홀로그램 포켓몬 카드나 윌리 웡카의 골든 티켓처럼 골드 패미컴 SP는 일반 패미컴 SP와 동일한 포장이라 찾기가 어려워 수집가들 사이에서 귀한 아이템이 되었습니다.

이와타는 "생각이 있어요"라고 기자에게 말하고는 미야모토 시게루를 사무실로 불렀으며, 그의 제안으로 기자는 미야모토에게 SP에 사인을 해달라고 부탁했습니다. 미야모토는 상자 뚜껑에 마리오를 그리고 그 아래에 사인을 해주었습니다.

이와타는 미야모토에게 잠시 있겠냐고 물었고, 세 사람은 미국과 일본의 비디오 게임 산업 현황에 대해 논의했습니다. 몇 분간 대화하다 이와타는 놀라운 발언을 했습니다. "우리 아이들은 닌텐도 64 게임과 게임큐브 게임을 구분하는 데 어려움을 겪어요." 그런 다음 그는 자사의 다음 콘솔에서 개인적으로 보고 싶은 것에 대해 이야기했습니다.

닌텐도는 차세대 콘솔을 개발 중인데, 이를 GC넥스트 또는 GCN이라고 부르겠습니다. GC넥스트의 기능은 과거의 콘솔과 다를 겁니다. 닌텐도가 지금 논의하고 있는 것은 처리 능력을 높이기 위한 최첨단 기술이 아니며, 나와 미야모토, 다케다는 새로운 방식으로 사람들을 즐겁게 하기 위해 무엇을 해야 하는지, 그리고 이를 이루기 위해 우리의 현재 기술에 어떤 기능을 추가해야 하는지에 대해 논의하고 있습니다.

– 이와타 사토루

이 인터뷰는 닌텐도가 레볼루션이라는 콘솔의 계획을 공식적으로 발표하기 한 달 전인 2004년 4월에 이루어졌습니다. 이때 이와타는 보안상의 이유로 레볼루션이라는 명칭도 사용하지 않고 콘솔을 GC넥스트라고 불렀습니다. 이 인터뷰에서 그는 어떠한 구체적인 언급도 하지 않고, 닌텐도가 다음 하드웨어 작업을 시작했다고 모두가 알고 있는 사실을 인정하기만 했습니다. 단, 그 하드웨어는 우선순위가 최첨단 그래픽이 아니라고 했습니다.

이와타는 자기 아이들이 닌텐도 64 게임과 게임큐브 게임의 차이를 구분하지 못한다고 주장할 때 조금은 과장을 해야만 했습니다. 닌텐도 64 리얼리티 시그널 프로세서는 초당 약 10만 개의 폴리곤을 생성했습니다.[164] 그에 비해 게임큐브의 플리퍼 칩은 텍스처, 매핑, Z 버퍼링, 고도로 모델링된 초당 폴리곤 또는 9,000만 개의 원시 폴리곤으로 평가되었습니다. 둘의 성능 차이는 뚜렷했습니다.

닌텐도는 게임큐브와 함께 기술 경쟁에 뛰어들었습니다. 이와타가 인터뷰에서 말하고자 했던 것은 아마도 기자를 교토로 초대한 이유일 것이며, 이는 마이크로소프트와 소니가 경쟁을 할 수 있다고 세상에 알리는 것이었습니다. 이전

---

164 리얼리티 시그널 프로세서의 사양은 게임에 따라 달랐다.

까지 닌텐도는 거의 매번 제외되었습니다.

그런데 닌텐도 64와 게임큐브의 그래픽 차이는 극명했으나 게임큐브와 레볼루션의 차이는 미묘한 정도일 것입니다.

천운을 믿고 날뛰다

> 닌텐도는 최신 기술, 그러니까 분명히 우리가 이용할 수 있는 최고의 기술을 사용할 겁니다. 실제로 문제는 그 기술이 어떻게 사용되느냐예요. 그게 진짜 결론인 것 같아요. 분명히 최고의 그래픽 제작 능력을 갖춘 기계를 선택한다면 가장 크고 좋은 기계를 만들게 될 거예요. 하지만 결국 크고 비싸고 시끄러운 기계가 되겠죠.
>
> – 미야모토 시게루

요코이 군페이는 1997년 10월 4일에 교통사고로 세상을 떠났지만 유산을 남겼습니다. 발명에 관한 한 요코이는 '시든 기술의 수평적 사고'라는 철학을 가지고 있었습니다. 가장 강력한 최신 프로세서를 좇는 대신 그는 기존의 기술, 즉 저렴하고 간과되며 쉽게 숙달할 수 있는 구성 요소를 사용하는 것을 선호했습니다. 요코이가 말하길, "신기술에 대해 더 깊이 생각할 수 없다면 오래된 기술에 대해 더 폭넓게 생각하겠습니다."

아타리가 이미 컬러 휴대용 계획을 발표했음에도 불구하고 '시든 기술의 수평적 사고'라는 요코이의 철학은 1989년에 흑백 게임보이를 출시시켰습니다. 또한 LED 기술과 60년 된 뷰마스터 렌즈 방식을 결합해 버추얼보이를 탄생시켰습니다. 이 콘솔은 실패했을지 모르지만, 소니와 버추얼i-O 같은 회사들이 500달러 이상에 하이엔드 VR 헤드셋을 팔 때 요코이는 179달러짜리로 충분한 3D 경험을 설계했습니다.

25년 동안 요코이와 함께 일한 다케다 겐요는 그만의 수평적 사고와 시든 기술을 최첨단 제품에 통합하는 방법에 대해 모두 알고 있었습니다. 콘솔 제작에서 다케다는 훌륭한 조력자가 되었습니다.

20년 이상 닌텐도의 빛나는 몽상가였던 미야모토 시게루는 닌텐도가 게임을 이끌 새로운 방향에 대한 흥미로운 아이디어를 가지고 있었습니다. 그는 방향을 구상하고 그 아이디어를 다케다에게 설명했습니다. 기술에 대해 거의 모르는 게임 디자이너가 게임에 별로 관심이 없는 엔지니어와 문제없이 협업할 수 있었던 것은 천운입니다.

그리고 이와타 사토루가 있었습니다. 셋 중 진정한 게이머는 이와타뿐이었지만 그는 책임자이기도 했습니다. 미야모토가 구상하고 다케다가 실현하면 이와타가 평가했습니다. 꿈과 기술이 합쳐진 최종 제품을 승인하거나 폐기하는 것이 그의 일이었습니다.

레볼루션은 시든 기술, 게이머의 취향에 대한 예리한 이해, 소수의 꿈이 합쳐진 작품이었습니다. 다음 플레이스테이션은 전작보다 서른다섯 배 강력하다고 구타라기 겐이 자랑하라죠. 레볼루션은 게임큐브보다 세 배나 강력할 것이고 그것만으로도 충분했습니다.

크리스 헤커[자신의 게임 스튜디오를 열기 전에 마이크로소프트를 위해 WinG API를 만든 존경받는 프로그래머]는 Wii가 강력 접착제로 붙인 게임큐브 두 대라는 유명한 말을 남겼는데, 이는 관대한 평가였죠. 실제 성능이 게임큐브 1.5대였으니까요.

－라이언 피트리

2005년 E3는 숫자의 전쟁터였습니다. 마이크로소프트는 엑스박스 360으로 첫발을 내딛었고, 소니는 판돈을 올렸습니다. 한편 닌텐도는 베팅을 거부했습니다.

닌텐도가 정말로 원하는 것은 가족에게 이상적인 콘솔을 만드는 것입니다. 우리는 누구나 쉽게 사용할 수 있는 제품을 만들며, 콘솔 자체 기능을 활용해 고유한 소프트웨어도 만들 수 있죠.

숫자를 내뱉기는 쉽지만, 소프트웨어가 잠재력을 활용하지 않는다면 그 숫자는 의미가 없어요. 실로 숫자는 여기서 다툴 거리가 아닙니다. 우리는 게이머를 위한 최고의 가정용 콘솔을 만들기 위해 노력하고 있습니다.

– 미야모토 시게루

미야모토의 성격은 특이한 문화적 역설을 보여줍니다. 일본 전통에 따르면 그는 매우 충직한 직원이지만 장난기 많은 불량배이기도 합니다. 야마우치 히로시가 그에게 닌텐도에 끝까지 남아 있어야만 받을 수 있는 엄청난 보너스를 약속했다는 오랜 소문이 있습니다. 만약 야마우치가 그에게 닌텐도가 판매한 게임 한 장당 10센트를 주었다면 그는 〈슈퍼 마리오〉로만 2,000만~3,000만 달러를 벌었을 것입니다. 미야모토는 이러한 소문의 사실 여부를 밝히지 않았지만 한 가지는 확실합니다. 그는 변함없이 닌텐도에 충성하고 있습니다.

E3의 인터뷰에서 미야모토는 과거에 대해 자유롭게 말했지만 현재와 향후 프로젝트에 대해서는 대본에 충실했습니다. 그는 게임큐브의 잠재력을 극찬해 왔고, 닌텐도가 처음 게임큐브를 공개했을 때 전혀 우려를 표하지 않았습니다. 그러나 2005년에 이와타가 레볼루션 콘솔이 어떤 모습일지 세상에 보여준 후 미야모토는 게임큐브에 대해 본심을 실토했습니다.

아마도 지금 우리에게 가장 큰 문제는 사람들이 '와, 이거 하고 싶다'라는 생각이 들지 않는다는 겁니다. 컨트롤러가 너무 어려워 보여서 겁을 먹죠.

사실 닌텐도에서는 그것이 플러스 컨트롤러인지 아날로그 스틱인지조차 확신할 수 없습니다. 더 나은 방법은 플러스 컨트롤러일까요? 아날로그 스틱일까요? 나는 오랫동안 컨트롤러 설계 작업을 했는데, 〈젤다의 전설〉 같은 게임에서는 고도의 기능을 갖춘 컨트롤러가 필요하죠.

누군가가 컨트롤러를 보고 '이건 나에게 너무 벅차'라고 생각하는 것은 우리가 정말 안타깝게 여기는 일이에요. 숄더 버튼을 사용하는 것은 아마도 더 작고 어린 플레이어들에게는 어려울 거예요.

다음 콘솔에서는 이런 문제 중 일부를 정말로 해결할 것입니다.

게임큐브로는 아날로그 기능과 L, R 버튼을 이용해 정말 독특한 것을 만들 수 있으리라 생각했지만, 결국 기본적인 게임을 만들었고 완전히 활용하지는 못했습니다.

우리는 레볼루션을 가지고 인터페이스를 활용해 더 흥미롭고 독특한 게임을 만들고자 합니다. 우리가 만들고 싶은 건 사용자가 두려워하지 않으면서도 〈젤다의 전설〉 같은 게임에 사용할 수 있는 거예요. 우리는 이 두 가지 아이디어를 한데 합치는 방법을 찾아야 해요.

— 미야모토 시게루

레볼루션 컨트롤러를 공개하고 나니 이와타가 흥분했던 것 같습니다. 그는 이미 IBM이 만든 CPU 프로세서인 브로드웨이와 ATI가 설계한 GPU인 할리우드의 사양을 공개했습니다. 사람들은 이미 이전 버전과의 호환성, 디스크 매체에 대해 알고 있었습니다. 남은 것은 가격과 출시일뿐이었습니다.

2006년 4월 27일 목요일, 닌텐도는 32초짜리 애니메이션을 공개했습니다. 이 동영상에서는 레볼루션의 지팡이 컨트롤러가 문자 i로 변형되어 더 많은 i로 쪼개진 다음 하나로 결합되어 'Wii'라는 단어를 이루었습니다. 한때 닌텐도 레볼루션으로 알려졌던 콘솔의 이름이 바뀌었고, 닌텐도는 다시 한번 업계를 당황케 했습니다.

그날 아침, 닌텐도 경영진과 홍보 회사인 골린/해리스의 대표들은 기자들에게 전화를 걸어 뉴스를 들었는지 확인했습니다. 새로운 이름에 대한 어리둥절한 반응과 긴 아침 시간을 보낸 후 많은 홍보 팀은 조금씩 그 이름을 이해하기 시작했습니다.

닌텐도의 마케팅 및 기업 커뮤니케이션 담당 임원인 페린 캐플런은 CNN 머니의 크리스 모리스에게 이렇게 말했습니다. "나는 사람들이 과거를 돌아보고 그것이 정착되도록 놔둬야 한다고 생각합니다. 구글이나 아이팟, 냅스터, 야후로 명명되었을 때 사람들은 똑같이 느꼈을 거예요. 일상 대화의 일부가 된 특이한 이름이 많이 있는데, 이제는 그것들이 고유하게 여겨진다고 생각합니다."[2]

우리는 콘솔의 새로운 이름 발표에 대한 정보를 『타임』에 미리 알려줬어요. 그래서 나는 교토에 있는 닌텐도 본사로 가서 레브 그로스먼(『타임』의 전 수석 기자)과 이와타를 만났죠.

기업 커뮤니케이션 책임자인 미나가와[165]가 우리를 마중 나와서 방으로 안내했어요. 큰 방이었는데, 커피 테이블을 사이에 두고 서로 마주 보면서 앉았던 것을 기억합니다.

대단한 사람이었던 이와타가 합류했어요. 자기소개를 한 후 레볼루션과 그 이름 변경에 대해 대화를 나누었죠. 닌텐도가 콘솔의 이름을 바꾼다는 것은 알았지만 새로운 이름이 무엇인지는 전혀 몰랐던 나는 레브와 동시에 알게 되었어요.

이와타는 'Wii'라고 적힌 편지지 크기의 흰색 종이를 들고 새로운 이름을 밝히면서 '위'라고 말했습니다. 나는 처음에 'Wii'가 무슨 뜻인지 몰라서 레브만큼 당혹스러웠지만 이를 드러내지 않으려고 애썼죠. 이와타는 그 단어가 무엇을 의미하는지, 어떻게 생각해냈는지 설명했는데 모두 납득이 되었어요.

– **아일린 태너**(골린/해리스의 전 미디어 감독관)

    'Wii'라는 이름은 포괄적인 의미로 들렸는데, 포괄성은 이 세대와 함께 게임의 주제가 되었습니다. J 앨러드는 엑스박스 360이라는 이름을 설명할 때 게이머가 액션의 중심에 있음을 보여주기 위한 것이라고 말했습니다. Wii라는 이름은 닌텐도의 이전 콘솔과 달리 와이파이가 가능하고 인터넷에 연결할 수 있다는 것을 상기시키는 역할도 했습니다.

    E3가 열리기 한 달 전에 이름을 발표한 것은 현명했습니다. E3가 열릴 무렵에는 그 이름에 대한 말장난, 농담, 비판이 꽤 진부해져서 닌텐도가 컨트롤러에 집중할 수 있는 길이 열렸습니다.

---

165 닌텐도의 기업 커뮤니케이션 책임자인 미나가와 야스히로는 특히 영어를 유창하게 구사했다.

당시에 우리는 프로젝트명인 레볼루션이 더 나은 이름이라고 생각했어요. 나는 Wii라는 이름에 대해 이야기하면서 그 이름이 적절치 않은 데다 농담거리가 될 거라고 생각했던 것을 기억해요. 결론적으로 이름은 문제가 되지 않았죠. 그건 재미있는 기기였어요.

–해럴드 골드버그(뉴욕 비디오 게임 비평가 서클 설립자)

무기력함의 이점

컨트롤러를 손에 쥐기 전까지는 이게 도대체 뭔지 거의 깨닫지 못할 것입니다.

–레지널드 피서메이

닌텐도는 E3의 사전 기자회견에서 다가오는 〈슈퍼 마리오〉, 〈젤다의 전설〉, 〈메트로이드〉의 예고편을 보여주었습니다. 닌텐도 엔터테인먼트 시스템의 출시 타이틀 중 〈익사이트 바이크Excite Bike〉의 준환장판인 〈익사이트 트럭Excite Truck〉과 같은 게임도 있었습니다. 가장 많은 관심을 끈 것은 유비소프트의 〈레드 스틸Red Steel〉과 〈매든 NFL〉이었습니다. 하지만 가장 중요한 Wii 게임은 기자회견이 끝날 때까지 거의 언급되지 않았습니다.

프레젠테이션을 마치면서 이와타 사토루는 게이머와 비게이머 모두를 위한 콘솔을 만드는 데 닌텐도가 중점을 두는 것에 대해 설명했습니다. "가장 어려운 일은 게임을 해본 적이 없는 사람들에게 다가가는 것입니다. 그들에게 접근하려면 여러 가지 벽을 넘어야 하죠." 이와타는 '게이머와 비게이머가 즐겁게 그리고 즉시 서로 경쟁할 수 있는' 게임으로 그 벽을 허물 수 있다고 했습니다. 그러고 나서 그는 "어떤 종류의 게임이 그렇게 할 수 있을까요?"라고 물었습니다.

정답은 E3 당시 테니스, 골프, 야구를 특징으로 하는 간단한 스포츠 시뮬레이션 모음인 〈Wii 스포츠Wii Sports〉였습니다. 처음에 그는 〈Wii 스포츠〉가 무료 번들 게임으로 출시될 것이라고 언급하지 않았고 볼링이나 복싱에 대한 언급도 없었습니다. 〈Wii 스포츠〉는 〈매든 NFL〉과 〈슈퍼 마리오〉보다 덜 중요한 부수적인 것처럼 보였고 아무도 관심이 없었습니다.

피서메이와 미야모토는 청중이 참여하는 마지막 프레젠테이션을 하기 위해 무대에 올랐습니다. 닌텐도는 특별 게스트로 기자회견 참석자 중에서 세 명을 뽑는 추첨을 아메리카 온라인과 함께 진행했습니다. 기자회견이 끝나갈 때 미야모토는 봉투를 열고 당첨자 중 스콧 다이어를 〈Wii 스포츠〉 복식 테니스 게임에 참여시키기 위해 무대 위로 불러들였습니다.

다이어와 미야모토가 한 팀이 되었고 상대는 피서메이와 이와타였습니다. 첫 게임에서 피서메이와 이와타가 너무 빨리 져서 다이어에게 재대결을 해달라고 요청했습니다. 두 번째 게임은 최종전이었지만 역시나 다이어와 미야모토가 이겼습니다.

〈Wii 스포츠〉는 아직 완성된 게임이라기보다는 데모 같았습니다. 플레이어가 직접 만드는 아바타인 Mii는 피셔프라이스 장난감처럼 보였습니다. 심지어 세가의 1999년 드림캐스트 게임인 〈버추어 테니스〉의 가상 선수가 더 인간적으로 보였지만 그것이 요점은 아니었습니다. 〈Wii 스포츠〉의 요점은 최첨단 그래픽이 아니라 단순하면서 세련되지 않은 재미에 관한 것이었습니다.

뭐라고 형용할 수 없는 것이 있었습니다. 닌텐도의 천운이 다시 불꽃을 피우기 직전이었습니다.

나는 Wii가 더 넓은 사업 범위에서 우리에게 문제가 되리라는 것을 알았지만, 회사 간의 격차 때문에 여전히 소니와 경쟁하고 있었습니다. 하지만 나는 처음부터 Wii가 성공할 것이라고 생각했죠.

– 로비 바흐

기자회견 때 〈Wii 스포츠〉가 나올 것이라고 아무도 예상하지 못했지만 그 것은 7세대의 결과에 큰 역할을 했습니다. 단순하고 정교하지 않은 〈Wii 스포 츠〉는 역사상 가장 많이 팔린 단일 플랫폼 게임이 되었습니다.[166]

E3를 앞두고 주요 논점은 소니와 마이크로소프트 중 누가 승리할지에 관 한 것이었습니다. 닌텐도를 막강한 경쟁자로 생각하는 사람은 거의 없었습니다.

결국 우리의 임무는 소니를 이기는 것이었어요. 마이크로소프트는 닌텐도를 보고 비디오 게임 사업에 뛰어든 것이 아니라 소니 때문에 비디오 게임 사업에 뛰어들었거든요.

– 로비 바흐

마이크로소프트나 소니가 Wii와의 경쟁을 심각하게 생각할 이유는 솔직히 없었습니다. 그 이름이 우스꽝스럽고 위모트 컨트롤러는 분명히 눈속임이었습 니다. 심지어 닌텐도는 닌텐도 64 출시 이후 계속 하락세를 보이고 있었습니다.

로스앤젤레스 컨벤션센터의 웨스트 홀에 나란히 자리한 닌텐도와 소니의 거대한 부스는 작고 덜 인상적인 전시품으로 둘러싸여 있었습니다. 마이크로소 프트는 사우스 홀을 캡콤, 코나미, 스퀘어에닉스, EA, 액티비전 등과 공유했습 니다. 1년 전에는 모든 이의 시선이 마이크로소프트에 집중되었으나 2006년에 는 웨스트 홀에 가장 긴 줄이 늘어섰습니다.

4.5미터 높이의 벽으로 에워싸인 2층짜리 요새인 닌텐도 부스의 줄은 그전 부터 결코 짧지 않았습니다. 사람들은 항상 닌텐도 부스 밖에 줄을 섰습니다. 콘 솔 제조업체 중에서 닌텐도는 가장 충성스러운 팬을 보유하고 있었습니다. 게임 큐브의 실패에도 닌텐도는 여전히 게이머들의 주요 목적지였습니다.

그러나 2006년 E3는 달랐습니다. 닌텐도의 긴 줄은 거의 끝이 보이지 않았 고, 사람들은 위모트를 손에 넣기 위해 세 시간이나 기다렸습니다.

---

166 무료 번들 게임인 〈Wii 스포츠〉는 Wii 콘솔과 함께 제공되었으며 8,290만 개가 출하되었다.

그 어마어마한 줄이 기억나요. 닌텐도 부스는 늘 붐볐지만 그 E3에서는 디즈니랜드의 줄처럼 사람들이 엄청나게 늘어섰죠. 나는 그것만으로도 놀랐던 것을 기억합니다.

– 아일린 태너

게임스팟의 라이언 데이비스는 "〈Wii 스포츠〉로 골프를 치는 것은 아마도 우리가 오랫동안 해보았던 가장 간단하고 직관적인 경험 중 하나일 것"이라고 썼습니다.[3] 게임스팟의 또 다른 저자인 사르주 샤는 다음과 같이 말했습니다. "타석에서 한 시간 정도 공을 치고 나면 분명 피곤하겠지만 그게 더 좋을 수도 있어요. 물론 손목을 털어서 컨트롤러를 휘두를 수도 있지만 그렇게 하면 별로 재미있지 않을 거예요."[4]

E3는 문제없이 진행되지 않았습니다. 박람회가 시작되었을 때 닌텐도를 대표하는 아일린 태너는 〈Wii 스포츠 테니스〉를 테스트하기 위해 두 기자를 비공개 방으로 안내했습니다. 기자 중 한 명이 위모트를 너무 열심히 휘두르는 바람에 놓쳐서 날아가 천장에 부딪혔습니다. 누군가가 실수로 컨트롤러를 내던진 것은 그때가 처음이었습니다. 위모트의 공급이 부족했기 때문에 닌텐도는 사용자가 손목을 감쌀 수 있도록 줄을 추가했습니다.

우리는 그것을 플레이한 최초의 언론인입니다. 우리는 〈Wii 스포츠 테니스〉를 했는데, 내 친구가 너무 흥분한 나머지 실제로 테니스를 친다는 생각으로 컨트롤러를 휘두르다 천장에 던져버렸어요. 꽤 볼만한 광경이었고 다소 웃기기도 했죠.

좁고 답답한 방인 데다 좀 더웠고, 뛰어다니면서 테니스를 치기에 쾌적한 장소는 아니었어요. 그러니까 내 말은, 재미있었어요. 더 놀고 싶었죠. 뭔가가 있었어요. 그들은 정말 뭔가를 가지고 있더라고요.

– 해럴드 골드버그

이후에 기자와 마주친 태너는 컨트롤러를 내던진 일에 대해 너무 부끄러워하지 말라고 말했습니다. 그 후 또 다른 시연에서도 같은 일이 일어났습니다.

〈Wii 스포츠〉는 보기 드문 세계적 히트작으로서 E3에서도 화제였고, 최고의 스포츠 게임으로 'E3 게임 비평가 상'까지 수상했습니다. 사실적인 그래픽, 플레이어가 신인 선수를 관리할 수 있는 새로운 슈퍼스타 모드에도 불구하고 〈매든 NFL〉은 팔이 없는 막대기 모양의 아바타 게임인 〈Wii 스포츠〉에 밀려 2위에 머물렀습니다.

플레이어가 광선검처럼 위모트를 휘두르는 〈스타워즈〉에 대한 이야기가 있었지만 2006년에는 그런 게임을 선보이지 않았습니다. 사실 Wii를 이용한 첫 번째 〈스타워즈〉는 2008년에 출시된 멀티플랫폼 게임인 〈스타워즈: 포스 언리시드Star Wars: The Force Unleashed〉였습니다. 〈스타워즈: 포스 언리시드〉의 Wii 버전은 플레이어가 위모트로 광선검을 제어할 수 있었습니다.

닌텐도는 2006년 E3를 강타했습니다. 박람회가 시작되었을 때 사람들은 여전히 그 이름에 대해 농담을 했지만, 첫날 이후 Wii는 새로운 대세 콘솔이 되었습니다. 〈Wii 스포츠〉를 한 번 해본 사람들은 바로 중독되고 말았습니다. 몇몇 기자는 위모트의 모션 트래킹이 〈레드 스틸〉이나 〈익사이트 트럭〉과 같은 게임에서는 〈Wii 스포츠〉처럼 자연스럽게 느껴지지 않는다고 지적했습니다.

닌텐도 부스에 있는 게임다운 게임 중 일부는 Wii를 위해 특별히 기획된 게임만큼 매력적이지 않습니다. 몇 가지 모션 기반 액션이 포함된 전통적인 게임은 이 시스템을 사용하지 않았어요.

– 브래드 슈메이커(게임스팟 전 편집장)[5]

이러한 반론에도 불구하고 대부분의 기자들은 닌텐도의 유행에 기꺼이 편승했습니다. 또다시 닌텐도는 야마우치 히로시가 닌텐도 DS를 가지고 주장했던 것, 즉 새로운 것이 강력한 것보다 나을 수 있음을 증명했습니다. Wii는 또 다른 기술 혁신의 승리처럼 보였습니다.

닌텐도는 10년간의 실패에서 회복할 수 있는 위치에 있습니다. 기술보다는 재미에 초점을 맞추고 게임 및 하드웨어 설계의 혁신을 분명히 보여주며, 특히 DS를 통해 새로운 판매 모멘텀을 누리고 있습니다.[6]

Wii는 또한 예상치 못한 두 팬의 지지도 받았습니다. 마이크로소프트의 인터랙티브 엔터테인먼트 담당 임원인 피터 무어는 로이터 통신에 이렇게 말했습니다. "사람들은 두 개의 콘솔을 살 거예요. 엑스박스를 사고 Wii도 살 겁니다."[7] 무어의 언급에 대해 질문을 받은 소니의 필 해리슨은 이렇게 대답했습니다. "피터 무어가 정확히 옳다고 생각합니다. 닌텐도는 플레이스테이션 3에 이어 소비자가 구매하는 두 번째 콘솔이 될 것입니다."[8]

세계에 제시한 가격

가격이 너무 싼 것 같아요.

─ 구타라기 겐[9]

499달러, 599달러 모델을 내놓은 플레이스테이션 3는 가장 비싼 콘솔이 아니었습니다. 파나소닉은 1993년에 3DO 멀티플레이어를 699달러에 출시했습니다.[167] 3DO는 콘솔 제조업체가 만든 것이 아니라 파나소닉, 금성전자, 크

---

167 인플레이션을 감안하면 가장 비싼 가정용 콘솔은 아마도 네오지오 AES(어드밴스 엔터테인먼트 시스템)일 것이다. 1990년에 출시된 이 제품은 650달러에 판매되었다(인플레이션을 감안하면 이 가격은 2020년 기준으로 1,300달러 이상일 것이다). 또한 네오지오 AES의 게임은 소매 시장에 출시된 게임 중 가장 비쌌다. 네오지오는 교체 가능한 카트리지에 저장된 아케이드 게임을 출시한 것으로 유명한 아케이드 제조업체였다. 최대 300달러에 판매된 AES 게임은 아케이드 히트작과 동일했다.

리에이티브랩스와 같은 제조업체에 기술을 라이선싱했습니다. 터무니없는 가격표가 붙은 3DO는 노후한 슈퍼 NES, 세가 제네시스와 경쟁하기에도 너무 비쌌습니다. 그래서 새턴과 플레이스테이션이 출시되었을 때 3DO에 대한 대중의 관심은 참담했습니다.

499달러짜리 플레이스테이션 3의 코어 시스템은 3DO 멀티플레이어만큼 비현실적으로 가격이 벗어나지는 않았지만[168] 딜럭스 엑스박스 360 번들보다 100달러 더 비쌌습니다. 그러나 E3의 인터뷰에서 구타라기 겐은 "가격이 너무 싼 것 같다"면서 옹호했습니다.

이것은 플레이스테이션 3의 가격입니다. 비싸기도 하고 저렴하기도 하죠. 다른 것과는 비교 불가라 게임기 관점에서 생각하지 말았으면 합니다. 가령 회사 구내식당의 저녁 식사 비용과 고급 레스토랑의 저녁 식사 비용을 비교하는 것은 말도 안 되는 일 아닙니까? 당신이 그 게임기로 무엇을 할 수 있는지에 관한 문제예요. 놀라운 경험을 할 수 있다면 가격은 문제가 되지 않는다고 생각합니다.

플레이스테이션의 가격을 발표했을 때 플레이스테이션 2와 마찬가지로 비싸다고들 했습니다. 하지만 출시되자 둘 다 이전 게임기로는 상상조차 할 수 없는 매출을 올렸죠. 둘 다 이전 게임기로는 얻을 수 없는 경험을 제공했기 때문입니다.

차세대 그래픽, 네트워크를 통한 다양한 서비스 등 전에는 경험할 수 없었던 차세대 게임을 플레이스테이션 3로 경험할 수 있습니다. 플레이스테이션, 플레이스테이션 2와 마찬가지로 게이머들은 틀림없이 구매할 것입니다.

－구타라기 겐[10]

플레이스테이션 2는 확실한 선두 주자로 6세대 동안 결코 흔들리지 않았습니다. 7세대에는 마이크로소프트나 소니가 앞서가는 듯하다가 비틀거리며 상대방을 위한 문을 열어주는 순간이 있었습니다. 마이크로소프트가 프로그래밍하

---

168 3DO가 2006년에 출시되었다면 인플레이션 때문에 924달러에 판매되었을 것이다. 인플레이션을 감안하면 2020년에는 1,176달러에 출시되었을 것이다.

기 쉬운 덜 강력한 시스템으로 승자가 될 것 같았지만, 죽음의 붉은 링 망령이 소니가 다시 앞서 나갈 수 있는 길을 닦아주었습니다. 엑스박스 팀은 연휴 동안 결함 있는 콘솔을 조용히 교체하면서 인터뷰에서는 이 문제를 제조 과정상의 정상적인 일로 다루었는데, 이러한 정책은 소비자의 신뢰를 얻지 못했습니다.

───────────── 👾 ─────────────

부서 간 회의에 참석했는데 영업 운영 계획 회의였던 것 같습니다. 최고 운영자 중 한 명[하드웨어 제조 담당 부서]이 이렇게 말했죠. "일전에 베스트바이에서 어떤 콘솔이 있는지 알아보려고 파란색 셔츠를 입은 직원에게 물어봤어요. 그는 '엑스박스는 결함이 너무 많기 때문에 플레이스테이션이 꼭 있어야 한다'고 말하더군요."

"당신은 이걸 해결해야 해요! 소매업자들이 고객에게 우리 제품을 폐기하도록 어떻게 내버려둘 수 있나요? 당신들은 정신 차려야 해요!"

대릴 포스텔니크[마이크로소프트 미국 소매 판매 담당 전 임원]는 싸움꾼이라기보다는 사랑꾼에 훨씬 더 가까웠어요. 그가 화를 내는 것을 본 적이 없죠. 이렇게 말하기 전까지는요. "나는 지금 빌어먹을 다섯 번째 엑스박스를 맡고 있어요! 이건 우리가 소매업자들을 어떻게 훈련하느냐에 관한 문제가 아닙니다. 망할 놈의 하드웨어 수리부터 시작하세요!"

‒ 마이크 피셔

하드웨어 장애는 문제가 너무 심각해서 무시할 수 없을 때까지 계속 커졌습니다. 2006년 8월, 로비 바흐는 『비즈니스 인사이더Business Insider』와의 인터뷰에서 마침내 상황을 인정했습니다. "그것은 불행히도 우리에게 아무것도 알려주지 않는 세 개의 빨간불입니다. 이유는 알 수 없지만 하드웨어가 '나는 끝냈으니 다시 켜지지 않겠다'고 말합니다. 그게 전부예요."[11]

───────────── 👾 ─────────────

그 문제는 엑스박스 360이 시장에 출시되기 전에 시작되었습니다. 테스트 기계가 준비되지 않았고 테스트 배터리도 완전히 개발되지 않았습니다. 이는 테스트 기계가 생산 라인에서 나오는 엑스박스 360을 검사하고, 결함이 있을지라도 출하를 승인한다는 것을 의미했죠.

테스트 기계 제조업체인 캐나다의 심텍에 지불한 2,500만 달러에서 200만 달러를 삭감한 잘못된 비용 절감 계획 때문에 테스트 기계가 제대로 디버깅되지 않았어요. 마이크로소프트 팀은 테스트 시스템을 구축, 관리 및 디버깅하기 위한 컨설팅 비용을 심텍에 지불하지 않기로 결정했습니다. 이 문제에 정통한 소식통에 따르면 출시 당시에 테스트 기계는 필요한 대수인 1,500중 3분의 1에 불과한 500대 정도였다고 합니다.

테스트 기계의 한 관계자는 다음과 같이 말했습니다. "문제가 너무 많아서 무엇이 잘못되었는지 알 수 없었어요. 테스트 엔지니어가 준비하고 실행할 시간이 충분치 않았어요."

– 딘 다카하시[12]

마이크로소프트는 말 그대로 진퇴양난이었습니다. 문제가 있다는 것을 공개적으로 인정하고 리콜을 하면 연휴 동안의 판매가 위태로워질 테지만, 결함이 있는 콘솔을 밀어붙이는 것은 확실히 브랜드 이미지에도 타격을 줄 것입니다.

2006년 10월, 로버트 델라웨어[마이크로소프트가 콘솔을 테스트하기 위해 고용한 회사인 VMC에서 근무한 하드웨어 테스터]는 마이크로소프트가 테스트 파트너와 얼마나 많은 정보를 공유하고 있는지 우려하면서 엑스박스 라이브 업데이트에 대해 경고했습니다. 그가 말하길, "앞으로 Wii와 플레이스테이션 3가 출시될 것이고, 마이크로소프트는 업데이트 관련 문제로 발생할 수도 있는 불만을 감당할 수 없습니다. 처음부터 정보를 공유하면 업데이트 관련 문제가 발생했을 때 당사의 테스트 프로세스에 대한 비판을 방지하는 데 도움이 될 수 있습니다. VMC가 가장 원치 않는 것은 마이크로소프트가 처음부터 알고 있던 문제에 대해 책임을 지는 것입니다."[13]

연휴 시즌 전 몇 달 동안의 리콜 시스템은 로비 바흐의 '15개월 캠페인'을 수포로 만들었을 것입니다. 마땅한 해결책이 없자 마이크로소프트는 도박을 선택했습니다. 엑스박스 팀은 고객이 결함 있는 콘솔을 수리받기 위해 보낼 수 있도록 기존의 품질 보증을 확장했습니다.

한편 엑스박스 360 라이브러리는 플레이스테이션 3 출시 라인업에 비해 좋은 평가를 받았습니다. 소니의 게임 중 일부는 좋아 보였지만 훌륭하지는 않았습니다. 두 콘솔에서 모두 가능한 〈매든 NFL〉과 같은 게임은 엑스박스 360에서 더 잘 보이고 더 잘 플레이되는 경향이 있었습니다. 에픽게임스는 〈기어스 오브 워〉를 엑스박스 360 전용으로 만드는 데 동의했고, 〈기어스 오브 워〉는 엑스박스 360의 게임이 얼마나 인상적인지를 보여주었기 때문에 소니에 문제가 되었습니다.

2006년 9월 중순에 닌텐도는 Wii의 출시일과 가격을 발표했습니다. 11월 19일에 북미에서, 12월 2일에 일본에서, 12월 7일에 호주에서, 12월 8일에 유럽에서 출시하고 미국에서 249달러, 일본에서 2만 5,000엔, 영국에서 179파운드, 유럽에서 197유로에 판매하겠다고 했습니다. 닌텐도는 〈슈퍼 마리오〉를 NES와 슈퍼 NES에 담았던 초창기의 뿌리로 돌아가 〈Wii 스포츠〉를 Wii와 함께 제공할 것이라고 발표했습니다.[169]

마침내 모든 카드를 공개한 닌텐도는 TV 광고, 잡지 광고, 인터뷰 등 공격적인 마케팅 캠페인을 시작했습니다. 일본에서는 Wii 포스터가 기차역과 상점에 등장했습니다. 플레이스테이션 시리즈의 연장선이었던 플레이스테이션 3와 달리 Wii는 완전히 새로운 제품이었습니다. 닌텐도는 그것이 무엇인지, 무엇을 하는지, 왜 대중이 그것을 원하는지 보여주어야 했습니다.

닌텐도가 전 세계적으로 맹렬한 마케팅 캠페인을 전개하는 동안 소니컴퓨터엔터테인먼트는 일본에서 놀라울 정도로 조용한 태도를 유지했습니다. 플레이스테이션 2와 PSP의 출시에 대한 모든 과대광고 이후에 소니는 플레이스테이션 3 포스터로 도쿄 기차역 몇 군데를 도배하는 것 말고는 더 이상 하지 않았습니다. 구타라기와 그의 팀은 너무 많은 관심을 불러일으키는 것을 주저하는 듯

---

169 〈Wii 스포츠〉를 무료 번들로 제공한 것은 사용자가 컨트롤러와 친숙해지도록 돕기 위한 전략이었을 수도 있는데, 이는 마이크로소프트가 마우스 사용이 익숙해지도록 윈도우에 카드게임 〈솔리테어〉를 추가한 것과 흡사하다.

했습니다.

그 당시에는 아무도 인식하지 못했지만, 닌텐도는 콘솔 설계에 대한 요코이 군페이의 '시든 기술' 접근법의 또 다른 이점을 얻고 있었습니다. 엑스박스 360과 플레이스테이션 3는 최첨단 기술이 특징적이었기 때문에 그 하드웨어를 제조하는 회사들은 닌텐도의 파트너가 직면하지 않은 수많은 문제에 부딪혔습니다. 한 제조사 관계자는 다음과 같이 제조 과정을 설명하기도 했습니다. "레이다가 고장 난 잠수함을 조종하는 것 같아서 눈앞에 있는 것만 볼 수 있었어요."

마이크로소프트는 죽은 콘솔의 무덤이 점점 더 늘어나고 있었고, 소니는 히라이 가즈오가 약속한 물량인 200만 대를 채우지 못했습니다. 반면에 Wii의 제조는 상당히 순조롭게 진행되었습니다. 닌텐도는 2006년 말까지 400만 대의 Wii를 출하했습니다. 닌텐도가 처리해야 할 유일한 문제는 지나치게 열광적인 고객뿐이었습니다.

일본에서 플레이스테이션 3를 출시할 당시에 재고가 심각하게 부족했기 때문에 적지 않은 매장이 사전 판매 자체를 포기했습니다. 사람들은 이미 돈을 지불한 콘솔 티켓을 가져가는 대신 매장에 들어가 콘솔을 직접 들고 가기 위해 줄을 섰습니다. 티켓을 받지 못한 사람들은 추가 콘솔을 얻기 위해 그날 아침 줄을 서는 2차 구매자에 합류했습니다.

플레이스테이션 3의 출시를 시작하기 위해 구타라기 겐과 소니 인터랙티브엔터테인먼트인터내셔널의 테리 도쿠나카 사장은 첫 번째 플레이스테이션 3를 배포하려고 도쿄 유라쿠초 구역의 빅카메라 매장에 갔습니다. 점원들이 첫 손님을 맞기 위해 문을 열자 뒷줄에 있던 사람들 중 일부가 앞으로 밀고 들어왔습니다. 폭동이 일어나지도 않았고 다친 사람도 없었지만 혹시 모를 사고를 방지하고자 경찰이 출동했습니다. 경찰이 오자 고객들은 질서 정연해졌습니다.

줄에 끼어 있던 방해꾼에 대해 여러 사람이 언급했습니다. 드림캐스트와 플레이스테이션 2 출시 때는 게이머와 그 부모가 줄을 섰지만 세상이 달라졌습니다. 이제는 암표상과 투기꾼도 줄을 섰는데, 이들은 그날 늦게 이베이에서 콘솔을 되팔려는 사람들이었습니다. 플레이스테이션 3는 정가 5만 9,800엔에 판매된 지 몇 시간 후 온라인에 10만 엔으로 등장했습니다. 기자들은 돈을 받고 줄을 서주는 노숙자를 보았다고 비평했습니다.

아키하바라의 상점들이 플레이스테이션 3 예약 주문을 기피한 것은 품귀 현상이 예상된 탓도 있지만 중국인 문제에 대응하기 위해서이기도 했습니다.[170] 플레이스테이션 2 출시 이후 도쿄에서 중국인들이 가능한 한 많은 물량을 확보하기 위해 큰 무리를 지어 일하는 모습을 흔히 볼 수 있었습니다. PSP와 DS 라이트가 출시되었을 때 이들은 성공 가능성을 높이기 위해 지역 노숙자까지 고용하는 등 네트워크로 조직화되었습니다. (특히 화가 난 일본 게이머들과의) 문제를 피하기 위해 아키하바라의 상점들은 대부분의 게임기를 추첨을 통해 판매하기로 결정했습니다. 사람들은 번호가 적힌 쿠폰을 받았고, 정해진 시간에 당첨 번호가 발표되면 해당 쿠폰을 가진 사람만이 플레이스테이션 3를 구매할 수 있었습니다.

대부분의 해외 바이어들이 '정상적인' 선착순 판매가 이루어지는 곳에 모였기 때문에 이는 분명 효과가 있었습니다. 실제로 이케부쿠로의 빅카메라와 서부 신주쿠의 요도바시카메라 게임에서는 구불구불 이어진 긴 줄에서 중국어가 가장 많이 들렸습니다. 한국인도 일부 있었고 유럽인의 큰 무리도 눈에 띄었습니다. 많은 사람이 플레이스테이션 3를 구입해 온라인에서 되팔기 위해 왔다고 일본 언론에 밝혔습니다.[14]

　소니의 재고 문제가 그날 오후 늦게 발표되었습니다. 소니는 슬림형 10만 대를 11월 11일에 제공하겠다고 약속하고는 겨우 8만 대를 출하했습니다. 역사적으로 콘솔 출시의 시작점인 도쿄의 전자 상가 아키하바라로 약 1,000대가 배송되었습니다. 일반적으로 출시일에 1,000대 이상을 판매한 상점은 고작 100~150대를 받았습니다.[15]

　다음으로 큰 행사는 11월 17일 북미에서의 플레이스테이션 3 출시였습니다. 여전히 콘솔이 부족했지만 소니는 그 중요한 날을 위해 40만 대를 출하했다고 주장했습니다. 게이머와 폭리꾼은 며칠 전부터 줄을 섰습니다. 일본에서의

---

170 구타라기와 도쿠나카로부터 첫 번째 플레이스테이션 3를 받은 고객은 이름을 밝히기를 거부한 중국인 남성이었다.

출시가 무질서했다면 북미에서의 출시는 서부 개척 시대와 같았습니다.

캘리포니아주의 시미밸리에서는 베스트바이 매장 앞에 100명이 넘는 고객이 줄을 서서 기다리는 가운데 속속 도착한 고객이 원래의 줄에서 기다리지 않고 두 번째 줄을 만들었습니다. 두 번째 줄도 붐비자 베스트바이의 직원이 줄을 정리하기 위해 나섰는데, 고객들이 첫 번째 줄에 합류하기를 거부하면서 분노가 폭발해 결국 경찰이 출동했습니다.

켄터키주 렉싱턴에서는 차에 탄 사람이 플레이스테이션 3를 기다리는 사람들을 향해 공기총을 쏘았습니다. 위스콘신주에서는 한 남성이 몰려드는 게이머들에게 짓눌려 부상을 입었습니다.[16]

코네티컷주 퍼트넘에서는 월마트 앞에서 42시간 동안 줄을 서서 기다리던 미셸 펜칼라가 사망할 뻔했습니다. 매장 오픈을 몇 시간 앞둔 11월 17일 새벽 3시, 티셔츠를 얼굴에 묶은 두 남자가 고객들에게 돈을 요구했습니다. 한 명은 12구경 산탄총을, 또 한 명은 22구경 권총을 가지고 있었습니다.

줄 맨 앞에 서 있던 펜칼라의 지갑에는 2,600달러가 있었습니다. 월마트는 고객 한 명당 콘솔 한 대로 제한했기 때문에 펜칼라는 세 친구를 데려왔고, 네 대를 구매할 수 있는 현금을 가지고 있었습니다. 줄을 뚫고 다가오는 강도를 본 펜칼라는 휴대폰으로 911에 전화를 건 뒤 주머니에 넣었습니다. 펜칼라가 지갑을 순순히 내놓지 않자 강도 중 한 명이 그의 얼굴을 산탄총 개머리판으로 때려서 쓰러뜨렸습니다. 무릎을 꿇은 펜칼라는 911에 전화를 걸었다고 소리쳤습니다.

강도들이 도망가면서 산탄총을 쏘아 펜칼라의 가슴에 맞았습니다. 구급차가 도착했고, 피를 토하면서도 자기 차례를 잃은 것에 대해 불평한 펜칼라는 병원으로 옮겨져 수술을 받았습니다. (기록에 따르면 펜칼라는 게이머가 아니라 리셀러였으며, 병원에서 퇴원한 그는 구매했던 플레이스테이션 3 네 대를 모두 이베이에 올렸습니다.)

플레이스테이션 3는 북미에서 매진되었고 새해에도 사실상 몇 달 동안 재고가 없었습니다.

그들은 처리 속도, 메모리 등 모든 면에서 엑스박스 360을 앞질렀어요. 나는 특히 J의 팀과 긴 대화를 나누며 플레이스테이션 3의 성능보다 효율적인 시스템을 설계하는 방법을 고민했던 것을 기억합니다. 일부는 현실이었고 일부는 그저 꿈같은 이야기였죠.

마이크로소프트에서는 성능상으로는 플레이스테이션 3에 미치지 못한다는 느낌이 들었기 때문에 개발자들이 엑스박스 360의 칩셋을 더 쉽게 활용할 수 있었던 방법에 대해 많은 노력을 기울였습니다.

— 피트 페더슨

뒤이어 닌텐도는 11월 19일에 미국에서 Wii를 출시했습니다. 미국 출시 전까지 Wii는 닌텐도의 와일드카드였습니다. 닌텐도는 미국에서 항상 첫 물량이 매진될 정도로 강력한 팬층을 보유하고 있었기 때문입니다.[171] Wii가 출시되기 전에 사람들은 Wii가 엑스박스 360이나 플레이스테이션 3를 사고 나서 또 사야 하는 '다른 콘솔'일 것이라고 생각했습니다.

Wii는 북미 전역에서 총격, 압사, 강도 사건 없이 출시되어 매진되었습니다. 일부 가격 문제로 인해 플레이스테이션 3는 판매된 모든 콘솔에 대해 1.9의 번들률로 한 해를 마무리했습니다. 덜 비싼 데다 더 저렴한 게임으로 보완된 Wii는 2.8의 번들률로 한 해를 마감했는데, 최고의 게임은 〈젤다의 전설: 황혼의 공주〉였습니다.[172]

7세대 콘솔 중 최고의 승자는 엑스박스 360이었습니다.[173] 하드웨어 생산이 1년 앞선 마이크로소프트는 경쟁사보다 훨씬 더 많은 재고를 확보했습니다. 분석가들은 Wii와 플레이스테이션 3를 구매하지 못한 많은 소비자가 빈손으로 귀가하지 않고 엑스박스 360을 구매했을 것이라고 추측했습니다.

---

171 버추얼보이는 예외이다.

172 2006년에 Wii 버전 〈젤다의 전설: 황혼의 공주〉의 하드웨어 부착률은 86%였다.

173 1,030만 대가 판매된 플레이스테이션 2는 2006년에 닌텐도 DS를 제외한 전체 시장에서 모든 콘솔을 제쳤다. 닌텐도는 휴대용 게임 플랫폼을 2,000만 대 판매했지만, 플레이스테이션 2 소프트웨어 판매량은 DS 소프트웨어 판매량의 거의 두 배에 달했다. 또한 소니는 플레이스테이션 2 게임을 1억 5,900만 장 판매한 데 비해 닌텐도의 게임 판매량은 8,250만 장에 불과했다.

NPD그룹이 발표한 공식 통계에 따르면 지난달에 마이크로소프트가 110만 대, 닌텐도가 64만 대를 판매했으며, 플레이스테이션 3는 49만 1,000대가 판매되었습니다. 그러나 소니에게 나쁜 소식만 있는 것은 아닙니다. (호들갑을 떨며 다툰 세 가지 콘솔뿐만 아니라) 이 기간 동안 판매된 모든 콘솔을 더하면 2006년 연휴 시즌의 승자는 140만 대가 판매된 플레이스테이션 2였습니다.[17]

미국에서 가장 많이 팔린 다섯 게임 중 세 개는 플레이스테이션 2용이었습니다. 250만 장이 팔린 플레이스테이션 2용 〈매든 NFL〉이 베스트셀러였고, 플레이스테이션 2용 〈킹덤 하츠 2〉와 엑스박스 360용 〈기어스 오브 워〉가 그 뒤를 이었습니다.[174]

이 세대의 게임기를 통한 출시의 열기는 크리스마스 아침이 지나도 계속되었습니다. Wii와 플레이스테이션 3의 품귀로 초조해진 소비자가 매일 상점에 전화를 걸어 새로운 재고를 문의하는 등 몇 달 동안 흥분이 지속되었습니다.

Wii에 대한 관심이 커지는 데 주목한 새크라멘토 라디오 방송국 KDND-FM은 누가 화장실을 사용하지 않고 세 시간 동안 물을 가장 많이 마실 수 있는지 경쟁하는 대회를 열기도 했는데, 대회명이 'Wii를 위해 소변을 참아라Hold Your Wee for a Wii'였습니다.

열여덟 명의 참가자는 처음에 240밀리리터짜리 물병을 받았으나 시간이 다 되자 DJ가 더 큰 물병으로 바꿨습니다. 한 참가자가 "물 중독으로 죽을 수도 있나요?"라고 물으니 DJ가 그렇지 않다고 대답했습니다. 이에 어떤 간호사가 방송국에 전화를 걸어 "저 물을 다 마시면 병에 걸릴 수도 있고 물 중독으로 죽을 수도 있다"고 말했지만 DJ는 이렇게 대답했습니다. "네, 알고 있어요. 이 사람들

---

[174] 엄밀히 말해 〈킹덤 하츠 2〉의 판매량이 〈기어스 오브 워〉를 능가하지만, 일부 분석가들은 더 큰 수익을 올린 〈기어스 오브 워〉를 1위로 꼽기도 한다. 미국에서 〈기어스 오브 워〉는 158만 장이 팔리고 〈킹덤 하츠 2〉는 165만 장이 팔렸지만 엑스박스 360용 게임이 10달러 더 비쌌다. 〈기어스 오브 워〉는 9,100만 달러의 매출을 올리고 〈킹덤 하츠 2〉는 7,900만 달러를 벌어들였다.

은 각서에 서명했으니 우리는 책임이 없습니다."

세 아이의 엄마인 제니퍼 스트레인지는 거의 7.5리터의 물을 마시고 결국 포기했습니다. 그녀는 고통을 호소했고, 임신한 것 같다고 DJ가 농담을 할 정도로 배가 팽창했습니다. DJ가 저스틴 팀버레이크의 콘서트 티켓을 줄 테니 하차하라고 제안했을 때 스트레인지는 "나는… 나는 Wii를 원해요"라고 대답했습니다. 대회가 끝나고 나서 그녀는 이렇게 말했습니다. "머리가 아프고 토할 것 같아요." 2위를 한 스트레인지는 콘서트 티켓에 만족해야 했습니다. 그녀는 너무 아파서 출근하지 못했고 몇 시간 후 물 중독으로 사망했습니다.

닌텐도가 미국에서 NES를 처음 출시했을 때 대중은 그 출시를 거의 알아차리지 못했습니다. 처음에는 언급조차 되지 않았습니다. 물론 DJ가 대회를 열지도 않았고 강도 사건이나 비극도 없었습니다.

세가가 제네시스를 출시했을 때도 미국 대중은 관심이 별로 없었는데, 1989년만 해도 '비디오 게임'과 '닌텐도'는 사실상 동의어였기 때문입니다. 플레이스테이션 2의 성공으로 비디오 게임은 이제 전 세계의 집단의식에 자리 잡았습니다. 세계적인 인지도는 때때로 혼돈이라는 브랜드와 함께 찾아옵니다.

Wii의 승리

하드웨어는 정말로 어려워요.
− 로비 바흐

아이들이 닌텐도를 지지한다는 것이 부끄러웠던 적이 한 번도 없습니다. 나는 자랑스러워요.
− 이와타 사토루[1]

플레이스테이션 1에서 2로 넘어갈 때의 경영진이 어떤 천재성이나 부족한 부분에 대해 의사
결정을 어떻게 했는지는 잘 모르지만, 플레이스테이션 3는 확실히 궤도를 벗어났습니다.
− 은가이 크롤

그 후의 여파

　소니는 2006년에 일본에서 플레이스테이션 3를 50만 대 팔았고 이듬해에는 120만 대를 더 팔았습니다. 플레이스테이션 3의 재고는 2007년까지 매우 부족했지만, 전 세계로 배송할 추가 재고가 있었다면 매진되지 않았을지도 모릅니다. 소니는 2007년 중반에야 재고 문제를 해결했지만 플레이스테이션 3의 판매는 예상외로 저조했습니다.

　6년 전에 일본 소비자는 플레이스테이션 2가 출시되고 첫 1년 반 동안 740만 대를 구매했습니다. 소니는 플레이스테이션 2 출시 후 18개월 동안 전 세계적으로 2,040만 대를 판매했습니다. 그러나 플레이스테이션 3 판매량은 그러한 궤적에 근접하지 못했습니다.

　소니의 판매 부진이 제조상의 어려움 때문인지 수요 부족 때문인지는 중요하지 않았습니다. 출시에 따른 관심이 잦아들자 새로운 하드웨어에 대한 '필수 구매' 강박관념이 빠르게 가라앉았습니다.

　2007년 1월, 소니컴퓨터엔터테인먼트 아메리카의 잭 트레턴 부사장은 『일렉트로닉 게이밍 먼슬리』와의 인터뷰에서 댄 수 편집장에게 "북미 어디서든 5분 이상 진열된 플레이스테이션 3를 찾으면 1,200달러를 드리겠습니다"라고 말했습니다.

　인터뷰가 계속되는 동안 『일렉트로닉 게이밍 먼슬리』의 직원들이 열여덟 곳의 상점에 연락해 총 20대를 찾아냈습니다. 플레이스테이션 3를 찾기 힘들었지만 불가능한 일은 아니었습니다. 나중에 수 편집장은 트레턴이 2만 4,000달러를 빚졌다고 말했습니다.

　그러는 사이에 엑스박스 360은 일본에서 계속 허우적거렸습니다. 만 2년 후에도 마이크로소프트는 일본에서 엑스박스 360을 겨우 50만 대 팔았습니다. 이러한 상황에 긍정적인 변화를 일으키기 위해 엑스박스 대변인은 최종 수치를 언급하지 않고 엑스박스 360이 엑스박스 판매량의 거의 두 배를 기록했다고 발표했습니다.

닌텐도는 일본과 그 밖의 모든 곳에서 상황이 호전되고 있었습니다. 2007년 말까지 닌텐도는 Wii를 일본에서 460만 대, 유럽에서 570만 대, 미국에서 740만 대 판매했습니다. 소매업자들은 플레이스테이션 3의 재고가 안정화된 이후에도 계속해서 Wii의 추가 물량을 요청했습니다.

2006년에는 Wii와 플레이스테이션 3를 합친 것보다 거의 두 배나 많이 팔린 엑스박스 360이 세계 시장을 지배했지만, 2007년에는 닌텐도가 마이크로소프트와 소니를 합친 것보다 더 많이 팔아 세계 시장의 51%를 점유했습니다. 여전히 수요를 따라잡지 못한 닌텐도는 전 세계에 1,750만 대의 Wii를 출하하고 2007 회계연도를 마감했습니다(2008년 3월). 마이크로소프트는 2007년 4분기에 430만 대를 판매해 누적 판매량 1,770만 대를 기록했습니다. 1년 앞서 출발했음에도 엑스박스 360은 뒤처질 위기에 처했습니다. 플레이스테이션 3의 누적 판매량이 780만 대인 소니는 한참 뒤처졌습니다. 그로 인해 소니는 비디오 게임 산업에 진출한 이후 처음으로 3위를 차지했습니다.

내가 입사할 당시에 플레이스테이션 3는 3위였습니다. 우리는 엑스박스와 닌텐도에 참패를 당하고 있었고, 플레이스테이션 2를 출시할 때 너무 오만했기 때문에 퍼블리셔들은 소니와 일하는 것을 좋아하지 않았습니다.

상당히 명백한 실수였어요. 기계가 나왔을 때 너무 비쌌죠. 게다가 개발도 정말로 어려웠고요. 재고도 충분치 않았고, 초창기에 내놓은 게임도 좋지 않았어요. 세 번 연속으로 최악이 출시된 거예요.

소니 내부에서 칩을 만들기로 결정한 후로 모든 하드웨어에서 손해를 보고 있었습니다. 소니는 칩 제조사가 아니었기 때문에 그건 큰 실수였어요. 정말 잘못된 결정이었죠.

— 롭 다이어

마이크로소프트와 닌텐도에 뒤처진 소니는 충격에 빠졌습니다. 핵심 요직에 있는 누군가의 목이 날아갈 것 같았습니다.

고아가 된 플레이스테이션

비디오 게임이 다음 세기의 스토리텔링 매체라면 구타라기는 구텐베르크입니다.

– 레브 그로스먼(『타임』 기고자)[2]

2007년 4월 26일, 전 세계의 신문과 웹사이트에 다음과 같은 헤드라인이 실렸습니다.

로스앤젤레스/도쿄(로이터) — 소니가 비디오 게임 시장에서 선두로 재도약하기 위해 싸우고 있는 이 시점에 플레이스테이션 설계자인 구타라기 겐이 6월 19일에 사임할 예정입니다. '플레이스테이션의 아버지'로 알려진 56세의 구타라기는 1994년 소니 게임기, 2000년 플레이스테이션 2를 출시하는 데 주도적인 역할을 했습니다. 회사의 말썽꾼으로도 알려진 그는 소니가 플레이스테이션 3로 장사를 하는 것에 반대했지만 그의 지위는 더 이상 올라가지 않았습니다.[3]

소니와 플레이스테이션 3가 엑스박스 360과 Wii에 밀리자 구타라기는 사표를 제출했습니다. 두 달 후에 그가 회사를 떠나면서 소니컴퓨터엔터테인먼트 아메리카의 대표인 히라이 가즈오가 그를 대신하게 되었습니다.

구타라기는 다가오는 은퇴에 대한 성명을 발표했습니다. "플레이스테이션 가족에게 네 개의 플랫폼을 소개하고 소니컴퓨터엔터테인먼트를 떠나게 되어 기쁩니다. 최첨단 기술과 전 세계의 창의적인 마인드를 결합해 컴퓨터 엔터테인먼트의 세계를 바꾸는 것은 신나는 경험이었습니다. 나는 이 비전을 바탕으로 더욱 발전하기를 기대합니다."

구타라기의 사임이 결코 자발적이지 않다는 추측을 잠재우기 위해 소니 경영진은 그와 그의 업적에 찬사를 보냈지만, 업계 전반에서는 구타라기가 해고되었다는 데 의견이 모아졌습니다. 대기업에서는 강제 퇴사와 조건부 권고사직이 필수 불가결한 일이었고, 해당 임원이 자진해서 퇴사를 결심했다고 주주들을 설득하려는 노력이 매번 뒤따랐습니다.

소니컴퓨터엔터테인먼트 아메리카의 커뮤니케이션 부문 책임자인 데이브 캐러커는 언론과의 인터뷰에서 이번 출시 문제는 새로운 일이 아니며, 소니가 플레이스테이션 1과 2의 출시 때도 이와 유사한 어려움에 직면했었다고 밀했습니다.[175]

마이클 팩터는 웨드부시모건의 거침없는 분석가로서 보통은 소니에 대해 낙관적이었지만 다음과 같이 말했습니다. "소니의 플레이스테이션 3 문제는 과장되었습니다. 소니는 여전히 마이크로소프트와 닌텐도를 능가합니다."[4] 또한 『와이어드』의 크리스 콜러와의 인터뷰에서 그는 이렇게 덧붙였습니다. "소니는 플레이스테이션 3를 10년 동안 유지할 것이라고 결정했으며, 과거처럼 비디오 게임 비전이 크게 필요하지 않았습니다. 회사는 실행과 운영에 더 집중해야 하며, 둘 다 구타라기에게는 더 이상 어울리지 않았습니다."[5]

그러나 팩터는 구타라기의 사임에 대한 소니의 입장을 수용한 소수파 중 하나였습니다. 대부분의 사람들은 구타라기가 적을 너무 많이 만들어서 쫓겨났다고 생각했습니다. 플레이스테이션 1과 2의 빛나는 성공에 비추어볼 때 구타라기가 이렇게 해고되는 것은 말도 안 되는 일이었습니다. 그러나 마이크로소프트와 닌텐도가 앞서 나가자 구타라기 반대파는 더 자유로이 움직일 수 있게 되었습니다.

구타라기는 소니의 최고위층에서 많은 적을 만들었는데, 그의 경솔한 태도는 전설적이었습니다.

---

[175] 일부 정신적 운동에서는 이 진술이 거의 정확하다고 볼 수 있습니다. 일본에서 세가의 새턴은 처음에 플레이스테이션 1보다 많이 팔렸지만 새턴의 판매가 감소함에 따라 플레이스테이션의 판매가 꾸준히 유지되었다. 앞서 언급했듯이 플레이스테이션 2의 출시는 하드웨어 부족 문제만을 겪었다. 플레이스테이션 1과 2의 출시 둘 다 극적인 면이 분명하게 있었다.

그는 항상 감정적으로 문제를 제기했어요. 스티브 잡스처럼 그야말로 짖어댔죠.[176]

– 이와이 마코토(소니컴퓨터엔터테인먼트 아시아 사업 개발부 전 관리자)[6]

1991년인지 1992년인지 구타라기 겐와 트립 호킨스가 3DO 작업을 할 때 호킨스의 프레젠테이션을 보러 갔습니다. 그는 기계의 성능, 마케팅 전략, 그리고 서드파티 개발자가 새로운 시스템용 게임을 개발하도록 만들기 위해 일반적인 모든 것에 대해 말했습니다. 나는 그가 아주 잘했다고 생각했죠. 그의 프레젠테이션은 재미있었어요.

프레젠테이션이 끝난 후 내가 "우와, 프레젠테이션이 훌륭했어요"라고 말했더니 구타라기는 분노하더군요. "이봐, 슈지, 멍청하군. 당신은 아무것도 몰라." 그는 세 시간 동안 나에게 소리를 질렀어요. 내 말은, 그건 미친 짓이었다고요.

– 우쓰미 슈지[7]

흥미롭게도 위에 언급된 우쓰미 슈지와 이와이 마코토는 구타라기를 친구로 생각한다고 공개적으로 밝혔습니다. 히라이 가즈오와 필 해리슨 또한 구타라기와의 우정을 유지하면서 그의 성격에 대해 솔직하게 말했습니다.

구타라기는 예민한 성미를 지닌 유일한 리더도 아니었고, 카드를 들고 다니는 선각자인 그의 별난 기질이 다른 리더보다 특별히 이상하지도 않았습니다. 애플의 공동 창업자인 스티브 잡스에 대해 보편적으로 동의하는 두 가지 점은 그가 선견지명이 있고 호전적이었다는 것입니다.

일반적으로 기술 회사에서는 별난 선각자를 용인합니다. 2020년 5월 1일, 테슬라의 공동 창업자인 일론 머스크가 "내 생각에는 테슬라의 주가가 너무 높다"라는 트윗을 올려 테슬라의 주가가 폭락했습니다. 〈메탈 기어 솔리드〉를 만든 고지마 히데오는 열을 받으면 피 냄새가 나는 특수 플로피디스크로 게임을 제작하고 싶다고 했습니다. 이드소프트웨어의 공동 창업자인 존 로메로는 머리

---

176 여기서 '짖어댔다'는 말은 문자 그대로 받아들여야 한다. 구타라기와 잡스가 아랫사람들에게 너무 불만스러운 나머지 성난 개처럼 짖고 으르렁거렸다는 이야기가 있다.

에 총알구멍이 난 채 영안실에 누워 있는 자신의 사진을 공개했습니다. 창의성과 관습에 얽매이지 않는 행동은 흔히 함께합니다.

부인할 수 없는 구타라기의 천재성에 덧붙은 기이함은 그가 가끔 E3에서 입었던 밝은 색 정장에서 드러났습니다. 고위 간부들과 논쟁을 할 때 그의 속에 있는 악마가 나타나기도 했습니다. 때로는 그 악마가 직원들에게 분노의 폭발로 모습을 드러냈습니다. 만약 구타라기가 미국이나 유럽 회사에서 일했다면 상사들은 어쩔 수 없는 필요성 때문에 그를 용서했을지도 모릅니다. 애플 이사회의 이사진은 스티브 잡스를 다시 불러들일 때 그가 특유의 불쾌함을 가지고 있다는 것을 알고 있었지만, 그는 존 스컬리, 마이클 스핀들러, 길 아멜리오 등의 후임자에게는 없는 통찰력과 비전을 겸비하고 있었습니다. 잡스에게 지휘권을 주기 위해 애플은 그의 불쾌함을 참기로 했습니다.

소니는 구타라기가 없었다면 플레이스테이션 사업을 하지 못했을 것입니다. 구타라기는 '플레이스테이션의 아버지'이자 '비디오 게임의 구텐베르크'였을지 모르지만, 튀어나온 못은 망치질을 하는 일본 사회에서 그는 둥근 구멍에 박힌 네모난 못이었습니다.

어찌 보면 오가 노리오가 이사회의 동의 없이 독단적으로 플레이스테이션 프로젝트를 승인한 순간이 구타라기를 망친 것일 수도 있습니다.

붉은 링을 끊다

그런 문제가 생겼을 때 곧 당신은 그것을 해결할 방법이 없다는 것을 깨닫게 됩니다. 내 말은, 만약 해결할 방법이 떠오른다면 당신이 잘 처리해보라는 겁니다.

제조사로부터 부품 번호를 받은 고객들이 있는데 부품 번호가 222,000이라고 가정해봅시다. 우리는 그 부품을 받은 고객들만 상대합니다. 다른 고객들은 신경 쓰지 않아도 돼요. 하지만 이 경우에는 어떤 기계가 고장 날지 몰랐죠. 우리가 할 수 있는 일은 그저 고객을 다루는 것뿐이었어요.

만약 10억 달러의 비용이 든다면, 감사하게도 우리는 대기업인 마이크로소프트에서 일했습니다. 하드웨어 업계에서 중소기업이 살아남기가 정말 힘든 이유 아니겠습니까? 핏비트가 그런 실수를 저질렀다면 의지할 데가 없겠죠. 그걸 처리할 돈이 없을 뿐이에요.

– 로비 바흐

연휴가 끝나고 장애가 있는 콘솔의 수가 증가함에 따라 마이크로소프트는 죽음의 붉은 링을 끊어야 했습니다. 이때까지 하드웨어 팀은 칩 과열, 솔더 불량, 회로 기판 뒤틀림 등 문제의 원인이 되는 것들을 파악했습니다. 모두 다 쉽게 해결되지 않는 일이었습니다.

하드웨어 엔지니어들은 주로 ATI의 그래픽 칩 과열을 해결하기 위해 애썼습니다. 칩이 과열되어 칩과 회로 기판이 뒤틀리면서 무납 땜질로 고정된 조인트에 균열이 생겼습니다. 시간이 지날수록 더 많은 유닛이 이 문제를 겪을 것입니다. 이 문제를 해결하기 위해 마이크로소프트는 IBM 마이크로프로세서와 ATI 그래픽 칩에 에폭시를 장착했습니다. 또한 그래픽 칩에서 50센트 압출 알루미늄 히트싱크(열을 방출하도록 칩 위에 놓는 장치)를 제거하고, 작업을 보다 효율적으로 수행할 수 있는 5달러짜리 히트싱크로 교체했습니다. 그리고 팬 앞에서 열이 이동하도록 파이프를 사용했습니다.

마이크로소프트는 이뿐만 아니라 많은 것을 변경했습니다. 마이크로소프트는 팰컨(재설계된 엑스박스 360의 코드명)을 최대한 빨리 출시하려고 했습니다. 시스템 박스는 같은 크기였지만 내부의 구성 요소가 더 적었습니다. 따라서 공기 흐름을 위한 공간이 더 많고 시스템의 팬 사용이 줄어들어 이전처럼 소음이 크지 않을 것입니다.[8]

고장 난 콘솔을 고치는 것은 힘든 일이지만 고객을 만족시키는 방법을 찾기는 훨씬 더 어려울 것입니다. 한 가지 편한 방법은 제품을 리콜하는 것이었습니다. 1983년, 당시 출시한 패미컴에 결함이 의심되는 회로가 발견되었을 때 야

마우치 히로시는 정상이든 고장이 났든 모든 콘솔을 리콜했습니다. 로비 바흐와 그의 팀은 선택지를 검토하면서 리콜에 대해 의논했지만 결국 이를 수용하지 않기로 했습니다.

리콜은 재미있는 일입니다. 분명히 품질 문제가 있습니다만, 그게 재산이나 사람에게 피해를 입혔나요?

죽음의 붉은 링의 경우 그 자체가 안전 문제는 아니었습니다. 칩셋 문제에 가까웠죠. 모든 옵션을 고려했지만, 결국 우리는 비용과 복잡성, 불필요한 마찰 없이 동일한 목적을 제공하는 연장 보증 프로그램을 채택했습니다.

－피트 페더슨

최종 결정 회의는 우리 집 지하실에서 열렸어요. 저녁 7시에 모두 우리 집에 왔죠. 제조업을 하는 남자, 금융업을 하는 여자가 그 자리에 있었어요. 그 당시에 엑스박스를 운영하던 피터 무어도 있었고요. 밥 허볼드도 있었는데, 그는 하드웨어를 운영하고 있었죠. J 앨러드도 틀림없이 거기 있었을 겁니다.

어쨌든 지하실에서 일고여덟 명이 둘러앉아 무엇을 해야 할지 이야기 나누었고, 우리는 수십억 달러를 밑 빠진 독에 붓기로 결정했어요. 그리고 이사회의 승인을 받으러 갔죠.

－로비 바흐

우리는 경영진까지 만나게 되었어요. 나는 우리가 발견한 것을 스티브 발머에게 발표했고, 그는 이렇게 말했습니다. "우리는 그것을 고칠 겁니다. 가서 해결하세요. 그리고 고칠 수 없다면 교체하겠습니다."

우리는 어떻게 이를 수행하고, 10억 달러 이상의 비용이 드는 그것을 어떻게 최고의 고객 경험으로 만들지에 대한 전략을 생각했습니다.

－피터 무어

바흐와 회사는 하드웨어를 리콜하는 대신 기존의 모든 엑스박스 360에 대한 보증을 90일에서 3년으로 연장하기로 결정했습니다. 보증이 만료되어 수리비를 이미 지불한 고객은 환불받을 것입니다. 현재와 미래의 상황에서 마이크로소프트는 고객이 결함 있는 콘솔을 수리 또는 교체하기 위해 보내는 배송 비용까지 부담하기로 했습니다.

삼자 간의 페덱스였습니다. 엑스박스 360을 담을 빈 상자를 페덱스로 보내 고객으로부터 회수한 다음 수리하거나 교체해 돌려보냈죠. 내 기억이 맞다면 그게 가장 비용이 많이 든 부분이지만, 많은 사람에게 슬픔을 안겨주었기 때문에 당연하다고 느꼈습니다.

– 피터 무어

문제를 해결하는 데 엄청난 비용이 들었습니다. 바흐는 10억 달러보다 더 들 것이라고 예측했고, 최종 비용은 11억 5,000만 달러였습니다.

2007년 7월 7일, 피터 무어는 '엑스박스 커뮤니티에 보내는 공개편지'를 발표했는데, 그 시작은 다음과 같습니다. "우리는 고객의 말을 경청했습니다. 좋은 서비스와 좋은 고객 경험은 우리가 깊은 관심을 가진 사업 영역입니다. 하지만 솔직히 말해서 우리는 일을 제대로 잘 해내지 못했습니다."

이 편지에서 무어는 마이크로소프트가 죽음의 붉은 링에 대한 보증을 연장하는 한편 다른 문제에 대해서는 1년 보증을 유지할 계획이라고 밝혔습니다. 그는 회사를 대표해 사과하고 고객의 성원에 감사를 표했습니다.

비디오 게임 산업에는 흥미로운 개성 그 이상을 가진 사람들이 있습니다. 하지만 피터 무어만큼 카리스마 있고 허레이쇼 앨저 같은 인상을 풍기는 사람은 드물었습니다. 영국 리버풀에서 자란 그는 캘리포니아에서 축구 여름 캠프 프로그램을 운영하기 위해 미국으로 건너와 캘리포니아주립대학 롱비치 캠퍼스에서 석사 학위를 받았습니다. 패트릭슈즈의 영업부에 취직한 그는 승진 끝에 사장 자리에 앉았다 리복으로 옮겼습니다. 영리한 마케터인 무어는 타고난 이해력으로 게임 시대의 젊은이를 간파해 세가 아메리카에 영입되었고, 드림캐스트 사업이 무너지자 로비 바흐는 그를 엑스박스 팀으로 불러들였습니다.

2007년, 무어는 EA로 또다시 이적했습니다. 세가와 마이크로소프트에 몸담았던 그는 비디오 게임 산업을 속속들이 알고 있었고, 프로 스포츠를 진심으로 사랑했습니다. 그래서 EA의 CEO인 존 리키텔로는 무어에게 EA스포츠 운영에 대해 말하면서 무어가 거절할 수 없는 제안을 했습니다.

우리는 하드웨어뿐만 아니라 엑스박스 360 플랫폼을 만들었습니다. 우리는 출시 타이틀을 얻고, 퍼블리셔를 정리하고, 엑스박스 라이브를 현실적인 규모로 구축하기 시작했습니다. 그러던 중 나는 예전에 함께 일했던 채용 담당자로부터 '집에 올 시간'이라는 이메일을 받았습니다. 존 리키텔로가 EA로 돌아와 재건 중이고 EA스포츠의 사장이 필요하다는 내용이었죠. 강력한 비디오 게임 능력과 더불어 FIFA, NFL, NHL, MLB, NBA와 상호 작용할 수 있는 스포츠 쪽 능력, 개발·마케팅·퍼블리싱을 자급자족할 수 있는 사람이 필요했는데, 그게 내 장점이었고 나에게는 베이에어리어로 돌아가는 매력도 있었어요. 게다가 리키텔로는 매우 설득력이 있더라고요.

내 인생 최고의 행보 중 하나였죠.

– 피터 무어

그들이 손실 보상을 선언할 때쯤 피터는 떠나기로 결심했습니다. 그의 사무실에서 그가 이렇게 말했던 것을 기억합니다. "이 일로 내가 떠나는 것을 사람들이 보게 된다는 것이 유감일 따름이에요. 죽음의 붉은 링에 당해서 내가 쓰러졌다고 다들 생각할 거란 걸 알고 있어요."

물론 사실과 완전히 동떨어진 이야기는 아니었습니다.

– 마이크 피셔

　　게임 업계에서 고급 일꾼은 무어뿐만이 아니었습니다. 2007년 7월, EA 월드와이드스튜디오의 사장이었던 돈 매트릭은 엑스박스와 PC 게임 사업을 돕기 위해 마이크로소프트에 합류했습니다. 외부인에게는 마이크로소프트와 EA가 거래를 한 것처럼 보일 수도 있지만, 사실 매트릭은 2005년에 이미 EA를 떠난 상태였습니다.

자꾸 넘어져도 1위를 향해

> 우리 사장도 일본의 부자 중 한 명입니다.
>
> **– 미나가와 야스히로**(닌텐도 커뮤니케이션 담당 책임자)

    한때 일본에서 가장 부유했던 오카와 이사오는 자신의 사업체 중 특히 세가를 좋아했습니다. 1984년, 데이비드 로즌과 나카야마 하야오가 걸프앤드웨스턴으로부터 세가를 사들일 때 오카와의 CSK홀딩스가 대부분의 돈을 지불했습니다.

    세가는 계속 용돈을 바라는 아이 같았지만 그럼에도 오카와는 세가를 총애했습니다. 제네시스/메가드라이브가 한창 잘나가던 전성기인 1991년부터 1993년까지 세가는 다소 무모한 소비를 했고, 불경기 동안 부채가 훨씬 더 증가했습니다.

    오카와는 세가를 정말 애지중지했습니다. 회장인 그는 명목상의 최고위자여야 했지만 여러 차례 스스로 사장직에 올랐고, 사장 권한 대행인 이리마지리 쇼이치로가 드림캐스트 개발 자금 융자를 요청했을 때는 개인 재산에서 4,000만 달러를 내놓기도 했습니다. 일본에서 유명한 부자인 그는 그것을 감당할 수 있었습니다.

    1999년에 한 기자가 닌텐도의 미나가와 야스히로 대변인에게 '일본에서 가장 부유한 사람이 드림캐스트에 자금을 대고 있다'는 사실이 그를 불안하게 만들었는지 물었습니다. 미나가와는 주저하지 않고 "우리 사장도 일본의 부자 중 한 명입니다"라고 대답했습니다.

    오카와 이사오는 2001년에 세상을 떠났습니다. 그는 죽을 때까지 세가를 아꼈습니다. 그는 4,000만 달러의 대출을 탕감했을 뿐만 아니라 자신이 보유한 세가 주식을 전부 회사에 반환했습니다.

오카와가 사망한 후 모리 아키라라는 부동산 개발업자가 일본에서 가장 부유한 사람이 되었습니다. 그러나 2008년에 닌텐도 DS와 Wii의 성공에 힘입어 야마우치 히로시가 모리를 추월했습니다. 『포브스』는 당시 그의 재산을 78억 달러로 추정했습니다.

2007년에 미국인은 비디오 게임에 180억 달러를 썼습니다. 닌텐도 DS가 지배했던 유럽 시장도 마찬가지로 뜨거워 176억 달러를 지출했습니다. 휴대용 하드웨어의 경우 유럽인은 2007년에 PSP를 410만 대 구입한 데 반해 닌텐도 DS를 1,050만 대 구입했습니다. 그해에 유럽인은 플레이스테이션 3를 480만 대, 엑스박스 360을 110만 대 구입해 엑스박스 360보다 플레이스테이션 3의 선호도가 컸습니다. 물론 Wii는 두 경쟁사의 판매량을 합친 680만 대보다 더 많이 팔렸습니다. 어디를 보나 Wii가 앞서 있었습니다.

피터 무어가 나를 사무실로 불러서 이렇게 말했습니다. "빌 게이츠한테서 이메일을 받았어요. 그가 자녀의 생일 파티를 열었는데 모두가 Wii를 했다고 하더군요. 그는 그것을 매우 불편해했어요."

-마이크 피셔

닌텐도 열풍이 일본도 강타했지만 그 영향은 미미한 수준이었습니다. 일본 소비자는 PSP를 300만 대, 플레이스테이션 3를 120만 대 구입한 데 반해 닌텐도 DS를 700만 대, Wii를 360만 대 구입했습니다. 한편 엑스박스 360은 거의 무시당했습니다. 2007년 말까지 마이크로소프트는 일본에서 엑스박스 360을 약 55만 대 팔았는데, 이는 일본에서의 엑스박스 360 판매량이 이미 엑스박스 판매량을 넘어섰음을 의미합니다.[177]

---

177 마이크로소프트는 일본에서 엑스박스 360을 100만 대 이상 판매하려고 했다. 지금까지 엑스박스 360은 이 수치에 도달한 유일한 엑스박스 콘솔이다.

Wii는 250달러라는 상대적으로 저렴한 가격표, 방망이처럼 휘두를 수 있는 동작 감지 컨트롤러 덕분에 11월 출시 이후 매달 마이크로소프트의 엑스박스 360과 소니의 플레이스테이션 3보다 더 많이 팔렸습니다. 닌텐도는 대부분이 남성인 열성 게이머에게 어필하기 위해 생생한 그래픽을 제공하는 대신, 혁신적이지만 플레이하기 쉬운 게임으로 여성과 노인 등에게 어필했습니다.[9]

2007년 중반에 소니는 플레이스테이션 3의 가격을 가지고 놀기 시작했습니다. 60기가바이트 하드드라이브의 프리미엄 패키지를 단종하고, 남은 재고를 모두 정리하기 위해 가격을 599달러에서 499달러로 낮췄습니다.

소니는 499달러의 가격표를 유지하면서 구형 60기가바이트 딜럭스 패키지를 80기가바이트로 교체했지만 이유가 있었습니다. 단종된 콘솔 설계에는 하드웨어 기반의 하위 호환성이 포함되었습니다. 새로운 80기가바이트 콘솔은 이전 버전과의 호환성을 제공했지만, 이제는 소프트웨어를 기반으로 해서 안정성이 떨어지는 단점이 있었습니다.

또한 소니는 40기가바이트 하드드라이브가 장착된 새로운 콘솔도 출시했습니다. 399달러에 판매된 이 제품은 기존의 20기가바이트 패키지보다 100달러 저렴했지만 또다시 이유가 있었습니다. 가격이 저렴한 플레이스테이션 3 신버전은 기존과 달리 USB 슬롯이 네 개가 아니라 두 개였고, 플래시카드 리더가 포함되지 않았으며, 하위 호환성도 없었습니다.

소니컴퓨터엔터테인먼트 아메리카의 회장 자리에 앉은 지 얼마 안 된 잭 트레턴은 이전 버전과의 호환성 부족에 대해 기자들에게 다음과 같이 설명했습니다. "과거에는 하위 호환성이 있는 기계에 599달러를 지불했다면, 이제는 단돈 529달러에 플레이스테이션 2와 3를 구입할 수 있습니다. 원한다면 서로 겹쳐 쌓을 수도 있죠."[10]

그러나 플레이스테이션 3의 구매를 주저하게 만드는 것은 가격뿐만이 아니었습니다. 해가 갈수록 더 많은 사람이 온라인으로 옮겨 갔습니다. 슈퍼 NES

와 플레이스테이션 1 시대의 싱글플레이어와 분할 화면은 이제 매력적인 옵션이 아니었고, 엑스박스 360은 훨씬 뛰어난 온라인 경험을 제공했습니다.

플레이스테이션 3 사용자를 온라인으로 끌어들여 커뮤니티를 조직화하려는 소니의 노력은 여전히 매우 부족합니다. 마이크로소프트의 엑스박스 라이브 플랫폼은 디자인, 실행, 경험 면에서 거의 보편적인 찬사를 얻었지만 소니의 온라인 서비스는 여전히 여러 측면에서 부족하다는 반응을 얻었습니다.[11]

소니의 가격 인하에도 불구하고 엑스박스 360의 수요는 영국과 북미에서 상당히 안정적이었고 Wii는 2007년 내내 계속 팔려나갔습니다. 닌텐도는 제품을 충분히 빨리 생산할 수 없었는데 멀리서 먹구름이 나타났습니다. 출시한 지 1년도 채 되지 않은 2007년 6월 초, 서드파티 퍼블리셔들은 Wii 지원 가치에 대해 의문을 제기하기 시작했습니다.

하드웨어 대 소프트웨어 부착률이 서류상으로는 좋아 보였지만, 판매된 Wii 게임의 40% 이상이 닌텐도에서 제작되었습니다. 〈헤일로〉와 〈기어스 오브 워〉 같은 퍼스트파티 게임이 엑스박스 360 판매 목록을 지배했을 수 있지만 액티비전(〈콜 오브 듀티〉), EA(〈매든 NFL〉), 유비소프트(〈어쌔신 크리드 Assassin's Creed〉) 등은 밀리언셀러를 여러 개 가지고 있었습니다.

2007년 10월, 『니혼게이자이신문』 비즈니스 리뷰에 실린 'Wii에 대한 소프트웨어 수요를 잘못 계산한 소프트웨어 하우스'라는 제목의 기사에 따르면 몇몇 퍼블리셔는 Wii 시장에서 입지를 다질 수 없는 것에 불만을 표명했습니다. 한 임원은 사람들이 호기심에 Wii를 구입해 실제로는 플레이하지 않는다고 추측했습니다.[12]

Wii가 한때의 유행에 불과하다는 비난이 업계 전체에 퍼졌습니다.

그런 맥락에서 닌텐도는 롤플레잉 게임인 〈젤다의 전설〉보다 〈Wii 스포츠〉와 〈Wii 핏Wii Fit〉에 큰 비중을 두는 것 같아요. 내 생각에 그들이 이런 식으로 기능을 노출한다면 Wii를 장난감처럼 보이게 만들 거예요.

– 와다 쇼이치(스퀘어에닉스 전 사장)[13]

닌텐도는 결코 위협적이지 않았어요. 당신이 말했듯이 닌텐도는 훌륭한 장난감 회사였어요. 여전히 그렇죠.

– 로비 바흐

물론 소니 경영진은 경쟁사에 대한 어떠한 비판도 기꺼이 공감했습니다. 잭 트레턴은 게임보이를 아이들을 여행에 데려가기에 좋은 베이비시터라고 공개적으로 일컬었습니다. 소니의 개발 담당 임원인 필 해리슨은 "닌텐도와의 휴대용 경쟁이라는 구상은 부적절하다"고 말했습니다. 그리고 소니컴퓨터엔터테인먼트의 신임 사장은 Wii에 관해서도 똑같이 경멸했습니다.

우리는 닌텐도의 콘솔을 경쟁자로 보지 않기 때문에 닌텐도에 대해 말하기가 어렵군요. 그들은 다른 세계에 있고 우리는 우리 세계에서 활동하죠. 이게 내가 사물을 바라보는 관대한 방식이에요.

– 히라이 가즈오[14]

닌텐도의 CEO인 이와타 사토루는 경기가 좋을 때나 나쁠 때나 늘 쾌활한 스타일로, 경쟁사의 비판이나 가격 하락에 거의 관심을 보이지 않았습니다. 2007년 E3의 프레젠테이션에서 이와타는 이렇게 말했습니다. "소니가 겨냥하는 고객 집단과 닌텐도가 겨냥하는 고객 집단이 겹치지 않는다고 할 수는 없습니다. 하지만 겹치는 부분이 매우 적습니다."

많은 사람이 Wii를 장난감이라고 언급했지만 모두가 모욕하려는 의도는 아니었습니다. 〈심시티〉, 〈스포어Spore〉, 〈심즈〉를 제작한 윌 라이트는 『게임 인더스트리Game Industry』의 기자에게 "40시간이 걸리는 RPG 게임 같은 것이 아니라 5분 동안 집어 들고 간단히 플레이할 수 있는 재미있는 장난감과 같다"고 말했습니다.

한편 닌텐도는 2008년에 Wii를 2,000만 대 판매해 플레이스테이션 3를 거의 3 대 1의 비율로 앞질렀습니다. 새로운 업계 보고서가 나올 때마다 이미지가 더욱 명확해졌습니다. 엑스박스 360과 플레이스테이션 3가 2위를 놓고 경쟁했고 Wii를 넘볼 수 없었습니다.

닌텐도 DS와 Wii의 연이은 성공으로 처리 능력과 고급 그래픽은 더 이상 혁신이라 할 수 없었습니다. 처음에 Wii를 단기 흥행 장난감으로 치부했던 사람들은 Wii가 역사상 가장 많이 팔린 비디오 게임기인 플레이스테이션 2를 추월할 수 있을지 묻기 시작했습니다.

미국에서 수행된 연구에 따르면 Wii 사용자들의 만족도가 높게 나타났지만, 한 조사는 엑스박스 360과 플레이스테이션 3 소유자가 보통 세 시간 정도 사용하는 반면 Wii의 경우 평균 45분 사용한다고 밝혔습니다. 또 다른 연구에서는 Wii 소유자의 대다수가 기계와 함께 제공되는 〈Wii 스포츠〉를 여전히 하고 있다는 것을 발견했습니다. 어떤 면에서는 게임이 콘솔에 내장되었던 〈퐁〉 시대로의 회귀 같았습니다.

Wii 소유자가 게임을 구매하지 않았다는 비난은 옳지 않았습니다. 첫해 Wii의 소프트웨어 대 하드웨어 번들률은 판매된 콘솔당 2.8 게임이었습니다.[178] Wii 소유자는 콘솔당 평균 4 게임이 약간 넘는 엑스박스 360의 소유자만큼 많은 게임을 구매하지는 않았지만, 평균 2 게임 이하인 플레이스테이션 3의 소유자보다는 더 많이 구매했습니다. 오히려 Wii의 번들률은 과거의 시스템보다 조

---

178 게임이나 주변기기와 같은 특정 아이템의 보급률을 나타내는 하드웨어 부착률과 달리 이 비율은 판매된 하드웨어에 대한 소프트웨어의 비율을 말한다. 〈Wii 스포츠〉, 〈슈퍼 마리오 브라더스〉와 같은 게임은 하드웨어와 함께 제공되기 때문에 부착률이 100%에 가깝다.

금 높았습니다.

2007년, 미니 게임 모음인 〈Wii 플레이^{Wii Play}〉는 Wii 소프트웨어의 판매를 크게 증가시켰습니다. 49달러에 판매된 〈Wii 플레이〉는 위모트와 함께 제공되었습니다. 독립형 위모트의 가격이 39달러라 〈Wii 플레이〉는 소비자가 게임과 두 번째 컨트롤러를 쉽게 얻을 수 있는 방법이었습니다. 2008년에는 미국의 모든 Wii 소유자 중 52%가 〈Wii 플레이〉를 구매했습니다. 하지만 그것은 결국 사람들이 〈Wii 스포츠〉를 계속하면서 구매하고 즉시 잊어버리는 종류의 게임이 되었습니다.

똑같이 긍정적인 부분이지만 닌텐도에만 해당되는 것은 퍼스트파티 소프트웨어 판매 대 서드파티 판매의 비율이었습니다. 판매된 모든 Wii 소프트웨어의 약 40%가 닌텐도에 의해 출시되었는데, 역대 베스트셀러 Wii 게임 스물다섯 개 중 스물세 개를 닌텐도가 출시했습니다. 두 가지 예외인 유비소프트의 〈저스트 댄스^{Just Dance}〉와 〈저스트 댄스 2〉는 각각 17위, 19위를 차지했습니다.

Wii를 전통적인 게임기와 멀찌감치 두면서 닌텐도는 2008년 여름에 맞춰 〈Wii 핏〉이라는 운동 프로그램과 함께 제공되는 주변기기인 밸런스 보드를 출시했습니다.[179] 〈Wii 핏〉은 요가, 근력 훈련, 에어로빅, 균형 잡기 활동을 포함한 게임/운동 요법이었습니다. 〈매일매일 DS 두뇌 트레이닝〉과 마찬가지로 사용자의 활동과 진행 상황을 모니터링한 후 운동 요법을 변경하기 위한 권장 사항을 제공했습니다.

〈Wii 핏〉을 예로 들어보죠. 2년 전에 우리가 Wii 밸런스 보드에 대해 이야기했을 때 많은 사람은 미쳤다고 생각했습니다. 그들은 닌텐도가 체중계까지 팔 것이라고 생각했습니다. 하지만 '블루오션 전략'[180]을 택한 덕분에 〈Wii 핏〉은 성공을 거두었고, 현재 많은 회사가

---

179 〈Wii 핏〉과 밸런스 보드는 2007년 12월에 일본에서 출시되었다.
180 '블루오션 전략'은 혁신의 중요성에 대한 비유였다. 혁신가는 푸른 바다에서 수영을 하고, 상어로 비유되는 모방자는 붉게 물든 물에서 수영을 한다. 『블루오션 전략(Blue Ocean Strategy)』의 저자인 김의찬과 르네

후속 운동 게임의 레드오션에서 싸우고 있죠.

Wii 컨트롤러를 내놓을 당시에 우리는 블루오션에 있었고 올해도 여전히 블루오션입니다. 그러나 마이크로소프트와 소니의 말에 따르면 2010년은 동작 감지 컨트롤러의 레드오션이었을 겁니다. 닌텐도의 장점은 다른 회사가 시도하지 않는 일을 항상 시도한다는 것입니다.

– 이와타 사토루[15]

닌텐도에 대해 제기된 우려는 닌텐도가 열성 게이머를 포기함으로써 충성스러운 기반을 포기했다는 것입니다. 주류화의 단기적 이점은 Wii가 기록적인 시간 내에 엄청난 사용자를 끌어모았다는 것입니다. 문제는 1980년대 초반의 아케이드 유행처럼 Wii 마니아층이 순식간에 사라질 수도 있다는 것이었습니다.

너무 빨리 주류를 타는 바람에 핵심 게이머를 지원하지 않는다면 플랫폼을 지탱할 기둥이 부족합니다. 기둥이 없으면 규모가 크더라도 사람들이 변덕을 부려 다른 데로 가버릴 것입니다. 모든 경쟁업체가 과거에 그랬던 것처럼 5년의 수명 주기를 찾는 경우라면 이 정도는 괜찮습니다. 새 콘솔이 나오면 오래된 콘솔은 즉시 잊힙니다.

– 히라이 가즈오[16]

미국에서의 Wii 판매량은 2008년에 정점을 찍었습니다. 닌텐도 아메리카는 그해에 1,020만 대를 팔았습니다. 전 세계의 Wii 판매량이 2009년까지 계속 증가해, 미국의 판매량이 50만 대 감소했음에도 불구하고 최고치인 2,600만 대를 기록했습니다.

Wii는 출시 후 처음 몇 년 동안 플레이스테이션 2보다 많이 팔렸지만 소니의 플레이스테이션 2 사업은 훨씬 더 오래 지속되었습니다. 소니는 플레이스테

마보안은 다음과 같이 말했다. "『블루오션 전략』에서는 제 살을 깎아먹는 치열한 가격 경쟁이 점점 줄어드는 이익 원천을 두고 싸우는 피비린내 나는 레드오션만을 야기한다고 주장한다."

이션 3 출시 마케팅에 많은 부분을 집중했음에도 2005년과 2006년에 전 세계적으로 플레이스테이션 2를 1,600만 대 팔았습니다. 이 콘솔은 시장에 출시된 지 7년이 지났지만 소니는 2007년과 2008년에 약 1,400만 대를 더 팔았습니다. 이에 비해 닌텐도의 Wii는 수명 주기 6년차인 2012년에 전 세계적으로 1,000만 대 미만, 2013년에는 400만 대 미만의 판매량을 기록했습니다.

2008년 기록을 갈아치운 후 비디오 게임 소매 판매의 성장은 2009년에 8%가량 하락하며 멈추었습니다. 기세가 급격히 꺾인 것은 다음 두 가지 주요 요인 때문일 수도 있습니다. 2009년 3월경 미국의 Wii 누적 판매량이 2,000만 대를 돌파하면서 소비자의 관심이 가라앉았고, 사람들이 다른 취미로 이동하면서 로큰롤 음악 게임인 〈기타 히어로〉와 〈락 밴드〉의 인기가 급락했습니다.[17]

소니컴퓨터엔터테인먼트의 히라이 가즈오가 예측했듯이 Wii 판매량은 출발선에서 전속력으로 달려 나간 다음 절뚝거리며 결승선에 도달했습니다. 그의 예상만큼 닌텐도가 일찍 휘청거리지는 않았지만 대중이 점차 Wii에 흥미를 잃었다는 것은 맞았습니다. 닌텐도가 마침내 Wii를 단종시켰을 때는 전 세계적 판매량이 1억 150만 대였습니다.

소프트웨어 측면에서 Wii는 히트작이 점점 줄어들었습니다. 아주 많은 가정에서 콘솔이 먼지를 뒤집어쓰고 있지만 Wii는 여전히 시장에서 엄청난 점유율을 차지했습니다. Wii의 역대 베스트셀러는 〈마리오 카트 Wii〉로, Wii의 인기가 최고조였던 2008년에 출시되었습니다. 2009년에 Wii가 미끄러지기 시작하면서 닌텐도는 그해에 가장 많이 팔린 Wii 게임이자 그다음 해에도 가장 많이 팔린 Wii 게임인 〈뉴 슈퍼 마리오 브라더스〉로 돈을 벌었습니다. 〈Wii 핏 플러스Wii Fit Plus〉와 〈슈퍼 마리오 갤럭시 2Super Mario Galaxy 2〉는 〈저스트 댄스 2〉와 함께 마지막 베스트셀러에 올랐습니다.

레드오션에서 함께 헤엄치다

가정용 콘솔 산업은 항상 다른 모방자를 모방하는 모방자들의 '붉은 바다'라고 주장할 수 있습니다. 사실이든 아니든, 최초의 콘솔인 마그나복스 오디세이를 만든 랠프 베어가 1958년에 브룩헤이븐 국립 연구소에서 윌리엄 히긴보덤이 〈테니스 포 투Tennis for Two〉라는 인터랙티브 게임을 전시했던 오픈하우스에 참석했거나 그 이야기를 들었다는 소문이 오랫동안 나돌았습니다.[181] 〈퐁〉 작업을 시작하기 전에 아타리 설립자인 놀런 부슈널이 오디세이가 전시된 마그나복스 무역 박람회에 참석했다는 것은 의심의 여지가 없습니다.[182] 가정용 콘솔과 관련된 닌텐도의 첫 시도는 이상하리만치 〈퐁〉과 비슷하게 생긴 게임이었습니다. 비디오 게임 초기에는 아무도 블루오션 전략에 대해 걱정하지 않았습니다.

그 이후 닌텐도가 먼저 혁신하고 뒤이어 소니가 발전하는 패턴이 나타났습니다. 닌텐도가 닌텐도 64 컨트롤러용 아날로그 섬패드를 개발하자 소니는 컨트롤러에 두 개의 섬패드를 추가했습니다. 닌텐도는 닌텐도 64용 럼블팩 액세서리를 개발하고 소니는 컨트롤러에 솔레노이드를 추가했습니다. 닌텐도가 모션 트래킹 막대를 선보인 후 소니는 식스액시스 컨트롤러를 발표했습니다.

소니만이 아이디어를 차용한 것은 아닙니다. 마이크로소프트가 비디오 게임을 온라인으로 가져가기 위한 길을 개척한 후 소니와 닌텐도는 월드와이드웹행 기차에 올라탔습니다. 소니 네트워크는 겉모습과 작동 면에서 엑스박스 라이브를 더 많이 반영했지만, Wii의 경우 전형적인 닌텐도 프레젠테이션하에서 엑스박스 라이브의 보급형 버전도 제공했습니다.

소니와 마이크로소프트는 2006년에 위모트를 속임수로 치부했을지 몰라

---

[181] 히긴보덤은 롱아일랜드에 있는 핵 연구 시설인 브룩헤이븐 국립 연구소의 계기 부서 책임자였다. 1958년에 이곳에서 연례 오픈하우스를 준비할 때 히긴보덤은 오실로스코프에 테니스 시뮬레이션을 구축했다. 일반적으로 히긴보덤의 〈테니스 포 투〉는 최초의 인터랙티브 게임으로 여겨진다.
[182] 마그나복스는 캘리포니아 벌링게임에서 열린 무역 박람회에서 테니스 게임이 포함된 최초의 게임기인 오디세이를 시연했다.

도, 2008년에 이르러 Wii 마니아층이 전 세계로 확산되자 소니와 마이크로소프트의 경영진은 닌텐도의 모션 트래킹 파티를 무너뜨릴 방법을 강구하기 시작했습니다. 두 회사는 하드웨어 제품에서와 마찬가지로 모션 트래킹을 새로운 경쟁 상품으로 여겼습니다.

Wii는 아주 잘되고 있었어요. 우리는 그것을 보고 '저 배를 어떻게 잡을 수 있을까? 저 기차를 어떻게 탈까?' 하고 생각했죠. 무브와 키넥트는 확실히 훨씬 더 잘한 누군가에 이어 시장에서 두 번째로 많이 팔리는, 결점이 있는 예였습니다.

– 롭 다이어

소니는 Wii 눈차크와 디자인이 유사한 '내비게이션 컨트롤러'가 추가된, 위모트 모양의 막대인 플레이스테이션 무브를 첫 제품으로 선보였습니다. 닌텐도의 제품처럼 플레이스테이션 무브의 관성 센서에는 가속도계가 포함되었고, Wii 컨트롤러에는 없는 자기계도 포함되었습니다. 이 자기계 덕분에 보다 정확한 모션 트래킹이 가능했습니다. Wii는 TV에 대한 플레이어의 위치와 방향을 결정하기 위해 적외선 추적 바를 사용했는데, 구식인 적외선 기술은 비용이 저렴했습니다.

플레이스테이션 무브는 컨트롤러 상단에 내장된 골프공 크기의 발광구를 추적하는 플레이스테이션 아이 카메라와 협력해 작동하는 기기였습니다.[183] 그리고 NES 컨트롤러와 비슷한 2 버튼 인터페이스가 특징인 위모트의 막대와 달리, 아날로그 스틱과 함께 독특한 플레이스테이션 4 버튼 인터페이스가 특징적이었습니다.

---

[183] 카메라와 발광구의 조합은 소니가 제작한 〈스파이더맨〉 등의 영화에 사용된 모션 캡처 기술의 보급형 버전이었다.

우리가 제공하는 기술이 처음부터 완전한 패키지이기를 바랍니다. 우리는 2년 후에 '플레이스테이션 무브 플러스'와 같은 개량품을 출시해야 하는 상황에 놓이고 싶지 않아요.[184] 이러한 신기술을 도입하는 데에는 시간이 더 많이 걸리지만, 이는 우리가 처음부터 제대로 하고 있는지 확인하고 싶기 때문이죠.

– 히라이 가즈오[18]

거기다 플레이스테이션 무브는 아주 정확할 뿐만 아니라 미래에 우리가 '버튼'이라고 부르는 것도 포함되어 있어요. 이는 슈팅 게임과 플랫폼 게임을 즐기는 수백만 명의 사람들에게 매우 중요하죠. 음, 커다란 빨간 공을 잡는 것을 수반하지 않는 것들도요.

– 케빈 버틀러(소니컴퓨터엔터테인먼트 아메리카 사실적 무브먼트 담당 가상 임원 캐릭터)[185]

소비자와 언론의 대체적인 반응은 소니가 다시 한번 닌텐도를 모방하고 있다는 것이었습니다. 플레이스테이션 무브 컨트롤러는 소매가 49달러로 출시되었지만 아이 카메라나 내비게이션 컨트롤러가 제공되지 않았습니다. 내비게이션 컨트롤러를 따로 29달러에 판매했습니다. 소니는 무브/아이 번들을 99달러에 출시했지만 내비게이션 컨트롤러를 포함하지 않았습니다.

2010년 9월 중순에 유럽, 북미, 호주에서 출시되었고 일본에서는 11월 중순에 플레이스테이션 무브가 잘 팔렸습니다. 로이터 통신과의 인터뷰에서 소니컴퓨터엔터테인먼트 아메리카의 잭 트레턴 사장은 소니가 북미에서 100만 대를 판매했다고 주장했습니다. 소니컴퓨터엔터테인먼트 유럽은 150만 대를 판매했다고 보고했습니다.[186]

---

184 경쟁사를 저격하는 경향이 있는 히라이는 닌텐도가 위모트를 위해 출시한 모션플러스 확장 장치를 언급하며 저격했다.
185 케빈 버틀러는 TV 광고의 대변인으로 만들어진 가상의 소니 임원이다.
186 이후 무브 판매량이 트레턴의 주장보다 낮다는 것이 증명되자 몇몇 기자는 트레턴이 숫자를 가지고 장난을 쳤다고 비난했지만, 관행적으로 소니는 '판매 대수'가 아닌 '출하 대수'를 보고했다. 트레턴이 '판매'라고 말한 것은 소비자가 아닌 소매업자에게 판매된 것을 의미했다.

무브의 문제는 이렇습니다. 그것을 사야 할 이유를 정당화할 정도의 〈Wii 스포츠〉 같은 필수 게임이 없었습니다. 무브를 얻기 위해 플레이스테이션을 사야 할 이유가 없었던 거죠. 사람들에게 무브용 콘텐츠를 제공하도록 하는 것은 힘든 싸움이었어요. 너무너무 어려웠습니다.

－롭 다이어

플레이스테이션 무브는 히트작은 아니었지만 꾸준히 판매되었습니다. 적어도 플레이스테이션 브랜드에 재앙을 일으키지는 않았습니다.

Wii에 대한 마이크로소프트의 대답은 키넥트였습니다.

비록 Wii 킬러는 아니지만 Wii에 대응하는 답은 무엇일까요? 그게 바로 키넥트가 탄생한 이유입니다.

－셰인 김

아이러니하게도 키넥트가 출시되었을 때 시장이 이미 세분화되어 있었고, Wii는 우리의 주요 경쟁자가 아니었습니다. 그 당시에 우리는 플레이스테이션 3와 거의 독점적으로 경쟁하고 있었거든요.

－로비 바흐

그것은 Wii의 정신에서 흥미로운 장치처럼 보였어요. 그것은 훨씬 더 활동적인 게임 플레이를 가능하게 하고 더 많은 사람이 게임을 할 수 있게 할 거예요. Wii는 양로원을 공략해 할머니들이 밤에 볼링을 즐기게 했죠. 나는 키넥트가 그 연장선상에 있다고 생각했어요.

－라이언 피트리

키넥트가 발표되기 1년 전, 마이크로소프트가 닌텐도와 접전을 벌인다는 소문이 있었습니다. 2007년에 엑스박스 플랫폼의 J 앨러드와 네 명의 엔지니어는 이론적으로 가정용 컴퓨터와 콘솔뿐만 아니라 다른 가전제품과도 상호 작용할 수 있는 막대 모양 모션 트래킹 장치의 특허를 출원했습니다. 앨러드의 막대는 확실히 좀 더 첨단 기술이었습니다.

J는 정말 많은 아이디어를 가지고 있었어요. 어떤 아이디어는 놀랍고 어떤 아이디어는 미쳤죠. 막대 자체에 대해서는 기억이 잘 나지 않네요. 우리는 그 사업에 대해 진지하게 검토한 적이 없어요. 적어도 나는 참여한 적이 없어요.

－로비 바흐

나탈 프로젝트라는 코드명으로 시작해 나중에 키넥트로 바뀐 마이크로소프트의 대응책은 RGB 카메라(얼굴 인식과 물체 감지), 깊이 추적을 위한 적외선 프로젝터/센서, 목소리와 주변 소리를 청취하기 위한 네 개의 마이크 배열이 통합된 첨단 기술 쇼케이스였습니다. 키넥트는 한 번에 최대 여섯 명의 플레이어를 추적하고, 각 플레이어의 신체에서 최대 마흔여덟 개 지점의 움직임을 매핑할 수 있었습니다.

키넥트 기술에 뒤따르는 가능성은 무궁무진해 보였습니다. 〈마이너리티 리포트Minority Report〉와 같은 SF 영화에서는 사람들이 허공에 손을 흔들어 컴퓨터에 접속하는 홀로그램 인터페이스를 사용합니다. 키넥트는 TV 화면에 연결되어 있지만 손동작을 읽고 반응할 수 있었습니다. 사용자는 음성 명령으로 엑스박스 360을 켤 수 있었습니다. 키넥트와 엑스박스 라이브를 통해 단체 에어로빅 수업이 가능했고 단체 댄스 대결도 가능했습니다. 키넥트를 가지고 아이들은 손을 총으로 사용해 경찰과 강도 놀이를 하거나 상상 속의 운전대 주위에서 손을 움직여 레이싱 게임을 할 수 있었습니다.

하지만 그 기술은 엄청난 가격표를 달고 나왔습니다. 엔트리 레벨 엑스박스 360 아케이드 번들이 200달러인데 키넥트는 150달러에 판매될 예정이었습니다. 가격이 문제였습니다. 이대로라면 150달러의 키넥트는 소리 소문 없이 묻힌 세가 CD, 세가 32X, 닌텐도 엔터테인먼트 시스템용 U포스 컨트롤러와 같은 희귀 제품에 합류할 것입니다. 비디오 게임 역사상 100달러짜리 주변기기가 큰 성공을 거둔 적은 없었습니다.

종종 그랬듯이 소니의 경영진은 키넥트의 기술과 가격에 대해 회의적인 입장을 표명했습니다.

물론 대단한 아이디어라고 생각합니다. 하지만 정말로 카메라를 가지고 놀고 싶다면 나가서 99달러짜리 플레이스테이션 2를 구입하고 8년 전에 우리가 발명한 훌륭한 기술을 플레이해보길 권합니다.

−잭 트레턴[19]

플랫폼으로서 엑스박스는 기로에 서 있었습니다. 그 당시 아무도 닌텐도를 따라잡을 수 없었으므로 2위 싸움이 치열했습니다. 늦은 시작과 가격 문제 이후 플레이스테이션 3의 판매는 증가세를 보였고 엑스박스의 판매는 부진했습니다. 엑스박스 팀이 도약할 방법을 찾지 못한다면 플레이스테이션 3가 따라잡을 판국이었습니다.

Wii가 출시된 지 너무 오래된 시점이었습니다. 후발 사용자와 젊은 층을 위해 엑스박스 360의 수명 주기를 확장하려고 노력했던 만큼 키넥트가 좋은 승부를 펼치지 못했어요. 그래서 마지막에는 아주 어린애 같은 게임이 등장했죠.

−마이크 피셔

나탈 프로젝트의 책임자는 마이크로소프트가 최근에 인터랙티브 엔터테인먼트 담당 임원으로 영입한 돈 매트릭으로, 그는 EA 월드와이드스튜디오의 대표를 역임했습니다. 키넥트가 엑스박스 360 시장에 다시 활력을 불어넣을 것이라고 확신한 매트릭은 소니와 닌텐도의 새로운 콘솔을 위해 남겨둔 마케팅 예산을 확보하려고 싸웠습니다. 그는 적절한 마케팅 캠페인으로 시작하면 키넥트가 수백만 대 팔릴 것이라고 예측했습니다. 입사한 지 얼마 안 된 그는 대담하고 설득력이 있었으며, EA 시절부터 뛰어난 실적을 냈습니다. 그 결과 마이크로소프트는 2010년 11월에 5억 달러 규모의 마케팅 캠페인과 전 세계 출시를 승인했습니다.

소니는 플레이스테이션 무브의 광고를 내보내고 기자들에게 리뷰용 기기를 보냈는데, 이는 전형적인 출시였습니다. 마이크로소프트는 전략적 마케팅 파트너를 영입하고 끊임없이 광고를 하는 등 '마법의 탄환 이론'을 극단적으로 밀어붙였습니다.[187] 대부분의 진성 게이머들은 플레이스테이션 무브가 출시되었을 때 그것에 대해 알고 있었고, 일반 대중은 키넥트에 대해 알고 있었습니다.

'당신이 곧 컨트롤러입니다'라는 키네틱 광고는 이번 연휴에 리모컨 조종에 싫증난 많은 가정에 어필했습니다. 실제로 11월 출시 후 60일 만에 약 800만 대가 판매되었습니다. 물론 펩시, 켈로그, 버거킹과 같은 공동 마케팅 브랜드 파트너와의 출시 예산 5억 달러도 나쁘지 않았습니다.[20]

마이크로소프트는 2010년 11월에 키넥트를 출시하면서 예상 판매량을 약 300만 대로 발표했습니다. 이후 두 달 동안 하루 평균 13만 3,333대가 나가 놀랍게도 800만 대가 판매되었습니다. 기네스 세계 기록에 키넥트는 '지구상에서 가장 빨리 팔리는 가전제품'으로 기록되었습니다.

마케터가 진정으로 나쁜 제품을 위해 할 수 있는 최악의 일은 효과적인 광고 캠페인을 만드는 것이라는 광고계의 속담이 있습니다. 키넥트는 한정 제품이라기보다는 나쁜 제품이었습니다. 기술적인 관점에서 키넥트는 과대광고에 부응했습니다. 키넥트는 몸의 움직임을 정확하게 읽고, 여러 피사체를 동시에 추적하며, 음성 인식을 제공했습니다. 그러나 이를 뒷받침할 흥미진진한 게임을

---

187 커뮤니케이션에서 '마법의 탄환 이론'은 사람들이 어떤 메시지를 충분히 반복해서 들으면 그것을 믿게 된다는 것을 말한다. 그러나 이는 신빙성 없는 이론이다.

내놓는 것은 또 다른 이야기였습니다.

키넥트는 몇 가지 작은 일에 정말 능숙했기 때문에 어려웠어요. 동작 및 음성 감지가 매우 뛰어났지만 이를 염두에 두고 게임에 창의적 요소를 재설계하는 것이 쉽지 않았죠.

앞으로 일어날 일을 보셨잖아요. 알렉사를 보세요. 알렉사가 정말 잘하는 게 몇 가지인가요? 그리 많지 않은 것으로 드러났죠. 음악 재생을 도와주고 알람 설정도 잘해. 당신에게 뉴스를 읽어줄 거예요.

이런 사용자 인터페이스 패러다임은 매우 어렵습니다. 어느 정도는 기술적 한계 탓에 게임이 부족한 것이라고 생각합니다. 앉으면 안 되고 일어서야 했어요. 시야가 제한적이라 주변에 제약이 있고요. 기술이 매우 좋지만 완벽하지는 않았어요. 어려운 환경이죠. 그렇다면 기존 게임 아이디어에 키넥트 기술을 적용할 수 없다는 사실을 알게 되었을 겁니다. 제대로 하려면 처음부터 다시 시작해야 하는데 그게 어렵습니다.

ー 로비 바흐

나는 결국 그것이 엑스박스에 큰 성공을 안겨주지 못하고 오히려 큰 방해물이었다고 인정했습니다.

ー 셰인 김

키넥트는 〈키넥트 어드벤처Kinect Adventures〉라는 내장 게임과 함께 제공되었습니다. 레어는 〈키넥트 스포츠Kinect Sports〉라는 대형 게임의 출시를 준비했습니다.[188] 루카스아츠, EA, 유비소프트, 코나미, 액티비전 등 많은 대기업은 이를 위한 게임을 만들기로 약속했지만, 키넥트는 플레이스테이션 무브와 Wii가 겪은 것과 동일한 문제를 겪었습니다. 사람들이 댄스와 파티 게임 외에는 그다지 즐기지 않았습니다.

---

[188] 레어 인수의 가치에 대한 질문을 받았을 때 로비 바흐와 필 스펜서는 레어가 엑스박스 360 출시와 키넥트 출시에 기여한 것에 대해 마이크로소프트가 충분히 할 수 있는 행동이라고 생각하는 이유라고 지적했다.

은메달 쟁탈전

　닌텐도가 Wii로 부동의 1위를 차지했지만 엑스박스 360과 플레이스테이션 3의 대결로 시장은 여전히 흥미로웠습니다. 2006년에 마이크로소프트는 전 세계적으로 소니보다 460만 대를 앞섰지만 이는 공정한 비교가 아니었습니다. 소니는 연말까지 플레이스테이션 3의 판매를 시작하지 않았습니다.

　죽음의 붉은 링에 대응하면서 일본에서는 거의 완패하고 유럽에서는 예상만큼 잘되지 못한 마이크로소프트는 2007년에 전 세계적으로 엑스박스 360을 670만 대 판매했습니다. 소니는 많은 소비자가 접근할 수 없는 가격을 매겼기 때문에 엑스박스 360과 비슷한 수량을 판매했습니다. 2007년 말, 마이크로소프트는 590만 대로 선두를 유지했습니다.

　2008년까지 시장의 많은 부분이 엑스박스 360을 슈팅 게임기로 분류했고, FPS 게임을 하는 열성 게이머들은 대다수가 엑스박스 360을 소유하고 있었습니다. 바흐와 마케팅 담당자는 판매량을 되살리려면 콘솔의 정체성을 확장할 필요가 있습니다.

　엑스박스 360 수명 주기 초기에 J 앨러드는 준^{Zune}으로 관심을 돌리기 전에 엑스박스 마케팅 팀에 흥미로운 질문을 던졌습니다.

J가 "우리의 렛신은 뭐죠?"라고 물었어요.

"렛신이라니요?"

그가 말하길, "당신도 알다시피 서츠[189]에 들어가는 렛신이요. 사실 렛신 같은 건 없어요. 그건 실존하는 화합물이 아니에요. 다른 박하사탕과 차별화하기 위해 마케팅 관점에서 생각해낸 이름일 뿐이죠."

－피트 페더슨

---

189 **옮긴이**_박하사탕 브랜드인 'Certs'를 말한다.

답은 게임이나 주변기기, 심지어는 가장 탄탄한 온라인 쪽에서도 나오지 않았습니다. 앨러드는 새로운 것을 원했습니다. 아이러니하게도 해결책은 앨러드 자신이 처음부터 제시한 것이었습니다. 2004년에 게임 미디어에 대한 문제가 처음 제기되었을 때 앨러드는 세계가 스트리밍으로 이동함에 따라 디스크가 중요하지 않을 것이라고 예측했습니다. 그는 소비자가 디스크로 영화를 구매하지 않게 될 것이기 때문에 블루레이가 단기적 이익만을 제공하고 장기적으로는 추가 비용이 될 것이라고 판단했습니다.

당시에 넷플릭스는 한 번에 최대 세 개의 DVD를 대여하기 위해 한 달에 19.95달러를 지불하는 첫 가입자 100만 명을 막 확보했습니다. 넷플릭스는 2007년에야 콘텐츠를 스트리밍하기 시작했고, 다음 해까지 가입자가 1,000만 명에 이르지 못했습니다.

2008년 E3에서 마이크로소프트는 엑스박스 라이브에 넷플릭스를 추가한다는 계획을 발표했습니다. 이 서비스는 엑스박스 라이브 골드 가입자를 위해 무료로 추가될 예정이었습니다. 그 밖의 사용자는 서비스 비용을 지불해야 하지만, 엑스박스 라이브의 인스턴트 큐에 영화와 TV 프로그램을 추가할 수 있습니다. 그들은 게임과 영화를 원활하게 전환할 수 있을 것입니다. 친구들과 온라인으로 영화를 볼 수도 있습니다.

우리는 엑스박스 360의 재출시로 보았습니다. 넷플릭스뿐만이 아니었습니다. "펌웨어를 다시 만듭시다. 단순한 게임기가 아닌 모두의 엔터테인먼트 센터로 만듭시다." 우리는 사람들이 집어넣은 게임만 플레이하지 않도록 바꿨습니다. 대신 그날그날의 새로운 콘텐츠를 보여주려고 합니다.

넷플릭스의 경우 극소수만이 스트리밍을 통해 경험했기 때문에 우리는 넷플릭스를 전면에 내세웠습니다.

— 존 섀퍼트(마이크로소프트 라이브·소프트웨어·스튜디오 담당 전 임원)

이 발표에 소니와 닌텐도는 놀랐습니다. 당시에 두 회사 모두 서비스 추가에 관심을 보이지 않았습니다. 경쟁자들은 눈치채지 못했지만 마이크로소프트는 그들만의 렛신을 찾아냈습니다.

한편 소니의 상황은 계속 나아졌습니다. CEO를 구타라기 겐에서 히라이 가즈오로 교체해 사업에 활력을 불어넣었습니다. 구타라기는 소니에 엄청난 엔지니어링 기술을 도입했지만, 하드웨어가 시장에 출시됨에 따라 이제는 히라이의 경영 기술이 회사에 더욱 요긴했습니다. 분석가인 마이클 팩터가 『와이어드』에 말했듯이 소니는 선각자가 아니라 운영 관리자가 필요했습니다.

중간에 말을 갈아타지 말라는 옛말을 알아요? 히라이와 앤드루 하우스도 그런 게 없지는 않았지만, 둘은 이를 잘 극복하고 멋지게 달릴 수 있는 사람들이었죠.

－로비 바흐

구타라기처럼 히라이도 경쟁자를 조롱했지만 언론과 떨어졌을 때는 그의 성격과 리더십이 전임자와 확연히 달랐습니다.

내가 함께 일했던 사람들 가운데 히라이 가즈오는 가장 유쾌한 신사였어요. 그는 보스라는 느낌이 들지 않았죠. 그는 그저 좋은 사람이었고, 그가 인계받음으로써 플레이스테이션뿐만 아니라 일반적으로 소니를 위해 상황을 되돌릴 수 있었습니다.

－롭 다이어

히라이가 일본으로 떠나자 거침없는 입담의 잭 트레턴이 소니컴퓨터엔터테인먼트 아메리카의 수장이 되었습니다. 플레이스테이션 1이 출시되기 직전부터 히라이 밑에서 일해온 그는 플레이스테이션 사업의 북미 지사를 운영할 수 있는 능력을 보여주었습니다.

히라이가 일본으로 이주했을 때 잭은 회사를 더 잘 운영하기 위해 많은 변화를 주었습니다. 그는 정치를 허락하지 않았어요. 사일로를 부숴버렸죠. 그는 성과주의를 좋아했어요. 그는 경영권을 넘겨받을 때 고쳐야 할 사항도 제대로 이해하고 있었습니다.

내가 한 일 중 하나는 서드파티 퍼블리싱을 다루는 방식을 통해 문화를 변화시켜 훨씬 더 비즈니스 중심적으로 만드는 것이었습니다. 우리는 서비스 지향적이 되었고, 그들이 우리를 필요로 하는 것보다 더 우리가 그들을 필요로 한다는 것을 깨달았습니다.

우리는 인디 개발자를 수용하기 시작했죠. 그건 우리에게 대단한 일이었어요.

－롭 다이어

2009년에 플레이스테이션 3는 전 세계적으로 엑스박스 360을 앞질렀지만 미국에서는 엑스박스 360이 430만~480만 대 더 판매되었습니다. 일부에서는 넷플릭스를 포함한 것이 여성 고객을 끌어들였다고 추측했습니다.

2009년 10월, 소니는 넷플릭스를 추가할 것이라는 계획을 발표했습니다. 넷플릭스가 내놓은 자료에 따르면 플레이스테이션 3는 빠른 영화 스트리밍을 위한 최고의 장치가 되었습니다. 소니의 잭 트레턴은 자사가 다시 정상에 올랐다고 경솔하게 발표했습니다.

넷플릭스를 보는 데 사용되는 기기 중 우리가 단연 1위입니다. 넷플릭스는 모든 곳에 있어요. 내 토스터에 없다는 게 놀랍군요. 하지만 넷플릭스에 따르면 가장 많이 사용되는 기기는 플레이스테이션 3입니다.

－잭 트레턴[21]

닌텐도는 2010년에 넷플릭스를 Wii에 추가했는데, 그해는 Wii가 경쟁 제품보다 많이 팔린 마지막 해이기도 했습니다. 그때까지 Wii 판매량이 꾸준히 감소했는데, 이는 그 세대의 나머지 기간 동안 지속되었습니다. 몇몇 경쟁자가 다투는 가운데 플레이스테이션 3가 전 세계적으로 1위를 차지했습니다. 미국과 영국에서는 여전히 엑스박스 360이 매년 가장 많이 팔렸습니다.

마이크로소프트가 항상 마주했던 난제는 아시아에서 성공을 거두지 못한 단일 영역 플랫폼이라는 것, 그리고 유럽에서는 고군분투했다는 것입니다. 그러나 그들은 이곳 북미에서 훌륭한 일을 해냈고, 그게 바로 그들이 일하는 방식이었습니다.

— 롭 다이어

7세대가 끝나갈 무렵 소니와 마이크로소프트는 중요한 발표를 주고받았습니다. 2013년 10월, 마이크로소프트는 엑스박스 360을 8,000만 대 이상 판매했다고 발표했습니다. 다음 달에 소니는 플레이스테이션 3가 그와 동일한 수준에 도달했다고 발표했습니다. 엑스박스 360의 판매량이 8,400만 대, 플레이스테이션 3의 판매량이 8,740만 대를 기록했습니다.

문제는 다음과 같습니다. 키넥트는 엑스박스 360을 위한 애드온 주변기기로 출시되었고, 그 이면의 생각은 엑스박스 360의 수명을 충분히 연장해 부품이 꽤 저렴해질 때까지 엑스박스 원의 출시를 보류할 수 있다는 것이었습니다. 아이러니하게도 넷플릭스가 결국 그것을 해냈지만, 그런 일이 일어날 줄 누가 알았겠습니까?

— 마이크 피셔

판매 하락에도 불구하고 Wii는 그 세대를 1위로 마무리했습니다. 2위는 결정하기가 쉽지 않습니다. 엑스박스 360 소유자는 Wii 또는 플레이스테이션 3 소유자보다 소프트웨어를 더 많이 구매했습니다. 면도날을 팔기 위해 면도기를 무료로 주는 산업에서는 번들률이 성공의 중요한 척도입니다. 미국의 엑스박스 360 소유자는 일반적으로 플레이스테이션 3 소유자보다 콘솔당 게임을 하나 더 구매했고, Wii 소유자보다는 1.5개를 더 구매했습니다.

그리고 하드웨어의 손익 문제가 있었습니다. 초기 제조 비용이 소니의 이익에 얼마나 큰 영향을 미쳤는지는 아무도 정확히 알 수 없지만 손실이 컸을 것입니다. 세대가 발전하고 제조 비용이 낮아짐에 따라 소니가 마이크로소프트를 추월했습니다. 소니는 콘솔 생애 주기 중 최고의 시기에 가장 많은 대수를 판매했습니다.

끝으로 할인 문제가 있습니다. 〈마리오 카트〉나 〈언차티드〉 같은 블록버스터 히트작은 유통 기한이 깁니다. 출시하고 몇 달이 지나면 일반적으로 콘솔 판매 게임은 할인된 가격으로 '베스트' 또는 '히트'라는 라벨을 달고 재등장합니다. 처음에 엑스박스 360을 구입한 사람들은 〈기어스 오브 워〉와 〈헤일로 3〉를 소매가 60달러(영국에서는 80달러에 가까운 39파운드)에 구입했을 테지만, 2~3년 후에 엑스박스 360을 구입한 사람들은 이러한 게임을 29달러에 구할 수 있었습니다.

소니는 전 세계 하드웨어 판매량에서 마이크로소프트를 앞질렀지만 실제 수익은 엑스박스 360이 1위인 듯합니다. 더 많은 콘솔을 내놓은 소니를 두둔하건, 더 높은 수익을 낸 마이크로소프트에 트로피를 주건 가장 흥미로운 사실은 7세대 콘솔이 모두 수익을 올려 역대 가장 잘 팔린 10대 콘솔에 들었다는 것입니다. 시장에는 세 주자가 들어갈 충분한 공간이 있었고, 사상 처음으로 세 주자 모두 흑자를 냈습니다.

7세대를 정의한 게임

타일러 프린스: 그거 〈메달 오브 아너〉야?
거킨: 아니, 〈메달 오브 아너〉가 아니야. 〈메달 오브 아너〉는 쪼다들이나 하는 거야. 이건 〈거킨 오브 아너〉야. 내가 만들었어. 이건 〈메달 오브 아너〉, 〈갓 오브 워〉, 〈헤일로〉, 〈비바 피냐타〉가 모두 들었지.
—〈시드니 화이트(Sydney White)〉에 등장하는 S.A.U. 재학생[190]

우리는 독점 게임이 아닌 독점 콘텐츠를 얻을 수 있는 방법을 찾기 위해 퍼블리셔들과 많은 시간을 보냈어요. 그 배는 플레이스테이션 2를 따라 항해했죠. 〈툼 레이더〉나 〈GTA〉와 같은 대작을 출시하기는 매우 어려웠지만 우리만의 독점 콘텐츠를 얻을 수 있었어요.
—롭 다이어

---

190 2007년에 개봉한 〈시드니 화이트〉는 S.A.U.라는 대학을 배경으로 〈백설 공주〉를 현대적으로 재해석한 작품이다. 영화에서 맷 롱이 연기한 타일러 프린스는 귀공자 사교 클럽의 회장이고, 대니 스트롱이 연기한 거킨은 매우 똑똑한 사회적 왕따 모임의 회원이다.

새로운 공룡

플래닛펌프레코드, 워프, 레드라이노와 같은 독립 음악 레이블이 캐피틀, BMI, 모타운, MCA와 같은 거대 기업과 레코드 매장의 선반을 공유하던 시절이 있었습니다.[191] 더 큰 회사는 더 많은 공간을 얻었지만 타워레코드와 같은 대형 매장에는 모두가 넉넉하게 사용할 수 있는 공간이 있었습니다.

그 후 통합이 이루어졌습니다. 더 큰 레이블들이 몸을 풀기 시작했습니다. 이들은 라디오에서 더 많은 방송 시간을 얻었습니다.[192] 그리고 더 큰 계약, 더 나은 콘서트 장소, 더 편리한 구매를 제공함으로써 소규모 경쟁자들을 제거했습니다. 1990년대까지 음악 산업은 BMG, EMI, 폴리그램, 소니뮤직, 유니버설뮤직그룹, 워너뮤직 등 여섯 개 주요 음반사로 축소되었습니다.

통합 프로세스가 계속되었습니다. 소규모 경쟁자들을 잡아먹은 주요 레이블은 국제적 대기업에 흡수되었습니다. 캐나다의 위스키 양조업체인 시그램은 1998년에 폴리그램을 인수했습니다. 그 당시에 폴리그램은 이미 A&M, 모타운, 데프잼과 같은 친숙한 레이블을 흡수했습니다. 시그램이 주춤한 2000년, 나폴레옹 3세 시절에 프랑스의 수자원 회사로 출발한 재벌 비방디가 엔터테인먼트 지분을 사들였습니다.

영화계에서도 똑같은 일이 일어났습니다. 픽사, 루카스아츠, 마블, 20세기 폭스는 독립 영화 스튜디오였지만 지금은 모두 디즈니 소속입니다. 이러한 통합에는 이점이 있습니다. 거대한 디즈니의 지원으로 〈토이 스토리Toy Story〉, 〈스타워즈〉, 〈엑스맨X-Men〉 시리즈를 위한 충분한 자금이 생겼습니다.[193] 케빈 파이

---

191 음악 산업이 디지털화되기 전에는 모든 주요 도시와 쇼핑몰에서 타워레코드, 샘구디, 피치스레코드, 실버플래터스와 같은 체인점을 찾아볼 수 있었다. 그러나 MP3 플레이어와 아이튠즈의 등장으로 대부분의 음반 매장이 절멸했다. 서점과 영화 판매에서도 비슷한 진화가 일어나고 있다.

192 이로 인해 뇌물 수수 스캔들과 뇌물 혐의에 대한 연방 수사가 이루어졌다.

193 이 책을 집필하는 시점에 디즈니는 644억 달러의 부채를 안고 있다. 시간이 흐르면 또 다른 진화가 시작되었는지 알 수 있을 것이다.

기는 차기 〈어벤져스Avengers〉의 특수 효과에 대해 걱정할 필요가 없습니다. 디즈니스튜디오는 거의 무한한 자원을 가지고 있습니다.

한편으로는 〈메리 포핀스 리턴즈Mary Poppins Returns〉를 승인했던 이사회가 자유로웠던 〈데드풀Deadpool〉을 통제하고, 디즈니가 미키 마우스의 이미지를 세심하게 관리하는 것처럼 〈스타워즈〉의 루크 스카이워커도 관리하게 되어 팬들이 자유로이 이용할 수 없게 되었습니다.

영화 사업의 통합으로 등장한 거대 기업이 또 있습니다. 소니는 컬럼비아 픽처스, MGM, 트라이스타를 소유하고 있습니다. 제임스 본드, 〈쥬만지Jumanji〉, 〈라스트 드래곤The Last Dragon〉은 이제 소니의 것입니다.[194]

아직 역사가 40년에 불과한 비디오 게임의 경우도 플레이스테이션 2 이후 격동의 통합이 시작되었습니다. 이러한 변화는 항상 있었고 포식성인 회사도 새롭지 않은 존재이지만,[195] 블록버스터 게임을 만드는 비용이 치솟는 바람에 몇몇 중소 퍼블리셔는 경쟁에서 밀려났습니다.

> 한 게임을 열 명이 작업하던 시절도 있었죠. 현재 유비소프트와 같은 회사는 한 게임에 여러 팀을 두고 있습니다. 우습게 들리겠지만 이제 한 게임을 만드는 인원이 500명이 될 수도 있습니다.
>
> -앤드루 라이너

〈팩맨〉 제작자, 오락실 운영자, 콘솔 업계의 킹메이커인 남코는 힘든 시절을 보내고 2006년에 장난감 및 비디오 게임 대기업인 반다이와 합병했습니다. 2009년에는 인상적인 역사 시뮬레이션 라인업으로 유명한 퍼블리셔인 코에이

---

194 출판 쪽에서도 똑같은 일이 일어났다. 이 책의 초판은 2001년 랜덤하우스가 인수한 프리마에서 출판되었다. 랜덤하우스는 2013년에 펭귄그룹과 합병했다. 한때 바이킹, 펭귄, 크노프, 랜덤하우스, 더블데이 등의 출판사가 경쟁하던 춘추 전국 시대가 있었지만 지금은 펭귄랜덤하우스로 통합되었다.

195 게임 퍼블리싱에서 포식성 관행의 대표적인 예로는 1984~1996년 아타리의 소유주였던 잭 트러멜과 샘 트러멜을 들 수 있다. 이들은 게임을 만들기 위해 인디 개발자들을 고용했고, 개발자들에게 현금이 절실할 때까지 지불을 보류한 뒤 자신들이 괴롭힌 회사들을 재고 정리 가격에 매입한 것으로 알려졌다.

가 〈닌자 가이덴〉, 〈데드 오어 얼라이브〉를 제작한 테크모와 합병했습니다. 음악, 프로 스포츠 홍보, 영화, 도서 출판 분야의 회사들처럼 많은 비디오 게임 회사도 살아남기 위해 합병해야만 했습니다.

제러미 히스스미스가 〈툼 레이더〉를 소개했을 때 나는 크리스털다이내믹스에 있었어요. 제러미는 코어디자인을 설립한 CEO입니다. 그는 정말 멋진 여자 모험가를 PC와 세가 플랫폼을 통해 세상에 소개했고, 결국에는 코어디자인을 사들인 에이도스가 라라 크로프트를 가지게 되었죠. 그 당시에 나는 크리스털다이내믹스의 회장이었는데, 그게 1996년쯤일 거예요. 1998년에 결국 크리스털다이내믹스를 에이도스에 팔았고요.

에이도스는 사재기를 하고 있었어요. 그들은 많은 회사를 인수하고 여러 공공 계약에 서명했죠. 그들은 아이온스톰과 도마크를 사들이고 루킹글래스 스튜디오와 〈시프Thief〉의 장기 계약을 맺었어요. 그건 큰 거래였어요. 에이도스는 지적 재산권을 얻기 위해 회사의 소유권을 취득하거나 매입했습니다.

내가 크리스털다이내믹스를 떠날 무렵, 우리는 에이도스를 살 사람을 찾고 있었어요. 결국 영국의 SCi[세일즈커브인터랙티브]가 에이도스를 헐값에 인수했죠.[196] 끔찍한 거래였어요. 그 후 SCi는 그것을 스퀘어에닉스에 팔았답니다.

– 롭 다이어

게임 퍼블리셔의 수를 줄이는 메커니즘은 합병뿐만이 아니었습니다. 한때 규모와 수익 면에서 EA와 어깨를 나란히 하던 어클레임엔터테인먼트가 2004년에 파산했습니다.

액티비전의 전 임원인 그레그 피시바크가 속했던 팀이 설립한 어클레임엔터테인먼트는 NES용 일본 게임을 수입하면서 두각을 나타내기 시작했습니다. 코나미와 테크모 등 다른 성공적인 퍼블리셔들은 NES에서 슈퍼 NES로 전환하는 데 어려움을 겪었지만 어클레임은 WWF/WWE 프로 레슬링, 〈심슨 가족The Simpsons〉, 미드웨이 아케이드 게임과 같은 지적 재산권에 대한 라이선스 계약의

---

196 여기서 헐값은 7,400만 파운드이다.

인기를 토대로 상위권을 유지했습니다.

어클레임은 개발 주도보다는 마케팅 중심적인 접근 방식을 취했고 WWF, 〈심슨 가족〉, 〈터미네이터〉, 〈사우스 파크South Park〉, 메리케이트 등의 라이선스를 통해 한동안 큰 성공을 거뒀습니다. 매우 효과적인 라이선스 접근 방식이었죠.

— 로드 쿠젠스

어클레임 제국의 첫 균열은 1996년에 20세기폭스가 〈심슨 가족〉을 새로 형성된 인터랙티브 부문에 주었을 때 나타났습니다. 사실 어클레임은 수년간 수준 이하의 〈심슨 가족〉 시리즈를 출시하면서 대부분의 라이선스를 땅에 떨어뜨렸습니다. 20세기폭스가 라이선스를 획득하기까지 3년 동안 어클레임은 〈바트 대 저거너츠Bart vs. the Juggernauts〉, 〈바트맨과 방사능맨Bartman Meets Radioactive Man〉, 〈바트의 악몽Bart's Nightmare〉, 〈크러스티의 펀 하우스Krusty's Fun House〉, 〈바트와 콩나무Bart & the Beanstalk〉, 〈버추얼 바트Virtual Bart〉, 〈이치 앤드 스크래치의 미니어처 골프 매드니스Itchy & Scratchy in Miniature Golf Madness〉, 〈이치 앤드 스크래치 게임The Itchy & Scratchy Game〉을 내놓았습니다.

[어클레임의 문제로 이어진] 한 가지 요인을 언급하자면 그건 제품이죠. 탐욕, 재정 관리 등 많은 이유가 있지만 나는 가장 중요한 것으로 제품을 꼽고 싶군요.

— 로드 쿠젠스

1994년, WMS는 자체 퍼블리셔인 미드웨이게임스를 출범했고 어클레임은 〈모탈 컴뱃〉과 〈NBA 잼〉 라이선스를 잃었습니다. 1995년에는 WWF도 캘리포니아에 본사를 둔 THQ와 계약을 체결하며 도약했습니다.

어클레임의 경영진은 배트맨, 메리케이트, 애슐리, 사우스 파크, 익스트림 챔피언십 레슬링에 기반한 게임을 만들기 위해 새로운 자산을 찾고 계약을 맺었습니다. 1997년에 〈튜록: 다이너소어 헌터〉로 대성공을 거두었지만 전성기는 이미 끝났고 결국 2004년에 파산을 선언했습니다.

WWF 라이선스를 인수한 THQ는 디즈니, 드림웍스, 니켈로디언 만화 자산을 기반으로 한 게임을 제작하며 어클레임의 뒤를 바짝 따랐습니다. WWF와 그 회장인 빈스 맥마흔으로서는 THQ로 모회사를 바꾼 것이 현명한 조치였습니다. THQ의 프로 레슬링 게임은 어클레임의 예전 게임보다 더 눈에 띄고 더 잘 팔렸습니다. 2010년, 맥마흔은 THQ에 독점 인터랙티브 게임 권한을 부여하는 8년 계약을 체결했습니다.

그러나 THQ는 새로운 라이선스 계약을 완료할 만큼 오래 살아남지 못했습니다. 2006년 『뉴욕 포스트New York Post』의 기사에서 한 기자는 상위 10개 비디오 게임 퍼블리셔 중 THQ(8위)만이 그 가치가 10억 달러 미만이라고 언급했습니다. 인기 레슬링과 〈스펀지밥SpongeBob〉 라이선스를 보유한 THQ가 왜 그렇게 낮은 평가를 받는지 모두가 궁금해했습니다.

THQ의 제품은 라이선스가 컸습니다. 지불해야 할 최소 로열티가 있기 때문에 규모를 늘리지 않는다면 라이선스로 인해 죽을 겁니다. 빨리 통과하고 최소 보증이 충족되는 경우에 사업을 시작한다면 물론 잘된 일이겠죠. 그들은 그 아래에서 빠져나오지 못했고 결국 그것은 그들을 삼켰습니다.

– 피터 무어

디즈니와 드림웍스 같은 회사의 지적 재산권을 라이선싱하는 것은 비용이 많이 들었고, 한때 믿을 수 있었던 영화 기반 게임 시장은 플레이스테이션 2 시대에 고갈되기 시작했습니다. 〈업Up〉, 〈월–EWALL-E〉, 〈메가마인드Megamind〉, 〈쿵푸 팬더 2Kung Fu Panda 2〉는 침체되는 시장을 일으켜 세우기도 했지만 역부족이었습니다. THQ는 어클레임이 〈심슨 가족〉을 대우했던 것보다 니켈로디언을 더 존중했지만 〈러그래츠Rugrats〉 게임 여덟 개, 〈스펀지밥〉 게임 열아홉 개가 출시되어 니켈로디언 특성을 기반으로 한 게임 시장이 과포화되었습니다.

2011년, THQ는 1억 달러 이상의 손실을 입었습니다. 이듬해에는 2억 달러를 더 잃었습니다. 2012년에 이사회가 오랫동안 CEO 자리를 지킨 브라이언 패럴을 너티독의 매우 존경받는 공동 창업자인 제이슨 루빈으로 교체했지만, 그럼에도 THQ는 살아나지 못했습니다. 결국 수억 달러의 부채와 라이선스 취소로 THQ는 2012년 말에 파산 보호를 신청했습니다.

합병은 존경받는 여러 퍼블리셔를 죽였을지 모르지만 생존자들에게는 더 큰 영향력을 안겨주기도 했습니다. 스퀘어, 에닉스, 코에이, 테크모, 에이도스, 크리스털다이내믹스, THQ, 어클레임 등이 건재했던 1990년대에는 닌텐도와 같은 하드웨어 제조업체가 너무 많은 통제권을 가지고 있어서 퍼블리셔가 게임 독점권을 포기하도록 강요하곤 했습니다. 합병 이후 기업은 예전만큼 독점 계약을 체결하려 하지 않았습니다. 스퀘어에닉스는 엑스박스와 플레이스테이션용 〈파이널 판타지〉를 출시하기 시작했습니다. 〈메탈 기어 솔리드 5〉부터는 플레이스테이션만이 아니라 엑스박스로도 즐길 수 있었습니다. 이제 스팀과 에픽스토어, 휴대용 게임기, 스마트폰 등 번창하는 세 가지 플랫폼을 통해 기업은 A급 타이틀을 여러 곳에 배포해 더 많은 돈을 벌 수 있게 되었습니다.

따라서 〈슈퍼 마리오〉, 〈헤일로〉, 〈그란 투리스모〉와 같은 퍼스트파티 게임 라이브러리를 보유하는 것이 그 어느 때보다 중요해졌습니다. EA, 액티비전, 코나미, 캡콤, 락스타게임스 등이 자신의 A급 게임을 여러 플랫폼에 퍼뜨려야 한다고 주장함에 따라 소니, 닌텐도, 마이크로소프트는 이제 그들만의 필수 독점 게임을 만들어야 합니다.[197]

그동안 락스타게임스와 스퀘어에닉스처럼 '하드웨어에 구애받지 않는' 신생 기업은 여러 플랫폼에 게임을 퍼블리싱하면서 콘솔 전용 콘텐츠를 만드는 방법을 찾았습니다. 〈파이널 판타지〉의 경우, 스퀘어에닉스는 때때로 플레이스테

---

197 이 책을 집필하는 시점에 마이크로소프트는 베데스다를 막 인수해 〈둠〉, 〈스카이림(Skyrim)〉, 〈폴아웃〉과 같은 중요한 지적 재산권에 독점권을 부여했다.

이션용을 먼저 출시한 다음 엑스박스용을 출시합니다. 남코와 캡콤 같은 회사는 〈헤일로〉의 마스터 치프와 같은 특수 캐릭터를 콘솔별 격투 게임의 독점 콘텐츠로 추가하는 데 동의할 수도 있습니다. 다른 회사는 게임을 위한 새로운 미션으로서 독점적인 다운로드 가능 콘텐츠를 만드는 데 동의합니다. 예를 들어 락스타게임스의 차기 〈GTA〉 플레이스테이션 5 버전에는 다른 버전에서는 볼 수 없는 특수 임무가 포함될 수 있습니다.

에이도스가 〈툼 레이더〉 시리즈를 리부트했을 때, 유감스럽게도 소니컴퓨터엔터테인먼트 아메리카의 퍼블리셔 관계 담당 신임 부사장이자 크리스털다이내믹스의 전 사장인 롭 다이어가 다운로드할 수 있는 콘텐츠 독점권을 마이크로소프트에 주는 데 동의했습니다.

나는 플레이스테이션에 있었고 그들이 마이크로소프트와 독점 콘텐츠 계약을 맺었을 때 몹시 화가 났어요. 그건 내 유산이고 〈툼 레이더〉는 한때 플레이스테이션 독점 게임이었기 때문에 아주 실망스러웠죠.

– 롭 다이어

Wii, 플레이스테이션 3, 엑스박스 360을 시작으로 독점 콘텐츠가 독점 게임을 대체했습니다.

그것이 소니와 마이크로소프트가 거래를 하는 이유입니다. 그들은 〈GTA〉와 〈콜 오브 듀티〉의 독점권도 원해요.

나는 며칠 전에 플레이스테이션 5의 출시와 독점작을 봤습니다. 소프트웨어 퍼블리셔들은 게임 기획안을 조각조각 만들고 있어요. 이제는 IP를 독점화하지 않고 일정 기간 플랫폼 전용인 게임 기획안을 만들고 있죠.

– 로드 쿠젠스

7세대의 우드스톡

> 34세의 짐 쿠시는 출시 행사를 위해 30킬로그램짜리 마스터 치프 의상을 입었습니다. IT 업무를 하루 쉬고 맨해튼의 베스트바이 밖에서 줄을 선 쿠시는 밤새 〈헤일로 3〉를 하고 내일 쉴 계획이라고 밝혔습니다. 〈헤일로 3〉 사전 주문자가 400만 명이 넘었고, 그는 화요일에 많은 직장인 피해자 중 한 명이 될 것입니다.[1]

마이크로소프트의 원래 목표는 엑스박스 360을 출시할 때 〈헤일로〉 출시를 준비하는 것이었습니다. 〈헤일로 3〉가 제때 준비되지 않는다는 것이 확실해지자 마이크로소프트는 에픽게임스가 제작한 〈기어스 오브 워〉의 인상적인 독점 판매권을 얻었습니다. 몇몇 비평가는 〈기어스 오브 워〉를 2006년 연휴 시즌 최고의 게임으로 평가했지만 〈헤일로〉만큼 큰 인기를 얻지는 못했습니다. 마이크로소프트는 〈기어스 오브 워〉를 거의 600만 장 팔았습니다.

이듬해에 마이크로소프트는 〈헤일로 3〉의 출시를 위한 마케팅 계획을 공개했습니다. 이번에는 아프리카 사바나를 배경으로 한 극적인 E3 예고편이 나왔습니다. 80만 명이 참가할 수 있도록 확장된 베타 테스트와 난해한 증강 현실 캠페인을 실시하는 가운데 세븐일레븐과 마운틴듀 같은 프로모션 파트너도 있었습니다.

물론 대규모 출시 행사도 빠지지 않았습니다. 빌 게이츠는 워싱턴 벨뷰의 베스트바이에서 첫 제품을 나누어 주었습니다.[198] 전형적인 긴 줄, 이에 대한 기사, 장사진을 촬영하고 게이머를 인터뷰하는 TV 제작진, 마스터 치프 의상을 입은 사람들이 있었습니다. 캘리포니아 유니버설시티의 게임스톱은 〈헤일로〉 퀴즈 대회를 후원했고, 마이애미 돌핀스 멤버들은 지역 서킷시티에서 사인회를 했

---

198 베스트바이 벨뷰점은 마이크로소프트 레드먼드 캠퍼스에서 가장 가까운 매장이다.

습니다.

『와이어드』는 맨해튼에서 〈헤일로 3〉의 출시가 어떻게 진행되었는지에 대한 기사를 실었습니다.

열다섯 번째로 줄을 선 전직 해병 칼 건서는 새 게임을 손에 넣기 전에 팔에 마사지를 합니다. 그는 게임 테스터로 일하기 위해 화요일 아침 비행기로 떠날 테지만 공항 술집의 TV로 〈헤일로 3〉를 해보고 싶다면서 이렇게 덧붙였습니다. "아버지는 줄을 서서 〈스타워즈〉와 우드스톡[199]을 기다렸죠. 〈헤일로 3〉는 우드스톡과도 같아요."

팬들은 높이 설치된 가로 3미터, 세로 2미터 스크린으로 신작의 장면을 시청합니다.

조 미핸과 체이스 스톤은 게임을 구매하기 위해 줄을 서서 기다리는 동안 〈헤일로 3〉 브랜드가 인쇄된 마운틴듀 무료 샘플을 마십니다. 둘 다 맞춤형 갑옷과 새로운 유형의 수류탄이 특징인 신작 게임을 해보기 위해 〈기타 히어로〉와 〈기어스 오브 워〉를 잠시 접을 것이라고 합니다.[2]

〈헤일로 3〉 판매량은 가장 낙관적인 예측을 가볍게 웃돌았습니다. 마이크로소프트는 2007년 9월 25일에 〈헤일로 3〉를 출시했는데, 출시하자마자 24시간 동안 200만 장 이상이 팔렸으며, 전해지는 바에 따르면 미국에서 1억 7,000만 달러 이상의 수익을 올려 엔터테인먼트 자산의 신기록을 세웠습니다.[200] 출시 2주 만에 마이크로소프트는 전 세계적으로 〈헤일로 3〉를 500만 장 이상 판매했습니다. 미국에서 그해의 베스트셀러 게임이었습니다.

---

199 옮긴이_1969년 8월 15~17일에 뉴욕 북부의 베델 평원에서 열린 대규모 페스티벌이다.
200 비디오 게임 산업에서는 '기록 갱신'의 출시라는 오랜 역사가 있다. 1999년 미국에서 드림캐스트 출시로 4,500만 달러의 매출을 올렸을 때 세가는 이것이 세계 신기록이라고 주장했다. 이전 기록 보유자는 〈스타워즈 에피소드 I: 보이지 않는 위험〉으로, 출시 당일에 2,800만 달러를 벌어들였다.

위대한 독점의 최후

코나미와 고지마프로덕션에서 일하는 동안 가장 좋았던 기억 중 하나는 주간 〈원업 유어스
1UP Yours〉 팟캐스트를 들으며 몇 시간 후에 도쿄를 돌아다녔던 것입니다. 존 데이비슨, 앤
드루 피스터, 가넷 리, 루크 스미스를 포함한 전설적인 제작진이 진행을 맡았는데, 그들은
2000년대 중반 게임 산업의 맥을 제대로 짚었어요.

한 가지 열띤 토론 주제는 플레이스테이션 3 대 엑스박스 360이었습니다. 공동 진행자인
셰인 베텐하우젠은 거의 항상 소니를 옹호했죠. 그는 〈파이널 판타지〉, 〈데빌 메이 크라
이〉, 〈바이오하자드〉가 엑스박스 360에 절대 등장하지 않을 것이라고 단호히 주장했지만
이후 하나둘씩 등장했습니다.

－라이언 페이턴

    플레이스테이션 브랜드는 마스코트가 없었습니다. 소니컴퓨터엔터테인먼
트 아메리카는 플레이스테이션 1 출시 전 광고에서 폴리곤 맨이라는 가상 대변
인을 만들었지만, 그는 마스코트가 아닌 대변인이었습니다. 그 캐릭터는 한 번
도 게임에 나오지 않았습니다.[201] 사람들은 닌텐도에는 마리오가 있고 세가에는
소닉이 있으니 소니도 마스코트를 채택하리라 기대했지만 구타라기 겐은 그런
아이디어를 피했습니다. 소니는 〈크래시 밴디쿳〉을 홍보했고, 동명의 주인공이
플레이스테이션 브랜드 광고에 등장해 크래시를 소니의 새로운 마리오로 짐작
하게 만들었으나, 이에 대해 질문을 받은 구타라기는 크래시는 소니의 마스코트
가 아니라고 주장했습니다.

    〈크래시 밴디쿳〉은 소니가 홍보한 많은 독점 게임 중 첫 번째에 불과했습
니다. 〈파라파 더 래퍼PaRappa the Rapper〉, 〈파이널 판타지〉, 라라 크로프트와 같

---

[201] 폴리곤 맨은 플레이스테이션 1의 어떤 게임에도 등장하지 않았다. 2012년, 소니컴퓨터엔터테인먼트는 플
레이스테이션 3, 플레이스테이션 비타(휴대용) 버전으로 〈플레이스테이션 올스타 배틀 로열(Play Station
All Stars Battle Royale)〉이라는 〈대난투 스매시 브라더스 DX〉 스타일의 격투 게임을 출시했다. 폴리곤
맨은 싱글플레이어 모드의 마지막 보스였다.

이 소니가 임시로 홍보한 캐릭터들이 번갈아가며 회전문을 통과했습니다.

2008년, 플레이스테이션의 임시 마스코트는 독점 출시 예정이었던 〈메탈 기어 솔리드 4: 건즈 오브 더 패트리어트〉의 주인공이었습니다. 이 캐릭터는 솔리드 스네이크라는 이름의 나이 든 슈퍼 솔저였습니다. 독점 게임을 찾기가 점점 어려워지던 시기에 소니가 〈메탈 기어 솔리드 4〉를 확보한 것은 마이크로소프트의 엑스박스 사업부에 심각한 딜레마를 안겨주었습니다.

〈메탈 기어 솔리드 4〉는 콘솔 전쟁 논쟁과 논란의 피뢰침이었어요. 그것은 당시 플레이스테이션 3 게임 중 가장 야심차고 기대되는 게임이었고, 소니 팬은 〈메탈 기어 솔리드 4〉가 세대를 뒤흔드는 킬러 앱이 되기를 간절히 바랐죠. 사실 마이크로소프트는 제작자인 고지마 히데오에게 〈메탈 기어 솔리드 4〉를 엑스박스 360으로 가져와달라고 공개적으로 요청하는 광고를 코나미의 E3 팸플릿에 싣기도 했습니다.

정말 힘든 시간이었어요. 엑스박스 360용 〈메탈 기어 솔리드 4〉가 나올 것이라는 우려에 화가 난 플레이스테이션 3 팬들로부터 살해 위협을 받기도 했답니다.

－라이언 페이턴

업계에서는 소니가 이 게임의 독점 계약을 체결했을 것이라는 믿음이 지배적이었습니다. 하지만 사실이 아니었습니다. 고지마가 게임을 엑스박스 360에 이식하기로 결정했다면 그의 상사들이 분명히 승인했을 테지만 그는 그러지 않았습니다.

락스타게임스, 캡콤, 스퀘어에닉스와 같은 퍼블리셔가 플랫폼에 구애받지 않는 상황에서 코나미가 일종의 인센티브 없이 자발적으로 〈메탈 기어 솔리드〉를 플레이스테이션용으로 제작한다는 생각은 놀라울 정도였습니다. 고지마가 심사숙고하는 동안 코나미는 이 게임이 엑스박스 360에서도 실행될 수 있는지 알아보기 위해 R&D 팀을 모았습니다. 그 결과는 모두를 놀라게 했습니다.

내 동료들은 플레이스테이션 3 개발에 많은 어려움을 겪었음에도 불구하고 대부분이 여전히 열렬한 소니 팬이었고, 그래서 쓸데없는 테스트에 자원을 쓰는 것을 찬성하지 않았습니다. 그들은 〈메탈 기어 솔리드 4〉가 오래되고 열등한 마이크로소프트 하드웨어에서 형편없이 실행될 것이라고 믿었거든요.

운명의 날, 코나미의 R&D 팀은 노력의 결실인 〈메탈 기어 솔리드 4〉가 엑스박스 360에서 아름답고 매끄럽게 돌아가는 것을 볼 수도 있는 회의를 열었습니다. 사무실에 있는 몇 안 되는 엑스박스 팬 중 하나인 나는 신이 났죠.

－라이언 페이턴

결국 이 게임은 엑스박스 360의 가장 명백한 기술적 결함, 즉 DVD 미디어에의 의존성 때문에 플레이스테이션 3 전용이 되었습니다. 거의 50기가바이트에 달하는 〈메탈 기어 솔리드 4〉는 표준 DVD로 감당이 되지 않고, 싱글레이어 블루레이에 맞추기에도 너무 컸습니다. 소니는 코나미가 추가 저장 공간을 활용해 게임을 더블레이어 디스크로 퍼블리싱할 수 있도록 허락했습니다. 이는 플레이스테이션 3 독점 게임이 최초로 퍼블리싱된 사례였습니다.

2008년, 마이크로소프트가 2위를 차지하고 닌텐도가 범접할 수 없는 선두를 달리는 가운데 플레이스테이션 경영진은 자신들이 할 수 있는 선에서 얻은 진귀한 승리를 자축했습니다. 잭 트레턴은 다가오는 〈메탈 기어 솔리드 4〉 출시에 대해 언급하면서, 고지마가 〈메탈 기어 솔리드 4〉의 플레이스테이션 3 독점을 유지하기로 결정한 것은 소니가 기술적으로 우수한 콘솔을 보유하고 있다는 증거라고 내세웠습니다.

〈메탈 기어 솔리드〉의 독점은 플레이스테이션 3라서가 아니라, 플레이스테이션 3만 가지고 있는 블루레이 덕분에 가능한 것입니다.

－잭 트레턴

그래서 잠시 동안은 〈메탈 기어 솔리드〉의 영웅인 솔리드 스네이크가 사실상 플레이스테이션 3의 얼굴이 되었습니다. 그는 잡지 표지와 소니 광고에 등장했습니다. 하지만 엑스박스 사용자는 여전히 〈메탈 기어 솔리드 4〉가 마이크로소프트로 옮겨 갈 것이라는 희망을 버리지 않았고, 영국의 한 소매업체가 실수로 엑스박스 360 버전 게임의 가격을 온라인에 게시해 국제적인 파문을 일으키기도 했습니다.

더 중요한 점은 〈메탈 기어 솔리드 4〉가 가뭄을 겪던 소니에 단비 같은 역할을 했다는 것입니다. 특히 일본에서는 플레이스테이션 3 판매량이 주당 평균 1만 대에서 거의 8만 대로 급증했습니다.

락스타게임스가 지배하다

만약 내가 영화 〈워리어스The Warriors〉를 기반으로 한 게임을 만든다고 한다면 관심을 가질까요? 오래된 1970년대 영화를 되살리는 거죠. 하지만 락스타게임스가 만든다고 한다면 어떨까요? 이제야 관심을 보이는군요.

－은가이 크롤

〈테트리스〉, 〈포켓몬스터〉, 〈슈퍼 마리오 64〉는 1990년대의 베스트셀러 게임입니다. 〈파이널 판타지 VII〉, 〈레밍스Lemmings〉, 〈소닉 더 헤지혹〉, 〈그란 투리스모〉가 목록에 올랐지만 1990년대에는 닌텐도가 베스트셀러 목록을 지배했습니다. 2000년까지 기업들이 합병한 후 하드웨어 제조업체를 목록에서 제외하기 시작했습니다. 〈기타 히어로 III: 레전드 오브 록Guitar Hero III: Legends of Rock〉은 10년 동안 가장 많이 팔린 게임이고 〈GTA: 산안드레아스〉가 9위를 차지했습니다. 세 개의 〈콜 오브 듀티〉도 목록에 올랐습니다.

2009~2019년의 상위 열 개 게임 중 여덟 개가 〈콜 오브 듀티〉 시리즈였습니다. 목록에는 닌텐도 게임이 하나도 없었습니다. 목록에 〈콜 오브 듀티〉라는 제목이 포함되지 않은 게임은 9위인 〈마인크래프트Minecraft〉[202]와 1위인 〈GTA V〉뿐이었습니다.[3]

락스타게임스는 EA, 액티비전, 유비소프트 등에 비해 주식시장 평가와 제품 수에서 뒤처졌을지 모르지만 명성이 있었습니다. 닌텐도가 어린이 시장을 완전히 장악하고 있다고 알려졌듯이, 2010년까지 락스타게임스는 성인용 게임에 비슷한 영향력을 발휘했습니다.

사람들이 입장하기 위해 줄을 서 있던 E3 첫날, 앤디 맥[『게임 인포머』의 전 편집장이자 창업자인 앤디 맥너마라]과 『게임 인포머』의 저자 셋이 아직 출간되지 않은 신간호를 두 상자 가져왔어요. 우리는 그것을 나눠주었죠.

〈GTA: 산안드레아스〉가 표지를 장식했습니다. 곧 새로운 〈GTA〉를 만날 수 있다는 기대감에 많은 사람이 미친 것처럼 흥분하기 시작했어요. 그해 E3에 굵직한 게임이 없었기 때문에 우리는 그 표지로 가장 큰 기사를 썼습니다.

– 앤드루 라이너

락스타게임스의 악명은 게임의 품질만큼이나 성공에 도움을 주었습니다. 〈GTA〉와 같은 게임들이 조지프 리버먼 상원의원과 같은 비평가들을 괴롭혔지만, 살인과 난장판에 본능적인 친밀감을 더한 〈맨헌트〉 등 락스타게임스의 게임은 게이머들을 환장하게 만들었습니다.

〈맨헌트〉에서는 플레이어가 미치광이와 범죄자로 가득한 도시에서 풀려난 사형수를 조종했습니다. 이름이 제임스 얼 캐시인 사형수의 임무는 적에게 몰래 다가가 죽이는 것으로, 임무를 완수할 때마다 스너프 링에 기록되었습니다. 〈맨헌트〉는 락스타게임스의 전형적인 스타일로 도덕성의 한계를 넘어섰지만 훌륭

---

202 〈마인크래프트〉는 역사상 가장 많이 플레이된 게임으로 기록되었다.

하게 실행되었습니다.

〈맨헌트〉와 같은 게임이 성공하는 데 막대한 마케팅 예산이 꼭 필요한 것은 아닙니다. 너무 많은 논란을 불러일으킨 덕에 시장에서는 성공적인 마케팅을 한 것과 같은 효과를 냈습니다. 이는 도덕 당국이 무시했다면 눈에 띄지 않고 사라졌을 아타리 2600용 〈커스터의 복수Custer's Revenge〉나 3DO 및 세가 CD용 〈나이트 트랩Night Trap〉이 아니었습니다.[203] 〈맨헌트〉는 도전적이고 매우 충격적이지만 굉장히 잘 만들어졌습니다.

락스타게임스가 출시한 모든 게임이 논란이 된 것은 아닙니다. 그것은 락스타게임스의 여러 모습 중 하나로, 이 회사는 충격 마케팅만 하는 퍼블리셔가 아니었습니다. 물론 〈불리Bully〉와 〈맨헌트 2〉를 출시했지만 레이싱 게임인 〈미드나잇 클럽〉, 〈테이블 테니스Rockstar Games Presents Table Tennis〉, 〈비터레이터 Beaterator〉도 출시했습니다.

어느 순간 락스타게임스는 미다스의 손을 가진 것 같았습니다. 2004년에는 스파게티 웨스턴[204]과 맞먹는 비디오 게임인 〈레드 데드 리볼버Red Dead Revolver〉를 출시해 거의 100만 장을 팔았습니다. 7년 후 락스타게임스는 〈L.A. 누아르L.A. Noir〉로 인터랙티브 미스터리 장르가 시장성이 있음을 보여주었습니다.

2007년, 락스타게임스가 〈GTA〉 시리즈의 차기작에 대한 계획을 발표했을 때 기대감이 컸습니다. 이전 시리즈와 같다면 즉각적인 사용자를 확보할 수 있지만, 수석 작가인 댄 하우저는 같은 일을 두 번 하는 것을 좋아하지 않았습니다. 그는 새로운 것을 창조하고 싶었습니다.

---

203 제작 당시에 〈나이트 트랩〉은 게임이라기보다는 기술 시연에 가까웠다. 개조된 콜레코비전에서 스트리밍되는 라이브 액션 동영상과 인터랙티브를 접목하려 했던 1980년대의 시도는 상당히 인상적이었다. 1993년, 폭력에 대한 청문회가 열렸을 무렵에는 다소 구식이었다. 또한 〈나이트 트랩〉이 플레이어가 헐벗은 여학생을 공포에 떨게 하는 가학적인 게임이라는 무지한 비판은 잘못된 것이다. 1993년 의회 청문회의 표적이 되지 않았다면 〈나이트 트랩〉은 〈맨 이너프(Man Enough)〉, 〈크리스 크로스: 메이크 마이 비디오(Kris Kross: Make My Video)〉와 같은 길을 갔을 것이다.
204 옮긴이_1960~1970년대에 이탈리아에서 제작한 서부 영화로, 무법자에 가까운 주인공이 과한 폭력을 행사한다.

락스타게임스가 게임을 출시할 때마다 이전에는 본 적 없는 정신 나간 것을 보게 될 것입니다. 〈GTA IV〉를 표지에 싣기로 합의했을 때 우리는 그게 뭔지 전혀 몰랐어요. 그들은 모든 것에 대해 아주 비밀스러웠어요. 우리는 〈GTA〉 시리즈의 차기작이라는 것만 알았고요.

우리는 이미 헷갈렸던 락스타게임스 사무실이 아니라 뉴욕 고층 빌딩의 펜트하우스에서 만났어요. 댄 하우저가 나타나 말보다 먼저 악수를 했죠. "라이너, 이리 와봐요." 우리가 창문으로 걸어가 밖을 내다보자 그가 "뭐가 보이나요?"라고 묻더군요.

나는 겁을 먹은 상태였어요. 그는 선견지명이 있는 게임 제작자이고 그 순간에도 선지적이었기 때문이에요. 그는 뭔가 중요한 것을 보여주려고 나를 안내했고 스포트라이트가 나를 비추었죠.

나는 "음… 뉴욕시요"라고 대답했어요. 무슨 말을 더 해야 할지 모르는 상태에서 그가 다시 "또 뭐가 있죠?"라고 물었고, 나는 "인생?"이라고 대답했어요. "바로 그겁니다. 이게 바로 우리가 만드는 〈GTA IV〉예요."

– 앤드루 라이너

〈GTA IV〉는 사람들에게 뉴욕을 선사하겠다는 하우저의 약속을 지켰습니다. 〈GTA: 산안드레아스〉는 플레이어에게 세 도시와 그 사이의 열린 사막이라는 폭넓은 공간을 제공했습니다. 〈GTA IV〉는 리버티시티와 깊은 연관이 있었습니다. 뉴욕시 버전의 〈GTA〉에는 택시, 기차, 헬리콥터, 그리고 플레이어가 탐험하기 위해 그곳에 있든 없든 존재하는 것처럼 보이는 도시가 포함되었습니다. 이 게임에는 최대 서른두 명의 플레이어가 도시를 탐험하거나, 서로 싸우거나, 그들만의 범죄 제국을 만들 수 있는 온라인 모드도 있었습니다.

200만 장이 팔리면 히트였던 시기에 〈GTA IV〉는 출시 당일에만 350만 장이 팔렸습니다. 락스타게임스는 〈GTA IV〉를 무려 2,500만 장 판매했습니다. 〈GTA IV〉는 락스타게임스가 〈GTA V〉를 내놓은 2013년까지 역사상 가장 많이 팔린 비디오 게임이었습니다.

그 후 〈GTA V〉는 원래 〈GTA: 산안드레아스〉를 위해 설계된 장소로 돌아가서 플레이어에게 더 많은 것을 주었습니다. 주인공이 한 명이 아니라 세 명이 되었고, 〈GTA IV〉와 마찬가지로 〈GTA V〉에는 카 잭 시티, 터프 워스, 마피아 워크와 같은 이름으로 온라인 활동을 소개하는 온라인 구성 요소가 있습니다. 원래 엑스박스 360, 플레이스테이션 3용으로 출시된 이 게임은 엑스박스 원, 플레이스테이션 4용으로 업데이트되어 재발매되었습니다.

락스타게임스는 24시간 내에 〈GTA IV〉를 350만 장 팔아 세계 기록을 세웠고, 그 후 〈GTA V〉를 1,100만 장 이상 팔아 그 기록을 깼습니다. 이 게임은 계속 팔려나갔습니다. 락스타게임스는 출시 후 한 달 반 동안 2,900만 장을 출하했습니다.

〈GTA V〉는 2013년 9월 17일에 출시되었습니다. 2014년 말까지 락스타게임스는 전 세계에 4,500만 장을 출하했으며 현재까지 계속 판매하고 있습니다.

락스타게임스의 〈GTA V〉는 6년 전 다른 콘솔 세대 말기에 출시되었음에도 불구하고 무서울 정도로 판매되었고 지금도 계속 팔리고 있습니다. 누군가는 이 게임이 앞으로도 계속 팔릴 것이라고 예상하기도 합니다.[205] 제품이 판매된 지 많은 시간이 흘렀음에도 락스타게임스가 왜 싱글플레이어 DLC[다운로드 가능한 콘텐츠]를 출시하지 않는지 모두 의아해했지만, 결국 이 게임은 지금까지 1억 1,000만 장 이상이 판매되었으며[206] 이는 실로 엄청난 액수입니다.[4]

마이클에게

2011년, 플레이스테이션 3가 Wii와 엑스박스 360을 따라잡기 시작하자 소니는 진정으로 7세대 비디오 게임을 정의하는 TV 광고를 제작했습니다. 이 광

---

205 락스타게임스는 〈GTA V〉를 플레이스테이션 5, 엑스박스 시리즈 X로 이식하겠다는 계획을 이미 발표했다.
206 이 기사는 2019년에 작성되었다. 이 책을 집필하는 시점에 락스타게임스는 1억 3,000만 장을 출하했다고 한다.

고는 2차 세계대전 낙하산병 한 쌍이 우거진 숲에 착륙하는 것으로 시작합니다.

군인들이 돌로 만들어진 집에 접근할 때 뒤에서 전투 소리가 들립니다. 이들은 집에 들어가 선반 위의 미래 무기 옆에 기관총과 헬멧을 놓아두고 술집으로 들어가는데, 거기에는 대부분이 플레이스테이션 독점인 비디오 게임의 캐릭터 스물다섯 명이 있습니다. 〈언차티드〉 시리즈의 네이선 드레이그는 〈파이널 판타지 XIII〉에 나온 라이트닝에게 비행기 추락 사고에서 자신이 구조된 불가사의한 날에 대해 이야기합니다. 〈인퍼머스Infamous〉의 콜 맥그래스는 전매특허인 전기 아크로 손을 번쩍이면서 "도시의 절반이 나를 싫어하고 나머지 절반은 내가 죽기를 바랄 때 마이클은 나의 좋은 면을 끌어냈다"고 설명합니다. 이 광고에는 〈리틀빅플래닛LittleBigPlanet〉의 색보이, 〈갓 오브 워〉의 크레토스, 〈포털Portal〉의 셸, 〈트위스티드 메탈〉의 미친 광대 스위트 투스, 〈메탈 기어 솔리드 4〉의 노병 솔리드 스네이크 등이 카메오로 등장합니다.

물론 모든 캐릭터가 소니의 전유물은 아닙니다. 〈콜 오브 듀티〉의 고스트도 있고, 낙하산병들은 초창기 〈콜 오브 듀티〉에 나옵니다. 〈바이오쇼크BioShock〉에 나오는 빛나는 눈매의 리틀 시스터가 어둠 속에 숨어 있고, 〈어쌔신 크리드〉의 알타이르 이븐 라아하드가 사람들 틈에 있습니다. 모든 캐릭터의 이야기가 비슷합니다. 드레이크가 비행기 사고로 죽음을 맞았을 때, 아무도 제우스에게 맞서지 않을 때, 템플 기사단이 알타이르의 가족을 죽였을 때, 군인들이 오마하 비치에 갇혔을 때, 불가사의한 마이클이 그들을 구했습니다.

모든 캐릭터가 "마이클에게"라고 외치자 바텐더가 마이클의 사진을 들어 보여줍니다. 거기에는 플레이스테이션 컨트롤러를 들고 있는, 평범하지만 괴짜 같은 아이가 있습니다.

도이치의 크리에이티브 디렉터인 제이슨 엘름은 다음과 같이 말했습니다. "우리는 게이머들과 그들만의 언어로 대화하는 정말 큰 장소를 만들고 싶었어요. 10년에 한 번쯤은 누군가가 성공했던 일이죠. 우리는 플레이스테이션 3를 위해 그러고 싶었어요." 플레이스테이션 광고 계정을 담당하는 회사인 도이치는 게이머의 목소리만 높인 것이 아니라, 왜 플레이스테이션이 정상에 오를 자격이 있는지를 보여주었습니다.

닌텐도의 캐릭터에는 마리오, 링크, 루이지, 커비, 동키콩 등이 있습니다. 피치와 데이지는 게임에 이름을 내건 적이 없었습니다. 〈피크민Pikmin〉과 〈포켓 몬스터〉 시리즈에는 인기 있는 게임이 있었지만 너무 귀여워서 술집에 들어갈 수 없었습니다. 〈대난투 스매시 브라더스 DX〉에는 백화점을 다 채울 만큼의 캐릭터가 등장했지만 대부분이 기억에 남지 않았습니다. 히라이 가즈오가 제대로 지적했듯이, Wii에 광범위한 사람들을 끌어들인 닌텐도는 골수 게이머에게 어필할 수 있는 상당 부분을 잃었습니다.

마이크로소프트에는 스파르타 군대가 있었습니다. 오늘날까지 많은 사람이 〈헤일로 3〉를 역사상 가장 위대한 게임 중 하나라고 생각하지만, 〈헤일로〉와 〈기어스 오브 워〉를 제외하고 마이크로소프트에는 술집을 꽉 채울 만한 유명한 주인공이 없습니다.

'마이클에게' TV 광고로 소니는 게이머들의 심금을 울렸습니다. 이는 게이머들에게 핵심 게임 커뮤니티를 위한, 독점 게임에 관한 한 플레이스테이션이 여전히 최고임을 상기시켰습니다.

오만함, 구타라기 겐의 해고, 프로그래밍하기 어려운 하드웨어, E3에서의 실수, 고가의 하드웨어에도 불구하고 소니는 여전히 경쟁사보다 핵심 고객을 더 잘 이해했습니다. 물론 7세대에서 많은 실수를 저질렀지만, 플레이스테이션 브랜드 운영자들은 세심한 주의를 기울이고 실수를 통해 교훈을 얻었습니다. 다음 세대에는 닌텐도와 마이크로소프트가 소니의 실수에 충분히 주의를 기울이지 않았음이 너무나 명백해졌습니다.

Chapter
17

게임 업계의 큰손,
액티비전

EA는 1992년에 오리진시스템스를 인수했다.[1]

EA가 맥시스를 인수했다.[2]

EA가 웨스트우드스튜디오를 인수했다.[3]

EA가 드림웍스인터랙티브를 인수했다.[4]

EA가 미식엔터테인먼트를 인수했다.[5]

EA가 바이오웨어, 팬데믹스튜디오를 8억 6,000만 달러에 인수했다.[6]

EA가 팝캡게임스를 최대 13억 달러에 인수했다.[7]

EA에 의해 문을 닫은 스튜디오 목록에 비서럴게임스가 들어가다.[8]

EA의 CEO인 존 리키텔로가 불프로그, 웨스트우드, 오리진시스템스에 일어난 일에 대해 매우 유감을 표하다.[9]

투표 결과: EA가 2012년 미국 최악의 회사로 꼽히다![10]

두 제국의 탄생

EA 설립자와 액티비전 설립자들이 같은 목표를 가지고 회사를 세운 것은 아마도 우연이 아닐 것입니다. EA의 트립 호킨스와 액티비전을 설립한 '4인방'이 큰돈을 벌고 싶어 했다는 것은 의심할 여지가 없지만, 그들의 공개적인 의도는 게임 디자이너가 공정하게 대우받고 작품에 대한 공로를 인정받는 것을 보고 싶다는 것이었습니다.

액티비전은 아타리 출신 게임 디자이너 네 명이 세웠는데, 아타리에서는 보수가 짜고, 자기 작품으로 인정을 받지 못했으며, 자신이 기획한 게임에 대한 공로를 인정받는 것이 금기시되었습니다. 그들의 망명은 1976년에 워너커뮤니케이션스가 아타리를 인수함으로써 촉발되었습니다. 설립자인 놀런 부슈널과 태평한 캘리포니아 사람들이 아타리를 운영할 때는 대부분의 직원들이 일하기 좋은 곳이라고 생각했지만, 인수 후 워너커뮤니케이션스가 부슈널과 경영진을 이스트코스트의 기업체로 교체해 문화를 극적으로 바꿨습니다.

1977년 아타리 2600의 출시와 함께 아타리는 아케이드 사업부와 소비자 사업부로 나뉘었습니다. 더 오래된 아케이드 사업부는 능력을 입증해 존경을 받고 있었습니다. 새로운 지도부도 직원들을 존중했고, 아케이드 디자이너들은 게임이 잘 팔리면 보너스를 받았습니다. 아케이드 사업부도 소비자 사업부의 영향으로 어느 정도의 위상이 있었습니다.

그럼에도 아타리 2600의 초기 게임 디자이너 중 한 명인 데이비드 크레인은 초임 연봉이 2만 달러였습니다. 크레인이 떠난 후에도 소비자 사업부에 남았던 워런 로비넷은 나중에 그만둘 때 연봉 3만 달러를 받았다고 주장했습니다. 크레인과 로비넷 둘 다 보너스를 받지 못했습니다.

1978년에 부슈널이 아타리를 떠나고 벌링턴인더스트리스의 전 임원인 레이 카사르가 그 자리에 앉았습니다. 섬유 산업 출신으로서 게임이나 기술 쪽 경험이 전무한 카사르는 게임 기획에 들어가는 기술과 창조적인 기술의 결합을 좋아하지 않았습니다. 아케이드 사업부의 '프리마돈나' 태도에 대해 그가 공공연하게 드러낸 경멸은 장기간의 전쟁으로 이어졌습니다. 아케이드 사업부 사람들은 투덜대며 유치한 장난을 쳤고, 카사르는 제멋대로인 아이를 둔 부모처럼 대응했습니다. 한편 카사르는 소비자 사업부에 대해 대체로 무관심했습니다.

> 내가 입사한 지 1년 후 레이가 회사를 운영하게 되었어요. 나는 그에 대해 긍정적인 감정이 전혀 없었습니다. 그는 게임 산업과 기본적인 기술에 대한 이해나 인식이 전무해 결국 회사를 망하게 만들 사람이었죠.
>
> – 앨런 밀러(아타리 전 프로그래머)

카사르 휘하의 소비자 사업부는 일하기 힘든 곳이 되었습니다. 직원들이 게임을 기획하고 프로그래밍할 때조차 카사르는 게임 디자이너들이 공을 차지하도록 허락하지 않았습니다. 크레인과 함께 아타리 2600의 게임을 만들었던 앨런 밀러가 찾아와서 변화를 요구하자 카사르는 그를 사무실에서 내쫓았습니다.

과로, 저평가, 저임금에 회의를 느낀 크레인(〈아웃로Outlaw〉, 〈캐넌 바머Canyon Bomber〉 제작자)은 1979년에 밀러(〈바스켓볼Basketball〉 제작자)와 밥 화이트헤드(〈풋볼Football〉, 〈비디오 체스Video Chess〉 제작자)를 데리고 아타리를 떠났습니다. 그들은 음악 산업의 베테랑 짐 레비와 파트너십을 맺고 세계 최초의 독립 콘솔 게임 퍼블리셔인 액티비전을 설립했습니다. 액티비전이 문을 열고 바로 래리 캐플런(〈에어–시 배틀Air-Sea Battle〉, 〈볼링Bowling〉 제작자)이 합류했습니다. 크레인, 밀러, 화이트헤드, 캐플런은 아타리 2600의 원조 4인방 프로그래머였습니다.

액티비전의 초창기는 좋은 소식과 나쁜 소식으로 뒤섞여 있습니다. 좋은 소식은, 크레인이 일반적으로 아타리 2600용 게임을 만든 세계 최고의 게임 디자이너로 인정받았다는 것입니다. 화이트헤드는 존경받는 게임 디자이너이자 1인 R&D 팀이었습니다. 아타리 2600 설계자들조차 그만큼 아타리 2600을 잘 이해하지 못했습니다. 크레인, 캐플런, 밀러, 화이트헤드가 운영하는 액티비전은 정말 위협적인 존재였습니다. 적어도 레이 카사르는 액티비전을 그렇게 보았습니다. 그는 4인방을 배신자로 간주하고 액티비전을 멸망시키기 위해 소송을 시도했습니다.

카사르는 아타리 2600이 독점 시스템이므로 경쟁업체가 아타리의 허가 없이 게임을 퍼블리싱할 수 없다고 주장했고, 4인방이 비밀 유지 계약을 어겼다고 주장하며 기술을 훔친 혐의로 고소했습니다. 결국 액티비전이 아타리 2600용 게임에 대한 로열티를 지불하기로 합의해 소송이 중단되었습니다. 한편 크레인과 회사는 〈스탬피드Stampede〉, 〈리버 레이드River Raid〉, 〈카붐Kaboom!〉, 그리고 아타리 2600용 게임 중 가장 많이 팔린 〈핏폴Pitfall〉 등 일련의 히트작을 출시했습니다. 2년 만에 1억 6,000만 달러의 매출을 올리게 된 액티비전은 미국 역사상 가장 빠르게 성장하는 회사로 평가받았습니다. 이전 기록을 갱신한 것은 아타리였습니다.

액티비전이 아타리 시장을 장악하자 트립 호킨스라는 전직 애플 직원이 실리콘밸리의 역사에 자신의 기록을 남기기 시작했습니다. 하버드대학에서 게임 이론[207]으로 학사 학위를, 스탠퍼드대학에서 MBA를 취득한 후 애플에 입사한 호킨스는 컴퓨터 산업이 어떻게 운영되는지 이해했습니다. 게다가 타고난 에반젤리스트, 미래학자, 빈틈없는 기회주의자였던 그는 PC 게임 시장을 살펴보고 미개척 분야를 발견했습니다.

액티비전은 급성장하는 TV 게임 시장에 부응해 성공을 거두었고, 호킨스는 신생 가정용 PC 시장을 눈여겨보았습니다. 그 당시에 PC 상점은 대부분 소규모 사업체였습니다. PC 게임은 단순히 라벨이 인쇄된 비닐봉지에 담겨 왔습

---

207 게임 이론은 비디오 게임과 아무 관련이 없다. 『스탠퍼드 철학 백과사전(Stanford Encyclopedia of Philosophy)』에는 다음과 같이 쓰여 있다. "경제 주체의 상호 작용적인 선택이 그러한 주체의 선호(또는 유용성)와 관련해 결과를 산출하는 방법에 대한 연구이며, 여기서 문제의 결과는 어떤 주체도 의도하지 않았을 수 있다. 이 문장의 의미는 굵게 표시된 단어와 구절을 일부 예에서 설명하고 특징짓기 전까지는 비전문가에게 명확하지 않을 것이다."

니다. 호킨스는 PC 게임이 궁극적으로 수십억 달러 규모의 산업이 될 것이고, 기존 회사들은 그 시장을 어떻게 공략해야 할지 전혀 모르고 있다고 믿으며 거대 음악 제국의 문화와 감성을 가진 게임 회사를 상상했습니다. 음반사와 마찬가지로 게임 디자이너를 록 스타처럼 대우함으로써 최고의 인재를 끌어들이는 회사 말입니다. 이렇게 설립된 그의 EA는 게임 디자이너의 신분을 숨기시 않고 연예인 대우를 해주었습니다. 그리고 게임을 샌드위치 봉투에 담아 배송하는 것이 아니라 '앨범 커버'가 있는 상자에 담았습니다.

초기의 게임 디자이너 중 다수는 그들만의 유통 경로가 있어서 차 트렁크에 게임을 실어 상점으로 날랐습니다. 그러나 호킨스의 회사는 달랐습니다. 그는 전문 판매원을 고용하고 잡지에 전면 광고를 실었습니다. 중요한 회사처럼 행동하면 최고의 게임 디자이너들이 찾아올 것이라고 판단했던 것입니다.

그가 옳았습니다.

데뷔 초에 〈카텔스 앤드 커트로츠Cartels and Cutthroats〉를 제작했던 대니엘 번튼 베리[208]가 함께하고 싶어 했습니다. 빌 버지는 기업가적인 버지코 레이블을 폐업하고 EA를 통해 〈핀볼 컨스트럭션 세트Pinball Construction Set〉, 〈래스터 블라스터Raster Blaster〉와 같은 게임을 출시하기 시작했습니다. 이 회사의 첫 번째 인쇄 광고에는 '컴퓨터가 당신을 울릴 수 있나요?'라는 표제 그리고 마이크 애벗과 맷 알렉산더(〈하드 햇 맥Hard Hat Mack〉), 대니엘 베리(〈M.U.L.E.〉, 〈세븐 시티스 오브 골드The Seven Cities of Gold〉), 빌 버지(〈핀볼 컨스트럭션 세트〉), 존 필드(〈액시스 어새신Axis Assassin〉), 존 프리먼(〈머더 온 더 진데르뇌프Murder on the Zinderneuf〉), 데이비드 메이너드(〈웜스?Worms?〉), 앤 웨스트폴(〈머더 온 더 진데르뇌프〉)의 사진이 실렸습니다. 어울리지 않는 검은 셔츠를 입고 있는 이들은 연예인처럼 보였습니다. 사진은 굉장히 트렌디하고 멋졌습니다. 광고에는 EA가 PC 게임의 미래라고 소개하는 긴 문구가 포함되어 있었지만 진짜 메시지는 "이

---

[208] 댄 번튼으로 알려진 그녀는 1992년에 공개적으로 성전환을 했다.

사람들이 스타다!"였습니다.

액티비전과 EA는 게임 디자이너에게 힘을 실어준다는 비전을 공유했지만 그들이 투자하는 시장은 아주 달랐습니다. 호킨스는 콘솔과 아케이드 포트를 싫어하지는 않았지만, EA는 그가 만들고자 하는 종류의 게임을 다룰 준비가 되어 있지 않았습니다. 액티비전이 콘솔 게임에 집중해 부를 쌓는 반면, EA는 콘솔이 더 강력해질 때까지 가정용 PC에 집중했습니다.

1982년에 아케이드 사업이 추락하고 이듬해에는 콘솔 사업이 주춤했습니다. 대중은 이제 비디오 게임에 흥미를 잃은 것 같았습니다. 운 좋게도 액티비전의 기업 공개는 1983년 6월 9일에 이루어졌지만, 12달러의 주가가 단 몇 달 만에 거의 0이 되었습니다.

액티비전이 상장하자마자 시장이 바닥을 쳐서 짐 레비는 비판을 받았어요.

– 로드 쿠젠스

액티비전을 중심으로 콘솔 세계가 분열되면서 가정용 PC 산업이 번창했습니다. 애플 II와 마찬가지로 그 후에 출시된 애플 IIe도 충성스러운 고객층을 확보하고 있었고, 코모도어의 새로운 C64는 그 이전의 어떤 컴퓨터보다 더 많이 팔렸습니다. 호킨스가 옳았습니다.

액티비전에서 대규모 이탈이 시작되었습니다. 1983년에 래리 캐플런이 아타리로 돌아가고, 다음 해에 밀러와 화이트헤드는 애컬레이드라는 게임 회사를 차리기 위해 떠났습니다. 데이비드 크레인은 1986년까지 남았습니다. 결국 그도 액티비전을 떠났지만 게임 업계를 떠나지는 않았습니다. 닌텐도가 콘솔 사업에 다시 불을 붙이자 크레인은 사랑받는 NES 클래식 게임 〈어 보이 앤드 히즈 블라브A Boy and His Blob〉를 만들었습니다.

EA는 가정용 PC 게임을 출시한 첫 번째 회사가 아닙니다. 인포컴, 시에라, 브로더번드, 마이크로프로스는 EA보다 먼저 PC 게임을 내놓았지만, 이들의 마케팅 능력은 호킨스의 능숙한 운영 방식에 비하면 네안데르탈인 수준이었습니다. 이들은 뒤늦게 EA가 하는 일의 가치를 인식하고 진화했으나 오늘날까지 살아남지 못했습니다. 대부분이 매각되고 몇 곳은 아예 문을 닫았습니다.

EA는 작은 PC 게임 연못에서 가장 큰 물고기로 급성장했습니다. 가정용 PC 시장이 기하급수적으로 커졌고 1980년대 초반에도 여전히 뜨거운 시장이었습니다. 1984년에 EA는 1,800만 달러라는 놀라운 매출을 올렸습니다. 그에 비해 액티비전은 쇠퇴한 콘솔 시장에서 1983년에 6,000만 달러어치밖에 팔지 못했습니다.

야수에게 먹이를 주다

다른 회사들이 천천히 게임을 출시하는 동안 EA는 주목할 만한 〈아르콘: 더 라이트 앤드 더 다크Archon: The Light and the Dark〉, 〈액시스 어새신〉, 〈하드 햇 맥〉, 〈웜스?〉, 〈M.U.L.E〉로 시장에 뛰어들었습니다. 이러한 첫 번째 타이틀 장르의 대담한 범위는 여러 장르에 걸쳐 게임을 퍼블리싱할 수 있는 회사임을 암시했습니다. 〈아르콘〉은 전략 게임으로, 공간을 차지하기 위해 말들이 싸우는 〈배틀 체스Battle Chess〉의 선구자였습니다. [209] 〈하드 햇 맥〉은 〈동키콩〉과 〈로드 러너Lode Runner〉의 요소를 결합한 아케이드 액션 '미로 추격전'이고, 〈액시스 어새신〉은 아타리의 아케이드 히트작 〈템페스트〉를 모방한 것이지만 더 나았습니다. 'Multiple Use Labor Element'의 줄임말인 〈M.U.L.E.〉는 그중 가장 중요한 게임으로, 전투가 없는 실시간 4인용 전략 게임이었습니다. [210] 또한 〈웜스?〉는 플레이어가 무지한 생물에게 생존 기술을 프로그래밍하는 전략 게임이었습

---

209 액티비전은 닌텐도 엔터테인먼트 시스템 버전의 〈아르콘〉을 출시했다.
210 〈아르콘〉과 마찬가지로 〈M.U.L.E.〉는 결국 외부 퍼블리셔인 마인드스케이프에 의해 NES에 이식되었다.

니다.

다섯 게임 모두 당대의 컴퓨터 관련 언론으로부터 좋은 평가를 받았고 꽤 잘 팔렸습니다. 1980년대 초 PC 상점의 단조로운 환경에서 그들의 '앨범 커버' 포장도 많은 관심을 끌었습니다. 다른 PC 게임 회사들이 여전히 출판사만큼 익명이던 시기에 호킨스는 브랜드를 만들었습니다. EA의 들불 같은 성장과 비극적인 쓰나미 사이에서 닌텐도는 세계에 불을 지필 준비를 하고 있었고, 소비자가 인정하는 브랜드를 갖는 것이 곧 중요해질 터였습니다.

액티비전이 주춤하는 사이에 EA는 스튜디오를 인수해 영역을 확대할 준비를 하면서 대기업에 버금가는 PC 게임 회사가 되어가고 있었습니다. 1987년, EA는 첫 인수를 단행했습니다. 그 대상은 캐나다의 배터리스인클루디드로, 이 회사는 게임 대신 응용 소프트웨어를 만들었는데 초기 워드 프로세서인 페이퍼클립으로 잘 알려졌습니다.

인수를 계속하면서 EA는 게임에 스타 파워를 더할 방법을 찾았습니다. 아직 1년 차인 EA는 당시 NBA 스타 줄리어스 어빙과 래리 버드에게 회사 신제품에 초상과 이름을 넣게 허락해달라고 요청했습니다.[211] 그 게임은 바로 〈원온원: 닥터 J 대 래리 버드One on One: Dr. J vs. Larry Bird〉였습니다. 래리 버드는 EA의 첫 번째 스포츠 벤처였습니다.

〈원온원: 닥터 J 대 래리 버드〉는 시작에 불과했습니다. 1985년에는 〈리처드 페티의 탤러디가Richard Petty's Talladega〉를 통해 레이싱 시뮬레이션으로 확장했습니다. 1987년에 EA는 〈얼 위버 베이스볼Earl Weaver Baseball〉을 출시했는데, 이는 결정적인 전환이었습니다. 얼 위버는 선수가 아니라 명예의 전당 책임자였습니다. 상자에 그를 배치함으로써 EA는 플레이어가 개별 선수를 통제한다기보다는 전체 팀을 운영한다는 것을 강조했습니다. 이러한 방향의 변화는 이듬해 〈존 매든 풋볼John Madden Football〉에서 더욱 뚜렷해졌습니다.

---

211 이 책 초판에서는 프로 선수가 게임에 라이선싱된 첫 번째 사례라고 언급했는데 이는 오류였음을 밝힌다. 1980년에 아타리가 '세기의 세계적인 선수' 펠레를 표지에 넣은 〈펠레 사커(Pelé's Soccer)〉를 출시했다.

1989년, 세가는 미국 시장을 공략할 제네시스를 공개했는데, 이로 인해 트립 호킨스는 콘솔에 대한 자신의 관점을 재고하게 되었습니다. 그가 보기에 아타리와 닌텐도가 출시한 이전의 하드웨어들은 그저 장난감이었지만, 제네시스는 닌텐도의 콘솔이 하지 못했던 일을 해냈습니다. 제네시스는 눈에 띄는 축구 경기에 힘을 실어줄 수 있었습니다.

EA의 콘솔 게임 진출은 〈재니 골프Zany Golf〉, 〈파퓰러스〉, 〈688 어택 서브 688 Attack Sub〉 등의 PC 게임 이식으로 시작되었습니다. 다음으로 스포츠 게임인 〈레이커스 대 셀틱스와 NBA 플레이오프Lakers Versus Celtics and the NBA Playoffs〉에 이어 〈매든 풋볼〉이 그 뒤를 바짝 따랐습니다.[212] 호킨스는 세가의 마이클 카츠와 긴밀하게 협력했고, 카츠가 톰 컬린스키로 대체되었을 때도 EA는 제네시스 제품군을 확대했습니다. EA는 슈퍼 NES의 출시를 거의 무시하고 군사 게임(〈데저트 스트라이크Desert Strike〉), 스포츠 게임(〈매든〉, 〈NBA 라이브〉, 〈NHL 하키NHL Hockey〉, 〈PGA 골프PGA Golf〉, 〈FIFA〉), 드라이빙 게임(〈로드 레이지Road Rage〉) 등으로 제네시스 사용자들을 공격적으로 유혹했습니다. 닌텐도 아메리카와 세가 아메리카가 시장 점유율을 놓고 다투면서 EA는 킹메이커로 자리매김했습니다.

1991년, EA는 디스팅티브소프트웨어라는 캐나다 회사를 인수했습니다. 이것은 EA의 역사에서 중요한 순간이었습니다. 17세의 돈 매트릭이 공동 설립한 디스팅티브소프트웨어는 'EA 캐나다' 혹은 'EA 밴쿠버'로 브랜드를 바꿨습니다. 〈FIFA 사커〉, 〈SSX〉, 〈파이트 나이트〉, 〈EA 스포츠 UFCEA Sports UFC〉를 비롯해 EA를 대표하는 주요 게임이 여기서 만들어졌습니다.

트립 호킨스는 1991년에 EA의 CEO 자리에서 물러나 대형 벤처인 3DO 멀티플레이어 창설에 집중했고, 퍼블리싱 담당 임원인 래리 프롭스트가 그를 대

---

212 여기서 EA와 액티비전의 희비가 엇갈린다. 카츠는 원래 〈조 몬태나 풋볼(Joe Montana Football)〉을 만들기 위해 미디어제닉(액티비전으로 이름을 바꿈)과 계약을 맺었다. 미디어제닉이 납품에 실패하자 카츠는 EA가 게임을 만들도록 했다.

신했습니다. 호킨스는 열렬하고 선견지명이 있으며 매우 공개적이었던 반면, 프롭스트는 공격적이지는 않지만 무대 뒤에서 더 꾸준히 일했습니다. 호킨스는 열성적인 사람이고 프롭스트는 사업가에 가까웠습니다. 또한 호킨스는 완벽한 설립자이고 프롭스트는 제국의 건설자였습니다.

이 무렵 EA는 게임 디자이너를 홍보한다는 비전을 거의 포기한 상태로, 아타리나 액티비전보다는 사업이 잘 굴러갔지만 영혼이 없었습니다. 프롭스트가 이끄는 EA는 품질 수준을 유지하면서 모든 프로젝트의 최종 결과를 면밀히 조사했습니다. 몇 가지 어려움이 있었지만 대부분의 경우 EA는 품질을 지켰습니다.

EA의 그다음 대규모 인수는 1992년의 오리진시스템스 매입으로, 이는 도박인 셈이었습니다. EA와 마찬가지로 1983년에 문을 연 오리진시스템스는 전설적인 PC 게임 제작자인 리처드 '로드 브리티시' 개리엇이 설립했습니다. 이 회사는 개리엇의 롤플레잉 판타지 어드벤처 게임 〈울티마Ultima〉의 고향이며, 인수 당시 가장 유명한 작품은 우주 전투 게임인 〈윙 커맨더Wing Commander〉였습니다.

1995년, EA는 PC 게임계의 가장 빛나는 스타 중 한 명인 피터 몰리뉴가 공동 설립한 영국 게임 스튜디오인 불프로그프로덕션을 인수했습니다. 불프로그는 〈파퓰러스〉, 〈신디케이트Syndicate〉, 〈테마 파크Theme Park〉, 〈던전 키퍼 Dungeon Keeper〉와 같은 당대의 가장 상징적인 PC 게임을 많이 내놓았습니다.[213]

그 후로도 EA의 인수는 계속되었습니다. 1997년에 맥시스를 인수해 윌 라이트의 선구적인 게임인 〈심시티〉, 〈심앤트SimAnt〉, 〈심월드SimWorld〉를 지배하게 되었습니다. 1998년에는 〈매든 NFL〉을 제작한 티뷰론엔터테인먼트를 인수했습니다. 그리고 버진인터랙티브엔터테인먼트가 휘청거리자 EA는 웨스트우드스튜디오를 인수해 RTS 프랜차이즈인 〈커맨드 앤 컨커〉를 장악했습니다. 타이밍이 상서로웠습니다. RTS 장르는 그 당시에 거의 FPS만큼 인기가 있었습니다.

프롭스트는 스페인의 드로소프트, 독일의 킹소프트, 스위스의 ABC소프

---

213 당시 최고의 PC 게임 디자이너는 시드 마이어(〈문명〉), 윌 라이트(〈심시티〉), 팀 셰이퍼(〈원숭이 섬의 비밀 (The Secret of Monkey Island)〉, 〈그림 판당고(Grim Fandango)〉), 존 카맥과 존 로메로(〈둠〉) 등이다.

트웨어 등을 사들여 EA의 유통 채널까지 확장했습니다. EA는 일본의 스퀘어와 전략적 제휴를 맺고 또 다른 회사와도 제휴를 맺었습니다. 그 결과 1995년 5억 3,100만 달러, 1996년 5억 8,700만 달러, 1997년 6억 7,300만 달러, 1998년 9억 800만 달러의 순수익을 올리고, 1999년에는 수익이 12억 달러를 돌파했습니다.

가장 긍정적인 적대적 인수

액티비전은 1980년대 내내 어려움을 겪었습니다. 아타리라는 이름과 떼려야 뗄 수 없는 회사명 때문에 이미지에 문제가 있었습니다.

예전에는 아타리에서 일한 경력을 숨기려고 했어요. 회사들이 이력서에서 아타리를 발견하면 고용하지 않으려 했거든요. 하지만 이제 모든 게 바뀌었죠. 요즘에는 아타리에서 일한 경력이 명예로운 배지예요.

－로드 쿠젠스

1988년, 액티비전의 CEO인 브루스 데이비스는 리브랜딩을 위한 노력의 일환으로 회사명을 미디어제닉으로 변경했습니다. PC 게임은 여전히 액티비전 레이블로 출시되었지만 데이비스는 비즈니스 응용 프로그램으로도 사업을 확장하려 했습니다. 그러나 효과가 없었습니다. 1990년까지 미디어제닉을 지탱해준 것은 세가 등의 회사와 일부 NES의 아케이드 히트작을 PC로 이식한 액티비전 제품뿐이었습니다. 그런데 생각지도 못한 일이 일어났습니다. 미디어제닉은 보비 코틱[214]이라는 젊은 기업 사냥꾼의 적대적 인수 대상이 되었습니다.

---

214 옮긴이_본명은 로버트 코틱이지만 애칭인 보비로 흔히 불린다.

코틱은 전형적인 사업가였습니다. 그는 EA의 호킨스, 프롭스트와는 또 다르게 강인하고 똑똑하며 무자비했습니다. 회사에서 그는 해병대의 훈련 담당 하사관과 같은 존재였습니다. 피 냄새를 맡으면 공격하는 그는 다른 사업가들의 약점을 기회로 해석했습니다.

코틱은 액티비전을 보고 무한한 가능성을 발견했습니다.

할리우드에서와 마찬가지로 비디오 게임 산업에서도 성공적인 임원은 결국 적절한 창의적 인재를 지원하는 능력으로 평가받습니다. 코틱의 오랜 친구이자 영화계의 거물인 제프리 캐천버그는 오늘날의 비디오 게임 산업을 이해하려면, 자신이 '미치고 야심차며 재미있는 또라이'라고 부르는 그처럼 가장 가능성이 낮지만 있을 법한 성공의 미스터리를 먼저 풀어야 한다고 제안합니다.[11]

그러나 1990년에 코틱은 너무 공격적이고 변덕스러워 보이며 유명하지 않은 인물이었습니다. 그는 제인이라는 초기 그래픽 사용자 인터페이스 프로그램을 개발한 아크트로닉스를 설립하며 대학을 중퇴했습니다. 그는 코모도어64를 만든 코모도어인터내셔널을 인수하려고 했으나 이 일이 무산되자, 추후에 〈포켓몬스터〉와 만화 〈유희왕Yu-Gi-Oh〉을 수입한 라이선스 회사인 레저콘셉츠의 인수를 조율했습니다.[215]

그는 1990년 6월에 레저콘셉츠에 들어가 그해 말 레저콘셉츠의 주식을 이용해 부실한 액티비전의 지분 25%를 손에 넣었습니다. 만약 이 소문이 사실이라면 코틱은 액티비전을 고작 44만 달러에 인수한 셈입니다. 인수 과정에서 코틱의 액티비전 장악은 매우 적대적이었습니다.

---

215 〈포켓몬스터〉와 〈유희왕〉 계약이 체결된 것은 코틱이 레저콘셉츠를 떠난 지 한참 후의 일이다.

주식의 25%를 소유한 캐나다 사모펀드 회사가 있었어요. 그 주식은 오랫동안 좋은 성과를 내지 못했는데, 코틱은 캐나다로 가서 그것을 손에 넣었죠. 그는 대주주는 아니었지만 최대 주주가 되어 이사회의 의석을 요구했고, 스티브 윈의 후원을 받았어요.

스티브 윈은 라스베이거스에서 코틱, 브루스 데이비스(짐 레비의 뒤를 이은 액티비전 CEO)와 자신의 만남을 주선하고 데이비스를 해고했습니다. 그렇게 된 거죠. 나는 그때 자리에 없었는데 꽤 공격적이었던 것 같아요.

– 로드 쿠젠스

코틱은 다른 채권자들이 지분을 교환하도록 설득하는 한편, 패키지로 된 파산 전에 고위 채권자들의 지분을 완전히 얻기 위한 거래를 설계했습니다. 결국 겨우 44만 달러의 투자로 코틱, 윈, 마크스와 네 번째 파트너인 브라이언 켈리가 회사의 3분의 1을 소유하게 되었고, 새로운 최고 경영자인 코틱은 9%의 지분을 보유했습니다.

코틱은 게임 제작의 성공 신화인 EA의 비즈니스 모델을 오랫동안 연구해왔습니다.[12]

코틱은 액티비전에서 전임자들이 피하려고 애썼던 바로 그 일을 하면서 임기를 시작했습니다. 그는 파산 보호를 신청한 다음 잔혹한 방식으로 회사를 재정비했습니다.

코틱이 중요하지 않다고 생각하는 것은 사람이든 무엇이든 잘렸습니다. 정리해고가 너무 보편적이었습니다. 또한 그는 액티비전 레이블을 위해 미디어제닉이라는 이름을 버리고 콘솔 사업을 완전히 수용했으며, 과거의 부채를 청산하기 위해 주식을 매각했습니다. 자금이 생기자마자 코틱은 엄격한 예산으로 더 능률적인 새 스튜디오를 열었습니다. 그리고 〈액티비전스 아타리 2600 액션 팩Activision's Atari 2600 Action Pack〉과 〈로스트 트레저스 오브 인포컴Lost Treasures of Infocom〉 컬렉션을 공개했습니다.[216]

---

216 옛날 게임 컬렉션을 출시하는 것은 급히 현금을 융통하기 위해 오래된 게임을 활용하는 현명한 방법이다. 액티비전이 지적 재산권을 소유하고 있어 배송비와 포장비만 들기 때문이다. 〈로스트 트레저스 오브 인포컴〉에는 20개의 게임이, 〈액티비전스 아타리 2600 액션 팩〉(두 가지 종류)에는 15개의 게임이 들어 있다.

대부분의 경우 새로운 액티비전의 출시작은 상상할 수 있는 모든 플랫폼에서 출시되었습니다. 〈핏폴〉 시리즈를 되살리기 위해 완전히 새로 탄생시킨 〈핏볼: 마야 어드벤처Pitfall: The Mayan Adventure〉는 슈퍼 NES, 제네시스, 세가 CD, 세가 32X, 아타리 재규어, 게임보이용으로 출시되었습니다. 인포컴의 텍스트 기반 〈조크Zork〉 시리즈를 복구 및 현대화하려는 시도인 〈리턴 투 조크Return to Zork〉는 3DO, 플레이스테이션, 세가 새턴뿐만 아니라 매킨토시와 윈도우 PC 버전도 출시되었습니다.

열정적인 게이머들로 가득한 업계에서 코틱은 조이스틱을 잡아본 적이 없는 사람이었습니다(그는 10대 때 아케이드 히트작인 〈디펜더〉를 즐겼고 대학생 때 비디오 게임을 영원히 그만두었습니다). 자사 게임을 하는 것을 개인적으로 싫어했음에도 불구하고 그는 매우 열정적인 게임 디자이너들의 요구에 부응해 명성을 떨치기로 결심했습니다. 코틱은 새로운 히트작을 꿈꾸는 게이머들에게 엄청난 자유를 주는 스튜디오 시스템을 만들기 시작했습니다. 그는 1997~2003년에 스튜디오 아홉 개를 사들이고 액티비전 졸업생들이 다른 스튜디오를 시작할 수 있도록 종잣돈을 제공했으며, 이러한 스튜디오는 흔히 이름과 본사를 그대로 유지했습니다.[13]

코틱의 강탈과 액티비전의 소생 시도는 그 결과가 더디게 나타났습니다. 먼저 투자 분석가들이 코틱의 공격적인 비용 절감과 IP 활용 노력에 주목하면서 평판이 높아졌습니다. 한때 허술했던 회사가 투자자 입장에서는 공격적이고 긍정적인 방향으로 움직이고 있었지만, 게이머 입장에서는 액티비전이 흥미롭지 않았습니다. 소비자 가전 전시회와 초기 E3 부스의 전시장은 대부분 〈상하이Shanghai〉(마작)와 〈멕워리어〉 시리즈 전용이었습니다.

1990년대 중반의 액티비전 게임은 견고하고 믿을 만하며 형식적인 경향이 있었습니다. 〈멕워리어〉는 훌륭했지만 시에라온라인의 〈메탈테크Metaltech〉 시리즈와 마이크로프로스의 〈메커맨더MechCommander〉 시리즈 같은 비슷한 타이틀이 많았습니다. [217] 시장은 '메크' 시리즈로 넘쳐났습니다. [218]

1995년까지 액티비전은 프로필을 확장할 PC 게임을 실험하기 시작했습니다. 〈파파라치!: 테일스 오브 틴셀타운Paparazzi!: Tales of Tinseltown〉은 플레이어가 프리랜서 사진작가가 되어 가상 타블로이드를 위해 유명인이 이상한 시간을 촬영해 가상 현금을 버는 '라이브액션' 시디롬 게임입니다. 1996년에 액티비전은 또 다른 시디롬 어드벤처 게임 〈스파이크래프트Spycraft〉를 출시했습니다. 그동안 알려지지 않았던 힘을 과시하기 시작한 이 회사는 게임을 만드는 데 도움을 준 윌리엄 콜비 전 CIA 국장, 올레크 칼루긴 전 KGB 국장과 한 언론인의 인터뷰를 주선했습니다.

〈퀘이크 2〉를 시작으로 액티비전은 〈둠〉, 〈퀘이크〉, 〈울펜슈타인〉, 〈헥센Hexen〉 등 이드소프트웨어에서 제작한 시리즈를 퍼블리싱하기 시작했습니다. 이드와의 관계는 중요했습니다. 이드는 액티비전의 역대 베스트셀러 PC 게임 몇 개를 제공했을 뿐만 아니라, 업계에서 가장 존경받는 개발 스튜디오 중 하나에 액티비전을 붙일 수 있게 해주었습니다.

도전자가 된 액티비전

앤디 맥너마라[『게임 인포머』 창립자 겸 전 편집장]는 플레이스테이션 2 공개 행사에 참석하기 위해 1주일 내내 일본에 머무르고, 우리의 계획은 〈포켓몬스터 옐로〉를 표지에 싣는

---

217 〈멕워리어〉와 〈메커맨더〉는 보드게임인 〈배틀테크〉를 기반으로 하며 〈배틀테크〉의 세계가 그 배경이다.
218 CNN의 게임 평론가인 스티브 백스터는 "거대한 로봇을 타고 전투에 나가고 싶지 않은 사람이 어디 있겠어요?"라고 빈정댔다. 이는 마이크로소프트, 세가, 캡콤, 아스믹, 액티비전, 시에라, 마이크로프로스, 어클레임, 타임워너와 기타 많은 퍼블리셔가 한 종류 이상의 로봇 전투 시뮬레이션을 출시한 이유를 설명해준다.

거였죠. 〈포켓몬스터 옐로〉에 대한 리뷰가 들어오고 있는데, 이 게임은 10점 만점에 6.75점을 받을 거예요.

새로운 포켓몬이 등장하지 않습니다. 새로운 도전도 없습니다. 완전히 재탕이죠. 닌텐도가 돈을 훔치는 거나 다름없어요. 그래서 우리는 "이걸 표지에 실을 수 없다"고 했습니다.

사무실의 모든 사람이 〈토니 호크의 프로 스케이터〉를 계속 해서 나는 부편집장으로서 표지를 바꾸고 토니 호크를 기사에 싣기로 결정했어요. 앤디가 돌아왔고 나는 우리가 한 일을 말해줬죠. 그는 "옳은 결정이에요"라고 했지만 나는 해고당할 거라고 확신했어요.

–앤드루 라이너

1998년, 액티비전은 스케이트보드 게임 개발을 돕기 위해 네버소프트라는 디자인 그룹과 접촉했습니다. 딱히 눈에 띄지 않고 보유 게임도 많지 않은 네버소프트에의 접근은 도박이었습니다. 게임 개발이 진행되자 네버소프트는 전문 스케이트보더와 스턴트맨을 컨설턴트로 고용했으며, 이 스케이트보더는 나중에 〈토니 호크의 프로 스케이터〉에 자기 이름을 빌려주었습니다.

1999년에는 액티비전에서 중요한 사건이 일어났습니다. 연말에 출시된 〈토니 호크의 프로 스케이터〉가 예상치 못한 대성공을 거두었습니다. 출시 후 그해 세 번째로 많이 팔리고 그다음 해에도 잘 팔렸습니다.

토니 호크는 이미 엑스게임스와 스케이트보드 세계의 레전드였지만, 〈토니 호크의 프로 스케이터〉 시리즈를 통해 훨씬 더 많은 사람에게 그의 이름을 알렸습니다. 그는 비디오 게임 콘퍼런스 등 각종 행사에 모습을 드러낼 때 마이클 조던이나 다름없었습니다.

가장 웃긴 건 내가 그의 게임 홍보 담당자 겸 경호원이었다는 거예요. E3 같은 행사에서는 그를 위해 길을 터주곤 했다니까요. 내가 160센티미터, 그가 190센티미터였으니 정말 우습고 터무니없었죠.

–라이밍 푼(액티비전 커뮤니케이션 담당 전 임원)

호크는 게임에 자기 이름과 초상을 사용하는 것에 대해 두 가지 방법으로 지불받을 수 있었습니다. 50만 달러를 한꺼번에 받거나 게임 매출의 일정 비율을 받을 수 있었는데, 호크는 매출의 일정 비율을 택했습니다. 〈토니 호크의 프로 스케이터〉 시리즈는 그 이후로 10억 달러 이상을 벌어들였고 호크는 부자가 되었습니다.

네버소프트가 〈토니 호크의 프로 스케이터〉를 성공시킨 데 감명을 받은 액티비전은 네버소프트를 인수했습니다. 액티비전은 가파른 성장세를 보였고 마찬가지로 EA도 성장하고 있었습니다.

007: ~~살인~~ 충족 면허

〈매든 NFL〉, 〈FIFA 사커〉, 〈니드 포 스피드〉, 〈타이거 우즈 골프Tiger Woods Golf〉, 〈로드 래시Road Rash〉와 같은 상징적인 프랜차이즈를 만든 EA는 라이선스를 받는 대신 지적 재산권을 창출하는 경우가 많았습니다. 1990년대 후반에 새로 고용된 사장 겸 최고 운영 책임자인 존 리키텔로가 회사 운영을 확장하면서 이러한 상황이 바뀌었습니다.

1997년, EA는 톰 프리시나를 고용해 새로이 형성된 EA 파트너 사업부를 맡겼습니다. 애컬레이드의 CEO였던 프리시나는 게임의 판도를 알고 있었습니다. 그는 무엇이 관심을 끌지, 무엇이 인기 있는 게임으로 바뀔지, 무엇이 위험한 토끼굴이 될지 아는 것이 많았습니다.

이후 몇 년 동안 EA는 〈듄Dune〉, 〈여전사 지나Xena: Warrior Princess〉, 〈스몰 솔저Small Soldiers〉 장난감, 〈해리 포터〉, 〈심슨 가족〉, 〈WCW 레슬링WCW Wrestling〉, 〈뱀파이어 해결사Buffy the Vampire Slayer〉, 〈반지의 제왕〉, 〈바이오니클Bionicle〉, 〈릴로 & 스티치Lilo & Stitch〉, 〈에일리언 vs. 프레데터Aliens vs. Predator〉, 〈루니 툰스

Looney Tunes〉, 〈캣우먼Catwoman〉의 세계관을 기반으로 하거나 실제로 그 캐릭터가 등장하는 게임을 출시했습니다. 이러한 게임 중 일부는 완전히 경이로웠고 대부분은 괜찮았습니다. 또한 일부는 영화를 기반으로 한 수준 낮은 게임이라는 인식에 대한 도전이었습니다.

그 후 프리시나는 MGM인터랙티브에 접근했고, EA는 제임스 본드에 대한 작업을 시작했습니다. 본드라는 브랜드의 라이선싱은 첫 시도가 아니었습니다. 1997년 8월, 닌텐도는 닌텐도 64용 〈골든아이 007〉을 출시했습니다. 닌텐도가 본드 게임 시리즈를 더 출시한다는 이야기가 있었지만 〈골든아이 007〉과 게임보이용 〈제임스 본드 007〉 말고는 더 이상 나오지 않았습니다. 그러한 결정은 닌텐도가 아닌 MGM에서 나온 것 같습니다.

닷컴 버블[219] 동안 소프트웨어와 무관한 회사들은 인터랙티브 사업부를 열었습니다. 크레욜라크레용은 〈크레욜라: 메이크 어 마스터피스Crayola: Make a Masterpiece〉라는 에듀테인먼트 패키지를 내놓았습니다. 유아용 장난감 회사인 피셔프라이스는 〈날리지 어드벤처Knowledge Adventure〉라는 인터랙티브 제품을 만들었습니다. 이는 새로운 골드러시[220]였습니다. 스포츠 회사, 영화 스튜디오와 야망을 가진 거의 모든 사람이 소프트웨어를 만들기 시작했으니 MGM스튜디오가 MGM인터랙티브를 여는 것은 자연스러운 일이었습니다.

이 스튜디오의 첫 번째 제품 중 하나는 숀 코너리에서 피어스 브로스넌에 이르기까지 모든 본드의 기념 시디롬 〈디 얼티미트 제임스 본드 인터랙티브 더 시에이The Ultimate James Bond Interactive Dossier〉였습니다. 여기에는 매끄럽지만 불필요하게 복잡한 인터페이스, 짧은 영화 클립, 인터뷰 동영상, 수많은 기사 등 윈도우 95 시대의 인터랙티브 엔터테인먼트에서 기대할 수 있는 모든 것이 담겨 있습니다.

---

219 옮긴이_인터넷 관련 분야가 성장하면서 주식시장의 지분 가격이 가파르게 오른 1995년부터 붕괴한 2001년까지의 거품 경제 현상을 말한다.
220 옮긴이_상업적 가치가 있는 금이 발견된 지역에 노동자들이 대거 이주했던 현상을 말한다.

프리시나가 파트너십을 찾는 가운데 EA는 닌텐도를 대신해 인터랙티브 제임스 본드의 새로운 본거지가 되었습니다. EA하에서 본드는 보다 적극적인 라이선스가 되었습니다. 1999~2005년에 EA는 본드 기반 게임을 일곱 개 출시했는데, 완전히 다른 세 가지 버전의 〈007 언리미티드The World Is Not Enough〉를 포함하면 아홉 개였습니다. 이 게임은 모두 각기 다른 스튜디오에서 만들어졌고 독특했습니다.

얼마 지나지 않아 프리시나는 제임스 본드의 권리를 확보했으며, EA와 MGM인터랙티브 팀을 꾸렸습니다. 그는 스튜디오와 몇 달간 일하고 나서 MGM의 나머지 라인업에 대해 알게 되자 자신의 전문적 의견을 제시했습니다. "나는 MGM인터랙티브의 대표인 데이비드 비숍에게 네 타이틀을 없애라고 권유했어요. 나와 EA의 동료들은 총투자금의 수익을 보지 못했으니까요. 그리고 모든 에너지를 〈007 네버 다이Tomorrow Never Dies〉에 쏟게 했죠." MGM은 그 말을 따르고 솔직한 사업적 조언에 고마워했습니다.[14]

EA의 본드 게임 중에는 〈골든아이 007〉만큼의 장인 정신과 혁신을 보여주는 게임이 없었지만, EA는 본드 라이선스에 도박을 하려는 의지를 보였습니다. 몇몇 게임에는 오리지널 주제곡으로 완성된 본드 스타일의 오프닝 크레디트가 포함되었습니다. 2003년 〈제임스 본드 007: 에브리싱 오어 나싱James Bond 007: Everything or Nothing〉에는 피어스 브로스넌(본드), 존 클리스(Q), 주디 덴치(M), 리처드 킬(조스)이 영화에서와 같은 역할의 성우로 출연했습니다.

나는 EA의 본드 게임, 특히 〈제임스 본드 007: 나이트파이어〉와 〈제임스 본드 007: 에브리싱 오어 나싱〉이 정말 대단하다고 생각했어요. 그 게임들은 영화에 바탕을 둔 것이 아니라, EA는 대니얼 빌슨과 폴 드메오가 실제로 이야기를 확장한 독창적인 줄거리를 가지고 있습니다. 그들만의 줄거리와 캐릭터를 만든 거죠.

그들은 피어스 브로스넌의 겉모습뿐만 아니라 목소리도 똑같이 구현해서 마치 실제로 데려온 것 같았어요. 〈아메리칸 파이American Pie〉의 섀넌 엘리자베스, 하이디 클룸, M 역의 주디 덴치, 존 클리스도 데려왔고요.

사격 섹션도 좋았지만 운전 섹션을 〈니드 포 스피드〉 엔진으로 만들어서 아주 훌륭했죠.

– 조던 프리먼(줌 플랫폼 설립자)

2005년, EA는 〈007 위기일발From Russia with Love〉을 기반으로 한 게임에서 제임스 본드 역할을 되살리기 위해 은퇴한 숀 코너리를 복귀시켜 불가능해 보이는 것을 이루어냈습니다. 〈007: 위기일발〉은 EA의 마지막 본드 게임이었습니다. 2008년 8월, 존 리키텔로는 〈MTV 멀티플레이어MTV Multiplayer〉와의 인터뷰에서 다음과 같이 뚜렷한 방향 변화를 설명했습니다. "나는 우리 산업에서 품질이 가장 우선시되어야 한다고 생각합니다. 그리고 안타깝지만, 우리가 라이선스를 획득할 때마다 한발 물러서서 그것을 이용해 형편없는 게임을 만들고 있다고 생각합니다."[221]

리키텔로가 '라이선스'라고 한 것은 영화와 TV 드라마를 바탕으로 한 게임을 의미했습니다. 이것은 EA와 NFL이 독점 라이선스 계약을 체결한 지 4년이 지난 2008년의 일입니다. EA스포츠는 NFL, NBA, FIFA 등 스포츠 단체와의 라이선스 계약은 계속 유지했지만 할리우드와의 관계는 끊었습니다. 그때까지 EA는 프랜시스 포드 코폴라의 〈대부The Godfather〉, 〈슈퍼맨 리턴즈Superman Returns〉, 크리스토퍼 놀런의 〈배트맨 비긴즈Batman Begins〉를 바탕으로 한 게임을 만들고 있었는데, 여기에는 막대한 예산이 투입되고 있었습니다. 게리 올드먼을 제외하고 크리스천 베일(배트맨), 마이클 케인(앨프리드 페니워스), 리엄 니슨(라스 알 굴), 케이티 홈스(레이철 도스), 킬리언 머피(스케어크로), 모건 프리먼(루시우스 폭스)이 〈배트맨 비긴즈〉 게임에 등장했습니다.

THQ와 어클레임의 경영진이 이미 경험했듯이 라이선스 자산이란 승인 프

---

[221] 존 리키텔로는 1997~2004년에 EA의 최고 운영 책임자로 있었고, 2007년에 래리 프롭스트를 대신해 최고 운영 책임자로 복귀했다.

로세스의 추가 단계, 비싼 라이선스 비용 및 기타 추가 비용을 의미합니다.

EA게임스의 전 사장인 프랭크 기보는 2011년에 이렇게 말했습니다. "라이선스 제공자에게 가야 하는 로열티 비율이 퍼블리셔에게 잘못 가고 있어요. 이윤이 쪼그라들고 있죠."

또한 그는 '창의적 한계'로 인해 특히 제임스 본드 프랜차이즈를 작업하기 어렵다고 언급했습니다. 특히 007의 마지막 몇 회분이 저조한 평가를 받았거나 매우 적은 이윤을 낸다면 007 프랜차이즈는 더 이상 투자할 가치가 없습니다.[15]

EA가 본드 시리즈를 포기한 후 라이선스가 액티비전으로 넘어갔습니다. 하지만 본드 게임 제작과 관련된 라이선스 비용과 정밀 조사 결과 역시 본드는 그들에게도 큰 도전이었습니다. 네 개의 본드 게임을 출시한 후 2013년에 액티비전은 독창적인 자산에 집중할 것이라고 발표했습니다.

팬을 잃고 기자를 멀리하는 법

EA는 성공 그 이상을 거두어 제국이 되었습니다. 1984년에 1,800만 달러 상당의 게임을 팔았던 스타트업이 2019년에는 52억 달러의 매출을 올렸습니다. 1990년대에 트립 호킨스는 세가 아메리카의 CEO인 톰 컬린스키를 레드우드시티에서 만나곤 했는데, 그곳에는 쇼어라인 드라이브를 따라 세가의 건물이 몇 개 있었습니다. 세가는 가세가 기울자 샌프란시스코 북쪽으로 옮겨 갔고, 아이러니하게도 EA는 세가가 한때 집이라고 불렀던 건물에서 몇 블록 떨어진 쇼어라인 드라이브로 본사를 이전했습니다. 현재까지 EA는 세가의 이전 주소를 완전히 흡수하지는 않았지만 캠퍼스가 세가보다 몇 배 크고 수익도 그렇습니다.

그 모든 성장에는 대가가 따랐습니다. 2001년에 세가 아메리카의 최고 운영 책임자인 피터 무어는 미국 게이머가 자사와 경쟁사를 어떻게 인식하는지 알아보기 위해 포커스 그룹을 후원했는데, 이 연구에 따르면 대중이 EA를 승자로 보기는 하지만 모두가 인정하는 승자는 아니었습니다. 그래도 당시 사람들은 EA를 싫어하지는 않았고 단순히 EA가 오만하다고 여겼습니다.

NFL 풋볼 장르는 그 당시 비디오 게임계에서 뜨거운 화제였습니다. 세가는 〈NFL 2K〉 시리즈를 가지고 있었는데, 이것은 EA의 〈매든 NFL〉 시리즈에 대한 훌륭한 대안으로 널리 알려졌습니다. 소니에게는 〈NFL 게임데이NFL GameDay〉, 마이크로소프트에게는 〈NFL 피버NFL Fever〉가 있었고, 어클레임은 〈NFL 쿼터백 클럽NFL Quarterback Club〉을 퍼블리싱했습니다. 물론 〈매든 NFL〉이 왕이었습니다. 316만 장이 판매된 플레이스테이션 2용 〈매든 NFL〉은 2001년에 미국에서 가장 많이 팔린 게임입니다.[222] 그러나 〈NFL 2K〉가 시장 점유율을 점점 더 빼앗고 있었습니다. 세가/테이크투[223]는 더 많은 고객을 끌어모으기 위해 〈ESPN NFL 2K5〉의 가격을 19.95달러로 낮추고 모든 플랫폼에서 300만 장 이상을 판매했습니다. '경쟁은 모두에게 유익하다', '소비자가 결정하게 한다'는 대중의 의견에도 불구하고 EA는 NFL과의 독점 라이선스 계약을 체결해 경쟁을 제거했습니다.

비디오 게임 제조업체인 EA는 NFL 브랜드, 경기장, 선수명, 유니폼 등을 사용한 게임을 만들기 위해 내셔널풋볼리그(NFL)와 5년 독점 계약을 체결했다고 어제 발표했습니다. 이전에는 NFL과 선수의 라이선스 자회사인 NFL플레이어스가 브랜드를 중심으로 비디오 게임을 만들 수 있는 비독점적인 라이선스를 제공했습니다. EA와 테이크투/세가의 게임에는 NFL 라이선스 콘텐츠가 포함되어 있습니다.

NFL과 선수의 라이선스 그룹은 EA가 5년 독점 계약을 위해 얼마를 지불했는지 밝히지 않았습니다. 그러나 업계의 한 관계자는 계약 금액이 3억 달러 이상이라고 말했습니다.

테이크투의 대변인은 NFL과 선수들이 라이선스를 독점 거래로 제한하기로 한 결정이 소

---

222 NPD 펀월드가 수집 및 발표한 데이터이다.
223 이제 세가에는 콘솔이 없기 때문에 스포츠 게임 출시 및 배급 채널로 테이크투를 선택했다.

비자에게는 나쁠 것이라고 말했습니다. 에드 네브 대변인은 "이번 결정은 NFL 선수들과 다른 리그 소유 콘텐츠가 시장에 단 한 게임으로 출시될 수 있음을 의미한다"고 말했습니다. 그리고 그는 이렇게 덧붙였습니다. "가격이 오를 겁니다. '최고의 게임이 승리하는 것'이 아니라, EA가 '유일한 게임을 가지고 있다'는 의미입니다."[16]

래리 프롭스트와 EA가 백지 수표를 들고 NFL에 접근해 '모두 없애자'고 했다는 것이 일반적인 인식이었습니다. 거래가 비공개로 이루어졌기 때문에 무슨 일이 있었는지는 확실치 않습니다. 하지만 EA와 NFL 대변인 모두가 동의한 사실은 내셔널풋볼리그가 독점 계약을 맺었다는 것입니다.[224]

메달 오브 듀티

1998년에 스티븐 스필버그는 〈라이언 일병 구하기〉Saving Private Ryan를 개봉했는데, 이 영화는 2차 세계대전의 노르망디 상륙 작전에 대한 감동적이고 생생한 묘사로 시작됩니다. 영화를 만들다 영감을 받았는지 스필버그는 2차 세계대전의 역사에 집착하게 되었습니다. 그와 〈라이언 일병 구하기〉의 주연 배우 톰 행크스는 HBO의 미니시리즈 〈밴드 오브 브러더스〉Band of Brothers를 제작했습니다. 이 드라마는 노르망디에서 베를린까지 싸움을 이어갔던 공수부대에 대해 스티븐 앰브로즈가 기록한 것을 바탕으로 했습니다. 또한 스필버그는 2차 세계대

---

224 EA가 〈FIFA〉와의 경쟁을 막기 위해 비슷한 계약을 체결할 수 있느냐는 질문에 최고 운영 책임자였던 피터 무어는 다음과 같이 대답했습니다. "〈NFL〉 비디오 게임 라이선스의 작동 방식은 두 가지 실체, 다시 말해 NFL 경기장 자체, 팀명 및 유니폼과 관련이 있습니다. 그리고 워싱턴 DC에 있는 내셔널풋볼리그선수협회를 통해 선수의 이름과 초상을 얻을 수 있습니다. 이것은 두 개의 라이선스 계약으로 제공되고 모든 NFL 경험을 안겨줍니다. 하나를 빼는 것도 가능하지만 이상적이지는 않죠. FIFA는 훨씬 더 복잡합니다. 전성기에는 300개의 라이선스가 있었어요. 당신은 풋볼 관리 기구인 마스터 계약을 맺고 FIFA 내의 연맹, 특히 유럽축구연맹인 UEFA와 계약을 맺게 될 겁니다. 점점 내려가 리그 내에서 계약을 맺게 되고요. 가장 두드러진 것은 영국의 프리미어리그입니다."

전의 전투 경험을 정확히 재현한 게임을 만들도록 드림웍스인터랙티브[225]와 접촉했습니다. 그렇게 탄생한 게임이 플레이스테이션 전용 〈메달 오브 아너〉입니다. 이는 FPS 게임이지만 BFG[226]와 총알구멍으로 가득한 전형적인 〈둠〉 스타일의 총격전은 아니었습니다.

〈메달 오브 아너〉는 진지하면서도 스릴 넘치는 게임 분위기를 조성하면서 전쟁과 아돌프 히틀러에 관한 1분짜리 다큐멘터리 동영상으로 시작되었습니다. 1940년대의 애국적인 스타일로 표현된 이 동영상은 독일이 어떻게 유럽을 가로질러 왔는지, 미국이 진주만 공격으로 어떻게 전쟁에 말려들었는지를 보여주었습니다. 그리고 아이러니하게도 내레이터가 "당신은 '콜 오브 듀티'[227]를 넘어설 준비가 되었나요?"라고 질문하며 끝났습니다.

전쟁을 주제로 한 게임이 〈메달 오브 아너〉가 처음은 아닙니다. 1950년대에 이미 윌리엄스매뉴팩처링, ABT매뉴팩처링과 같은 회사에서 전기 기계식 슈팅 게임을 출시하기 시작했습니다. 〈울펜슈타인 3D〉는 표면적으로는 2차 세계대전 FPS 게임이지만 전쟁은 그저 콘셉트에 불과했습니다. 스필버그는 이전과 같이 전쟁 분위기만을 흉내 낸 게임이 아니라 실감나는 2차 세계대전 시뮬레이션을 원했습니다. 그가 원한 것은 실제 전장과 닌텐도 〈골든아이 007〉의 플레이 가능성을 결합한 전쟁 경험이었습니다.

그 결과로 FPS 액션과 더욱 실감나는 플레이 방식의 조합이 먹혀들어 〈메달 오브 아너〉는 히트를 쳤습니다. EA와 드림웍스는 두 번째 히트를 기원하며 다음 해에 〈메달 오브 아너: 언더그라운드〉를 출시했고, 또다시 성공을 거두었습니다.

이 시리즈의 후속작은 PC 게임인 〈메달 오브 아너: 얼라이드 어설트〉입니다. 오클라호마에 본사를 둔 2015, Inc.가 개발한 이 게임은 전쟁의 역사를 재

---

225 드림웍스인터랙티브는 드림웍스SKG의 자회사였다.
226 'big fucking gun'의 머리글자이며, 〈둠〉으로 유명해진 용어이다.
227 옮긴이_현재까지 세계적으로 가장 많이 팔리는 FPS 게임 시리즈의 이름이다.

현했을 뿐만 아니라 게임 산업의 역사를 일구었습니다.

〈메달 오브 아너: 얼라이드 어설트〉는 예술적으로 거의 모든 면에서 전작보다 개선된 게임이었습니다. 오리지널 〈메달 오브 아너〉와 〈메달 오브 아너: 언더그라운드〉는 플레이스테이션 1의 수명 주기가 끝날 무렵 만들어진 플레이스테이션용 게임으로, 최신 PC의 그래픽 기능과는 거리가 먼 구식 프로세서에서 실행되도록 설계되었습니다.

〈메달 오브 아너: 얼라이드 어설트〉는 스필버그가 영감을 준 노르망디 상륙 작전의 인터랙티브 버전이라는 점이 특징적이었고, 그래픽 등 여러 가지가 향상되었습니다. 2015, Inc.의 게임 디자이너들은 화면 상단에 있는 나침반의 미학과 터널, 복도, 도로로 이루어진 경로에 만족하지 않고, 몰입도를 유지하면서 플레이어를 액션으로 안내하기 위해 플레이 불가능한 분대원을 만들었습니다. 이러한 변화가 플레이어들에게 반향을 불러일으킨 결과 〈메달 오브 아너: 얼라이드 어설트〉는 100만 장 이상이 팔렸습니다.

이 게임을 제작한 2015, Inc.는 직원의 처우를 신경 쓰지 않는 톰 쿠디르카가 설립한 작은 스튜디오였습니다. 이곳의 게임 디자이너인 제이슨 웨스트, 빈스 잠펠라, 그랜트 콜리어는 회사에서 받는 대우에 환멸을 느끼고 2015년에 액티비전에 접근해 자신들의 스튜디오를 열 수 있는지 가능성을 모색하면서 보비 코틱을 본보기로 삼았습니다. 그들은 〈메달 오브 아너〉와 필적하는 2차 세계대전 시뮬레이션을 만들 수 있다고 말했습니다.

잠펠라와 웨스트는 나쁜 의도가 없었다고 말했지만, 그다음에 일어난 일에 대해서는 아무도 그 말을 믿지 않았습니다. 〈메달 오브 아너: 얼라이드 어설트〉가 출시되기 며칠 전에 쿠디르카의 팀은 그에게 대항했습니다. 매일 쿠디르카는 사무실에 왔을 때 사직서 뭉텅이를 발견했습니다. 1월 말까지 개발자 스물일곱 명 중 스무 명이 사직서를 제출했습니다. 쿠디르카는 이렇게 말했습니다. "사람들은 제이슨과 빈스가 액티비전에 했던 것과 똑같은 짓을 나에게 했다는 사실을 전혀 몰라요. 물론 나는 힘든 상사였지만 그렇게 하는 건 도가 지나쳤죠."[17]

잠펠라, 웨스트, 콜리어는 코틱에게서 파트너 그 이상을 찾아냈습니다. 코틱은 그들이 스튜디오를 열고 일을 시작할 수 있도록 종잣돈으로 150만 달러를 제공했습니다. 그러나 따지고 보면 선물이 아니었습니다. 액티비전은 그 돈으로 신생 스튜디오의 지분 30%를 사들이고 그 스튜디오를 인피니티워드로 명명했습니다. 그리고 잠펠라를 최고 제작 책임자로, 콜리어를 스튜디오 책임자로, 웨스트를 수석 엔지니어로 앉혔으며, 이들은 〈메달 오브 아너〉를 능가하는 게임을 만들기 시작했습니다.

다른 건 몰라도 무엇보다 첫 번째 〈콜 오브 듀티〉는 〈메달 오브 아너〉보다 컸습니다. 〈콜 오브 듀티〉는 한 병사를 따라가는 것이 아니라 동부, 서부, 남부 전선에 플레이어들을 배치해 각 군대의 병사를 통제했습니다. 또한 〈콜 오브 듀티〉는 〈메달 오브 아너〉보다 빠르고 더 액션 지향적이었습니다.

EA의 경영진은 그해의 대규모 게임인 〈메달 오브 아너: 라이징 선〉보다 현실성이 떨어지고 더 '아케이드 같다고' 무시했지만, 대체적인 의견은 〈콜 오브 듀티〉가 더 낫다는 것이었습니다. 2004년에 미국 인터랙티브예술과학원Academy of Interactive Arts & Sciences(AIAS)은 올해의 게임으로 〈콜 오브 듀티〉를 선정했습니다. 엑스박스 360 전용인 〈콜 오브 듀티 2〉는 가장 큰 찬사를 받은 콘솔 게임 중 하나였습니다.

이러한 게임은 한 스튜디오가 12개월 만에 제작하기에는 너무 거대했습니다. 대중이 매년 새로운 〈콜 오브 듀티〉를 요구하자 액티비전은 두 번째 스튜디오인 트레이아크가 〈콜 오브 듀티 3〉를 제작할 것이라고 발표했습니다.

이처럼 액티비전은 성장하고 있었지만 EA와 경쟁하려면 아직 갈 길이 멀었습니다. 2005년 초에 뉴스코퍼레이션, 폭스뉴스, 20세기폭스, 비스카이비, 『월스트리트 저널』을 소유한 국제적 미디어 거물 루퍼트 머독은 비디오 게임 퍼블리셔를 인수하려고 조사를 했으나 결국 포기했습니다. 머독의 고문들은 업계를 분석하면서 잠재적인 목표를 EA와 기타, 두 가지 범주로 나누었습니다.

『파이낸셜 타임스』의 보도에 따르면 피터 처닌[뉴스코퍼레이션의 전 최고 운영 책임자]은 이번 콘퍼런스에서 이렇게 말했습니다. "우리는 게임을 큰 사업으로 보며 거기에 뛰어들고 싶습니다. 우리는 높은 가격표가 붙은 EA 같은 회사들과 그다음 단계 회사들 간의 격차로 인해 어려움을 겪고 있습니다."

그는 매입을 고려 중인 게임 퍼블리셔 중 하나가 액티비전이라고 강조했습니다. 세계에서 가장 큰 퍼블리셔 중 하나인 액티비전의 시가 총액은 30억 달러 미만인 데 반해 EA는 약 190억 달러입니다.[18]

거대함의 위험성

내가 플레이스테이션의 서드파티를 이끌고 있을 때 우리는 두 회사와 좋은 관계를 유지했어요. EA는 프랜차이즈를 만드는 방법의 모델이었고, 액티비전은 사업 구축을 목적으로 회사를 인수하는 방법의 모델이었죠.

－롭 다이어

EA는 거대한 제국이 되었습니다. 사람들은 제국을 좋아하지 않았습니다. 제국은 점점 더 커짐에 따라 불어난 몸집 때문에 비틀거리는 것처럼 보이기도 합니다. EA는 〈샤크푸Shaq-Fu〉(농구 스타 샤킬 오닐이 등장하는 부실한 〈스트리트 파이터〉 모조품), 〈심슨 가족 스케이트보딩The Simpsons Skateboarding〉, 그리고 놀랄 만큼 수준 이하인 레슬링 게임과 같이 눈에 띄면서도 사소한 실수를 하기도 했지만, 여러 플랫폼에 걸쳐 수십 개의 게임을 내놓는 회사라면 종종 그러게

마련입니다.[228]

EA는 업계에서 가장 신뢰할 수 있는 퍼블리셔 중 하나였습니다. EA는 높은 기준을 계속 유지했을 뿐만 아니라, 플레이어의 등록 정보를 사용해 플레이어를 스토킹하고 위협하는 〈엑스파일〉과 같은 대체 현실 게임인 〈머제스틱 Majestic〉, 칼을 든 앨리스가 정신적 충격을 겪은 뒤 타락한 원더랜드로 돌아오는 〈아메리칸 맥기의 앨리스American McGee's Alice〉와 같은 아방가르드적인 아이디어를 기꺼이 실험했습니다. 2002년부터 EA는 크리켓 시뮬레이션을 비롯한 다양한 옵션을 EA스포츠 라인에 추가해 스포츠 명단도 다각화했습니다.

그러나 2004년에 회사의 이미지에 변화가 생겼습니다. 라이브저널에 'EA 배우자'라는 익명인이 계급 내 불만에 대해 글을 쓰기 시작했습니다.

EA에서 중요한 일을 하고 있는 나는 불만을 품은 배우자라고 할 수 있습니다. 밝고 빛나는 EA의 새 트레이드마크는 '모든 것에 도전하라'입니다. 이것이 어디에 적용되는지는 명확하지 않습니다. 라이선스가 있는 풋볼 게임을 연달아 내놓는 것이 나에게는 큰 도전 같지 않고, 돈을 찍어내는 공장이 되는 것 같습니다. 이 글을 읽는 EA 임원들에게 좋은 도전이 하나 있습니다. 수백만 달러를 벌어들이는 사람들을 위한 안전하고 건강한 노동 관행은 어떻습니까?[19]

EA 배우자는 아티스트와 코더를 죽음의 지경에 이르게 하는 감독 관리자가 있는 디킨스 소설 속 작업장으로 EA를 묘사했습니다. 그녀는 팀이 1주일에 7일을 근무하는 크런치가 시작되기 전에도 1주일에 6일을 오전 9시부터 오후 10시까지 근무한다고 설명했습니다.

그녀는 너무 아프고 쇠약해져서 회복할 수 없을 때까지 일하는 사람들을

---

[228] 2005년에 EA가 내놓은 쉰 개의 게임 중 다수는 일곱 개의 플랫폼에 출시되었다. 〈니드 포 스피드: 모스트 원티드〉와 같은 게임 중 일부는 여덟 개의 플랫폼에 진출했다. 〈매든 NFL 06〉은 고유한 재고 관리 코드(SKU)가 아홉 개였다. 대부분의 게임 버전을 EA티뷰론이 만들었지만 버드캣크리에이션스는 윈도우 버전을, 엑시언트엔터테인먼트는 닌텐도 DS 버전을 만들었다.

묘사했습니다. 상급자들은 게임이 특정 기준치를 넘어서면 완화하겠다고 약속했지만 나중에 그 약속을 어겼습니다. 그 사이에 지쳐버린 프로그래머들은 실수를 더 저지르게 됨으로써 문제를 해결하는 데 더 많은 시간을 허비했습니다.

그리고 EA의 직원들은 (a) 초과 근무 수당도 받지 못하고, (b) 초과 근무에 대한 보상 시간(제품이 출고된 후 그동안의 초과 근무에 대한 보상으로 주어지는 휴가)도 받지 못하고, (c) 추가적인 병가나 휴가도 받지 못했습니다. 게다가 EA는 과거에 프로젝트 종료 시 몇 주간의 휴가 형태로 보상 시간을 제공했지만 이제는 그렇게 하지 않을 것이며, 직원들이 그것을 기대해서도 안 된다고 최근에 공표했습니다.[20]

이 게시물은 입소문을 탔고 EA의 이미지에 타격을 입혔습니다. EA 배우자는 재능 있는 작가이자 게임 디자이너인 에린 호프먼으로 밝혀졌습니다. 그녀와 약혼자이자 프로그래머인 리앤더 헤이스티는 〈반지의 제왕: 더 배틀 포 미들어스The Lord of the Rings: The Battle for Middle-earth〉 팀에서 일했는데, 이들은 임금과 근무 시간의 부당함에 대해 EA를 고소하고 세 건의 집단 소송을 주도했습니다.

또 다른 논란도 EA의 명성을 실추시켰습니다. 내셔널풋볼리그와의 독점 라이선스 계약에 대한 게이머들의 분노가 스멀스멀 올라왔고, 게임 커뮤니티 내에서는 EA가 인수해 마흔 개 이상의 괜찮았던 게임 스튜디오가 문을 닫은 것에 대해 분노가 끊이지 않았습니다.

한번은 두 개발자 사이에 말다툼이 벌어졌는데 한 사람이 이렇게 말했죠. "EA가 당신네 스튜디오를 사서 문을 닫았으면 좋겠어!"

−마이크 피셔

당시 선구적인 스튜디오였던 오리진시스템스와 불프로그프로덕션조차 거의 문을 닫기 직전이었습니다. 반면 〈심시티〉를 만든 맥시스는 좀 더 좋은 성적을 거두었습니다. 현재는 〈심즈〉가 맥시스의 가장 유명한 게임입니다. 맥시스가 〈심앤트〉, 〈심라이프SimLife〉, 〈심어스SimEarth〉, 〈심콥터SimCopter〉 등 다양한 게임을 출시하던 때도 있었지만, EA는 2013년에 PC용 〈심시티〉의 마지막 버전을 끝으로 더 이상 출시하지 않았습니다.

2008년에 EA는 바이오웨어와 팬데믹스튜디오를 인수했습니다. 유명한 게임으로 바이오웨어는 〈발더스 게이트Baldur's Gate〉, 〈스타워즈: 구공화국의 기사단〉, 〈네버윈터 나이츠Neverwinter Nights〉, 〈매스 이펙트Mass Effect〉가 있고, 팬데믹스튜디오는 〈스타워즈: 배틀프론트〉와 〈디스트로이 올 휴먼스!Destroy All Humans!〉가 있었습니다.

그러나 바이오웨어는 예전 모습의 그림자로 전락했습니다. 설립자 대부분이 새로운 회사를 차리기 위해 떠나거나 은퇴했습니다. 레이 무지카는 현재 벤처 캐피털 회사를 운영 중이고, 그레그 제슈크는 캐나다의 수제 맥주 회사인 블라인드인수지애즘의 총책임자입니다. 또한 트렌트 오스터는 빔독이라는 스튜디오를 운영 중이며, 그의 동생인 브렌트 오스터는 인공지능 분야에서 일하고 있습니다.

물론 EA의 인수가 모두 잘못된 것은 아닙니다. 1998년에 EA는 〈매든 NFL〉을 만든 티뷰론엔터테인먼트와 합병했습니다. 현재 EA티뷰론이 된 이 스튜디오는 〈NBA 라이브〉 시리즈와 함께 여전히 〈매든 NFL〉을 제작하고 있습니다. 또한 EA는 스웨덴에 본사를 둔 다이스를 2006년에 흡수했습니다. 다이스는 〈미러스 에지Mirror's Edge〉와 리부트된 〈스타워즈: 배틀프론트〉 등의 히트 게임을 출시해 성공을 거두었습니다.

2008년 D.I.C.E. 서밋[229]의 연설에서 당시 EA의 CEO였던 존 리키텔로는 자사의 인수 실적에 대해 솔직하게 말했습니다.

---

229 D.I.C.E.(Design Innovate Communicate Entertain) 서밋은 동명의 EA 산하 게임 스튜디오와 아무런 관련이 없다.

"EA에서 우리는 일을 망쳤고, 나도 그 일에 어느 정도 관여했습니다."

D.I.C.E. 서밋의 마지막 날을 연 프레젠테이션에서 비디오 게임 슈퍼 퍼블리셔인 EA의 대표는 재능 있는 개발자들을 영입하려는 자사의 전략이 효과가 없었음을 인정했습니다. 그러나 요즘 EA와 경쟁사들이 합병 경쟁에서 점점 더 많은 개발자를 집어삼키고 있음에도 불구하고 리키텔로는 바이오웨어와 맥시스 같은 회사가 기업 문화를 유지하도록 함으로써 일이 잘 풀리고 있다고 여전히 생각합니다.

리키텔로는 과거에 인수한 회사에 '단일 경영' 사고방식을 적용하는 것은 창조적 자유를 억누를 뿐이라면서 이렇게 덧붙였습니다. "당시 그런 회사에 있었던 크리에이터들과 이야기해보니 매몰되어 숨이 막히는 것 같았다고 하더군요."[21]

그러나 인수 및 폐업의 패턴이 2008년 이후에도 계속되었습니다. 모바일 시장에 진출하기 위해 EA는 2009년에 영국 개발사 플레이피시를 인수해 2013년에 폐업했습니다. 2011년에는 호주 멜버른에 있는 파이어몽키스를 인수하고 2019년에 직원의 4분의 1을 해고했는데, 이는 호주 전체 게임 산업의 약 5%에 해당했습니다.

2011년, EA는 팝캡게임스를 주식 및 연간 수익 1억 달러에 추가로 현금 6억 5,000만 달러를 들여 인수했습니다. 전체 패키지의 가치는 13억 달러였습니다.[22] 이는 연간 수익은 제쳐놓더라도 지금까지 EA가 인수에 들인 가장 큰 금액입니다. 〈비주얼드〉, 〈주마스 리벤지〉, 〈페글Peggle〉, 그리고 최근의 대히트작인 〈플랜츠 vs. 좀비스Plants vs. Zombies〉를 출시한 팝캡게임스는 그 당시에 가장 인기 있는 스튜디오로 알려져 있었습니다.

EA와 팝캡게임스의 합병도 유쾌하지는 않았습니다. EA는 다음 해에 〈플랜츠 vs. 좀비스〉 제작자인 조지 팬[230]을 포함해 팝캡게임스 직원 50명을 해고했습니다. 팝캡게임스는 2012년에 아일랜드 더블린에 있는 스튜디오를 폐쇄했지

---

230 조지 팬은 〈플랜츠 vs. 좀비스〉를 만들었을 뿐만 아니라, 냄비 모양의 모자를 쓰고 자동차 트렁크에 '미친' 땡처리 물건을 가득 싣고 다니는 크레이지 데이브의 목소리를 연기하기도 했다.

만 여전히 운영 중입니다.

〈페글〉과 〈플랜츠 vs. 좀비스〉, 그리고 이 게임을 개발한 사람들에 대해 말해보죠. 〈페글〉
이 실패로 끝난 것은 초창기의 필수적인 소액 결제 때문이에요. 그들이 결국 iOS용 〈페글〉
속편을 출시할 때는 선택적으로 소액 결제를 할 수 있는 버전이었어요.

EA는 〈플랜츠 vs. 좀비스 2〉를 망쳐놨고, 원작에 관여했던 사람들 대부분이 지금쯤은 회
사를 떠났을 겁니다.[231] 그 상황은 끔찍했고, 최고의 모바일 게임 몇 개가 EA에 의해 파괴
되는 걸 바라봤어요. 물론 EA는 게임을 향상하고 생명을 불어넣기 위해 사들인 거겠죠.

－제러미 호위츠

2008년까지 EA는 규모가 커지고 현금이 풍부해졌기 때문에 경영진 이사
회는 최고의 경쟁업체를 인수하기 위해 눈독을 들이기 시작했습니다. 2008년
2월 24일, EA는 테이크투를 인수하려고 19억 달러를 제안했으나 거절당했습
니다.[232]

리듬에 맞춰

앨릭스 리고풀로스와 에란 에고지는 〈기타 히어로〉가 독창적인 아이디어
라고 생각한 적이 없습니다. 오히려 그 반대입니다. 그들은 이전의 리듬 게임과
그것을 기획한 사람들의 영향을 받고 그들을 본보기로 삼았습니다. 리듬 게임
장르는 비록 역사가 길지는 않지만, 특색이 있고 유래를 알 수 있는 유산을 가지
고 있습니다.

---

231 2012년에 EA는 조지 팬을 비롯한 팝캡게임스 직원 50명을 방출했다. 팬이 소액 결제를 대놓고 반대했기
때문에 EA 경영진이 그를 해고했다는 비난성 루머가 빠르게 퍼졌다. 이후 팬의 해고는 일반적인 정리해고
로 밝혀졌다.
232 이 제안은 〈GTA IV〉가 출시되기 몇 달 전에 있었던 일이다.

마쓰우라 마사야[〈파라파 더 래퍼〉 제작자]는 내 인생에 큰 영감을 주었어요. 그의 게임이 내 삶의 궤적을 바꿔놓았기 때문이죠. 미즈구치 데쓰야[세가 전 게임 디자이너]도 대단하고요.

– 앨릭스 리고풀로스(하모닉스뮤직시스템스 공동 설립자)[23]

1996년, 소니컴퓨터엔터테인먼트는 〈파라파 더 래퍼〉라는 기발한 게임을 출시했습니다. 이 게임은 애니메이션 세계에서 스키 모자를 쓰고 랩을 하는 강아지, 파라파의 행적을 보여주었습니다. 양파 머리의 가라데 스승에게 자신을 방어하는 방법을 배우기도 하고, 벼룩시장에서 판매 기술을 배우기도 하는 등 파라파는 선생님과 함께 랩을 하면서 배웁니다.

〈파라파 더 래퍼〉를 미국에서 제안했다면 시작도 하지 못했을 것입니다. 게임 디자이너인 마쓰우라 마사야는 이 아이디어를 일본의 소니컴퓨터엔터테인먼트로 가져갔습니다. 당시에 첫 플레이스테이션을 출시한 소니는 기발하고 기이한 아이디어를 기꺼이 실험해보았습니다. 제이팝 버전의 랩과 로드니 그린블랫이라는 아티스트의 특이한 시각적 감성을 혼합한 이 리듬 기반 게임은 일본에서 100만 장 이상이 판매되었습니다.

일본 게이머들 사이에서 〈파라파 더 래퍼〉는 숭배의 대상이 되었습니다. 〈파라파 더 래퍼〉 셔츠와 포스터, 음악 CD, 그리고 심지어 식빵에 파라파, 마스터 촙, 서니 퍼니의 이미지를 새겨 구울 수 있는 토스터까지 나왔습니다.

미국에서는 베스트셀러가 아니었지만 팬들이 있었습니다. 일본에서는 〈파라파 더 래퍼〉의 성공이 리듬 게임 열풍을 불러일으켰습니다. 코나미는 턴테이블 모양의 컨트롤러를 음악의 박자에 맞춰 돌리는 아케이드 히트작 〈비트마니아Beatmania〉를 출시했는데, 나중에 이 게임은 플레이스테이션, 게임보이, 원더스완 버전으로 다시 출시되었습니다.

리듬 게임은 미국 서부 해안에 유입되기 훨씬 전에 이미 일본에서 가장 인기 있는 게임 트렌드였고 한국에도 두터운 팬층이 있었습니다. 세가에서는 그 전부터 게임과 음악을 결합하는 실험을 해보고 싶었던 미즈구치 데쓰야가 〈스페이스 채널 5〉라는 우스꽝스러운 SF 댄스 게임을 드림캐스트용으로 내놓았고, 유명한 〈소닉 더 헤지혹〉 제작자 나카무라 슌과 나카 유지는 마라카스를 흔드는 〈삼바 데 아미고Samba de Amigo〉를 기획했습니다. 아케이드 게임으로 출시된 〈삼바 데 아미고〉는 이후에 드림캐스트와 Wii로 이식되었습니다. 또한 코나미는 〈비트마니아〉, 〈댄스 댄스 레볼루션Dance Dance Revolution〉, 〈기타프리크스GuitarFreaks〉를 출시하고, 남코는 일본 전통 북처럼 보이도록 디자인된 컨트롤러가 특징인 아케이드 게임 〈태고의 달인Taiko no Tatsujin〉을 출시했습니다. 모조품도 있었는데, 한국의 안다미로는 〈댄스 댄스 레볼루션〉과 비슷한 〈펌프 잇 업Pump It Up〉을 내놓았습니다.

미국에서는 게임 주변기기 제조업체인 레드옥탄이 하모닉스뮤직시스템스라는 소규모 게임 개발사와 협력해 〈기타프리크스〉의 서구화 버전을 만들었습니다. 이론상 이는 최고의 공생 비즈니스 관계였습니다. 누구는 게임을 만들고, 누구는 기타 모양 컨트롤러를 만들고, 누구는 번들을 만드는 것입니다. 이론적으로는 게임과 주변기기를 묶어서 일반 게임 가격의 두 배에 팔 수 있기 때문에 모두에게 돈벌이가 됩니다.

이것은 현명한 협력 관계였습니다. 하모닉스를 설립한 앨릭스 리고풀로스와 에란 에고지는 음악을 좋아했고 좋은 게임을 만드는 방법도 알고 있었습니다. 그들은 이미 흥미로운 음악 기반 게임인 플레이스테이션 2용 〈프리퀀시Frequency〉와 〈앰플리튜드Amplitude〉를 만든 바 있었습니다. 〈프리퀀시〉와 〈앰플리튜드〉는 소니로부터 호평을 받고 공격적인 마케팅 지원이 있었음에도 잘 팔리지는 않지만 의미 있는 게임이었습니다. 하모닉스는 돌파구를 찾기 직전의 회사인 듯했습니다.

미국에서 자금을 지원받지 못한 일본 아트하우스 게임이 많았는데, 이런 게임이 예술가로서의 나에게 가장 큰 영향을 미친 것 같습니다.

－앨릭스 리고풀로스[24]

하모닉스의 최종 제품인 〈기타 히어로〉는 언뜻 보기에 〈기타프리크스〉와 비슷하지만 근본적인 차이가 있었습니다. 그 차이는 바로 음악이었습니다. 아시아 시장을 타깃으로 제작된 〈기타프리크스〉는 일본 히트곡의 오리지널 음반과 커버를 선보였습니다. 제이팝 사운드는 귀에 쏙쏙 들어오지만 서양 사람들을 끌어모을 수 있는 쿨한 요소가 부족했습니다. 〈기타 히어로〉는 오지 오즈번, 블랙 사바스, ZZ 톱, 메가데스 등의 본격적인 록을 담았습니다.

〈기타프리크스〉의 배경은 비디오 토스터 효과가 있는 초기 MTV 뮤직비디오처럼 보였던 반면, 〈기타 히어로〉의 배경은 록 콘서트장이었습니다. 두 게임 모두 플레이어가 어떤 버튼을 누르거나 퉁겨야 하는지를 색깔로 나타낸 악보를 보여주었습니다. 〈기타프리크스〉의 악보는 〈비트마니아〉와 마찬가지로 화면 측면을 따라 이어지는 수직 줄무늬이고, 〈기타 히어로〉의 3D 악보는 시뮬레이션 기타의 넥을 따라 달린 프렛처럼 플레이어에게 다가옵니다.

플레이스테이션 2 전용 게임이었던 〈기타 히어로〉는 처음에는 큰 관심을 끌지 못했습니다. 2005년 11월 8일에 출시된 이 게임은 그해의 플레이스테이션 2 베스트셀러 게임에 끼지 못했습니다. 심지어 네 개의 〈콜 오브 듀티〉, 세 개의 〈토니 호크〉가 포함된 그해 액티비전의 상위 열다섯 게임에도 들지 못했습니다.

2005년에는 시장이 〈기타 히어로〉를 주목하지 않았지만 2006년에 상황이 달라졌습니다. 번들로 묶인 플레이스테이션 2용 〈기타 히어로 II〉는 그해 네 번째로 많이 팔렸고, 오리지널 〈기타 히어로〉 번들은 9위를 차지했습니다. 플레이스테이션 2 독점으로만 쓰이기에는 너무 아까웠던 〈기타 히어로〉는 그 밖의 가능한 모든 콘솔 버전으로 출시되었습니다.

그런데 〈기타 히어로〉에 문제가 생겼습니다. 〈콜 오브 듀티〉를 장악했던 것과 같은 방식으로 프랜차이즈를 운영하기를 희망한 보비 코틱은 2006년 5월에 레드옥탄을 9,990만 달러에 인수했습니다. 4개월 후 MTV는 하모닉스를 인수하기 위해 1억 7,500만 달러를 지불했습니다.

더 이상 공생 파트너가 아닌 레드옥탄과 하모닉스는 정면 승부를 펼쳤습니다. 코틱은 주변기기 제조에 뛰어들 계획이 없었지만 게임 스튜디오 대신 가상 기타 제조업체를 인수했습니다. 하모닉스에서 손을 뗀 그는 〈토니 호크〉를 만드는 네버소프트에 차기 〈기타 히어로〉를 넘겼습니다.

2007년, 〈기타 히어로〉 전 감독인 그레그 로피콜로와 아트디렉터인 라이언 레서는 완전히 새로운 MTV게임스 레이블로 첫 번째 게임 〈록 밴드〉를 출시했습니다. MTV는 배급망이 없었기 때문에 EA와 제휴해 게임을 퍼블리싱했습니다.

홍보 담당자들은 〈기타 히어로〉가 더 하드코어적인 경험을 할 수 있는 게임이고 〈록 밴드〉는 파티 게임에 가깝다고 비난했지만 두 게임은 분명히 비슷했습니다. 〈기타 히어로〉 시리즈 중에서 네버소프트의 첫 작품인 〈기타 히어로 III: 레전드 오브 록〉은 주변기기로 기타가 제공되었고, 〈록 밴드〉에는 기타, 드럼, 마이크가 따라붙었습니다.

〈기타 히어로〉는 플레이스테이션 2 및 Wii 버전이 89달러, 엑스박스 360 및 플레이스테이션 3 버전이 99달러였습니다. 악기가 더 많이 딸린 〈록 밴드〉는 169달러였습니다. 한편 〈기타 히어로〉의 기타는 〈록 밴드〉와 호환되어야 하고 그 반대로도 가능해야 했지만 〈록 밴드〉의 주변기기는 〈기타 히어로〉와 호환되지 않았습니다. 이에 액티비전과 하모닉스는 간단한 패치로 문제를 해결하기보다는 설전을 벌이는 쪽을 택했습니다.

사람들이 한 게임에 169달러나 쓸지에 대한 의문도 많았습니다. 사람들이 〈기타 히어로〉에서 MTV의 〈록 밴드〉로 전환할 가능성에 대한 의문도 있었습니다.

2007년 연휴가 끝나자 NPD그룹은 〈헤일로 3〉가 올해의 베스트셀러 게임이고, 공짜 리모컨을 제공하는 〈Wii 플레이〉가 2위, 〈콜 오브 듀티 4: 모던 워페어〉가 3위라고 발표했습니다. 그리고 플레이스테이션 2용 〈기타 히어로 III: 레전드 오브 록〉이 4위, 〈록 밴드 스페셜 에디션〉이 그 뒤를 이었습니다. 그 후로도 리듬 게임이 계속 나왔습니다. 기타와 드럼이 있는 게임에 169달러를 지불했던 사람들은 다음 해에 심벌즈가 포함된 드럼 세트와 신곡에 기꺼이 같은 금액을 썼습니다. 〈기타 히어로〉와 〈록 밴드〉는 그해 미국 게임 시장의 약 11%에 해당하는 10억 달러의 매출을 올렸습니다.

〈콜 오브 듀티〉, 〈토니 호크〉, 〈기타 히어로〉 덕분에 액티비전은 크게 부상했습니다. 2007년 미국에서 가장 많이 팔린 열다섯 게임 중 네 개는 닌텐도, 세 개는 EA, 여섯 개는 액티비전의 것이었습니다.

2007년 7월 24일, 액티비전은 3억 9,800만 달러의 상반기 수익을 발표하는 기자회견을 열었습니다. EA의 수익은 3억 6,600만 달러였습니다. 1997년 이후 액티비전은 처음으로 EA를 제치고 세계에서 가장 많은 수익을 올린 서드파티 퍼블리셔가 되었습니다. 하지만 2007년은 액티비전의 존재감이 사라진 슬픈 해이기도 합니다.

액티비전의 최후

4인방이 아타리를 떠난 1979년, 27세의 켄 윌리엄스는 애플 II를 사기로 결심했습니다. 그는 컴퓨터 구입비를 합리화하기 위해 아내인 로버타에게 당시의 초기 텍스트 기반 어드벤처 게임을 소개했습니다. 로버타는 〈콜로설 케이브 Colossal Cave〉 등의 게임을 해본 후 켄에게 만약 프로그래밍을 해준다면 PC 게임을 만들 수 있다고 말했습니다. 그녀의 말이 맞았습니다. 로버타는 인터랙티브

스토리를 구성하는 데 재능이 있었습니다. 그녀는 어드벤처를 만들었고, 켄은 PC 기반 어드벤처 게임에서 볼 수 없었던 기초적인 예술을 추가하기도 하면서 코딩을 했습니다. 그들은 이 2인 게임 스튜디오를 온라인시스템스라고 부르다가, 시에라 산맥 근처에 살게 되면서 1982년에 시에라온라인으로 이름을 바꿨습니다.

로버타는 인터랙티브 스토리텔링의 대가였고, 켄은 코딩하는 법을 알았을 뿐만 아니라 레이 크록[233] 스타일의 사업가였습니다. 이 부부는 소규모 스튜디오를 통합하고 여러 플랫폼에 걸쳐 게임을 출시했으며 어드벤처, 레이싱, 비행, RPG 장르에 주목할 만한 타이틀을 추가해, EA가 생기기도 전에 컴퓨터 업계 최초의 게임 제국 중 하나를 세웠습니다.

훗날 시에라엔터테인먼트가 된 시에라온라인은 1980년대 말과 1990년대 초에 번성했습니다. 로버타의 판타지 어드벤처 게임 〈킹스 퀘스트King's Quest〉는 초창기 PC 시대에 꾸준히 사랑을 받았습니다. 1983년에 시에라온라인과 계약한 앨버트 로는 성인용 코믹 어드벤처 게임 〈레저 슈트 래리Leisure Suit Larry〉로 회사의 레퍼토리를 확장했습니다. 1991년에는 호러 시리즈 〈가브리엘 나이트Gabriel Knight〉를 만든 제인 젠슨도 합류했습니다. 시에라온라인은 비행 시뮬레이터, 레이싱 게임, 퍼즐 게임을 제작한 인상적인 게임 스튜디오인 다이내믹스를 인수해 경쟁사보다 기술적 우위를 점했으며, 1996년에 CUC인터내셔널에 매각되었습니다.

데이비드슨앤드어소시에이츠도 이와 비슷한 사연이 있습니다. 밥 데이비드슨, 잰 데이비드슨 부부가 설립한 이 회사는 〈매스 블래스터Math Blaster〉, 〈리딩 블래스터Reading Blaster〉, 〈앨지 블래스터Alge-Blaster〉 등 '블래스터'라는 레이블의 교육용 게임을 판매했습니다. 시에라온라인처럼 데이비드슨앤드어소시에이츠는 CUC인터내셔널에 흡수되어 PC 게임에서 중요한 역할을 하게 되었습니다.

---

233 옮긴이_맥도날드를 설립하고 세계적인 패스트푸드 체인으로 만든 사람

1991년, UCLA 졸업생 세 명이 실리콘앤드시냅스라는 게임 스튜디오를 설립했습니다. 실리콘앤드시냅스는 카오스스튜디오로 이름이 바뀌고 결국 블리자드로 알려지게 됩니다. 설립자인 마이클 모하임, 앨런 애드햄, 프랭크 피어스는 게이머, 괴짜, 판타지 소설 애호가로, 이들은 다른 스튜디오를 위해 게임 몇 개를 제작했습니다. 그 후 데이비드슨앤드어소시에이츠와 배급 계약을 맺음으로써 퍼블리셔를 얻게 되었습니다.

블리자드는 1994년 시카고에서 열린 여름 소비자 가전 전시회에서 첫 게임을 시연했습니다. 세 설립자는 데이비드슨앤드어소시에이츠 부스 뒤편에 있는 작은 공간에서 게임을 직접 선보였습니다. 이 게임을 보려고 오는 방문객은 화려한 최신 버전의 〈매스 블래스터〉를 보여주는 컴퓨터들을 거쳐 넓은 데이비드슨 구역을 지나야 했습니다. 게다가 이 구역을 지나면 커튼으로만 구분되어 부스를 알아보기 힘든 곳에 블리자드가 있었습니다.

블리자드의 부스는 암울했습니다. 긴 테이블에 PC가 두 대 놓여 있고 괴짜 셋이 조용히 게임을 하고 있었습니다. 이들은 특별히 친절하지도 않았고, 게임을 보여주며 무슨 일이 일어나는지 설명하려고 했지만 부끄러움을 탔습니다. 이들은 설명보다는 게임 시연을 더 잘했습니다.

블리자드의 〈워크래프트: 오크와 인간Warcraft: Orcs & Humans〉은 실시간 전략 전쟁에서 J. R. R. 톨킨의 오크와 인간이 끝없이 전투를 벌였습니다. 이러한 종류의 게임은 처음이 아니었습니다. 〈워크래프트: 오크와 인간〉은 대부분의 플레이 메커니즘을 버진인터랙티브엔터테인먼트의 〈듄 II: 더 빌딩 오브 어 다이너스티Dune II: The Building of a Dynasty〉에서 차용했습니다. 그런데 〈듄 II〉는 세가 제네시스/메가드라이브의 초기 게임인 〈헤르쪼크 츠바이Herzog Zwei〉를 상당히 많이 차용했고, 〈헤르쪼크 츠바이〉는 1988년에 일본에서 MSX 및 NEC PC-88 컴퓨터용으로 출시된 테크노소프트의 〈헤르쪼크Herzog〉를 차용한 것이었습니다.

초라한 시작에도 불구하고 블리자드는 히트 메이커로 성장했습니다. 〈워크래프트: 오크와 인간〉은 그럭저럭 팔렸지만 〈워크래프트 II〉는 전 세계적으로

200만 장 이상이 팔렸습니다. 유머, 판타지, 논스톱 액션이 뒤섞인 〈워크래프트 II〉는 〈커맨드 앤 컨커〉 등과의 치열한 경쟁에서 두각을 나타냈고, PC 게이머들은 이를 올해의 게임으로 선정했습니다.

블리자드의 다음 히트작은 전체 RPG 장르를 대중화한 던전 크롤러인 〈디아블로Diablo〉입니다. 이 게임 또한 수만 명을 온라인으로 유인했습니다. 숙련된 플레이어가 무심코 초보자를 도륙할 수 있는 FPS나 RTS 게임과 달리 〈디아블로〉는 플레이어들이 협력적인 팀을 이루어 탐험하도록 장려했습니다.

성공은 여기서 그치지 않습니다. 실시간 전략 메커니즘을 SF 환경에 접목하려는 시도인 〈스타크래프트StarCraft〉는 세계적인 블록버스터로, 특히 아시아에서 인기가 많았습니다. 한국에서는 e스포츠 리그와 TV 채널이 등장하고, 한국인 챔피언이 탄생해 영웅 대접을 받기도 했습니다.

2004년, 블리자드는 역사상 가장 수익성이 높은 인터랙티브 게임인 〈월드 오브 워크래프트WoW〉를 출시했습니다. 〈WoW〉는 전반적인 게임 산업의 패러다임을 바꿔놓았습니다. 〈WoW〉를 통해 블리자드는 구독료가 디스크 판매보다 훨씬 더 수익성이 있음을 증명했습니다. EA, 액티비전, 테이크투, 유비소프트는 〈WoW〉보다 더 많이 팔린 게임을 출시했지만 그러한 게임의 수익은 한 번의 판매로 끝났습니다. 반면에 〈WoW〉는 대규모 다중 사용자 온라인 롤플레잉 게임 MMORPG이었습니다. 〈WoW〉의 액션은 온라인에서 이루어지며, 온라인 세계에 접속하기 위해 고객은 월평균 15달러의 구독료를 냈습니다. 따라서 평균적으로 700만~1,200만 명의 활성 구독자로부터 매월 1억 8,000만 달러의 수익을 올릴 수 있었습니다.

CUC인터내셔널은 데이비드슨앤드어소시에이츠를 인수함으로써 블리자드도 품게 되었습니다. CUC인터내셔널은 다른 회사도 인수했는데, 〈유 돈 노 잭You Don't Know Jack〉이라는 초기 멀티미디어 히트작을 만든 버클리시스템스가 〈심슨 가족: 히트 앤드 런〉을 만든 래디컬엔터테인먼트와 함께 합병되었습니다. 빨간색/파란색 안경을 제공하는 3D 게임을 제작한 에듀테인먼트 회사인 날리지어드벤처도 있었습니다. 이 모든 회사는 프랑스 대기업 비방디가 오랜 인수합병을 통해 CUC인터내셔널을 인수함으로써 비방디에 흡수되었습니다.

비방디의 CEO인 장 베르나르 레비가 액티비전을 인수하기 위해 보비 코틱에게 접근했을 때 코틱은 그 아이디어가 마음에 들지 않았지만, 레비는 자사가 대주주인 액티비전을 자사 소유의 블리자드와 합병하겠다고 제안해 계약을 성사시켰습니다. 이 거래에 대한 코틱의 관심은 분명했습니다. 블리자드와 합병하면 그는 세계에서 가장 수익성이 좋은 PC 게임 회사를 맡게 될 것입니다. 한편 레비의 동기는 더 분명해 보였습니다. 그는 액티비전보다 코틱을 인수하는데 관심이 있는 것 같았습니다. 비방디는 단지 유망한 스튜디오를 운영하기 위해 인수를 했던 안 좋은 기록이 있었고, 코틱은 이 분야에서 마법과도 같은 능력을 가지고 있었습니다.

2007년 12월 2일 일요일, 비방디는 액티비전의 지분 52%를 17억 달러에 매입할 계획이라고 발표했습니다. 그 결과 EA를 제치고 업계 최대 기업으로 부상했습니다. 공식 발표는 다음과 같이 시작되었습니다.

2007년 12월 2일 캘리포니아주 샌타모니카와 파리(비즈니스와이어)—액티비전(나스닥 종목 코드: ATVI)과 비방디(유로넥스트 파리 종목 코드: VIV)는 오늘 블리자드의 세계 1위 다중 사용자 온라인 롤플레잉 게임 프랜차이즈 〈월드 오브 워크래프트〉를 포함한 인터랙티브 엔터테인먼트 사업을 하는 비방디게임스를 액티비전과 합병하는 최종 계약을 체결했다고 발표했습니다. 이로써 세계 최대의 순수 온라인 게임 및 콘솔 게임 퍼블리셔가 탄생했습니다. 신생 회사인 액티비전블리자드는 2007년 기준으로 약 38억 달러의 매출을 올리고, 주요 서드파티 비디오 게임 퍼블리셔 중 가장 높은 영업 이익을 기록할 것으로 예상됩니다. 거래가 완료되면 액티비전은 액티비전블리자드로 이름이 바뀌며, ATVI라는 종목 코드로 나스닥에서 거래되는 공개 기업으로 계속 운영될 것입니다.

액티비전 주주들은 이를 긍정적으로 보았으나 블리자드를 좋아하는 사람들은 확신하지 못했습니다. 블리자드 공동 설립자이자 사장인 마이클 모하임은 『와이어드』 소속 어니스트 카발리와의 인터뷰에서 이렇게 말했습니다. "팬들이 어떠한 변화도 느끼게 해서는 안 돼요. 우리는 항상 게임을 개선하고 발전시키기 위해 노력합니다. 나는 팬들이 변화를 알아차리는 것을 바라지 않아요."[25]

미국 최악의 회사

서브프라임 모기지 재앙이 이미 일어났고 BP가 멕시코만 전체를 오염시켰지만, 사람들이 〈매스 이펙트Mass Effect〉의 엔딩을 좋아하지 않은 탓에 EA가 미국에서 최악의 회사로 뽑혔습니다.

– 피터 무어

『컨슈머 리포츠Consumer Reports』가 소유한 웹사이트인 더 컨슈머리스트는 '미국 최악의 회사'를 가리기 위해 매년 독자 투표를 실시했습니다. 2012년에는 EA가 가장 많은 표를 받아 불명예스러운 영광을 누렸고, 2013년에도 EA가 1위를 차지했습니다.

이것은 결코 작은 위업이 아닙니다. 더 컨슈머리스트가 생긴 지 11년 동안 EA는 역대급으로 형편없는 고객 서비스로 컴캐스트를 제치고 2년 연속 미국 최악의 회사로 뽑힌 유일한 회사입니다. 최근에 AIG는 악성 대출로 세계 경제를 뒤집어놓았고, BP(브리티시퍼트롤리엄)는 기름 유출 사고를 일으켜 멕시코만 지역이 대부분 기름으로 뒤덮였습니다.

수년 동안 무시당하자 게이머들은 EA와 게임 산업 전반에 충성 고객을 쓰레기 취급하지 말라는 메시지를 전하기 위해 투표를 했습니다. 25만 명 이상이 투표한 후 더 컨슈머리스트 독자들은 궁극적으로 세상을 더 재미있는 곳으로 만들어야 할 EA가 보여주는 탐욕의 유형이 뱅크오브아메리카의 탐욕보다 더 나쁘다고 결론을 내렸는데, 어떤 사람들은 이것이 은행을 운영하는 목적이라고 주장할 것입니다.[26]

항상 시끄러운 소문이 돌았어요. 그건 남이 정상에 있을 때 사람들은 정상에 있는 남이 고꾸라지는 것을 보고 싶어 한다는 거예요. 그들은 큰 것이 쓰러지는 걸 좋아하죠.

그 당시에는 실망스러웠어요. 우리는 EA의 일원으로서 시장에서 성공할 수 있는 최고의 게임을 만들기 위해 노력했다고 믿었으니까요.

EA에 대한 부정적인 말들에 낙담했어요. 사실인 것도 있지만 회사에 대한 허위와 분노가 가득한 경우도 흔했죠.

– 존 섀퍼트

EA에는 이미지 문제가 있었습니다. 경쟁을 없애기 위해 독점 스포츠 라이선스를 이용한 것, 직원의 과로, 거의 병적인 스튜디오 인수, 기대에 부응하지 못하는 게임 등의 모든 불만은 이미 있었습니다. 또한 EA가 다른 회사를 모방했다는 비난이 있었는데, 〈기타 히어로〉와 유사한 〈록 밴드〉, 〈토니 호크〉와 유사한 〈스케이트Skate〉가 바로 그것입니다. EA는 〈GTA〉를 너무 많이 베꼈다고 비평가들이 비난한 〈대부〉 영화 기반 게임을 출시하기도 해서 타사 히트작의 더 나은 버전을 내놓는 성향을 드러냈으며, 대부분의 경우 EA는 탐욕스러워 보였습니다.

나는 EA 내에서 이렇게 말하는 그룹을 만들었습니다. "불 없이 연기가 나지는 않죠. 우리는 이 상황을 웃어넘길 수 없어요. 이 같은 인식은 분명 게이머들의 생각이기 때문에 분명 어떤 요소가 있을 겁니다."

그래서 우리는 'Rep-Rehab'라는 팀을 만들었어요. 'reputation rehabilitation'의 줄

임말이죠. 우리는 매주 월요일 아침에 만나서 우리가 누구인지, 어떻게 사업을 하는지, 사람들이 우리에 대해 뭐라고 하는지 분석하기 시작했어요.

– 피터 무어

놀랍게도 EA의 명성은 아직 바닥을 친 것이 아니었습니다. 바닥보다 더 낮은 곳이 있는 것처럼 상황이 더욱 악화되었습니다.

2012년, 월트디즈니컴퍼니는 루카스필름을 인수해 〈스타워즈〉와 〈인디애나 존스〉 프랜차이즈의 판권을 얻었습니다. 1년 후 디즈니와 EA는 〈스타워즈〉 게임의 독점 라이선스 계약을 발표했습니다. 2015년에 EA는 〈스타워즈: 배틀프론트〉 시리즈를 다시 출시했습니다. 이 게임은 EA의 〈배틀필드^{Battlefield}〉와 매우 비슷하게도 플레이어가 가상 전장에서 보병으로서 또는 차량을 타고 전투에 투입되었습니다.

〈스타워즈〉의 친숙한 장소를 배경으로 한 무료 온라인 멀티플레이어 게임인 〈스타워즈: 배틀프론트〉는 몇 가지 버그가 있었고, 〈배틀필드〉처럼 싱글플레이어 스토리 모드가 포함되지 않았지만, 스타카드 진행 시스템이라는 새로운 게임 메커니즘을 도입해 플레이어가 캐릭터의 갑옷, 무기, 능력을 향상하기 위해 크레디트를 사용할 수 있는 흥미 요소가 있었습니다. 그리고 이 게임은 일단 멋져 보였습니다. 사람들이 EA에 일반적으로 기대할 수 있는 한 가지는 바로 뛰어난 그래픽이었습니다. 〈스타워즈: 배틀프론트〉는 잘 팔렸고, 보도에 따르면 전 세계에 1,400만 장 이상이 출하되었다고 합니다.

2017년에 EA는 〈스타워즈: 배틀프론트 II〉를 출시했지만 10년간의 악화가 수면 위로 떠올랐습니다. 갑자기 EA에 대한 혐오를 표현한 것은 게이머들만이 아니었습니다. 세계의 정부도 불평을 드러냈습니다. 대부분의 불만은 〈스타워즈: 배틀프론트 II〉 출시 전 베타 버전에서 플레이어가 크레디트를 획득하는 방식에 대한 것이었습니다. 두 가지 옵션이 있었는데, 하나는 동일한 전투를 반복해서 200 또는 300 크레디트를 천천히 획득하는 것이고, 또 하나는 소액 결제,

즉 실제 돈으로 스타카드를 구입하는 것이었습니다. 간단히 말해 스타카드를 구입한 플레이어는 다른 플레이어보다 우위에 있게 되는 것입니다.

〈스타워즈: 배틀프론트 II〉의 최종 리뷰는 앞의 논평만큼 부정적이지 않았습니다. 전리품 상자와 기타 소액 결제 관련 문제로 인해 심각한 영향을 받을 것이라는 사실에 대해 몇 달 동안 논의가 있었습니다.

커뮤니티의 항의로 EA는 루카스와 디즈니에게 〈스타워즈〉 라이선스를 빼앗길 가능성에 직면했어요. 그래서 개발 주기상 상대적으로 늦게 구현된 변화가 있었고, 결국 부정적인 상황이 되었죠. EA는 판매를 촉진하기 위해 급작스럽게 가격을 할인해야 했지만 많은 사람이 게임을 거부했습니다.

－제러미 호위츠

게임계는 격분했고 화가 난 게이머들은 인터넷을 뜨겁게 달궜습니다. EA가 소액 결제로 고객을 속이는 방식에 불만을 품은 레딧 포스터 MBM매버릭은 2017년 11월 12일에 자신의 불만을 방송했습니다.

진짜로? 80달러를 주고 샀는데도 다스베이더가 유료라고?

농담이겠죠. 환불하기 위해 EA 지원 팀에 연락하겠습니다. … 나는 이 망할 다스베이더도 플레이할 수 없어요?!?!? 역겨워요. 이 소액 결제 시대는 너무 지나쳐요.

EA 커뮤니티 팀 사람은 다음과 같이 응답했습니다.

그 목적은 플레이어에게 다양한 영웅을 풀어내는 것의 자부심과 성취감을 제공하는 것입니다. 비용의 경우 오픈베타 데이터 및 출시 전 마일스톤 보상에 대한 기타 조정 사항을 토대로 초깃값을 선정했습니다. 무엇보다도 우리는 매일 플레이어당 평균 크레디트 수익률을 보고 있으며, 플레이어가 재미있고 보상을 받으며 게임 플레이를 통해 도전 과제를 달성할 수 있도록 지속적으로 조정할 것입니다.

우리는 레딧, 포럼 및 수많은 소셜 미디어의 커뮤니티가 현재 주제에 대해 보여준 솔직한 피드백과 열정에 감사드립니다. 우리 팀은 계속해서 변화를 시도하고 커뮤니티의 피드백을 모니터링해 가능한 한 빨리 그리고 자주 업데이트할 것입니다.

이 답변은 인터넷에서 일어난 불에 휘발유를 뿌렸습니다. 사태를 해결하기는커녕 이미 격앙된 인터넷 군중을 격분시켰습니다. '자부심과 성취감'이라는 게시물은 66만 7,821개의 반대표를 받았습니다. 기네스 세계 기록은 이를 '레딧에서 반대표를 가장 많이 받은 코멘트'로 공식 인정했습니다.[234]

스타카드뿐만이 아니라 전리품 상자도 문제였습니다. 플레이어가 스타카드를 구매하면 전리품 상자에 담겨서 오는데, 〈스타워즈: 배틀프론트 II〉의 경우 플레이어가 특정 스타카드를 선택할 수 없었습니다. 야구 카드와 마찬가지로 스타카드는 희귀하고 강력한 무기 업그레이드 또는 일부 쓸모없는 기능이 포함된 무작위 패키지로 제공되었습니다.

벨기에는 도박법에 따라 전리품 상자를 불법으로 간주했고, 유럽연합에 속한 모든 나라도 그러한 게임을 금지하겠다고 위협했습니다. 싱가포르와 호주도 비슷한 조사에 착수했습니다. 또한 영국 의회는 EA의 법무 및 정부 업무 담당 임원인 케리 홉킨스를 소환해 회사 대신 증언하게 했습니다.

우리는 이러한 종류의 메커니즘을 구현한 방식이 상당히 윤리적이고 하나의 재미 요소라고 생각합니다. 그것은 도박이 아니며, 우리는 그것이 도박으로 이어진다는 증거가 있다는 데 동의하지 않습니다.

—케리 홉킨스(EA 법무 및 정부 업무 담당 임원)[235]

---

234 기네스 세계 기록에는 63만 8,000표로 기록되었다. 레딧에서 두 번째로 반대표를 많이 받은 게시물은 thanosdidnothingwrong이 올린 것으로, 이는 8만 8,906표를 받았다.
235 2019년 6월 20일에 의회에서 한 말이다.

EA는 처음에는 소액 결제를 줄이는 것처럼 숨겼지만 어느 순간 크리스털 이라는 두 번째 화폐를 추가했습니다. 이제 플레이어는 실제 돈으로 크리스털을 구매하고, 이 크리스털을 가지고 히어로와 능력, 무기를 사는 데 사용할 수 있는 아이템 또는 랜덤 크레디트가 담긴 전리품 상자를 구매할 수 있었습니다. 단순히 게임을 해서 크레디트를 얻을 수도 있으나 시간이 많이 걸렸고, 게다가 EA는 하루에 획득 가능한 크레디드의 수에 제한을 두었습니다.

아마도 문제가 있었을 거예요. 문제의 〈스타워즈: 배틀프론트 II〉가 개발되고 있을 때 나는 분명히 거기에 있었어요. 우리는 손익을 따져보았죠. 그건 굉장히 비싼 라이선스였어요. 핑계를 대려는 게 아니라, 엄청나게 비싼 라이선스로 돈을 벌려면 게이머의 경험에 가치를 더할 수 있는 혁신적인 방법을 찾게 됩니다. 결과적으로 그들은 더 많은 돈을 지불할 것이고, EA가 원했던 게 바로 그거예요.

게이머들에게 그걸 내놓았지만 그 이유가 제대로 설명되지 않았죠. 이기려면 돈을 써야 한다는 인식이 있었는데, 그게 맞았을 수도 있네요. 말했다시피 모든 것이 시장에 나올 때쯤 나는 거기에 없었어요.

그것이 옳든 그르든 간에 게이머들은 이렇게 생각했어요. '나는 이 게임에 60달러를 지불했는데 여기서 2달러, 저기서 3달러를 더 요구하고 있잖아. 만약 내가 또 돈을 쓰지 않는다면 돈을 쓴 다른 사람들에게 밀려서 패배하겠지.'

몇 주 뒤 그들은 게임에서 소액 결제를 없애고 한발 물러섰습니다.

– 피터 무어

결국 EA는 외형 업그레이드를 위한 전리품 상자는 유지한 채 모든 히어로와 다스베이더 등의 중요한 캐릭터를 무료로 풀어주었습니다. 이로써 법적인 문제는 해결했지만 이미 회사의 명성이 크게 실추되었습니다.

우리는 아마도 디지털 사업 모델을 가장 먼저 받아들인 회사일 거예요. 우리는 디스크 제조, 공급망 운영, 소매업체와의 거의 100% 협력에서 벗어나 회사를 재편하고, 소비자를 직

접 하드드라이브로 유도하기 시작했습니다. 이에 따라 본질적으로 디지털화된 다양한 사업 모델을 개발해야 했죠. 우리는 너무 일찍 시작했고 극성 게이머들은 이에 반발했습니다. 2011년과 2012년에 내가 했던 말을 되새겨보세요. 그때 나는 수익을 창출할 디지털 사업 모델을 통해 무료 게임을 내놓을 수 있다고 했어요. 우리는 게이머들이 원하는 게임보다 앞서 나갔던 겁니다.

– 피터 무어

EA의 Rep-Rehab 팀은 그때까지도 회사의 명성을 회복시키지 못했습니다. EA는 여전히 '게으른 속편'을 만든다는 비난을 받고 있었습니다. 〈FIFA〉와 〈매든 NFL〉 같은 게임의 새로운 버전을 매년 출시하며 단지 업데이트된 명단만을 내놓고 가격을 새로 매겼기 때문입니다.

2020년 8월, EA는 CEO인 앤드루 윌슨[236], 최고 재무 책임자인 블레이크 요르겐센, 최고 스튜디오 책임자인 로라 미엘의 임금 인상을 제안했습니다. 이 제안이 통과되었더라면 윌슨의 임금은 1,830만 달러에서 2,130만 달러로 올랐을 것입니다(봉급, 보너스, 주식 포함). 또한 요르겐센은 940만 달러에서 1,950만 달러로, 미엘은 690만 달러에서 1,610만 달러로 두 배 이상 올랐을 것입니다.[27] 이러한 임금 인상을 놓고 이루어진 EA 주주들의 투표에서 찬성이 8,900만 표, 반대가 1억 7,000만 표 나왔습니다.[28]

━━━━━━━━━━━ 👾 ━━━━━━━━━━━

EA에 대한 반감은 상상 이상이었어요. 인수 과정에서 수많은 스튜디오를 파괴하고 소비자의 주머니에서 동전을 털어가는 전략을 게임에 구현한 EA는 독보적이었죠. 다행인지 불행인지 모르겠지만, 액티비전은 EA의 오랜 소비자 적대적, 개발자 적대적 관행을 따라잡기 어려울 거예요.

– 제러미 호위츠

---

236 2013년에 존 리키텔로에서 앤드루 윌슨으로 CEO가 교체되었다.

EA는 이미지 문제로 동요하지 않았습니다. EA는 사악한 게임 제국이지만 이러한 제국이라도 끌리는 점이 있습니다. 놀랍게도 액티비전은 곧 EA보다 더 욕을 먹게 되었습니다.

불타는 유토피아

가장 큰 나무가 바람을 가장 많이 맞는 법이죠. 우리와 액티비전을 놓고 보자면 우리가 큰 나무였습니다.

— 피터 무어

지난 수십 년간의 PC 게임[237]은 존경받는 몇몇 게임 스튜디오를 탄생시켰습니다. 1990년대 초에는 루카스아츠(〈원숭이 섬의 비밀〉, 〈그림 판당고〉, 〈스타워즈: 엑스윙〉)와 사이언프로덕션스(〈미스트〉)의 인기가 대단했습니다.[238] 1990년대 중반 무렵에는 이드소프트웨어가 가장 찬사를 받는 스튜디오로 떠올랐습니다. 이드소프트웨어는 훌륭한 게임을 만들기만 한 것이 아니라 그만의 신비감과 사고방식이 있었습니다. 이드의 게임 디자이너는 서두르지 않았습니다. 〈둠〉과 〈퀘이크〉는 존 카맥(엔진 프로그래머), 존 로메로(디자이너), 케빈 클라우드(아티스트), 토드 홀런스헤드(CEO)가 준비되었다고 하면 출시되었습니다.

이드는 신생 회사인 밸브(〈하프라이프Half-Life〉, 〈레프트 포 데드Left 4 Dead〉)

---

237 이 부분은 PC 게임에 관한 내용이다. 1990년대 초 콘솔 게임의 강자는 아마도 스퀘어와 닌텐도일 것이다.
238 시간은 사이언 편이 아니었다. 〈미스트〉는 많은 사람이 몇 번이나 보러 갔지만 지금은 절대 좋아하지 않는다고 주장하는 〈타이타닉〉, 〈스모키 밴디트(Smokey and the Bandit)〉와 매우 흡사하다. 〈미스트〉, 그리고 이보다 덜하지만 〈일곱 번째 손님(The 7th Guest)〉은 사람들이 PC를 시디롬 드라이브로 업그레이드해서 플레이할 만큼 인기가 많았다.

와 블리자드가 치고 올라온 2000년대 초반까지 높은 평가를 받았습니다. 정체성을 가진 블리자드는 팬층을 확보하고 있었습니다. 사람들은 레이블에 블리자드라는 이름이 있다는 이유로 게임을 구입했습니다. 밸브와 블리자드는 제국이 아니었지만 제국이 될 가능성이 있는 회사였습니다. 두 스튜디오는 1년에 평균 한 게임을 제작하고 어떤 해에는 게임과 몇 가지 모드 또는 확장 버전을 출시하기도 했지만, 아무것도 출시하지 못하는 해도 있었습니다.

그에 비해 EA와 액티비전은 제국이었습니다. 사람들은 EA라는 이름이 레이블에 있어서 게임을 구입하는 것이 아니었습니다. 〈매든 NFL〉, 〈FIFA〉와 마찬가지로 〈콜 오브 듀티〉와 〈토니 호크〉도 팬층이 두터웠습니다. 대부분의 경우 팬 고객 지원은 제국이 아닌 게임을 위한 것입니다.[239]

처음에 블리자드와 액티비전의 결합은 상당히 투명했습니다. 블리자드의 공동 창업자인 마이클 모하임이 예견했듯이 두 회사는 각자의 영역에 존재했습니다. 2010년에 블리자드에 입사한 제이 옹에 따르면 액티비전과 마주하는 사람은 최고위층뿐이었습니다.

블리자드는 액티비전 소유였지만 상당히 분리되어 있었어요. 고위 임원을 제외하고 대부분의 직원들이 액티비전의 존재를 느끼지 못했죠. 급여 명세서에 액티비전이라고 적혀 있는 것만 빼면요. 그러니까 내 말은 액티비전이 EA만큼 블리자드 직원들의 일상과 멀리 떨어져 있었다는 거예요.

– 제이 옹

처음에 액티비전과 블리자드의 관계는 대개 좋아 보였습니다. 진짜 불화는 액티비전과 비방디 사이에 있었습니다. 비방디 경영진은 코틱이 주가 조작, 자기 잇속만 챙기는 뒷거래를 했다고 비난했고, 비방디의 일부 임원들은 그를 해

---

239 예외가 있는데, 닌텐도를 가장 분명한 예외로 꼽을 수 있다.

고하기 위해 움직였습니다.

2013년, 비방디와 액티비전블리자드는 값비싼 이혼에 합의했습니다. 당시 보도에 따르면 액티비전이 자사 주식 4억 2,900만 주를 58억 3,000만 달러에 매입하고 외부 투자 컨소시엄[240]이 추가로 지급한 현금 23억 4,000만 달러를 매입하는 등 81억 7,000만 달러 규모의 거래였습니다. 코틱과 켈리는 총 1억 달러의 사재를 기부한 것으로 알려졌습니다. 최종적으로 비방디는 액티비전블리자드 주식을 4,150만 주 보유함으로써 12%의 지분을 차지하게 되었습니다.[241]

알려진 것보다 더 큰 거래였을 수도 있습니다. 몇 년 후 블리자드의 공동 창업자인 마이클 모하임은 220억 달러 규모의 거래라고 언급했습니다.

게임스비트: 데이비드슨에서 CUC, 세던트, 하바스, 비방디, 액티비전을 거쳐 마침내 액티비전블리자드가 되었습니다.[242] 마지막 거래가 200억 달러였나요, 220억 달러였나요?

모하임: 220억 달러 정도였어요. 인터넷에서 봤는데, 어떤 사람들은 220억 달러의 거래 중 일부를 나에게 할당하기도 하지만 그건 아주 잘못된 생각이에요. [웃음] 우리는 이미 오래전에 회사를 데이비드슨에 675만 달러를 받고 넘겼다고요.[29]

콘퍼런스의 연설에서 모하임은 블리자드에 재직하는 동안 회사가 프로젝트의 약 50%를 완료하고 출하했으며, 이는 높은 비율이라고 말했습니다. 2011년 D.I.C.E. 콘퍼런스의 기조연설에서 그는 회사가 열네 개의 게임을 죽였다고 명시했습니다. 블리자드는 프로젝트를 가볍게 시작하지 않는 회사였습니다.

초창기에 모하임을 비롯한 공동 설립자들은 다음과 같은 핵심 가치를 강조

---

240 이 컨소시엄은 보비 코틱과 액티비전 공동 회장인 브라이언 켈리가 이끌었다.
241 비방디는 2016년에 나머지 액티비전블리자드 주식을 매각했다.
242 **옮긴이_**이 책의 번역판이 출간되는 시점에는 마이크로소프트가 액티비전블리자드를 인수했다.

했던 것으로 유명합니다.

- 게임 플레이를 우선시하라.
- 품질을 지키라.
- 친절하고 정정당당하게 행동하라.
- 내면의 기괴함을 포용하라.
- 모든 목소리에 귀 기울이라.
- 글로벌적인 사고를 하라.
- 책임감을 가지고 이끌라.
- 배우고 성장하라.

액티비전과 합병하기 전에 블리자드가 마지막으로 출시한 게임은 〈WoW〉였습니다. 블리자드는 비방디 산하의 액티비전과 합병한 후 정말 인상적인 게임을 계속 내놓았습니다. 〈스타크래프트 II: 자유의 날개StarCraft II: Wings of Liberty〉, 〈디아블로 III〉, 〈하스스톤Hearthstone〉, 〈히어로즈 오브 더 스톰Heroes of the Storm〉이 그것입니다. 여덟 가지 핵심 가치를 지키는 블리자드는 이러한 게임을 정말 잘 만들었습니다.

다음 초대형 히트작은 세계적으로 5,000만 명 이상의 등록 플레이어를 보유한 〈오버워치Overwatch〉였습니다. PC뿐만 아니라 엑스박스 원, 플레이스테이션 4용으로 출시된[243] 〈오버워치〉는 자체 e스포츠 리그가 생길 만큼 인기가 있었습니다.

엄청난 팔로워를 거느린 〈스타크래프트 II〉, 〈하스스톤〉, 〈오버워치〉는 막대한 수익을 올렸지만 〈WoW〉 같은 수준은 아니었습니다. 세 게임은 보비 코틱이 돈 냄새를 맡고 블리자드로 이끌렸던 것만큼의 성공작이라기에는 부족했습

---

243 닌텐도 스위치 버전은 2019년에 출시되었다.

니다.

액티비전블리자드가 비방디에서 떨어져나갔을 때 블리자드는 새로운 MMORPG인 '타이탄 프로젝트'를 작업 중이었지만 2014년에 취소되었습니다. 그 후 액티비전의 존재감은 더욱 두드러졌습니다.

문화가 있잖아요. 그 문화는 재능을 보충할 수 있다는 것을 의미하죠. 새로운 재능을 추가해도 기계는 계속 작동합니다. 이게 바로 블리자드의 문화랍니다. 우리는 우리가 누구인지, 무엇을 하려고 하는지, 그리고 우리의 사명과 그 사명을 완수하기 위한 우리의 가치에 대해 매우 강한 정체성을 가지고 있었습니다.

-제이 옹

처음에는 변화가 미묘했습니다. 프로젝트를 제시간에 완료하고 예산에 맞추어야 한다는 압박이 좀 더 컸습니다. 한때 자유분방했던 분위기가 서서히 회사처럼 되었습니다. 2018년에는 CEO이자 블리자드의 문화와 사명을 구현한 마이클 모하임이 사임했습니다. 모하임을 잃은 것은 실질적으로나 상징적으로 큰일이었습니다. 1994년, 그는 소비자 가전 전시회에서 커튼이 쳐진 블리자드 부스에 들어오는 모든 사람에게 〈워크래프트〉를 소심하게 시연하는 곱슬머리 말라깽이였습니다. 블리자드의 많은 사람뿐만 아니라 팬들에게 모하임은 회사의 정신이자 여덟 가지 핵심 가치의 전형이었습니다.

2019년 초에 액티비전블리자드는 서로 관련이 거의 없는 두 가지 발표를 했지만 발표가 너무 겹쳐서 사람들은 연관성을 짐작하지 않을 수 없었습니다. 2018년 2월 11일, 액티비전블리자드는 800명의 직원을 해고할 계획이라고 발표했습니다. 그리고 3일 후 기록적인 수익인 75억 달러의 매출을 발표했습니다.

인터넷상의 글들로 판단하건대, 2019년 2월 14일에 액티비전블리자드는 EA를 제치고 비디오 게임계에서 가장 미움을 받는 회사가 되었습니다. EA의 경우와 마찬가지로 액티비전블리자드는 게이머들을 소외시키는 몇 가지 실수를 저질렀습니다. 2019년, 일명 '블리츠청'으로 불리는 프로 e스포츠 선수 쩡 응 와이가 〈하스스톤〉 그랜드마스터스 대회에서 홍콩을 응원하자 액티비전블리자드는 그에게 1년간 출전 금지 처분을 내렸습니다. 중국 대기업인 텐센트홀딩스가 대주주인 상황에서 이러한 퇴출 조치는 액티비전블리자드가 중국에 굽실거리는 것으로 비쳤습니다.

블리자드 본사 건물 밖에는 워그를 타고 있는 3.7미터 높이의 오크 전사 동상이 있는데, 이 동상은 블리자드의 여덟 가지 핵심 가치가 새겨진 나침반 안에 놓여 있습니다. 블리자드의 직원 몇 명은 이 동상에 모여 '글로벌적인 사고를 하라', '모든 목소리에 귀 기울이라'라는 핵심 가치를 종이로 가렸습니다. 이들은 게임 세계의 상징과도 같은 동상을 훼손하지 않으면서 소신 있게 자신의 생각을 드러냈습니다.

최고조를 향해

이 게임은 훌륭해요. 그래픽이 아주 좋죠. 우리가 아주 잘 나왔어요.

— 리처드 스타키 경(비틀스 전 멤버인 링고 스타)

우리는 이 게임을 좋아해요. 환상적이에요. 우리가 안드로이드가 될 거라고 누가 상상이나 했겠어요?

— 폴 매카트니 경(비틀스 전 멤버)[244]

주제와 플레이 메커니즘이 비슷한 게임이 얼마나 많습니까? 격투 게임인

---

244 2009년 E3의 마이크로소프트 사전 행사에서 한 말이다.

〈스트리트 파이터〉와 〈모탈 컴뱃〉 시리즈는 비슷하지만 모두 베스트셀러입니다. 레이싱 게임인 소니의 〈그란 투리스모〉와 마이크로소프트의 〈포르자Forza〉 시리즈도 콘솔을 계속 팔아주고, 시장에서 〈바이오하자드〉, 〈사일런트 힐〉, 〈더 라스트 오브 어스The Last of Us〉와 같은 생존 공포 게임도 모두 흥행했습니다.

새로운 노래와 플레이 모드에도 불구하고 〈기타 히어로〉와 〈록 밴드〉의 후속 버전은 의심스러울 정도로 이전 버전과 비슷해 보였습니다. 2009년까지 액티비전과 EA는 시장을 과포화 상태로 만들었습니다. 〈기타 히어로〉는 2005년부터 있었고, 〈록 밴드〉는 2007년 이래로 존재했지만 MTV는 〈레고 록 밴드〉, 〈록 밴드 언플러그드〉, 〈록 밴드 모바일〉 등 상상할 수 있는 모든 버전을 출시하는 데 시간을 낭비하지 않았습니다.

액티비전은 〈기타 히어로〉 수요가 너무 많아서 네버소프트와 작업량을 나눌 목적으로 새로운 스튜디오를 설립했습니다. 아이오와시티에 위치한 80명 규모의 버드캣크리에이션스는 Wii와 플레이스테이션 2용 〈기타 히어로 III: 레전드 오브 록〉, 〈기타 히어로 월드 투어〉, 〈기타 히어로 5〉 등을 제작했습니다. 티뷰론엔터테인먼트[245]의 공동 설립자인 제이슨 앤더슨이 세운 버드캣크리에이션스는 아이오와주에 본사를 둔 유일한 주요 게임 스튜디오였습니다.

경기 침체기인 2009년에 액티비전은 〈기타 히어로〉 시리즈를 〈기타 히어로 5〉, 〈기타 히어로: 메탈리카〉, 〈기타 히어로: 반 헤일런〉, 〈밴드 히어로〉, 〈DJ 히어로〉, 〈기타 히어로 온 투어: 모던 히츠〉, 〈기타 히어로 5 모바일〉, 〈기타 히어로 아케이드〉 등으로 확장했습니다. 게다가 2010년에는 〈기타 히어로〉 게임을 더 많이 출시했습니다.

– 니컬러스 야네스(버드캣크리에이션스 전 QA 테스터)[30]

모든 것이 일정대로 진행되었더라면 2009년은 리듬 게임 장르의 수익성이

---

245 플로리다주에 위치한 티뷰론엔터테인먼트는 〈매든 NFL〉을 만든 것으로 유명하다.

가장 좋은 해가 되었을 것입니다. 액티비전은 조니 캐시와 커트 코베인을 기반으로 한 아바타와 함께 살아 있는 레전드 매슈 벨러미, 셜리 맨슨, 카를로스 산타나의 인터랙티브 초상이 포함된 시리즈 중에서 가장 크고 눈부신 〈기타 히어로 5〉를 출시할 계획이었습니다. 액티비전의 아바타와 초상은 인상적이었지만 MTV가 음악의 성배, 즉 비틀스의 음악과 초상을 사용할 수 있는 라이선스를 차지했습니다. 놀랍게도 폴 매카트니와 링고 스타는 오노 요코, 올리비아 해리슨과 함께 마이크로소프트의 E3 사전 기자회견에서 무대에 서기로 동의했습니다 (오노와 해리슨은 말을 하지 않고 청중에게 손을 흔들기만 했습니다). 매카트니와 스타는 계약상 의무를 다한다는 듯 지루해 보였고, 무대에서 약 1분 동안 청중과 이야기를 나누었습니다. 분석가들은 〈더 비틀스: 록 밴드The Beatles: Rock Band〉가 가장 수익성이 좋은 리듬 게임이 될 것이라고 예측했습니다.

〈더 비틀스: 록 밴드〉는 세 가지 형태로 출시되었습니다. 독립형 게임을 60달러에 사거나, 매카트니의 호프너 베이스 기타처럼 생긴 복제 컨트롤러가 딸린 게임을 100달러에 사거나, 스타가 〈어 하드 데이스 나이트A Hard Day's Night〉에서 연주한 드럼을 기반으로 한 드럼 세트와 마이크가 포함된 한정판 번들을 250달러에 살 수 있었습니다.

〈더 비틀스: 록 밴드〉가 1년 일찍 나왔더라면 베스트셀러가 되었을지도 모릅니다.

2009년 11월 초에 『비즈니스 인사이더』는 '비디오 게임 산업도 불황을 이길 수 없다'라는 제목의 기사를 통해 2009년 10월 비디오 게임 판매가 2008년 10월에 비해 18% 감소했다고 밝혔습니다.

— 니컬러스 야네스[31]

NPD그룹에 따르면 〈더 비틀스: 록 밴드〉는 출시 첫 달인 9월에 미국에서 59만 5,000장이 판매되었습니다. 이는 2007년 〈록 밴드〉나 2008년 〈록 밴드 2〉의 첫 달 판매량보다 많지만, 해당 장르의 최고치와 일부 분석가의 추정치에는 한참 못 미칩니다. 예컨대 〈기타 히어로 Ⅲ〉는 2007년 10월 판매 시작 6일 만에 140만 장이 판매되었습니다.

웨드부시증권의 애널리스트인 마이클 팩터는 〈더 비틀스: 록 밴드〉가 지난달에 130만 장이 팔렸을 것이라고 추정했습니다. 또한 EEDAR^Electronic Entertainment Design and Research의 분석 서비스 책임자인 제시 디브니치는 〈더 비틀스: 록 밴드〉의 판매량을 100만 장으로 추정했습니다.[32]

〈더 비틀스: 록 밴드〉는 나쁘지 않았습니다. 50만 장이 팔린 〈기타 히어로 5〉를 뛰어넘었지만 비틀스 라이선스는 저렴하지 않았고[246] 시장은 리듬 게임과 기타 모양의 주변기기로 넘쳐났습니다. 게임 업계에서는 버려진 유행이 다시 유행하는 경우가 드뭅니다. 전성기를 되찾으려는 노력에도 불구하고 로큰롤 게임은 되살아나지 못했습니다.

음악 장르가 한동안 엄청나게 뜨거웠다가 식어버렸어요. 다행히 EA가 〈록 밴드〉 출시에 동의해 우리는 주변기기에 대한 책임이 거의 없었죠. 한편 액티비전이 〈기타 히어로〉를 개발해 출시했는데, 사막 어딘가에 기타가 많이 묻혔던 것 같아요.

– 피터 무어

그냥 자멸했죠. 황금알을 낳는 거위의 생명이 그렇게 길지 않았어요. 두 프랜차이즈 사이에 많은 게임이 있었고 우리는 경제가 무너지는 가운데 불경기를 겪었어요. 게다가 그 게임들은 저렴하지도 않았고요.

– 라이밍 푼

액티비전의 주요 기둥 중 하나가 무너졌습니다. 위험에 처한 기둥은 그뿐만이 아니었습니다. 〈토니 호크〉의 판매량도 하락했습니다. 2009년에 액티비전은 스케이트보드 주변기기를 함께 제공하는 〈토니 호크: 라이드〉를 출시했지

---

246 비틀스의 음악은 1년 동안 아이튠즈에서 사라졌다.

만, 가격이 119.99달러인 이 게임은 썩 좋지 않은 평가를 받았고 첫 달에 11만 4,000장이 팔렸습니다. 액티비전은 판매량이 130만 장 이상이라고 발표했지만, 한때 돈을 벌어다주었던 토니 호크라는 브랜드는 빛을 잃었습니다. 그리고 2010년에 출시된 〈토니 호크: 시레드〉는 첫 주에 3,000장이 팔렸습니다.

오만과 탐욕

블리자드에서 긴장이 고조되었다면 인피니티워드는 완전히 숨 막히는 수준이었습니다. 〈콜 오브 듀티〉 시리즈는 EA의 〈매든 NFL〉을 제치고 미국 비디오 게임 시장에서 베스트셀러로 자리 잡았습니다. 시리즈의 각 게임이 〈GTA V〉만큼 팔리지는 않았지만, 액티비전은 매년 새로운 〈콜 오브 듀티〉를 출시해 1,000만~3,000만 장을 팔았습니다.

이 무렵 액티비전의 또 다른 스튜디오인 트레이아크도 〈콜 오브 듀티〉를 만들고 있었습니다. 트레이아크와 인피니티워드는 번갈아가면서 〈콜 오브 듀티〉를 출시했습니다. 두 스튜디오 모두 일을 훌륭히 해냈습니다. 2013년에 액티비전은 슬레지해머게임스라는 세 번째 스튜디오를 로테이션에 끼워넣었습니다. 당시에 〈콜 오브 듀티〉는 2차 세계대전의 재료를 다 써버리고 현대전과 미래전으로 확장되었습니다.

2010~2019년에 가장 많이 팔린 비디오 게임은 〈GTA V〉이고 7등은 〈레드 데드 리뎀션 II〉Red Dead Redemption II〉, 10등은 〈마인크래프트〉입니다. 테이크투와 〈마인크래프트〉의 두 게임을 제외하고 10년 동안 가장 많이 팔린 상위 10대 게임은 모두 〈콜 오브 듀티〉입니다.

2009년에 잠펠라, 웨스트, 인피니티워드 팀은 〈콜 오브 듀티: 모던 워페어 2〉로 〈콜 오브 듀티〉를 새로운 차원의 감동과 논란으로 이끌었습니다. 〈콜 오브

듀티: 모던 워페어 2〉에는 모스크바 공항에서 테러리스트가 모든 남자, 여자, 아이를 학살하는 장면에 플레이어가 가담하거나 단순히 지켜볼 수 있는 시퀀스가 포함되어 있었습니다. 옵션에는 살육을 막는 것이 없고 그것을 멈추는 유일한 방법은 게임을 끄는 것입니다. 그러나 〈콜 오브 듀티: 모던 워페어 2〉는 현재까지 〈콜 오브 듀티〉 시리즈 중에서 가장 높은 수익을 올린 게임[247]으로, 북미와 영국에서는 첫날 판매액이 3억 1,000만 달러를 돌파해 〈콜 오브 듀티: 모던 워페어〉가 세운 최고 기록을 넘어섰습니다.[33]

2010년 1월 13일, 액티비전은 다음 내용이 포함된 보도 자료를 발표했습니다.

액티비전 내부 추산과 boxofficemojo.com에 따르면 이 게임은 출시 5일 만에 전 세계적으로 약 5억 5,000만 달러의 매출을 올려 〈아바타〉, 〈해리 포터와 혼혈 왕자〉, 〈다크나이트〉와 같은 영화의 5일간 전 세계 극장 흥행 총액을 앞질렀습니다. 액티비전블리자드의 CEO인 보비 코틱은 다음과 같이 말했습니다. "〈콜 오브 듀티: 모던 워페어 2〉는 우리의 기대를 뛰어넘었고 극장 박스오피스와 비디오 게임 기록을 깼습니다. 지금까지 10억 달러를 돌파한 엔터테인먼트 자산은 극소수에 불과한데, 이는 〈콜 오브 듀티〉 시리즈의 힘과 이 게임의 대중적인 매력을 드러냅니다."[34]

3월 1일, 빈스 잠펠라와 제이슨 웨스트는 사내 회의에 참석하기 위해 샌타모니카에 있는 액티비전 본사로 갔습니다. 그들은 진심어린 축하와 엄청난 보너스 수표를 받을 것이라고 기대했습니다. 그러나 반대로 그들은 해고당했습니다.

2년 전 E3에서 인터뷰했을 때 웨스트는 이렇게 말했습니다. "나는 말문이 막혔죠. 내 머릿속으로는 모두가 리무진을 타고 집에 돌아가야 하는 순간이었어요. 하지만 우리는 완전히 뒤통수를 맞았어요." 웨스트는 집으로 가

---

247 그 이후에 〈콜 오브 듀티〉가 계속 나왔지만 〈콜 오브 듀티: 모던 워페어 2〉가 1위를 지키고 있다.

서 아내에게 나쁜 소식을 전하고는 술에 취했고, 잠펠라는 학교에서 그 사건에 대해 들을지도 모를 이야기에 대비하기 위해 그날 저녁 아들과 대화를 나누었습니다.[35]

물론 이 사건에는 양면이 있었습니다. 웨스트와 잠펠라의 변호사인 로버트 슈워츠는 법률적 브리핑에서 그들의 입장을 설명했습니다.

이 소송은 유감스럽게도 전적으로 피고 액티비전의 놀라운 오만과 억제되지 않은 탐욕의 결과입니다. 원고 제이슨 웨스트와 빈스 잠펠라는 세계에서 가장 재능 있고 성공적인 비디오 게임 개발자에 속합니다. 이들은 액티비전의 비디오 게임 프랜차이즈 〈콜 오브 듀티〉와 〈콜 오브 듀티: 모던 워페어〉를 만들었으며, 이는 회사 역사상 가장 성공적인 게임으로서 액티비전에 수십억 달러의 수익을 안겨주고 열광적인 팬층을 형성했습니다. 2009년 11월, 2년 동안 거의 24시간 내내 일한 끝에 웨스트와 잠펠라, 인피니티워드는 액티비전에 〈콜 오브 듀티: 모던 워페어 2〉를 납품했습니다. 이 비디오 게임은 이미 10억 달러 이상의 매출을 기록했고, 최근 액티비전 자체에서도 엔터테인먼트 제품 중 가장 훌륭하다는 찬사를 받았습니다.

웨스트와 잠펠라가 〈콜 오브 듀티: 모던 워페어 2〉에 쏟은 노고에 대한 로열티를 받아야 할 몇 주 전에 액티비전은 그들을 해고했습니다. 그럼으로써 그들이 정당하게 벌어들인 대가의 지불을 피했고, 액티비전이 이전에 모든 〈콜 오브 듀티: 모던 워페어〉 브랜드 게임에 대한 창조적인 통제권을 부여했던 인피니티워드를 장악했습니다. 액티비전은 더 이상 함께하고 싶지 않다고 결정했습니다.[36]

잠펠라와 웨스트는 액티비전이 3,600만 달러의 로열티를 빚졌다고 주장하며 소송을 제기했습니다. 그리고 다음 달에는 인피니티워드의 현직 및 전직 직원 서른여덟 명이 액티비전이 7,500만~1억 2,500만 달러의 로열티를 빚졌다고 주장하는 소송이 제기되었습니다.

액티비전은 잠펠라와 웨스트가 반항적이고 부정직하다고 묘사한 23쪽 분량의 요약문으로 대응했습니다.

액티비전은 웨스트와 잠펠라에 대해 밝혀낸 것으로 추정되는 결과를 상세히 설명하는 맞고소로 반격했습니다. 두 사람은 경쟁사인 EA와 비밀리에 연락을 취하고 회사의 운명을 방해하기 위해 막후에서 일했다고 합니다. 액티비전에 따르면 "웨스트와 잠펠라의 악행은 액티비전의 가장 귀중한 자산 중 하나인 스튜디오를 훔치기 위해 고안된 불법적인 행동 패턴과 관행을 형성했습니다."

또한 액티비전은 웨스트와 잠펠라가 다른 팀원들을 빼내기 위해 보상을 거부했으며, 더 많은 돈을 손에 넣기 위해 〈콜 오브 듀티〉 개발사인 트레이아크를 훼손하려 했다고 주장했습니다.

지난 2년 동안 당사자들은 주장의 정당성을 놓고 야단법석을 떨며 열띤 진상 규명을 벌였습니다.[37]

게임 산업은 급변했습니다. 소니가 플레이스테이션을 판매하기 시작한 1995년에 미국의 비디오 게임 판매량은 50억 달러에 조금 못 미쳤습니다. 15년 후 제이슨 웨스트와 빈스 잠펠라가 액티비전을 고소할 준비를 할 때 미국의 게임 산업 매출은 170억 달러를 넘어섰고, 이듬해에 전 세계의 매출이 740억 달러를 기록할 것으로 전망되었습니다. 그 소송은 큰 뉴스거리였습니다. 웹사이트와 게임 잡지뿐만 아니라 『뉴욕 타임스New York Times』, 『할리우드 리포터Hollywood Reporter』, 『포브스』 등에서 이 사건을 다루었습니다.

이야기가 처음 불거졌을 때는 해고와 소송이 즉흥적인 것 같았지만 실상은 그렇지 않았습니다. 더 많은 정보가 알려지자 액티비전 경영진이 잠펠라와 웨스트의 해고에 대해 몇 달 동안 숙고했음이 분명해졌습니다. 그들은 수사관들이 웨스트와 잠펠라의 유죄를 입증하는 정보를 찾을 수 있도록 일명 '쇄빙선 프로젝트'를 승인하고, 인피니티워드의 컴퓨터를 해킹하기 위해 해커를 고용하려고도 했습니다. 또한 액티비전은 인피니티워드 직원 몇 명에게 주식 보조금을 제공해 충성심을 사려고 시도하기도 했습니다.

잠펠라와 웨스트의 이야기도 아예 틀린 말이 아니었습니다. 별처럼 반짝이는 눈을 가진 두 사람이 해고되는 날 그들도 액티비전의 계획을 완전히 몰랐던 것은 아닙니다. 그 무렵 그들의 에이전트인 셰이머스 블래클리(엑스박스 전 책임자)[248]는 이미 그들이 EA의 CEO인 존 리키텔로와 만나 새 스튜디오를 시작하는 것에 대해 논의하도록 주선했습니다.

잠펠라와 웨스트는 인피니티워드를 강제로 떠난 지 3개월 후 EA의 지원을 받아 리스폰엔터테인먼트를 열었습니다. 역사가 반복되었습니다. 2015, Inc.의 게임 디자이너 몇 명이 웨스트와 잠펠라를 따라 인피니티워드로 갔던 것처럼 인피니티워드의 최고 게임 디자이너들이 리스폰엔터테인먼트로 옮겨 갔습니다.

이에 액티비전은 EA가 사업을 방해하려 한다면서 EA를 상대로 4억 달러 규모의 소송을 제기했습니다. 존 리키텔로는 물러서지 않았고 보비 코틱도 마찬가지였습니다. 이 사건은 2012년 5월 법정 밖에서 해결되었는데, 주요 당사자 모두에게 놀랄 만큼 행복한 결과였습니다.

> 두 회사는 공동 성명에서 "액티비전과 EA는 이 문제를 묻어두기로 합의했다"고 밝혔습니다. 그들은 세부적인 합의 사항의 공개를 거부했지만 웨드부시증권의 애널리스트인 마이클 팩터는 서로 오간 돈이 없다고 말했습니다. EA는 합의와 관련해 8,000달러의 재정 공시를 제출할 필요가 없으며, 자사는 이 사건과 관련된 법적 손실에 대한 보험으로 자금을 따로 마련해 둔 적이 없다고 밝혔습니다.[38]

그러나 소송 과정에서 나온 정보 중 일부는 충격적이었습니다.

훨씬 더 놀라운 사실은 '쇄빙선 프로젝트'에 대한 법원의 폭로였습니다. 액티비전 경영진의 이메일 기록에 따르면, 웨스트와 잠펠라의 오만함에 진저리가 나서 그들을 해고할 구실

---

248 셰이머스 블래클리는 마이크로소프트를 떠난 후 크리에이티브아티스츠에이전시에서 5년간 인터랙티브 엔터테인먼트 사업부를 성장시켰다.

을 만들려고 음모를 꾸몄다고 합니다. 그 프로젝트는 웨스트와 잠펠라가 EA 및 셰이머스 블래클리와 소통하기 시작한 시점보다 앞서 진행되었습니다. 다시 말해 액티비전은 〈콜 오브 듀티〉 사업의 성공에 결정적인 역할을 한 두 사람을 업무 외적인 이유로 제거하려 했습니다.[39]

액티비전블리자드는 웨스트, 잠펠라와 합의해 공개되지 않은 금액을 지불하고, 공동 소송을 제기한 인피니티워드 직원 서른여덟 명에게는 4,200만 달러의 로열티를 지불했습니다.

EA와 리스폰엔터테인먼트의 일은 잘 풀렸습니다. 2014년, EA는 리스폰의 첫 번째 게임인 〈타이탄폴Titanfall〉을 출시했습니다. 모든 판매 수치가 공개되지는 않았지만 대부분의 소식통은 전 세계적으로 1,000만 장 이상이 판매된 것으로 추정했습니다. 리스폰은 〈타이탄폴〉 속편 두 개와 함께 〈스타워즈 제다이: 폴른 오더Star Wars Jedi: Fallen Order〉, 〈에이펙스 레전드Apex Legends〉를 제작했습니다. 말하자면 리스폰은 인피니티워드 같은 히트 메이커입니다. 아이러니하게도 리스폰의 최근 프로젝트는 가상현실 게임인 〈메달 오브 아너: 어보브 앤드 비욘드〉입니다. 웨스트와 잠펠라는 처음 만났을 때처럼 EA를 위한 〈메달 오브 아너〉 작업을 하게 되었습니다. 그리고 2017년에 EA가 리스폰을 인수함으로써 잠펠라와 웨스트는 부자가 되었습니다.

보비 코틱과 액티비전은 합의금으로 수천만 달러를 지불하고도 앞서 나갔습니다. 2010년 11월 9일에 나온 〈콜 오브 듀티: 블랙 옵스〉는 〈콜 오브 듀티: 모던 워페어 2〉를 능가하는 기록적인 수익을 올렸습니다. 이는 거의 3,100만 장이 팔린 트레이아크의 대히트작입니다.

인피니티워드도 살아남았습니다. 웨스트와 잠펠라의 갑작스러운 이탈에도 불구하고 인피니티워드는 2016년 〈콜 오브 듀티: 인피니트 워페어〉, 2019년 〈콜 오브 듀티: 모던 워페어〉(리부트)를 내놓았습니다. 〈콜 오브 듀티: 인피니트 워페어〉는 시리즈의 이전 게임만큼 잘 팔리지는 않았지만 2016년의 베스트셀러 게임입니다.

　자주 있는 일은 아니지만 이 경우에는 모두가 해피엔딩이었습니다.

영화와 게임의
불편한 동거

그럼에도 불구하고 나는 원칙적으로 비디오 게임이 예술이 될 수 없다고 확신합니다. 내가
'절대'라고 말하는 것이 어쩌면 어리석을지도 몰라요. 릭 웨이크먼이 말한 것처럼 절대라는
건 아주 긴 시간이기 때문이죠. 지금 살아 있는 비디오 게이머들은 예술로서의 매체를 경험
할 만큼 오래 살지는 못할 겁니다.
ㅡ로저 이버트(「시카고 선 타임스(Chicago Sun-Times)」 전 영화 평론가)[1]

이버트의 논평은 그저 통과의례일 뿐입니다.
ㅡ라이언 페이턴

플레이된 적 없는 〈둠〉

2005년 10월, 유니버설픽처스는 이드소프트웨어의 주요 FPS 시리즈인 〈둠〉을 기반으로 한 영화를 개봉했습니다. 이 영화에는 드웨인 '더 록' 존슨, 칼 어번, 로저먼드 파이크가 출연했으나 실패하고 말았습니다. 제작에 6,000만 달러를 들여 5,800만 달러의 흥행 수익을 올렸습니다.[249]

영화 평론가들의 평도 좋지 않았습니다. 『가디언The Guardian』의 피터 브래드쇼는 "매력도 없고 머리도 없다"고 묘사했습니다. 『필름 스레트Film Threat』의 피터 본더 하르는 게임에 대해 확실히 아는 비평가로서, "비디오 게임 각색을 이렇게 지루하게 할 거라면 그냥 〈미스트〉처럼 끝내지 그래요?"라고 말했습니다. 『데일리 미러Daily Mirror』의 데이비드 에드워즈는 "이 영화가 얼마나 안타까운지 전달하려고 나는 손을 떨면서 눈이 튀어나온 채 여기 앉아 있다"고 불평했습니다.[2]

이 영화는 특히 〈둠〉의 특징인 FPS 관점에서 촬영된 장면이 포함되어 있는데, 주인공(어번 분)이 악마로 가득한 복도를 터벅터벅 걸어가면서 앞길을 가로지르는 모든 것을 쏘고 자르는 모습을 청중이 지켜보았습니다. IGN의 크리스 칼은 이 영화의 소재가 된 게임에 대한 오마주를 높이 평가했습니다. 그는 FPS 장면을 "〈둠〉이 보여주는 가장 멋지고 활기찬 장면"으로 묘사하고, "비디오 게임을 쉽게 영화로 각색한 역대 최고의 작품"이라고 칭찬했습니다.[250]

최고참 영화 평론가인 로저 이버트는 관대하지 않았습니다. 『시카고 선 타임스』의 오랜 영화 평론가이자 〈시스켈 앤드 이버트: 앳 더 무비스Siskel & Ebert: At the Movies〉라는 TV 프로그램에 나오는 두 영화 평론가 중 친절한 편인 이버트조

---

249 이 장에 언급된 모든 박스오피스 정보는 영화 예산과 티켓 판매를 추적하는 전용 사이트인 '박스오피스 모조(Box Office Mojo)'에서 확인할 수 있다. 영화가 수익을 올리는 방법이 박스오피스 매출만이 아님을 주목할 필요가 있다. 스튜디오는 블루레이와 DVD 판매, 대여, 스트리밍, 넷플릭스, 상품 및 기타 방법으로 수익을 얻는다.
250 '지금까지 나온 것 중 가장 멋진 작품', '역대 최고의 각색'과 같은 문구는 게임을 기반으로 한, 반쯤 괜찮은 영화에 대한 빈약한 칭찬으로 자주 쓰인다. 여기에는 최고의 비디오 게임을 영화로 각색한 것이 큰 찬사가 아님을 지적할 수 있는 일종의 수식어가 흔히 뒤따른다.

차 이렇게 말했습니다. "〈둠〉에는 훌륭한 장면이 하나 있는데 시작 부분에 나오죠. 바로 유니버설 로고예요. U-N-I-V-E-R-S-A-L이라는 글자가 동쪽에서 솟아올라 캔자스주 레버넌 상공에 자리하는 것 말고 붉은 화성을 보여줍니다."[3]

그는 크레디트에 대해서도 이야기하며 리뷰를 마쳤습니다. "나중에 배우들의 이름이 화면에 떴다가 산산조각이 납니다. 안드레이 바르트코비아크 감독이 자신의 이름을 산산조각 냈는지는 잊어버렸지만 DVD에서는 괴물이 이름을 잡아먹기를 권장합니다."

유니버설 로고와 엔딩 크레디트에 대해 이야기하던 중 이버트는 영화 리뷰에서 게임에 대한 날카로운 논평으로 넘어갔습니다.

그 영화는 유명한 비디오 게임에서 '영감'을 받았어요. 아뇨, 나는 그 게임을 한 번도 안 해봤고 앞으로도 안 할 거예요. 하지만 영화를 봤기 때문에 플레이하지 못하는 기분이 어떤지 압니다. 〈둠〉은 마치 어떤 아이가 와서 당신의 컴퓨터를 사용하기 때문에 당신이 플레이하지 못하는 것과 같아요.

뛰어난 작가이자 베테랑 영화 평론가인 이버트는 원본 소재에 상관없이 영화는 그 자체로 즐길 수 있어야 한다는 견해를 쭉 가지고 있었습니다. 그는 2002년에 영화 〈스쿠비 두Scooby-Doo〉에 대해 리뷰할 때 "나처럼 팬이 아닌 사람도 이런 영화를 접하고 싶게 만들어야 한다고 생각한다"며 "원작을 모르는 사람이 영화 속으로 들어가서 무언가를 얻어내지 못한다면 그 영화는 농담이나 다름없는 실패작"이라고 말했습니다.[4]

이버트가 〈둠〉을 해보지 않은 것은 그다지 중요하지 않았습니다.

한편 이버트는 독자의 질문에 답하는 '무비 앤서 맨Movie Answer Man'이라는 칼럼을 정기적으로 내놓았습니다. 다음은 2005년 11월에 그가 미네소타주 세인트클라우드의 앤드루 데이비스와 나눈 문답입니다.

데이비스: 나는 당신이 비디오 게임을 영화와 문학에 비해 본질적으로 열등한 매체라고 생각한다는 것을 읽고 슬펐습니다. 당신이 위대한 비디오 게임에 익숙지 않다는 것을 인정했음에도 불구하고 말이죠. 당신이 만화책이나 애니메이션과 같이 과거에 흔히 비방받았던 다른 매체에 대해 얼마나 수용적이었는지를 볼 때 특히 당황스럽습니다. 한때 영화 자체가 새로운 예술 분야 아니었나요? 학문적인 권위를 인정받기까지 수십 년이 걸리지 않았나요?

이버트: 당신의 메시지는 내가 비디오 게임이 영화와 문학보다 본질적으로 열등하다고 생각한다는 글을 쓰고 나서 받은 수많은 메시지 중 가장 정중하군요. 거기에는 구조적인 이유가 있어요. 비디오 게임은 본질적으로 플레이어의 선택을 요구하는데, 이는 권위적인 통제를 요구하는 영화, 문학의 전략과 반대입니다.

나는 비디오 게임이 우아하고, 미묘하고, 정교하고, 도전적이고, 시각적으로 훌륭할 수 있다고 믿어요. 하지만 매체의 특성상 그것이 장인 정신을 넘어 예술의 위상으로 나아가는 것을 방해한다고 생각합니다. 내가 알기로는 그 분야 안팎의 어느 누구도 위대한 극작가, 시인, 영화 제작자, 소설가, 작곡가와 비교할 만한 가치가 있는 게임을 인용할 수 없었죠. 게임이 시각적 경험으로서 예술적 중요성을 열망할 수 있다는 것은 인정합니다. 하지만 대부분의 게이머들에게 비디오 게임은 그저 우리 자신이 더 계발되고, 교화되고, 공감할 수 있는 소중한 시간의 낭비를 의미합니다.[5]

게임이 예술이 아니라는 이버트의 주장은 본질적으로 예술에 대한 그의 개인적 정의에 달려 있습니다. 그가 생각하기에 예술은 상호 작용하는 것이 아니라 '권위적 통제'를 요구했습니다.

이버트는 게임을 예술로 논할 때 몇 가지 주관적인 의견을 말했습니다. 예술의 일반적인 정의에 상호 작용에 관한 내용이 포함된 경우는 거의 없습니다.

그리고 비디오 게임이 분명히 예술이 될 수 없는 환경을 만들었기 때문에 그는 "위대한 극작가, 시인, 영화 제작자, 소설가, 작곡가와 비교할 만한 가치가 있는 게임이 없다"고 말하면서 주관적인 기준을 덧붙였습니다.

상호 작용은 정량화할 수 있지만 가치는 전적으로 개인적 의견의 문제입니다.

로저 이버트가 비디오 게임의 명예를 훼손한 것이 아직도 회자되는 이유는 우리 업계 동료들의 집단적 불안감에 영향을 미치기 때문입니다.

– 라이언 페이턴

전쟁이 시작되었습니다. 전 세계의 게이머들은 왜 로저 이버트가 틀리고 엘리트주의자에 속물인지를 설명하는 블로그 포스트, 에세이와 기사를 게재하기 시작했습니다. 이버트는 자신이 받은 편지와 이메일을 종합해 2010년 블로그에 올렸습니다.

애초에 비디오 게임을 언급하다니 내가 바보였어요. 나는 내가 보지 않은 영화에 대해서는 절대 의견을 표출하지 않습니다. 하지만 나는 비디오 게임이 결코 예술이 될 수 없다고 공언했습니다. 나는 여전히 그렇게 믿고 있지만 그 말을 하지 말았어야 했습니다. 어떤 의견은 혼자만 간직하는 것이 가장 좋습니다.

현재 해당 블로그 항목에 4,547개의 댓글이 달렸고, 웨인 헤프너가 댓글을 텍스트 파일로 변환해 내게 주었습니다. "『안나 카레니나』, 『데이비드 코퍼필드』, 『카라마조프가의 형제들』보다 더합니다." 그 맥락을 점검하니 차라리 이 세 권을 다시 읽겠어요. 그래도 대부분은 좋은 의견이었습니다. 300명 정도가 내 입장을 지지하고 나머지는 똘똘 뭉쳐 반대했습니다.[6]

보편적인 의견 합치

> 게임을 만드는 사람이 게임을 예술로 생각하고 게임을 하는 사람도 게임을 예술로 생각한다면 그 누구도 끼어들어서 "그건 예술이 아니에요"라고 말할 수는 없을 것 같군요.
>
> – 팀 셰이퍼(더블파인프로덕션스 설립자)

2010년 4월 16일, 로저 이버트는 게임과 예술에 대해 마지막으로 글을 썼습니다(10년간 암과 용감하게 싸운 그는 2013년에 사망했습니다). 이 마지막 글에서 그는 왜 게임을 예술보다 못한 것으로 분류했는지에 대해 더 자세히 설명했습니다.

그는 댓게임컴퍼니의 공동 설립자인 켈리 산티아고가 했던 TED 강연에 대한 응답으로 이 글을 썼습니다. 산티아고만큼 이버트의 주장에 도전할 자격이 있는 게임 디자이너는 거의 없었습니다. 그녀는 슈팅 게임, 어드벤처 게임, RPG 등 큰돈을 벌 수 있는 게임이 아니라 인터랙티브 게임을 매체로 확장한 〈플로flOw〉, 〈클라우드Cloud〉, 〈플라워Flower〉와 같은 일련의 인디 게임 작업에 참여했습니다.

공정하게 말하자면 당시에 산티아고는 게임의 한계를 넘나드는 유일한 디자이너가 아니었고, 그러한 선구자 중 일부는 이미 상업적인 성공을 거두었습니다. 〈파라파 더 래퍼〉는 리듬을 중심으로 게임 진행 방식을 확장했습니다. 또한 이 게임에는 종이를 오려낸 것 같은 캐릭터들이 등장해 이차원적 뿌리를 포용하는 독특한 예술적 정체성이 있었습니다. 소니인터랙티브엔터테인먼트의 우에다 후미토(〈이코〉, 〈완다와 거상〉)는 감성적인 임팩트와 독특한 플레이 스타일로 상업적으로 실행 가능한 게임을 만들었습니다. 댄 하우저는 자신의 범죄 및 무질서 스토리라인에 찬성하든 반대하든 게임에 대한 문학적인 기준을 높여 작가와 영화 제작자를 위한 전통적인 주제를 탐구하는 상호 작용의 세계를 창출했습니다.

역사상 가장 위대한 영화 제작자 중 한 명인 스탠리 큐브릭은 이렇게 말했습니다. "영화는
소설보다는 음악과 비슷해야 합니다. 영화는 기분과 감정의 진행이어야 합니다. 주제, 감정
뒤에 숨겨진 것, 의미, 그 모든 것이 나중에 와야 합니다."

더불어 그의 말은 또한 상호 작용 경험 또는 우리가 현재 '비디오 게임'이라고 부르는 깃을
예술의 한 형태로 취급하는 데 근거를 제시합니다. 예술은 어떤 매체로든 인간의 감정을 추
상적으로 표현하는 것으로, 다른 인간이 인식하고 해석할 수 있는 모든 수단을 통해 가장
깊은 이드를 전달하는 것입니다. 비디오 게임은 본질적으로 기분과 감정의 발전이며, 이는
심지어 그것을 지금까지 가장 완벽하고 복잡한 예술 형태라고 주장할 수도 있음을 의미합
니다.

– 율리안 에게브레히트

산티아고는 예술이라고 생각하는 게임인 〈웨이코 레저렉션Waco Resurrec-
tion〉, 〈브레이드Braid〉, 〈플라워〉를 특별하게 만든 이유에 대한 설명과 함께 선보
였습니다. 이에 대해 이버트는 다음과 같이 말했습니다. "그녀가 예로 선택한 세
가지 게임은 내가 플레이할 수 있을 만큼 비디오 게임에 대한 기대를 불러일으
키지 않습니다. 유감스럽게도 그것들은 그다지 매력적이지 않습니다. 다시 말하
지만 '위대한 시인, 영화 제작자, 소설가, 시인과 비교할 만한 가치가 있는 게임
이 없습니다.'"[251]

비디오 게임에 종사하는 우리는 종종 다른 예술 양식에서 검증을 찾고 있어요. 영화에서
도 같은 것을 봤잖아요. 옛날에는 소설과 같이 인정받는 다른 예술 양식을 통해 검증하려
했죠.

– 팀 셰이퍼

---

[251] 이 글에서 이버트는 시인을 두 번 언급했지만 분명히 작곡가를 말하려던 의도였다.

이버트는 팀 셰이퍼의 작품을 즐겼을지 몰라도 그것을 예술로 분류하지는 않았을 것입니다. 셰이퍼는 스토리텔링의 대가이지만 유머 감각이 있는 스토리텔러입니다. 코미디가 예술로 인정받는 경우는 거의 없습니다.

셰이퍼의 초기작은 주로 초창기 어드벤처 게임의 '포인트 앤드 클릭' 장르였습니다. 그는 루카스아츠의 고전적인 어드벤처 게임 중 〈풀 스로틀Full Throttle〉, 〈원숭이 섬의 비밀〉, 〈텐타클 최후의 날Day of the Tentacle〉에 참여했습니다. 이는 플레이어가 퍼즐을 풀고 스토리를 진전시키는 데 사용할 수 있는 인터랙티브 오브젝트를 찾기 위해 전체 화면에서 커서를 움직이는 게임이었습니다. 아이러니한 점은 셰이퍼의 초기 게임에서 나타나는 '예술성'의 상당 부분이 상호 작용과 플레이어가 상황을 해결하기 위해 아이템을 섞고 맞추는 방식에서 발견되었다는 것입니다.

——————————————— 👾 ———————————————

그것은 모두 예술을 어떻게 정의하느냐에 달려 있습니다. 나에게는 특히 비언어적 의사소통에 관한 것이고, 감정을 표현하고 선택을 하고 사람들 사이의 연결 고리를 만드는 것입니다. 물론 비디오 게임도 그렇습니다. 모든 비디오 게임이 그런 것은 아니지만, 좋은 비디오 게임은 독창적으로 감정을 표현하고 플레이어에게 감정을 끌어내어 공감과 이해, 감정적 성장을 일으킬 수 있는 창의적인 사람들에 의해 만들어집니다. 이것이 예술이 아니면 무엇이란 말입니까?

－팀 셰이퍼

이버트는 특히 '위대한' 시인, 영화 제작자, 소설가의 작품을 예시로 들었습니다. 심지어 그가 예술 작품을 포함하고 있다고 분류한 영화나 문학 같은 분야에서도 그는 예술을 거의 발견하지 못했습니다. 그는 2011년 미니 리뷰 모음집의 첫 부분에서 동료 영화 평론가 폴린 케일의 말을 인용했습니다. "영화는 매우 드물게 훌륭한 예술이기 때문에 쓰레기를 감당할 수 없다면 절대 보지 말아야 합니다."[7]

이버트와 같은 생각을 가진 사람들

아이러니하게도 일본의 예술적인 게임 디자이너 두 명이 로저 이버트의 의견에 동의합니다. 미즈구치 데쓰야는 비록 상업적인 성공을 거두지는 못했지만 게임의 진화에 큰 영향을 미쳤습니다. 세가에 있는 동안 미즈구치는 아케이드 게임(〈세가 랠리 챔피언십〉)과 콘솔 게임(〈스페이스 채널 5〉)을 기획했습니다. 시각, 소리, 상호 작용의 추상적인 교차에 매료된 그는 리듬과 게임 플레이를 결합하는 데 오랜 시간을 쏟았으며, 그 결과에는 〈테트리스〉 스타일의 퍼즐 게임인 〈루미네스Lumines〉와 레일 슈터인 〈레즈〉[252]가 포함됩니다.

미즈구치는 게임이 예술로 간주될 자격이 없다는 데 동의합니다. 그는 비디오 게임의 상호 작용이 부적격하다고 생각하지는 않지만 감정적 영향의 타당성에는 의문을 제기합니다.

이버트가 옳을 수도 있죠. 지금은 그렇다는 겁니다. 앞으로 10년, 20년, 30년 후에 그는 의견을 바꿔야 할 거예요. 나는 상호 작용 경험의 다음 열풍은 예술이 될 것이라고 믿습니다.

게임은 플레이어로서 달성하려는 최종 목표나 목적을 가진 것으로 정의될 가능성이 높습니다. 지금의 게임 경험은 대체로 보상 중심의 메커니즘입니다.

놀이 혹은 목적이나 목표가 없는 오락의 형태로 전환하면서 우리는 그 경험을 예술의 형태로 변형하기 시작하죠. 그러면 우리는 오늘 이루지 못한 더 감성적이고 아름다운 경험을 할 수 있을 거예요. 그 보상은 새로운 감정을 열어 전에는 볼 수 없었던 아름다운 것을 보거나 느끼는 것입니다.

– 미즈구치 데쓰야

〈메탈 기어 솔리드〉를 제작한 막말꾼 고지마 히데오도 이버트의 의견에 어느 정도 동의합니다. 하지만 그는 게임을 예술 이상의 것으로 봅니다. 그의 관점

---

252 「뉴스위크」 편집자였던 은가이 크롤은 가장 좋아하는 게임이 〈레즈〉라고 여러 차례 밝혔다.

에서 게임은 예술이자 예술이 전시되는 환경입니다.

열렬한 영화 품평가인 고지마 히데오는 다른 미디어에서 이미지와 메커니즘을 가져와 게임에 접목한 것으로 유명합니다. 미즈구치와 마찬가지로, 그의 작품은 일반적으로 더 상업적이기는 하지만 아방가르드로 널리 알려져 있습니다.

『오피셜 플레이스테이션 매거진Official PlayStation Magazine』과의 인터뷰에서 고지마는 예술로서의 게임에 대한 질문에 다음과 같이 말했습니다.

> 예술은 그림이든 조각상이든 박물관에서 찾을 수 있는 물건입니다. 내가 하는 일, 비디오 게임 제작자들이 하는 일은 박물관을 운영하는 것, 그러니까 조명을 어떻게 비추고, 물건을 어디에 놓고, 티켓을 어떻게 판매하는지와 같은 거예요. 좋든 나쁘든 내가 하는 일은 박물관을 운영하고 박물관에 전시되는 작품을 창조하는 것입니다.
>
> – 고지마 히데오[8]

> 예술은 예술가를 빛나게 하는 것입니다. 100명이 지나치고 한 사람이 그 작품이 발산하는 것에 매료된다면 그건 예술입니다. 하지만 비디오 게임은 한 사람을 잡아끌려는 것이 아니라, 그 게임을 하는 100명이 모두 그것이 제공하는 서비스를 즐길 수 있도록 해야 합니다. 예술이 아니라 일종의 서비스죠. 그렇다 해도 비디오 게임으로 서비스를 제공하는 방법은 예술적 스타일, 예술의 한 형태라고 생각합니다.
>
> – 고지마 히데오[9]

문화로서의 게임

> 진리는 정명제나 반명제에서 찾을 수 없고, 둘을 조화시키는 새로운 합명제에서 찾을 수 있습니다.[253]
>
> – 마틴 루서 킹 주니어 박사(목사, 인권 선지자)[10]

수천 명이 이버트의 주장에 응답했습니다. 게임 디자이너, 언론인, 학계, 플레이어들이 그와 논쟁을 벌였습니다. 영향력 있는 온라인 게임 사이트인 코타쿠는 켈리 산티아고에게 TED 강연에 대한 이버트의 반응에 반론하는 글을 써달라고 요청했습니다. 이에 그녀는 다음과 같이 썼습니다. "이제 우리는 오래된 미디어 애호가들의 검증을 받아야 할 필요성에서 벗어나야 할 때입니다. 그것은 저녁 식사 자리의 토론이나 지적 훈련으로서 즐거움을 주지만 더는 심각한 논쟁이 아닙니다."[11] 이렇게 훌륭히 지적하자 이버트는 "어쨌든 게이머들은 게임이 예술이 될 수 있는가에 대해 왜 그렇게 심각하게 우려하나요?"[12]라고 썼습니다.

산티아고가 이버트를 '오래된 미디어 애호가'라고 언급한 것은 정확히 옳았습니다. 게임은 변화에 저항하는 세계에서 신생 매체입니다. 만화책도 한때 새로운 매체였습니다. 록 음악과 재즈도 비슷한 비난을 받았습니다. 확립된 문화에는 생존 메커니즘이 있는데, 그것은 거의 자동적으로 새로운 문화를 거부합니다. 독일의 철학자 헤겔은 정명제와 반명제의 합명제 도출법인 변증법으로 구문화와 신문화의 융합을 정리했습니다.

일부 뉴미디어는 오래된 미디어 애호가들이 전부 세상을 떠날 때까지 결코 검증을 받지 못할 것입니다. 또한 미디어는 발전함에 따라 더 정교해지는 경향이 있습니다. 1939년에 『디텍티브 코믹스Detective Comics』가 배트맨이라는 영웅을 처음 소개했을 때는 만화를 문학보다 못한 것으로 치부하기가 쉬웠을지 모르지만, 앨런 무어와 닐 게이먼 같은 뛰어난 작가가 등장하면서 가장 신랄한 비평가들조차 만화에 대한 존경심을 보였습니다. 2005년, 『타임』은 앨런 무어가 쓰고 데이브 기번스가 삽화를 그린 『와치맨The Watchmen』을 포함해 영어로 출판된 베스트 소설 100선을 실었습니다.

미디어가 성숙해짐에 따라 미묘한 변화가 일어나는데, 이는 미디어 소재의 신뢰도를 높여주는 티핑 포인트가 됩니다. 마이크로소프트 게임스튜디오의 내

---

253 헤겔의 변증법에 대한 마틴 루서 킹 주니어의 해석이다.

러티브 기획 감독인 에릭 뉠룬드는 그의 첫『헤일로』소설이『뉴욕 타임스』의 베스트셀러가 되었을 때 비디오 게임이 티핑 포인트로 발전하는 데 도움이 되었습니다.

다른 이정표도 있습니다. 2011년, 어니스트 클라인은『레디 플레이어 원 Ready Player One』이라는 베스트셀러 소설을 출간했습니다. 클라인은 닐 스티븐슨의『스노 크래시Snow Crash』에서 아이디어를 많이 빌렸을 수도 있고 그의 책은 비디오 게임보다는 1980년대 문화를 찬양하는 것에 가까웠지만, 그럼에도 불구하고 비디오 게임과 게이머 문화를 새로운 시각으로 보여주었습니다.『레디 플레이어 원』의 성공은 비디오 게임이 주류 문화로 자리 잡았음을 증명했습니다. 게임은 이제 반문화가 아니라 문화로 통합되었습니다.

2012년, 월트디즈니 애니메이션스튜디오는 비디오 게임 캐릭터들의 비밀스러운 삶을 탐구하는 영화인 〈주먹왕 랄프Wreck-It Ralph〉를 개봉했습니다. 월트디즈니 애니메이션스튜디오의 대표인 댄 래시터는 '비밀스러운 삶' 폭로가 전문이었습니다. 디즈니로 옮기기 전에 그는 장난감, 개미, 물고기, 자동차, 괴물의 비밀스러운 삶에 관한 영화를 만드는 동안 픽사스튜디오를 운영했습니다.

『레디 플레이어 원』처럼 〈주먹왕 랄프〉는 팩맨, 큐버트와 수십 명의 게임 캐릭터가 카메오로 출연한 게임 문화의 축제였습니다(로저 이버트는 〈주먹왕 랄프〉에 별 네 개 중 세 개를 주었습니다). 이 영화는 4억 7,000만 달러 이상의 박스오피스 매출을 올렸습니다. 이로써 게임이 더 이상 유행으로 치부될 수 없음을 재확인하면서 새로운 세대의 플레이어들을 게임 문화에 끌어들였습니다.

게임이 주류 문화로 진입하면서 많은 것이 달라졌습니다. 대중이 더 많은 관심을 기울였기 때문에 이제는 영화, 만화, TV 드라마의 이차적인 콘텐츠가 아닙니다. 어클레임엔터테인먼트(2004년)와 THQ(2013년)의 파산을 초래한 많은 요소 중 하나는 비싼 라이선스에의 의존이었습니다. 지적 재산권 라이선스는 불필요한 비용이므로 2008년에 존 리키텔로는 EA가 '쓰레기 같은 라이선스 게임' 제작을 중단할 것이라고 발표했습니다. 좋은 게임은 커버에 뽀빠이, 킹콩,

딕 트레이시를 넣을 필요가 없습니다. 〈슈퍼 마리오〉, 〈콜 오브 듀티〉, 〈GTA〉 시리즈는 각자의 장점을 바탕으로 수천만 장이 팔렸습니다. 게임의 주류화는 소니가 2011년 '마이클에게' 광고에서 비디오 게임 세계의 유명 인사로 술집을 채울 수 있다는 것을 의미했습니다. 이는 학교에 도시락을 가지고 다니는 아이들이 〈아바타: 아앙의 전설Avatar: The Last Airbender〉 캐릭터 상품과 마찬가지로 〈마인크래프트〉를 가지고 싶어 할 가능성이 높다는 것을 의미했습니다.

영화 기반 게임의 흑역사

　1975년에 개봉된 〈죠스Jaws〉는 상어의 공격에 관한 영화의 포문을 연 것 이상을 해냈습니다. 이 영화로 스티븐 스필버그는 일약 스타가 되었습니다. 〈죠스〉는 스필버그의 첫 영화가 아닙니다. 그는 이미 〈슈가랜드 특급The Sugarland Express〉과 몇 편의 TV 영화를 감독했지만[254] 이 중 어느 것도 〈죠스〉만 한 영향을 미치지 못했습니다. 〈죠스〉는 할리우드 최초의 여름 블록버스터였습니다. 〈죠스〉가 나오기 전에 스튜디오들은 1년 내내 대형 영화를 개봉했습니다. 〈죠스〉의 성공을 본 스튜디오 경영진은 이후 여름과 크리스마스 휴가 기간에 사람들을 끌어모을 블록버스터를 발표하기 시작했습니다.

　〈죠스〉는 당시의 소규모 아케이드 산업에도 영향을 끼쳤습니다. 〈퐁〉이 출시되고 3년 후 극장에 등장한 〈죠스〉에는 세가의 동전 투입식 소총 게임 〈킬러 샤크Killer Shark〉[255]를 하는 소년들이 잠깐 나왔습니다. 〈죠스〉의 포스터에 있는 상어와 닮은 캐비닛에서 실행되는 오락실 게임 〈맨이터Maneater〉가 있었습니다.

---

254 〈죠스〉 이전의 작품에는 리처드 매드슨의 단편 소설을 바탕으로 한 TV 영화 〈대결(Duel)〉도 있다.
255 〈죠스〉는 비디오 게임을 보여준 최초의 영화가 아니다. 1973년에 개봉한 〈소일렌트 그린(Soylent Green)〉에는 〈컴퓨터 스페이스〉 기계가 등장한다. (또한 엄밀히 말하면 〈킬러 샤크〉는 비디오 게임이 아니라 전기 기계식 게임이다.)

미드웨이게임스의 〈블루 샤크Blue Shark〉라는 게임은 그 전에 미드웨이게임스가 내놓은 〈시 울프Sea Wolf〉와 플레이 방식이 아주 비슷했습니다. 〈시 울프〉는 잠수함에서 어뢰를 발사하고, 〈블루 샤크〉는 어뢰 대신 창을 발사하는 게임이었습니다. 특히 아타리는 상어를 피하면서 스쿠버 다이버를 조종해 물고기를 잡는 〈샤크 죠스Shark Jaws〉를 출시했습니다.

아타리를 세운 놀런 부슈널은 〈죠스〉라는 이름을 사용하고자 했습니다. 그러나 유니버설스튜디오가 제안을 거절하자 그는 게임의 이름을 〈샤크 죠스〉로 바꾸고, 유니버설스튜디오가 영화를 개봉한 1975년 말까지 아케이드에 납품했습니다. 부슈널은 자기도 모르는 사이에 게임 퍼블리셔들이 앞으로 수십 년 동안 모방할 본보기를 보여주었습니다. 그는 영화의 성공에 편승하기 위해 쉽게 잊힐 게임을 서둘러 출시했습니다.

그리하여 영화를 기반으로 한 비디오 게임의 길고 긴 역사가 시작되었습니다. 몇 가지 중요한 점이 있습니다. 1982년, 밸리미드웨이는 디즈니 영화 〈트론Tron〉을 기반으로 한 클래식 아케이드 게임 두 개를 만들었습니다. 게임 〈트론〉은 적의 탱크와 싸우고 라이트 사이클을 운전하는 등 영화에서 영감을 받은 네 가지 미니 게임 모음이라는 것이 특징적입니다. 1983년에는 후속작인 〈디스크스 오브 트론Discs of Tron〉이 출시되었습니다. 아타리는 1983년에도 아케이드 게임인 〈스타워즈〉를 출시했습니다. 이는 정말 좋은 고전 게임이었습니다. 이러한 게임들은 오늘날까지 아케이드 수집가들에게 인기가 많습니다.

밸리미드웨이가 〈트론〉을 출시한 1982년에 아타리는 아타리 2600용 〈레이더스Raiders of the Lost Ark〉를 출시했습니다. 하워드 스콧 워쇼가 만든 이 게임은 아타리 2600 기준으로는 꽤 훌륭했습니다. 워쇼는 1982년 여름에 〈레이더스〉를 끝내고 나서 곧바로 다른 게임의 작업을 시작해 그해 크리스마스 시즌에 출시되었습니다. 그 게임은 악명 높은 〈E.T.〉입니다.

1983년 비디오 게임의 몰락을 〈E.T.〉 탓으로 돌리는 것은 부당하지만 한 몫을 한 것은 확실합니다. 처음부터 〈E.T.〉는 망할 운명이었습니다. 생성과 관련된 일련의 불행한 사건은 다음과 같이 요약할 수 있습니다.

1. 워너커뮤니케이션스는 스티븐 스필버그에게 2,500만 달러의 선금을 제공했습니다.
2. 크리스마스에 맞추어 발매하기 위해 게임을 서둘러 제작했습니다.
3. 스필버그는 영화를 토대로 한 게임보다는 〈팩맨〉 같은 게임을 원했습니다.

옛 속담처럼 역사를 무시하는 자는 같은 실수를 되풀이하게 마련입니다.

아무도 〈E.T.〉를 통해 배우지 못했어요. 몇 년 동안 축적된 이야기가 있었지만 결국에는 게임이 쓰레기 취급을 받았기 때문에 사람들의 눈 밖에 났죠. 그게 뭔지는 중요하지 않았어요. 퍼블리셔들은 오류 없이 실행만 되면 별로 신경 쓰지 않았거든요.

–마이크 미카

라이선스를 기반으로 한 많은 게임이 왜 형편없을까요? 답은 뻔합니다. 나는 아마도 50개 이상의 라이선스 타이틀을 작업해봤을 거예요.

예를 들어 디즈니나 해나바베라, 바비의 경우 마텔로부터 라이선스를 취득하는 퍼블리셔입니다. 이러한 퍼블리셔는 게임을 만들기 위해 개발사와 계약을 합니다. 이제 이미 라이선스 비용을 지불했거나 로열티를 지불해야 하는 퍼블리셔가 있군요. 그들은 라이선스 제공자를 달래려는 동시에 개발자에게는 적은 돈을 줍니다.

어떨 때는 라이선스 제공자에 정말로 자격을 갖춘 사람이 있죠. 내가 디즈니와 함께 일할 때 한 프로듀서가 뉴욕으로 날아와서 이렇게 말했습니다. "디즈니에서 일이 어떻게 돌아가는지 말해줄게요. 우리는 쓸데없는 저품질 서른 개보다 고품질 열 개를 원합니다. 우리는 캐릭터의 진실성이 표현되기를 바랍니다."

반면에 나는 〈세서미 스트리트Sesame Street〉 작업을 많이 했는데, 그건 기본적으로 도움 안 되는 어린이 TV 워크숍이었어요. 그들은 우리의 게임 기획에도, 자신의 캐릭터에도 전혀 기여하지 않았죠. 그들은 우리에게 스타일 가이드만 주었고, 게임을 만드는 것은 전적으로 우리의 일이었습니다. 우리는 그런 게임을 많이 만들었어요.

–빈스 데시 (리델소프트웨어프로덕션스 전 경영 파트너)

영화를 기반으로 한 게임은 어느 정도 수준으로 빨리 만들어야 합니다. 스튜디오 경영진도 게임 제휴를 좋아하겠지만, 블록버스터 영화 작업을 시작할 때 이것까지 생각하지는 않습니다. 일단 영화가 제작되면 대본, 스토리보드, 세트는 기밀입니다. 영업 쪽 임원은 제작 주기 동안 라이선스 계약을 끊지만, 크리에이티브 쪽 임원은 영화가 후반 제작에 들어갈 때까지 게임 디자이너의 질문을 거의 받지 않습니다. 따라서 개발자는 아주 좁은 창구를 통해 소통하며 게임을 만들고 출시해야 합니다. 초기에는 영화가 극장에서 상영되는 동안 게임을 출시하는 것이 목표였습니다. 이제는 VHS와 DVD 시장이 성장하면서 VHS나 DVD와 함께 게임이 출시되는 경우가 많아졌습니다.

라이선스 게임은 일반적으로 블록버스터 영화를 바탕으로 하기 때문에 보통 5~7월에 출시되었고, 이로 인해 시장 수요가 크게 증가했습니다. 영화를 기반으로 한 게임은 DVD 판매와 연계되어 크리스마스 러시에 맞추어 9월이나 10월에 출하될 수 있습니다. 이제 게임이 디지털 배포로 판매되는 비율이 늘어남에 따라 배송 문제가 해결되었기 때문에 마감 기한을 맞추기가 훨씬 쉬워졌습니다. 게임이 카트리지나 DVD로 출시되던 시절에는 배송 문제로 인해 제작 기간이 단축되는 경우가 많았습니다.

대부분의 경우 운이 좋아도 게임을 만들고 제조까지 할 수 있는 기간이 3~5개월에 불과했습니다. 이 모든 것이 디지털화되기 전이었기 때문입니다.

그들은 이렇게 말할 것입니다. "저건 중국에서 온 느린 배, 저건 중국에서 온 빠른 비행기예요. 누구나 빠른 비행기를 이용하고 싶겠지만 아주 비싸죠. 그래서 우리는 수레를 날리기보다는 배에 태워 보내는 것을 선호합니다."

-마이크 미카

인터랙티브 게임 산업이 여전히 사회에서 자기 위치의 불안감으로 어려움을 겪던 1980년대와 1990년대에 라이선스 자산은 소비자의 관심을 끄는 쉬운 방법이었습니다. 디지털이클립스, 캡콤, 코나미, EA, 액티비전, 오션, 세가, 심지어 닌텐도와 같은 퍼블리셔는 '멋짐을 더하기 위해' 게임에 영화, TV 프로그램, TV 광고[256]의 IP 라이선스를 부여했습니다.

　일부 스튜디오는 수익과 열정을 혼합해 비용을 메우기 위해 라이선스 타이틀을 개발하고, 게임에 대한 사랑을 다시 불러일으키기 위해 다른 프로젝트를 진행했습니다. 디지털이클립스는 〈릴로 & 스티치〉, 〈킴 파서블Kim Possible〉과 같은 수많은 디즈니 게임과 함께 긴 라인업의 클래식 아케이드 포팅 게임을 출시했습니다. 아케이드와 거의 완전히 동일한 버전의 게임보이 컬러용 〈용의 굴〉도 여기에 포함되어 있습니다. 일부 레벨이 약간 짧아지고 오디오가 거의 존재하지 않았지만, 총괄 프로듀서인 제프 바바사워의 팀은 32메가비트 게임보이 카트리지에 레이저 디스크 게임 전체를 집어넣었습니다. 〈타잔Disney's Tarzan〉이 비용을 지불했고 〈용의 굴〉은 클래식 아케이드 게임을 보존했습니다.

로열티는 항상 10~20%예요. 〈타잔〉과 같은 게임은 100만 장 이상 팔렸고 로열티도 꽤 컸기 때문에 환상적이었죠. 〈리지 맥과이어Lizzy McGuire〉와 같은 게임의 경우 로열티가 지불되지 않았다고 생각합니다.

-마이크 미카

　초창기의 마케팅 임원들은 크리스마스에 맞추어 게임을 매장에 내놓는 것만큼 품질에 대해 걱정하지 않았습니다. 게임이 〈고질라Godzilla〉, 〈백 투 더 퓨처 Back to the Future〉, 〈미키 마우스Mickey Mouse〉만의 개성을 지니는 것은 중요하지 않았습니다. 그들은 그들만의 안전한 공식을 고수하기를 바랐습니다. 하워드 스콧 워쇼가 〈E.T.〉를 기반으로 한 어드벤처 게임을 만들고 싶다고 말했을 때 스티븐 스필버그는 〈팩맨〉과 같은 게임을 원한다고 말했습니다. 1980년대 초반에는 미

---

256 〈요! 노이드(Yo! Noid)〉와 〈쿨 스폿(Cool Spot)〉은 TV 광고를 기반으로 한 게임의 예이다.

로 추격 게임이 대유행이었습니다. 1990년대에 검증된 공식은 플랫폼 게임이었습니다.

모든 회의는 이렇게 시작되었어요. "여러분, 20단계 정도의 정말 간단한 플랫폼 작업에 집중하세요. 오늘은 여기까지 하죠."

새로움은 어디 있죠? 어느 시점에는 아무도 그것을 원하지 않을 거예요.

−마이크 미카

1999년, 디지털이클립스는 게임보이용 〈타잔〉에 창의성을 불어넣는 데 성공했습니다. 이 게임은 모두의 기대를 뛰어넘어 만화 라이선스 획득 팀으로서 디지털이클립스의 명성을 굳혔습니다.

닌텐도 아메리카의 하워드 링컨 회장은 최근 여러 디즈니 공주를 기반으로 한 게임 개발에 관한 계약을 디즈니와 맺었습니다. 〈타잔〉 작업에 감명을 받은 닌텐도 아메리카 팀은 디지털이클립스를 고용해 그 게임 중 일부를 맡겼습니다. 미카에 따르면 닌텐도와 일하는 것은 완전히 새로운 경험이었다고 합니다. 닌텐도 사람들은 게임 개발을 이해하고, 합리적인 예산을 세우고, 창의성을 장려하고, 현실적인 기한을 정하고, 최종 제품에서 최고의 품질을 요구했습니다.

디지털이클립스가 THQ와 함께 디즈니 라이선스에 대해 혁신적인 제안을 했을 때, THQ는 그들이 플랫폼 게임이 아닌 다른 것에 대해 이야기하고 있다는 것을 깨닫지 못한 채 승인했습니다.

우리는 THQ와 함께 일했어요. 그 당시에 THQ는 디즈니 자산을 확보했는데, 그중에는 디즈니 채널의 인기 시리즈인 〈리지 맥과이어〉를 기반으로 한 게임이 있었죠. 우리 모두는 30대 남자였고 〈리지 맥과이어〉는 어린 소녀들을 위한 프로그램이었어요.

우리는 〈리지 맥과이어〉를 이해하려 노력했어요. 많은 소녀와 이야기 나누고 메모도 했다고요. 우리는 최고의 게임을 만들기 위해 최선을 다했는데, 이 모든 준비 과정에서 TV 프로그램과 마찬가지로 PDA를 만들 수 있다는 아이디어를 얻었어요. 리지가 고양이를 키웠기 때문에 우리는 애완동물 시뮬레이터를 키우려고 했죠. 이 제안을 들은 THQ는 이렇게 말했습니다. "그거 굉장하네요. 그렇게 합시다."

작업을 시작한 지 몇 달이 지나 E3가 다가오고 있었고, THQ는 데모를 원했습니다. 그런데 우리가 PDA와 애완동물 시뮬레이터를 만들고 있다는 것을 눈치채지 못했어요. THQ는 뒤집어졌죠. "이걸 전시장에 놔둘 수 없습니다. 아무도 이걸 원치 않을 거예요. 이건 우리가 게임에서 했던 모든 것에 반하는 겁니다." 그들은 몹시 화를 냈습니다.

E3가 얼마 남지 않은 상황에서 우리는 "원하는 게 뭔가요?"라고 물었죠. 그들은 "플랫폼을 만들 수 있나요?"라고 하더군요.

크리스 찰라는 제작자였고 나는 플랫폼 게임을 만들기 시작했습니다. 우리는 E3로 운전해 가기로 했어요.[257] 가는 길에 나는 노트북으로 레벨을 디자인했는데, 행사장에 도착할 때쯤에는 플랫폼 게임을 대표하는 것이 되도록 아주 간단한 플랫폼을 디자인했죠. 우리는 그걸 〈치어리더스 어택Cheerleaders Attack〉이라고 불렀던 것 같아요.

그것은 여러분이 상상할 수 있는 가장 뱅충맞고 지루한 플랫폼이었지만 THQ는 좋아했어요. 그들은 관객이 원하는 게 바로 그거라고 생각했어요.

–마이크 미카

정형화된 게임은 대부분의 영화 경영진이 장난감, 포스터, 사운드트랙 앨범과 함께 게임을 추가 수익원으로 보는 시각의 부작용이나 다름없습니다. 할리우드의 재능 있는 사람들은 일반적으로 라이선스 게임에 거의 관심을 보이지 않았지만 간혹 너무 많은 관심을 가진 경우도 있었습니다.

———————————— 👾 ————————————

나는 하우이 맨들이 나온 〈보비스 월드Bobby's World〉를 작업했습니다. 하우이 맨들은 자존심이 엄청났는데, 그는 게임에 들어간다는 것을 전혀 알지 못했어요. 나는 사람들에게 "당신의 아이디어가 무엇이든지 결국 기술적인 방식으로 전달되어야 한다"고 말하곤 했죠.

비디오 게임은 0과 1로 만들어집니다. 아무리 아름답게 꾸미고 싶든, 사운드트랙이 얼마나

257 E3는 로스앤젤레스 컨벤션센터에서 열렸고, 디지털이클립스는 샌프란시스코 외곽에 있었다.

좋든 결론은 작동해야 한다는 겁니다. 게임이니까 플레이되어야 하잖아요.

그 사람은 극단적으로 자기중심적이었어요. 온라인 회의 중에 나는 라이선스 권리자인 터너 측 관계자에게 이렇게 말했습니다. "지금 당장 말씀드리지만, 그가 망할 대규모 할리우드급 작품을 원하기 때문에 이 게임은 진전될 수가 없어요. 그런 건 비디오 게임에서는 작동하지 않는다고요."

– 빈스 데시

시장에 있는 모든 나쁜 게임을 걱정한 조지 루카스는 자신의 영화를 바탕으로 좋은 게임을 만들기 위해 특별히 회사를 차렸습니다. 지금은 거의 사라진 루카스아츠는 〈스타워즈〉와 〈인디애나 존스〉를 기반으로 여러 개의 트리플 A급 게임을 만들었습니다. 어드벤처 게임 전성기인 1992년, 루카스아츠는 〈인디애나 존스: 아틀란티스의 운명〉을 발표해 밀리언셀러를 기록했습니다. 이듬해 루카스아츠는 선구적인 전략 가이드 작가 러셀 드마리아가 쓴 중편 소설을 기반으로 만든 〈스타워즈: 엑스윙〉과 〈스타워즈: 타이 파이터〉로 붐비는 비행 시뮬레이션 시장에 뛰어들었습니다. 1995년, 루카스아츠는 〈스타워즈: 다크 포스〉로 급팽창하는 FPS 시장에 뛰어들었습니다. 루카스아츠는 나중에 바이오웨어와 협력해 널리 호평을 받은 RPG 〈스타워즈: 구공화국의 기사단〉도 제작했습니다.

1990년대에는 디즈니의 자산을 바탕으로 한 좋은 게임이 많이 나왔습니다. 디즈니와 세가가 제네시스용으로 공동 제작한 〈캐슬 오브 일루전: 스타링 미키 마우스Castle of Illusion: Starring Mickey Mouse〉가 눈에 띄었습니다.[258] 세가는 이어서 강력한 게임인 〈퀵샷: 스타링 도널드 덕QuackShot: Starring Donald Duck〉을 선보였습니다. 그런데 프랑스 개발사인 인포그램스가 환상적인 그래픽과 놀라운 사운드를 자랑하지만 게임 플레이가 끔찍한 〈판타지아Fantasia〉 기반 게임을 만들었을 때 디즈니 경영진은 세가 아메리카의 CEO인 톰 컬린스키에게 연락해 매장

---

[258] 〈캐슬 오브 일루전: 스타링 미키 마우스〉와 〈퀵샷: 스타링 도널드 덕〉을 감독한 야마모토 에미코는 디즈니/스퀘어 협업작인 〈킹덤 하츠〉 등 많은 디즈니 게임의 총괄 프로듀서가 되었다.

진열대에서 그것을 치워달라고 요청하기도 했습니다.

버진인터랙티브엔터테인먼트는 높은 평가를 받은 〈알라딘〉[259]을 시작으로 디즈니 애니메이션을 기반으로 한 좋은 게임을 많이 만들었습니다. 재정적으로나 비평적으로나 큰 성공을 거둔 〈알라딘〉에 이은 〈라이온 킹The Lion King〉, 〈피노키오Pinocchio〉, 〈미녀와 야수Beauty and the Beast〉, 〈타잔〉, 〈헤라클레스Hercules〉 등은 시장의 엄청난 피로를 초래했습니다.

비디오 게임 산업은 핀볼 산업이 얻은 교훈을 그대로 얻었습니다. 영화 제목을 따온다고 해서 형편없는 게임이 인기를 끌 수 있는 것은 아니라는 교훈 말입니다.

라이선스 문제는 빌리 오도널 주니어[밸리엔터테인먼트의 전 CEO]가 "새로운 핀볼에 대한 라이선스는 첫 동전을 얻는 데에만 유용하고 그 이후에는 게임이 스스로 얻어내야 한다"고 말한 것을 떠올리게 합니다.

－에디 애들럼

디즈니는 스스로 게임 스튜디오를 세웠다 문을 닫으면서 여러 번 업계에 드나들었습니다. 버진인터랙티브엔터테인먼트에서 〈알라딘〉과 〈라이온 킹〉을 작업했던 세스 멘딜슨은 디즈니를 위해 계속 일했고, 16년 동안 재직하면서 게임 디자인 감독으로서 이매지니어Imagineer가 되었습니다.

EA의 CEO인 존 리키텔로가 '쓰레기 같은 라이선스 게임'을 더는 만들지 않겠다고 밝혔음에도 불구하고 EA는 영화를 기반으로 한 게임에서는 가장 믿을 만한 퍼블리셔 중 하나였습니다. EA는 〈반지의 제왕〉, 〈해리 포터〉, 〈제임스 본드〉, 〈대부〉 등의 게임을 출시해 높은 평가를 받았습니다.

---

259 버진인터랙티브 버전의 〈알라딘〉은 세가 제네시스용으로 출시되고 캡콤 버전은 슈퍼 NES용이었다. 비평가들은 제네시스 버전을 매우 선호했다.

인기가 별로였던 슈퍼히어로 게임

> 우리는 이렇게 생각했습니다. '마블 시네마틱 유니버스 입장에서 스튜디오는 미다스의 손과 같은 IP를 가지고 있어. 모든 영화가 거대하지. IP가 많은 사랑을 받고 있는데, 왜 이걸로 정말 특별한 걸 하면 안 되지?'
>
> –제이 옹

1978년, 아타리의 프로그래머인 존 던은 게임과 새로운 장르를 둘 다 만들었습니다. 그 게임은 〈슈퍼맨〉이고, 장르는 슈퍼히어로를 소재로 한 어드벤처 게임이었습니다.[260]

크리스토퍼 리브의 첫 〈슈퍼맨〉 영화와 같은 해에 출시된 〈슈퍼맨〉은 초기 아타리 2600을 지배했던 레이싱, 비행, 미로 추적, 스포츠 게임에서 크게 벗어난 게임이었습니다. 횡스크롤 도입 이전에 만들어진 〈슈퍼맨〉에서는 슈퍼맨이 연속적인 하나의 화면을 가로질러 날아가는 것이 아니라, TV 화면의 가장자리로 날아가면 화면이 전환되고 마치 슈퍼맨이 넘어온 것처럼 게임이 진행되었습니다. 사운드가 형편없고 그래픽도 초보적인 수준이었지만 아타리 2600용으로 출시된 첫 50개 게임 중 하나였습니다. 복고풍 게임을 모으는 많은 수집가는 이 게임을 매우 훌륭한 초기작으로 봅니다.[261]

〈슈퍼맨〉이 출시되고 4년이 흐른 뒤 두 번째 슈퍼히어로가 아타리 2600에 등장했습니다. 폭탄을 찾고, 그린 고블린을 피하면서 건물을 오르고, 악당을 피하는 등 〈스파이더맨〉의 플레이 방식은 아케이드 게임인 〈크레이지 클라이머 Crazy Climber〉를 각색한 것 같았습니다. 이때까지 횡스크롤과 수직 스크롤이 일반

---

260 기네스 세계 기록은 아타리 2600용 〈슈퍼맨〉을 '비디오 게임으로 나온 최초의 슈퍼히어로'로 인정했다. 기네스는 이 게임이 1979년에 출시되었다고 주장하지만 상자 뒷면에 적힌 날짜는 1978년이다.
261 〈슈퍼맨〉 게임의 역사는 실망스럽기 때문에 아타리 2600용 〈슈퍼맨〉은 아마도 가장 좋은 평가를 받은 게임일 것이다.

적으로 사용되는 메커니즘이 되었고, 화면이 전환되지 않고도 히어로가 한 번에 수십 층을 오를 수 있었습니다.

'슈퍼히어로'라는 용어의 정의에 따라 〈스파이더맨〉은 아타리 2600의 마지막 슈퍼히어로 게임으로 여겨질 수 있습니다. 척 노리스, 루크 스카이워커, 벅 로저스, 〈제국의 종말Flash Gordon〉을 기반으로 한 게임이 있지만 주인공이 모두 비교적 인간적이었습니다. 유니버설게임스의 〈엑스맨〉은 〈팩맨〉 스타일의 미로 추격 게임으로, 제목의 'X'는 게임이 X 등급임을 나타냈습니다.

슈퍼히어로는 1980년대 내내 아케이드 게임에 등장했습니다. 타이토는 1988년에 〈슈퍼맨〉을 출시했습니다. 그리고 코나미는 1989년에 횡스크롤 거리 싸움 게임 〈더블 드래곤〉, 인기 TV 만화를 본뜬 그래픽의 4인용 게임 〈닌자 거북이〉를 출시했습니다. 〈닌자 거북이〉는 1980년대 말과 1990년대 초에 반파괴적인 만화책 시리즈에서 TV 애니메이션으로, 최근에는 실사 영화로 나와 국제적인 인기를 끌었습니다.

아타리 2600의 경우와 마찬가지로 1988년에 켐코가 출시한 〈슈퍼맨〉은 아주 재미없기는 해도 NES에 등장한 최초의 슈퍼히어로 게임이었습니다. 그리고 1989년에 팀 버튼의 영화 〈배트맨〉은 다크나이트를 아케이드와 콘솔 비디오 게임의 주성분으로 만들었습니다. 1989년에 오션은 아미가, 아타리 ST, 도스, 싱클레어 스펙트럼과 같은 PC 시스템용 〈배트맨: 더 무비〉를 출시했고, 그 후 선소프트는 대단히 우수한 제네시스 및 NES용 〈배트맨〉을 출시했습니다.[262]

〈닌자 거북이〉는 다음으로 NES에 등장한 슈퍼히어로 게임으로, 인기 아케이드 게임의 이식작이 아닌 완전히 새로운 버전이자 1989년의 명작이었습니다. 그러나 소비자는 NES 버전의 아케이드 게임을 원한다고 불평했고, 이듬해에 코나미는 〈닌자 거북이 II: 더 아케이드〉를 출시했습니다. 〈배트맨〉과 〈닌자 거북이〉는 매우 성공한 영화 제휴 게임으로, 이 라이선스는 여러 히트작을 통해 많

---

262 선소프트는 게임보이 버전도 출시했다.

은 이익을 남겼습니다.

1989년, 세가가 제네시스용으로 출시한 〈스파이더맨 대 킹핀Spider-Man vs. The Kingpin〉은 아타리 2600용보다 더 쉽게 알아볼 수 있는 스파이더맨을 선보였습니다. 여전히 스파이더맨이 만화책과 애니메이션에서보다 느리게 걸었지만, 제네시스 버전에서는 거미줄을 치고 벽을 기어오르고 거미줄 공을 쏘기도 했습니다.

1992년, 코나미는 휴대용, 콘솔, PC용으로 〈배트맨 리턴스Batman Returns〉를 출시하면서 배트맨 라이선스를 취득했습니다. 이 무렵 비디오 게임 산업에는 한 주인공이 한 번에 네다섯 명의 적과 싸우며 적의 무리를 헤치고 나아가는 횡스크롤의 〈파이널 파이트〉 식 플레이가 깊이 자리 잡고 있었습니다. 〈배트맨 리턴스〉는 쉽게 식별할 수 있는 그래픽과 탄탄한 플레이 메커니즘으로 호평을 받았지만 혁신은 거의 찾아볼 수 없었습니다.

끝없이 펼쳐지는 횡스크롤과 혁신의 부재는 1990년대 대부분의 슈퍼히어로 게임을 요약하는 것 같았습니다. 〈콘트라Contra〉와 같이 점프와 플랫폼을 갖춘 게임도 있었고, 누가 보더라도 〈파이널 파이트〉에 더 가까운 게임도 있었습니다. 데이터이스트(〈캡틴 아메리카Captain America〉, 〈어벤져스Avengers〉), 어클레임(〈스파이더맨〉), 세가(〈엑스맨〉), 코나미(〈닌자 거북이〉, 〈배트맨〉), US골드(〈헐크Hulk〉) 등 어느 누가 만들든 슈퍼히어로 게임은 대부분이 적의 무리를 헤치고 지나가는 횡스크롤이었습니다.

오랫동안 게임은 마블이 장난감, 영화 티켓 같은 것들을 추가로 팔 수 있게 해주었고, 덕분에 마블은 막대한 돈을 벌었습니다.

－제이 옹

2000년에 액티비전은 〈스파이더맨〉을 출시하면서 모든 것을 바꿨습니다. 〈토니 호크의 프로 스케이터〉를 만들고 〈기타 히어로〉 프랜차이즈를 인수했던 팀인 네버소프트가 개발한 〈스파이더맨〉은 액션을 삼차원으로 가져갔습니다.

이전 게임에서는 거미줄 스윙이 나중에 덧붙인 것처럼 느껴졌으나 새로운 게임에서는 스파이더맨이 광활한 3D 도시 풍경을 가로질러 이동할 때 주요 이동 수단이 되었습니다.

〈스파이더맨〉이 보여준 혁신의 상당 부분은 그것이 실행되는 콘솔에 의해 구동되었습니다. 슈퍼 NES와 제네시스에서 실행되는 과거의 슈퍼히어로 게임은 2D 게임으로 밀려났습니다. 플레이스테이션, 닌텐도 64, 드림캐스트의 등장은 액티비전의 삼차원을 열었습니다. 닌텐도의 슈퍼 FX 칩이나 세가 버추어 프로세서의 라인에서 값비싼 카트리지 기술을 추가하지 않았다면 액티비전이 일찍이 활용하기 어려웠을 것입니다.

대부분의 슈퍼히어로 게임은 기술을 따라잡기 위해 마지못해 진화했습니다. 3D가 2D를 대체하면서 새로움을 선사했지만 오래지 않아 게임이 다시 진부해졌습니다. 그 세대 최악의 게임 중 하나로 대대적인 비난을 받은 〈슈퍼맨 64〉를 비롯한 여러 히어로가 있었습니다. 어클레임과 유비소프트는 〈배트맨〉을 출시했습니다. 이후 헐크와 아이언맨도 등장했습니다.

2009년, 록스테디스튜디오는 에이도스, 워너브러더스인터랙티브와 협력해 가장 야심찬 슈퍼히어로 게임인 〈배트맨: 아캄 어사일럼〉을 제작했습니다. 사실 〈배트맨: 아캄 어사일럼〉의 스텔스 기반 게임 플레이는 고지마 히데오의 〈메탈 기어 솔리드〉에서 많이 차용했습니다. 폭력배와 슈퍼 악당으로 가득한 드넓은 세상에서 악당 스케어크로가 가져온 편집증적 환각을 다루면서 조커를 향해 나아가는 배트맨은 만나는 모든 이를 분쇄할 수 있는 충분한 기술과 장비를 가지고 있지만, 그림자를 고수하고, 숨어서 공격하고, 적을 찾기 위해 스캔하는 것이 더 낫습니다. 〈배트맨: 아캄 어사일럼〉은 〈메탈 기어 솔리드〉의 스텔스와 〈바이오쇼크〉의 공포 요소가 결합된 게임이었습니다.

2009년에 출시된 〈배트맨: 아캄 어사일럼〉은 케빈 콘로이(배트맨), 알린 소킨(할리 퀸), 타시아 발렌자(포이즌 아이비), 마크 해밀(조커) 등 유명한 배우들이 DC 유니버스 만화에서 맡았던 역할을 보여주는 놀라운 그래픽과 경이로운 목소리가 특징적이었습니다. 기네스 세계 기록은 이 게임을 지금까지 비평가들에게 가장 극찬을 받은 슈퍼히어로 게임으로 인정했습니다.

전체적인 풍경을 보면 획기적인 게임은 〈배트맨: 아캄 어사일럼〉입니다. 기본적으로 지금까지 출시된 어떤 것보다 더 좋았어요. 보통 슈퍼히어로 게임에는 항상 합격선이 있는데, 〈배트맨: 아캄 어사일럼〉의 경우 '라이선스 게임치고는 꽤 괜찮은 수준'이죠. 대부분의 슈퍼히어로 게임과 라이선스 게임이 상당히 형편없었기 때문에 사람들은 그런 게임을 다른 기준, 더 낮은 기준으로 판단했어요. 이걸 〈배트맨: 아캄 어사일럼〉이 바꿨습니다. 이 게임이 나에게도 많은 영감을 주었던 것 같아요.

-제이 옹

〈배트맨: 아캄 어사일럼〉은 전 세계적으로 1,000만 장 이상이 팔렸습니다.[13] 제이 옹이 마블엔터테인먼트에 합류했을 때 록스테디는 속편 〈배트맨: 아캄 시티〉를 출시했고 〈배트맨: 아캄 나이트〉는 출시를 앞두고 있었습니다. 세 게임 모두 호평을 받으며 수백만 장의 판매고를 올렸습니다.

록스테디만이 시장에 〈배트맨〉을 내놓은 것은 아닙니다. 〈배트맨〉 애니메이션 시리즈를 기반으로 한 게임과 레고 게임도 있었습니다. DC 유니버스의 다른 슈퍼히어로들이 나오는 게임도 있었는데, 그중에는 〈모탈 컴뱃〉 공동 제작자인 에드 분이 개발한 잔인한 격투 게임 〈인저스티스: 갓즈 어몽 어스〉가 있습니다.

〈배트맨: 아캄 어사일럼〉이 슈퍼히어로 장르를 재정립한 2009년, 액티비전은 한 쌍의 엑스맨 게임을 출시했습니다. 첫 번째는 〈엑스맨 탄생: 울버린X-Men Origins: Wolverine〉으로, 영화를 바탕으로 한 썩 좋지 않은 게임입니다.[263] 두 번째는 〈마블 얼티미트 얼라이언스 2Marvel Ultimate Alliance 2〉로, 이 액션 RPG는 놀라울 정도로 좋았습니다.

---

263 〈엑스맨 탄생: 울버린〉은 라이언 레이놀즈가 복장과 마스크를 갖추지 않은 데드풀을 연기한 악명 높은 영화였다.

2008년 〈아이언맨Iron Man〉의 개봉을 시작으로[264] 마블스튜디오는 슈퍼히어로 영화의 지배 세력으로 자리매김했습니다. 〈스파이더맨〉, 〈엑스맨〉, 〈어벤져스〉는 그해의 대작 순위에 꾸준히 오른 반면, 마블 만화를 기반으로 한 나머지 게임은 대부분이 큰 인기를 얻지 못했습니다.

우리 팀과 나는 콘솔 공간에서 멋진 게임을 할 수 있다는 꿈을 가졌어요. 그 당시 콘솔 쪽에서 우리의 대표 타이틀은 레고 게임이었죠. 팬들의 사랑을 받아서 잘 팔렸어요. 좋은 게임이었답니다.

액티비전을 통해 만든 게임은 인기가 별로 없었어요. 마지막으로 출시된 〈스파이더맨〉은 메타크리틱에서 40점대를 받은 것 같네요.

ㅡ 제이 옹

2014년 5월에 마블의 게임 담당 임원으로 채용된 제이 옹의 첫 번째 과제는 마블의 흥행 성공이 게임으로 이어지지 않은 이유를 파악하는 것이었습니다.

내가 들어가기 전부터 마블에는 큰 사랑을 받은 게임이 있었어요. 〈마블 대 캡콤Marvel vs. Capcom〉도 〈얼티미트 얼라이언스〉도 팬층이 있었죠. 둘 다 팬들을 위해 만들어진 정말 수준 높은 게임이었어요.

ㅡ 제이 옹

제이 옹에게 필요한 것은 '쓰레기 같은 라이선스 게임' 사고방식을 채택하지 않은 퍼블리싱 파트너였습니다. 그는 장기 투자에 대한 안목이 있고 프랜차이즈를 구축해 이익을 얻을 수 있는 기득권을 가진 회사가 필요했습니다. 풍부

---

264 〈아이언맨〉이 개봉하기 이전에 마블 슈퍼히어로 영화는 흥행에 성공하기도 하고 실패하기도 했다. 〈블레이드(Blade)〉, 〈스파이더맨〉, 〈스파이더맨 2〉 등은 히트했지만 〈데어데블(Daredevil)〉, 〈엘렉트라(Elektra)〉, 〈헐크〉, 〈스파이더맨 3〉, 〈판타스틱 4(Fantastic Four)〉, 〈판타스틱 4: 실버 서퍼의 위협〉 등은 비평적·상업적으로 실패했다.

한 인재 풀, 품질을 위한 헌신, 넉넉한 자금을 보유한 파트너여야 했습니다. 그에 맞는 회사가 세 곳 있었는데, 그중 하나인 닌텐도는 주로 자체 지적 재산을 바탕으로 게임을 개발했습니다.

콘솔 업계 퍼스트파티 출신이었던 나는 엑스박스와 플레이스테이션 양쪽에 연락해 다음과 같이 전했습니다. "우리는 지금 그 누구와도 대규모 콘솔 계약을 하지 않았습니다. 어떻게 하시겠습니까?" 마이크로소프트의 전략은 자체 IP에 집중하는 것이었어요. 그래서 우리에게 남은 건 한 곳뿐이었죠.

2014년 8월, 버뱅크에 있는 회의실에서 플레이스테이션 서드파티 임원인 애덤 보이스, 존 드레이크와 함께 있는 자리에서 나는 이렇게 말했습니다. "우리는 이것이 가능하다는 꿈을 가지고 있습니다. 우리가 〈아캄〉을 이기고, 플랫폼 채택을 촉진할 수 있는 하나의 게임, 어쩌면 여러 게임을 가질 수 있다는 꿈 말입니다."

-제이 옹

보이스, 드레이크, 소니인터랙티브엔터테인먼트의 제품 개발 담당 임원인 코니 부스와 스콧 로드는 트리플 A급 플레이스테이션 전용 〈스파이더맨〉을 만들자고 제안했습니다.

액티비전은 2003년을 제외하고 2000년부터 2008년까지 매년 〈스파이더맨〉을 적어도 하나, 때로는 그 이상 출시했습니다. 거의 10년 동안 라이선스를 관리해온 액티비전은 〈스파이더맨〉의 현재 판매량에 너무 몰입한 나머지 미래 판매량을 예상할 수 없었습니다.

〈스파이더맨〉이 있고 소니가 있습니다. 그리고 보수적으로 게임에 4,000만~5,000만 달러를 투자하는 사람들이 있습니다. 그건 아주 달라요. 그 당시[〈아캄 어사일럼〉 이전]에는 라이선스 제공자가 아닌 퍼블리셔가 당신에게 돈을 지불했고, 퍼블리셔는 가능한 한 적은 비용이 들기를 바랐죠.

-빈스 데시

마블은 액티비전과의 계약을 조기 종료하고자 했습니다. 이를 협상하면서 제이 옹은 〈스파이더맨〉에 새로운 인재와 더 큰 예산, 신선한 안목이 필요하다고 설명했습니다.

우리는 마침내 헤어지기로 합의를 보았습니다. 서로에게 이득이 되는 거래였죠. 악수를 할 때 그들은 "그럼 이 IP를 되찾은 후에 어떻게 할 건가요?"라고 물었습니다. 내가 "더 좋은 집을 찾아봐야죠"라고 답하자 그들은 "행운을 빌어요"라고 말했습니다.

−제이 옹

소니는 이 프로젝트를 당시에 독립 스튜디오였지만 가장 중요한 파트너 중 하나인 인섬니악게임스[265]에 맡겼습니다. 인섬니악게임스는 〈스파이로 더 드래곤〉, 〈라쳇 앤드 클랭크〉, 〈레지스탕스: 인류 몰락의 날Resistance: Fall of Man〉, 〈선셋 오버드라이브Sunset Overdrive〉[266] 등 소니 레이블로 발표된 많은 히트작을 보유하고 있었습니다. 히트 게임 기획사이자 신뢰할 수 있는 파트너로서 흠잡을 데 없는 이력을 지닌 인섬니악게임스는 이 프로젝트를 위한 확실한 선택이었습니다. 또 다른 장점은 최신작 중 하나인 〈선셋 오버드라이브〉로, 이는 빠르고 곡예 같은 전투 스타일인 파쿠르와 〈토니 호크의 프로 스케이터〉, 그리고 여러 적과 맞서면서 도시를 휘젓는 〈콜 오브 듀티〉의 특징을 통합한 게임이었습니다.

이미 존재하는 지적 재산을 가지고 게임을 만드는 인섬니악의 능력은 약간의 우려를 불러일으켰을 수 있습니다. 역사적으로 이 스튜디오는 다른 회사의 아이디어를 기반으로 구축하기보다는 자기만의 IP를 생성했습니다. 사실 다른 회사들은 인섬니악의 자기만의 IP를 채택했습니다.[267]

---

[265] 인섬니악게임스를 설립한 테드 프라이스에 따르면, 코니 부스가 처음 접근했을 때 소니는 작업할 마블 캐릭터를 아직 선정하지 않은 상태였다. 그래서 프라이스와 동료들은 〈스파이더맨〉을 요청했다.

[266] 〈선셋 오버드라이브〉는 인섬니악게임스가 개발하고 마이크로소프트 게임스튜디오가 배급한 엑스박스 원 독점 게임이다.

[267] 그래머시픽처스는 실베스터 스탤론, 로사리오 도슨, 존 굿맨, 폴 지어마티 등 스타급 성우 캐스팅을 내세워

소니의 코니 부스[제품 개발 담당 임원]에게 이 기회에 대해 들었을 때 나는 정말 놀랐어요. 그때까지 우리는 자체 IP로 작업해왔고 기존 프랜차이즈 작업을 전혀 고려하지 않았거든요.

－테드 프라이스(인섬니악게임스 설립자 겸 CEO)

소니는 이번 프로젝트에 소극적으로 참여하지 않았습니다. 〈스파이더맨〉과 같은 프랜차이즈 게임의 예산은 마케팅을 포함해 늘상 1억 달러가 넘었습니다. 많은 돈과 명성이 걸린 상황에서 소니인터랙티브엔터테인먼트는 수석 감독인 그레이디 헌트와 플레이스테이션 4 기획자인 마크 서니에게 프로젝트의 자문을 맡겼습니다. 이 두 사람은 초기 프로젝트에서 인섬니악 측의 소니 컨설턴트로도 일했습니다.[268]

인섬니악, 마블, 소니의 협업은 성공적이었습니다. 플레이스테이션 1 및 2 시대에 인섬니악과 여러 번 파트너십을 맺은 소니의 경영진은 이 스튜디오의 기술과 게임 디자인에 대해 확신을 가졌습니다. 인섬니악을 세운 테드 프라이스와 동료들도 소니와 협업하는 방법을 잘 알고 있었습니다. 거의 비슷한 고객에게 서비스를 제공하는 다양한 산업에서 일해본 인섬니악은 마블과도 자연스럽게 친밀감을 쌓았습니다.

일찍이 우리는 마블과 우리 사이에 훌륭한 공감대가 있다는 것을 알았습니다. 빌 로즈만[마블게임스 제작 담당 임원]과 같은 전문가들로부터 마블 세계관에 대해 더 많이 배운 것이 큰 도움이 되었죠. 동시에 마블 팀은 우리가 피터 파커에 관한 새로운 해석을 제시하고, 현대 게임에서 가능한 스파이더맨의 메커니즘을 탐구할 수 있도록 우리를 믿어주었습니다.

－테드 프라이스

〈라쳇 앤드 클랭크〉 기반의 장편 애니메이션을 내놓았다. 액티비전의 첫 번째 〈스카이랜더스(Skylanders)〉는 인섬니악의 〈스파이로 더 드래곤〉을 바탕으로 만들어졌다. 넷플릭스는 〈스카이랜더스〉를 기반으로 애니메이션 시리즈를 제작했는데, 이는 〈스파이로 더 드래곤〉을 토대로 했다.

268 헌트, 서니, 프라이스는 나중에 소니인터랙티브엔터테인먼트의 프로듀서인 아라 데미르지안, 협력 프로듀서인 조 카스타뇨가 〈스파이더맨〉 제작에 중요한 역할을 했다고 언급했다.

실적이 입증된 인섬니악은 프로젝트에 기술적 전문성을 도입했습니다. 플레이스테이션 3/엑스박스 360 시대의 많은 게임과 마찬가지로 〈배트맨: 아캄 어사일럼〉은 에픽이 만든 다재다능하고 강력한 언리얼 엔진 3로 제작되었으나 인섬니악은 자사의 인섬니악 엔진을 사용했습니다.

인섬니악 엔진 덕분에 아주 큰 도시를 만들 수 있었습니다. 〈스파이더맨〉을 위해 만든 뉴욕은 〈선셋 오버드라이브〉를 위해 만든 도시의 열 배 크기인 데다 더 상세했어요. 더 중요한 점은 〈스파이더맨〉의 경우 스파이더맨이기 때문에 어디든 갈 수 있어야 한다는 겁니다.

처음부터 우리는 제한된 사양으로 어떻게 그것을 활용해 가장 높은 빌딩의 전망을 실감나게 만들 것인지 알아내야 했습니다. 플레이어가 언제든지 마음대로 할 수 있는 자유를 많이 주는 동시에 사물을 표시하고 게임의 프레임을 쾌적하게 유지하는 것이 목표였죠. 〈스파이더맨〉은 그것의 궁극적인 완성입니다.

－테드 프라이스

〈스파이더맨〉은 〈아캄〉의 진정한 라이벌이었습니다. 〈스파이더맨〉을 최고 수준의 게임으로 만드는 것은 단순히 돈과 기술의 문제가 아니라 웅장한 비전을 가진 팀을 찾는 것이 중요했습니다. 인섬니악은 상징적인 슈퍼히어로를 위한 상징적인 게임을 만들고 싶었습니다. 마블의 적극적인 참여로 새로운 차원의 진정성이 보장되었습니다. 플레이스테이션 독점 시리즈를 만들고 싶었던 소니는 〈스파이더맨〉에 막대한 마케팅 예산을 빌려주었을 뿐만 아니라 처음부터 끝까지 기술 지원도 했습니다.

〈스파이더맨〉에 관한 한 액티비전은 〈배트맨: 아캄 어사일럼〉 같은 게임과 경쟁할 준비가 부족했지만 소니는 그렇지 않았습니다. 그때까지 〈아캄〉과 〈스파이더맨〉은 판매용 슈퍼히어로 게임 중 독보적인 게임으로서 다른 슈퍼히어로 게임과의 격차가 상당했습니다. 2020년, 소니가 플레이스테이션 5 출시를 준비할 때 대표 독점작은 〈스파이더맨: 마일스 모랄레스〉였습니다.

> 〈스파이더맨〉을 통해 마블은 게임을 매체로 브랜드를 이끌 수 있다는 것, 즉 '브랜드 친화력'을 이끌 수 있다는 것을 처음으로 깨달았습니다.
>
> – 제이 옹

게임 기반 영화의 흑역사

> 대부분의 영화가 구려요. 대부분의 비디오 게임도 형편없고요. 이제 영화와 게임의 50% 이상이 형편없다고 추정하고 나면 게임을 기반으로 한 영화를 영화라고 말할 수 있습니다.
>
> – 빈스 데시

스튜디오에서 게임을 기반으로 한 영화를 만들기 훨씬 전부터 몇몇 영화는 너절한 게임 문화(〈조이스틱스Joysticks〉)와 컴퓨터 기술(〈트론〉)에 대한 할리우드의 관점을 묘사했습니다. PC 게임과 비디오 게임은 그들과 전혀 무관한 영화에도 등장했습니다. 〈슈퍼맨 III〉에 나오는 악당 중 한 명은 슈퍼맨에게 미사일을 발사하기 위해 비디오 게임에서처럼 첨단 추적 시스템을 사용합니다. 〈라스트 드래곤〉에서 권력에 열광하는 갱스터 에디 아카디언(크리스토퍼 머니 분), 〈웨인스 월드Wayne's World〉에서 웨인과 가스를 후원하겠다고 제안하는 금융가 노아 밴더호프(브라이언 도일머레이 분)는 아케이드를 소유하고 있습니다. 숀 코너리의 마지막 제임스 본드 영화인 〈007: 네버 세이 네버 어게인Never Say Never Again〉에서 숀 코너리와 클라우스 마리아 브랜다워는 컨트롤러로 비디오 게임을 하면서 서로를 고문합니다.

할리우드는 게임을 바탕으로 한 영화를 계속 만들고 있습니다. 〈픽셀Pixels〉,

〈주먹왕 랄프〉, 〈쥬만지: 새로운 세계〉는 특정 게임이 아닌 일반 게임이나 가상 게임을 중심으로 이야기가 펼쳐집니다. 〈주먹왕 랄프〉는 거의 4억 7,100만 달러를 벌어들인 흥행작입니다.[269] 박스오피스 모조에 따르면 〈쥬만지: 새로운 세계〉는 9억 6,200만 달러를 벌어들여, 이듬해에 개봉한 또 다른 게임 관련 영화 〈레디 플레이어 원〉(스티븐 스필버그 감독)을 크게 앞질렀습니다.[270]

비디오 게임을 맨 처음 애니메이션 영화로 옮긴 것은 1993년의 〈슈퍼 마리오 브라더스〉로, 이 영화는 거의 5,000만 달러의 예산을 들이고 3,500만 달러 미만을 벌어들여 비평적으로나 재정적으로나 재앙이었습니다. 〈시스켈 앤드 이버트: 앳 더 무비스〉에서 공동 진행자인 진 시스켈은 리뷰의 서두에서 다음과 같이 말했습니다.

다음 영화는 인기 있는 비디오 게임의 영화 버전입니다. 바로 〈슈퍼 마리오 브라더스〉인데 전혀 통하지 않습니다. 이 영화는 하이테크도 아니고 로테크도 아니에요. 모방하려는 최첨단 비디오 게임만큼 눈부시거나 연관성이 있지도 않고, 매력적인 캐릭터나 신선한 이야기 같은 전통적인 영화 요소도 없죠. 어느 연령대를 위해 만든 영화인지 도통 모르겠네요.

– 진 시스켈(『시카고 트리뷴Chicago Tribune』 전 영화 평론가)

완전히 시간과 돈 낭비입니다.

– 로저 이버트

게임을 기반으로 한 다음 영화는 1994년 11월에 개봉한 〈더블 드래곤〉으로, 이 영화는 700만 달러의 예산으로 제작되었지만 손익 분기점에 도달하지 못했습니다. 이어서 한 달 후에는 더 유명한 스타들과 3,500만 달러의 예산으로

---

269 속편인 〈주먹왕 랄프 2: 인터넷 속으로〉는 5억 3,000만 달러의 흥행 수익을 올렸다. 박스오피스 모조가 티켓 판매량을 보도한다는 사실을 거듭 밝힌다. 박스오피스 모조는 DVD 및 블루레이 판매량 또는 스트리밍 수익을 보도하지 않는다.
270 박스오피스 모조는 〈레디 플레이어 원〉의 박스오피스 수입을 5억 8,290만 달러로 집계했다.

제작된 〈스트리트 파이터〉가 개봉했습니다.

이 무렵 패턴이 나타났습니다. 예산이 많든 적든 시나리오 작가는 비디오 게임 스토리텔링을 일관성 있는 대본으로 바꾸는 데 어려움을 겪었습니다. 마리오라는 배관공이 여기저기를 달리고, 거대 버섯에서 점프하고, 오징어가 가득한 바다에서 수영하고, 불을 내뿜는 용과 싸우는 것을 그럴듯한 줄거리로 풀어내는 방법을 아무도 알아내지 못했습니다.

〈다이 하드Die Hard〉, 〈비버리힐스 캅Beverly Hills Cop〉, 〈48시간48 Hours〉의 시나리오를 썼던 스티브 드수자는 〈스트리트 파이터〉의 각본과 감독을 맡았습니다. 『영원한 것은 없다Nothing Lasts Forever』라는 소설을 토대로 〈다이 하드〉를 썼던 드수자는 스토리를 영화로 각색하는 방법에 대해 한두 가지 알고 있었지만, 〈스트리트 파이터〉에는 스토리가 없고 다채로운 싸움꾼만 등장했습니다. 미 공군 특공대원, 전기를 내뿜는 브라질 돌연변이, 러시아 레슬링 선수, 투우사를 어떻게 논리 정연한 줄거리로 만들 수 있겠습니까?

영화 관련 발표에 대한 반응이 두 가지였습니다. 한편에서는 열성 팬들이 자기가 좋아하는 캐릭터가 진정성 있게 그려지지 않을 수도 있다는 걱정을 드러냈고, 또 한편에서는 이렇게 말했습니다. "굉장하군요. 실리콘밸리의 기술 회사가 할리우드에 진출한 사례예요."

- **로리 손턴**(캡콤엔터테인먼트 전 홍보 책임자)

〈스트리트 파이터 II〉는 성공적이었습니다. 이 게임의 성공이 없었다면 〈모탈 컴뱃〉, 〈철권〉, 〈버추어 파이터〉가 등장하기 어려웠을 것입니다. 〈스트리트 파이터 II〉는 하나의 장르를 개척하고 그 자체로 하나의 브랜드가 되었습니다.

시트, 수건, 만화책, 도시락 통 등 라이선스 제품이 서른 개가 넘었어요. 상상할 수 있는 모든 것에 〈스트리트 파이터 II〉라는 브랜드를 붙여 팔았죠.

- 로리 손턴

〈스트리트 파이터〉 출연진에는 스타와 존경받는 배우가 포함되었습니다. 한때 자신을 '무술계의 프레드 애스테어'라고 칭했던 벨기에 격투기 슈퍼스타 장 클로드 반담이 주연을 맡았습니다. 당시에 반담은 할리우드에서 가장 유명한 인물 중 하나였습니다.

그 밖의 많은 배우도 알아볼 수 있는 얼굴들이었습니다. 밍나 웬(〈뮬란〉), 웨스 스투디(〈라스트 모히칸Last of the Mohicans〉, 〈늑대와 춤을Dances with Wolves〉), 로샨 세스(〈간디Gandhi〉), 그랜드 L. 부시(〈리썰 웨폰Lethal Weapon〉, 〈다이 하드〉), 호주 가수 카일리 미노그가 다양한 파이터를 연기했습니다. 세계 헤비급 타이틀을 놓고 무하마드 알리와 싸운 적이 있는 조 버그너는 카메오로 출연했습니다. 아카데미상 수상자인 라울 훌리아가 악당인 M. 바이슨 장군(베가)을 연기했습니다.[271]

🕹

라울 훌리아가 이 영화를 찍게 된 것은 아들들이 〈스트리트 파이터 II〉의 광팬이었기 때문이죠. 그는 아들들을 통해 그 게임을 알고 있었고, 영화에 출연하면 정말 멋질 거라고 아들들이 설득했답니다.

－로리 손턴

프로젝트 초반부터 느껴지는 대형 스튜디오 특유의 호언장담에도 불구하고 유니버설스튜디오는 개봉을 앞두고 영화에서 손을 뗐습니다. 유니버설은 레드카펫 시사회 대신 버뱅크 스튜디오에서 오찬을 주최했습니다.

미국에서의 부진한 데뷔에도 불구하고 〈스트리트 파이터〉는 아시아에서 성공해 수익을 올렸습니다. 미국 박스오피스에서 3,300만 달러, 해외에서 6,600만 달러, 총 9,900만 달러를 벌어들였습니다.

영화 〈스트리트 파이터〉는 〈모탈 컴뱃〉/〈핏 파이터Pit Fighter〉 스타일의 디지

---

271 라울 훌리아는 촬영 직후 세상을 떠나 영화가 그에게 헌정되었다.

털 그래픽을 특징으로 하는 아케이드 게임 〈스트리트 파이터: 더 무비〉로 이어 졌습니다. 영화에 나오는 모든 전투원이 의상을 입고 뻣뻣하게 움직이는 디지털 형태를 띠었습니다. 캡콤은 이 게임의 아케이드 버전을 제작하고, 일본에서 새 턴 및 플레이스테이션 버전을 출시했습니다. 미국에서는 어클레임엔터테인먼 트가 그 기회를 잡았습니다. 이는 어클레임과 유니버설픽쳐스 간의 계약 때문일 수도 있고, 〈스트리트 파이터〉 브랜드의 명성을 지키기 위해 캡콤 USA가 거리 를 두었기 때문일 수도 있습니다.

캡콤 아케이드 사업부와 윌리엄스/밸리/미드웨이 간의 경쟁은 격투 게임 이전부터 존재했지만, 미드웨이의 〈모탈 컴뱃〉이 미국 오락실에서 〈스트리트 파이터 II〉를 추월했을 때 경쟁이 더 심해졌습니다. 1980년대의 아케이드 개편에 서 살아남은 캡콤과 미드웨이는 시카고가 미국 아케이드 산업의 메카였을 때 경 쟁 관계였습니다. 〈자우스트Joust〉를 작업했던 아티스트인 파이선 안젤로와 같은 인재는 때때로 두 회사를 오갔습니다.

아케이드 역사의 메아리처럼 할리우드에서는 〈스트리트 파이터〉에 이어 〈모탈 컴뱃〉 영화를 만들었습니다. 이 영화의 제작비는 1,800만 달러로, 〈스트 리트 파이터〉보다 돈을 덜 들이고 출연진도 덜 유명했습니다. 가장 잘 알려진 스타는 크리스토퍼 램버트(〈하이랜더Highlander〉, 〈그레이스토크Greystoke〉), 브리 젯 윌슨(〈빌리 매디슨Billy Madison〉, 〈마지막 액션 히어로Last Action Hero〉), 그리고 〈빅 트러블Big Trouble in Little China〉, 〈떠오르는 태양Rising Sun〉 등에서 아시아인 악 역을 연기해 성공적인 경력을 쌓은 케리 히로유키 다가와였습니다. 그리고 보석 광고를 찍은 모델이자 제임스 본드 영화에 애인 역으로도 나왔던 탈리사 소토가 카타나 공주로 분했습니다.

영화 〈모탈 컴뱃〉을 '예술'로 묘사하는 사람은 거의 없지만, 〈시스켈 앤드 이버트: 앳 더 무비스〉에서 진 시스켈은 로저 이버트와 영화에 대해 토론하면서 "팬들에게는 이 영화가 자기가 해본 최고의 비디오 게임이 영화로 만들어져 소 소한 상을 받은 기분일 것"이라고 표현했습니다.[272]

시스켈은 이 영화에 엄지손가락을 치켜세웠지만 이버트는 아니었습니다. 그는 극장이 너무 어둡다고 불평한 다음 이렇게 말했습니다. "재미있는 점은, 아시다시피 폭력 수준 때문에 논란이 아주 많았던 〈모탈 컴뱃〉 게임을 하는 아이들은 영화 속의 살인이 게임 속의 살인만큼 선정적이지 않다는 데 실망했다는 거예요.[273] 아이들에게 아주 끔찍한 일이 일어난 거죠."

폴 앤더슨 감독이 〈모탈 컴뱃〉을 영화로 옮기는 것은 스티븐 드수자가 〈스트리트 파이터 II〉를 각색하는 작업보다 더 쉬웠습니다. 오리지널 〈모탈 컴뱃〉 아케이드 게임을 만드는 동안 에드 분과 존 터바이어스는 추방된 마법사와 관련된 정교한 신화적 배경 이야기와 고대 적으로부터 '어스렐름'을 보호하는 신비한 무술 토너먼트를 발명했습니다. 대조적으로 드수자는 그 이야기를 출연진과 함께 구현하기만 하면 되었습니다. 시스켈은 〈모탈 컴뱃〉의 뒷이야기가 우스꽝스럽다는 것을 분명히 발견했지만, 억지스러운 줄거리는 액션 영화에서 허용되는 요소입니다.

1999년, 20세기폭스는 인기 있는 PC 게임을 기반으로 한 영화 〈윙 커맨더〉를 개봉했고, 또 다른 참사가 일어났습니다. 극장 관객 수를 늘리기 위해 20세기폭스는 이 영화를 첫 번째 〈스타워즈〉 프리퀄인 〈스타워즈: 보이지 않는 위험〉 예고편과 짝을 지었습니다. 『버라이어티』의 작가인 고드프리 체셔는 "이 영화가 새로운 〈스타워즈〉 영화의 두 번째 예고편과 짝을 이루는 것은 20세기폭스가 영화를 출시하는 데 도움이 될 것"이라고 추측했습니다.[14] 박스오피스 모조에 따르면 〈윙 커맨더〉는 3,000만 달러의 제작비가 들었고, 예고편을 일찌감치 보기 위해 온 〈스타워즈〉 팬들이 있었음에도 불구하고 흥행 수익이 고작 1,100만 달러였습니다.

---

272 시스켈은 "나를 포함해 〈모탈 컴뱃〉이라는 게임을 해본 적이 없는 사람이라도 영화를 보고 나면 실제로 게임을 해볼 수도 있다"며 리뷰를 마쳤다. 게임을 해보지도 않고 영화를 비평했다는 불만이 들어오면 그는 공개적으로 논의하지 않았다.

273 〈모탈 컴뱃〉은 조지프 리버먼 상원의원과 허브 콜 상원의원이 비디오 게임 폭력 관련 청문회를 연 지 3년 후인 1995년에 개봉되었다.

1998년에 닌텐도, 도호, 워너브러더스스튜디오는 〈극장판 포켓몬스터: 뮤츠의 역습Pokémon: The First Movie〉을 시작으로 일련의 포켓몬스터 영화를 개봉했습니다. 그 당시에는 포켓몬스터가 들어가기만 해도 모두 성공했습니다. 박스오피스 모조에 따르면 도호는 3,000만 달러의 예산으로 이 영화를 만들었습니다. 포켓몬스터 자체가 매력적이었기에 거물급 배우가 전혀 필요하지 않았습니다. 〈극장판 포켓몬스터: 뮤츠의 역습〉은 전 세계 박스오피스 수입이 1억 6,300만 달러에 달했습니다.

타이밍이 중요합니다. 〈극장판 포켓몬스터: 뮤츠의 역습〉은 〈포켓몬스터〉 만화가 TV에서 가장 인기 있는 프로그램 중 하나이고 상점들이 포켓몬스터 카드의 수요를 따라잡을 수 없을 때 나왔습니다.

그 후 2001년, 패러마운트픽처스는 야심찬 여름 블록버스터 〈툼 레이더〉를 개봉했습니다. 제작 예산이 1억 1,500만 달러에 달하고 눈부신 할리우드 스타인 앤젤리나 졸리를 내세운 이 영화는 6월에 개봉되었습니다. 졸리의 친아버지인 존 보이트가 영화에서도 라라 크로프트의 아버지로 분하고, 제임스 본드를 맡기 전의 대니얼 크레이그도 출연했습니다.

로저 이버트는 공개적으로 〈툼 레이더〉를 좋아했습니다. 그는 별 네 개 중 세 개를 주면서 이렇게 말했습니다. "나는 이 영화에 서스펜스를 느꼈을까요? 아니요. 무슨 일이 일어날지, 일어나야 하는지, 그게 무슨 의미인지 전혀 몰랐기 때문에 신경 쓸 겨를이 없었어요. 그럼 나는 그 모든 물음표에 기뻐하며 웃었을까요? 당연하죠."

〈툼 레이더〉는 할리우드 스튜디오가 호언장담하다가 포기하는 미적지근한 성공작의 전형이었습니다.[274] 티켓 판매로 2억 7,400만 달러를 벌어들여 본전 이상의 성과를 거두었지만, 그해 여름 블록버스터 시즌은 경쟁이 매우 치열했습

---

274 계약상의 의무 때문에 졸리와 패러마운트는 두 번째 영화 〈툼 레이더 2: 판도라의 상자〉를 제작했다. 이 영화의 예산은 9,500만 달러로 작은 규모가 아니었다. 〈반지의 제왕: 반지 원정대〉만큼 제작비가 많이 들었다. 패러마운트는 공격적인 마케팅 예산으로 영화를 지원하지는 않지만 극장 개봉으로 1억 6,000만 달러를 벌었다.

니다. 2001년의 대작은 1억 2,500만 달러의 예산을 들여 10억 달러 이상을 벌어들인 〈해리 포터와 마법사의 돌〉이었습니다. 또한 그해에 개봉한 〈반지의 제왕: 반지 원정대〉는 제작비가 9,500만 달러, 흥행 수익이 9억 달러였습니다. 이 두 영화에 비하면 〈툼 레이더〉는 성공이라고 말하기에 부족해 보였습니다.

사카구치의 〈파이널 판타지〉

게임 기반 영화의 역사적인 관점에서 가장 중요한 영화는 2001년 개봉한 〈파이널 판타지〉입니다. 이 영화는 영화 제작 기술을 변화시켰고, 전설적인 게임 디자이너의 경력을 크게 망쳤으며, 세계에서 가장 성공한 비디오 게임 퍼블리셔를 파산시킬 뻔했습니다.

이 영화의 원동력은 〈파이널 판타지〉 게임을 제작한 사카구치 히로노부였습니다. 그 캐릭터와 줄거리에 감명을 받은 팬들은 1987년에 닌텐도 패미컴에서 첫 번째 게임이 나온 이후 사카구치에게 〈파이널 판타지〉 영화를 만들어달라고 요청했습니다. 스퀘어가 출시한 〈파이널 판타지〉 시리즈는 일본에서 항상 충성스러운 거대 팬층을 거느렸고, 소니컴퓨터엔터테인먼트 아메리카는 1억 달러의 마케팅 예산으로 〈파이널 판타지 VII〉을 출시해 이 시리즈를 세계적인 유행으로 만들었습니다.[15]

열렬한 서퍼인 사카구치는 하와이에 최첨단 기술 스튜디오를 세우도록 스퀘어를 압박했고, 그곳에서 그는 미래의 〈파이널 판타지〉와 그 밖의 프로젝트를 작업하려고 했습니다.[275] 쌍둥이 하버코트 오피스타워 중 한 곳의 꼭대기에 위

---

275 사카구치 히로노부는 하와이가 지리적으로나 문화적으로 미국과 일본의 좋은 중간 지점이라고 생각했다. 1800년대에 하와이가 사탕수수 무역을 확장할 때 농부들이 농장에서 일할 일꾼을 일본에서 들여왔고, 그러한 노동자 중 다수가 하와이에 남아 일본인 인구가 형성되었다. 그래서 하와이 경제가 일본인 관광에 의존하게 되었으며, 호놀룰루에는 일본인 관광객을 위한 상점과 식당이 있고 많은 상점과 호텔에 영어와 일본

치한 스퀘어 USA의 새 스튜디오는 호놀룰루 항구가 내려다보이고 호놀룰루 공항에서 와이키키까지 이어지는 바다 전망을 자랑합니다. 사카구치는 이 사무실에서 〈파이널 판타지 VIII, IX, X〉의 아이디어를 쓰고 바인더에 보관하는 등 작업을 시작했습니다.

〈파이널 판타지 VII〉의 성공으로 의기양양해진 사카구치는 자신의 스토리텔링을 향상할 수 있는 새로운 기술을 연구했습니다. 1998년 초에 그는 하버코트 사무실로 기자를 초대해 컴퓨터 그래픽의 한계를 뛰어넘는 것처럼 보이는 캐릭터를 보여주었습니다.

그 캐릭터는 가는 백발에 주름과 검버섯이 있는 노인이었습니다. 사카구치는 컴퓨터에 명령을 입력해 노인의 표정을 바꿨습니다. 노인이 웃자 눈가에 잔주름이 생겼습니다. 노인의 피부는 진짜 사람의 피부처럼 빛을 흡수했습니다. 사카구치가 가상 바람을 불어 넣자 그의 고운 머리카락이 흩날렸습니다.

화면 속의 남자는 기자가 보았던 어떤 캐릭터보다 더 사실적이었습니다. 이것은 〈반지의 제왕〉과 〈해리 포터〉가 개봉하기 3년 전의 일로, 피터 잭슨의 골룸이 세상에 모습을 드러내기 전이었습니다. 사실 스퀘어의 이 작업은 골룸에 어느 정도 영향을 미쳤을 수도 있습니다.

이 영화를 제작하는 데에는 매우 다양한 측면이 있어요. 하이퍼리얼 CG 캐릭터의 개발은 처음에 예상했던 것보다 기술적으로 더욱 어려웠지만 일련의 장애물을 극복하도록 이끌었죠.

－사카구치 히로노부[16]

영화 제작을 위해 개발된 기술이 미래의 게임에 적용될 수 있다는 생각에 사카구치는 스퀘어의 도모유키 다케치 회장을 설득해 〈파이널 판타지〉 영화 제작 예산으로 7,000만 달러를 승인받았습니다. 그리고 얼마 지나지 않아 스퀘어

어로 된 표지판이 있다. 사카구치는 일본인 관광객을 위한 일본 상점과 호텔, 식당이 많기 때문에 일본에서 온 프로그래머와 아티스트가 더 잘 적응할 수 있을 것이라고 믿었다.

USA는 최고 수준의 애니메이터, CGI 아티스트, 영화인을 끌어들이는 자석이 되었습니다.

스튜디오를 가지게 된 사카구치는 영화의 성공에 영향을 미칠 결정을 내렸습니다. 그는 익숙한 줄거리와 눈에 띄는 〈파이널 판타지〉 게임 세계를 기반으로 영화를 제작하는 대신 공상과학 주제를 채택했습니다. 캐릭터가 건블레이드와 초코보 대신 미래 지향적인 총을 들고 지프차를 몰았습니다. 또한 〈파이널 판타지〉 게임의 음악 작곡가인 우에마쓰 노부오가 아니라 엘리엇 골든샐이 음악을 맡았습니다. 그러나 이러한 결정으로 사카구치는 경기장에 필요한 관중과 같은 게임 팬들과 멀어지고 말았습니다.

대본을 완성하는 데에도 문제가 발생했습니다. 사카구치의 비전은 그가 그것을 각색하기 위해 얼마나 많은 시나리오 작가를 고용하든 상관없이 애초부터 영화 제작에 적합하지 않았습니다. 그리고 어떻게 하면 할리우드가 비디오 게임 기반의 컴퓨터 애니메이션 영화를 진지하게 찍을 수 있느냐는 의문도 있었습니다. 사카구치가 단순히 컴퓨터 애니메이션 영화를 만들었다면 할리우드가 더 수용적이었을지도 모르지만, 그는 성인 관객을 염두에 두고 있었습니다.

또한 기술 관련 문제가 있었습니다. 주로 디즈니의 〈토이 스토리〉 덕분에 할리우드는 컴퓨터 애니메이션 영화를 마지못해 받아들였지만, 사카구치는 단순한 컴퓨터 애니메이션에 관심이 없었습니다. 그는 새로운 것, 즉 모션 캡처를 시도하고 싶었습니다.

모션 캡처는 그 당시 수작업 애니메이션의 시대에서 한 단계 더 나아간 것으로, 실제 배우가 넘어지고 주먹질하고 점프하는 등 모든 것을 연기했습니다. 배우가 소품을 들고 차량에 앉지만 배우의 움직임만 영화에 나옵니다.[276]

배우는 의상 대신 관절 등 곳곳에 흰 공이 있는 타이트한 검정 보디슈트를 입었습니다. 그리고 보디슈트에 달린 흰 공의 움직임만을 기록하는 디지털카메

---

276 보통은 세트장이 평평하지만, 예컨대 캐릭터가 산을 오르는 장면의 경우 배우가 올라갈 수 있도록 모션 캡처 감독이 검은 슬로프를 만들기도 했다.

라로 둘러싸인 검은 세트에서 장면을 연기했습니다. 이러한 움직임은 고도로 복잡한 피부를 배치할 수 있는 디지털 골격을 구축하는 데 사용되는 데이터로 변환되었습니다.

모션 캡처는 원래 의료용 기술로 개발되었습니다. 예를 들어 고관절이 안 좋은 환자는 무엇이 문제인지 의사가 분석할 수 있도록 관절의 움직임을 포착하는 카메라가 설치된 러닝머신을 걷습니다.

콘솔용 〈모탈 컴뱃〉을 만든 어클레임엔터테인먼트는 모션 캡처의 잠재력을 알아챈 최초의 엔터테인먼트 회사였을 가능성이 큽니다. 그것은 완전히 새로운 영역이었고, 어클레임은 모션 캡처 스튜디오를 세우고 운영하기 위해 레밍턴 스콧을 고용했습니다. 그러나 그 실험은 그리 오래 지속되지 않았습니다. 어클레임에서 스콧의 마지막 프로젝트는 1997년의 〈튜록: 다이너소어 헌터〉였습니다. 그 후 2년 동안 그는 이 기술을 사용하도록 할리우드의 스튜디오를 설득했지만 아무도 관심을 보이지 않았습니다. 결국 그는 포기하고 새로운 일자리를 찾기 위해 롱아일랜드로 돌아갔습니다.

전화벨이 울려서 전화를 받았더니 어떤 남자가 이렇게 말하더군요. "나는 스퀘어에서 일하는 아이다 준입니다. 우리는 〈파이널 판타지〉라는 게임을 만듭니다."

"장난해요? 나는 지금 그 게임을 하고 있어요."

"아, 네, 우리는 하와이에 있고 모션 캡처라는 새로운 기술을 시도해보고 싶은데 어떻게 해야 할지 모르겠어요. 하와이로 와서 우리랑 얘기 좀 하실래요?"

– **레밍턴 스콧** 〈파이널 판타지〉 모션 캡처 공동 감독

스콧은 하와이로 날아가 하루 동안 기술 작동 방식을 설명하고 그 자리에서 모션 캡처 공동 감독으로 영입되었습니다.

제작 초기 단계에 캐릭터를 키프레임으로 만드는 좀 더 전통적인 기술을 사용하려는 저명한 애니메이터 팀과 모션 캡처 팀 사이에 갈등이 일어났습니다.

모션 캡처 스튜디오의 리더인 스콧은 대역 배우의 움직임을 따서 디지털화하는 것이 더 저렴하고 빠르며 정확할 것이라고 주장했습니다. 사카구치는 모션 캡처 장면을 본 후 스콧의 편을 들었습니다.

모션 캡처 데이터를 기반으로 장면을 애니메이션화하는 애니메이터가 있었지만, 그 데이터는 실제로 스켈레톤을 움직이게 하는 것이 아니라 장면 안에서 존재하기만 할 뿐이었습니다. 그 표식은 키프레임으로 만든 거였어요. 남자 몇 명이 1분 동안 걷는 것을 작업하는 데 3개월 정도 걸리더군요.

나는 테스트를 했죠. 아키[밍나 웬]와 그레이[앨릭 볼드윈]가 영화에서 처음 만나는 장면을 모션 캡처했어요. 그녀는 그에게서 벗어나려 하고 그는 그녀를 막으려 하는데, 갈등이 있어서 좋은 장면이에요.

그래서 나는 모션 캡처 단계에서 배우를 촬영한 다음 마야[당시 최신 3D 소프트웨어 패키지인 오토데스크 마야] 포맷의 캐릭터로 데이터를 추출하는 솔루션을 구축했습니다. 그리고 모션 캡처 데이터를 캐릭터에 적용했습니다.

우리는 사카구치에게 발표했는데, 그는 "월례 상영에서 이걸 보여줘야 한다"고 말하더라고요. 그래서 월례 상영 때 모션 캡처 영상을 보여줬더니 다들 조용해졌어요. 핀이 떨어지는 소리가 들릴 정도였죠. 그러더니 우레와 같은 박수갈채가 쏟아졌습니다.

－레밍턴 스콧

영화의 주인공인 아키 로스는 인간의 눈, 머리카락, 피부와 동일하게 빛을 흡수하고 반사하는 40만 개의 폴리곤으로 구성되었습니다. 그녀의 얼굴에는 애니메이터가 입술, 턱, 눈썹, 뺨, 눈꺼풀, 이마를 움직일 수 있는 수십 개의 제어점이 있었습니다.

컴퓨터 그래픽이 더욱 정교해지면서 대중의 CG 인식 능력도 높아지고 있었습니다. 하지만 스퀘어가 〈파이널 판타지〉 영화를 선보였을 때 사람들은 아키 로스가 진짜 같다고 생각했습니다. 꽤 그럴듯하기는 해도 오늘날의 기준으로 보면 컴퓨터 캐릭터라는 것을 알아챌 수 있지만, 2001년에는 많은 사람이 아키 로스를 진짜로 착각했습니다. 『맥심Maxim』은 노출이 심한 비키니를 입은 그녀의 사진을 실었습니다.

제작자인 아이다 준과 크리스 리는 배우와 에이전트에게 이런 질문을 받았습니다. "이게 어떻게 영화를 바꿀까요?" "당신이 하는 일에 실제 배우가 필요한가요?" 그리고 흥미로운 윤리적 질문이 제기되었습니다. "스튜디오가 제임스 딘이나 매릴린 먼로와 같은 사람들을 부활시키는 것을 무엇이 막을 수 있을까요?"

그것 때문에 많이 걱정되기는 하지만 현실로 다가오고 있어요. 분명 앞으로 그런 일이 일어날 텐데 배우들이 무엇을 할 수 있을지 잘 모르겠네요.

– 톰 행크스(〈필라델피아Philadelphia〉, 〈포레스트 검프Forrest Gump〉 등의 주연 배우)[17]

스퀘어스튜디오는 하버코트 사무실과 함께 다이아몬드헤드 내륙 경사면에 있는 사운드 스테이지를 차지했습니다. 창고 크기의 사운드 스테이지가 두 개 있었습니다. 1960년대 후반에 오리지널 〈하와이 파이브-오〉를 위해 세운 구 사운드 스테이지와 〈쥬라기 공원〉을 촬영할 때 스티븐 스필버그가 세운 신 사운드 스테이지였습니다. 데이비드 해셀호프, 패멀라 앤더슨, 에리카 엘레니악과 〈베이워치〉 팀은 구 사운드 스테이지에서 작업했고, 스퀘어스튜디오는 스필버그의 신 사운드 스테이지를 임대했습니다.

스타급 출연진이 결국 계약서에 사인을 하기는 했지만, 초기에 아이다 준은 이들을 끌어모으는 데 어려움을 겪었습니다. 그는 〈스트리트 파이터〉 제작에 참여한 적이 있는데, 첫 번째로 계약한 유명인은 그때 함께 작업했던 밍나 웬이었습니다. 밍나 웬이 계약하자 다른 배우들이 뒤를 이었습니다. 앨릭 볼드윈이 주연을 맡았는데, 이는 〈30 록30 Rock〉이 나오기 5년 전의 일입니다. 볼드윈은 잭 도너기 역을 맡을 대스타는 아니었지만 〈비틀쥬스Beetlejuice〉, 〈워킹 걸Working Girl〉, 〈붉은 10월The Hunt for Red October〉과 같은 영화에 출연한 바 있었습니다. 그리고 빙 레임스가 출연진에 합류했습니다. 그가 〈돈 킹: 온리 인 아메리카Don King: Only in America〉에서 복싱 프로모터 돈 킹을 연기해 1998년 골든글로브 미니

시리즈 또는 TV 영화 부문 남우주연상을 수상했을 때 큰 파문이 일었지만, 그는 트로피를 원로 배우 잭 레먼에게 건네어 훈훈한 분위기를 만들었습니다. 또한 제임스 우즈, 도널드 서덜랜드, 스티브 부세미, 키스 데이비드도 출연하기로 했습니다.

그래도 〈파이널 판타지〉의 빅 스타는 CGI 기술이었습니다. 이 영화에서 병사의 시체가 슬비한 분화구인 배틀필드 웨이스틀랜드에 기갑 부대 병사들이 진입하는 장면은 진짜처럼 보입니다.

그 당시에 전부 컴퓨터로 제작된 영화가 또 있었지만, 사실적인 인간 캐릭터를 시도한 것은 〈파이널 판타지〉가 처음입니다. 나팔 귀를 가진 슈렉이 아니라 벤 애플렉과 아주 닮은 우주 병사 그레이 에드워즈가 나오는데, 로열티가 있는지 궁금할 정도로요.

– 로저 이버트[18]

이버트는 비평 말미에 이렇게 썼습니다. "줄거리는 영화의 영상을 전달하는 도구에 불과합니다. 이 영화를 보는 이유는 단순히 보기 위함입니다." 불행히도 다른 비평가들은 관대하지 않았습니다. BBC닷컴의 대니 그레이던은 "첨단 기술의 시각적 웅장함이 진부한 대화, 빈약한 캐릭터, 실망스러운 전개를 가릴 수 없다"고 썼습니다.[19] 또한 『시카고 트리뷴』의 마크 카로는 "로스 박사와 동료들처럼 이 영화는 진정으로 살아 있지 않은 삶을 예술적으로 모방한다"고 말했습니다.[20]

결국 〈파이널 판타지〉는 흥행 실패작이었습니다. 박스오피스 모조에 따르면 이 영화는 1억 3,700만 달러를 들여 8,500만 달러가 조금 넘는 수익을 올렸습니다. 공정하든 아니든 게임 업계 관계자들은 오랫동안 이 영화를, 그리고 특히 2003년 스퀘어와 에닉스의 합병을 놓고 사카구치 히로노부를 비난했습니다.

디지털 배우를 만드는 윤리에 대해 배우와 에이전트가 던지는 질문이 2001년에는 억지스럽게 들렸을지 모르지만, 그 질문이 정확하다는 것을 시간이 증명했습니다. 그 이후로 커트 러셀, 아널드 슈워제네거와 같은 배우들의 모션 캡처 버전이 〈가디언즈 오브 갤럭시 Vol. 2Guardians of the Galaxy: Vol. 2〉, 〈터미네이터: 미래 전쟁의 시작Terminator: Salvation〉에 등장했습니다. 대부분의 경우에 이러한 아바타는 살아 있는 배우의 젊은 모습입니다. 2016년 개봉한 〈로그 원: 스타워즈 스토리Star Wars: Rogue One〉에는 그랜드 모프 타킨이 레이아 오르가나 공주와 맞서는 장면이 있는데, 피터 커싱은 1994년에 사망했으나 모션 캡처 기술로 이 장면을 만들어낼 수 있었습니다. 이 영화가 촬영되었을 때 그가 살아 있었다면 100세라 64세 역할을 연기할 수 없었을 것입니다. 루카스아츠는 커싱의 모습을 만들기 전에 그의 가족에게 허락을 구했습니다.

한편 캐리 피셔는 영화 제작 기간에 생존해 있었지만 그 카메오를 노르웨이 배우 잉빌드 데일라가 연기했습니다. 개러스 에드워즈 감독에 따르면 루카스필름의 캐슬린 케네디 사장이 피셔에게 모션 캡처 장면을 보여주었을 때 그녀는 1970년대의 영상이라고 생각했습니다.

캐리는 테이크를 기억하지 못했고, 우리가 원본 영화의 테이크를 조작했다고 생각했어요. 하지만 이 모든 것이 컴퓨터로 만들어진 거라고 설명해줬더니 몹시 감동하더군요.

－개러스 에드워즈(〈로그 원: 스타워즈 스토리〉 감독)[21]

1999년에 어린이 크리스마스 소설 〈폴라 익스프레스The Polar Express〉를 선택한 톰 행크스는 〈파이널 판타지〉를 반대했음에도 모션 캡처 영화의 예비 작업을 시작했습니다. 그는 여러 모션 캡처 캐릭터에 자기 목소리를 더해 몇 가지 주요 역할을 연기했습니다.

레밍턴 스콧은 〈파이널 판타지〉로 모션 캡처 감독으로서의 경력을 시작했습니다. 많은 스튜디오가 핫한 신기술에 관심을 가지게 되었고 스콧이 그 선두에 섰습니다. 피터 잭슨은 뉴질랜드에 모션 캡처 스튜디오를 짓기 위해 그를 고용했습니다. 〈반지의 제왕: 반지 원정대〉에 나오는 골룸은 전통적인 애니메이션이었고, 〈반지의 제왕: 두 개의 탑〉에 나오는 골룸은 스콧이 이끄는 팀이 앤디 서키스라는 배우와 함께 작업한 모션 데이터로 만들어졌습니다.

스콧은 〈스파이더맨 2〉, 〈스파이더맨 3〉, 〈왓치맨〉 등 여러 영화와 비디오 게임 프로젝트에 계속 참여했습니다. 플레이스테이션 3를 공개하는 자리에서 구타라기 겐은 플레이스테이션 3가 배우 앨프리드 몰리나의 얼굴 모델에 어떻게 감정을 표현할 수 있는지를 보여줄 때 스콧이 만든 몰리나의 모델을 사용했습니다.

우베 볼

게임 커뮤니티의 거의 모든 게이머는 잭 톰프슨[277]과 복제 방지 기술인 스타포스[278], 독일 영화 제작자 우베 볼을 싫어했습니다. 우베 볼 박사는 수십 년 동안 많은 제작자 겸 감독이 지켜볼 수 없는 영화를 만들었지만, 그의 작품은 많은 게이머에게 독특한 경멸을 불러일으켰습니다.[22]

게임과 할리우드의 험난한 관계는 2001년에 마크 올트먼이라는 야심 찬 시나리오 작가가 당시 밴쿠버에 거주하던 독일 영화 제작자 우베 볼에게 세가 아케이드 슈팅 게임 〈더 하우스 오브 더 데드〉를 기반으로 한 영화 제작 건으로 접근했을 때 악화되었습니다. 볼과 이야기 나누는 시점에 올트먼은 세가의 승인을 받기 위해 대본을 이미 제출한 상태였습니다.

---

277 비디오 게임 산업과 일인 법적 분쟁을 벌였던 잭 톰프슨 변호사는 학교 총격 사건 이후 기자회견을 열어 해당 사건을 게임 탓으로 돌리고 유명 개발사들을 고소했으며, 스스로 비디오 게임과 PC 게임의 폐해에 관한 언론 대변인으로 나섰다.

278 스타포스는 많은 유명 게임 회사가 불법 복제를 방지하기 위해 사용했던 러시아제 복제 방지 소프트웨어이다. 하지만 스타포스는 보호하려는 게임과 함께 게임을 제거해도 제거되지 않는 장치 드라이버를 설치했다.

마인드파이어엔터테인먼트의 마크 올트먼이 〈더 하우스 오브 더 데드〉 건으로 연락을 해왔어요. 그들은 게임과 대본, 세가로부터 얻은 판권을 가지고 있었죠.

당시에 나는 막다른 골목에 있었어요. 〈하트 오브 아메리카 Heart of America〉라는 드라마를 찍었는데, 좋은 평을 받았지만 돈을 벌지는 못했거든요.

나는 좀비 팬이기는 하지만 게임 팬은 아니었어요. 〈더 하우스 오브 더 데드〉를 알고만 있었고 오락실에 앉아서 좀비를 쏘기도 했지만 실제로 이 게임을 해보지는 못했어요. 모두가 알고 있는 게임이라는 건 알고 있었죠. 나는 조지 로메로 3부작의 열렬한 팬으로서 항상 좀비 영화를 만들고 싶었어요.

– 우베 볼〈하우스 오브 더 데드〉 제작자 겸 감독〉

볼은 흥미로운 사람이었습니다. 문학 박사 학위를 지닌 그는 능숙한 아마추어 권투 선수인 데다 여러 가지 사업을 벌이기도 했습니다. 비록 그는 비디오 게임에 대해 상반된 감정을 가지고 있었지만 좀비 영화를 만든다는 것에 흥미를 느꼈습니다.

볼은 비디오 게임을 기반으로 한 영화를 다작하는 감독이 되려고 노력했어요. 아주 흥미로운 사람이고 매우 똑똑합니다. 바보가 아니라 웃기는 사람이죠.

그는 몹시 친절하고 관대하며 개방적입니다. 그는 분명히 자본주의자이지만 자본주의적 사회주의자예요. 그리고 독일식 유머 감각을 가지고 있어요. 그는 매우 냉소적이지만, 한편으로는 죽은 말이 환생할 때까지 때리기도 합니다.[279]

– 빈스 데시

볼은 영화의 모든 것을 좋아했습니다. 그는 영화를 보는 것도, 영화를 만드는 것도 좋아했습니다. 사업가인 그는 그 과정의 재정적 측면에 세심한 주의를 기울였습니다. 대차대조표를 검토한 후 볼은 아케이드 게임을 기반으로 한 영화

---

279 옮긴이_헛수고를 계속한다는 의미이다.

가 수익을 낼 수 있는 유일한 방법은 빠듯한 예산으로 제작하는 것이라고 결론을 내렸습니다.

볼은 무명 배우를 주로 썼습니다. 〈하트 오브 아메리카〉와 〈블랙우즈 Blackwoods〉에서 함께 작업했던 클린트 하워드[280]는 출연진 중 거의 주연급이었습니다. 또한 그는 〈특전 유보트Das Boot〉, 〈듄〉, 〈윙 커맨더〉 등의 크레디트에 이름을 올리고 〈하트 오브 아메리카〉에도 출연했던 베테랑 배우 위르겐 프로흐노를 기용했습니다. 박스오피스 모조는 〈하우스 오브 더 데드〉가 1,200만 달러의 예산으로 제작되었다고 보도했지만 볼은 800만 달러에 가깝다고 밝혔습니다.

〈하우스 오브 더 데드〉는 영화 제작자에게 유리한 인센티브를 제공하는 도시인 밴쿠버에서 촬영되었습니다. 아케이드 게임 속의 사악한 실험실과 거대한 저택 대신 영화에서는 대학생들이 봄방학을 맞아 외딴 섬에서 벌이는 파티로 분위기를 더했습니다. 세가 아메리카의 최고 운영 책임자인 피터 무어는 영화의 한 장면에서 좀비를 연기하기 위해 밴쿠버로 날아갔습니다. 원작 게임을 개발한 세가 와우의 대표인 나카가와 리키야도 그랬습니다.

내가 등장하는 장면은 밴쿠버의 산기슭에서 밤새 촬영했는데, 촬영하는 내내 비가 쏟아졌어요. 스물여덟 개 테이크였던 걸로 기억해요. 날씨 탓에 소품용 총이 계속 고장 났죠.

— 피터 무어

일본에서 온 세가 경영진이 좀비를 연기했어요. 그들은 웃고 있었죠. 촬영장은 즐거운 분위기였지만 영어를 거의 못해서 긴 대화를 나누지는 못했어요.

샌프란시스코에서 열린 시사회에는 세가의 오구치 히사오 사장도 왔습니다. 그는 그 영화를 정말 좋아했어요. 그는 영어를 잘해서 만족스럽게 대화를 나눌 수 있었어요.

— 우베 볼

---

[280] 배우이자 감독인 론 하워드의 동생이기도 한 클린트 하워드는 〈아폴로 13호(Apollo 13)〉, 〈스플래쉬(Splash)〉, 〈우리 아빠 야호!(Parenthood)〉, 〈생방송 에드 TV(Edtv)〉 등 형의 작품에 많이 출연했다. 249개의 작품에 이름을 올린 그는 할리우드에서 가장 바쁜 배우 중 한 명이다.

물론 영화가 야만적이지만 게임도 그래요. 왜 비평가들이 〈하우스 오브 더 데드〉를 그렇게 싫어하는지 이해가 안 가요. 게임을 제대로 반영한 영화인데 말이죠.

－우베 볼

역대 최악의 영화 목록을 찾아보면 우베 볼의 영화가 몇 편 있을 것입니다. 메타크리틱은 역대 최악의 영화감독 2위로 우베 볼을 선정했습니다. 1위는 제이슨 프리드버그와 에런 셀처 팀(〈데이트 무비Date Movie〉, 〈에픽 무비Epic Movie〉, 〈디재스터 무비Disaster Movie〉)이었습니다. 〈하우스 오브 더 데드〉는 '역대 최악의 영화' 목록에 몇 번 올랐지만 볼의 관점에서 이 영화는 성공적이었습니다.

〈하우스 오브 더 데드〉는 미국 극장에서 약 1,100만 달러를 벌고, 그 후 DVD 판매로 2,800만 달러를 벌었습니다. 또 전 세계에서 얻은 수익이 1,000만 달러라 수익 면에서는 전반적으로 성공적이었습니다.[281]

투자자들이 기뻐했고, 그래서 나는 계속 나아갔죠. 영화로 만들 수 있는 게임을 찾던 중 여러 회사에서 연락이 왔고, 다양한 작가들이 접근하기도 했어요.

그렇게 해서 사업을 하게 되었습니다. 내 삶에서 5~6년 동안은 정말로 비디오 게임 기반 영화에 빠져 있었어요. 덕분에 많은 돈을 벌 수 있었지만, 한편으로는 내 인생에서 최악의 평가를 받았던 때이기도 합니다.

－우베 볼

〈하우스 오브 더 데드〉의 재정적 성공은 더 큰 영화로 이어졌습니다. 볼의 다음 영화인 〈어둠 속에 나 홀로Alone in the Dark〉에는 크리스천 슬레이터, 타라 리드, 스티븐 도프가 출연했습니다. 비평가들은 그 영화가 쓸모없고 무의미하다고 생각했습니다. 그리고 게이머들은 영화의 기반인 선구적 3D 어드벤처 게임과 아무런 관련이 없다고 불평했습니다. 〈어둠 속에 나 홀로〉는 2,000만 달러의 예

---

281 다시 말하지만 박스오피스 모조는 DVD 판매 및 기타 수익원을 제외하고 극장 티켓 판매량만 다룬다.

산으로 제작되어 극장에서 1,200만 달러를 벌어들였습니다.

비평가들은 우베 볼에게 무자비했습니다. 로저 이버트는 그의 영화에 대해 평 자체를 하지 않았습니다. 『샌프란시스코 크로니클San Francisco Chronicle』의 피터 하틀라우브는 〈어둠 속에 나 홀로〉를 다음과 같이 묘사했습니다. "최고의 에드 우드[282] 영화입니다. 이 영화는 액션 영화로도 공포 영화로도 비참하게 실패했시만 코미디로서는 성공했습니다. 놀라울 정도로 끔찍하다는 점에서는 불후의 명작으로 쳐줄 수 있습니다."[23]

이에 굴하지 않고 볼은 크리스타나 로켄, 아카데미상을 수상한 벤 킹즐리, 빌리 제인, 미셸 로드리게스 등 잘 알려진 배우를 섭외해 〈블러드레인BloodRayne〉을 만들었습니다. 2,500만 달러의 예산으로 촬영된 이 영화는 극장에서 고작 360만 달러를 벌었고 비평가들에게는 혹평을 받았습니다. 『뉴어크 스타레저Newark Star-Ledger』의 스티븐 휘티는 이렇게 썼습니다. "한 장면에서 여주인공이 '넌 고통의 의미를 몰라!'라고 속삭입니다. 아뇨, 덕분에 우리는 고통을 확실히 알게 되었어요."[24]

이때까지 비평가들은 볼이 엮여 있기만 하면 선을 넘어섰습니다. 볼은 많은 비판을 인신 공격으로 받아들였습니다. 그는 일부 비평가들이 영화를 보지도 않고 혹평했다고 비난했습니다.

나중에 사람들이 '격분한 볼'이라고 일컬은 행사에서 우베 볼은 당일 밤 가장 적대적인 비평가 중 일부와 스파링을 하겠다고 했습니다. 그가 아마추어 권투 선수였다는 사실을 모르는지 비평가 네 명이 그 제안을 받아들였습니다.

〈포스탈〉을 촬영하는 동안 나는 '만약 그들이 정말로 나를 파괴하고 싶어 한다면 링에서 만나자'고 생각했어요.

밴쿠버에서 네 명과 연속으로 권투를 했죠. 그들은 모두 권투를 할 줄 모르더군요. 한 남자

---

282 옮긴이_미국의 영화감독이자 배우로, 과상하고 완성도도 떨어지는 영화를 만들어 쓰레기 감독으로 불렸다.

가 예전에 권투를 했다고 했지만 너무 옛날에 했었나 싶었어요.

그들을 두들겨 패는 건 쉽지 않았어요. 네 명을 연속으로 때리면 지치거든요. 나는 총 여섯 라운드를 맞붙어야 했죠. 두 명은 두 라운드 동안 서 있었고 나머지 두 명은 한 라운드만 버텼는데 재미있었어요. 일종의 복수심이었답니다.

클린트 하워드가 내 영화에 많이 나왔기 때문에 론 하워드를 만날 기회가 있었어요. 내가 비평가들을 권투로 물리쳤을 때 그는 이렇게 말했어요. "모두가 당신을 부러워할 거예요. 우리는 모두 비평가들과 싸우고 싶지만 권투를 할 수는 없죠."

- 우베 볼

볼은 계속해서 게임 기반 영화를 쓰고 감독하고 제작했습니다. 6,000만 달러라는 가장 큰 예산을 들인 〈왕의 이름으로In the Name of the King: A Dungeon Siege Tale〉에는 제이슨 스테이섬과 존 리스데이비스, 그리고 미스캐스팅인 매슈 릴러드가 출연했습니다.

나는 영화 찍는 걸 좋아하는 만큼 모든 비디오 게임 영화를 즐겁게 만들었어요. 내 인생에서 최고의 시간은 〈포스탈〉과 〈왕의 이름으로〉를 촬영했던 때랍니다. 〈왕의 이름으로〉는 출연진도 많고 예산도 많았죠. 고예산 영화라 가장 재미있었어요.

- 우베 볼

게임을 영화로, 영화를 게임으로 만드는 노하우를 속속들이 아는 사람이 있다면 러닝위드시저스를 설립한 빈스 데시일 것입니다. 오랫동안 다른 퍼블리셔의 영화 라이선스를 기반으로 한 게임을 만든 후, 데시는 독창적인 게임을 만들고 직접 퍼블리싱하면 더 큰 돈을 벌 것이라는 결론에 도달했습니다. 그가 고안한 게임은 조지프 리버먼 상원의원과 미디어 및 가족 연구소를 자극한 폭력적인 게임 중 하나인 〈포스탈〉이었습니다.[283]

---

283 〈포스탈〉과 〈GTA〉는 과도한 폭력을 담고 있어 많은 비평가는 두 게임을 한통속으로 묶었다.

데시는 비평가들이 게임에 대해 뭐라고 말하든 상관하지 않았습니다. 그는 스스로 재미있다고 생각하는 게임을 만들었습니다. 〈포스탈〉독일 팬클럽 회장이 그와 어떤 독일 영화감독을 연결해주기 전까지 그는 게임을 영화로 옮기는 것을 전혀 고려하지 않았습니다.

나는 우베 볼이라는 미친 독일 감독과 거래를 했어요. 그에게 〈포스탈〉 영화 제작권을 넘겼죠. 우리는 게임 업계에서 최악이라는 평판을 받고 그는 영화 업계에서 최악이라는 평판을 받았으니 웃긴 일이었어요.

－빈스 데시

이 영화는 역사상 최악의 감독이라는 우베 볼의 명성에 확실한 힘을 실어주었습니다. 영화는 테러리스트 둘이 세계무역센터를 향해 제트기를 조종하면서 오사마 빈라덴에게 전화를 걸어 천국에 가면 얼마나 많은 처녀를 받을 것인지를 확인하는 것으로 시작됩니다. 정치적 올바름과 인종적 감수성 따위는 개나 줘버렸죠. 원작 게임이 미친 게임이라면, 이 영화는 그보다 더 미친 영화라고 볼이 말하는 것과 같았습니다.

맨해튼에 있는 로버트 드니로의 트리베카스튜디오에서 그 영화를 처음 봤어요. 볼이 극장을 빌렸죠.

볼의 공로를 인정해야 해요. 그는 배짱이 있고 똑똑한 사람이에요. 어쨌든 맨해튼에서 시사회를 했는데 재미있었어요. 사람들이 좀 왔고, 그때 처음 본 그 영화는 정말 미쳤죠.

내 집에서도 남의 집에서도 그 영화를 수없이 봤는데, 보면 볼수록 확실하더군요. 시간이 갈수록 점점 더 많은 장면을 감상하게 되더라고요.

나는 영화가 너무 길다고 생각했어요. 내 생각에는 미국인 편집자… 미국인 코미디 편집자가 있었다면 획기적으로 수준이 향상되었을 것 같아요.

－빈스 데시

볼의 성격에서 더욱 흥미로운 점 중 하나는, 그렇게 욕먹던 비디오 게임 영화에서 벗어나 거의 눈에 띄지 않는 영화도 조용히 만들었다는 것입니다. 이렇다 할 걸작은 없지만 그의 영화 중 몇 편은 좋은 작품입니다. 그가 각본, 감독, 제작을 맡았던 〈다르푸르Darfur〉는 뉴욕 국제 독립 영화 및 비디오 페스티벌에서 최우수 국제 영화상을 수상했습니다. 또한 그는 독일 헤비급 챔피언 막스 슈멜링의 삶을 탄탄한 전기 영화로 만들기도 했습니다.

나는 시스템의 일부가 되지도 않고, 로스앤젤레스에 살지도 않고, 그 게임을 해본 적도 없이 32편의 영화를 찍었어요. 변호사, 매니저, 홍보 담당자, 에이전트도 없었죠. 아무도 없었어요. 그런 것 없이도 내가 해낸 것을 이룬 사람을 찾을 수 없을 겁니다. 게다가 나를 보호해줄 스튜디오가 없다는 이유로 심하게 나를 공격하는 사람이 많았다고요.

— 우베 볼

최근까지 비디오 게임과 PC 게임을 원작으로 한 영화가 수십 편 나왔고, 취소된 프로젝트도 의외로 많습니다. 피터 잭슨은 중단되었던 〈헤일로〉 영화 작업을 시작했습니다. 앤젤리나 졸리는 세 번째 〈툼 레이더〉에 참여하기로 되어 있었습니다. 레이다에서 벗어났음에도 불구하고 오랜 루머의 〈소닉 더 헤지혹〉 영화는 마침내 2020년에 현실화되었습니다.

보도가 정확하다면 스크린젬스는 유비소프트의 〈저스트 댄스〉를 기반으로 한 영화 제작을 검토하고 있습니다. 터무니없어 보이지만 누군가가 아타리의 클래식 아케이드인 〈아스테로이드〉를 바탕으로 게임을 만들고 있다는 소문도 있습니다.

비디오 게임이 새롭고, 괴짜스럽고, 틈새시장에서만 인정받던 초기에 게임 제작자들은 소프트웨어에 영화 라이선스를 끼워넣어 매출을 올리려고 했습니다. 2000년대 초반에는 상황이 역전되었습니다. 비디오 게임 산업이 영화 산업보다 5~10배 더 많은 돈을 벌기 시작했고, 영화 산업은 멸종 위기에 처했습니다. 2009년에 영화당 약 1,640만 달러(평균)의 최고 수익[284]을 기록한 이후 2019년까지 평균 박스오피스 수입이 1,250만 달러로 감소했으며, 점점 더 많은 고예산 블록버스터가 제작비를 간신히 충당하고 있습니다. 영화 산업이 곤경에 처해 있고 게임 산업이 거대해지는 상황에서 할리우드가 게임 산업이 불우했던 시절에 게임 제작자들이 사용했던 것과 같은 전략을 채택하는 것은 시간 문제였습니다.

EA의 CEO 존 리키텔로가 '쓰레기 같은 라이선스 게임' 제작을 중단하기로 약속한 2008년까지 할리우드는 매년 게임 기반 영화를 세 편 개봉했습니다. 2008년 작 중 두 편이 우베 볼 감독의 〈파 크라이Far Cry〉와 〈왕의 이름으로〉입니다. 나머지 하나인 〈맥스 페인Max Payne〉은 3,500만 달러라는 적은 예산으로 제작되어 그 두 배 이상을 벌어들였습니다.[285] 이 영화에는 마크 월버그, 밀라 쿠니스, 루다크리스, 올가 쿠릴렌코가 출연했습니다.

영화를 토대로 한 게임을 만들 때의 지배적인 윤리는 '좋은 것이면 충분하다'였습니다. 비디오 게임과 PC 게임을 기반으로 영화를 제작하는 데에도 같은 윤리가 지배적입니다.

게임 기반 영화 중 가장 유명한 〈레지던트 이블Resident Evil〉은 시리즈를 거듭할수록 원작 게임의 스토리와 닮은 점이 없어졌습니다. 라쿤시티에서 이야기가 펼쳐지고 엄브렐러코퍼레이션이라는 사악한 회사가 나오는 등 첫 번째 〈레지던트 이블〉은 원작과의 유사성을 어느 정도 보이지만 현재의 〈레지던트 이블〉은 고유한 정체성을 지니게 되었습니다.

영화 〈램페이지〉에는 거대한 유인원과 늑대, 늪지 생물이 등장하지만,

---

284 박스오피스 모조의 '연간 박스오피스' 보고서에 나온 수치이다.

285 역사적으로 흥행 수익 추적은 스튜디오가 상반된 보고서를 만드는 경우 더욱 어렵다. 가장 악명 높은 사례 중 하나는 〈포레스트 검프〉이다. 원작 소설 작가인 윈스턴 그룸은 로버트 저메키스 감독에게 박스오피스 수입의 3%를 더한 35만 달러에 판권을 팔았다. 이 영화는 전 세계적으로 6억 7,800만 달러를 벌어들여 지금까지 가장 높은 수익을 올린 10대 영화 중 하나로 알려졌지만, 그룸이 자기 비율을 물었을 때 패러마운트 픽처스는 실제로 손해를 보았다고 주장했다.

1980년대에 출시된 원작 게임과의 유사성은 그게 다입니다. 〈소닉 더 헤지혹〉에 나오는 소닉은 원작과 동일하게 금반지를 들고 다니며 테니스 신발을 신었지만, 영화의 줄거리는 제리 루이스와 딘 마틴의 로드트립 영화와 더 닮았습니다. 이러한 이탈은 바람직한 비즈니스 결정이었을 수 있습니다. 박스오피스 모조에 따르면 〈램페이지〉는 1억 2,000만 달러를 들여 4억 2,800만 달러를 벌어들였습니다. 또한 〈소닉 더 헤지혹〉은 8,500만 달러를 투자해 3억 800만 달러 이상의 흥행 수익을 올렸습니다. 말이 빠른 라이언 레이놀즈가 피카츄를 연기한 포켓몬 스터 코미디 미스터리 〈명탐정 피카츄Detective Pikachu〉는 4억 달러 이상을 벌기도 했습니다.

하지만 정말 별로인 게임을 만들어 E.T.의 뒤통수를 치는 바람에 수많은 카트리지가 뉴멕시코 매립지에 묻혔듯이, 밥 호스킨스가 마리오처럼 차려입었다고 해서 정말 끔찍한 영화가 대박을 치지는 못할 것입니다. 짧은 반바지에 꽉 끼는 탱크톱을 입은 앤젤리나 졸리가 사람들의 이목을 끌었을지는 몰라도, 그것이 〈툼 레이더〉를 액션 프랜차이즈로 만들지는 못했습니다. 카리스마 넘치는 마이클 패스벤더가 수도사 복장을 했지만 〈어쌔신 크리드〉는 흥행에 성공하지 못했습니다.

우베 볼은 〈콜 오브 듀티〉나 〈헤일로〉 같은 게임을 정교한 그래픽, 잘 연출된 장면, 특수 효과, 성우를 내세워 영화로 만들 필요는 없다고 언급했습니다. 그가 말했듯이 "그런 게임은 사실상 그 자체가 영화입니다."

게임은 예술이 아니라는 로저 이버트의 주장은 요점을 벗어났을지도 모릅니다. 예술적이든 아니든 게임 산업은 영화를 따라잡았을 뿐만 아니라 이제는 영화보다 몇 걸음 앞섰습니다. 한때 유행과 참신함으로 여겨졌던 것이 영화, 음악, 스포츠를 통합함으로써 더 커졌습니다. 아무래도 예술의 정의가 진화해야 할 때인 것 같습니다.

너팅어소시에이츠는 1971년 11월에 최초의 동전 투입식 '컴퓨터 게임'인 〈컴퓨터 스페이스〉를 납품하기 시작했습니다. 이 책의 출간 시기(원서가 출간된 2021년)는 논란의 소지가 있는 비디오 게임 50주년과 일치합니다.[286]

이 시리즈의 첫 권에서는 1971~1996년을 다루었고, 원래 책 제목이 『The First Quarter: A 25-Year History of Video Games(첫 번째 분기: 비디오 게임의 25년 역사)』(2001년에 독립 출판)였습니다. 그런데 그 당시에 이 책을 매력적이라고 생각하는 출판사가 없어서 결국 나는 자비로 책을 펴냈습니다. 5,000부를 인쇄해 아마존닷컴과 일렉트로닉스부티크에서 판매했는데, 아마존닷컴에서 75위에 올랐을 때 일전에 거절당했던 출판사인 프리마로부터 연락이 왔습니다.

책 제목을 『The Ultimate History of Video Games』로 바꾼 것은 프리마의 아이디어임을 분명히 밝히고 싶습니다. 처음에 이 제목을 제안했을 때 나는 별로라고 말했습니다. 최상급의 느낌을 풍기는 'ultimate'라는 단어가 불편했습니다. 사람들이 더 궁극적인 것을 찾도록 부추기는 단어니까요. 하지만 내 의견은 최종적으로 기각되었습니다.

결과적으로 프리마가 제목을 바꾼 것은 옳았습니다. 담당 편집자는 "'The First Quarter'라는 제목만 봐서는 농구에 관한 책인지, 동전 수집에 관한 책인지, 비디오 게임에 관한 책인지 바로 알 수 없지만, 'The Ultimate History of Video Games' 같은 제목은 보자마자 무슨 책인지 알 수 있다"고 말했습니다.

────────────

286 많은 사람이 1958년 브룩헤이븐 국립 연구소의 오픈하우스에서 윌리엄 히긴보덤이 〈테니스 포 투〉를 시연한 것을 비디오 게임의 시작으로 간주하기 때문에 '논란의 소지가 있는' 50주년 기념일이다. 어떤 사람들은 스티븐 러셀의 〈스페이스워!〉가 최초라고 생각한다. 나는 히긴보덤의 업적을 '진화의 사슬에 맞지 않는다'고 평가하곤 했으나 그렇지 않다. 나는 이제 〈테니스 포 투〉를 첫 번째 인터랙티브 게임의 예로 완전히 인정한다. 그러나 비디오 게임의 63주년을 기념하는 것은 50주년만큼 중대하지 않아 보이니 여기서는 〈컴퓨터 스페이스〉를 언급하겠다.

몇 년 후 나는 내 책의 최신 온라인 리뷰에서 사람들이 거의 20년 된 책이라고 평한다는 것을 알게 되었습니다. 관대한 몇몇 비평가는 '비디오 게임의 초기 역사'를 알고 싶은 독자에게 좋은 책이라고 했습니다. 하지만 이는 구매자에게 공손히 경고하는 것이기도 했습니다. 지금 시장에는 플레이스테이션 5가 나왔는데 그 책은 플레이스테이션 2조차 거의 다루지 않았습니다.

그 책이 나온 이후 비디오 게임 산업에 많은 변화가 있었습니다. 여덟 개 주요 콘솔의 출시 이야기를 담았지만 그 콘솔들은 현재 시장에 비하면 빙산의 일각에 불과합니다. 이제 게임은 온라인상에 있습니다. 아이폰을 시발점으로 모바일 게임이 주류가 되었습니다. 세가가 콘솔 사업에서 손을 떼고 마이크로소프트가 뛰어들었습니다.

두 번째 책을 쓰기 시작할 무렵 게임에 대한 나의 태도도 변했습니다. 첫 책을 쓸 때 나는 게임이 만병통치약이라고 믿었습니다. 예전에 나는 게임에 대해 주로 답을 하는 사람이었지만 지금은 질문을 하는 사람입니다.

첫 책이 출간된 이후 중요한 인물들이 세상을 떠났습니다. 콘솔을 발명한 랠프 베어가 2014년 12월 6일에 사망했습니다. 그는 죽는 날까지 예리하고 재치 있었습니다. 나는 그가 학회에 참석하고 마침내 그의 모든 업적을 인정받는 등 행복한 말년을 보냈다고 생각합니다.

화투를 만드는 것에 만족하지 못했던 야마우치 히로시 닌텐도 전 회장은 2013년에 세상을 떠났습니다. 그를 직접 만나보지는 못했지만 그가 연설한 콘퍼런스에 몇 번 참석한 적이 있습니다. 그가 말을 시작하면 아무도 한눈을 팔지 않을 정도로 존재감이 분명한 사람이었습니다.

야마우치의 뒤를 이어 닌텐도의 회장이 된 이와타 사토루는 2015년 7월 11일, 향년 55세에 암으로 사망했습니다. 그는 단순하면서도 세련되고 아이 같은 경이로움을 지닌 사람으로, 그의 기술 지식이 모든 재미에 대한 애정을 훼손하는 일이 거의 없었습니다.

테드 대브니는 2018년에 세상을 등졌습니다. 그는 처음부터 놀런 부수널과 어깨를 나란히 한 남자였습니다. 그들은 앰펙스에서 함께 일하고, 〈컴퓨터 스페이스〉

를 함께 기획하고, 아타리의 문을 함께 열었습니다.

남코를 세운 나카무라 마사야는 2017년에 유명을 달리했습니다. 그는 야마우치와 마찬가지로 매우 위풍당당했습니다. 소액으로 세계적인 제국을 건설한 그는 이 시대의 허레이쇼 앨저로, 일본의 직업 윤리를 보여주는 영리하고 공격적인 사업가였습니다.

비디오 게임을 카트리지에 저장한다는 아이디어를 내놓은 제럴드 로슨은 2011년에 사망했습니다. 그는 매우 조용한 삶을 살았기에 그를 만나보거나 그의 이야기를 들어본 적조차 없지만, 그는 내 인생을 바꿨습니다. 8트랙 테이프와 같은 카트리지에 비디오 게임을 저장한다는 그의 아이디어는 현시대의 콘솔이 전체 게임 라이브러리를 저장할 수 있게 만든 혁신이었습니다. 그 당시에 그는 페어차일드 채널 F를 위해 일하고 있었고, 페어차일드 채널 F는 그의 천재성으로 득을 본 최초의 콘솔입니다. 나중에 아타리는 그 아이디어를 차용했습니다.

비디오 게임 기자인 조이스 (월리) 카츠, 빌 컨켈, 아니 카츠로 구성된 선구자 팀 중에서 조이스와 빌은 이제 이 세상 사람이 아닙니다. 셋은 최초의 비디오 게임 전문 잡지인 『일렉트로닉 게임스Electronic Games』를 창간했으며, 세상을 떠난 조이스와 빌은 나의 멘토이자 친구였습니다.

내가 존경하는 아타리 역사 박물관 설립자 커트 벤델도 2020년 9월에 세상을 떠났습니다. 그는 위대한 역사가였습니다. 가장 철저히 분석한 아타리의 역사를 알고 싶은 사람은 벤델과 마티 골드버그가 공동 집필한 『Atari Inc.: Business Is Fun』(Syzygy Press, 2012)을 읽어보기 바랍니다.

비디오 게임 역사상 가장 욕을 많이 먹었던 사람 중 한 명도 2017년에 세상을 떠났습니다. 놀런 부슈널 후임으로 워너커뮤니케이션스의 CEO가 된 레이 카사르입니다. 많은 인터뷰를 거절했던 그는 친절하게도 이 시리즈의 1권을 쓸 때 짧은 인터뷰를 해주었습니다. 인터뷰하는 동안 그는 상냥했지만 자신의 경력에 대해서는 방어적인 태도를 보였습니다. 그는 아타리의 직원들 대부분이 자신을 싫어하고 회사를 망하게 한 책임에 대해 비난한다는 것을 알고 있었습니다. 인터뷰 중에 그는 뉴멕시코에 〈E.T.〉 카트리지를 묻었다는 사실을 부인했지만, 2014년 4월에 한 촬영 팀이 매장지를 발굴했습니다. 그것이 드러날 당시에 그는 살아 있었습니다.

레이 카사르의 몰락은 한 사람이 엉뚱한 직장에 들어간 사례로 꼽히지만, 그는 종종 자기 업적조차 인정받지 못합니다. 그는 워너커뮤니케이션스 인사 팀의 관심을 끌 정도로 섬유 분야에서 좋은 성과를 냈으며, 아타리 2600용 〈스페이스 인베이더〉로 라이선스 게임 시대를 열었습니다. 그는 자신이 아타리의 붕괴에서 그랬던 것만큼 아타리의 급성장에도 중요한 역할을 했다고 생각했습니다.

제럴드 로슨처럼 내가 잘 모르는 다른 사람들도 분명 있을 것입니다. 이름을 언급하지 못한 모든 분과 독자에게 이 점에 대해 진심으로 사과드립니다.

1998년에 스퀘어와 EA(일렉트로닉아츠)가 제휴한다고 발표했을 때 그것은 훌륭한 조합처럼 보였습니다. 그 당시 EA는 서양 게임 퍼블리셔의 독보적인 왕이었습니다. 이 파트너십으로 다소 어색한 이름의 두 회사가 생겨났습니다. 일본에서 일렉트로닉아츠의 게임을 배급하는 일렉트로닉아츠스퀘어와 미국에서 스퀘어의 게임을 배급하는 스퀘어일렉트로닉아츠입니다.

스퀘어일렉트로닉아츠의 회장은 릿쿄대학 법대를 졸업한 지 얼마 안 된 이와사키 준이었습니다. 젊고 똑똑하며 유머 감각이 있고 외향적인 성격의 이와사키는 직원들에게도 인기와 신임을 얻었습니다.

이와사키와 〈파이널 판타지〉 제작자인 사카구치 히로노부는 친한 사이였지만 같은 사무실에서 일한 적이 없습니다. 이와사키가 스퀘어일렉트로닉아츠를 운영하기 위해 로스앤젤레스로 이사했을 때 사카구치는 이미 호놀룰루로 거취를 옮긴 상태였습니다. 이들은 2000년대 초에 스퀘어를 떠났습니다. 사카구치는 〈파이널 판타지〉 영화의 실패를 두고 윗사람들의 비난을 받아 2002년에 사임했습니다.

이와사키는 2003년 4월 1일에 스퀘어와 에닉스코퍼레이션이 합병되며 스퀘어와 EA의 파트너십이 종료됨과 동시에 스퀘어에닉스 USA의 사장 겸 CEO가 되었지만 1년 반 동안만 그 자리를 지켰습니다. 스퀘어에닉스 본사의 임원과 심각한 의견 충돌이 있은 후 사임했으나 그는 로스앤젤레스를 떠나지 않았습니다.

이와사키의 아들 미노루는 캘리포니아에서 고등학교를 마치고 캘리포니아대학 어바인캠퍼스에 입학해 경영경제학 학사 학위를 받았습니다. 일본어에 능통하고 영어가 거의 모국어인 미노루는 인기 있는 일본 게임을 미국 시장에 들여오는, 작지만 한결같은 퍼블리셔인 아틀러스 USA에 인턴으로 들어갔다가 정직원이 되었습니다. 그 후 세가가 아틀러스를 인수해 그는 세가의 직원이 되었습니다.

미노루는 게임 업계에서 일하지만 춤에 열정을 쏟았습니다. 그는 고등학생 때 댄스 동아리에서 활동했고 나중에는 디즈니랜드에서 퍼레이드 댄서로 아르바이트를 했습니다. 디즈니랜드에서 일하면서 그는 사카구치 아야라는 소녀를 만났습니다. 둘은 죽이 잘 맞는 친구가 되었는데, 어느 날 아야가 미노루에게 아버지가 어떤 일을 하시냐고 물어보았습니다. 이에 그가 비디오 게임에 종사한다고 대답하자 아야는 웃으며 자기 아버지가 스퀘어에서 일했다고 말했습니다. 정말 좁은 세상입니다. 어디서나 그렇듯 이 사실을 미노루의 아버지가 가장 늦게 알았습니다.

아내는 이미 알고 있었지만 입 밖에 꺼내지 않았어요. 아내에게 그 이야기를 듣고 나는 사카구치에게 이메일을 보내 "지금 스카이프를 할 수 있을까요?"라고 물었죠. 그래서 우리는 스카이프로 채팅을 하게 되었어요.

"내 아들과 댁의 따님이 사귄다는 걸 알고 있나요?"라고 물었더니 그렇다고 하더군요. 그는 이미 두 아이와 저녁 식사를 했더라고요.

― **이와사키 준**(스퀘어에닉스 USA 전 사장 겸 CEO)

아야와 미노루는 2021년 10월에 결혼했습니다. 결혼을 축하드리고 오래오래 행복하기를 바랍니다.

이 책을 쓰기 시작할 때 압박감이 대단했는데, 마음을 잡고 시작할 수 있게 도와준 친구가 몇 명 있습니다. 브라이언 트러셀, 로비 바흐, 에드 프리스, 프랭크 오코너는 아낌없이 시간을 내주었습니다. 그들은 모두 마이크로소프트와 함께 일한 적이 있습니다. 친구들의 도움으로 우선 엑스박스 초창기를 다루었지만 그 이후에는 어떻게 해야 할지 확신이 서지 않았습니다.

이때 나를 구해준 사람들이 또 있습니다. 그중 첫 번째는 줌의 조던 프리먼입니다. 최근에 조던은 아타리, 플레이스테이션, 세가에서 일했던 버니 스톨라와 팀을 이루었습니다. 그들은 내 이름을 우연히 발견하고 내게 연락을 했습니다. 조던은 새

책을 언제 집필할 계획인지 물었고, 나를 대신해 인터뷰를 주선하기 시작했습니다.

조던이 스톨라와 팀을 이룬 것은 당연한 일이었습니다. 조던은 비디오 게임의 역사에 깊은 관심을 가지고 있는데, 스톨라만큼 비디오 게임 역사의 현장을 경험한 사람이 드물었습니다. 그들은 로드 쿠젠스, 빈스 데시, 그리고 친구인 피터 무어를 포함해 많은 사람과 나를 연결해주었습니다.

본문에서도 언급했지만 피터는 리버풀을 경유해 미국에 온 축구 광팬입니다. 그는 신발 쪽에서 일하다 게임 분야로 옮겼고, 2017년에 리버풀 FC의 CEO가 되어 조직을 재건했습니다. 그가 지휘봉을 잡으면서 리버풀 FC는 FIFA 클럽 월드컵과 프리미어리그에서 우승을 차지했습니다.

두 번째 만남은 디킨스 소설에 나올 만한 우연으로, 라이언 페이턴이라는 오랜 친구로부터 이메일을 받았습니다. 라이언을 처음 만난 것은 2001년쯤입니다. 그는 일본에서 대학을 다니고 있었습니다. 현재 그는 카무플라주를 소유하고 있는데, 〈아이언맨 VR〉을 만든 스튜디오가 바로 여기입니다.

조던처럼 라이언도 뜬금없이 이메일을 보내 새 책을 집필할 계획이 있는지, 언제 할 예정인지 물어보았습니다. 내가 이미 프로젝트를 시작했다고 말하자 그는 나를 사무실로 초대해 내가 해야 한다고 생각하는 인터뷰 목록을 보여주었습니다. 나의 인맥이 예전만큼 넓지 않다고 고백하니 그는 손을 내밀었습니다. 마크 서니, 필 해리슨, 제이 옹, 그리고 이 책에 자신의 목소리를 들려준 많은 사람이 라이언 페이턴에게 호의를 베풀었습니다.

라이언, 조던, 고맙습니다. 사인이 담긴 책을 곧 받아보게 될 거예요.

프로젝트가 진행되면서 옛 친구들이 속속 나타났습니다. 나는 딘 다카하시에게 도움을 청했습니다. 수십 년 동안 업계의 중심에 있었던 그는 오랜 친구인 제러미 호위츠를 소개해주었습니다. 이로써 나는 업계 및 그 중심부에서 이루어지는 거래 관계에 대해 잘 알고 있는 남자와 연을 맺게 되었습니다.

나를 도와준 오랜 친구들이 더 있습니다. 사랑스럽고 재능 있는 페린 캐플런은 NES 시대 말부터 Wii 출시까지 닌텐도 아메리카의 커뮤니케이션을 능숙하게 이끌었는데, 그녀는 인터뷰를 몇 차례 해주고, 내가 커뮤니케이션 팀의 전 멤버들에게 연락할 수 있도록 도와주었습니다. 닌텐도 홍보 담당 회사인 힐앤드놀턴에서 세가로 자리를 옮기고 다시 마이크로소프트로 이직했던 리처드 브루드빅-린드너는 현재 뉴질랜드에 살고 있는데, 그는 기꺼이 오랜 시간 통화를 하고 피트 페더슨, 존 셰퍼트와 연결시켜주었습니다.

이 책을 쓰면서 나는 『넥스트 제너레이션』의 편집장을 지냈던 마이크 미카, 톰 루소, 크리스 찰라와 다시 연락이 닿았습니다. 이제 그들은 직접 게임을 만들고 있는 훌륭한 저널리스트입니다. 게임 업계에서는 이러한 경우가 많습니다. IGN 닌텐도 팀의 일을 흠잡을 데 없이 해냈던 맷 카사마시나는 이제 로그게임스 공동 설립자이자 CEO로 잘 알려져 있습니다.

이 책이 나오는 데 정말 도움을 준 또 다른 사람은 훌륭한 분석가인 존 테일러입니다. 그는 연례 '홈 인터랙티브 엔터테인먼트 시장 업데이트' 자료를 보내주었습니다.

레어의 설립을 도왔던 조엘 혹버그에게도 연락을 취했습니다. 나는 오랫동안 그와 좋은 친구 사이였고, 그는 역시 친절하고 우호적이었습니다.

이 책을 쓰는 데 도움을 준 사람들을 모두 나열하지는 못하더라도 교정을 봐준 톰 청, 마이크 피셔, 앤드루 라이너는 언급해야겠습니다. 톰은 비정상적이라고 말할 수 있을 정도로 사실과 자료를 꼼꼼히 조사해주었습니다. 그리고 마이크는 제네시스 전성기에는 세가에 있었고 그 후에는 남코, 스퀘어, 마이크로소프트, 에픽에서 일했습니다. 비디오 게임의 역사에 기록될 사건이 일어날 때마다 그는 그 한가운데에 있었기 때문에 가끔 '비디오 게임의 포레스트 검프'라는 비난을 받기도 합니다. 마이크는 내 책에 쓰인 사실을 확인하고 가독성을 점검해주었습니다. 또한 지루한 부분을 콕 짚어주고, 자신이 보고 들은 것에 대해 자세히 설명해주었습니다. 『게임 인포머』의 편집장인 라이너는 내가 쓴 글을 출판 가능한 형태로 만들기 위해 수차례 도움을 주었습니다.

윌 울프슬로, 캐럴라인 레이와 크라운 편집 팀에게도 감사드립니다. 이들은 재능이 있는 동시에 항상 내 편이 되어주었기 때문에 함께 일하는 것이 진심으로 즐거웠습니다.

프로젝트 막바지에 수석 편집장인 낸시 델리아, 교열자인 수 와가, 교정자인 마이클 버크, 베키 메인스, 그리고 내용의 사실 여부, 인용문과 이름, 제목이 정확한

지 확인해준 수 구텐타그를 알게 되었습니다. 오늘 구텐타그는 비디오 게임 역사를 조사하고 있지만, 내일은 달 착륙, 셰익스피어의 삶, 또는 전투화 제작 비법의 전문가가 되어야 할지도 모릅니다.

끝으로, 이 책을 집필하는 내내 곁을 지키고, 게임에 중독되어 밤을 새는 나를 이해해주는 아내 브룩에게 고마움을 전합니다.

스티븐 켄트

들어가는 글

1. Chris Morris, "Gaming's Next Generation," CNN Money, September 9, 1999.
2. 이 인용문은 찰스 다윈의 『종의 기원On the Origin of Species』(1859)에서 유래된 것으로 알려져 있지만 사실 책 어디에도 이런 문장이 없다. 그 책에서 비롯되었지만 이 문장도 '진화'한 것 같다.

Chapter 1: 소니, 오직 단 하나

1. Matt Leone, "The Legacy of PlayStation Creator Ken Kutaragi, in 24 Stories," Polygon, November 26, 2018. 이 기사에는 구타라기와 엮인 사람들이 쓴 글이 담겨 있다. 우쓰미 슈지의 'The Pitch for PlayStation'에서 인용했다.
2. *Unfiltered*, episode 11, IGN, September 27, 2016.
3. Leone, "The Legacy of PlayStation Creator Ken Kutaragi, in 24 Stories." 마루야마 시게오의 'The Time Kutaragi Fired His Boss'에서 인용했다.

Chapter 2: 세가 최후의 날

1. NPD Group, 2000.
2. CESA, annual white paper, 2000.
3. Chris Kohler, "Sega to Close Arcades, Cancel Games, Lay Off Hundreds," *Wired*, February 10, 2009.
4. Dean Takahashi, "Sega Will Shut Down Its Once Legendary San Francisco Office," VentureBeat, January 30, 2015.

Chapter 3: 3위에 머무른 닌텐도

1. 존 카맥이 2013년 2월 21일에 올린 트윗에서 발췌했다.

2. Alfred Hermida, "What's in the GameCube?," BBC, September 13, 2001.

3. Johnny Minkley, "Is Xbox Still Gaming to the Core?," GamesIndustry. biz, May 15, 2012.

4. "A Design for Everyone," Iwata Asks (Nintendo blog), September 16, 2006.

5. Peter Rojas, "The Engadget Interview," Engadget, February 20, 2006.

6. Billy Berghammer, Planet GameCube website, July 24, 2001.

7. Amelia Tait, " 'I Just Hope This Is a Cruel Joke': 15 Years of The Legend of Zelda, the Wind Waker," *New Statesman,* December 13, 2017.

8. "GameCube Gets Midnight Launch," BBC, May 2, 2002. 무작위 순서로 인용했다.

Chapter 4: "그렇다면 소니는 어쩌죠?"

1. Marie Thibault, "The Next Bill Gates," *Forbes,* January 19, 2010.

2. James Titcomb, "Microsoft Becomes World's Most Valuable Company after Passing Apple for First Time Since 2010," *The Telegraph,* November 28, 2018.

3. Plus.net의 'History of the Internet'에서 가져온 자료이다.

4. P. J. Huffstutter, "The Xbox Evangelist," *Los Angeles Times,* March 13, 2001.

5. 야마우치 히로시가 2000년 3월에 로이터와의 인터뷰에서 한 말이다.

6. 구타라기 겐이 2001년에 『파이낸셜 타임스』와의 인터뷰에서 한 말이다.

Chapter 5: "소니를 이기는 건 불가능해"

1. *Unfiltered,* episode 11, IGN, September 27, 2016.

2. Shahed Ahmed, "PlayStation 2 Sales Top 6 Million," GameSpot, December 7, 2001.

3. Heidi Brown, "Billionaires," *Forbes*, July 9, 2001.

4. "Game Boys," *The University of Chicago Magazine*, June 1995.

5. Official Microsoft press release, June 19, 2000.

Chapter 6: 밀려드는 물결

1. N'Gai Croal, "Down and Dirtier," *Newsweek*, March 17, 2002.

2. Daniel Hsu, *Electronic Games Monthly*, May 2002.

3. John Taylor, Arcadia Investment Corp., *2000-2001 Home Interactive Entertainment Market Update*, April 3, 2001.

4. Douglass C. Perry, "*Grand Theft Auto III*: Rockstar's Greatest Achievement Is an Over-the-Top, Thug Emulating, Crime-Littered Romp Spectacular," IGN, October 22, 2001.

5. Jeff Gerstmann, "*Grand Theft Auto III* Is Quite Simply an Incredible Experience That Shouldn't Be Missed by Anyone Mature Enough to Handle It," GameSpot, October 24, 2001.

6. Joseph Lieberman, Annual Video Game Report Card, December 19, 2002.

7. Jim Carlton, "Howard Lincoln Will Retire from Nintendo's U.S. Unit," *Wall Street Journal*, July 26, 1999.

8. John Taylor, Arcadia Investment Corp., *2002-2003 Home Interactive Entertainment Market Update*, May 1, 2003, 43.

9. John Taylor, Arcadia Investment Corp., *2002-2003 Home Interactive Entertainment Market Update*, May 1, 2003.

10. John Taylor, *Game Informer*, November 2002.

11. Matthew Walden, "How 'Super Mario Odyssey' Was Shaped by One of Mario's Biggest Flops," *Rolling Stone*, August 18, 2017.

12. Matt Casamassina, "*The Legend of Zelda: The Wind Waker* Review," IGN, March 21, 2003.

Chapter 7: 지옥에서의 출시

1. 이름을 밝히기를 원치 않은 한 소비자가 2002년에 어느 유명 소프트웨어 상점에서 한 인터뷰 내용이다.

2. Kristie Lu Stout, "Xbox Plugs into Japan," CNN, February 21, 2002.

3. Eric Barton, "Why Japan Celebrates Christmas with KFC," BBC, December 19, 2016.

4. John Taylor, Arcadia Investment Corp., *2003–2004 Home Interactive Entertainment Market Update,* May 3, 2004, 42.

5. Lev Grossman, "The 2005 Time 100: The Halo Trinity," *Time,* April 18, 2005.

6. Lev Grossman, "Microsoft: Out of the X Box," *Time,* May 15, 2005.

7. Grossman, "Microsoft: Out of the X Box."

Chapter 8: 아케이드 사업의 사후 세계

1. Leo Lewis, "Game On: Why Japan's Arcades Are Still Winning," *Financial Times,* February 8, 2017.

2. Lewis, "Game On."

3. Lewis, "Game On."

Chapter 9: "상상했던 것보다 조금 덜 끔찍할 뿐"

1. John Taylor, Arcadia Investment Corp., *2003–2004 Home Interactive Entertainment Market Update,* May 3, 2004, 48.

2. Peter Beller, "Activision's Unlikely Hero," *Forbes,* January 15, 2009.

3. "*World of Warcraft* Shatters Day-One Sales Record," Business Wire, December 1, 2004.

4. 2003년 10월 노키아 보도 자료에서 인용했다.

5. Chris Morris, "Nokia's Folly: N-Gage Might Sound Great on Paper, but It's a Disaster in Execution," CNN Money, October 6, 2003.

6. Morris, "Nokia's Folly."

7. Taylor, *2003-2004 Home Interactive Entertainment Market Update*, 52-53.

8. Matt Casamassina, "Top 10 Tuesday: Wildest Statements Made by Industry Veterans," IGN, March 14, 2006.

9. "Interview: Hiroshi Yamauchi," IGN, February 13, 2004. (『니혼게이자이신문』에서 발행한 인터뷰 기사 기반)

10. N'Gai Croal, "Technology: Come Out and Play," *Newsweek*, April 4, 2005.

Chapter 10: 천국으로의 승천

1. Paul Tassi, "Sony CEO Calls Nintendo DS a 'Great Babysitting Tool,'" *Forbes,* April 2011.

2. "Nikkei Talks with Nintendo's Yamauchi and Iwata," GameScience, 『니혼게이자이신문』 번역본, January 27, 2006, https://web.archive.org/web/200601272 11555/http://game-science.com/news/000406.html.

3. Anoop Gantayet, "DS Sales Skyrocket in Japan," IGN, April 28, 2005.

4. John Taylor, Arcadia Investment Corp., *2006-2007 Home Interactive Entertainment Market Update,* May 1, 2007.

5. "The International Phenomenon Continues as Capcom Releases *Monster Hunter: Freedom 2* for the PSP," GamesIndustry.biz(캡콤 보도 자료 기반), August 28, 2007.

6. "Nikkei Talks with Nintendo's Yamauchi and Iwata."

7. Henry Jenkins, "Games as National Culture: An Interview with Chris Kohler (Part One)," Confessions of an ACA-Fan (blog), November 30, 2006.

8. "SIE Business Development," Sony Interactive Entertainment, April 27, 2019.

Chapter 11: 마이크로소프트의 혁명

1. Dan Nystedt and Martyn Williams, "Is Microsoft Losing Money on Xbox 360?," *PC World,* November 28, 2005.
2. "PlayStation 3 vs. Xbox 360: Tech Head-to-Head," GameSpot, December 7, 2005.

Chapter 12: 허풍 한 번, 확인 한 번, 호출 한 번

1. Troy Wolverton, "Sony's Playing to Win," The Street, June 21, 2006.
2. Douglass C. Perry, "Microsoft's VP Closets the Sales Shtick and Gets Dirty," IGN, October 21, 2005.
3. Yuri Kageyama, "Sony Passes over Brash Star Kutaragi," Associated Press, April 4, 2005.
4. Matt Leone, "The Legacy of PlayStation Creator Ken Kutaragi, in 24 Stories," Polygon, November 26, 2018. 롭 구스의 'Reporting on Kutaragi's Ascent'에서 인용했다.
5. Leone, "Legacy." 롭 구스의 'Reporting on Kutaragi's Ascent'에서 인용했다.
6. Rob Fahey, "Kutaragi Pledges to Remain at Sony Despite Demotion Snub," GamesIndustry.biz, March 23, 2005.
7. John Taylor, Arcadia Investment Corp., *2005-2006 Home Interactive Entertainment Market Update,* May 1, 2006, 16.
8. Lev Grossman, "Microsoft: Out of the X Box," *Time,* May 15, 2005.
9. Grossman, "Microsoft: Out of the X Box."
10. "Xbox 360 Sells Out Quickly Across U.S.," MSNBC, May 23, 2005.
11. Rob Williams, "Perfect Launch? Not for the Xbox 360 It Seems," Techgage.com, November 24, 2005.
12. "Xbox 360: Japanese Launch Sales Figures," GameSpot, December 16, 2005.

Chapter 13: 비밀 엄수

1. Chris Morris, "PlayStation 3: What If …?," CNN Money, August 24, 2005.

2. James Ransom-Wiley, "Analyst Predicts 360 to Stay on Top, PSP to Take the Lead Thru 2007," Engadget, January 24, 2006.

3. Curt Feldman, "Q&A: SCEA's Jack Tretton; Still in the Catbird Seat?," GameSpot, May 20, 2005.

4. Daniel Hsu, "Dan Hsu Interviews Peter Moore. And He Wants Answers," *Electronic Games Monthly,* January 2006.

5. Hsu, "Dan Hsu Interviews Peter Moore."

6. Gerry Block, "Nyko Intercooler 360 Review: Keep Your 360 Frosty and Alive with Nyko's External Cooling Solution," IGN, April 28, 2006.

7. John Taylor, Arcadia Investment Corp., *2006-2007 Home Interactive Entertainment Market Update,* May 1, 2007, 24.

8. Dean Takahashi, "Q&A with Todd Holmdahl," *San Jose Mercury News,* May 9, 2007.

9. Dean Takahashi, "The Truth About the Xbox 360," *The Guardian,* November 12, 2008.

10. Mark Androvich, "Unreal Console Success," GamesIndustry.biz, March 17, 2008.

11. Rishi Alwani, "PS3 Price Was a Mistake: Sony Studios Boss," Gadgets 360, July 11, 2018.

Chapter 14: "레볼루션을 원한다고 했나?"

1. 다음의 1997년 『비즈니스 위크』에서 발췌했으며 춘카 무이도 동일한 발언을 했다. "Five Dangerous Lessons to Learn from Steve Jobs," *Forbes,* October 17, 2011.

2. Chris Morris, "Nintendo Goes 'Wii' … (Not a Typo)," CNN Money, April 27, 2006.

3. Ryan Davis, "E3 06: Wii Sports: Golf Hands-On," GameSpot, May 10, 2006.

4. Ricardo Torres, "E3: 2006: Nintendo Revolution Controller Hands-On," GameSpot, May 16, 2006.

5. Torres, "E3: 2006: Nintendo Revolution Controller Hands-On."

6. John Taylor, Arcadia Investment Corp., *2005-2006 Home Interactive Entertainment Market Update,* May 1, 2006, 7.

7. 2006년 5월 11일에 있었던 로이터와의 인터뷰에서 발췌했으며, 잭 스코필드의 다음 글에도 인용되었다. "Microsoft Promotes Nintendo Wii," *The Guardian*, May 12, 2006.

8. 2006년 5월 11일에 있었던 『게임프로』와의 인터뷰에서 발췌했으며, 댄 모렌의 다음 글에도 인용되었다. "Wii Shall Overcome," *Macworld,* May 14, 2006.

9. Chris Kohler, "Vote: The Ken Kutaragi Crazy Executive Quote Award," *Wired,* November 20, 2007. 구타라기 겐이 IT미디어에 전달한 입장에 관해 크리스 콜러는 구타라기가 "우리는 소비자 스스로 '이걸 살 수 있다면 일도 더 하겠다'고 생각하게 만들어야 합니다"라고 말했다고 인용하기도 했다.

10. Anoop Gantayat, "E3: Kutaragi Claims PS3 TOO Cheap?," GameSpot, May 9, 2006.

11. Ben Gilbert, "How Microsoft Spent $1 Billion on a Simple Mistake with the Xbox 360," *Business Insider,* September 2, 2015.

12. Dean Takahashi, "Xbox 360 Defects: An Inside History of Microsoft's Video Game Console Woes," VentureBeat, September 5, 2008.

13. Takahashi, "Xbox 360 Defects."

14. "PS3 Launches in Japan: And We Were There," Eurogamer, May 12, 2006.

15. "PS3 Launches in Japan."

16. Geoff Duncan, "PlayStation 3 Launch: Madness and Shooting," Digital Trends, November 17, 2006.

17. Evan Blass, "Official Holiday 2006 Console Sales Figures Don't Surprise," Engadget, January 14, 2007.

Chapter 15: Wii의 승리

1. Todd Bishop, "Q&A: Video-Game Industry Maverick Promises a Revolution," *Seattle Post-Intelligencer*, May 20, 2005.

2. Lev Grossman, "The 2004 *Time* 100," *Time*, April 26, 2004.

3. Lisa Baertlein and Kiyoshi Takenaka, "Sony's 'Father of PlayStation' to Step Down," Reuters, April 26, 2007.

4. Troy Wolverton, "Sony Switches Leaders in Gaming Division," *San Jose Mercury News,* December 1, 2006.

5. Chris Kohler, "Michael Pachter on Kutaragi: Sony Needs Execution, Not Visionaries," *Wired,* April 26, 2007.

6. Matt Leone, "The Legacy of PlayStation Creator Ken Kutaragi, in 24 Stories," Polygon, November 26, 2018.

7. Leone, "The Legacy of PlayStation Creator Ken Kutaragi." 우쓰미 슈지의 'Seeing 3DO Early On'에서 인용했다.

8. Dean Takahashi, "Xbox 360 Defects: An Inside History of Microsoft's Video Game Console Woes," VentureBeat, September 5, 2008.

9. Kiyoshi Takenaka, "Wii Could Top Record-Holding PS2: Nintendo," Reuters, July 12, 2007.

10. Nick Chester, "Tretton on PS2 Backwards Compatibility on PS3: Buy Both Consoles, 'Stack Them,'" Destructoid, July 21, 2008.

11. John Taylor, Arcadia Investment Corp., *2007-2008 Home Interactive Entertainment Market Update,* May 12, 2008, 60.

12. Tomoyuki Kawai, "Software Houses Miscalculate Software Demand for Wii," *Nikkei,* October 10, 2007, cited by David Hinkle, Engadget, October 16, 2007.

13. Oli Welsh, "Square Dance: Part Two of Our Exclusive Interview with the Global President of Square Enix," GamesIndustry.biz, January 15, 2008.

14. Matthew Reynolds, "Sony: 'We Are the Industry Leader,' " Digital Spy, January 21, 2009.

15. Dean Takahashi, "The Entire Video Game Industry Is Going to Miss Nintendo's CEO," VentureBeat, July 13, 2015.

16. Greg Howson, "Interview: PlayStation Boss Kaz Hirai," *The Guardian,* June 10, 2009.

17. John Taylor, Arcadia Investment Corp., *2009-2010 Home Interactive Entertainment Market Update,* May 11, 2010, 16.

18. Nick Cowen, "E3 2010: Kazuo Hirai Interview," *The Telegraph,* July 7, 2010.

19. Stephany Nunneley, "Tretton: Buy a PS2 and an Eyetoy Before Trying Natal," GamesIndustry.biz, January 15, 2008.

20. Beth Snyder Bulik, "Ad Age Digital A-List: Kinect," *Ad Age,* February 27, 2011.

21. Tuffcub, "Tretton: Microsoft Having Usher at E3 'Helped Sony,' " TSA, June 19, 2012.

Chapter 16: 7세대를 정의한 게임

1. Sean Peterson, "*Halo 3* Storms Manhattan," *Wired,* September 25, 2007.

2. Peterson, "*Halo 3* Storms Manhattan."

3. Jeff Grubb, "NPD: The Top 20 Best-Selling Games of the Decade in the U.S.," VentureBeat, January 16, 2020.

4. Erik Kain, "Putting *Grand Theft Auto V*'s 110 Million Copies Sold into Context," *Forbes,* May 14, 2019.

Chapter 17: 게임 업계의 큰손, 액티비전

1. Dean Takahashi, "Electronic Arts' Biggest Acquisitions: The Good, the So-So, and the Duds," VentureBeat, December 20, 2017.

2. Reuters, "Electronic Arts Will Buy Maxis in Swap," *New York Times,* June 5, 1997.

3. Chris Morris, "EA Buys Westwood," CNN Money, August 17, 1998.

4. Bloomberg News, "Electronic Arts Buys DreamWorks Interactive," *Los Angeles Times,* February 5, 2000.

5. "Electronic Arts Buys Mythic Entertainment," *International Business Times,* June 21, 2006.

6. Caroline McCarthy, "Electronic Arts Pays $860 Million for BioWare, Pandemic Studios," CNET, October 11, 2007.

7. Liana B. Baker, "Electronic Arts Buying PopCap Games for Up to $1.3 Billion," Reuters, July 12, 2011.

8. Kevin Murnane, "Visceral Games Joins a Long List of Studios Closed by EA," *Forbes,* October 24, 2017.

9. Chris Kohler, "EA's CEO: How I Learned to Acquire Developers and Not Screw Them Up," *Wired,* February 8, 2008.

10. Chris Morran, "The Voters Have Spoken: EA Is Your Worst Company in America for 2012!," The Consumerist, April 4, 2012.

11. Peter Beller, "Activision's Unlikely Hero," *Forbes,* January 15, 2009.

12. Beller, "Activision's Unlikely Hero."

13. Beller, "Activision's Unlikely Hero."

14. Bryan Vore, "A History of EA Partners," *Game Informer,* May 25, 2010.

15. John Saavedra, "Whatever Happened to James Bond Video Games?," SVG, May 16, 2018.

16. Matt Richtel, "Electronic Arts Gets an Exclusive N.F.L. Deal," *New York Times,* December 14, 2004.

17. Max Chafkin, "Modern Warfare," *Vanity Fair,* June 12, 2013.

18. Rob Fahey, "Murdoch Eyes Gaming as News Corp Considers Acquisitions," GamesIndustry.biz, January 13, 2005.

19. Erin Hoffman (ea_spouse), "EA: The Human Story," LiveJournal, November 10, 2004, https://ea-spouse.livejournal.com/274.html.

20. Hoffman, "EA: The Human Story."

21. Kohler, "EA's CEO."

22. Baker, "Electronic Arts Buying PopCap Games."

23. Tyler Winegarner, "Behind the Games: Alex Rigopulos," GameSpot, February 5, 2019.

24. Winegarner, "Behind the Games: Alex Rigopulos."

25. Earnest Cavalli, "Blizzard Pres: *WarCraft* Fans Have Nothing to Fear from Activision," *Wired,* July 10, 2008.

26. Morran, "The Voters Have Spoken."

27. Jason Aycock, "EA Shareholders Reject Executive Compensation in Advisory Vote," Seeking Alpha, August 7, 2020.

28. Liz Lanier, "EA, Activision Appear in List of Top 100 Overpaid CEOs," *Variety,* February 25, 2019.

29. Dean Takahashi, "Michael Morhaime: The Highlights and Lessons of Nearly Three Decades at Blizzard," VentureBeat, June 20, 2019.

30. Nicholas Yanes, "Budcat Creations: The Birth, Life, and Death of a Triple-A Gaming Studio in Iowa." 미출간 원고이다.

31. Yanes, "Budcat Creations."

32. Ben Fritz, "*The Beatles: Rock Band* Debuts to Solid but Not Stellar Sales," *Los Angeles Times,* October 19, 2009.

33. Jeff Cork, "*Modern Warfare 2* Sells Close to 5 Million in First Day," *Game Informer,* November 12, 2009.

34. "*Call of Duty: Modern Warfare 2* Surpasses $1 Billion in Retail Sales

Worldwide," PR Newswire, January 13, 2010.

35. Chafkin, "Modern Warfare."

36. Brian Crecente, "The Biggest Break Up in Video Game History," Kotaku, April 9, 2010.

37. Eriq Gardner, "Activision Settles Huge *Call of Duty* Litigation on Eve of Trial," *Hollywood Reporter,* May 31, 2012.

38. Stephanie Fogel, "Activision Settles Lawsuit with Former Infinity Ward Heads West and Zampella," VentureBeat, May 31, 2012.

39. Fogel, "Activision Settles Lawsuit."

Chapter 18: 영화와 게임의 불편한 동거

1. Roger Ebert, "Video Games Can Never Be Art," RogerEbert.com, April 16, 2010.

2. David Edwards, "Doom," *Daily Mirror,* December 6, 2005.

3. Roger Ebert, "*Doom:* The Game Plays You," *Chicago Sun-Times,* October 20, 2005.

4. Roger Ebert, "*Scooby-Doo,*" *Chicago Sun-Times,* June 14, 2002.

5. Roger Ebert, "Why Did the Chicken Cross the Genders?," RogerEbert.com, November 27, 2005.

6. Roger Ebert, "Okay, Kids, Play on My Lawn," RogerEbert.com, July 1, 2010.

7. Roger Ebert, "The Your Movie Sucks Files," RogerEbert.com, February 17, 2011.

8. Ellie Gibson, "Games Aren't Art, Says Kojima," Eurogamer, January 24, 2006.

9. Gibson, "Games Aren't Art, Says Kojima."

10. Martin Luther King, "A Tough Mind and a Tender Heart," in *A Gift of Love: Sermons from Strength to Love and Other Preachings* (Boston: Beacon,

2012), 1.

11. Kellee Santiago, "My Response to Roger Ebert, Video Game Critic," Kotaku, April 19, 2010.

12. Ebert, "Video Games Can Never Be Art."

13. Matthew Forde, "*Batman: Arkham Asylum* Is 10," TechRadar, August 2, 2019.

14. Godfrey Cheshire, "*Wing Commander,*" *Variety,* March 11, 1999.

15. Karyne Levy, "The Most Expensive Video Games Ever Made," *Business Insider,* July 7, 2014.

16. Steven L. Kent, *The Making of Final Fantasy: The Spirits Within* (Brady Games, 2001), 9.

17. Rick Lyman, "Movie Stars Fear Inroads by Upstart Digital Actors," *New York Times,* July 8, 2001.

18. Roger Ebert, "*Final Fantasy: The Spirits Within,*" *Chicago Sun-Times,* July 11, 2001.

19. Danny Graydon, "*Final Fantasy: The Spirits Within,*" BBC, July 23, 2001.

20. Mark Caro, "Imitation of Life," *Chicago Tribune,* July 11, 2001.

21. Erik Davis, "*Rogue One* Director Explains Why Carrie Fisher Didn't Believe Her Own Cameo," Fandango, March 15, 2017.

22. Allen Varney, "Uwe Boll and the German Tax Code," The Escapist, January 23, 2007.

23. Peter Hartlaub, "Film Clips: Also Opening Today," *San Francisco Chronicle,* January 28, 2005.

24. Stephen Whitty, "Expect an Enraged Response from Self-Respecting Vampires," *Newark Star-Ledger,* January 9, 2006.